KB124566

회복탄력성 및 사회정서학습을 위한
긍정심리교육 프로그램

Helen McGrath · Toni Noble 공저
오인수 · 한현희 공역

BOUNCE
BACK!

학지사

역자 서문

최근 심리학 분야의 '리질리언스(Resilience)'라는 개념이 많은 사람의 관심을 모으고 있다. 이 책에서 '회복탄력성'으로 번역한 이 개념은 역경 속에서도 성공적인 적응을 이뤄 내는 사람의 심리적 특성을 의미한다. 최근에 회복탄력성이 인기를 끄는 것은 아마도 많은 사람이 자신이 처한 상황을 역경으로 인식하고 이를 극복하는 데 어려움을 겪기 때문이 아닌가 싶다. 예를 들어, OECD가 최근 발표한 국민 삶의 질에 대한 보고서에 따르면 한국인의 삶의 질은 OECD 국가 38개국 중 36위의 최하위권을 보이고 있다. 미래의 희망이 되어야 할 어린이·청소년의 행복지수 역시 OECD 22개국 중에서 22위로 꼴찌를 기록했다. 이러한 지표는 남녀노소를 불문하고 대한민국 국민 대다수의 행복의 수준이 많이 떨어졌음을 잘 드러낸다. 그야말로 현재 우리 국민에게 가장 필요한 것 중 하나가 회복탄력성인 것처럼 보인다.

어떻게 하면 역경에 처한 개인의 행복 수준을 높일 수 있을까? 이 물음에 대한 학문적 도전이 '긍정심리학(positive psychology)'을 태동시켰고, 회복탄력성과 같은 개념의 연구로 확장되었다. 지난 25년간 긍정심리학은 이론적으로 발전하고 확장되며 다양한 학술적 성과를 이뤄 내고 있다. 그러나 아쉽게도 국내에서는 회복탄력성 신장을 위한 완성도 높은 긍정심리교육 프로그램을 찾기 어려웠다. 이에 좋은 긍정심리 프로그램을 발굴하던 중 KidsMatter[1]로 유명한 호주의 'Bounce Back!' 프로그램을 찾게 되었다. 알고 보니 이 프로그램은 KidsMatter 프로젝트에 참여한 101개 학교 중 64%의 학교가 선택한 가장 인기 있는 프로그램으로, 그 효과성이 검증된 프로그램이었다.

이 프로그램의 이론적 부분을 번역하며 'Bounce Back!' 프로그램이 탄탄한 이론에 기반하고 있는 보기 드문 유용한 프로그램이라는 확신이 들었다. 특히 최근 들어 관심이 증가하는 사회정서학습(Social-Emotional Learning: SEL)의 요소를 긍정심리교육과 접목시킨 점에서 향후 활용 가능성이 높다고 판단하였다. 또한 'Bounce Back!' 프로그램은 앞서 언급한 회복탄력성뿐만 아니라 용기, 낙관성, 정서, 관계, 유머, 안전, 성취와 같은 학생 생활의 전반적 영역에 걸쳐 사회정서역량을 키워 주는 프로그램이다. 그래서 행복 수준이 땅에 떨어진 한국의 학생들에게 더더욱 필요한 프로그램이라는 생각이 들었다. 실제 한국의 5학년 학생들에게 24회기에 걸쳐 'Bounce Back!' 프로그램을 실시한 결과 이들의 자기효능감, 자기인식, 인내, 감정조절, 행동조절, 감정인식, 감사 및 낙관성이 유의미하게 증가하는 것을 확인할 수 있었다.[2]

한국의 경우 학령인구가 감소하면서 학생 간 경쟁이 약화되고 학업스트레스가 줄어들어 행복지수는 높아질 것 같았지만 그 예상은 빗나갔다. 한국 부모의 교육열은 여전하고 부모들은 자녀의 교육에 시간과 돈을 집중적으로 투자하며 과보호적 양육방식이 확산되고 있다. 여전히 상대평가에 기초한 입시중심의 교육

제도는 견고하여 입시 경쟁에서 우위를 선점하기 위해 초등학교 시절부터 선행학습이 시작된다. 이러한 패턴이 바뀌지 않는 한 한국 학생의 행복 수준은 꼴찌를 면하기 어렵다. 인지적인 면에서 지적으로는 우수할 수 있으나, 이들의 사회정서역량은 취약할 수밖에 없다. 이러한 관점에서 보면 우리의 교육은 아마도 총체적 위기, 즉 역경에 직면했다고 볼 수 있다.

지금 우리에게 필요한 것은 이러한 역경을 넘어설 수 있는 시대적 회복탄력성일 것이다. 이러한 필요성에 부응하여 최근 교육부는 학생의 마음건강과 사회정서 영역의 지원을 돕는 '사회정서성장지원과'를 신설하기도 하였다. 학업 중심의 교(教)에 치우쳐 왔던 한국 교육이 이제 사회정서 중심의 육(育)을 강화시킴으로써 교육의 균형이 회복되기를 바란다. 이러한 교육의 변화 속에서 부디 이 책이 학생의 사회정서역량을 신장시키는 데 기여하기를 기대해 본다. 그리고 이 프로그램을 배우는 학생들이 회복탄력성을 향상시켜 자신이 처한 다양한 역경 속에서도 행복을 생성해 내는 내적 기제를 형성하기를 소망한다. 그래서 학생의 행복지수와 삶의 질에서 더 이상 부끄러운 성적표가 아닌 뿌듯한 성적표를 받는 날이 오기를 바란다.

끝으로 이 책의 출판에 관심을 가져 주시고 지지해 주신 학지사의 김진환 사장님과 직원 분들께 감사를 드린다. 또한 번역본을 함께 읽고 교정을 도와준 이화여대 교육학과 대학원생들에게도 고마움을 전하고 싶다. 마지막으로 출판의 과정에서 도움을 준 모든 분과 앞으로 이 책을 읽게 될 분들에게 이 책에서 소개한 행복 전략 문구로 감사를 표하며 마친다. "오뚝이처럼 행복하세요!"

2024.
역자 일동

참고문헌

1 호주 정부의 주도하에 아동의 행복(well-being)을 증진시키기 위하여 사회정서학습을 적용한 대규모 프로젝트로서 호주 학교의 긍정적인 변화에 강력한 기폭제 역할을 한 것으로 평가받는다(Weissberg et al., 2016).

2 한현희, 오인수(2019). 긍정심리교육 프로그램이 초등학생의 상호활성화 및 주관적 안녕감과 우울·불안에 미치는 영향: Bounce Back 프로그램의 효과성 검증을 중심으로. 교육과학연구, 50(2), 61-91.

Bounce Back! 프로그램에 관하여

Bounce Back! 프로그램은 학생(혹은 교사)이 건강하고 행복한 삶을 살 수 있도록 도와주고 일상생활에서 발생하는 난처한 상황에 대처할 수 있는 효과적인 방법을 제공한다. 다시 말하면, 슬픔, 고난, 좌절 그리고 도전적인 일을 경험할 때 어떻게 '바운스백(bounce back)' 하는지를 알려 준다. Bounce Back!은 연구를 통해 증명된 긍정심리학, 인지행동치료 및 사회·정서 학습 원칙에 기초하여 만들어진 프로그램이다.

Bounce Back! 프로그램은 10개의 단원을 통해 세부적인 전략을 체계적으로 제공하고 있다.

- 도덕성과 문화 보편성을 바탕으로 한 긍정적이고 사회적인 가치를 갖게 한다.
- 긍정적인 관계를 구축하기 위한 자기인식, 사회적 인식 및 사회적 기술을 개발한다.
- 어려운 상황에 대한 대처 및 '회복 바운스'를 위한 자기관리 전략을 키워 낸다.
- 일상생활에서 필요한 용기뿐만 아니라 고난에서도 사용할 수 있는 용기를 개발한다.
- 낙관적으로 생각하고 긍정적으로 생각하는 시야를 갖게 한다.
- 긍정적인 감정이 활력을 얻을 수 있는 생활을 하고 부정적인 감정을 관리방법을 제시한다.
- 괴롭힘에 대처하는 방법을 개발한다.
- 유머를 도구로 사용한다.
- 성취를 높여 주는 강점, 기술 및 태도를 개발한다.

Bounce Back! 프로그램은

- 가족 구성원 및 학교 구성원이 함께 공통의 메시지를 공유하는 프로그램이다.
- 사회정서학습의 대중화를 이끌어 가는 학업 및 사회정서학습 협회(Collaborative for Academic, Social & Emotional Learning, 이하 CASEL) 학술회에서 권장하는 효과적인 프로그램의 네 가지 요소(순차적, 능동적, 집중적, 명시적)를 포함한다.
- 학교 전 영역에 총체적으로 접근하는 방식을 취하는데 이는 긍정적 분위기를 학교 전반에 조성하기 위함이며 교육과정 및 아동의 생활 속에 잠재적으로 메시지를 내재화하기 위함이다.
- 모든 학생에게 보편적으로 교육할 수 있는 프로그램이다.

- 수업 장면에서 배움이 일어나지만 현실 상황에 직면했을 때 바로 적용할 수 있도록 격려한다.
- 개념과 기술에 대한 깊은 이해와 적용을 위해 장기간 적용하는 다년제 프로그램이다.
- 연구를 통해 효과성이 증명된 전략을 사용하는데, 예를 들면 협력 학습, 사고 도구(thinking tools), 서클 타임이나 잘 고안된 교육 게임 및 또래교사 전략 등이 있다.
- 다른 교과와 통합하여 수업할 수 있도록 되어 있다. 예를 들어, 양질의 동화나 다양한 학습자료를 적용한 문학 교과 혹은 보건 및 체육 교과, 예술 및 다른 영역과 통합되도록 설계되었다.

Bounce Back!은 호주의 긍정교육 센터인 KidsMatter가 추천한다.

Bounce Back!에서 사용할 수 있는 각 단원별 활동지와 PPT 자료는 학지사 홈페이지 자료실(www. hakjisa.co.kr)에 탑재되어 있다.

Bounce Back! 사용 방법

Bounce Back!은 핸드북과 교육과정 단원으로 구성되며 학지사 홈페이지 자료실(www.hakjisa.co.kr)에에 탑재된 오뚝이 Bounce Back! 활동지와 PPT 자료를 사용한다.

핸드북

핸드북의 여섯 개 장에서는 Bounce Back! 프로그램 설계의 기반을 확인할 수 있는 최근의 연구를 살펴보는데, 이 프로그램만의 차별화된 제안뿐만 아니라 CASEL이 추천하는 사회정서학습의 핵심요인이나 호주 국가 교육과정과 연계된 내용을 함께 제공한다.

단원

각 단원은 다음의 교수전략과 자료를 도입 부분에 적용한다.

- 서클 타임 혹은 이와 같은 증거 기반 교수전략
- 단원과 관련된 동화책 제목 및 핵심 메시지
- 교실용 학습자료

총 10개의 교육과정 단원이 있다.

핵심 메시지는 수업을 하는 교사가 참고할 수 있도록 교수언어로 작성되어 있으며 단원의 요점을 개략적으로 설명한다. 해당 페이지를 복사해서 나눠 주거나 게시판에 전시하여 사용한다.

핵심 메시지 하위에는 단원의 핵심 단어와 문장을 제시하고 있으며 기대되는 학습목표를 제시하고 있다.

학지사 홈페이지 자료실(www.hakjisa.co.kr)에 PPT 자료, 오뚝이 Bounce Back! 활동지가 탑재되어 있다.

각 단원은 화제(topic)에 따른 강의로 구성된다. 일부는 화제별 강의의 하위 화제도 있다.

도입부에서는 동기유발 학습자료를 제시하여 해당 아이디어 및 대처 기능을 탐색한다.

매 차시 서클 타임을 갖고 해당 화제에 대한 이야기 나눔 자리를 마련한다. 제공된 학습자료나 학습활동을 통해 서로에게 안전하고 편안한 방식으로 중요한 삶의 문제를 다루게 된다.

생각해 볼 문제에서는 학생의 웰빙 증진을 도모하기 위한 교육적 활동을 할 때 고려해 볼 사항이나 핵심 메시지의 내용을 성찰할 수 있도록 도와주는 문구를 제시한다.

활동에서는 각 단원에서 다룰 화제와 관련하여 수행할 교육활동 목록의 범주를 설계하여 제시하고 있다. 활동은 연구과정을 통해 입증된 증거에 기반한 전략들로서, 예를 들어 사고를 확장시키는 교육 도구(tool)를 사용하는 활동이나 또래 간 협동 학습활동을 포함하며 학생들이 서로를 돕는 기회를 마련하는 활동을 다수 제공하고 있다.

대부분의 단원에서 학생 스스로 참여하는 역할극과 드라마가 설계되어 있다.

각 단원은 협동 학습을 위한 수준 높은 교육 게임 활동을 제공하고 있다.

각 단원은 학교와 가정의 연계를 고려한 활동을 제안하고 있다.

적용에서는 Bounce Back!의 성공적인 구현과 지속 가능성을 위해 학교 전체에 적용할 아이디어를 제시한다.

단원정리에서는 각 단원에 나왔던 개념이나 전략을 정리하고 세부 화제별 교육활동을 통해 사용했던 주요 어휘들을 정리하도록 계획하여 단원을 마무리한다.

차례

핸드북

단원 차례

제1장 Bounce Back! 프로그램이란

이 장에서는 다음과 같은 주제를 다룬다.

- 아동의 웰빙과 회복탄력성 발달을 돕기 위한 학교의 역할
- Bounce Back! 프로그램의 해외 여러 나라 적용 사례
- Bounce Back! 프로그램의 근거가 되는 심리학 이론
- Bounce Back! 프로그램 적용으로 아동이 얻는 혜택

 도입

오늘날 아동·청소년은 삶의 여러 가지 도전을 헤쳐 가면서 성장하고 있다. 아동·청소년이라면 누구나 전형적으로 맞이하는 어려움을 겪기도 하고 때로는 매우 복잡하고 새로운 문제에 직면하기도 한다. 예를 들면, 사이버상에서 자신도 모르게 피해자가 되기도 하고, 때로는 불안정적인 가족상황 속에 어려움을 겪기도 하며, 어떤 아이들은 심각한 가족해체를 경험하여 힘들어하기도 한다. 또한 불법적인 형태의 약물중독이나 알코올중독에 노출된 일부의 아이들은 더욱 어려운 형태의 삶을 경험하기도 한다.

전 세계적으로 대략 10퍼센트의 아동·청소년이 정신질환을 가진 것으로 진단된다.[1] 세계 인구의 약 3분의 1이 18세 미만으로,[2] 2억 2천 만 명 이상의 아동 및 청소년이 정신질환에 노출되고 있다는 뜻이다.[1] 더욱 안 좋은 소식은 이렇게 어린 시절에 정신질환을 경험한 아동의 절반 이상이 성인이 되어서도 정신질환을 앓는 것으로 알려지고 있다.[3, 4] 아동·청소년이 겪는 어려움이 얼마나 위험한지 알려지게 되면서, 학생의 웰빙(wellbeing)이 전 세계적으로 교육의 핵심적 논의 대상이 되었다.[5] 각 나라 정부의 관계자와 교육자들은 아이들이 어려운 상황이 닥쳐도 좌절하지 않고 극복할 수 있는 방법을 모색하고 있다. 그 결과 웰빙과 회복탄력성(resilience)을 기르는 정책이나 운영방안을 고민하고 있으며 학교는 아동이 성공적이고 행복한 삶을 살 수 있도록 도움을 줄 수 있는 효과적인 시스템을 제공하기 위해 노력하고 있다.

1. Bounce Back!에 대하여

Bounce Back! 프로그램은 학생들의 웰빙과 회복탄력성을 신장시킴과 동시에 아이들의 정신건강을 성장시키고자 하는 학교와 교사들의 모임을 지원하기 위해 개발되었다. 이런 고민으로 긍정교육(positive education) 교육과정이 탄생하게 되었으며 Bounce Back! 프로그램은 세계 최초의 긍정교육 교육과정으로 평가된다. 2003년에 1판이 발행되었고 2011년에 두 번째 개정판이 발행되었다. 이번 3판을 출판하면서 아이들을 위한 긍정심리교육을 더욱 정교하게 업데이트하고 개정하였다.

Bounce Back!은 긍정교육 지도를 오랜 기간 전문적으로 해 온 CASEL(Collaborative for Academic, Social and Emotional Learning)이 가지고 있는 노하우와 기술을 담고 있는데, 이 기술은 사회 및 정서 능력을 아동이 영구적으로 획득하도록 돕는 교수 방법이다. 또한 최근에 효과성이 높은 것으로 입증된 긍정교육 방법들도 포함하였다. 학생의 웰빙을 높이고 도전과 역경에 직면했을 때 회복탄력성을 발휘하는 것으로 확인된 기술과 긍정심리학의 연구에서 명확히 입증된 기술을 포함하였다. 또한 Bounce Back!은 어린이가 배움의 기쁨을 경험할 뿐만 아니라, 선생님과 긍정적인 관계를 맺고 친구들과의 관계 속에서 행복을 느끼며, 충분히 성장하는 자신을 경험하도록 고안되었다.

1) 학교는 학생의 웰빙과 회복탄력성을 증진시키는 가장 중요한 장소

우리의 삶을 도와주었다고 인상 깊게 기억되는 교사는 학생의 학업성취도 향상만을 지도한 교사가 아니라 학생들이 우여곡절을 겪을 때 적절히 대처할 수 있도록 사회 및 정서적 기술을 가르친 교사이다. 이런 교사는 학생의 바람직한 사회적 기술과 정서적 기술이 학업성취에 긍정적인 영향을 미친다는 것을 알고 지도한다. 가정을 제외하면 학교는 아동의 웰빙과 회복탄력성을 향상하는 데 가장 중요한 사회적 장소이다.

2) 긍정심리와 긍정교육

긍정심리학이란 '개인이나 단체가 어떤 조건과 과정에서 최적으로 기능하고 번영(flourishing)할 수 있는지를 연구하는 학문'으로 정의된다.[6] 긍정교육은 이런 긍정심리학의 관점에 기초하여 개인의 부족한 부분을 채우는 것에 초점을 맞추는 것이 아니라, 개인이 잘하는 강점에 초점을 맞춘다. 어려웠던 경험보다는 긍정적으로 도움이 되었던 경험에 초점을 두고, 심리적, 정신적 취약성을 밝히기보다는 심리적 강점과 정서적 역량 구축에 초점을 맞춘다. 즉, 잘 작동되지 않는 것보다 잘 작동되는 것을 밝히는 데 초점을 둔다.[7] 긍정교육은 교육적 맥락에서 긍정심리학의 핵심 원칙을 적용한 교육이다. 그리고 긍정심리학의 회복탄력성과 웰빙 및 성취에 중점을 둔다. Bounce Back!은 학생의 학업적 성취뿐만 아니라 삶의 문제를 해결하는 사회적 능력이나 정서적 능력에 도움을 주기 위해 고안되었다. 또한 현장에서 실천할 수 있는 효과적인 교육

적 방법을 제공하기 위해 긍정심리학의 연구 속에서 과학적으로 입증된 내용을 선별하였다.[8), 9)]

3) 사회정서학습

이 프로그램이 초점을 둔 핵심 요소 중 하나는 사회적, 정서적 기술이다. 사회적, 정서적 기술에 대한 학습을 통해 아동과 청소년은 자신의 감정을 이해하고 관리하며, 긍정적인 목표를 세우고 성취하게 된다. 또한 타인의 감정에 대해 공감하고, 긍정적인 관계를 형성, 유지하게 된다. 또한 한 개인으로서 책임감 있는 결정을 내리는 데 도움을 받는다.[10), 11)] Bounce Back!은 전 세계의 학교가 사용할 수 있는 가장 포괄적인 사회정서 학습 프로그램이다. 사회적, 정서적 기술과 관점을 습득하게 되면 아이들은 매일의 생활을 해 나가는 것뿐만 아니라 학습의 성취를 얻는 데 큰 도움을 받을 수 있으며, 이러한 도움들은 이후 학교나 직장으로 그리고 다른 사람들과의 관계로 이어진다. 이런 아동이 성인이 되었을 때 책임감 있는 시민과 지역사회 구성원이 될 것이다.

2. Bounce Back! 프로그램의 탄생과 역사

1) 첫 번째 시도

Bounce Back!의 최초 연구는 호주 빅토리아 교육청의 약물 교육 부서와 Deakin 대학교 교육학부 간의 공동연구로 시작되었다.[12)] 14주 동안 국립학교, 가톨릭 학교, 농촌 및 도시 학교의 8명의 교사가 5학년 또는 6학년 교실에서 초기 프로그램을 실시했다.

그 결과 8명의 교사는 Bounce Back! 프로그램이 사용하기 쉽고 실행하기 편하다고 보고했다. 한 명을 제외한 모든 교사는 학생에게 생활에서 발생하는 문제에 대처하는 방법을 가르치는 데 효과적이라고 보고했으며, 학생을 상담하고 지원할 수 있는 능력을 확신하게 되었다고 보고하였다. 또한 아이들의 학교 문제뿐만 아니라 가정에서도 대처 방법을 확장하여 가정 내 원활한 의사소통이 가능해졌다고 하였다. 더욱 고무적인 것은 교사들이 프로그램을 가르치고 나서 교사의 탄력성과 직업적 탄력성을 습득한 것이 확인되었다. 효과성을 세부적으로 살펴보면, 먼저 8개 반 학생들은 Bounce Back!이 제공하는 대처 문장을 성공적으로 이해하고 기억하였다(110~115페이지 참조).

또한 학생들은 어려운 가상의 상황에서 문제를 해결하도록 제안을 받았을 때 평균 80%의 성공률을 보였고 탄력적 사고가 증가하였으며, 특히 낙관적이고 문제해결에 도움이 되는 사고가 증가했다. 학생들은 자기 보고서에서 어려운 가족 문제 상황 속에서나 자신의 삶에서 새롭게 익힌 대처 기술을 사용하게 되었다고 보고하였다. 교사들의 자기 보고서에는 학생들이 스트레스를 많이 받는 상황에서 자발적으로 Bounce Back! 대처 문장을 사용하는 것을 관찰했으며 친구들이 서로를 돕게 되었다고 보고하였다.

2) 산불 재난을 경험한 학교에 적용

호주는 산불과 홍수의 자연재해가 반복되는 나라 중 하나이다. 2009년 빅토리아주는 엄청난 인명과 가옥 손실을 입힌 파괴적인 산불을 경험했고 많은 아이가 산불 재난과 관련된 트라우마에 노출되었다. 빅토리아 교육부에서는 산불 재난과 관련된 심리적, 사회적 회복 부서를 만들었다. 그리고 이런 치명적인 화재에 가장 큰 영향을 받은 7개 지역의 학교 교사와 지역사회 지원팀에 워크숍을 제공했다. 워크숍의 목표는 재난 피해에 노출되어 심리적, 사회적 어려움을 겪은 아이들을 매일 접하는 교사에게 그들을 돕는 기술을 개발하도록 하는 것이었다. 산불 트라우마 충격에서 벗어나지 못하는 아이들을 만나는 교사는 학생의 회복을 매일 도왔다. 아이들이 회복탄력성을 습득하도록 돕기 위해 교사에게 심리적, 사회적 교수기술을 가르치는 목표를 설정하였다.

빅토리아 산불 화재의 영향을 받은 18개 표본 학교에 Bounce Back! 프로그램이 제공되었고, 2학기 동안 아동의 변화된 자료가 수집되었다.[12] 요약하면, Bounce Back! 프로그램 참여로 인하여 피해 학생들은 산불이라는 경험에 더 효과적으로 대처할 수 있게 되었고 일반적으로 더 자신감 있고 탄력적이며, 사회적으로 행동할 수 있게 되었다.

교사는 교실 수업이나 운동장과 같은 상황에서 학생들이 프로그램에서 배운 기술이나 행동을 사용하는 것을 관찰했고, 학생 스스로 자신의 삶에 프로그램의 중요한 탄력성 메시지를 통합하기 시작했다고 보고했다. 모든 아동과 청소년은 좌절, 어려움, 실패를 경험하기 때문에 이러한 연구 결과는 모든 학교에 도움이 되지만, 특히 이와 같은 프로그램은 다양한 종류의 트라우마를 겪고 있는 학교 공동체에 더 필요하다.

3) 외국에서의 적용 사례

(1) 스코틀랜드 초등학교

스코틀랜드 Perth-Kinross 지역의 16개 초등학교에서 2년간 Bounce Back! 시행을 평가한 결과 호주 최초의 Bounce Back! 연구에서 나타난 것처럼 학생과 교사에게서 유사한 효과가 나타났다.[13], [14] 이 연구를 통한 프로그램의 주요 효과는 학생과 학생의 관계 증진, 교사와 학생의 관계 강화, 교실의 응집성 증가라는 결론을 내렸다. 더불어 스코틀랜드 연구는 학생의 회복탄력성과 사회적 기술이 향상되는 것을 발견했을 뿐만 아니라, 프로그램을 가르치면서 선생님의 회복탄력성과 웰빙이 상당히 증가했다는 것을 알아냈다. 이 연구 결과는 영국 정부의 폭동 공동체 및 희생자 패널 연구(UK Government's Riots Communities and Victims Panel)를 정리한 '2012 폭동 이후 보고서(After the 2012 Riots)'[15]에 인용되었다.

평가 자료는 Bounce Back!이 채택된 학교에서 학생의 개인적인 회복탄력성, 태도 그리고 기술이 향상하는 것을 보여 주었다. 특히 학생의 감정 조절에 대한 인식이 현저하게 증가했다. 학생들은 또한 Bounce Back!이 자신감과 사회적 기술에 긍정적인 영향을 미친다고 말했다. 이 종단 연구는 인성을 신장시키는 것이 모든 학교 목표에 중심이 되어야 한다고 제안한다. […] 인성 형성(building character)이 적어도 학업성취만큼 학교의 중요한 핵심 목표가 되어야 한다는 것은 논쟁의 여지가 없어 보인다. [13], [14]

이 Bounce Back! 적용 연구 시범사업은 지역사회 적용 프로젝트에 대해 영감을 준 공헌이 인정되어 Perth Kinross 위원회에서 은메달을 받았다.

(2) 유럽의 위험군 대학생을 위한 직업교육

스코틀랜드 Adam Smith 대학교의 Anne Gillen은 8개 유럽 국가(오스트리아, 벨기에, 핀란드, 독일, 네덜란드, 폴란드, 스코틀랜드, 스페인)의 위험군 대학생을 대상으로 하는 유럽형 평생학습 직업 교육의 일환으로 Bounce Back!을 적용하였다. 이 프로젝트는 유럽 위원회에서 자금을 지원받았다.

4) Bounce Back!의 장기간 적용

2016년에는 5~12년에 걸쳐 장기간 Bounce Back! 프로그램을 시행해 온 10개 초등학교의 학교장을 인터뷰하였다. 그리고 Bounce Back!을 학교에서 그렇게 지속적으로 실행할 수 있었던 요인이 무엇인지 살펴보았다. 연구 결과 장기간 실행할 수 있었던 요인은 학교 및 학교 시스템 요인과 프로그램 요인이라고 결론지었다. [16]

먼저, 학교 및 학교 시스템 요인 중 중요한 것은 학생 웰빙을 학교 전체의 높은 우선 가치로 두는 것이었으며 한 학년도 동안 지속해서 프로그램을 운영하는 것이었다. 이는 높은 리더십이 필요한 일로서 이후의 지속적인 실행을 보장하게 된다. 또한 10개 학교에서 장기간 사용할 수 있었던 요인은 Bounce Back!의 프로그램 요인이다. 효과적인 구조와 순서, 교사 친화적인 프로그램 자료와 활동, 그리고 양질의 어린이 문학 도서의 사용 등이 포함된다. 프로그램을 진행한 교사들은 이 프로그램이 회복탄력성과 적응유연성을 가르치는 데 효과적이며 다양한 학생의 요구와 수업 시간의 요구에 맞춰 적용할 수 있다고 생각했다. 양질의 실현을 위한 다섯 가지 단계와 이러한 결과를 바탕으로 한 실행 팁은 제6장을 참조하기 바란다(124페이지 참조).

3. 주요 기능 및 장점

1) 학업성취도와 사회적, 정서적 기능에 긍정적인 영향

과거 교육관계자와 정부는 학생의 성공 여부와 국가의 교육 수준을 판단하는 척도로 학업성취에만 초점을 맞추었다. 그러나 2015년 역사상 처음으로, 가장 널리 인용된 국제 학생평가프로그램(PISA)에서 학생 웰빙의 척도가 포함되었다. [17] 왜냐하면 표준화된 학업성취는 아동의 인생 전반을 얼마나 잘 살아 나갈지 설명할 수 없었고 성인 후반기 일부 삶의 질에 관해서만 설명할 수 있다는 것을 알게 되었기 때문이다.

게다가 전 세계 연구에서 나온 데이터는 중요한 사회적, 정서적 기술을 가르치는 것이 학생의 웰빙을 증진할 뿐만 아니라 학업성취를 향상한다는 것을 분명히 보여 주었다.[18]~[20] 초등학교 입학생부터 12학년을 대상으로 하는 27만 명이 넘는 학생을 포함한 213개의 학교에서 연구한 대규모 메타 분석 결과,[18] 일반적으로 사회정서학습(SEL)을 학교에서 실행할 때 학생들의 사회적, 정서적 능력, 태도, 행동에 현저한 향상이 일어나며 더불어 학업성취도가 11% 향상된 것으로 보고되었다.

(1) KidsMatter

호주 정부는 KidsMatter라고 불리는 정신건강 사업을 시행하였는데 101개 학교 중 64%가 선택한 가장 인기 있는 프로그램은 Bounce Back!이었다. KidsMatter 평가 팀은 2년간의 평가 기간 동안 KidsMatter 사업을 시행한 학교의 교사, 부모, 보육자와 학생에게 중요하고 긍정적인 변화가 있었다는 것을 확인했다. 특히 학생 정신건강 문제의 감소와 정신건강 강점의 증가라는 두 측면을 아우르는 정신건강 측정 결과를 확인했다. 이 결과는 통계적·실질적으로 매우 신뢰로운 결과였으며, 상당한 폭의 정신건강 문제 감소와 정신건강의 강점 증가가 확인되었다. 특히 Bounce Back! 프로그램이 정신건강에 미치는 영향은 시작단계에서 정신장애가 더 높다고 평가된 학생에게 더 뚜렷하게 나타났다.[21] '강력하게 개입한 학교'의 경우와 '낮은 수준으로 개입한 학교' 학생의 학업 성적을 비교했을 때 강력하게 개입한 경우가 월등히 높았다(문해력 및 수리력에 대한 국가 평가에서 최대 6개월 수준까지 앞선 것으로 나타남). 이 결과는 사회경제적 배경이 미치는 영향력보다 더 큰 영향력이 있는 것으로 평가되었다.[19]

2) 다중 구성요소 프로그램

많은 학교는 학교마다 아동에게 발생하는 문제를 다루기 위한 몇 가지 다른 프로그램들을 가지고 있다. 예를 들어, 어떤 학교는 사회성 기술 프로그램, 괴롭힘 방지 프로그램, 정서적 소양 프로그램, 행동 관리 프로그램, 그리고 성격강점 프로그램의 총 다섯 가지 웰빙 관련 프로그램을 가지고 있을 수 있다. 일부 교장은 많은 수의 프로그램이 학생에게 긍정적인 영향을 미칠 수도 있지만, 항상 그렇지 않을 수도 있다는 점을 알고 있다. 사실, 학교에서 많은 숫자의 프로그램을 운영하는 것은 학교 직원들이 수행하기에 부담감을 줄 수 있고 프로그램 실행에 어려움을 가져올 수 있다.[22]

웰빙과 회복탄력성이 복잡한 구조라는 점을 고려할 때, 이것의 향상을 위해서는 단순한 교육이 아니라 문화와 시스템이 필요하다. 일부의 교육과정에만 적용되는 것이 아니라 학교 전체의 문화와 시스템 속에 적용될 수 있는 일관된 메시지, 가치, 언어, 기술 및 지식을 제시하는 종합적인 다중 구성요소를 가지고 있어야 긍정적인 학교 문화와 교육 측면에서 훨씬 더 강력하게 작용하게 된다. 즉, Bounce Back!과 같이 하나의 프로그램이 다중 구성요소를 포함하고 있다면 구성원이 프로그램을 이행하기 쉽게 하고 집중적인 지원을 제공할 수 있으며, 아동의 가정을 포함한 전체 학교 커뮤니티에 일관된 메시지를 제공하는 데 유리하다.

Bounce Back!이 가지고 있는 다중 구성요소 프로그램의 특징은 사회적, 정서적, 인지적 기술과 지식을 아이들에게 가르치고 있어 모든 학생이 잘 성장하도록 도울 뿐만 아니라 안전하고 지지적인 학교 커뮤니티를 구축하도록 하고 있다. Bounce Back!의 10개 단원(핵심 가치, 사회적 가치, 회복탄력성, 용기, 낙관성, 정서, 관계, 유머, 안전 그리고 성취)은 이런 다중 구성요소를 아우르고 있다.

3) 효과적 프로그램을 위한 네 가지(SAFE) 안정화 요소

Bounce Back!에는 CASEL[18), 23)]에서 권장하는 사회정서학습 프로그램의 네 가지 다전략 수업의 안정화 요소가 포함되어 있다.

- 순차성(Sequenced): Bounce Back!은 SEL 기술 발달을 촉진하는 활동이 1학년에서 6학년까지 조화를 이루며 연결되는 순차성을 지닌 프로그램이다.
- 활동성(Active): Bounce Back!은 학생이 새로운 기술과 태도를 익힐 수 있도록 다양한 형태의 적극적인 활동을 사용한다. 예를 들어, 협동 학습 집단, 교육 게임, 서클 타임, 협력적 사고 도구 사용, 드라마 그리고 문학적 토론 주제가 있는 높은 수준의 문학작품을 사용한다. 이러한 교육전략은 긍정적인 또래 관계를 형성하고 학생이 핵심적인 사회적, 정서적 기술과 메시지를 배우고 적용하는 데 적극적으로 참여하도록 돕는다.
- 집중성(Focused): Bounce Back!의 각 단원을 시작할 때 핵심 메시지(key massages)는 단원별로 학생과 교사에게 집중해야 할 중요한 개인적 · 사회적 기술과 이해를 증진시키는 것을 돕는다.
- 명시성(Explicit): Bounce Back!은 구체적인 사회적 · 정서적 기술과 비판적 · 창의적 · 윤리적인 사고 기술을 명료하게 가르친다. 예를 들어, 7단원 '관계'에서는 '할 것과 하지 말아야 할 것'에 대한 사회적 기술과 많은 활동을 포함하고 있어서 학생이 이러한 기술을 연습할 수 있는 추가적인 기회를 제공한다.

이러한 전략은 단순히 '설명하거나 희망을 제시하는' 기존의 교육 기술 모델보다 훨씬 더 효과적인 것으로 밝혀졌다.[18), 24), 25)] CASEL에서 제시한 SEL 5개의 기능을 기준으로 조합한 Bounce Back!의 프로그램 설계의 개요는 〈표 1-1〉과 같다.

표 1-1 사회정서학습을 위한 CASEL의 기본 체제와 Bounce Back! 단원별 교육과정과의 관계

CASEL: 사회정서 핵심역량	지식, 기술 및 행동	Bounce Back! 교육과정 단원
자기인식(Self-awareness) 자신의 정서, 생각, 가치를 정확하게 인식하고 어떤 영향을 미치는지 이해하는 능력 개인에게 잘 안착된 자신감, 낙관성, 그리고 '성장 마인드셋'으로 자신의 강점과 한계를 정확하게 평가하는 능력	자신의 정서와 생각에 대한 파악과 조절, 자기성찰을 위한 기술	6단원: 정서
	자신의 강점과 한계에 대한 인식, 성장 마인드셋, 의미와 목적	10단원: 성취
	안착된 자신감	5단원: 낙관성 6단원: 정서 10단원: 성취
	낙관적 사고	3단원: 회복탄력성 5단원: 낙관성
자기관리(Self-management) 다양한 상황에서 자신의 감정, 생각, 행동을 성공적으로 조절하는 능력—스트레스를 효과적으로 관리하고, 충동을 조절하며, 스스로 동기부여 하는 능력 개인 및 학업 목표를 설정하고 이를 위해 노력하는 능력	탄력적인 대처법, 도움이 되는 사고와 이성적인 사고를 사용하기, 정상화하기(normalizing)	3단원: 회복탄력성 5단원: 낙관성
	충동에 대한 조절, 용기	6단원: 정서 4단원: 용기
	적절하게 유머를 사용하기	8단원: 유머
	자기 동기 부여, 자기 훈육과 목표 설정, 그릿	10단원: 성취
사회적 인식(Social awareness) 다양한 배경과 문화를 포함한 다른 사람들의 관점을 취하고 공감하는 능력 행동을 위한 사회적 및 윤리적 규범을 이해하고 가족, 학교 및 지역사회 자원과 지원을 인식할 수 있는 능력	통찰력 갖기, 공감	6단원: 정서
	정직, 책임, 친절과 타인을 위한 지원, 공정성	1단원: 핵심 가치 2단원: 사회적 가치
	타인에 대한 존중, 다양성의 인정	1단원 핵심 가치 2단원: 사회적 가치
관계 기술(Relationship skills) 다양한 개인 및 단체와의 관계에서 건강하고 보람 있는 관계를 확립하고 유지하는 능력 명확하게 의사소통하기, 경청하기, 다른 사람들과 협력하기, 부적절한 사회적 압력에 저항할 수 있는 능력, 갈등을 구조적으로 협상하고 필요할 때 도움을 구하는 능력	다른 사람들과 잘 지내는 사회적 기술	7단원: 관계
	우정	7단원: 관계 8단원: 유머
	부당한 또래압력에 저항하기	9단원: 안전
	갈등 조정하기	7단원: 관계 1~10단원: 관계구축 교수전략
책임감 있는 의사결정(Responsible decision-making) 윤리적 기준, 안전 문제 및 사회적 규범을 바탕으로 개인의 행동과 사회적 상호작용에 대한 건설적인 선택을 할 수 있는 능력 다양한 행동의 결과에 대한 현실적인 평가와 자신과 타인의 행복을 고려하여 결정하는 능력	문제 파악 및 해결	1~10단원(특히 3단원 회복탄력성, 4단원 용기)
	상황 분석, 평가와 반영	1~10단원
	공정	1단원: 핵심 가치 2단원: 사회적 가치
	윤리적 책임감	1단원: 핵심 가치 2단원: 사회적 가치 9단원: 안전

출처: CASEL: Collaborative for Academic, Social, and Emotional Learning, 2007, http://www.casel.org/what-is-sel

4) 전 학교 접근법

전 학교 프로그램은 전 학년 학생을 대상으로 하며 가족 및 지역사회와의 동반적 관계를 지향한다. 전 학교 프로그램은 단지 기존 교육과정에 '부과된' 과정이 아니라 교과 과정을 넘어서 학교의 전체 생활에 '녹아들어 간' 과정이다. 녹아들어 간 프로그램이란 프로그램의 기술, 개념, 이해가 다른 여러 과목의 교육과정 영역과 연결되면서 동시에 다양한 교실 활동과 놀이 시간 상황에서도 적용되는 것을 말한다. 제6장에는 학교 전반에 걸쳐 프로그램을 효과적으로 구현할 수 있는 지침이 포함되어 있다(121페이지 참조).

(1) 긍정적인 학교 문화와 분위기

모든 학생이 가치 있는 또래로서 환영받는다고 느끼게 하며 지지적이고 포용적인 학교 문화를 만들고 유지하는 것은 웰빙과 회복탄력성 기술을 가르치는 것만큼 중요하다. 학교의 긍정적인 분위기와 문화를 발전시키는 데에는 한두 학년만 개입하는 프로그램보다 Bounce Back!처럼 학교 전체가 함께 회복탄력성과 웰빙에 대한 메시지로 소통하며 학년별 수준을 고려하는 전체 학교 프로그램이 효과적이다.[14), 26)] 긍정적인 학교 분위기와 문화는 성취에 대한 강한 동기, 보다 나은 학업성적, 바람직한 사회적 행동의 증가 그리고 상급학교 진학 증가와 유의미한 관계가 있는 것으로 나타났다.[27), 28)]

(2) 교사 웰빙

교사 웰빙과 관련된 해외 연구에 따르면 교사의 3분의 1은 보통의 스트레스 혹은 극도의 스트레스를 받고 있다.[29)] 캐나다의 한 연구에 따르면 초등 교실에서 교사가 소진과 감정적인 피로감을 느낄 경우 지도받는 학급의 학생 역시 스트레스 호르몬인 코르티솔(cortisol)의 수치가 높아졌다. 그중 코르티솔 수치가 매우 높은 학생들은 정신건강 문제뿐만 아니라 학습 장애와도 상관이 있었다.[30)] 사회정서학습 프로그램을 가르치는 것은 교사에게 높은 직업 만족감과 교사 효능감 그리고 교사 웰빙을 증가시키는 것으로 밝혀졌다.[28), 29)] 또한 Bounce Back! 프로그램은 교사의 웰빙 증진[14)]과 교사의 직업적, 개인적 회복탄력성 증가에 대한 인식에[12)] 유의미한 영향을 미치는 것으로 밝혀졌다.

(3) 가정연계 교육 및 지원

교육에 있어 최근 들어 중요하게 강조되는 것은 효과적인 가족-학교 파트너십을 통해 사회정서학습을 촉진함으로써 학생들이 학교에서뿐만 아니라 집에서도 사회적, 정서적 기술을 사용할 수 있도록 하는 것이다.[31)] Bounce Back!은 가정을 포함한 전체 학교 커뮤니티에 주요 메시지를 더욱 쉽게 전달하도록 설계되어 있다.[14), 16)] 가정에 안내하는 방법은 가정통신문, 학부모 운영위원회, 학부모 모임, 학교 콘서트 및 공연, 가족과의 상담 등을 통해 이루어진다.[16), 32)] 가족 구성원에게 프로그램에 대한 안내와 함께 고민해야 할 활동이 제공되며 각 단원에는 학생이 Bounce Back! 메시지를 가족에게 전달하도록 하는 인터뷰 등의 과제도 포함된다.

5) Bouce Back!의 보편성

Bounce Back! 프로그램은 행동 장애나 정신건강 문제로 '위험에 처한' 아동만이 아니라 '모든 학생'을 교육하는 보편적인 프로그램이다. 초등학교 1학년에서 6학년까지 모든 학생에게 전달되도록 고안되었다. [23], [33], [34]

6) 교사가 하는 교육

SEL 프로그램은 외부 전문 강사보다 교사가 가르칠 때 사회적, 정서적 향상의 가능성이 높다. [18], [35] 일반적으로 담임교사는 학생이 무엇이 필요한지에 대해 매우 실질적으로 파악하고 있는데, 이를 바탕으로 뚜렷한 목적을 가지고 학생을 지원할 수 있다. 예를 들어, 반에서 매우 불안한 학생이 무언가를 걱정하고 있을 때 반 전체 학생에게 불안과 해당 문제에 대처하는 방법을 가르침으로써 도움이 필요한 학생에게 적절한 대처법을 제공할 수 있고 전체 학생에게도 대처법을 훈련할 수 있다. 또한 프로그램 관련 기술과 가치를 강화하는 기회를 파악하기도 쉽다. 예를 들어, 실제 '교육적 순간(예: 아이들이 괴롭힘을 당한 이후)'을 직면했을 때 학생에게 기술과 가치를 적용해 보도록 격려함으로써 현실 세계에서 해당 기술로 대처하는 방법을 가르치고 강화하도록 할 수 있다. [16]

7) 장기간 혹은 여러 해에 걸친 프로그램

다년제 프로그램은 전체 학교가 함께 시행하고 일 년 내내 배울 때 효과가 더 높으며 추후 아이들의 삶 속에 효과가 지속될 가능성이 높다. [32], [33], [36], [37] Bounce Back!은 1학년 신입생 때부터 학년마다 발달적으로 적절한 활동을 통해 초등학교 전 학년 동안 배우게 된다. 모두 10단원으로 구성된 교육과정은 1~2학년에 도입된 후 3~4학년과 5~6학년에 반복된다. 이것은 10개 단원의 핵심 웰빙과 회복탄력성 개념, 기술 및 지식을 깊이 이해할 수 있도록 연령에 맞게 반복한다는 것을 의미한다.

8) 학령기 초반에 실행하기

예방 연구에 대한 대부분의 선행연구는 아동이 매우 어릴 때 프로그램을 시작하는 것이 더 효과적일 수 있음을 강조한다. 사실, 초등학교가 끝날 때쯤, 학생은 낙관적이거나 비관적으로 생각하는 습관을 키운다. 그 의미는 초기에 아동이 사고력, 감정, 낙천적인 태도를 배우는 것이, 아동의 정신건강과 웰빙 향상에 더 효과적이라는 것을 의미한다. Bounce Back!은 정신질환과 관련된 예방 접종을 하기 위해 학교 첫해부터 사회적이고 정서적으로 행동하는 좋은 습관 기르기를 가르치고자 고안되었다. 가장 이상적인 것은 학교 첫해부터 가르치는 것이지만 어떤 학년 수준에서 이 프로그램을 도입하더라도 항상 이로운 점이 있다.

9) 과학적으로 입증된 심리 원칙

Bounce Back! 프로그램을 뒷받침하는 심리학의 두 가지 주요 모델은 긍정심리학과 인지행동치료 (Cognitive Behavior Therapy: CBT)이다.

(1) 긍정심리학

2011년 긍정심리학의 창시자인 Martin Seligman은 정책 입안자들에게 '번영(prosperity)'이라는 새로운 지표를 삶의 초기에 발전시킬 수 있도록 제안했다.

> 새로운 번영의 시대가 왔습니다. 아동을 교육하고 양육할 때 그들의 삶이 '번창(flourishing)'할 수 있도록 목표로 삼아야 합니다. '번창'하는 삶의 가치를 배우고 획득할 수 있도록 이른 시기, 즉 학교교육 초기에 시작해야 합니다. 이것이 바로 긍정교육으로부터 촉발된 새로운 번영이며, 이제 우리는 이 방식을 선택해야 합니다.[7](p. 97)

Seligman은 웰빙을 다섯 가지 요소로 정의하였다. 다섯 가지는 긍정정서, 몰입, 관계, 의미, 성취(Positive Emotions, Engagement, Relationships, Meaning and Accomplishment: PERMA)이다.

'번영하다(prosper)'라는 동사는 번성하고, 번창하고, 건강한 방식으로 성공하고, 강하게 성장하는 맥락의 의미에 더욱 집중한다. PROSPER라는 7글자로 구성된 축약어는 긍정성(Positivity), 관계(Relationships), 성취(Outcomes), 강점(Strengths), 목적(Purpose), 몰입(Engagement) 그리고 탄력성(Resilience) 요소를 나타내는데 이는 과학적 연구로 검증된 웰빙의 구성요소이다.[8] PROSPER 요소는 교육과정뿐만 아니라 다른 조직적 실행을 할 때 긍정심리학의 원리를 쉽게 적용할 수 있도록 필수 요소들을 제시해 준다. 그래서 학교에서 적용할 때는 교육과정의 일관성을 돕게 된다. 이러한 요소들을 적용할 때 아동은 긍정성을 향상하고 관계를 구축하며 최적의 학습 환경과 학습 결과를 지원받는다. 또한 자신의 강점에 초점을 맞추고 목적의식을 함양하게 되며 더욱 참여적이 되고 회복탄력성을 배울 수 있다.

(2) 인지행동치료(CBT)

감정과 행동을 변화시키는 데 있어서 다른 유형의 치료법보다 CBT 치료법의 효과성이 더욱 많이 입증되었다. 정신과 의사였던 Aaron Beck[42]에 의해 개발된 CBT는 '생각하는 방식이 행동에 어떤 영향을 미치는가'를 설명하고 있다.[41] 중요한 메시지는 사람의 생각을 비이성적인 사고에서 이성적이고 긍정적인 사고로 바꿈으로써 사람의 행동이 변화되고 더 행복하게 느낄 수 있다는 것이다. CBT의 기본 모델 중 두 가지 이론이 Bounce Back!의 내용에 특히 영향을 미쳤는데, Ellis의 합리적 정서 행동 치료(Rational Emotive Behaviour Therapy: REBT)[43]와 Martin Seligman의 학습된 낙관론(Learned Optimism)[44]이다. Bounce Back! 을 핵심적으로 이끌어 가는 10글자로 구성된 축약어가 있는데 CBT의 10가지 핵심 대처 문장[23]으로 제시된다. BOUNCE BACK!(오뚝이처럼 행복하세요)으로 구성된 10행시 축약어이다(111페이지 참조).

10) 과학적으로 입증된 교육전략

학습 환경은 학교에서 학생의 성공을 위한 열쇠이다. 따라서 사회정서학습 프로그램에서 효과적인 교육전략을 사용하는 것은 효과성과 학생의 참여 및 관심을 증가시킨다. Hattie[45]와 Marzano[46]에 의해 실시된 대규모 메타분석에서는 효과적인 교수법과 학습 연구를 정의하고 있다. Hattie에 따르면, 아동을 한 단계 상승시키는 것은 교과의 내용보다 교사의 교육전략과 관련이 높다.[45]

효과적인 교육전략에서는 높은 성취 기준을 제시하고 형성 평가 기회를 제공하며 높은 수준의 사고를 촉진하는 과제를 제공한다. 또한 학생들에게 동기를 부여하고 도전 의식을 심어 준다. 다음은 Bounce Back! 에서 제시하는 효과성이 입증된 교육전략이다.

(1) 협동 학습전략

협동적으로 과제를 수행하는 것은 교실에 소속감을 형성하는 데 도움이 된다. Bounce Back!에서 가장 자주 사용되는 교수전략은 긍정적인 결과를 달성하기 위해 다양하게 검증된[45]~[48] 협동 학습전략이다. 예를 들면 다음과 같다.

- 더 높은 수준의 학업성취
- 더 높은 수준의 수업 참여
- 긍정적인 관계 구축
- 교실 응집력의 강화
- 더 효과적인 사회적, 정서적 기술

학생은 협동 전략을 통해 의사소통하게 되고 서로의 의견을 절충하여 합의에 도달하는 과정을 겪는다. 이렇게 상호 간 긍정적인 존중 관계를 발전시킬 수 있을 때 사회적 기술을 더 잘 배운다. 상호 간 의사소통을 통해 학생들은 더 깊이 이해할 수 있다. 또한 서로를 격려하며 다양한 관점과 범위의 수용 가능한 응답을 생각하게 된다. 또한 이와 같은 사회적 대화에 적극적으로 참여함으로써 아동의 문해력이 향상된다. 다음 장에 제시되는 교육전략과 자원 그리고 이어지는 Bounce Back!의 각 단원에는 협력 학습을 구현하기 위한 다양한 단계별 전략이 제시되고 있다.

(2) 생각 도구

학생에게 비판적이고 창의적인 사고 기술을 신장시키기 위한 도전 과제를 제공한다고 해서 학생이 이러한 사고 기술을 실제로 사용할 것이란 보장은 없다. 학생은 본질적으로 과제가 흥미로워지면 지적으로 어려운 과제를 지속할 가능성이 더 높다. Bounce Back!에는 최근 청소년이 흥미를 느낄 수 있는 또래와 관련된 여러 주제가 포함되어 있다. 그리고 중요한 사회 정의와 삶의 문제에 대한 다른 견해와 가치들을 숙고하게 도와주는 학습전략뿐만 아니라 집단적인 합의에 도달하는 전략적 방법도 제시되어 있다. 많은 활동이 문제를 해결하고 결정을 내리는 것에 초점을 두고 있고, 비판적, 창조적, 윤리적 및 경험적으로 생각하는 능력을 개발하도록 돕고 있다. 이러한 사고력과 사회정서 능력은 삶의 전후반기 직업 현장에서 고용주에게 채용의 판단 근거가 되며 이들이 헤쳐 나가는 삶의 복잡성에 대처하는 데 중요한 능력이 된다. 저자인 McGrath와 Noble[49]의 생각 도구(thinking tools)는 교수전략 및 교육자료 측면에서 효과적인 방법을 제시하고 있으며, 해당 단원에서 주제별로 자세히 다룬다.

- 현미경 전략   • 10가지 생각 단계   • 협력적 입장교환 논쟁   • 곱하고 더하기
- BRAIN 토론   • PACE   • 소크라테스 서클 토론   • 멀티뷰 토론

(3) 서클 타임

협동 학습의 전략처럼, 서클 타임은 긍정적인 관계와 교실 공동체 의식을 형성하는 한편 사회적, 정서적 기술을 가르쳐 준다.[50], [51] 서클 타임은 핵심 개념을 소개하고 전체 및 소그룹의 토론과 활동을 용이하게 하기 위해 10개의 Bounce Back! 단원에 모두 사용된다. 각 서클 타임 토론은 각자에게 의미 있는 방식으로 개념을 적용할 수 있도록 기회를 제공하고 개별이나 소규모 그룹으로 이루어진다. 자세한 내용은 교수전략 및 자료 단원을 참조하기 바란다.

(4) 고품질의 교육 게임

학생들은 게임을 통해 더욱 적극적으로 참여하고 학습 결과도 효과적으로 향상된다. 그뿐만 아니라 게임은 교실 전체에 긍정적 에너지를 넘치게 하며 재미있는 수업을 끌어내기도 한다.[52] 시험공부를 위한 수업을 게임으로 재구성하여 제시하면 학생의 관심을 더 오래 유지할 수 있고 지적 도전 과제 콘텐츠에 기꺼이 참여하게 할 수 있다.[53] 게임의 핵심은 규칙과 절차이다. 규칙과 절차에 대한 구조 및 한계를 명확하게 설정하고 교육적 게임을 할 때 학생들은 사회적으로 서로 덜 공격적으로 행동하는 경향이 있다.[27] Bounce Back! 게임의 대부분은 학생들이 참여하는 짝 활동이나 소그룹 활동이다. 그러면 학생들은 좋은 승자와 멋진 패자가 되는 것이나 짝과 협의하는 것을 배우고 한 명씩 순서를 돌아가면서 하는 것 그리고 전체를 보는 관점을 사용하는 것과 같은 사회적 기술을 연습한다. 또한 협동 게임은 조직화하는 기술(예: 기록 데이터 및 시간 관리)이나 언어 능력을 향상시키고 가설을 세워 검증하며 전략적으로 문제를 해결하는 기회를 제공한다. 협동 게임은 특정 학생들의 사회적, 정서적 능력을 평가하는 자연스러운 환경을 제공할 수 있다. 소그룹 활동을 통해 특정 사회적 기술에 대해 더욱 집중적이고 직접적으로 가르칠 수 있다.

(5) 또래 지지

Bounce Back!의 여러 활동은 고학년 학생들이 직접적으로 혹은 간접적으로 저학년 학생들과 함께 작업하는 것을 포함한다. 이러한 활동은 일반적으로 교육용 게임, 읽기, 쓰기 활동 또는 특정 그림책을 기반으로 한다. 예를 들어, 고학년 학생들에게는 저학년 학생이 좌절에서 회복되는 주제나 용기에 대한 주제에 대해 디지털 스토리를 만드는 것을 도와주는 기회가 주어진다. 고학년 학생들은 저학년 학생을 가르치는 활동을 통해 웰빙 개념을 더 깊이 이해할 수 있다. 특히 자신감을 높여야 하는 학생은 어린 학생보다 더 다양한 지식이 있다는 것을 느낄 수 있기 때문에 도움이 된다. 자신의 기술과 능력에 대한 자신감을 높이는 동시에 다른 사람들과 긍정적으로 관계를 맺는 경험도 하게 된다.[54] 또한 다른 누군가를 도와줌으로써 의미와 목적을 얻는다. 이와 같은 고학년과 저학년의 교차 연령 접촉은 다음과 같은 방식으로 한다.

- 직접 교실을 방문하여 게임을 하거나 공예품을 만드는 등의 함께하는 과제 활동
- 저학년을 위한 수업 준비 혹은 제작
- 웰빙에 대한 동영상, 이미지, 디지털 스토리텔링이나 애니메이션을 만들기 위한 기술 개발

11) 다른 과목의 교육과정 영역과 통합된 설계

학업 내용과 사회정서학습을 통합하면 프로그램의 효과가 높아지는 것으로 나타났다.[35] Bounce Back!의 내용은 국어, 수학, 사회, 과학, 체육, 보건, 종교 교육 및 예술과 같은 다른 교과 영역(혹은 학업성취도 영역)과 효과적으로 통합될 수 있도록 개발되었다.

사회정서학습의 측면과 초등학교 아동이 전반적으로 경험하는 어려움에 대한 주제가 연결되어 있다. 예를 들어, 용기, 끈기, 좌절감을 다룰 때는 연령에 적합한 아동문학과 연결하거나 여러 위인, 탐험가, 발명가, 불의에 반대했던 사람 및 과학과 의학에서 큰 돌파구를 마련한 연구자를 소개하여 아동 삶의 주제와 연결하고 있다.

(1) 아동문학

Bounce Back!을 사용한 교사들이 뽑는 이 프로그램의 강점은 높은 수준의 아동문학을 활용하는 것이다. 훌륭한 문학작품을 사용함으로써 Bounce Back! 프로그램을 보다 쉽게 가르칠 수 있으며, 교사들은 학생들에게 웰빙과 회복탄력성을 가르치는 것에 대해 더 이상 어렵지 않게 느끼고 자신감을 갖게 된다.[16], [55]

Bounce Back!에서 사용되는 책, 영화 및 동영상은 다음과 같은 다양한 방법으로 사용된다.

- 주요 주제 소개(예: 용감함)
- 학생들이 안전하고 편안한 방식으로 주요 실생활 문제(예: 우정, 친절)에 참여하고 토론할 수 있도록 지원

- 학생의 문제로 돌리지 않고 책의 성격과 관련된 문제에 집중하여 논의하도록 유도
- 한 학생 또는 그룹과 특별한 관련이 있는 책을 선택하여 전체 학급에 사용 가능
- 외로움과 같은 상황을 '정상적인 일이라고 인식'하도록 도와주고 학생이 그러한 문제를 겪는 첫 번째 또는 유일한 사람이 아님을 알 수 있도록 도움
- 아동이 겪을 수 있는 비슷한 상황을 문학작품 속 상황으로 끌어내어 '현실적인 일반적 사람'에 대해 느끼고 공감할 수 있도록 격려
- 자기 반복적 성향 및 통찰력 제시
- 친절과 같은 친사회적 가치에 대한 모델링, 협상과 같은 사회적 기술을 통해 관계 문제를 해결하는 모델링 또는 분노를 관리하거나 용기와 같은 감정적 기술을 사용하는 모델링의 제시

각 단원을 처음 시작하는 서클 타임에서는 아동 연령에 맞춘 비판적 문해(critical literacy) 전략을 활용하게 된다. 교수전략 및 자료 단원에는 이런 아동문학이나 영화, 동영상 등을 제시하여 아동이 체험할 수 있는 문학적 상황 및 웰빙 상황을 최대한 활용하여 정서적 기술의 발전을 도모하고 있다(예: 가장 낙천적인 캐릭터는 누구입니까? 누가 용감하고 어떤 위험을 감수했나요?). 아동문학, 동영상, 시, 노래 및 웹사이트의 세부 자료 및 보충자료는 각 단원의 시작 부분에도 나와 있다.

(2) 종합예술: 역할극, 음악, 시각 예술

대부분의 Bounce Back! 단원에서는 그림, 만들기, 모델링, 노래 또는 역할극 활동을 통해 웰빙 개념을 이해할 수 있도록 하고 있다. 이러한 활동은 아동의 발달 단계에 적합하여 다양한 종합예술이 사용된다. 음악은 문화, 나이, 시간과 관계없이 긍정적인 감정을 유발하는 강력한 수단 중 하나로 보고된다. 전체가 함께 노래 부르는 것은 사회적 연결과 응집력뿐만 아니라 긍정적인 기분과 관심을 증진한다는 연구 결과가 있다. Bounce Back!에서는 함께 부르는 가창 활동을 장려한다. 많은 주요 SEL 개념과 웰빙 및 회복탄력성 메시지가 1~4학년 단계 노래 속에 통합되었으며 온라인으로 제공된다. 주기적으로 Bounce Back!에 나오는 노래를 부르면서 학생들은 웰빙 메시지를 여러 번 다시 접하게 된다. 이러한 반복은 학생들이 실생활에서 어려운 상황에 직면했을 때 Bounce Back! 학습을 기억할 가능성을 더 높인다. 5~6학년 학생들은 '원하는 노래나 즐겨 듣는 노래를 각자 골라 보고(song hunting)' 웰빙 및 회복탄력성과 관련된 핵심 메시지와 일치하는 것으로 생각되는 노래를 교실에서 친구들과 나누도록 한다.

(3) 건강 및 체육

Bounce Back!은 보건 및 체육 교육(the Health and Physical Education: HPE)의 성과들을 다룬다. HPE 교육과정은 다른 사람들과 효과적으로 활동하고 노는 것, 사람들 간의 다양성을 이해하고 다양성을 가치 있게 생각하는 것, 어려운 일들을 관리하고 각자의 역할을 협상하는 법 그리고 교사 및 친구들과 공동체로서의 책임감을 느끼는 것과 같은 학생의 사회정서적 측면에 중점을 둔다.

(4) 디지털 기술

각 Bounce Back! 단원에는 슬라이드 쇼, 팟 캐스트, 동영상 디스플레이, 사진 슬라이드쇼, 디지털 스토리텔링 및 책 광고, 단편 영화, 애니메이션, 학습자료 생성과 같은 디지털 기술을 사용하는 방법에 대한 아이디어가 포함되어 있다.

(5) 기타 과목 영역

각 단원에서의 활동은 또한 인문학과 사회과학, 과학, 수학과 관련되어 있다.

12) 평가도구 범위

사회정서학습 프로그램의 평가는 프로그램에서 무엇이 효과적인지를 확인하는 데 필수적이다. 학생의 프로그램에 대한 중요 메시지의 이해도가 향상되었는지 여부는 프로그램 진도 관리에 중요할 뿐만 아니라 교사가 수업을 어떻게 진행해 나갈지에 대한 피드백이 된다. 또한 진도 상황을 문서화하는 것은 전체 학교 공동체와 결과를 공유하고 체제적 지원 기회를 얻을 수 있다. Bounce Back!은 형성 평가와 종합 평가를 시행할 수 있다. 각 단원에서는 사회정서학습 기술, 자신을 인식할 수 있는 강점과 관심사 혹은 학습의 준비 상태에 대한 일일 형성 평가를 제공한다. 학생 웰빙과 회복탄력성 프로그램에 대한 사전과 사후의 향상 정도를 확인할 수 있는 다양한 평가도구도 포함되어 있다. 웰빙 및 회복탄력성 평가도구에 대한 자세한 내용은 제6장을 참조하기 바란다(121페이지 참조).

4. 예상 결과

기대되는 단기적 성과	기대되는 장기적 성과
• 사회정서기술에 대한 지식과 이해 • 보다 긍정적인 태도(예: 자아, 타인, 학습 및 학교에) • 향상된 학습 환경: 교실이 더욱 안전하고, 지지적이며, 존중되고, 참여적이 됨	• 향상된 사회적 행동 • 보다 긍정적이고 존경받는 또래 관계 • 보다 긍정적인 학교 환경 • 보다 탄력적인 행동 • 감정적 괴로움의 감소 • 문제 발생의 감소 • 학업 성과의 개선 • 높은 수준의 교사 웰빙 및 회복탄력성 • 학생들에게 보다 효과적인 교사 상담/지원

참고문헌

1. World Health Organization (WHO), 2003, *Caring for children and adolescent with mental disorders: Setting WHO directions*, World Health Organization, Geneva.

2. UNICEF, 2014, 'The state of the world's children 2014 in numbers', available from www.unicef.org/sowc2014/numbers.

3. Kim-Cohen, J., Caspi, A., Moffitt, T.E., Harrington, H., Milne, B.J. & Poulton, R. 2003, 'Prior juvenile diagnoses in adults with mental disorder: Developmental follow-back of a prospective-longitudinal cohort', *Archives of General Psychiatry*, 60, pp. 709-717.

4. Layard, R. & Hagell, A. 2015, 'Healthy Young Minds: Transforming the Mental Health of Children', in *World Happiness Report 2015*, J.H. Helliwell, R. Layard & J. Sachs. (eds), Sustainable Development Solutions Network, New York.

5. https://www.oecd.org/australia/Better-Life-Initiative-countrynote-Australia.pdf

6. Gable, S.J. & Haidt, J. 2005, 'What (and why) is positive psychology?', *Review of General Psychology*, 9(2): pp. 103-110.

7. Seligman, M.E.P. & Csikszentmihalyi, M. (eds) 2000, 'Positive Psychology-An Introduction', *American Psychologist*, 55, pp. 5-14.

8. Noble, T. & McGrath, H., 2015, 'PROSPER: A New Framework for Positive Education', *Psychology of Well-Being: Theory, Research and Practice*, 5:2

9. Noble, T. & McGrath, H. 2016, 'PROSPER for Student Wellbeing: Pathways and Policy', *Springer Brief,* The Netherlands.

10. Zins, J.E., Bloodworth, M.R., Weissberg, R.P. & Walberg, H.J. 2004, 'The scientific base linking social and emotional learning to school success', in *Building academic success on social and emotional learning*, J.E. Zins, R.P. Weissberg, M.C. Wang & H.J. Walberg (eds), Teachers College Press, New York.

11. Weissberg, R.P., Durlak, J.A., Domitrovich, C. & Gullotta, T.P. 2015, 'Social and Emotional Learning: Past, Present, and Future', in R.P. Weissberg, J.A. Durlak, C.E. Domitrovich, & T.P. Gullotta (eds), *Handbook of Social and Emotional Learning: Research and Practice*, Guilford Press, New York.

12. McGrath, H. & Anders E. 2000, 'The Bounce Back! Program', *Turning the Tide in Schools Drug Education Project*, Victorian Department of Education.

13. Axford, S., Blyth, K. & Schepens, R. 2010, 'A Study of the Impact of the Bounce Back Programme on Resilience, Wellbeing and Connectedness of Children and Teachers in Sixteen Primary Schools in Perth and Kinross, Scotland, Midpoint Report', Perth and Kinross Council, Scotland.

14. Axford, S., Schepens, R. & Blyth, K. 2011, 'Did introducing the Bounce Back Programme have an impact on resilience, connectedness and wellbeing of children and teachers in 16 primary schools in Perth and Kinross, Scotland?', *Educational Psychology*, 12(1): pp. 2-5.

15. 'After the Riots 2012, The Final Report of the Riots Communities and Victims Panel', UK Government: http:/riotspanel.independent.gov.uk/wp-content/uploads/2012/03/Riots-Panel-Final-Report1.pdf

16. Noble, T. & McGrath, H. 2017, 'Making it real and making it last! Sustainability of teacher implementation of a whole school resilience program', in *Resilience in Education: Concepts, Contexts and Connections,* Wosnitza, M., Peixoto,

F., Beltman, S., & Mansfield, C.F. (eds.), Springer, New York.

17. Borgonovi, F. and Pál, J. 2016, 'A Framework for the Analysis of Student Well-Being in the PISA 2015 Study: Being 15 in 2015', *OECD Education Working Papers*, No. 140, OECD Publishing, Paris: http://dx.doi.org/10.1787/5jlpszwghvvb-en.

18. Durlak, J.A., Weissberg, R.P., Dymnicki, A.B., Taylor, R.D. and Schellinger, K.B. 2011, 'The Impact of Enhancing Students' Social and Emotional Learning: A Meta-Analysis of School-Based Universal Interventions', *Child Development*, 82, 1, pp. 405-432.

19. Dix, K., Slee, P.T., Lawson, M.J., Keeves, J.P. 2012, 'Implementation quality of whole-school mental health promotion and students' academic performance', *Child and Adolescence Mental Health*, 17(1): pp. 45-51.

20. Diekstra, R.F.W. & Gravesteijn, C. 2008, 'Effectiveness of School-based Social and Emotional Education Programmes Worldwide'.

21. Dix, K.L., et al. 2009, 'KidsMatter Evaluation Executive Summary', beyondblue, downloaded 7/1/10 from www.kidsmatter.edu.au/wp/wp-content/uploads/2009/10/kidsmatter-executive-summary.

22. Bradshaw, C. 2015, 'Translating Research to Practice in Bullying Prevention', *American Psychologist*, 70(4): pp. 322-333.

23. Collaborative for Academic, Social and Emotional Learning, 2007 [cited 18/1/10], available from www.casel.org.

24. McGrath, H. & Noble, T. 2011, *BOUNCE BACK! A Wellbeing & Resilience Program, Lower Primary K-2; Middle Primary: Yrs 3-4; Upper Primary/Junior Secondary: Yrs 5-8*, Pearson Education, Melbourne.

25. McGrath, H., & Francey, S. 1991, *Friendly Kids, Friendly Classrooms*, Pearson Education, Melbourne.

26. Wells, J., Barlow, J. & Stewart-Brown, S. 2002, 'A systematic review of universal approaches to mental health promotion in schools', Health Services Research Unit, Oxford.

27. Garaigardobil, M., Magento, C. & Etxeberria, J. 1996, 'Effects of a co-operative game program on socio-affective relations and group cooperation capacity', *European Journal of Psychological Assessment*, 12: pp. 141-152.

28. O'Malley, M., Katz, K., Renshaw, T. & Furlong, M. 2012, 'Gauging the system: Trends in school climate measurement and intervention', in *The Handbook of School Violence and School Safety: International Research and Practice* (2nd edn), S. Jimerson, A. Nickerson, M. Mayer & M. Furlong (eds), Routledge, New York, pp. 317-329.

29. Collie, R.J., Shapka, J.D., & Perry, N.E., 2012, 'School Climate and Social-Emotional Learning: Predicting Teacher Stress, Job Satisfaction, and Teaching Efficacy', *Journal of Educational Psychology*, 104(4), 1189-1204 0022-0663/12 DOI: 10.1037/a0029356.

30. Oberle, E. & Schonert-Reichl, K.A., 2016, 'Stress contagion in the classroom? The link between classroom teacher burnout and morning cortisol in elementary school students', *Social Science & Medicine*, 159: pp. 30-37.

31. Garbacz, S.A., Swanger-Gagne, M.S. & Sheridan, S.M. 2015, 'The role of school-family partnership programs for promoting student SEL', in *Handbook of Social and Emotional Learning. Research and Practice*, Durlak, J.A., Domitrovich, C.E., Weissberg, R.P., & Gullota, T.P. 2015, The Guilford Press, New York.

32. Greenberg, M., et al. 2003, 'Enhancing school-

based prevention and youth development through coordinated social, emotional, and academic learning', *American Psychologist*, vol. 58, pp. 466-474.

33. Greenberg, M.T., Domitrovich, C. & Bumbarger, B. 2001, 'Preventing mental disorders in school-age children: a review of the effectiveness of prevention programs', Center for Mental Health Services (CMHS), Substance Abuse Mental Health Services Administration, US Department of Health and Human Services.

34. 'Effective school health promotion: Towards health promoting schools', 1996, The National Health and Medical Research Council's Health Advancement Committee.

35. Weissberg, R.P. & O'Brien, M.U. 2004, 'What works in school-based social and emotional learning programs for positive youth development', *The Annals of the American Academy of Political and Social Science*, vol. 591, pp. 86-97.

36. Wells, J., Barlow, J. & Stewart-Brown S. 2003, 'A systematic review of the universal approaches to mental health promotion in schools', *Health Education*, vol. 103, no. 4, pp. 197-220.

37. CPPRG, 1999, 'Initial impact of the fast track prevention trial for conduct problems: 11 classroom effects', *Journal of Consulting and Clinical Psychology*, vol. 67, pp. 648-657.

38. O'Shaughnessy, T.E., et al. 2002, 'Students with or at risk for emotional-behavioral difficulties', in *Interventions for children with or at risk for emotional and behavioral disorders*, Lane, K.L., Gresham, F.M. & O'Shaughnessy, T.E. (eds), Allyn & Bacon, Boston.

39. Severson, H.H. & Walker, H.M. 2002, 'Proactive approaches for identifying children at risk for sociobehavioral problems' in *Interventions for children with or at risk for emotional and behavioral disorders*, K.L. Lane, F.M. Gresham & T.E. O'Shaughnessy (eds), Allyn & Bacon, Boston.

40. Reivich, K. 2005, 'Optimism lecture' in *Authentic Happiness Coaching*, University of Pennsylvania.

41. Andrews, G., Szabó, M. & Burns, J. 2001, 'Avertable Risk Factors for Depression', beyondblue, the Australian National Depression Initiative.

42. Beck, A.T. 1979, *Cognitive Therapy and the Emotional Disorders*, Penguin Books, New York.

43. Ellis, A. & Harper, R. 2008, *A New Guide to Rational Living* (3rd edn), Wilshire Book Company.

44. Seligman, M.E.P. 1995, *The Optimistic Child*, Random House, Sydney, www.unsdsn.org/happiness.

45. Hattie, J. 2009, 'Visible Learning: A Synthesis of Over 800 Meta-analyses Relating to Achievement', Routledge, London. Direct quote, 20 words.

46. Marzano, R.J., Pickering, D.J., & Pollock, J.E. 2001, 'Classroom instruction that works: Research-based strategies for increasing student achievement', Alexandria, VA: Association for Supervision and Curriculum Development.

47. Johnson, D. & Johnson, R. 2009, 'An Educational Psychology Success Story: Social Interdependence Theory & Cooperative Learning', Educational Researcher, 38; 365. http://er.aera.net

48. Roseth, C.J., Johnson, D.W. & Johnson, R.T. 2008, 'Promoting early adolescents' achievement and peer relationships: The effects of cooperative, competitive and individualistic goal structures', *Psychological Bulletin*, vol. 134, no. 2, pp. 223-246.

49. McGrath, H. & Noble, T. 2010, *HITS and HOTS, Teaching + Thinking + Social Skills*, Pearson Education, Melbourne.

50. McCarthy, F.E. 2009, 'Circle Time Solutions. Creating Caring School Communities', Report for the NSW

Department of Education and Training.

51. Roffey, S. 2014, *Circle Time for Student Wellbeing*, Sage Publications, London.

52. Marzano, R.J. 2007, *The Art & Science of Teaching: A Comprehensive Framework for Effective Instruction*, Association for Supervision and Curriculum Development, Alexandria, Virginia.

53. Dweck, C.S. 2006, *Mindset, The New Psychology of Success*, Random House, New York.

54. Stanley, M. & McGrath, H. 2006, 'Buddy systems: Peer support in action', in *Bullying Solutions. Evidence-based approaches for Australian schools*, H. McGrath & T. Noble (eds), Pearson Education, Sydney.

55. McGrath, H. & Noble, T. 2011b, 'Report of the Evaluation of the Impact of Training Teachers in Bushfire-affected Schools to Use the Bounce Back Classroom Resilience Program in their Classrooms', Victorian Department of Education and Early Childhood.

56. Rickard, N.S., 2014, 'Editorial for Music and Wellbeing Special Issue', *Psychology of Well-Being: Theory, Research and Practice*, 4:26, www.psywb.com/content/4/1/26.

제2장 Bounce Back! 교육과정

이 장에서는 다음과 같은 주제를 다룬다.

● 핵심 가치, 사회적 가치, 회복탄력성, 용기, 낙관성, 정서, 관계, 유머, 안전, 성취의 주제로 구분되는 각 단원의 세부적 요약

도입

Bounce Back! 프로그램은 세 가지 수준으로 구성되어 있다.

1. 1~2학년용은 초등학교 저학년 3년(약 만 5~7세)에 적합하다.

2. 3~4학년용은 중학년 학생(약 만 8~10세)에게 적합하다.

3. 5~6학년용은 고학년 학생(약 만 11~12세)에게 적합하다.

해당 학년에는 다음과 같은 내용이 실려 있다.
- 이론 핸드북
  - Bounce Back!을 뒷받침하는 이론, 근거 및 증거 기반 연구의 요약
  - 프로그램을 실행하고 유지하는 방법
- 각 단원의 교육과정
  - 긍정심리학/긍정교육, 사회·교육 심리학 및 사회정서학습(SEL)에서 검증된 연구에 기초한 단원의 구성

1. 교육과정 구성

Bounce Back!의 10단원 교육과정 구성내용은 다음과 같다.

1. 핵심 가치   2. 사회적 가치   3. 회복탄력성   4. 용기   5. 낙관성
6. 정서   7. 관계   8. 유머   9. 안전   10. 성취

2. 1단원: 핵심 가치/2단원: 사회적 가치

> 아무리 작아도 친절한 행동은 결코 헛되지 않다. (Aesop)

우리가 갖고 있는 가치는 우리가 누구인가를 결정하며 무엇을 하는지 결정한다. 학생의 행동이 친근하고, 포용적이며, 존중하고, 남을 지지하는 것 같은 친사회적 가치에 의해 인도될 때, 교사 및 동료와의 긍정적이고 만족스러운 관계를 발전시킬 가능성이 더 크다. 학생의 행동이 정직, 공정성, 책임감과 다양성의 수용과 같은 핵심 가치에 의해 인도될 때 그들은 성실하게 행동한다. 이러한 핵심 가치와 사회적 가치에 따라 행동하는 학생은 보다 나은 정신적 · 육체적 건강, 학습 성과 개선 및 성인과의 성공적인 관계를 경험할 가능성이 더 크다.[1~3]

1) 가치관이란

가치관(values)이란 각각의 사람이 무엇이 옳고 그른지, 그리고 삶에서 가장 중요한 것이 무엇인지에 대해 가지고 있는 비교적 안정적이고 보편적이며 지속적인 믿음이다. 가치관은 자신을 개인으로 보는 방법, 우리가 다른 사람들을 보는 방법, 그리고 우리가 세상을 어떻게 해석하는지에 대한 기초가 된다. 가치관은 우리의 행동과 선택의 방향을 인도하는 '도덕적 지도(moral map)'가 된다.

교육에서 인성뿐만 아니라 가치에 대한 관심이 증가하고 있고 학생의 가치관이나 성격을 개발하기 위한 전략들이 증가하고 있다. 긍정교육, 사회정서학습, 인성교육을 연구하는 분야들은 모두 '좋은 성격'의 중요성과 이를 뒷받침하는 핵심 가치에 초점을 맞추고 있다. 가치와 관련한 용어인 '성격(character)', '성격강점 (character strengths)', '가치(values)', '미덕(virtues)' 및 '윤리적 이해(ethical understanding)'라는 단어는 문헌에서 종종 서로 혼용되어 사용된다. 하지만 Bounce Back!에서는 학생의 옳고 그름과 자신의 삶에 중요한 신념에 관련한 것은 '핵심 가치(core values)'라 칭하고, 학생이 다른 사람들을 대하는 방식의 가치와 관련한 것은 '사회적 가치(social values)'라는 용어로 일관되게 사용함으로써 단순화하였다. 예를 들면, Bounce Back! 성격강점이라는 용어는 용기와 같은 개인적인 강점을 위해 사용하고자 한다.

2) 가치관 교육

2011년 영국 전역에서 폭동 사태가 일어났을 때, 학교에서 인성교육에 대한 요청이 있었다. 당시 David Cameron 영국 총리는 이 폭동은 국민들이 옳고 그름에 대해 무관심한 풍토가 드러난 것이라고 주장했고, '천천히 무너지고 있는 도덕적 붕괴'에 대응하는 방법으로 학교의 역할이 필요하다고 말했다. 그러면서 Bounce Back!의 효과성을 영국 정부의 보고서에 언급하였다. 영국 스코틀랜드의 학교에서 Bounce Back! 이 학생의 사회 및 정서적 웰빙과 성격에 긍정적 영향을 미쳤다고 보고하였다. 위원들은 '인격을 쌓는 것은 모든 학교교육 목적의 중심이 되어야 한다'고 제안했다.[4]

가치관/성격에 관한 주요 연구는 68개 학교, 255명의 교사 및 1만 명 이상의 학생이 참여하는 영국 Jubilee Center for Character and Virtues에서 실시되었다. 이 연구는 주립 대학과 사립 대학, 종교와 비종교, 크고 작은, 농촌과 도시를 포함한 다양한 학교에 중점을 두고 학생의 도덕적 추론 능력을 평가했다. 결론은 모든 종류의 학교가 올바른 접근 방식으로 좋은 성격을 키울 수 있다는 것이다. 도덕적 추론 능력점수가 높은 학교는 전체 아동을 발달시키려는 강한 의지를 가지고 있었으며 '도덕 수업(moral teaching)'을 최우선 과제로 삼아 도덕적 문제를 논의하기 위해 수업 시간을 할당했으며, 학생의 성품을 키우는 데 지식이 풍부하고 열정적이었던 교사가 한 명 이상 있었다고 보고되었다.

도덕적 추론 능력점수가 높은 학교의 교사 중 91%는 학부모가 자녀의 좋은 인격을 키울 수 있다고 응답한 반면, 낮은 점수의 학교 교사들은 52%만이 그렇다고 대답했다. 이 연구는 사회정서학습을 위한 실행계획에 있어서 가족-학교 파트너십의 중요한 역할을 강조했다.

학교차원 긍정적 행동 지원(School-Wide Positive Behaviour Support: SWPBS) 모델과 긍정 행동 학습(Positive Behavior for Learning: PBL) 모델을 사용하는 두 연구에서는 학교만의 특정 핵심 가치를 홍보하도록 하고 있다.[5],[6] 또한 가치 중심 교육뿐만 아니라 문화 간 이해나, 사회적 응집 및 통합을 촉진하는 교육에 이르기까지 다양한 가치교육이 필요하다고 제시하였다.[7]

두 연구에서는 학교의 공유 가치가 명시적으로 명확하게 표현되고, 분명하게 가르쳐지고, 학교 구성원에 의해 모델화되고, 학교의 주요 생활에 포함될 때 학생들의 친사회적 행동과 학교와의 유대감이 현저하게 향상된다는 것을 발견했다. 교사는 의식적으로 학생들이 학교 가치를 실천할 때 연습하고 보상을 받을 수 있는 많은 기회를 만들어 낸다. 일반적으로 SWPBS 학교나 PBL 학교에서는 아동에게 기대하는 3개에서 5개 정도의 핵심 가치를 선택한다. 예를 들어, '존중'의 가치를 선택하면서 '자신을 존중하라, 다른 사람을 존중하라, 그리고 상대방의 물건들을 존중하라'와 같은 행동적 기대를 제시한다.

'다른 사람을 존중하라'는 다른 사람을 차별 없이 공정하게 대하고, 다른 사람을 무시하지 않는 것을 의미한다. 존중하는 관계란 각 개인이 가치 있고, 받아들여지고, 포함되고, 지지받고, 신체적으로 그리고 감정적으로 안전하다고 느끼는 규칙적이고 지속적인 사회적 상호작용으로 정의될 수 있다. 또한 학생들의 행복, 안전감 및 관계에 매우 중요한 교사와 또래의 지지를 받는 것을 의미한다. 그러한 관계는 아동이 친구와 선생님 그리고 학교와 연결되어 있다고 느끼는 긍정적인 학교 분위기를 형성하는 데 중요하다. SWPBS

지침을 보면 학교에서 선택하여 공약된 핵심 가치를 교사들의 80% 이상이 수업에서 일관성 있게 실천하는 것이 중요함을 강조한다. 학교 전체의 일관성을 높이기 위해 모든 학급이나 교실 밖에서 각 학교는 학생들의 어떤 행동이 어떤 가치를 의미하는지에 대한 '행동 가치표'를 개발해야 한다.

사회적 가치를 다룬 단원은 친절에 중점을 둔다. 친절은 매우 중요하다. 아이들에게 다른 사람에게 친절해지라고 장려하는 것은 수혜자뿐만 아니라 친절을 베푸는 사람에게도 이익이 된다. 밴쿠버의 19개 교실에서 실시된 한 연구에서, 9~11세 사이의 학생들에게 누군가를 위해 세 가지 친절을 베풀거나(예: 점심의 일부를 다른 사람에게 주기, 스트레스받을 때 엄마와 허그하기, 청소하기 등) 또는 가 보고 싶은 곳을 방문하라고 했다(예: 할머니 댁 방문하기, 쇼핑몰 방문하기 등). 친절한 행동을 한 학생은 그렇지 않은 학생보다 웰빙 점수가 높아졌고 동료 수용에 있어 더 높은 점수를 보고했다.[9] 아이의 친절 행동이 집에서 이루어지더라도 이 행동은 결국 학교의 또래 속에서 개인의 인기를 증가시켰다. 또래 집단의 수용은 괴롭힘을 당할 가능성이 적다는 의미를 포함하여 다양하고 중요한 학업적, 사회적 이익을 얻는 것들과 관련이 있다. 이 연구는 '규칙적'으로나 '의도적'으로 핵심 혹은 사회적 가치관을 목표로 하는 친사회적 활동을 교과 과정에 포함시키는 것이 중요하다는 점을 강조한다.

1단원 핵심 가치와 2단원 사회적 가치에서는 아동문학, 미디어, 동영상, 드라마 및 역할극, 글쓰기, 그림 및 말하기 활동을 통해 보편적 가치를 제시하고, 학생의 교실 참여를 증진하며, 다른 사람들에게 봉사를 제공하는 교실 및 학교 공동체 활동을 설명한다. 많은 활동이 윤리적 및 문화적 다양성과 관련된 이해를 증진시킨다. 다양한 연령/학년 수준의 활동은 핵심 가치 혹은 사회적 가치관을 통해 교사에게 긍정교육/긍정적 행동에 대한 전 학교 접근 방식을 지원하고, 선택된 핵심 혹은 사회적 가치관은 또한 긍정적 학교 분위기를 조성하며 학생의 삶을 향상시킬 수 있다.

(1) Bounce Back! 핵심 가치

- **다양성의 인정(Acceptance of differences)**: 다른 사람의 권리 인정하기, 다르다는 이유로 다른 사람들을 배제하거나 부당하게 대하지 않기, 다양성을 장려하고 사람들의 다양함이 좋다는 기본적인 생각을 가지고 행동하기
- **정직함(Honesty)**: 진실 말하기, 규칙에 따라 행동하기, 자신이 잘못한 것을 자신의 일로 생각하기
- **공평성(Fairness)**: 공정성(equity)에 초점을 맞추고 불의를 다루기
- **책임(Responsibility)**: 한다고 한 약속(promises)과 구성원으로서 당연히 해야 할 약속(commitments)을 지키는 방식으로 행동하기, 나보다 어려운 사람들의 삶을 돌보기

(2) Bounce Back! 사회적 가치

- **친절과 연민(Kindness and Compassion)**: 다른 사람들의 웰빙에 관심을 갖고 필요한 곳에 지원 제공하기
- **협력(Cooperation)**: 공동의 목표를 달성하기 위해 함께 노력하기, 협력은 세계 평화와 환경 보호를 위한

협력도 포함함

- 타인에 대한 존중(Respect for other): 자신의 권리를 존중하는 방식으로 다른 사람들을 위해 행동하기. 예) 존엄성을 가지고 감정을 고려하기, 안전하고 공평하게 대우하기
- 자기존중(Self-respect): 자기 자신을 받아들이기, 자신 안에 단단히 자리 잡은 성격과 행동을 이해하는 감각을 발달시키기
- 친근감과 포용성(Friendliness and inclusion): 포용적이고 친절한 방식으로 타인을 위해 행동하기, 우정을 만들기 위해 적극적으로 행동하기

3. 3단원: 회복탄력성

우리에게 가장 큰 영광은 '떨어지지 않는' 것이 아니라 '떨어질 때마다 다시 솟아오르는' 것이다. (공자)

이 단원에서는 사람들의 회복탄력성, 즉 어려움이나 도전을 경험한 후 '다시 원 상태로 돌아오는' 인간의 능력에 대한 개념을 소개한다. 중학년(3~4학년)과 고학년(5~6학년)은 오뚝이처럼 행복하기 위한 10가지 대처 원칙을 배우게 된다. '오뚝이처럼 행복하세요'(BOUNCE BACK!)로 요약된다.

오늘의 나쁜 기분은 영원히 지속되지 않아! 내일은 오늘보다 좋아질 거야.

뚝심 있게 도와달라고 말해 봐! 도와달라고 하면 도와줄 거야.

이로운 생각은 기분을 좋게 해 줘! 다시 생각해 봐.

처음부터 완벽한 사람은 없어! 이 세상 어디에도.

럼(넘)어져도 일어날 수 있어! 실패보다는 성공에 초점을 둬.

행복이 항상 있는 건 아니야! 슬픔과 상처와 아픔도 자연스러운 거야.

복(福)은 만드는 거야! 그냥 주어지는 게 아니야.

하늘의 뜻이려니 생각해. 너무 자책하지 마!

세상은 끝나지 않았어. 도전하면 다시 이룰 수 있어!

요즘 힘들다고? 이 또한 지나가리!

10가지 대처 원칙의 이론적 기초는 인지행동요법(Cognitive Behaviour Therapy)이다. 10가지의 진술을 학생들이 마음으로 익힌다면 좌절감을 경험할 때 탄력적인 생각을 취할 수 있게 된다. 이 단원에서는 자연이 회복되는 방식(예: 황폐한 숲의 재생, 피부 회복, 면역 체계)에 대한 내용과 고난이나 학업적/사회적 어려움 후에 사람들이 어떻게 회복되는지의 내용을 중심으로 다룰 것이다. 학생들에게 삶의 대처 기술을 교육하면, 역경을 만났을 때 효과적으로 적응하고 감정적인 고통을 관리하며 삶의 수준을 최적으로 유지하는 기술을

익히게 된다. 대처 기술은 삶을 덜 고통스럽게 하거나 혹은 더 행복하게 하거나 더 생산적으로 만드는 사고, 행동 및 태도를 증진시킨다.

4. 4단원: 용기

> 용기란 두려움에 대한 탄력적 행동이고 공포에 대해 단련됨을 의미하는 것이지 공포가 없음을 의미하는 것은 아니다. (Mark Twain)

이 단원의 핵심 내용은 다음과 같다.

- 두려움이 없다면 용기도 없음을 이해하기
- 다음 용어들의 차이점을 이해하기: 일상의 용기, 영웅적 용기(위험에 처한 다른 사람을 돕는 행동), 스릴 추구, 고위험 전문직 종사자들의 위험 감수 그리고 무모함
- 일상의 용기는 신체적(예: 스노클링 배우는 것)이나 심리적(예: 친구와 의견 차이를 해결하는 것) 혹은 도덕적(예: 부당하게 대접받는 누군가를 지지하는 것)인 영역에서 발생할 수 있음을 이해하기
- 두려움이 상대적이라는 것을 이해하기: 누군가에게 두렵거나 긴장되는 것이 다른 사람에게는 두렵지 않거나 긴장되지 않을 수 있음
- 삶의 많은 부분에서 더 용기 있게 되는 기술과 인식을 개발하기(예: 연설)

용기는 두려움이나 고통이 없는 것이 아니라 두려움에도 불구하고 행동할 수 있는 능력이다. 용기 있는 사람은 두려운 상황이나 걱정스러운 생각, 감정 그리고/또는 신체적인 반응에 의해 일어나는 불편함에도 불구하고 그것을 해결하기 위해 노력한다. 역경이나 좌절을 견디고, 어렵고 위협적인 일을 다루기 위해서는 용기가 필요하다. 이것은 '자발적인' 행동이며, 성공하지 못하거나, 어리석게 느껴지거나, 괴롭힘을 당하게 되는 바람직하지 않은 결과를 초래할 위험이 있다. 어려움이나 고통을 감수하는 용기(courage)와 어려운 시도에 맞설 수 있는 용감함(Being brave)은 VIA 성격 연구소(VIA Institiue on Character)의 10가지 성격과 2015년 Jubilee Center에서 발행한 보고서인 '영국 학교 인성 교육(Character Education in UK School)'[3]에서 정의한 '성격강점(character strength)'이다.

고대에는 아리스토텔레스가 용감한 행동을 함으로써 용기를 발전시킨다고 믿었다. Rachman[11]은 용기에 대한 초창기 연구에서 군의 폭탄 처리 전문가의 용기를 연구했다. 이 전문가들은 훈련을 통해 얻은 자신감을 통해 용기를 증진시켰다. 이는 아동이 어렵거나 불안감을 유발하는 것에 대처하기 위해 관련 기술을 교육함으로써 불안감을 유발하는 무언가를 잘 다루게 될 수 있다는 것을 의미한다. 예를 들면, 발표 불안에 대해 소규모의 집단에서 발표 불안을 다루어 보는 등의 활동을 통해 자신감을 증진할 수 있다. 또한 학생들

이 자신의 용감한 행동에 대해 스스로 성찰(self-reflect)하는 것은 미래의 용기 있는 행동을 촉진하거나 용기가 성장될 수 있다는 마인드셋(mindset)을 개발하는 데 도움을 준다.

5. 5단원: 낙관성

어둠을 저주하는 것보다는 촛불을 켜는 것이 낫다. (중국 속담)

이 단원은 낙관적 사고와 관련된 기술과 전략에 초점을 맞춘다.

- **문제를 해결할 때 열린 마음과 유연성**: 문제를 해결하고 긍정적인 행동을 취하는 능력에 자신감을 갖기
- **긍정적 추적(Positive tracking)**: 자신의 삶이나 다른 사람들의 행동에서 발견하게 되는 긍정적인 면을 찾고 말하기(아무리 사소하더라도)
- **긍정적 전환(Positive conversion)**: 인생에서 부정적인 사건과 실수가 있었을 때 그것의 긍정적인 측면과 기회 및 학습 경험을 발견하기
- **낙관적인 설명 양식:**[13],[14] 실패하거나 어려웠던 시기를 잘 대처하고 그로부터 성장할 가능성이 더 높은 방식으로 설명하고 해석하기. 다음의 사항을 포함한다.
  - 좋지 않은 사건을 영구적(always)이지 않고 일시적(just now)인 것으로 간주하기
  - 대부분의 좌절과 어려운 시기가 '임시적(temporary)'이라는 것을 인식하기(모든 것은 좋아진다)
  - 그것들은 '다른 사람들에게도 발생'함을 인식하기(not just me)
  - 삶 전체가 아닌 '단순히 이번 사건'에 한정됨을 인식하기(just this)
- **희망감(A sense of hope)**: 희망감이 성공과 행복에 기여하는 것으로 나타났다. 일이 잘 풀리기를 기대하며, 앞을 내다보고, 역경에 직면했을 때도 인내할 수 있다는 자신감을 갖는 것을 포함한다.[19]
  - 앞으로 내다보고 잘 풀리길 바라는 희망의 능력은 VIA 성격의 기준에서 '성격강점'으로 정의된다(82페이지 참조). 희망은 목표 추구와 성취에 에너지를 준다. 희망이란 학습목표, 사회적 목표, 신체적 목표 및 성과 목표 등 모든 유형의 목표 달성에 중요하다.
- **감사와 감사표현(Gratitude and appreciation)**: 학생들은 감사와 감사표현에 대해 배운다.
  - **사람들에 대한 감사**: 다른 사람이 여러분에게 해 준 것에 대해 감사를 표하고 감사함을 느끼는 것(예: 친절함, 도움, 감사의 표현)
  - **삶의 좋은 점들에 대한 감사**: 우리의 하루, 삶 그리고 과거 속에 있는 좋은 것들에 감사함을 느끼는 것

2008년 Froh가 실시한 연구[16]에서 연구에 참여한 청소년(11~14세)은 2주 동안 매일 생활에서 고맙게 여기는 다섯 가지 사항을 확인하면서 매일 일상생활을 하도록 요청받았다. 이 연구에 참여했던 학생은 참여

하지 않은 비슷한 연령의 청소년과 비교할 때 3주 후에 학교, 가족, 지역사회, 친구 및 자신에 대해 더 행복하고 낙관적이며 만족하는 것으로 나타났다. 또한 실험 참가자들은 삶 속에 만나는 다른 사람들에게 더 많은 감정적 지지를 주었다. 감사 실험은 6개월 후에도 심리적, 사회적 기능의 강화에 지속적인 효과를 주었다.[17]

이 단원의 활동은 또한 교실의 낙관성을 형성하는 데 도움이 된다. 미국 심리학자 Peterson[18]은 낙관적 사고는 모든 것이 달라붙는 '찍찍이(velcro)'라고 설명한 적이 있다. 상황이 좋지 않더라도 낙관적으로 생각하는 학생은 상황의 밝은 면을 보는 경향이 있고 최선을 다하곤 한다. 낙관성은 학생들이 인내심을 갖고 도전을 극복하고 삶의 어려움을 관리하도록 돕는다. 반대로, 비관론은 실패를 예상하고, 나쁜 결과를 예상하며, 사물을 비관적으로 보는 경향을 나타낸다.

또한 낙관적인 사고는 다른 사람들과 잘 지내며 좋은 신체 건강을 유지하는 데 기여하는 요인이다. 이와는 대조적으로, 비관론 특히 비관적인 설명 양식은 희망이 없어 보이는 무망감(hopelessness) 혹은 절망감, 그리고 때로는 우울함과 관련이 있다(설명 양식에 대한 자세한 정보는 86~88페이지 참조).[20], [21]

6. 6단원: 정서

기쁨은 물건들 속에 있는 것이 아니라 우리 안에 있다. (Richard Wagner)

이 단원은 학생들에게 다음을 가르치는 데 초점을 맞춘다.

- 아주 별것 아닌 사건이라도 좋거나 나쁜 속성이 함께 있다는 것을 이해하고, 느낌에 강하게 영향을 미치는 무언가가 있다는 것을 이해하기
- 행복과 자부심, 만족감, 호기심, 놀라움, 흥분과 같은 긍정적 정서와 이러한 긍정적인 감정을 유도하는 사건을 인식하고 즐기며 회상하기
- 다른 사람과 감정을 공유하여 긍정적인 감정을 향상시키고 강화하기
- 화, 슬픔, 걱정, 실망, 당황과 같은 불쾌한 정서를 인식하고 관리하며 이러한 부정적 정서는 우리에게 무언가를 변화시키라는 신호이거나 다루어질 가치가 있다는 경고를 주는 능력임을 이해하기
- 정서를 어떻게 관리할 것인지와 어떻게 행동할 것인지에 대한 선택권이 있음을 이해하기
- 타인의 감정과 의도를 인식하고 공감적으로 대응하기
- 긍정적인 자기대화와 절제된 정서 표현을 사용하기
- 더 향상된 '마음챙김(mindful)' 역량을 개발하기

영국에서 수행된 동일집단 연구(British Cohort Study)에 따르면, 아이가 만족스럽고 행복한 어른이 되는

가장 좋은 예측 변인은 학업성취가 아니라 어린 시절의 정서적 건강이다.[22] 불행한 빗줄기로부터 삶을 보호하는 긍정심리학의 우산(positive psychology umbrella)에 대한 많은 연구 결과에 따르면 긍정적인 감정을 자주 경험하고 표현하는 사람들은 보다 탄력성이 높고[23] 자원이 풍부하며[24] 사회적으로 더욱 연결되어 있고[25] 최적의 수준으로 기능할 가능성이 더 높다.[25], [26] Fredrickson의 '확장 구축(broaden and build) 모델'[27]은 아동의 최적 기능에 대한 긍정적 감정의 핵심 역할에 대한 이해를 돕는다. 이 모델은 흥미, 즐거움, 안전함, 감사, 희망 및 즐거움과 같은 긍정적인 감정은 그 경험이 짧더라도 사람들의 생각과 행동을 확장(broaden)시킬 수 있고, 시간이 지나면서 반복된 긍정적인 감정들은 긍정적 관계를 발전시키는 역량과 자신감을 구축(build)한다고 제안한다. 일반적으로 행복한 사람들은 덜 행복한 사람들보다 더 적응유연하고 더 빨리 역경으로부터 회복된다.

자신의 감정을 올바로 인식하고 감정에 이름을 지어 명확하게 이해하는 것은 학생들이 자신의 삶과 더욱 좋은 관계를 맺게 하고 스트레스를 덜 받게 하며 더불어 스트레스를 더 잘 이해하고 관리하는 데 도움이 된다. 이 단원은 매개 역할을 하는 생각이 감정과 행동에 어떤 영향을 미치는지를 이해하는 데 도움이 되는 활동을 제시한다. 이 단원의 핵심 메시지는 일어난 사건 자체가 아니라, 사건에 대해 어떻게 해석했고 인식했는지가 우리의 기분을 좌우한다는 것이다. 만약 지나치게 각성된 상태여서 어떤 사건을 부정적이고 절망적이며 위협적인 경고등이 울리는 것으로 해석한다면, 분노나 절망과 같은 강한 불쾌한 감정을 경험할 가능성이 더 크다. 이러한 강한 불쾌한 감정이 생기면 '오뚝이처럼(bounce back)' 감정을 회복하는 데 어려움을 야기할 수 있다. 반면, 침착하게 상황을 해석할 수 있는 유용한 방법을 찾는다면, 아동은 더 잘 대처하고 문제를 해결할 수 있다.

불안, 분노, 공포, 슬픔과 같은 강한 감정을 잘 관리하지 못하는 것은 생각의 범위를 좁히고 행동 선택을 제한한다. 이와 같은 사람은 분노를 바탕으로 충동적으로 행동할 가능성이 더 크고, 약물 남용과 다른 자해 행위에 더 취약하다. 긍정적이고 단호하게 감정을 표현하는 법을 배우는 것은 어려운 상황에서 사람들에게 자제심을 더 느끼게 할 수 있도록 도와준다. 이 단원은 청소년이 행복하고 자신을 자랑스러워하며 만족할 수 있는 요소에 대해 생각하도록 격려하고 있다. 이 주제는 10단원 '성취'에서 다시 언급된다.

긍정적인 감정은 또한 전염성이 있고 긍정적인 교실과 학교 분위기를 형성한다. Bounce Back! 프로그램은 학생들에게 감정에 대해 분명하게 가르칠 뿐만 아니라, 교실에서 긍정적인 감정을 촉진한다. 예를 들면 다음과 같다.

서클 타임(Circle Time) 및 협동 학습(cooperative learning)과 같은 관계형 전략을 통해 소속감을 증진시킨다.

- 교육용 게임을 통해 즐거움과 학습의 즐거움을 향상시킴
- 실질적인 목표를 세우고 학생의 노력과 끈기에 대한 성공을 도모함
- 긍정적인 생각을 고무시키고 도움이 되지 않는 사고에 도전하는 학습 기술을 통해 학업 성공에 대한 낙관적인 느낌을 촉진함

• 학생들이 자신의 서로 다른 강점을 파악하고 인식하며 학습의 결과를 기쁘게 받아들임으로써 만족과 긍지에 대한 감정이 촉진됨

1) 마음챙김

교육에서 학생들의 마음챙김 전략의 장점이 알려짐에 따라 마음챙김 전략을 학생들에게 적용하는 관심이 급속도로 증가하고 있다. 마음챙김은 두 가지 기술을 포함한다. 첫째는 신속하게 의식적으로 긴장을 푸는 법을 배우는 것이다. 예를 들면, 자기 조절(self-regulation)을 사용하는 것이다. 둘째는 판단 없이 현재의 순간에 주의를 기울이는 것이다. 반대로 생각하면 쉬운데, 사람들은 생각이 '자율주행(autopilot)' 상태가 되면 일어나는 일을 잘 인식하지 못해서 세부 사항(종종 긍정적인 부분)을 놓치게 된다. 혹은 스스로 성장하거나 도전할 기회를 놓칠 수도 있다.

학교에서의 주의력 훈련을 통합한 14개의 마음챙김 연구를 검토한 결과 다음과 같은 부분에서 효과가 확인되었다. 사회적 기술, 학업 능력, 정서 조절, 자존감, 긍정적인 기분, 학업 능력, 그리고 기억력과 동기의 증진이다. 반면, 학생들의 불안감, 스트레스 및 피로감은 줄어들었다.

7. 7단원: 관계

친구를 사귀려면 먼저 친구가 되어야 한다. (Elbert Hubbard)

이 단원은 학생들이 다음과 같은 작업을 수행하는 데 도움이 되는 기술과 태도에 초점을 맞춘다.

• 친구를 사귀고 유지하는 기술 개발하기
• 다른 사람들과 잘 어울리는 기술 개발하기
• 의견 불일치를 관리하는 기술 개발하기
• 관계를 다루는 영역에서 현재 자신의 기술 수준에 대해 자기성찰하기

친구를 갖는 것은 우리 모두에게 그렇듯이 학생들에게 중요한 행복의 원천이다. 많은 학생은 또래 전체에게 인기 있거나 잘 받아들여지기를 원하지만, 그럼에도 우정을 나누는 단 한 명의 친구가 더욱 중요하기도 하다.[29]

우정은 학생들에게 친밀감, 연결성과 안전감, 확신, 그리고 필요할 때 사회적이고 실용적인 지원을 제공할 수 있다. 또한 우정은 학생들이 사회적 기술을 연습하고 다듬고 공감과 도덕적 추론을 개발할 수 있는 환경을 제공한다.[30~32] 또래와 관계가 좋지 않은 학생들은 사춘기 때 잘못된 행동을 하거나 불안과 우울증

에 시달리거나 마약을 할 가능성이 크고 중등학교를 마치기 전에 중퇴할 가능성 또한 커지게 된다.[33]~[36]

Caprara와 동료들의 종단 연구에 따르면 3학년의 친사회적 행동이 3학년의 학업성취보다 8학년에서의 학업성취도를 더 잘 예측하였다.[37],[38] 11개국 17,000명의 학생을 대상으로 한 148건의 연구를 메타분석한 결과에서도 긍정적인 또래관계가 학업성취도의 33~40%를 설명했다고 결론지었다.[39]

이처럼 사회적 기술은 '관계 구축'의 기능만 있는 것이 아니라 '학업 지원' 기능도 있다.[38],[40] 관계 단원은 협상하기, 정중하게 반대하기, 공정하게 경기하기, 좋은 승자와 패자가 되기, 흥미로운 대화를 나누고 분쟁을 잘 관리하는 것과 같은 기술에 대한 '할 것과 하지 말 것'의 지침을 제공함으로써 학생들에게 사회성 기술을 명시적으로 가르친다. 학생들은 협동 학습, 서클 타임, 교육 게임과 같은 활동과 관계 구축 교육전략을 통해 이러한 사회적 기술을 연습한다. 이러한 사회적 기술들은 효율적인 교실을 만들어 내며, 또한 수업에서 도움을 얻도록 도와준다.[38] 친사회적 행동 패턴을 보이며 파괴적이고 반사회적 행동을 줄이는 것은 또래 수용, 성취 동기 그리고 학업성취도와 일관되고 긍정적으로 관련되어 있다.[41]

8. 8단원: 유머

> 유머 감각이 없는 사람은 스프링이 없는 마차에 탄 것과 같다.
> 길의 모든 자갈돌이 주는 충격을 그대로 받는다. (Henry Ward Beecher)

이 단원은 다음의 주제를 다룬다.

- 유머의 과정과 유머 스타일 이해하기
- 힘든 시기에 유머로 대처하는 방법을 익히고 다른 사람을 도울 때 유머 활용하기
- 도움이 되는 유머와 구별되는 해롭거나 고정관념의 색안경을 쓰는 혹은 의미 없는 유머와의 차이를 알아내기
- 재미있게 웃는 체험활동을 통해 반 친구들과 함께 유머러스한 활동에 참여하기, 그리고 수업에서 스트레스 해소로 사용될 수 있는 간단한 유머 배우기

웃음은 신체의 긴장을 완화시키고, 불안과 스트레스를 줄이고, 더 긍정적인 분위기를 만드는 것으로 나타났다.[41],[42] '유머 감각을 찾는' 활동은 경우에 따라 탄력성을 발휘하는 효과적인 전략이 될 수 있으며 학생이 어려운 상황에 대처하는 데 도움이 될 수 있다. Banas 등[43]의 연구에서는 교육에 긍정적인 유머를 사용하는 능력은 학생에게 보다 편안하고 매력적인 학습 환경을 조성할 수 있는 역량임을 확인했다. 학생(특히 남학생)[44]은 '재미'를 배우려고 노력하는 교사를 선호하고 존경한다. 학업에 흥미와 동기를 부여하며 사고를 자극하고 불안하지 않은 편안한 학습 환경을 조성하는 것으로 평가받는다.[45] 함께 웃는 웃음은 서로

가 연결되고 유대감을 갖도록 해 준다. 다양한 연구에서는 웃음이 건강을 증진시키고 질병과 맞서는 유익한 생리학적 변화를 가져온다고 일관되게 보고한다.[46~48] 이러한 원리에 의해 의학에서도 유머를 치료적으로 사용하고 있다.

유머 단원의 활동은 학생들과 함께 재미있게 진행하는 즐거운 활동이다. 이 단원을 수업 활동에 통합한 이유는 학생들끼리 서로 끈끈하게 연결되도록 하고, 선생님과의 관계에서 돈독함을 느끼게 하며, 학생들의 수업 참여도를 높이기 때문이다. 웃음과 유머는 학생들의 시선을 사로잡고 긍정적인 감정을 만들어 줌으로써 학생들이 배우는 것에 대하여 보다 수용적이고 세심한 자세를 취하도록 도와준다. 유머는 일반적으로 장난스러운 맥락에서는 부조화스럽거나 역설적으로 말이 안 되게 느껴지는 것이 맞다. 한 가지 주의할 것은 성적인 모독, 인종적 차별, 문화적 고정관념을 강화한다든지 한 사람에게 냉소적이거나 비꼬는 평가를 통해 누군가를 희생시키고 모욕적이고 상처를 주는 것은 피해야 한다는 점이다.

9. 9단원: 안전

> 누군가가 비열하게 행동하거나 괴롭히면, 그들의 낮은 수준까지 굽신댈 필요는 없다. 승자의 좌우명은 '그들이 낮게 갈 때, 우리는 높이 간다'이다. (Michelle Obama)

이 단원의 초점은 다음과 같다.

- '괴롭힘(bullying)', '사이버 괴롭힘', '사이버 피해' 등의 용어 이해 및 괴롭힘 행동과 반사회적 행동 구분하기
- 지원을 요청하기, 다른 사람을 지원하기 위해 책임감 있는 행동하기, 다른 사람에게 말하기와 같은 행동의 차이를 이해하기
- 자신감 있고 단호함을 갖추는 기술, 괴롭힘을 당했을 때 자신의 잘못이라고 믿지 않기
- 괴롭힘을 당하거나 억압받는 것에 적절한 대응을 할 수 있도록 도와주는 기술과 태도 익히기
  - '자기존중감(self-respect)'을 갖추면 '자기보호(self-protect)'를 할 수 있음을 알기
  - 지원을 요청하기
  - 언어 및 비언어적으로 단호하게 표현하기
- 부정적인 동료의 압력을 이해하고 관리하기
- 괴롭힘을 예방하는 기술 및 주변인(bystander)에게 지원을 요청하는 기술 익히기
- 괴롭힘이 미치는 영향은 피해자뿐만 아니라 공동체 전체에게 영향을 미침을 이해하기
- 사회에서 괴롭힘 현상이 사회적 문제 사건과 연결됨을 이해하기: 예를 들어, 탄압과 박해, 인종 간 비방, 스포츠에서의 모욕이 어떤 역사적 문제를 만들어 냈는지 확인하기

• 학생이 당면한 괴롭힘 문제를 사용하여 학생 주도의 접근 방식을 제공하기

괴롭힘은 모든 초등학교와 중고등학교의 어느 수준에서도 발생하며 모든 학생은 잠재적으로 다른 학생들을 괴롭히거나 괴롭힘을 당하는 것에 연루될 수 있다.[49] 많은 학생이 종종 어떤 형태로든 괴롭힘에 관여하고 대부분의 학생은 학교생활 동안 놀림을 당하거나 또래 집단 괴롭힘을 경험한다.[50] 2007년에는 27%, 2015년에는 20%가 정기적으로 괴롭힘을 당했다고 보고했는데, 이는 다섯 명 중 한 명에 해당된다.[51] 점점 더 많은 학생이 괴롭힘과 사이버 괴롭힘에 시달린다.[52, 53] 사이버 괴롭힘은 학교 밖에서 수업 시간 외에 발생하기 쉽지만 학교가 다시 시작될 때 관계의 붕괴로 인해 학교 안에서도 부정적 효과가 발생한다.

호주 전역의 모든 교육부서는 집단 괴롭힘 사건의 예방과 관리에 대한 전체 학교 차원의 정책과 전학교 접근 방식을 가지고 있다. 괴롭힘 사건의 복잡한 특성을 고려할 때, Bounce Back!의 다중 구성요소 특성은 학교의 괴롭힘 방지 계획에 대한 권고 지침과 일치한다.[54] 괴롭힘 현상 개입에 관한 30건의 연구를 메타분석한 연구 결과에 따르면, 다중 요소 접근법이 가장 큰 영향을 미쳤으며 괴롭힘 사건을 평균 20~23% 줄이는 것으로 보고되었다.[55, 56]

학교 프로그램으로서, Bounce Back! 프로그램은 사회정서 기술을 가르치고, 웰빙과 회복탄력성을 증진시키는 대처 기술을 가르치는 것이 핵심이지만 그만큼 긍정적인 학교 문화를 발전시키고 분명한 기대행동과 효과적인 행동 관리 전략을 제공하는 방법으로 친사회적 가치를 명시적으로 교육과정에 밝히는 것도 중요하게 여긴다. 9단원의 안전 단원에서는 괴롭히는 것과 괴롭히지 않는 것에 대해 아동이 이해할 수 있는 수준별 정의를 제시하고 괴롭힘을 당하는 동급생 및 다른 학생들을 지원하는 방법과 같은 명시적 반괴롭힘 교육과정을 제공한다. 학교폭력을 줄이기 위한 메타분석에서 가장 중요한 전략 중 하나는 쉬는 시간의 감독 수준이었다. 9단원 안전에서는 쉬는 시간을 포함시킨 학교 일과 속에서 학생이 주체가 되어 괴롭힘을 책임지며 예방하는 방법을 공유한다.

10. 10단원: 성취

우리에게 가치가 있는 유일한 재산은 삶의 목표이다. (Robert Louis Stevenson)

이 단원에서 강조하는 것은 다음과 같다.

• 상대적인 강점과 한계를 식별하는 방법 알기: 능력 기반 강점(예: Gardner의 다중지능이론에서 제시된 강점[57])과 성격 기반 강점 두 가지로 구분, 강점 기반 접근법은 긍정심리학과 긍정교육에서 강력한 효과가 검증됨[61, 62]
• 강점은 개발될 수 있고, 한계점도 노력하면 개선할 수 있음을 이해하기

- 생활의 다양한 영역에서 성취할 수 있도록 자신의 강점에 대한 자기 지식 활용하기: 자신에 대한 증거를 모으는 것에 초점을 두며, 비현실적이거나 과대평가 혹은 과소평가하지 않도록 하기
- 성장 마인드셋(growth mindset) 안내하기, 성장 마인드셋의 관점에서 능력보다는 노력이 성공의 가장 중요한 요소라는 것을 알려 아동이 장애물에 직면했을 때 쉽게 포기하기보다는 인내와 노력할 수 있도록 독려하기[59], [60]
- 자기 훈련 및 자기관리 기술을 개발하기(예: 용기, 의지력, 노력, 시간 관리 및 조직화 기술)
- 목표 달성에 관한 과정 및 기술을 안내하기(예: 목표 설정, 목표 달성에는 여러 경로가 있음을 식별하기, 달성하기 쉽도록 단계별 계획 수립, 분별력 있는 위험 감수, 허들에 직면해도 지속하기, 도전적 상황이나 어려움이 닥칠 때 문제를 해결해 보기 혹은 주변 도움 청하기)
- 주도성을 발휘하여 자원을 확보하도록 도움으로써 학생이 결국 삶은 '바위투성이의 암벽을 오르내리는' 경험이라는 것을 이해하기
- 학생들이 '심리적 몰입(psychological flow)'[58]의 개념을 이해하기: '심리적 몰입'이란 자신만의 강점과 기술을 사용하여 긍정적인 방식으로 주의집중에 흡수되어 도전하는 긍정적인 심리 상태를 말함
- 의미 있는 참여를 격려하기: 소속된 단체 활동에 '의미 있게' 참여하는 것은 아동 웰빙의 중요한 요소인 목적의식을 갖는 데 도움이 된다. 학생들에게 목적의식을 만들어 낼 수 있는 가장 좋은 방법은 자신뿐만 아니라 다른 사람들에게도 영향을 미치는 가치 있는 활동이다. 예를 들어, 자신보다 어린 저학년에게 웰빙에 대해 가르쳐 주거나, 괴롭힘 방지 캠페인 같은 프로젝트를 해 보는 것 혹은 노인 요양 마을의 수익금을 마련하기 위해 아이들이 자신의 컴퓨터 재능이나 게임 재능을 나누어 주는 활동은 '의미'를 만들고 목적의식의 형성을 돕는다.

1) 위너의 원칙

위너란 원하는 바를 성취하는 사람을 이야기한다. 10단원은 WINNERS 7개 머리글자로 요약되는 위너의 원칙을 기반으로 한다.

- WINNERS

각 머리글자는 주제를 강화한다. 성취하는 것은 다음을 포함한다. 한 사람의 강점과 한계를 아는 것, 자기인식을 이용하여 목표를 설정하고, 진행 상황을 점검하며, 자신과 다른 사람들이 중요하다고 생각하는 다른 영역에서 성취하기이다. 자신의 목표를 달성하는 것은 성취이라는 희망을 품거나 낙관하는 것과 관련이 있다. 희망이 있다면 목표를 달성하기 위해 문제나 다른 경로에 대한 해결책을 찾을 가능성이 더 크다.

What is your strengths?(강점)

Interesting mistakes(도전)

No effort, no results(노력)

Never give up(포기하지 않음)

Ethics rule(도덕성)

Risk-taking(위험감수)

Smart goal-setting(목표설정)

참고문헌

1. Engels, R.C., Finkenauer, C., Meeus, W. & Dekovic, M. 2001, 'Parental attachment and adolescents' emotional adjustment: The associations with social skills and relational competence', *Journal of Counselling Psychology*, 48(4): pp. 428-439.

2. Rhodes, J.E., Grossman, J.B. & Resch, N.L. 2000, 'Agents of change: Pathways through which mentoring relationships influence adolescents' academic adjustment', *Child Development*, 71(6): pp. 1662-1671.

3. Arthur, J., Kristjansson, K., Walker, D., Sanderse, W. & Jones, C. 2015, 'Character Education in UK Schools, Research Report', The Jubilee Centre for Character & Virtues, University of Birmingham.

4. 'After the Riots 2012, The Final Report of the Riots Communities and Victims Panel', UK Government, http://riotspanel.independent.gov.uk/wp-content/uploads/2012/03/Riots-Panel-Final-Report1.pdf

5. Sugai, G., Horner, R., & Lewis, T. 2009, 'School-wide positive behaviour support implementers' blueprint and self-assessment', Eugene, OR: OSEP TA-Center on Positive Behavioral Interventions and Supports.

6. Bradshaw, C., Koth, C., Thornton, L. & Leaf, P. 2009, 'Altering school climate through school-wide positive behavioral interventions and supports: Findings from a group-randomized effectiveness trial', Prevention Science, 10: pp. 100-115.

7. Lovat, T. & Toomey, R. 2007, 'Values education and quality teaching: The Double Helix effect', David Barlow, Sydney.

8. www.pbis.org/school/swpbis-for-beginners

9. Layous, K., Nelson, S.K. Oberle, E., Schonert-Reichl, K.A. & Lyubormirsky, S. 2012, 'Kindness Counts: Prompting Prosocial Behaviour in Preadolescents Boosts Peer Acceptance and Wellbeing', PLOS, open access: http://dx.doi.org/10.1371/journal.pone.0051380

10. www.viacharacter.org

11. Rachman, S.J. 1990, *Fear and Courage* (2nd edn), W.H. Freeman and Company, New York.

12. Hannah, S.T., Sweeney, P.J. & Lester, P.B. 2007, 'Toward a courageous mindset: The subjective act and experience of courage', *The Journal of Positive Psychology*, vol. 2, no. 2, pp. 129-135.

13. Seligman, M.E.P. 1995, *The Optimistic Child*, Random House, Sydney.

14. Gillham, J.E., Shatte, A.J., Reivich, K. & Seligman, M.E.P. 2001, 'Optimism, Pessimism, and Explanatory Style', in *Optimism and Pessimism: Implications for theory, research and practice*, E.C. Chang, American Psychological Association, Washington.

15. Lopez, S.J., et al. 2009, 'Measuring and promoting hope in schoolchildren', in *Promoting Wellness*

in Children and Youth: Handbook of Positive Psychology in the Schools, R. Gilman, E.S Huebner, M. Furlong (eds), Lawrence Erlbaum, Mahwah, New Jersey.

16. Froh, J.J., Sefick, W.J., Emmons, R. 2008, 'Counting blessings in early adolescents. An experimental study of gratitude and subjective wellbeing', *Journal of School Psychology*, 46: pp. 213-233

17. Froh, J.J., Bono, G. & Emmons, R.A. 2010, 'Being grateful is beyond good manners: Gratitude and motivation to contribute to society among early adolescents', *Motivation and Emotion*, 34, pp. 144-157.

18. Peterson, C. 2000, 'The future of optimism', *American Psychologist*, vol. 55, no. 1, pp. 44-55.

19. Carver, C.S., Scheier, M.E. 1999, 'Optimism', in *Coping. The Psychology of What Works*, C.R. Snyder (ed), Oxford University Press, New York, pp. 182-204.

20. Andrews, G., Szabo, M., Burns J. 2001, 'Avertable Risk Factors for Depression', beyondblue, the Australian National Depression Initiative.

21. Andrews, G., Szabo, M., Burns, J. 2002, 'Preventing major depression in young people', *British Journal of Psychiatry*, no. 181, pp. 460-462.

22. Layard, R. & Hagell, A. 2015, 'Healthy Young Minds: Transforming the Mental Health of Children', in *World Happiness Report 2017*, J.H. Helliwell, R. Layard, J. Sachs (eds), Sustainable Development Solutions Network, New York, www.unsdsn.org/happiness.

23. Fredrickson, B. & Tugade M. 2004, 'Resilient individuals use positive emotions to bounce back from negative emotional experiences', *Journal of Personality and Social Psychology*, 86(2): pp. 320-333.

24. Lyubomirsky, S., Diener, E. & King, C. 2005, 'The Benefits of Frequent Positive Affect: Does Happiness Lead to Success?', *Psychological Bulletin*, 131(6): pp. 803-855.

25. Mauss, I.B., Shallcross, A.J., Troy, A.S., John, O.P., Ferrer, E., Wilhelm, F.H., et al. 2011, 'Don't hide your happiness! Positive emotion dissociation, social connectedness, and psychological functioning', *Journal of Personality and Social Psychology*, 100(4), pp. 738-748.

26. Fredrickson, B.L., Losada, M.F. 2005, 'Positive affect and the complex dynamics of human flourishing', *American Psychologist*, 60(7), pp. 678-686.

27. Fredrickson, B. 2013, 'Positive Emotions Broaden & Build', *Advances in Experimental Social Psychology*, 47: pp. 1-53.

28. Meiklejohn, J., Phillips, C., Freedman, M.L., Griffin, M.L., Biegel, G., Roach, A. & Saltzman, A. 2012, 'Integrating mindfulness training into K-12 education: Fostering the resilience of teachers and students', *Mindfulness*, 3(4): pp. 291-307.

29. La Greca, A. & Harrison, H. 2005, 'Adolescent peer relations, friendships, and romantic relationships: Do they predict social anxiety and depression?', *Journal of Clinical Child & Adolescent Psychology*, 34(1): pp. 49-61.

30. Hodges, E.V.E., Boivin, M., Vitaro, F. & Bukowski, W.M. 1999, 'The power of friendship: Protection against an escalating cycle of peer victimization', *Developmental Psychology*, 35(1): pp. 94-101, http://dx.doi.org/10.1037/0012-1649.35.1.94

31. McGrath, H. & Noble, T. 2010, 'Supporting positive pupil relationships: Research to practice', *Educational & Child Psychology*, 27(1): pp. 79-90.

32. Schonert-Reichl, K.A. 1999, 'Moral reasoning during early adolescence: Links with peer acceptance, friendship, and social behaviors', *Journal of Early Adolescence*, 19: pp. 249-279.

33. Bond, L., et al. 2000, 'Improving the Lives of Young Victorians in Our Community – A Survey of Risk and Protective Factors', Centre for Adolescent Health (available from www.dhs.vic.gov.au/commcare), Melbourne.

34. Doll, B. & Hess, R.S. 2001, 'Through a New Lens: Contemporary Psychological Perspectives on School Completion and Dropping Out', *School Psychology Quarterly*, 16 (4): pp. 351-356.

35. Marcus, R.F. & Sanders-Reio, J. 2001, 'The influence of attachment on school completion', *School Psychology Quarterly*, 16: pp. 427-444.

36. Barclay, J.R. & Doll, B. 2001, 'Early prospective studies of the high school dropout', *School Psychology Quarterly*, 16(4): pp. 357-369.

37. Caprara, G.V., Barbaranelli, C., Pastorelli, C., Bandura, A. & Zimbardo, P.G. 2000, 'Prosocial foundations of children's academic achievement', *Psychological Science*, 11 (4): pp. 302-306.

38. Gresham, F.M. 2016, 'Social skills assessment and intervention for children and youth', *Cambridge Journal of Education*, 46:3, pp. 319-332: DOI:10.108 0/0305764X.2016.1195788

39. Roseth, C.J., Johnson, D.W. & Johnson, R.T. 2008, 'Promoting early adolescents' achievement and peer relationships: The effects of cooperative, competitive and individualistic goal structures', *Psychological Bulletin*, 134(2): pp. 223-246.

40. Wentzel, K.R. 2009, 'Peers and academic functioning at school', in *Handbook of peer interactions, relationships, and groups*, K.H. Rubin, W.M. Bukowski, B. Laursen (eds), Guilford Press, New York, pp. 531-547.

41. Colom, G., Alcover, C., Sanchez-Curto, & C. Zarate-Osuna, J. 2011, 'Study of the effect of positive humour as a variable that reduces stress. Relationship of humour with personality and performance variables', *Psychology in Spain*, 2011, 15(1): pp. 9-21.

42. Martin, R.A. 2006, *The Psychology of Humor*, Academic Press, NY.

43. Banas, J.A., Dunbar, N., Rodriguez, D., & Liu, S. 2011, 'A review of humor in education settings: Four decades of research', *Communication Education*, 60 (1): pp. 115-144.

44. Keddie, A. & Churchill, R. 2004, 'Power, control and authority: issues at the centre of boys' relationships with their teachers', *Queensland Journal of Teacher Education*, 19(1): pp. 13-27.

45. Makewa, L.N., Role, E. & Genga, J.A., 2011, 'Teachers' Use of Humor in Teaching and Students' Rating of Their Effectiveness', *International Journal of Education*, 3 (2).

46. Lefcourt, H.M. 2001, *Humor: The Psychology of Living Buoyantly*, Plenum Publishers, New York.

47. Martin, R.A. 2001, 'Humor, laughter and physical health: Methodological issues and research findings', *Psychological Bulletin*, vol. 127, pp. 504-519.

48. Rodriguez, T. 2016, 'Laugh lots, live longer', *Scientific American Mind*, 27(5): 17.

49. Elias, M. 2003, 'Academic and social-emotional learning', *International Academy of Education*, I: 5-3 1.

50. Espelage, D.L. & Swearer, S.M. 2003, 'Research on school bullying and victimization: What have we learned and where do we go from here?', *School Psychology Review*, 32(2): pp. 365-383.

51. Rigby, K. & Johnson, K. 2016, 'The Prevalence and Effectiveness of Anti-Bullying Strategies employed in Australian Schools', University of South Australia, Adelaide, available at: www.unisa.edu.au/ Anti-bullying eport-FINAL.pdf

52. Cross, D., et al. 2009, 'Australian Covert Bullying Prevalence Study (ACBPS)', Child Health Promotion

Research Centre, Edith Cowan University, Perth, https://docs.education. gov.au/system/files/doc/other/australian_covert_bullying_prevalence_study_executive_summary.pdf

53. Smith, P.K., et al. 2008, 'Cyberbullying: Its nature and impact in secondary school pupils', *Journal of Child Psychology and Psychiatry*, vol. 49, no. 4, pp. 376-385.

54. Bradshaw, C. 2015, 'Translating Research to Practice in Bullying Prevention', *American Psychologist*, 70(4): pp. 322-332.

55. Ttofi, M.M. & Farrington, D.P. 2011, 'Effectiveness of school-based programs to reduce bullying: A systematic meta-analytic review', *Journal of Experimental Criminology*, 7, pp. 27-56. http://dx.doi.org/10.1007/s11292-010-9109-1

56. Farrington, D.P., & Ttofi, M.M. 2009, 'School-based programs to reduce bullying and victimization (Campbell Systematic Reviews No. 6)', Campbell Corporation, Oslo, Norway, http://dx.doi.org/10.4073/csr.2009.6.

57. McGrath, H. & Noble, T. 2005, *Eight ways at once. Book One: Multiple Intelligences + Bloom's Revised Taxonomy = 200 differentiated classroom strategies*, Pearson Education, Sydney.

58. Shernoff, D.J. & Csikszentmihalyi, M.P. 2009, 'Flow in schools: Cultivating engaged learners and optimal learning environments', in *Promoting Wellness in Children and Youth: Handbook of Positive Psychology in the Schools*, Gilman, R., Huebner, E.S. & Furlong, M. (eds), Lawrence Erlbaum, Mahwah, New Jersey, pp. 131-146.

59. Dweck, C.S., Walton, G.M. & Cohen, G.L. 2015, 'Academic Tenacity. Mindsets and Skills that Promote Long-Term Learning', Bill & Melinda Gates Foundation, https://ed.stanford.edu/sites/default/files/manual/dweckwalton-cohen-2014.pdf

60. Dweck, C.S. 2006, *Mindset. The New Psychology of Success*, Random House, New York.

61. White, M. & Waters, L.E. 2015, 'Strengths-based approaches in the classroom and staffroom', in M.A. White, A.S. Murray (eds), *Evidence-Based Approaches in Positive Education*, Positive Education, DOI 10.1007/978-94-017-9667-5_6.

62. Seligman, M. 2009, 'Positive psychology and positive education workshop notes', in Mind & its Potential Conference, Sydney.

제3장 웰빙과 회복탄력성

이 장에서는 다음과 같은 주제를 다룬다.

- 핵심 용어: 학생 웰빙, 교사 웰빙, 정신건강(mental health), 정신 피트니스(mental fitness), 회복탄력성, 사회정서학습
- 교육정책의 핵심인 학생 웰빙에 관한 연구: 호주 국가 교육과정의 핵심역량은 Bounce Back! 10단원에 제시됨
- 학생의 웰빙과 학습을 지원하는 개인·사회·정서 기술과 환경으로서의 보호 요인
- 다문화권 학생, 영재 학생, 심리적 어려움을 겪는 학생 등을 위한 Bounce Back! 교육과정의 개별화된 접근

도입

학생의 웰빙은 학업과 밀접한 관계가 있다. 높은 수준의 회복탄력성과 웰빙을 가진 학생일수록 정규 학교 과정을 충실히 이수하며, 높은 학업성취를 보인다. 또한 신체적, 정신적인 건강이 좋을 뿐만 아니라 스트레스에도 더 적응적이며, 사회 활동에도 보다 적극적으로 참여한다.[1~3] 교우 관계도 좋을 뿐만 아니라 교사와 학교에 강한 유대관계를 갖게 되고 긍정적인 행동을 보일 가능성이 높다. 학생의 웰빙과 학생 참여, 학업적 참여는 상호 영향을 미친다. 예를 들어, 학교에 대한 강한 유대감은 학생의 학업 성공을 높이며, 이는 다시 학교에 강한 유대감을 갖게 하는 동력으로 작용한다.

웰빙 수준이 낮은 학생은 학업에 참여하지 않을 가능성이 높고, 학교를 중퇴하거나 실업과 빈곤의 위험도가 높아지며, 지역사회에 낮은 참여도를 보일 가능성도 더 높다.[4] 또한 2005년의 연구에서는 이 학생들이 직장에서 호주 달러로 평생 약 50만 달러(한화 약 4억 4천만 원)를 더 적게 벌 것이라고 예상했다. 개인의 웰빙 및 회복탄력성에 대한 심리적, 사회적, 신체적 영향은 이와 같이 장기적 또는 단기적으로 작용한다.

전 학교 접근(whole-school approach)을 취하며 학생의 웰빙을 촉진하는 것은 학교 전략의 중요한 부분이다.[5] 웰빙 관련 전 학교 접근은 투자된 자원과 시간 대비 상당한 이익을 학교에 가져다준다.[6] 학생의 학교 출석률,[7] 교과 교실 활동 참여를 높이며, 학생들의 성취 결과물의 수준을 향상시키고, 학생들이 자발적으로 질 높은 배움에 임할 수 있도록 돕는다. 결국에는 학업적 성공과 성인기의 높은 행복 수준으로 연결된다.[8, 9] 이러한 성공 경험은 성인이 된 이후의 웰빙과도 밀접하게 관련된다. 또래 관계와 사회·정서적 역량 습득은 학습의 수행 정도를 예측할 수 있는 중요한 요소로 작용한다.[10, 11] 웰빙에 대한 전 학교 접근은 학생과 학교 공동체 모두의 행복을 꽃피우게 할 것이다.

1. 학생 웰빙이란 무엇인가

호주 정부가 실시한 '학생 웰빙의 범위' 연구 결과에 근거하여 Bounce Back!은 학생 웰빙을 다음과 같이 정의했다.

> 학생에게 최적의 웰빙이란 긍정적 기분과 태도, 다른 학생 및 교사와의 긍정적 관계, 회복탄력성, 자기 최적화(강점을 알고 사용하는) 및 높은 수준의 학습 만족도로 특징지을 수 있으며 이러한 상태가 안정적으로 지속되는 것을 의미한다.[12, 13]

학생 웰빙을 '교육'하자는 아이디어는 '교육적' 측면에서 학생의 웰빙에 대한 연구를 하면서 시작하였고 강력한 증거를 얻게 되었다. 가족, 가정, 지역사회가 아동·청소년의 웰빙에 큰 영향을 미치는 것은 명백한 사실이다. 그러나 이 장에서의 '학생 웰빙'은 아동·청소년이 학교 상황에서 웰빙할 수 있도록 학교 시스템과 학교 정책이 취해야 하는 교육적인 접근에서의 인식과 행위에 초점을 맞추어 정의하였다.

2. 교사 웰빙이란 무엇인가

교사 웰빙(teacher wellbeing)은 학교 내 교사의 업무, 경험, 대인관계에 대해 교사가 느끼는 전반적 만족의 수준이다. 높은 수준의 심리적 웰빙을 가진 교사는 생산적이고 창조적으로 일할 가능성이 높고 결근 또는 건강상의 문제가 더 적다.

다음과 같은 근무 환경에 따라 교사는 지속적이며 최적화된 웰빙을 누릴 수 있다.

- 도전, 변화, 스트레스받는 상황에 직면했을 때의 탄력적 행동
- 안전하고 가치 있는 존재라고 느끼며 사회적 지지와 연대감을 느낌
- 낙관적인 정서
- 학생, 동료 및 학교 공동체와 긍정적 관계 형성
- 직장 내 업무에 대한 만족과 의미 있는 기여에 대한 기회의 여부
- 높은 자기존중감(self-respect)

Bounce Back!을 수업하는 것은 교사의 웰빙 향상[14]과 자신의 전문성 및 회복탄력성 증대에 대한 인식[15]에 중요한 영향을 미친다.

3. 정신건강이란 무엇인가

WHO는 다음과 같이 정신건강을 정의한다. '웰빙 상태인 개인은 자기 자신의 가능성을 인식하며 일상적인 스트레스에 대한 대처가 가능할 뿐 아니라, 생산적이고 효과적으로 일하며, 자신이 속한 지역사회에 공헌이 가능하다.'[16] WHO가 강조한 것과 같이 정신건강이란 단순한 질병이 없는 것이 아닌 신체적, 정신적, 사회적 수준에서 웰빙 상태의 완전한 정도를 의미한다.[16]

4. 정신 피트니스란 무엇인가

신체 피트니스와 웰빙의 개념을 참고로 하면 '정신 피트니스'라는 용어에 대한 이해가 쉬워진다. 정신적으로 삶에 적합한 정도를 갖춘다(being mentaly fit)라는 뜻의 정신 피트니스라는 용어는 정신적 체력의 의미와 비슷하다. 학생 친화적인 용어로 보이기 때문에 많은 학교에서 '정신건강'이나 '웰빙' 대신에 사용된다. 긍정교육 연구의 Paula Robinson[17]은 '정신 피트니스'라는 용어가 '웰빙'이라는 용어보다 학생들에게 더 쉽게 받아들여진다는 것을 발견했다. 정신 피트니스의 개념은 청소년을 돕기 위한 실질적인 도구와 지원을 제공하는 비영리 단체인 ReachOut이 먼저 사용하였다. Orb 온라인 게임은 중학생에게 정신건강 및 복지 향상에 관한 핵심 메시지를 가르치기 위한 목적으로 고안되었다. ReachOut의 Orb 교사용 자료[18]에 정신 피트니스는 다음과 같이 설명되어 있다.

> 정신 피트니스(fitness)로 정신이 최적화되어 있는(being fit) 사람들은 긍정적인 정서 상태 및 자기인식을 가지고 있고 도전에 대처하고 기회에 접근하는 기술과 관련하여 더 큰 역량을 갖고 있으며, 다른 사람과 긍정적인 관계를 형성할 뿐만 아니라 자신의 목표를 이루는 성공 경험을 더 많이 갖는다.[18]

5. 회복탄력성이란 무엇인가

회복탄력성에 대한 다양한 정의가 있는데, 이들의 공통점은 역경을 극복하는 역량을 의미하거나 어려움이나 역경에 대처하는 데 개인의 강점을 이용하는 역량을 의미한다. Benard[19]는 회복탄력성이란 어린 시절 위험요소에 둘러싸인 환경에도 불구하고 성공적인 적응을 가능하게 하는 보호적인 사고방식이나 질적 체계라고 설명한다.

Bounce Back! 프로그램에서 회복탄력성은 부정적인 사건, 도전, 어려운 상황 또는 역경과 마주쳤을 때 효과적으로 대처하여 원래대로 되돌아오는 능력이며, 동시에 이전과 같은 정서적인 웰빙으로 회귀할 수 있는 능력을 의미한다. 또한 그러한 상황에서도 성장하는 능력이다. 오늘날 전 세계 아동·청소년에게 회복탄력성은 사회적으로나 학업적으로 스스로의 잠재 가능성을 활짝 꽃피우기 위해서 필요하다. 'Bouncing back'이라는 오뚝이처럼 회복하는 능력은 어린아이도 쉽게 배울 수 있는 구체적인 개념이다. 그러나 아이에게 원래대로 회복하는 것이 매우 쉬운 일이라고 가르쳐서는 안 된다. 심각한 좌절이나 큰 역경을 극복하기 위한 노력과 슬픔 그리고 고통을 너무 과소평가해서는 안 된다.

1) 회복탄력성이란 도전과 변화, 역경에 대처하는 것이다

아동과 청소년은 어려운 과제를 포기하지 않기, 재혼가정에 적응하기, 사이가 멀어진 친구와 문제해결하기, 들어가고 싶은 학교나 팀에 탈락했을 때 대처하기 등과 같이 도전적인 상황에서 '오뚝이처럼 제자리로 돌아오는' 태도와 기술을 적용할 수 있다. 회복탄력성이 있다는 의미는 새로운 경험과 기회를 찾고 합리적인 위험을 감수할 준비를 하는 것을 포함한다. 위험을 감수하는 것은 약간의 좌절과 거절을 경험할 수 있지만 동시에 성공과 행복을 위한 더 많은 기회를 만들 수 있는 잠재력을 갖는 것을 의미한다.

6. 사회정서학습이란 무엇인가

사회정서학습(Social and Emotional Learning: SEL)은 명시적 구조하에 학생들이 학습 과정에 참여하고, 분석능력, 의사소통 기술, 협력 기술[3]을 신장할 수 있게 돕는 학생 중심 접근 교육 활동을 통해 학생들의 사회·정서적 역량이 개발되도록 학생을 지원하고 가르치는 것을 의미한다. 학생은 명확한 목표 아래 다양한 상황에서 SEL 기술을 배우고, 모델링하며 실제적인 연습과 적용을 거칠 때 가장 효과적으로 배운다. 매일 학교에서 생활하는 학생은 학교 일상에서 기술을 사용할 수 있기 때문에 더 많이 배우게 될 가능성이 높아진다. 또한 사회정서학습 프로그래밍은 서로 보살피는 안전한 학급을 지향하는 데 협력적이며 효율적이고 참여도가 높은 교실, 더 나아가 안전한 학교 분위기를 조성함으로써 학생의 사회적·정서적 능력을 향상시킨다.[2, 3] 사회정서학습 프로그래밍은 가정과의 연계를 필수적으로 포함한다.

Bounce Back! 프로그램에서는 사회정서학습 기술 영역을 구현하고자 CASEL의 다섯 가지 SEL 영역을 채택하였다(62~63페이지의 표 참조). 다섯 가지 영역은 자기인식, 자기관리, 사회적 인식, 관계 기술 및 책임감 있는 의사결정이다.

7. 교육정책의 핵심인 학생 웰빙

전 세계적으로 국가 혹은 지역 단위의 학교 정책은 아동·청소년의 사회적, 정서적, 학업적 성장을 촉진하기 위해 수립된다. 비록 용어는 조금씩 다르게 사용되고 있지만, 교육의 핵심 목적은 대부분 비슷하다. 대부분 국가는 학생들이 주어진 교육과정을 충분히 이수하여 자신감 있고 탄력적인 개인으로 성장하고, 동시에 국제 시민이자 지역사회의 책임감 있는 일원으로 자라나길 바란다.[3), 20)] 호주 청소년을 위한 교육 목표의 국가선언(National Declaration on the Educational Goals for Young Australians)[21)]은 이러한 교육 기조를 이끄는 교육정책의 한 예로 볼 수 있다. 이 교육정책에서 아동·청소년의 웰빙과 지적, 신체적, 사회적, 정서적, 도덕적, 정신적, 미적인 성장을 증진하는 데 있어서 학교의 필수적인 역할을 강조한다.

이 교육정책의 핵심은 성공적인 학습자이자 자신감 있는 개인, 적극적이며 교양 있는 시민을 길러 내고자 하는 데 있으며 이에 대한 교육자의 책임을 강조한다.

- 성공적인 학습자는 필수적인 문해력과 수리능력을 갖추었을 뿐만 아니라 비판적으로 사고하고 정보를 분석하며 문제를 해결할 수 있는 능력을 갖춘 창의적이고 자원이 풍부한(resourceful) 학습자이다. 또한 스스로 학습하고, 계획하고, 협력하고, 아이디어를 전달하며, 독립적으로 작업할 수 있는 능력도 갖춘 학습자이다.
- 자신감 있고 창의적인 개인은 합리적이며 현명한 결정을 내릴 수 있고, 낙천적이고, 행복감을 가지며, 자신의 삶에 대한 책임을 받아들이고, 타인에 대한 존경을 보인다.
- 적극적이고 교양 있는 시민은 도덕적, 윤리적인 진실성을 가지고 행동하며, 지역 및 글로벌 수준에서 책임감 있는 구성원으로 성장한다.

1) 호주 교육과정의 일반 역량

호주 청소년을 위한 교육 목표의 국가선언은 호주 교과과정의 방향을 제시하며 개발을 뒷받침한다. 호주 교육과정의 일반 역량[22)]은 모든 교육과정 영역에 녹아들어 모든 학생에게 적용될 것으로 기대된다. 이러한 능력은 전통적인 문해력과 수리력뿐만 아니라 사회정서학습과 관련된 기술도 포함한다([그림 3-1] 참조).

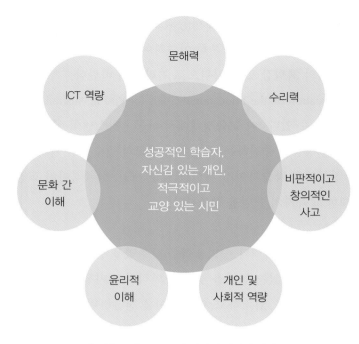

[그림 3-1] 호주 교육과정에 제시된 역량

출처: 호주 교육과정, 평가 및 보고 기관.

〈표 3-1〉은 Bounce Back! 교육과정에서 다루고 있는 내용과 호주 교육과정의 일반 역량의 관계를 보여 준다.

표 3-1 호주 교육과정의 일반 역량과 Bounce Back! 교육과정 단원의 비교

호주 교육과정 일반 역량	Bounce Back! 교육과정 단원
문해력	모든 단원은 책, 영화, 시, 그리고 다양한 읽고 쓰는 능력 활동을 포함한다.
수리력	대부분의 단원에 수리 활동을 담고 있다.
정보통신기술(ICT) 역량	모든 단원은 ICT 활동을 담고 있다.
비판적이고 창의적인 사고	모든 단원에는 고등 사고력 함양을 위한 도구 및 활동이 포함된다.
개인 및 사회적 역량	모든 단원은 자기관리, 자기인식, 자기지식, 사회적 인식, 사회적 관리를 장려하고, 사회적 역량을 구축하는 교육전략을 사용한다. 또한 다음 단원은 개인 및 사회적 기능을 명시적으로 가르친다. 1단원: 핵심 가치, 2단원: 사회적 가치, 3단원: 회복탄력성, 5단원: 낙관성, 6단원: 정서, 7단원: 관계
윤리적 이해	모든 단원은 윤리적 이해를 포함한다.
문화 간 이해	모든 단원은 토론을 통해 타인과 교류하고 공감하는 방법을 탐구한다.

학생 웰빙은 국가 차원의 다른 분야에도 기초가 된다.

- 국가 안전 학교 체제(National Safe Schools Framework, 2011):[23] 모든 호주 학교는 학생의 웰빙을 증진하는 안전하고, 지지적이며, 존경받는 가르침과 배움이 있는 공동체이다.
- 국가 청소년 전략(The National Youth Strategy, 2010):[24] 호주 정부의 비전은 모든 아동·청소년이 안전하고 건강하며 행복하고 회복탄력적으로 성장하는 것이다. 이를 통해 지역사회에서 배우고 일하며 참여하는 데 필요한 기회와 기술을 함양하여 올바른 의사결정을 하도록 돕는 것이다.
- 가정 학교 연계 체제(Family-School Partnerships Framework, 2008):[25] 학교와 가정은 아동·청소년의 웰빙을 증진하기 위해 공동의 협력을 한다.
- 호주 학교의 가치관 교육을 위한 국가 체제(National Framework for Values Education in Australian Schools, 2005):[26] 학교에서 지향하는 아홉 가지 가치관—존중, 책임감, 성실, 관심과 연민, 공정함, 자유, 최선을 다하는 것, 정직과 신뢰, 이해 및 관용과 포용

8. 학생 웰빙과 회복탄력성을 증진하는 보호 체제

대부분의 아동·청소년은 하루에 6시간 이상을 학교에서 보낸다. 가정 외에도, 학교생활은 행복과 회복탄력성을 증진하는 긍정적 환경을 제공하는 가장 중요한 사회화의 터전이다. 학교는 아동에게 친구나 교사를 연결해 줄 수도 있고 도전적인 교과과정을 제공해 주기도 한다. 학습을 위한 지원을 해 주고 아동의 의미 있는 참여를 위한 기회를 마련할 수 있다. 학교와 연결되어 있다고 느끼는 유대감은 가정에서 회복탄력성을 기를 수 없는 학생에게 특히 중요하다. 또한 학교는 학생에게 어려운 시기, 좌절, 역경을 경험할 때 '오뚝이처럼 다시 설 수 있도록' 도와줄 사회적, 정서적 기술과 태도를 가르칠 수 있다.

학교가 아동에게 보호적 환경요인이 되도록 환경을 어떻게 세팅하는지, 웰빙과 학업성취를 조성하기 위해 어떤 개인적, 사회적, 정서적 기술요소를 중심으로 가르치는지를 〈표 3-2〉를 통해 확인할 수 있다.

표 3-2 보호적 환경 및 개인 기술의 주요 구성요소

학생 웰빙과 회복탄력성, 학업성취를 조성하는 환경	
학교 유대감 • 좋은 학교에 소속되었다는 느낌 • 의미 있는 참여와 기여도 • 강점을 확인할 기회 • 주도권을 가질 기회 • 지지적이고 참여적인 학교 문화 • 학교에서의 신체적, 심리적 안전 확보 • 집단 괴롭힘 및 폭력에 대한 학교의 강력한 규칙 **또래 유대감** • 또래 관계의 의도적 개발 • 학생을 연결하고 긍정적 학교 문화를 형성하는 교수전략 사용 • 협력적인 학습 활동 • 서클 타임(소주제 매일 토론) • 또래 지지 전략 • 저학년과 고학년이 함께하는 과제 **교사 유대감** • 교사-학생 관계의 의도적 개발 • 필요할 때 함께할 수 있는 따뜻한 교사 • 높은 기대, 학업 지원 및 개별화된 교육과정 • 협력적이고 친사회적인 교실 문화 • 긍정적 행동 관리 • 명확하고 일관된 한계 설정	**긍정적인 가정-학교 연계** • 돈독한 교사-가정의 연계 **가족 유대감** • 따뜻함과 애정을 가진 가족원이 최소 1인 이상 존재 • 원활한 대화 및 활동 공유 • 가족 문제해결에 대한 긍정적 접근 • 가족 구성원 간의 충실성, 지지와 지원 • 집에서 자신의 역할이 있는 아이 • 친사회적이고 공유된 가족의 가치 **가족 외에 보살핌을 주는 한 명의 어른** • 아동에 관한 관심과 필요할 때 함께할 수 있음 • 무조건적인 긍정적 존중을 표현함 **공동체 유대감** • 지원 서비스에 대한 인식 및 이용 • 지역사회 서비스 참여 • 친사회적 클럽이나 팀에 참여 • 반사회적 행동과 대조되는 공동체 규준 인식 • 강한 문화적 정체성과 자부심 **영적, 종교적 참여** • 영적 및 종교적 공동체 참여

학생 웰빙과 학업성취를 위한 개인적, 사회적, 정서적 기술 및 태도
자기인식(Self-awareness) • 자신의 감정과 생각 파악 및 조절* • 정확한 자기인식* • 자신의 강점과 한계를 인식* • 근거가 충분한 자신감* • 낙관적 사고* • 자기효능감* • 의미, 목적 및 미래에 대한 감각 보유 • 자기성찰 기술

자기관리기술(Self-management skills)

- 어렵고 어려운 상황에 탄력적으로 대처함*
- 도움이 되는 합리적인 사고 기술과 태도 사용하기
- 개인화(personalizing) 대신 정상화(normalizing)
- 스트레스를 처리하고 충동을 조절하기 위해 감정을 조절함*
- 자기 동기화*
- 자기 훈육*
- 개인 및 학업 목표를 설정하고 이를 위해 노력하는 기술*
- 조직화 기술*
- 성장 마인드셋(Growth mindset): 노력이 결실을 맺을 것이라는 믿음 유지*
- 그릿: 장애물을 극복하여 인내*
- 유머를 적절하게 사용
- 용기 있는 행동
- 고통스럽고 바꿀 수 없는 상황에 대한 적응적 거리 두기(adaptive distancing) 기술
- 연령에 맞는 독립성

사회적 인식(Social awareness)

- 다른 사람의 관점을 취함(즉, 그들의 관점 또는 주장 이해)*
- 타인과의 공감*
- 다양성의 가치를 인정*
- 타인에 대한 존중 표현*
- 친절과 연민과 같은 친사회적 가치
- 행동에 대한 사회적 및 윤리적 규범 이해*
- 가족, 학교, 공동체의 자원과 지지에 대한 인식*

관계 기술(Relationship skills)

- 관계가 중요하다는 믿음을 갖는 것
- 다양한 개인 및 그룹과 건강하고 보람 있는 관계를 구축하고 유지하기 위한 사회적 기술*
- 우정의 기술*
- 갈등 관리 기술*
- 부적절한 사회적 압력에 대한 저항*
- 필요한 경우 도움 요청 및 제공*

책임감 있는 의사결정(Responsible decision making)

- 자신과 타인의 웰빙에 대한 배려*
- 상황 분석 및 평가*
- 학업 및 사회 상황에서 문제 파악 및 해결*
- 윤리적 책임(예: 윤리적 기준, 안전 문제 및 사회적 규범을 기반으로 자신의 행동을 선택하고 사회적 상호작용에 대한 건설적인 선택을 함으로써 윤리적 책임을 다하여 행동하기)*

---

* CASEL이 동시에 추천하는 사회정서학습 기술

© McGrath, H. & Noble, T. 2017. Bounce Back! Pearson.

1) 학생 웰빙과 회복탄력성을 높이는 환경

(1) 학교 유대감

학교 유대감은 학생이 느끼는 학교의 배려와 학교의 받아들임 정도를 의미한다. 학생을 긍정적인 자질을 가진 사람으로 인정하고, 학생에게 의미 있고 만족스러운 학습 경험을 제공할 때 학생들은 학교 유대감을 가질 수 있다. 다른 모든 사회 제도 중에서도 특히 학교는 아동·청소년이 또래를 만나고 함께 작업할 기회를 제공할 뿐 아니라 또래 관계를 형성할 수 있도록 한다. 또한 전문적인 성인의 보살핌을 제공하며, 미래를 위한 희망과 진로를 아동·청소년에게 제공할 수 있다. 학교와 연결된 것은 학생 참여도와 학교 활동의 참여 증가,[5],[27] 높은 학업성취와 관련이 있다.[6],[28],[29] 동시에 학교를 중퇴할 가능성이 낮다는 것을 의미하고,[30] 긍정적인 행동의 증가와 파괴적이거나 반사회적인 행동의 감소와 연관이 있다.[3],[31]~[34] 또한 학교 유대감은 건강에 위험을 주는 행동의 비율과 정신건강 문제를 낮추는 것과 관련된다.[29],[30],[32]

(2) 또래 유대감

대부분의 아동·청소년에게 있어, 학교에 가는 주요한 이유 중 하나는 사회적, 정서적으로 친구와 연결되기를 바라는 소망 때문이다. 아이들은 친구와 만나기를 기대하며 우정을 나누고 더 큰 또래 집단에 속하는 것을 즐긴다. 학교는 또래 관계의 성장을 강화하고 수용, 소속감, 적응을 촉진하는 사회 구조를 만들 수 있다. Bounce Back! 교육과정 단원에 이러한 또래 친화적 구성이 포함되어 있다. 예를 들면, 협력 학습 그룹, 서클 타임(동아리 활동), 학급회의, 학급 위원회 및 또래 지원 활동 등을 들 수 있다. 협동 학습전략, 협동적 사고 도구 및 교육 게임들은 이후에 제시한 교육전략 및 자료에 요약되어 있다. 각 교육과정 단원에는 학생이 서로 연결되고 사회적 기술을 개발할 수 있도록 하는 다양한 참여 학습 활동이 포함되어 있다. 1단원의 핵심 가치, 2단원의 사회적 가치, 7단원의 관계에서는 친사회적 가치와 특정한 사회적, 정서적 기술을 습득할 수 있는 기술을 구체적으로 알려 준다. 모든 Bounce Back! 단원에는 학습 주제와 관련된 자신의 이해와 경험을 공유함으로써 서로를 알게 되는 학습 활동이 포함된다.

(3) 교사 유대감

많은 선행연구는 학교에서 긍정적인 관계를 증진하는 것이 학생 웰빙과 학습 참여를 향상시킨다는 것에 주목한다. 여러 변인 중에서도 수업의 질과 교사-학생 관계 변인은 학생의 학업 결과에 있어 가장 중요한 차이를 만든다.[35],[36]

교사와 연결된 느낌은 학습 동기 및 성공적인 학습 결과를 경험할 수 있게 할 뿐만 아니라 더 회복탄력적이 되게 하며,[14],[19] 중퇴하지 않고 학교생활을 유지할 수 있게 도와준다. 하지만 최근 많은 연구에서 학생들이 교사와 밀접한 관계를 느끼지 못하는 것으로 나타났으며 특히 중학교에서 더욱더 그러하다는 보고가 있다.[37],[38] 이러한 사실은 그 자체로 교사에게 놀라움을 안겨 준다. 학교는 교사가 학생과 여러 가지로 긍정적이고 긴밀한 관계를 맺도록 다음과 같이 할 수 있다.

- 학생이 접촉하는 교사의 수를 제한하기
- 긍정적인 교육 계획을 통해 교사가 학생을 잘 알 수 있는 시간 마련하기
- 더 많은 학업 지원이나 개별적인 지도가 필요한 학생과 교사가 만날 시간을 보장하기
- 학생 상담, 개별화 교육과정, 개인적인 성장, 회복탄력성과 같은 분야의 전문적 성장을 할 수 있도록 기회를 제공하기
- 학생 웰빙과 지원 서비스를 강화하기

또한 교사는 학생들과 더 깊은 유대감과 회복적이고 친사회적인 교실 문화를 만드는 도전을 받아들여야 한다. 교사는 탄력적인 태도와 기술을 학생들에게 모델링하기, 협조적인 교실 분위기를 조성하기, 따뜻함과 긍정적인 기대를 전달하기, 학생의 강점을 인정하기, 긍정적인 행동 전략을 사용하기, 개인차의 가치를 존중하기 등을 통해 이러한 도전을 받아들일 수 있다. 이를 통해 교사는 학생을 단순한 학생을 넘어 한 인격으로 만날 수 있다. Bounce Back!을 가르치는 교사는 회복탄력성의 핵심 구성요소에 대해 더 깊이 이해할 수 있고 스스로 탄력적으로 변화될 가능성이 매우 높다.[14), 39)] 회복탄력성이 높아짐에 따라 대부분의 교사는 탄력성 기술과 태도를 보다 효과적으로 모델링할 수 있다. 그리고 Bounce Back!의 10행시 '오뚝이처럼 행복하세요'의 메시지에서 공통적으로 이해한 내용을 참조하여 더 잘 상담할 수 있다(41페이지 참조). 게다가, Bounce Back! 각 단원에는 경험과 감정을 공유하는 활동을 통해 직간접적으로 교사-학생의 유대감을 높이는 교실 친화적 학습 활동이 포함되어 있다.

(4) 긍정적인 가정-학교 연계

가정과 학교가 같은 메시지를 전달하기 위해 함께 노력할 때 학생은 더 탄력적이 되고, 더 효과적으로 배우며, 학교를 졸업할 가능성이 더 높다.[40)~42)] 가정에 보내는 안내장에는 Bounce Back!이 전달하고자 하는 메시지와 각 단원이 어떻게 구성되어 있는지에 관한 정보를 포함한다. 이 정보는 학교 가정통신문, 홈페이지 또는 가정으로 보내는 이메일에 포함될 수 있다.

(5) 가족 유대감

높은 수준의 가족 유대감은 가장 중요한 보호 환경 자원 중 하나이다.[43)~46)] 가족으로부터 지지받는다고 생각하는 청소년이나, 집안에서 규칙을 함께 설정하고 시행하는 부모나 양육자가 있는 청소년, 화합적이며 안정적인 가족에 소속되어 자신의 개성이 존중받는다고 느끼는 청소년일수록 회복탄력적일 가능성이 높다.[46)] 모든 가정은 서로 다른 시기에 어려움을 겪는다. 어떤 가정의 경우 그러한 도전은 아이의 전형적인 발달 단계나 배우자와의 관계와 관련되며, 또 다른 가정의 경우에는 죽음, 질병, 이혼, 재정적 어려움, 실직, 정신 질환, 술과 약물 남용 또는 다른 역경과 연관이 있다. 가족 유대감은 가족에 대한 청소년의 참여와 수용의 정도 그리고 가족의 다른 구성원과 가깝게 느끼는 정도를 말한다. 또한 가족 유대감은 가족이 서로 효과적으로 소통하고, 공동의 활동에 시간을 보내고, 서로에게 충성심과 헌신을 표현하고, 가족 문제를 해

결하며 역경에 직면하여 협력하는 정도를 말한다. 모든 가정은 어려운 시기가 되면 서로에게 쉽게 접근할 수 있게 된다. 많은 가정은 추가적인 지원과 보살핌을 필요로 하는데, 도움되는 팁이 있다면 가족이 이미 가지고 있는 강점을 이해하고 발전시켜 가정의 탄력성을 회복하는 기술을 배울 수 있도록 돕는 것부터 시작할 것을 제안한다.

(6) 가족 외에 보살핌을 주는 한 명의 어른

회복탄력성에 대한 연구를 보면 부모 아닌 성인 중에서 아이가 쉽게 만날 수 있고 아이에게 관심을 두고 있으며 아이가 믿을 수 있는 한 명의 어른이 아이들의 삶에 존재하는 것이 매우 중요한 보호 요인이라고 한다.[19] 한 명의 어른은 손윗형제, 조부모, 삼촌 또는 이모, 사촌과 같은 대가족의 일원일 수도 있다. 물론 가족의 친구, 청소년 근로자, 스포츠 코치 또는 교사도 될 수 있다. Benard[19]가 연구에서 언급한 어려운 상황에 대처할 수 있는 용기와 자신감을 아동·청소년에게 줄 수 있는 '전환 교사(turnaround teacher)'* 가 같은 맥락이다. 돌본다는 것은 아이들 안에 있는 가능성을 보고, 따뜻하게 대해 주며, 아이들의 행복에 주의를 기울이는 것을 의미한다. 종종 아이들의 부정적이고 버릇없는 말과 행동을 대할 때도 아이들이 해결 못한 근본적인 분노, 고통, 두려움, 불안과 혼란[19]의 감정에 주목하여 주는 것을 의미한다. 돌본다는 것은 또한 아이들의 이야기를 주의 깊게 들어주는 것을 포함하는데 느끼고 있는 고통과 걱정에 대해 공감적 경청자가 되는 것을 의미한다.[47]

(7) 지역단체와의 유대감

지역단체와의 유대감은 더 넓은 지역단체에 적극적으로 참여하고 지역사회 자원에 접근하고자 하는 의지를 말한다. 학교, 교회, 청소년 클럽, 스포츠 클럽 및 기타 지역사회 기관은 아동·청소년이 지역사회와 연결될 수 있는 기반을 제공할 수 있다. 한 연구에서는 스포츠팀, 예술 및 연극 집단 참여, 친사회적 청소년 단체 회원 등과 같은 긍정적인 공동체 참여 기회는 학생의 웰빙을 증진시키는 데 있어 가장 일반적인 보호요인 중 하나로 확인되었다.[44] 이 연구에서 확인된 다른 두 가지 주요 보호요인은 핵심 가치를 갖고 있는가와 가족 유대감이 있는가이다. 공식적인 공동체 관계보다는 사적인 관계가 종종 더 강력하다는 것에 주목할 가치가 있다. Werner와 Smith[48]의 종단 연구를 보면 탄력성이 확인된 청소년이 역경에 처했을 때 누가 도와줬는지 물어보면, 친척 중 한 명(조부모, 형제, 이모, 삼촌), 가까운 이웃과 같이 주변의 자발적인 멘토 그룹이 압도적으로 많았다. 아동·청소년은 이러한 비공식적인 지역사회 네트워크의 지원을 선호했고, 공식적인 지역사회 조직, 정신건강 전문가 및 사회복지사의 서비스보다 이러한 종류의 지원을 더 가치 있게 생각했다.

한 공동체에서 사람들과 연결된다는 것은 자신감, 자신의 삶에 대한 통제력, 반사회적 그룹에 관여하지

---

* 전환교사(turnaround teacher)는 Bonnie Benard가 제시한 새로운 개념의 교사로 학생들이 회복탄력성과 관련된 요소를 신장시킬 수 있도록 돕는 멘토 혹은 신개념의 교사를 말한다.

않는 것, 그리고 더 높은 교육적 포부와 성취도를 갖는 것과 강한 상관관계가 있다는 것을 보여 주었다.[49] 그러나 이러한 상관관계의 결과가 이미 더 탄력성 있고, 높은 사회경제적 지위에 있으며, 높은 수준의 가족 지원과 높은 역량 및 가능성을 가지고 있는 것의 영향을 통제한 이후에도 유효한지는 분명하지 않다. 애초에 지역사회에 도움을 요청할 가능성이 높은 청소년은 이미 더 탄력적이고, 높은 수준의 가족−경제적 지원을 받고 있으며 높은 역량을 가지고 있을 가능성을 배제할 수 없기 때문에 탄력성에도 부익부 빈익빈 현상에 대한 가능성이 있다.

학교는 아동·청소년이 지역사회와 연결되도록 도울 수 있는 훌륭한 위치에 있다. 학교마다 다양한 방식을 적용할 수 있는데, 지역사회 봉사 프로젝트에 참가할 수도 있고, 혹은 지역사회의 건강, 가족 및 복지 전문가 단체와의 협력을 진행할 수도 있다. 또 학교에서는 지역 아동을 대상으로 하는 교육 프로그램이나 방과후 돌봄을 제공하거나, 체육관과 같은 학교 시설을 방과 후에 사용하도록 지역사회에 개방하는 방식이 사용되기도 한다.

(8) 영성과 종교적 삶

> 나는 인생에서 가장 중요한 것은 행복을 찾는 것이라고 생각한다. …… 종교를 믿든 믿지 않든……. 우리는 모두 인생에서 더 나은 무언가를 찾고 있다. 그래서 나는 우리 삶의 가장 큰 움직임이 행복을 향한 것으로 생각한다. (Tenzin Gyatso, the Dalai Lama, 1998)

영성(spirituality)은 자기 초월을 통해 삶의 의미를 찾는 인간의 경향성 또는 자기보다 더 큰 무언가와 연결되고 싶은 욕구를 말한다. 반면, 종교(religion)는 공식적인 종교 기관과 관련된 정신적 탐색을 말한다. 정신적인 믿음을 가진 사람은 더 높은 수준의 행복과 삶의 만족을 느끼며,[50] 더 건강하고 더 오래 살 가능성이 더 높고,[51] 이혼, 실업, 심각한 질병 또는 사별을 겪은 후에 그러한 믿음이 없는 사람보다 정서적인 행복을 유지하거나 회복할 가능성이 더 높다.[52, 53]

영적 참여와 회복탄력성 사이의 연관성에 대해서는 다양한 설명이 가능하다.

- 일반적으로 영적 가치를 공유하는 공동체는 구성원에게 사회적 지원과 연결, 소속감과 확신을 준다. 많은 종교가 무조건적인 사랑과 인정을 제공한다.
- 많은 사람에게 정신적 믿음은 목적의식을 주고, 우리의 삶이 어떤 의미를 가지기를 바라는 인간의 기본 욕구를 충족시켜 준다.[50] Seligman은[54] 의미 상실은 물론 목적 상실이 오늘날의 아동·청소년에게 높은 수준의 우울증을 유발하고 있다고 주장해 왔다.
- 많은 종교는 종종 기도를 통해 삶의 가장 깊은 질문에 대한 대답을 주며 마주하는 역경에 대한 희망을 준다.[50]
- 많은 종교와 관련된 교리와 믿음은 바꿀 수 없는 것을 직시하여 초연하게 받아들일 수 있도록 격려한다.

• 일부 종교에서는 깊은 자기 성찰과 진실성 그리고 고통에 대한 용기 있는 태도를 장려한다.

Bounce Back!은 영성을 직접적으로 언급하지는 않는다. 종교적 성향을 가진 학교는 이미 종교 중심의 학습 경험과 전략을 갖추고 있을 것이다. 그러나 핵심 가치와 사회적 가치 단원에서 다루어진 가치들은, 예를 들어 기독교, 불교, 이슬람교, 유대교 등 대부분 종교 가치의 근간을 이루는 것으로부터 유래되었다. 이러한 가치는 청렴과 자존심, 공정성, 정의, 지원, 다른 이들을 돌보는 것, 연민, 차이점 수용, 협력, 친근감 그리고 다른 사람의 권리에 대한 존중에 초점을 맞추고 있다. 물론, 이러한 친사회적 핵심 가치는 종교적인 믿음을 가진 사람들만 갖추고 있는 것은 아니다. 종교와도 관련이 없고 신이 없다고 믿는 무신론자도 이러한 가치에 기반하여 살고자 한다.

9. Bounce Back!의 개별화 전략

오늘날의 교실은 그 어느 때보다도 다양한 멀티미디어와 시스템적 환경에 둘러싸여 있으며 다양한 종교적 · 문화적 배경, 경험, 성격, 능력, 사회정서적 기술과 웰빙의 수준을 지닌 학생을 포함할 가능성이 더 높다.[55] 모든 학생이 학습자나 가치 있는 동료로 환영받는 포괄적인 문화를 만들고 유지하는 것은 교실에서 모든 학습자의 학습 결과를 극대화하기 위해 필수적이다. Bounce Back! 교육과정은 모든 아동 · 청소년이 환영받고, 수용되며, 존중받는 포괄적 문화를 만들기 위해 고안되었다. 많은 아동 · 청소년이 학습이나 배경 때문에 어려움을 겪고 있다. 이러한 아이들에게 특히 Bounce Back!의 주제를 다루는 것은 도움이 될 것이다. 개별화 과정을 통해, 교사는 다른 학생의 다양한 요구를 충족시키기 위해 교과과정 내용, 수업 전략 및/또는 학습 과제를 수정할 수 있다. 개별화라는 것은 '모든 학습자에게 맞는' 접근 방식으로 모든 학습자가 학습에 더욱 참여하고, 성공할 수 있는 가능성을 높이는 것을 의미한다. Bounce Back! 교육과정의 개발 구조는 1학년에서 6학년까지에 이르는 동일한 교육과정 주제를 연령에 따라 배열한다. 이를 통해 교사는 학생 집단의 특색에 따라 주제를 그에 적합한 학년 수준으로 맞춰 학생들을 가르칠 수 있다. 예를 들어, 영어를 외국어로 사용하는 학습자가 많을 경우 저학년 수업이 더 유리하다. 영재 학생들은 상위 학생들의 수업을 받을 수 있다. 자폐 스펙트럼 진단을 받은 학생의 경우에는 기술에 대한 더 많은 반복과 연습이 필요할 것이다.

Bounce Back!은 다음과 같이 개별화 전략을 구현할 수 있다.

• 아동문학 또는 읽고 쓰는 능력, 과학 등 과목 간 통합 수업
• 아동문학 수업 후 언어 기반, 연구 프로젝트 기반, 예술 기반, 드라마 기반, 음악 기반 등 후속 활동으로 습득
• 프로그램에 제공되는 다양한 종류의 교육전략 중 선택하여 사용

- 주제에 맞는 다양한 사고 도구 사용
- 특정 학급에 속한 학생의 학습 속도에 맞게 각 학습 단원에 투입될 시간의 조정
- 다양한 학습 과제와 평가도구를 사용하여 형성 평가 및 총괄 평가 제시
- 단원 시작 시점에서의 진단 평가(예: 회복탄력성, 특정 사회적 기술, 성장 마인드셋 등)는 교사가 학생의 다양한 학습 요구를 정확히 파악하여 그에 맞는 단원의 내용과 활동을 구성할 수 있게 한다. 평가는 서클 타임 토론을 통해 비공식적으로 또는 우체통 활동 설문조사와 같은 다른 Bounce Back! 활동을 통해 수행될 수 있다.

1) 영재 학생을 위한 Bounce Back! 개별화 전략

(1) 학습자의 장점과 한계

모든 분야에 재능이 있는 학생은 없다. Bounce Back!은 학생의 능력강점(다중지능이론; 81~82페이지 참조)과 성격강점(10단원 성취)을 사용하여 강점과 한계 모두 확인할 기회를 제공한다. 각 학생의 강점을 이해하는 것은 교사가 그 학생의 강점을 확장, 강화, 결합할 기회를 제공할 뿐만 아니라 그러한 강점이 한계를 뛰어넘을 수 있게 할 것이다.

(2) 사회 및 정서적 도전

영재 학생은 높은 에너지, 창의력, 강하고 높은 열망을 가질 수 있기 때문에 교실·학교 환경의 학습 속도가 자신의 수준과 일치하지 않으며 상대적으로 지루하게 느낄 수 있다. 그들은 자신의 수준에 맞는 친구를 찾는 데 어려움이 있으며, '다른 친구들과 비슷하게 되도록' 하는 압박을 경험한다. 영재 학생들은 그러한 요소로 인해 사회적, 정서적 성장에 위험이 야기될 수 있기 때문에 특히 Bounce Back! 주제로부터 이익을 얻을 수 있다.

(3) 사고 기술

Bounce Back!은 학생에게 교육과정을 통해 비판적이고 창조적이며 윤리적이고 공감적인 사고 능력을 향상할 수 있는 많은 기회를 제공한다. 협동적인 사고 도구는 뒤에 나오는 교육전략 및 자원에 설명되어 있으며 각 단원 내용에 통합 제시되어 있다. 그러한 것은 학생의 생각에 도전을 제공할 뿐 아니라 그들의 생각을 구조화하는 데도 효과적인 발판을 제공한다. 이러한 협동적인 사고 도구는 학생이 다른 사람의 관점을 배려하고, 동의하지 않을 때 정중하게 표현하며, 효과적인 경청을 하는 것과 같은 중요한 사회적, 정서적 기술을 개발하도록 돕는다.

(4) 다른 학생들과 작업하기

영재 학생들은 자신과 유사한 영역에 강점이 있는 친구와 작업할 때 보다 효과적인 수행을 보인다. 행동

하는 학생 단체는 괴롭힘 방지 캠페인이나 학교 전체의 행복을 강화하는 대규모 프로젝트를 해마다 계획하고 이를 함께 작업할 수 있다. 또한 공감 수준이 높고 사회적 기술이 뛰어난 학생들은 프로그램의 한 측면으로, 자기보다 어린 학생들과의 작업에도 즐겁게 참여할 수 있을 것이다.

2) 트라우마를 경험한 학생을 위한 Bounce Back! 개별화 전략

(1) 트라우마가 학습에 미치는 영향

통계는 다양하지만, 초등학교 학생의 1/4에서 절반 정도가 적어도 한 번의 트라우마적 사건을 경험했을 가능성이 있다.[56] 적지 않은 사람은 학대와 방임을 포함한 여러 가지 사건을 경험할 가능성이 있다. 돌봄의 부재(Out Of Home Care: OOHC)나 난민 출신 학생과 같이 위험도가 높은 일부 집단의 경우 트라우마를 경험한 비율은 거의 100%에 달한다.[56]

발달 중인 두뇌에 미치는 트라우마의 영향에 대한 연구가 점점 더 늘어나고 있다. 지속적인 트라우마가 아동의 기억력, 집중력, 운동 조정, 언어 발달, 특히 정서 조절과 같은 부분에서 어려움을 초래할 수 있다는 결정적인 증거가 나오고 있다.[57, 58] 트라우마를 경험한 연령과 신경학적 발달의 관계를 살펴보면, 이러한 경험이 갖는 잠재적인 문제를 파악할 수 있다. 예를 들어, 심각한 트라우마를 겪었을 당시 연령이 언어 습득에 중요한 2세였다면, 동일한 정도의 트라우마를 10세에 겪은 아동보다 나중에 언어 사용에 어려움을 겪을 가능성이 더 높다.[57]

(2) 사회정서학습을 통한 회복

교사가 복합 외상 후 회복을 촉진하기 위해 취할 수 있는 가장 중요한 세 가지 증거 기반 지침은 다음과 같다.

1. 안전감 조성
2. 긍정적인 관계와 소속감 형성
3. 감정 조절에 필요한 기술 가르치기[59, 60]

트라우마를 경험한 학생은 안전함을 느끼고 타인을 신뢰하는 데 시간이 더 많이 소요될 가능성이 높다. 따라서 학급 친구와 긍정적인 관계를 갖거나 우정을 쌓는 데 더 오랜 시간이 걸릴 수 있다는 것을 인식하는 것이 중요하다. 마찬가지로, 이러한 학생은 다른 학생보다 감정을 인식하고, 표현하고, 조절하는 것에 훨씬 더 어려움을 느낄 것이다.

Bounce Back!의 많은 활동(예: 서클 타임)은 이러한 학생이 감정을 표현하고 또래 및 교사와의 관계를 만드는 데 필요한 안전한 공간을 구축하는 것에 도움을 줄 것이다. 또한 아동문학의 사용은 특정한 외상 문제를 다루지 않고도 회복탄력성의 주요 주제를 안전한 방식으로 다룰 수 있게 한다. 복합 외상을 경험한 학생은 학습하는 데 더 큰 어려움을 겪을 수 있다. 따라서 다양한 형태의 활동(예: 그림, 노래, 그림책)을 사용하는 것은 이러한 학습자에게 도움이 될 수 있다.

(3) 전문가의 도움이 필요한 경우

심각한 트라우마를 경험한 학생과 함께 일하는 것은 매우 복잡하고 어려운 일일 수 있다. 이러한 학생을 안전하게 교육하려는 방법에 대한 조언을 얻기 위해 학교 상담자나 다른 전문가와 이야기하는 것도 도움이 될 수 있다.

3) 영어 학습자(외국어로서의 영어 학습자)를 위한 Bounce Back! 개별화 전략

(1) 다문화 수용

핵심 가치, 사회적 가치 및 관계를 다루는 단원, 그리고 관계를 형성하는 데 유용한 교수전략(예: 협동 학습 및 서클 타임)은 학생들에게 서로를 존중하고 지지하게 해 주며 다문화 상황의 Bounce Back! 교실을 촉진한다.

(2) 언어교육

Bounce Back!에서 좋은 아동문학을 사용하는 것은 회복탄력적인 메시지에 대한 실질적인 토론을 촉진하기 위해서이다. 이런 논의는 어휘의 발달과 의사소통적인 언어 능력을 강화할 수 있다. 또한 그림책은 시각적인 문해력에 초점을 두어 제공될 수 있다. 후속으로 제시되는 읽고 쓰는 능력 활동은 언어 학습자의 다양한 요구에 맞춰 손쉽게 조절할 수 있다. 대부분의 단원에서 문장 완성, 메모리 카드, 가로세로 퍼즐, 추리게임 및 역할 시연을 포함하여 언어 발달의 발판(scaffold)을 제공하는 다양한 참여 활동과 교육적인 게임을 담고 있다.

(3) 다른 분야의 강점 사용

영어권 교육과정의 개별화를 위한 전략으로서 다중 지능을 다룬 초기 연구에서는 영어를 외국어로 사용하는 학습자의 경우 역할극, 스케치, 드로잉 또는 흐름 차트 등과 같은 실제적인 과제를 통해 자신의 학습을 입증하는 기회가 주어질 때 학습에 더 많이 참여하고 더 높은 성취도를 보이는 것으로 나타났다.[61] Bounce Back!은 다문화권의 제2언어로 소통하는 학생에게 다양한 방식으로 자신이 배우고 이해한 것을 보여 줄 기회를 제공한다.

(4) 사고를 위한 발판

프로그램에 포함된 다양한 범위의 사고 도구는 비판적이고 창의적이며 윤리적이고 공감적인 사고를 위한 발판을 제공한다. 이러한 것은 모든 학생에게 유익하지만, 특히 사고 도구에서 제공되는 시각적 발판과 토론을 이끄는 질문 도구는 실제적인 토론에 필요한 영어를 외국어로 하는 언어능력이 부족한 학습자에게 도움이 된다(이후 제시되는 교육전략 및 자료 단원 참조).

(5) 난민 출신 학생과 수업하기

난민 출신 학생은 트라우마를 경험한 특수성과 외국어로서의 영어 학습자의 특성 두 가지를 모두 가지고 있다. 이러한 학생을 위해서는 그들의 학업적 필요와 사회적·정서적 웰빙 둘 다의 복합성을 다루어야 한다. 안전성과 소속감이 있는 교실 환경이 회복을 향한 첫 번째 단계가 될 것이다. Bounce Back! 활동은 교실의 긍정적인 또래 관계와 유대감, 안전감을 형성하는 데 도움을 준다. 각 단원에 있는 그림책의 시각적 특징을 다루는 활동뿐 아니라 그림 및 음악 활동은 언어 이해와 심리적 회복에 도움이 될 것이다. 전쟁, 상실, 슬픔과 같은 잠재적인 내면의 감정을 불러일으킬 수 있는 주제들을 다룰 때는 특히 더 민감하게 접근하는 것이 중요하다. 이후 교육전략 및 자료 단원에서는 안전한 토론 지침을 참조하길 바란다. 또한 이러한 학생을 교육하는 안전한 방법에 대해 학교 상담자나 다른 전문가에게 조언을 구하는 것도 도움이 될 수 있다.

참고문헌

1. Collaborative for Academic, Social and Emotional Learning, 2010 [cited 18/1/10], available from www.casel.org

2. Zins, J.E., et al. (eds) 2004, *Building Academic Success on Social and Emotional Learning: What Does the Research Say?*, Teachers College Press, New York.

3. Durlak, J.A., Domitrovich, C.E., Weissberg, R.P., & Gullota, T.P. 2015, *Handbook of Social and Emotional Learning. Research and Practice*, The Guilford Press, New York.

4. 'Better outcomes for disengaged young people: Initial scoping, analysis and policy review', 2005, Department of Premier and Cabinet, DESCS SA Government.

5. Brooks, F. 2014, 'The Link Between Pupil Health And Wellbeing and Attainment: A Briefing for Head Teachers, Governors and Staff in Education Settings', Public Health England, Department of Health (DH) Public Health England.

6. Banerjee, R., Weare, K. & Farr W. 2014, 'Working with "social and emotional aspects of learning" (SEAL): Associations with school ethos, pupil social experiences, attendance and attainment', *British Educational Research Journal*, 40, 4, pp. 718–742.

7. Challen, A., Noden, P., West, A. & Machin, S. 2011, 'UK Resilience Programme Evaluation: Final Report', DfE:http://eprints.lse.ac.uk/51617/1/West_etal_UK-resilienceprogramme-evaluation-final-report_2011.pdf.

8. Brooks, F. 2013, 'Chapter 7: Life stage: School Years', in *Chief Medical Officer's Annual Report 2012: Our Children Deserve Better: Prevention Pays*, Davies, S.V., Department of Health.

9. Gutman, L. & Vorhaus, J. 2012, *The Impact of Pupil Behaviour and Wellbeing on Educational Outcomes*, DfE, London.

10. Duckworth, A & Seligman, M. 2005, *Self discipline*

outdoes IQ in predicting academic performance.

11. Flook, L., Repetti, R. & Ullman, J. 2005, 'Classroom Social Experiences as Predictors of Academic Performance', *Developmental Psychology*, 41, pp. 319-327.

12. Noble, T., McGrath, H.L., Roffey, S. & Rowling, L. 2008, 'Scoping Study into Approaches to Student Wellbeing: A Report to the Department of Education', Employment and Workplace Relations.

13. 'NSSF: National Safe Schools Framework', 2011, Ministerial Council for Education, Early Childhood Development and Youth Affairs: https://docs.education.gov.au/system/files/doc/other/national_safe_schools_framework.pdf

14. Axford, S., Schepens, R. & Blyth, K. 2011, 'Did introducing the Bounce Back! Programme have an impact on resilience, connectedness and wellbeing of children and teachers in 16 primary schools in Perth and Kinross, Scotland?', *Educational Psychology*, 12 (1): pp. 2-5.

15. McGrath, H. & Anders, E. 2000, 'The Bounce Back! Program', in *Turning the tide in schools drug education project*, Victorian Department of Education.

16. World Health Organization Definitions of Health and Mental Health: www.who.int/features/factfiles/mental_health/en/

17. Robinson, P., Oades, L.G. & Caputi, P. 2015, 'Conceptualising and measuring mental fitness: A Delphi study', *International Journal of Wellbeing*, 5(1): pp. 53-73.

18. ReachOut Orb Teacher Resource 2015, Years 9 and 10: Australian HPE and NSW PDHPE Curriculums: https://www.tes.com/teaching-resource/reachout-orb-11309950

19. Benard, B. 2004, *Resiliency: What We Have Learned*, WestEd, San Francisco.

20. Noble, T. & McGrath, H. 2015, 'PROSPER: A New Framework for Positive Education', in *Psychology of Wellbeing*, www.springer.com/-/0/AU7CNS2GmRg70md7zMEi

21. www.curriculum.edu.au/verve/_resources/National_Declaration_on_the_Educational_Goals_for_Young_Australians.pdf

22. www.australiancurriculum.edu.au/generalcapabilities/overview/introduction

23. https://studentwellbeinghub.edu.au/educators/national-safeschools-framework#

24. http://www.youthpolicy.org/national/Australia_2010_National_Youth_Strategy.pdf

25. www.familyschool.org.au/files/3013/8451/8364/Familyschool_partnerships_framework.pdf

26. http://www.curriculum.edu.au/verve/_resources/Framework_PDF_version_for_the_web.pdf

27. Osterman, K. 2000, 'Students' need for belonging in the school community', *Review of Educational Research*, vol. 70, no. 3, pp. 323-367.

28. Lee, V.E., et al. 1999, *Social Support, Academic Press, and Student Achievement: A View From the Middle Grades in Chicago*, Chicago Annenberg Challenge, Chicago.

29. Catalano, R.F., et al. June 2003, 'The importance of bonding to school for healthy development: Findings from the Social Development Research Group', in Wingspread Conference on School Connectedness, Racine, Wisconsin.

30. Bond, L., et al. 2007, 'Social and school connectedness in early secondary school as predictors of late teenage substance use, mental health, and academic outcomes', *Journal of Adolescent Health*, vol. 40, no. 357, pp. 9-18.

31. Marzano, R.J., Marzano, J.S. & Pickering, D. 2003, 'Classroom Management that Works: Research-based Strategies for Every Teacher', Association

for Supervision and Curriculum Development, Alexandria, Virginia.

32. Lonczak, H.S., et al. 2002, 'The Effects of the Seattle Social Development Project: Behavior, pregnancy, birth, and sexually transmitted disease outcomes by age 21', archives of *Pediatric Adolescent Health*, vol. 156, pp. 438-447.

33. Wilson, D. & Elliott, D. June 2003, 'The interface of school climate and school connectedness: An exploratory review and study', in Wingspread Conference on School Connectedness, Racine, Wisconsin.

34. Durlak, J. A., Weissberg, R. P., Dymnicki, A. B., Taylor, R. D. & Schellinger, K. B. 2011, The Impact of Enhancing Students' Social and Emotional Learning: A Meta-Analysis of School-Based Universal Interventions, *Child Development*, 82, 1, pp. 405-432.

35. Hattie, J. 2009, *Visible Learning: A Synthesis of Over 800 Meta-analyses Relating to Achievement*, Routledge, London.

36. Rowe, K. 2001, 'Keynote Address', in Educating Boys in the Middle Years of Schooling Symposium, St Ignatius School, Riverview.

37. Trent, F. 2001, 'Aliens in the classroom or: the classroom as an alien place?' in 'Association of Independent Schools, NSW Sex, Drugs & Rock 'n Roll Conference', New South Wales.

38. Fuller, A., McGraw, K. & Goodyear, M. 1998, *The Mind of Youth Resilience: A Connect Project*, Victorian Department of Education, Victoria.

39. McGrath, H. & Anders, E. 2000, 'The Bounce Back! Program' in *Turning the tide in schools drug education project*, Victorian Department of Education.

40. Black, R. 2007, 'Crossing the bridge: overcoming entrenched disadvantage through student-centred learning' [cited16/6/08], available from www.educationfoundation.org.au

41. Redding, S., et al. 2004, *The Effects of Comprehensive Parent Engagement on Student Learning Outcomes*, www.adi.org/solidfoundation/resources/Harvard.pdf.

42. Reschly, A.L. & Christenson, S.L. 2009, 'Parents as essential partners for fostering students' learning outcomes'in *Handbook of Positive Psychology in Schools*, Gilman, R., Huebner, E.S. & Furlong, M. (eds), Routledge, New York.

43. Suldo, S. 2009, 'Parent-child relationships' in *Handbook of Positive Psychology in Schools*, Gilman, R., Huebner, E.S. & Furlong, M. (eds), Routledge, New York.

44. Bond, L., et al. 2000, *Improving the Lives of Young Victorians in Our Community – A Survey of Risk and Protective Factors*, Centre for Adolescent Health, available from www.dhs.vic.gov.au/commcar, Melbourne.

45. Masten, A.S., et al. 1999, 'Competence in the context of adversity: Pathways to resilience and maladaptation from childhood to late adolescence', *Development & Psychopathology*, vol. 11, no. 1, Winter, pp. 143-169.

46. Werner, E.E. 1993, 'Risk, resilience and recovery: Perspectives from the Kauai longitudinal study', *Development and Psychopathology*, vol. 5, pp. 503-515.

47. Benard, B. & Slade, S. 2009, 'Listening to students: Moving from resilience research to youth development practice and school connectedness' in *Handbook of Positive Psychology in Schools*, Gilman, R., Huebner, E.S. & Furlong, M. (eds), Routledge, New York.

48. Werner, E.E. & Smith, R.S. 1993, *Overcoming the Odds: High Risk Children from Birth to Adulthood*,

Cornell University Press, Ithaca, New York.

49. Larson, R.W. 2000, 'Toward a psychology of positive youth development', *American Psychologist*, vol. 55, no. 1, pp. 170-183.

50. Myers, D.G. 2000, 'The funds, friends and faith of happy people', *American Psychologist*, vol. 55, no. 1, pp. 56-67.

51. George, L., K., et al. 2000, 'Spirituality and health: What we know, what we need to know', *Journal of Social and Clinical Psychology*, vol. 19, no. 1, pp. 102-116.

52. McIntosh, D.N., Silver, R.C. & Wortman, C.B. 1993, 'Religion's role in adjustment to a negative life event: Coping with the loss of a child', *Journal of Personality and Social Psychology*, vol. 65, pp. 812-821.

53. Ellison, C.G. 1991, 'Religious involvement and subjective wellbeing', *Journal of Health and Social Behaviour*, vol. 32, pp. 80-99.

54. Seligman, M.E.P. 2002, *Authentic Happiness*, Free Press, New York.

55. Tomlinson, C.A. 2014, *The Differentiated Classroom: Responding to the needs of all learners*. 2nd edn, ASCD, Alexandria, Virginia.

56. Saunders, B.E. and Adams, Z.W. 2014, 'Epidemiology of Traumatic Experiences in Childhood', *Child and Adolescent Psychiatric Clinics of North America*, 23(2): pp. 167-184.

57. Perry, B. 2009, 'Examining child maltreatment through a neurodevelopmental lens: Clinical applications of the neurosequential model of therapeutics', *Journal of Loss and Trauma*, 14: pp. 240-255.

58. Porges, S.W. 2011, *The Polyvagal Theory: Neurophysiological Foundations of Emotions, Attachment, Communication, and Self-regulation*, WW Norton, New York.

59. Bath, H 2015, 'The three pillars of trauma-wise care: Healing in the other 23 hours', *Reclaiming Children and Youth*, 23 (4), pp. 5-11.

60. Blaustein, M.E. & Kinniburgh, K.M. 2010, *Treating Traumatic Stress in Children and Adolescents: How to Foster Resilience through Attachment, Self-Regulation, and Competency*, Guildford Press, New York.

61. Noble, T. 2004, 'Integrating the Revised Bloom's Taxonomy with Multiple Intelligences: A planning tool for curriculum differentiation,' *Teachers College Record*, 106(1), pp. 193-211.

제4장 웰빙과 회복탄력성을 위한 사회정서 및 대처 기술

이 장에서는 다음과 같은 주제를 다룬다.

- Bounce Back! 프로그램을 뒷받침하는 개인적 대처 기술, 자질 및 태도 검토
- 일상의 변화와 같은 일상적 스트레스 요인과 가족 외상(family trauma)과 같은 주요 스트레스 요인의 구분
- 사회정서학습에 기초한 CASEL의 다섯 가지 핵심역량(자기인식, 자기관리, 사회 인식, 관계 및 책임 있는 의사결정)과 Bounce Back! 프로그램 단원 내용 간의 상관관계

도입

학생 웰빙과 회복탄력성은 복합적인 개념이다. 회복탄력성은 학생이 어려운 시기에 대처하도록 돕는 개인적 기술과 보호요인을 포함하는 개념이다. 이 장에서는 청소년이 긍정적이고, 행복하고, 회복력이 있고, 가족이나 또래와 좋은 관계를 맺고 학교에서 배우는 경험에 만족하도록 하는 웰빙 감각을 발달시키는 데 도움을 줄 수 있는 사회정서 및 대처 기술을 살펴본다.

역경에 대한 스트레스로부터 청소년을 보호하는 것은 어렵지만, 그들이 역경에 대처하는 데 필요한 개인적 기술과 자산을 개발하도록 도움을 줄 수는 있다. CASEL에서 언급하는 학교 기반 사회정서학습(SEL)의 다섯 가지 핵심역량(23~24페이지 참조)은 각각 웰빙과 회복탄력성에 기여하며, Bounce Back! 프로그램의 모든 단원에서 습득할 수 있다(163페이지 참조). 이 단원은 이런 삶의 기술에 대해 교사가 잘 가르칠 수 있도록 세부 사항과 증거 자료를 다양하게 제시한다.

1. 매일 주요하게 발생하는 스트레스 요인

사회정서 및 대처 기술을 배우는 것은 학생이 주요 스트레스 요인뿐만 아니라 일상적 스트레스 요인을 관리하는 데 도움을 줄 수 있다. 일상적 스트레스 요인은 아동·청소년이 각 발달 단계를 거치면서 직면하는 전형적인 상황과 어려움이다. 이 요인에는 일상적 어려움, 관계에서의 실망 및 개학의 어려움, 전학 또는 1년 단위로 상급 학년 진학 및 학업상의 어려움과 관련된 문제가 포함된다. 이러한 일상의 사건들이 스트레스를 주는지 아닌지는 학생의 개인적 대처 기술과 가정 및 학교 환경에 달려 있다. 주요 스트레스 혹은 위험요인은 가족이 겪은 트라우마나 심각한 괴롭힘과 같은 사건들이다. 이 시기에 청소년들은 일반적으로 회복탄력적 태도와 기술을 적용하기 위해 추가적인 지원이 필요하다. 매일 발생하는 주요 스트레스 요인의 예시는 〈표 4-1〉에 설명되어 있다.

표 4-1 일상적 스트레스와 주요 스트레스 요인 및 위험요인

일상적 스트레스	주요 스트레스
취학 전(1~4세) • 형제 탄생 • 육아 적응 • 유치원으로의 전환 • 애착 대상으로부터의 분리 **초등학교(5~12세)** • 학교로의 전환 • 또래와의 경쟁 • 또래 관계 • 또래의 놀림 • 또래의 압박(예: 유행을 따르거나 하고 싶지 않은 일을 해야 함) • 형제 압력 • 숙제 • 낮은 학업성취도 • 교사와의 갈등 • 스포츠 또는 과외 활동과 관련된 실망 • 구두 발표에 대한 두려움 • 시험에 대한 걱정 • 시간 압박(학교, 과외, 가정의 요구에 대한 균형 조정) • 부모-자녀 갈등 • 초기 사춘기	**죽음** • 부모 • 형제/자매 • 가까운 친척 • 친한 친구 • 좋아하는 반려동물 **심각한 질병이나 장애** • 자신 • 부모 • 형제/자매 • 가까운 친척 • 친한 친구 **다른 특수 트라우마(extraordinary trauma)** • 전쟁 • 자연재해(예: 화재, 홍수, 가뭄, 태풍) • 법적 문제 • 성적 및/또는 신체적 학대 및/또는 방임 • 강도 또는 폭행 • 교통사고에 대한 외상

청소년기(13~18세)
- 호르몬 변화
- 성장 변화
- 신체적 외모
- 또래의 압력
- 성욕 증가
- 독립성과 자유의 문제
- 대인관계 문제
- 학교에서 개인의 책임 증가
- 직업 및 대학 선택
- 직장으로의 전환
- 학교생활 및 아르바이트 균형 유지하기
- 성 역할 문제

가족 문제(family issues)
- 이혼
- 재혼
- 직업 상실, 취업
- 학대/폭력 목격
- 정신질환
- 알코올/약물 남용
- 형사 및 민사상 문제, 재판 및 수감

변화
- 가정소득 수준
- 학교
- 주거
- 가족 구성원의 수
- 부모와의 접촉(예: 부모님의 근무 시간 연장 또는 근무지 이동)

괴롭힘
- 물리적 괴롭힘
- 언어적 괴롭힘
- 사회적 배제
- 사이버 괴롭힘

2. 사회정서 및 대처 기술: 자기인식

이 단원에서는 다음과 같은 자기인식 기술에 대해 자세히 설명한다.

- 강점(strengths)
- 낙관적 사고(optimistic thinking)
- 자기효능감(self-efficacy)
- 자기존중감(self-respect)
- 의미와 목적에 대한 감각(a sense of meaning and purpose)
- 학문적, 사회적 회복탄력성을 위한 성장 마인드셋(growth mindset)

1) 강점과 한계에 대한 인식

긍정교육 운동과 CASEL에서는 학생 웰빙과 학습 참여를 촉진하기 위해 아동의 강점을 기반으로 한 접근이 중요하다고 강조하고 있다. CASEL은 다음과 같이 설명한다.

> 아동을 대상으로 하는 접근법에서 강점을 기반으로 하는 것보다 좋은 방법은 없다. 강점 기반 접근이란 ⓐ 학교 살림을 꾸려 가는 인재로서의 아동 혹은 자신의 긍정적 자산을 기부하는 구성원으로서의 아동과 긍정적인 관계를 구축하는 것이며, ⓑ 긍정적인 역할을 수행할 수 있는 매우 자연적인 상황에서 삶의 대처 기술을 배우게 하는 것이다.[2]

'강점'이란 자연스럽게 발휘되는 학생의 능력 있는 행동, 사고 또는 감정으로 정의된다. 강점은 가치 있는 결과를 추구하게 하며 동시에 최적의 기능을 달성하도록 도와준다.[3~5] Wood[5]는 '개인 강점'이란 학생을 잘하게 만들고 최선을 다하게 해 주는 특성이라고 언급했다. 대부분의 학생은 학업에 자신의 강점을 사용하는 것이 약점을 사용하는 것보다 훨씬 더 즐겁고 생산적이라고 생각한다.[6]

강점을 사용할 때 학생은 더 쉽게 배우고, 더 높은 수준에서 수행하며, 더 의욕적이고 자신감 있다. 또한 더 강한 만족감과 전문성 및 능력을 가지는 경향이 있다. 이처럼 강점을 발견하고 활용하는 기회를 늘려 가는 것은 학업성취도가 낮은 학생에게 특히 중요하다.[6] 강점이 무엇인지 피드백을 받는 학생은 약점에 대한 피드백만 받은 학생보다 훨씬 더 많이 참여하며 자신이 생산적이라고 느낄 가능성이 높다. 강점에 대한 피드백을 받은 집단은 피드백이 없는 집단에 비해 평균 학업성취도, 출석률, 자신감이 향상되었음이 확인되었다.[7, 8]

Bounce Back! 프로그램의 10단원 성취란 주제에서는 학생의 강점을 파악하고 끌어내기 위한 두 가지 모델을 제안한다. 하나는 Gardner의 다중지능강점(또는 능력)에 대한 다중지능이론[9]이고 다른 하나는 Peterson과 Seligman의 성격강점에 대한 행동가치이론(Values in Action: VIA)이다.[10]

Bounce Back!은 학생의 강점을 끌어내기 위해 다음의 세 가지 접근 방식을 사용한다.

1. 학생의 강점을 알아냄(identifying): 10단원 성취에서는 연령별 검사지를 이용하여 학생이 자신의 능력 강점과 성격강점을 파악하는 과정을 거치는데, 이를 통해 상대적 강점과 한계를 더 깊이 이해할 수 있도록 기회를 제공한다.
2. 강점을 증진(building up): 학생의 언어적 능력(다중지능강점)이나 인내력, 용기(성격강점)와 같이 여전히 학생으로서 더 증진시켜야 하는 강점을 확인하는 과정이다.
3. 강점을 향상(building upon): 학생이 다중지능강점 또는 성격강점을 사용하고 개발할 기회를 만드는 과정이다. 예를 들면, 학생의 예술적 능력(다중지능강점) 또는 리더십(성격강점)을 확장하는 것이다.

(1) 다중지능강점과 능력

Howard Gardner의 다중지능이론(Multiple Intelligences Theory: MI)[9]은 30년 전 첫 출판 이후 학교에서 널리 채택되었다.[11], [12] 이 모델은 지능을 여덟 가지로 구분한다.

표 4-2 **Gardner의 여덟 가지 지능**

• 언어적-문법적	• 음악
• 논리적-수학적	• 대인관계
• 시각적-공간적	• 자기이해
• 신체적-운동적	• 자연 탐구

MI 이론의 주요 요지는 학생의 인지 능력은 하나의 '일반' 지능보다 독립적이고 상호작용하는 여러 개의 지능 측면에서 설명하는 것이 더 효과적이라는 것이다. MI 이론을 통해 '이 학생이 얼마나 똑똑한가?'에서 '이 학생이 어떤 면에서 똑똑한가?'를 묻게 되는데, 다시 말하면 '이 학생이 여덟 가지의 지능을 통해 얻을 수 있는 상대적 강점은 무엇인가?'로 질문이 바뀌는 것이다. 이때 주의할 부분은 MI 강점으로 학생에게 꼬리표를 다는 함정에 빠지지 않도록 하는 것이다. 또한 MI 모형을 '과학적 근거가 전혀 없는 학습 스타일'이라고 치부하지 않는 것이 중요하다.[13]

Gardner[12]는 '지능'을 어떤 특정 영역에서 정보를 처리하고 문제를 해결하는 능력 혹은 특정 문화에서 가치가 있는 결과물을 만드는 생물학적인 잠재력이라고 가정한다. 학생들은 여덟 가지 지능에 걸쳐 상대적 강점과 약점을 설명하는 '다중지능 프로파일(profile)'을 가지게 된다. Moran[14]에 따르면, 다양한 지능이 목적을 향해 서로 결합하여 상호작용하기 때문에 MI 접근법은 강력한 힘을 갖는다고 한다. 학습 과제가 도전적이고 풍성할수록 단일 지능보다는 여러 지능을 결합하여 해결하는 방법이 목표하고 있는 학습 결과를 달성하는 데 도움이 된다.

Gardner의 MI 이론에 기반한 차별화된 교육과정은 학생 간 차이를 중요하게 여기고 긍정적인 교육공동체를 형성할 수 있도록 하며, 학업성취도 향상에 어려움을 겪고 있는 학생을 돕는다.[15]~[18] 최소 3년간 교육과정 차별화를 위해 MI 이론을 사용해 온 41개 학교의 결과 평가에서는 참여와 학습, 학생 행동, 학부모 참여의 개선 측면에서 상당한 이점이 나타났다.[15] 이 평가는 학생에게 다양한 분야의 접근법을 제공하거나 다양한 각도의 이해하는 방법을 제공할 경우 학업에 어려움을 느끼는 학생도 노력과 동기부여가 증가되었고 학습 성취가 향상되었다는 것을 보여 주었다.

차별화를 위한 또 다른 잘 알려진 기본 모형은 Bloom의 교육목표 분류학(taxonomy)으로, 이는 간단한 인식과 기억부터 고차원의 비판적이고 창의적인 사고 분류 체계를 제공한다. Bounce Back!은 교육과정을 확장하고 풍부하게 하는 활동을 제공하기 위해 MI 모형과 Bloom의 여섯 가지 사고 분류 체계를 활용한다. Eight Ways at Once의 MI/Bloom Matrix는 교육과정 차별화를 위해 호주 학교에서 널리 사용되어 왔다.[16], [17] 8개월 동안 두 개의 초등학교에서 이 MI/Bloom Matrix를 활용한 연구를 통해 다양한 학생의 학습 요구를 효과적으로 충족시키고 학생 스스로 목표를 세우고 의미 있는 일을 선택하도록 돕는 능력을 향상시켰다는 것을 보여 주었다.[16]~[18]

(2) 성격강점

성격강점(character strength)의 주제는 긍정심리학/긍정교육 연구에서 매우 널리 쓰이고 있다. Peterson과 Seligman[10]에 의해 개발된 VIA 모형(〈표 4-3〉 참조)은 덕목(virtues)이라 불리는 여섯 가지 영역 안에 24개의 성격강점을 나타내고 있다.

표 4-3 VIA에서 제시하는 성격강점

지혜와 지식(wisdom and knowledge)	공평성(justice)
• 창의성 • 호기심 • 판단(비판적 사고) • 배움에 대한 사랑 • 통찰적 관점(지혜)	• 팀워크(시민권, 사회적 책임, 충성도) • 공정성 • 리더십
용기(courage)	절제(temperance)
• 용감함(용맹) • 인내(지속, 근면) • 정직(진정성, 성실성) • 열정(활력, 열의, 기, 에너지)	• 용서 • 겸손 • 신중함 • 자기조절(자기통제)
인류애(humanity)	초월(transcendence)
• 애정 • 친절 • 사회적 지능	• 아름다움과 우수성에 대한 감사(경외심, 경이) • 감사 • 희망(낙관성) • 유머(쾌활함) • 영성(신앙, 목적)

출처: http://www.viacharacter.org/www/Character-Strengths/VIA-Classification

개인의 가장 강력한 강점(상위 3~5위)은 '대표 강점'으로 간주된다. 삶의 만족도와 가장 밀접하게 관련되어 있는 성인의 다섯 가지 강점은 희망, 열정, 감사, 호기심 그리고 사랑이다.[19] 교직원 사기를 돋우는 활동에서도 모든 교직원에게 (VIA Institute of Character 웹사이트에서) 성인용 강점 체크리스트를 완료하도록 요청한 다음 학교에서 자신의 강점 중 하나를 어떻게 사용했는지 공유하는 활동은 매우 효과가 좋음을 알 수 있다. 10~17세까지 이용 가능한 강점 체크리스트도 있다. 〈표 4-4〉는 자신의 강점을 '확인할(spotting)' 수 있는 10가지 방법을 보여 준다.

표 4-4 자신의 강점을 발견하는 10가지 방법

어린 시절의 추억(childhood memories) 자신이 어렸을 때부터 잘했던 것으로 기억나는 것은 무엇인가? 아마 지금 훨씬 잘하고 있을 수도 있다. 강점은 종종 우리의 어린 시절 삶에 깊은 뿌리를 가지고 있다.	**빠른 학습(rapid learning)** 자신이 쉽게 배우면서 빠르게 습득한 것은 무엇인가? 빠른 학습은 종종 근본적인 강점을 나타낸다.
에너지(energy) 자신이 어떤 활동을 할 때 활기찬 즐거움을 느끼는가? 이러한 활동은 여러분의 강점을 필요로 할 가능성이 매우 높다.	**동기(motivation)** 무엇이 나에게 동기를 부여하는가? 단순히 하는 것 자체만으로도 좋아하는 활동을 찾았다면, 자신의 강점을 활용하고 있을 가능성이 크다.
진실성(authenticity) 언제 가장 '진짜 나'처럼 느껴지는가? 당신은 어떤 식으로든 자신의 강점을 이용할 가능성이 있다.	**목소리(voice)** 목소리 톤을 점검해 보자. 열정, 에너지 그리고 참여의 변화를 알아차렸을 때, 아마 자신의 강점에 대해 말하고 있을 것이다.
편안함(ease) 어떤 활동이 자연스럽게 이루어지는가? 때로는 노력도 하지 않았는데 탁월한 것이 느껴지는가? 이것이 자신의 강점이 될 것이다.	**사용하는 단어와 문장(words and phrases)** 자신이 사용하는 단어를 들어 보자. '나는 이게 너무 좋아.' 혹은 '이거 진짜 대단해.'라고 언급하는 것이 자신의 강점일 가능성이 있다.
집중함(attention) 어디에 자연스럽게 관심을 기울이는가? 자신의 강점을 발휘하는 일에 더 집중할 가능성이 높다.	**할 일 목록(to do list)** 자신의 '해야 할 일' 목록에 절대 표시되지 않는 사항을 주목하자. 특별한 노력 없이 본인이 자주 해내는 일들은 목록을 만들 필요가 없는 자신의 근본적인 강점임을 의미한다.

출처: Linley, A. (2008). *Average to A+: Realising strengths in yourself and others. (Strengthening the world)*. Warwick, UK: CAPP Press.

　　White와 Waters[20], [21]는 전체 F학년에서 12학년까지(호주의 공교육은 초등학교가 Foundation 학년부터 시작)이 기본 모형을 사용함으로써 얻을 수 있는 잠재적인 이점을 설명하기 위해 연구에 들어갔다. 실험을 위해 성격강점 접근법이 문학 수업, 초등학교 교육과정, 스포츠 코칭, 학교 리더십을 위한 학생의 훈련과 상담 과정 등에 들어가도록 하였다. 초기 학령기에 학생 스스로가 성격강점을 어떻게 알아내고, 탐구하게 되며, 개발하고 적용해 내는지를 설명하고자 시도한 연구였다. 긍정교육이라는 커다란 우산 안에서 진행된 다양한 실험의 적용을 통해 결국 '학교의 총체적 강점 접근 융합을 통해 학생강점을 기반으로 하는 문화를 창조'하는 문화적 터닝 포인트를 만들어 내게 되었다.[21]

　　교육에 사용된 VIA 모형의 다른 예시로는 Proctor의 '강점 단련(Strengths Gym)' 연구[22]가 있다. 개인의 강점에 기반하여 강점 단련활동에 참여한 청소년은 삶의 만족도가 크게 증가했고, 긍정적인 영향은 사후까지 이어졌다. Strath-Heaven 긍정심리학 프로그램 연구 또한 언어와 예술 수업에서 VIA의 성격강점 모형을 사용했다.[23] 비교를 위한 사전-사후 검사 결과를 통해 참여 학생은 대조군 학생에 비해 학교에서 더 큰 즐거움과 높은 참여도를 보였다. 또한 교사는 이 프로그램이 호기심, 배움에 대한 사랑, 창의력과 같은 학습

과 관련된 학생의 강점을 향상시켰다고 말했다. 학부모와 교사는 학생의 사회성 기술이 향상되었다고 보고했다. Quinlan[24]은 9~12세 아동을 대상으로 6회기의 교실 기반 강점 개입을 시도했다. 이 연구에 참여한 학생은 더 높은 수준의 긍정적인 영향, 교실 참여, 자율성 및 대인관계 욕구, 학급 응집력 및 강점 사용을 보고하였다.

(3) 강점을 이용한 심리적 몰입 경험

학생들은 어떤 활동에 너무 몰입한 나머지 몇 시간이 마치 몇 분처럼 지나가고 정신이 완전히 집중되어 있으며 본인이 하고 있는 일에 완전히 몰두할 때 '심리적 몰입(psychological flow)'을 경험한다. 운동 선수는 그것을 '영역 안에 있는 상태(being in the zone)'라고 부른다. 몰입의 상태는 학생들이 자신의 능력을 시험할 수도 있고 그에 응할 수 있는 기술과 강점을 가지고 있는 수준의 도전적인 과제를 직면할 때 일어난다. 그래서 도전적인 과제와 기술은 둘 다 어느 정도의 긴장을 유발한다. 과제의 도전 정도가 보유한 기술을 넘어서면 불안해지는 반면, 학생들의 기술이 과제의 도전 정도를 능가한다면 지루함을 느끼게 된다. Csikszentmihalyi[25]는 10대를 포함하여 다양한 분야의 수천 명의 사람을 인터뷰함으로써 몰입의 상태를 조사했다. 그는 몰입을 다음과 같은 특성을 가진 보편적인 경험이라고 결론지었다.

- 목표의 명확성과 진행 상황에 대한 즉각적인 피드백(예: 경쟁 게임에서 학생들은 목표를 달성하기 위해 무엇이 필요하며 자신이 이기고 있는지 아니면 지고 있는지를 알고 있음)
- 지금 이 순간에 하고 있는 활동에 완전히 집중하기
- 행동과 인식의 통합이 이루어짐(예: 미술 프로젝트에 몰두하는 학생의 그림 그리는 과정이 자동적으로 진행됨)
- 자의식을 잃는 것은 일반적인 경험이지만 각 몰입 경험 후에 자신감은 강해짐
- 작업이나 활동에 대한 통제감을 얻으며 실패에 대한 걱정이 없음
- 시간이 예상보다 빨리 지나감
- 활동이 내적 보상(intrinsic reward)을 제공함

몰입을 경험할 수 있는 활동은 스포츠, 춤, 창작 예술 참여 및 기타 취미 등 개인마다 다르다. 몰입 경험을 이끌어 낼 수 있는 또 다른 활동에는 친구 사귀기, 공부, 독서 그리고 일 등이 있다. 실제로 일상적인 과제가 '높은 도전-높은 기술' 수준으로 충분히 복잡하다면 몰입의 경험으로 이어질 수 있다. 학생들에게 자신의 강점을 식별하고 사용할 수 있는 도전적 수준의 기회가 제공된다면 수동적 영화 감상, 활동지 작성이나 강의 듣기 또는 교사 통제형의 과제 같은 수동적 방법과는 비교가 되지 않는 최적의 학습 환경이 만들어지게 된다.

(4) Bounce Back! 프로그램에서의 강점과 몰입

학생들은 10단원의 성취 주제와 교육과정의 다양한 활동에서 자신의 성격강점을 확인하고 사용할 수 있

다. 이 활동에서 여러 강점을 '증진(build up)' 또는 '향상(build upon)'시킬 수 있는, 연령에 적합한 기회를 제공한다. 10단원 성취에서는 몰입의 주제도 함께 다루어진다.

2) 낙관적 사고

낙관주의(optimism)는 학생이 좌절이나 새로운 상황에 대처하도록 도와주는 데 필수적인 역할을 할 수 있다. 낙관주의는 나쁜 일보다는 좋은 일이 삶에서 보편적으로 일어날 것이라는 일반적인 믿음이다. 이는 긍정적인 결과를 기대하고, 긍정적인 면을 바라보며, (현실에 근거하여) 미래에 대해 낙관적으로 생각하는 경향이다. 반대로, 비관주의는 실패를 예상하는 것, 나쁜 결과를 예상하는 것, 그리고 사물을 비관적으로 보는 경향을 포함한다.

제2장에서 언급한 바와 같이, Bounce Back! 프로그램은 낙관적 사고를 향상시키기 위한 두 가지 관점을 담고 있다. 한 가지 관점은 '기대(expectancy)' 관점인데, 즉 일이 잘되기를 기대하는 성향 또는 경향을 가지는 것, 앞을 내다보고 능동적인 것, 역경에 직면했을 때 인내할 자신감을 갖는 것으로 정의한다.[26] 다른 관점은 개인의 '설명양식(explanatory style)', 즉 사건의 원인을 자신에게 어떻게 설명하는가에 기초한다.[27], [28]

낙관적 사고는 다음의 사실들과 관련이 있다.

- 스트레스를 받는 동안에도 높은 수준의 웰빙을 유지함
- 긍정적인 결과가 나올 가능성이 높다는 믿음을 가지며 위험을 감수함
- 힘들거나 실패했을 때 인내함
- 효율적인 문제해결, 사회적 지원 확보 및 스트레스 상황에서 긍정적인 요소 찾기 등의 적응 전략을 사용함
- 자신감을 갖고 자신감 있게 표현함
- 학업, 체육 및 직업 분야의 노력에 성공을 느낌
- 인기 있음
- 건강하고 건강 증진 활동에 참여함
- 더 오래 살면서 신체적으로 더욱 건강함

비관적 경향이 있는 사람들은 종종 우울하고 무력감을 느낀다. 모든 것이 너무 압도적이고 변화되기 힘들어 보인다. 그들은 사물의 최악의 면을 보고 희망 없음과 절망감을 느끼는 경향이 있다. 비관주의는 다음과 관련이 있다.

- 우울증에 걸릴 위험의 증가
- 문제를 피하거나 부인하거나 시도하지 않고 포기하는 등의 부적응적 전략

- 지속하거나 위험을 감수하지 않음으로 인한 실패
- 이들이 가지고 있는 강점에 비해 학업, 운동, 직업적인 노력에서 결과를 잘 이끌어 내지 못함
- 사회적 고립
- 더 자주 아프고 감염되기 쉬움

Reivich[29]는 낙관주의 혹은 비관주의가 초등학교 후기에 습관화되며, 다른 습관과 마찬가지로 스스로 그것을 장기간 실천할수록 변화하는 것은 더 어려워진다고 보고하였다. 이른 시기부터 아이들에게 낙관적으로 생각하도록 가르치는 것은 중요하다.

(1) 좋은 기대

좋은 일이 일어날 수 있다는 기대를 쌓는 것은 자신감을 느끼고 자신의 삶을 통제하게 되며 개인적인 능력이나 숙달감을 갖는 것과 관련이 있다. 숙달(mastery)은 대개 시간이 지남에 따라 목표를 성공적으로 달성함으로써 얻게 된다. 따라서 그 과정을 반복할 수 있다는 긍정적인 기대를 갖게 된다. 긍정적이고 현실적인 기대를 학생에게 전달하고 학생이 인내하도록 격려하면 낙관적인 생각을 갖도록 도울 수 있다. 인내심과 성공, 특히 과제가 도전적일 때, 낙관주의와 자기효능감이 증진된다. 아무리 작은 것이라도 어려운 상황에서 긍정적인 특징을 찾도록 돕는 것은 낙관을 강화시킨다. 이것에 대한 또 다른 용어는 '긍정적 추적(positive tracking)'이다.

(2) 설명 양식

나쁜 일이 일어날 때 설명 방식: '설명 양식(explanatory style)'이란 사건이 왜 우리에게 일어났는지에 대해 설명하는 양식이다.[27, 28] 이것은 우리가 일상적인 좌절이나 중대한 패배를 경험했을 때 얼마나 낙관적으로 혹은 무기력하거나 비관적으로 되는지를 결정한다. 부정적인 사건에 대한 비관적인 설명 양식은 통제감을 잃게 하고 희망의 상실로 이어진다. 반면에 낙관적인 설명 양식은 한 사람의 삶에 대한 강한 힘과 현재가 암울해 보일지라도 미래가 밝을 수 있다는 믿음으로 이어진다.

역경을 설명하는 방법에는 3차원이 있다. 이는 〈표 4-5〉에 설명된 대로 개인화(personal), 영구성(permanent), 파급성(pervasive)으로 나뉜다.

표 4-5 나쁜 일이 일어날 때 비관적 설명 양식과 낙관적 설명 양식

	비관적 설명 양식	낙관적 설명 양식
1. 개인화 개인적 속성 때문에 부정적인 사건이 얼마나 일어났다고 생각하는가?	**나 때문인(because of me)** 부정적인 사건은 대부분 자신의 결함, 멍청함, 무례함, 혹은 불운 때문에 발생한다.	**나뿐만이 아닌(not just me)** 부정적인 사건이 발생한 데는 한 사람이 통제할 수 없는 상황, 불운, 타인의 행동을 포함한 다양한 원인이 있다.
2. 영구성 부정적인 사건이 얼마나 오래 지속될 것이라고 생각하는가?	**항상(always)** 그 사건은 오래 지속될 것이다.	**항상은 아닌(not always)** 부정적인 사건은 오래 지속되지 않거나 일회적일 것이다.
3. 파급성 부정적인 사건이 삶의 다른 부분에 얼마나 영향을 미친다고 생각하는가?	**전부 다(everything)** 부정적인 사건은 모든 것을 망친다.	**전부는 아닌(not everything)** 부정적인 사건은 특정적이며 관련된 부분에만 영향을 미친다.

〈표 4-6〉은 새로운 학교에 전학을 간 후 한 달간 사회적으로 소외감을 느끼는 두 명의 학생을 비교한다. 친구를 사귈 때 어려움을 겪고 있는 것에 대해 한 명은 낙관적 설명 양식을 사용하는 반면, 다른 한 명은 비관적 설명 양식을 사용한다.

표 4-6 나쁜 일이 일어날 때 설명 양식: 예) 새로운 학교에서 고립된 느낌을 느낄 때

비관적 설명 양식	낙관적 설명 양식
나 때문인 나만 빼고 모두 친구가 있어. 나는 멋지지 않고 운동을 잘하지 못하기 때문에 아무도 나를 좋아하지 않을 거야.	**나뿐만이 아닌** 새 학교에 친구가 있었으면 좋겠어. 하지만 사촌 언니도 새 학교로 전학 갔을 때 친구를 사귀는 데 어려움을 느꼈어. 엄마는 선생님께 새로운 반의 친구를 알 수 있도록 도와달라고 부탁할 거야.
항상 난 절대 친구를 사귀지 못할 거야.	**항상은 아닌** 학교에서 새로운 존재인 것은 어렵지만 곧 상황이 나아질 거야.
전부 다 전학 온 거 정말 싫어. 나는 새 학교나 새로운 반 아이들이 싫어. 모든 게 잘못되고 있어!	**전부는 아닌** 아직 학교에서 친구를 사귀지 못했어. 하지만 새로운 옆집 아이와 사귀어서 좋아. 그리고 새로운 동아리 팀과 재미있는 시간을 보내고 있잖아.

좋은 일이 일어날 때 설명 양식, 즉 좋은 사건을 설명하는 양식은 나쁜 사건과 정반대이다. 〈표 4-7〉에 설명된 바와 같이 '좋은 일이 일어날 때 비관적 설명 양식과 낙관적 설명 양식'에도 세 가지 차원이 있다.

표 4-7   좋은 일이 일어날 때 비관적 설명 양식과 낙관적 설명 양식

	비관적 설명 양식	낙관적 설명 양식
1. 개인화 자신의 특성과 행동 때문에 좋은 사건이 얼마나 일어났다고 생각하는가?	**나뿐만이 아닌** 좋은 사건은 나의 개인 특성, 어려운 일, 노력과는 관련이 없다. 대신 성공은 행운 때문이고 우발적 상황이며 호의적인 대우일 뿐이다.	**나 때문인** 좋은 사건은 주로 나의 능력, 노력 덕분이다. 좋은 상황을 즐기고 칭찬받는 것은 괜찮다.
2. 영구성 좋은 사건이 일어난 것에 대한 이점이 얼마나 오래 지속될 것이라고 생각하는가?	**일시적인(temporary)** 좋은 사건은 오래 가지 않거나 일회적이다.	**진행 중인(ongoing)** 좋은 사건은 계속되고 오래 지속될 것이다.
3. 파급성 좋은 사건이 삶의 다른 부분에 얼마나 영향을 미칠 것이라고 생각하는가?	**딱 이것(just this)** 좋은 사건은 구체적이며 삶의 한 부분에만 영향을 미친다. 파급 효과는 없다.	**다른 것에도(other things)** 좋은 사건은 삶의 여러 부분에 긍정적 영향을 줄 수 있다.

〈표 4-8〉은 두 학생 모두 수업에서 읽기 활동을 능숙하게 잘했던 예를 보여 준다. 한 명은 자신이 잘한 이유에 대해 비관적 설명 양식을 사용하고 다른 한 명은 낙관적 설명 양식을 사용한다.

표 4-8   좋은 일이 일어날 때 설명 양식: 예) 읽기에 능숙한 경우

비관적 설명 양식	낙관적 설명 양식
나뿐만이 아닌 책을 잘 읽는 것은 나뿐만이 아니었어. 다른 아이들도 잘 읽었거든. 선생님이 읽기 쉬운 책을 주셨기 때문이야.	**나 때문인** 오늘 수업 시간에 책을 잘 읽었어. 왜냐하면 집에서 더 나아지기 위해서 책을 많이 읽고 있거든.
일시적인 때때로 나는 수업 시간에 읽기 활동을 할 때 많은 실수를 해. 다음번에는 책을 잘 읽지 못할 거야.	**진행 중인** 나는 읽는 것을 잘하기 위해 열심히 노력했기 때문에 점점 더 읽기가 능숙해지고 있는 거야.
딱 이것 오늘 책은 잘 읽었는데 다른 과제 활동은 별로 잘하지 않았어.	**다른 것에도** 나는 수업 시간에 읽기 활동을 정말 좋아해. 내 학교 성적은 정말 좋아지고 있어. 동아리 팀 활동에서도 이렇게 해야지.

(3) Bounce Back! 프로그램에서의 낙관적 사고

Bounce Back!의 3단원 회복탄력성 주제에서는 'BOUNCE BACK!'의 각 머리글자를 통해 대처 문장을 소개하는데, 각 문장은 학생의 낙관주의를 증진시키고 사건에 대한 부정적인 사고와 비관적 설명 양식에 도전하는 진술을 포함하고 있다. 각 진술은 다음 사항에 초점을 맞춘다.

• 나쁜 사건이 일시적인 현상이라는 점을 이해하기

- 하나의 나쁜 사건이 당신의 인생을 통째로 망칠 수는 없다는 것을 이해하기
- 나쁜 사건을 개인화하지 않기(즉, 우리에게 일어나는 몇몇 일이 거의 모든 사람에게 일어난다는 것을 받아들이기)
- 자신의 잘못을 지나치게 강조하지 않고 자신만을 탓하지 않기
- 자신에게 책임이 있는 작은 부분과 자신의 행동이나 실수로부터 배울 수 있는 것을 파악하여 같은 실수를 반복하지 않도록 하기
- 다른 사람에 의해 사건이 발생했을 때는 배울 수 있는 부분을 생각해 보고 다음에 더 좋은 방법으로 대처할 수 있도록 개선하기
- '나쁜 행운', '무작위로 아무에게나 발생하는', '불행한 상황'과 같이 우리가 통제할 수 없는 몇 가지 요소가 있음을 받아들이기

또한 낙관적 사고는 5단원의 낙관성 주제에서 설명 양식, 긍정적 추적, 그리고 감사 표현(appreciation)과 감사(gratitude)에 초점을 맞추어 가르친다.

(4) 주의 사항

지나치게 낙관적인 것이 비현실성에 기반한다면 역효과를 낳을 수 있다. 목표를 달성하기 위해 또는 실제 장애물을 보지 않고 인적 자원 또는 물질적 자원 없이 사건을 통제하려고 끊임없이 노력하는 것은 무력감과 우울감을 초래할 수 있다. 우리 모두는 아무리 열심히 노력해도 변화시키거나 달성할 수 있는 것에 대한 객관적인 한계에 직면한다.

(5) 학생의 학업성취도에 대한 교사의 낙관주의

교실 안에서 학생의 생활을 변화시키는 능력과 관련된 교사의 낙관주의는 학생의 수행 및 학업성취도 향상과 정적 상관관계가 있다.[30] 이러한 교사의 낙관주의는 전파될 수 있다. 한 연구에서는 교사가 학생이나 교실 전체에 대해 공개적으로 높은 학업성취도를 기대할 때 학업성취도가 향상됨을 발견하였는데, 이는 사회경제적 지위, 인구통계학적 특성, 그리고 이전의 성적 기록보다 더 중요한 요인인 것으로 밝혀졌다.[30] 또 다른 연구에 따르면 교사들이 집단적으로 학생에 대한 기대치를 높이고 학생에게 이를 인식시키고 학업적으로 도전하도록 하였을 때 학생의 학습 능력이 지속적으로 향상되는 것으로 나타났다.[27] 뿐만 아니라, 학습에 대한 학생의 자신감이 향상되었고 행동이 개선되었다.

교사는 자신의 영향력이 전 학교적 시스템 수준의 차이를 가져올 수 있다는 것을 믿지 못할 수도 있지만, 교실에서 학생에 대한 교사의 영향력은 크다. 교실에서 학생의 웰빙과 회복탄력성을 길러 주는 교육은 '무엇'이 학습되는지를 검토하는 것뿐만 아니라 '어떻게' 학습되는지 검토하는 것을 의미한다.

3) 자기효능감

설명 양식은 자기효능감(self-efficacy)과도 관련이 있다. 일이 잘못될 때마다 스스로를 탓하고 인생에서 일어나는 좋은 일에 대해 자신을 신뢰하지 않는 청소년은 낮은 자기효능감을 가질 가능성이 더 높다. 자기효능감은 특정 문제를 해결하거나 특정 작업을 수행하는 능력에 대한 자신감을 뜻한다.

일이 잘못되었을 때 자신을 과도하게 비난하지 않는 사람은 나쁜 일이 일어날 때 타인의 행동이나 불리한 상황을 고려하기 때문에 죄책감이나 수치심을 덜 느낀다. 좌절을 겪을 때는 무력감을 덜 느끼고, 삶에서 좋은 일이 일어날 때 자신감은 증가한다. 아무리 작은 일이라도 무엇을 할 때 '스스로를 격려하는' 경향이 있어 성공할 가능성이 높다. 자신의 노력이 변화를 만들었다고 믿기 때문에 자신의 역량을 느낀다.

인생의 한 영역에서 높은 자기효능감은 그 분야의 좌절에 직면할 때 더 큰 노력과 지속으로 이어진다. 과제와 관련하여 높은 자기효능감을 가진 학생은 더 높은 목표를 설정하고, 실수나 실패를 덜 두려워하며, 이전의 방법이 실패하면 새로운 것을 찾을 것이다. 즉, 더 낙관적으로 생각할 것이다. 그러나 과제나 상황에 대한 자기효능감이 낮으면 학생은 과제를 완전히 회피하거나 문제가 발생할 때 쉽게 포기한다.

(1) Bounce Back!의 자기효능감

3단원의 회복탄력성에서 '오뚝이처럼 행복하세요(Bounce Back!)'의 10행시 대처 문장은 발생 사건과 결과에 대해 어떻게 생각하고 느끼며 행동하는지의 관계를 이해하도록 격려함으로써 학생의 자기효능감을 높이는 것이 목표이다. 10단원의 성공 주제에서는 학생의 계획 수립, 진행 상황 모니터링, 성과 평가 등 기술을 습득하여 자기인식과 자기관리를 향상시키는 것을 목표로 한다. 이 단원의 초점은 능력이 아닌 노력에 맞추어 성공에 대한 '성장 마인드셋(growth mindset)'을 계발하는 것이다.[31]

4) 자기존중감

자기존중감(self-respect)은 자기인식 및 자기관리와 관련된 사회정서 및 대처 기술의 일면을 잘 보여 준다. 다양한 면에서 자기존중감은 Bounce Back! 프로그램에서 사회정서 및 대처 기술을 가르친 결과를 확인하는 지표가 된다. 자기존중감은 자신의 성격과 행동에 대한 자기수용과 승인의 태도로 정의된다. Dillon[32]에 의하면 다음과 같다(p. 226).

자기존중의 축복을 받은 사람은 만족스럽고 의미 있고 번영하는(flourishing) 삶을 사는 데 필수적인 것을 가지고 있는 반면, 자신에 대한 존중이 없거나 손상되었거나 혹은 깨지기 쉬운 자기존중감을 지닌 채 살도록 강요받는 사람은 자아실현, 자기성취, 행복에 대한 가능성으로부터 차단된 좌절의 삶을 살 수밖에 없다.

자기존중감은 자아존중감(self-esteem)보다 교육자와 부모 또는 보호자에게 더 도움이 된다. 1996년 이전부터 자아존중감 운동을 강하게 옹호했던 Roy Baumeister 교수는 다음과 같은 결론을 내렸다.

> 개인적으로는 상당히 실망스럽지만 자아존중감 운동의 열성적인 주장이 대부분 환상에서부터 시시한 수준으로 다양하다는 것을 말할 수밖에 없다. 자아존중감의 영향은 적고, 제한적이며, 모든 것에 좋은 것은 아니다. 그리고 대부분의 자아존중감은 놀랍게도 거의 차이를 만들지 않는다.[33] (p. 14)

자아존중감 강화의 효과에 초점을 맞춘 200개의 연구를 분석한 결과 자아존중감이 학생의 학습이나 성취를 향상시키고, 반사회적 행동을 감소시키며, 약물 남용을 방지하거나 감소시킨다는 설득력 있는 증거는 확인되지 않았다.[34] 자아존중감과 자기존중감의 차이는 중요하다. 자아존중감은 여러 사람이 사람으로서 한 사람의 '가치'를 평가하게 되고, 성공할 수 있는 일, 외모 또는 자신이 가진 것에 더 초점을 맞춘다. 따라서 자아존중감은 보통 다른 사람의 피드백에 많이 의존하기 때문에 변동되는 것이다.

반면에 어떤 것을 존중하는(respect) 것은 그것을 받아들이는(accept) 것이다. 그래서 자기존중감은 자기수용(self-acceptance)의 태도로 보일 수 있다. 자기존중감은 좌절과 실패를 자연스럽게 받아들이기 때문에 성공에 좌우되지 않는다. 또한 관점에 따라 항상 나보다 더 나은 사람이 있을 수 있기 때문에 사람들과 비교하지도 않는다. 자기존중감이 높은 사람은 자신이 할 수 있거나 없는 것 때문이 아니라, 있는 그대로의 모습 때문에 스스로를 받아들인다.

청소년이 자기존중감을 발전시키고 높은 자기존중감을 발휘할 수 있도록 가르칠 수 있다. 자기존중감이 높은 학생들은 다음과 같은 방식으로 행동하는 경향이 있다.

• 자기인식(self-awareness)
  – 한계보다 강점에 더 집중하고 타인과의 비교를 지나치게 강조하지 않는다.
  – 다르게 행동하거나 다른 관점을 갖는 것이 괜찮다고 생각한다. 자신을 다른 사람보다 열등하지도 우월하지도 않다고 생각한다.
  – 단순히 '소원적 생각(wishful thinking)' 대신 증거에 기반한 자기인식(예: 자신의 능력 및 성격의 강점에 대한 이해)을 지속적으로 발전시킨다.

• 자기관리(self-management)
  – 용기와 회복탄력성(resilience)을 가지고 행동함으로써 삶의 어려움과 도전에 대처한다. 회복탄력성은 무언가가 잘못되거나 원하는 대로 되지 않을 때 대처하고 '오뚝이처럼 바로 회복하는' 것을 의미한다.
  – 삶에 긍정적인 접근을 한다. 이것은 자신의 일상생활에서 잘되어 가는 것에 초점을 맞추고, 자신을 지지하는 사람에게 감사를 표현하며, 삶에서 일어나는 좋은 상황에 대해 감사하는 것을 의미한다.

- 실수나 잘못된 판단을 했을 때도, 혹은 기대했던 것만큼 잘하지 못할 때도 자신(그리고 자기 주변의 다른 사람들)이 불완전함을 받아들인다.

- 타인으로부터 긍정적인 피드백을 받는 것이 항상 즐겁지만, 그것에 의존하지는 않는다. 자신의 판단 역시 사용한다.

- 스스로 자신의 성취를 즐기지만, 그것에 대해 거만해지는 것은 피한다. 스스로 자랑스러움과 겸손함의 균형을 맞추고 타인의 성공을 인정해야 한다는 것을 기억한다.

- 스스로 자신의 판단을 믿고 신뢰한다. 무엇이 자신에게 가장 좋은 것인지 올바른 결정을 내리려고 노력하지만, 자신이 믿는 사람들의 말을 경청하고 그들로부터 얻은 충고와 지혜를 통합하려고 한다.

- 스스로 다른 사람의 견해와 아이디어를 고려하지만 타인에 의해 좌지우지되지는 않는다. 자신에게 혹은 자신에 대한 타인의 말에 대해 무게를 두고 '다른 사람이 말한다면, 그것은 틀림없이 사실일 것이다.'라고 생각하기보다는 자신의 판단으로 결정한다.

- 자기통제(self-control)
  - 성장 마인드셋을 가지고 있으며, 그릿(grit)이 있다. 스스로 열심히 일하고, 자신이 달성하려던 것에 성공하지 못했을 때에도 자신의 노력과 끈기를 인정한다.
  - 때로는 누구나 자기 의심을 한다는 사실을 떠올리고 자기 의심이 성취하고 싶은 것을 방해하지 않도록 노력한다.

- 자기보호(self-protect)
  - 좋은 선택을 하고 건강, 웰빙, 안전 및 평판을 보호하는 방식으로 행동한다.
  - 정중하고 공정하게 대우받으며 다른 사람들에게 학대받지 않을 권리를 인정한다. 필요하다면, 스스로 권리를 보호하기 위해 비공격적이며 적절한 조치를 취한다. 다른 사람이 자신을 폄하하도록 내버려 두거나 스스로 폄하하지 않는다.

- 타인에 대한 존중(respect for others)
  - 자신의 삶과 결정을 인도할 일련의 분명한 도덕적 가치관을 갖기 위해 노력한다(예: 정직, 동정심, 다름에 대한 수용, 포용 및 타인에 대한 존경).
  - 고의적으로 다른 사람을 해치거나 비하하는 것을 피하고, 다른 사람이 그렇게 하는 상황에 휘말리지 않으려고 노력한다.
  - 옳은 것을 지지할 준비가 되어 있다. 자신의 가치를 실천하려고 노력하며, 이러한 가치를 테스트하는 상황에서 좌절하지 않는다.
  - 타인에게 연민과 지지를 보내고 어려움에 처한 사람을 돕고자 한다.

(1) Bounce Back!에서의 자기존중감

모든 단원은 자기존중감의 발달과 관련된 사회정서 및 대처 기술의 일부를 포함한다. 예를 들어, 자기존중감과 타인에 대한 존중은 2단원에서 소개된 중요한 가치이다. 자신을 보호하는 학생은 부당한 대우를 받을 경우 상황을 바꾸기 위한 조치를 취하기 때문에 자기존중감을 가지고 있다(9단원 안전 참조). 10단원에서는 학생이 자신의 강점을 파악하고 목표를 설정하며 성장 마인드셋과 그릿을 개발하는 데 도움이 되는 자기인식과 자기통제에 초점을 맞추고 있다. 3단원의 회복탄력성에서는 몇 가지 자기존중감의 특징과 기술을 제시하고 있다.

5) 의미와 목적

인생에서 목적(purpose)과 의미(meaning)를 찾는 것은 웰빙의 핵심 요소 중 하나이다. 목적은 번영(flourishing),[35] 번성(thriving),[36] 심리적 안녕감(psychological wellbeing),[37] 회복탄력성[38], [39] 그리고 삶의 만족도[40]~[42]를 나타내는 유의미한 지표이다. 이와 대조적으로, 목적의 부재는 청소년[43]과 성인[44]에게 취약한 정신건강과 더 높은 심리적 고통에 영향을 미치는 것으로 보인다.

'의미'와 '목적'이라는 용어는 문헌에서 서로 혼용되어 사용하는 경우가 많다. 목적이란 '자신에게 의미 있는 동시에 자신을 넘어서는 의미 있는 무언가를 성취하기 위한 안정적이고 일반적인 의도'로 정의된다.[45] 따라서 목적은 다른 사람에게 긍정적인 영향을 미치는 의미 있는 활동에 참여하고, 그 활동을 어떻게 미래로 확장할 것인가에 대해 생각하는 것을 의미한다.[14] 목적에는 세 가지 주요 구성요소가 있다: 장기적 의도나 목표, 실행 계획 및 약속, 그리고 자신을 넘어서고자 하는 동기(beyond-the-self motivation)이다.[46] 학생에게 의미와 목적을 심어 줄 가능성이 가장 큰 활동은 자신뿐만 아니라 다른 사람에게도 영향을 미치는 활동이다. Seligman에 따르면, 의미 있는 삶은 우리보다 더 큰 어떤 것과 결합하는 것이고, 어떤 것이 더 클수록 우리의 삶은 더 많은 의미를 지니게 된다.[47] 그는 '지식, 권력, 선함을 전달하기 위해' 자기만의 대표적인 힘(signature strengths)을 매일 사용할 때 삶에 의미가 부여된다고 말하였다.

의미와 목적을 갖는 것은 초등학교 학생에게는 꽤 추상적이며, 성장하고 성숙함에 따라 중요성이 증가할 가능성이 더 높다. Stanford 아동 목적 프로젝트(Stanford Youth Purpose Project)[14], [50]는 12~22세 사이의 청소년 중 약 25%만이 인생의 큰 그림을 그리고 그림에 대한 목적의식을 가지고 있으며 실제로 더 큰 목적을 달성하기 위한 활동에 참여하고 있다는 것을 발견했다. 그러나 목적의식을 형성하고 지속하는 청소년은 자신의 특별한 목적을 달성할 수 있도록 기회를 찾고 지원 네트워크를 구축하는 데 있어 탁월한 주도성을 나타냈다.[14], [48]

또한 목적의식(sense of purpose)은 학문적 끈기와 더 나은 학업성취도에 영향을 준다. 한 연구는 중학교 학생이 학기 중 3~4주에 한 번씩 과학 수업에서 글을 씀으로써 공부한 내용이 자신의 삶에 어떻게 적용될 수 있는지를 기술하도록 하였다.[49] 실험 집단의 학생은 학기 말에 과학에 더 많은 관심을 보였고 대조군의 학생보다 더 높은 과학 점수를 받았다. 중요한 것은 이와 같은 성적 향상이 단순히 교사가 학생의 삶에서 학업의 중요성에 대해 말했을 때가 아닌, 학생 스스로 학업이 왜 중요한지에 대한 이유를 생각해 냈을 때에 향상되었다.

(1) Bounce Back!에서의 목적의식

Bounce Back!이 어떻게 초등학생의 목적의식을 발전시키는 것을 도울까? 한 가지 방법은 학생이 Bounce Back의 '오뚝이처럼 행복하세요' 머리글자 대처 양식 문장에서 주요 메시지의 관련성에 대해 스스로 성찰하도록 격려하는 것이다. 학생에게 자신의 개인 및 능력강점에 대해 깊은 자기인식을 갖도록 격려하는 것은 성장하고 성숙함에 따라 목적에 적합한 목표를 찾는 데 도움이 될 것이다. 또 다른 방법은 Bounce Back!을 기반으로 한 '모두를 위한 학교 안전' 캠페인이나 '전 학교 웰빙' 캠페인과 같은 핵심 메시지를 전달하는 캠페인을 통해 학교공동체에 이익을 주는 학생 행동 팀(student action team)이나 수업에 학생들이 참여할 수 있는 기회를 만드는 것이다.

학생 행동 팀은 학교나 지역사회 문제를 파악하고 해결하는 학생 그룹이다. 해당 문제를 연구하고, 계획과 제안을 하고, 조치를 취한다.[50] 목표를 달성하기 위해 시간, 에너지, 자원, 지식을 투자함으로써 목적의식을 보여 준다. 학생 행동 팀을 운영한 학교는 지식, 기술, 태도, 유대감과 같은 분야에서 상당히 긍정적인 변화를 보여 주며, 참여한 학생들은 특히 학교에서의 높은 참여도를 나타냈다.[50]

Bounce Back!이 제시하는 학교 실행안은 다음과 같다.

- 고학년이 저학년에게 주요 메시지 가르치기
- 학급 위원회
- 모금 활동
- Bounce Back! 주제를 가족에게 발표하기

각 학년에 적합한 목적의식을 높여 주는 프로젝트 아이디어가 10단원(성취)에 수록되어 있다. 이러한 활동은 학생 개인이나 집단이 어떻게 학교 또는 지역사회에 기여할 수 있는지를 보여 주는 실제적이고 목적이 분명한 문제해결 대안을 제공한다.

6) 학문적, 사회적 탄력성을 위한 '성장 마인드셋'

낮은 회복탄력성은 학생의 학업과 사회적 결과에 부정적인 영향을 미친다. 낮은 학업탄력성은 지능이나 능력이 고정적이고 변화할 수 없는 것으로 인식되는 고정 마인드셋을 갖고 있는 학생과 관련이 있다. 이와는 대조적으로, 높은 학업탄력성은 학생의 노력과 새로운 자료를 배우고 습득할 수 있다고 믿는 '성장 마인드셋(growth mindset)'과 관련이 있다.

• **학업적 마인드셋**: Dweck과 Blackwell은 성장 마인드셋(growth mindset)이 학생의 학습 성과에 미치는 영향을 20년 이상 동안 조사해 왔다.[51] 성장 마인드셋을 가진 학생이 중학교 1~2학년에 수학 점수가 올라갔다는 것을 발견했다. 이와는 대조적으로, 동등한 수학등급을 갖고 있지만 고정 마인드셋(fixed mindset)을 가진 학생은(즉, 그들의 지능과 능력을 고정적이고 변하지 않는 것으로 간주) 이러한 수준의 향상을 달성하지 못했다. 성장 마인드셋의 영향은 모든 수준의 능력을 가진 학생에게서 드러났다. 또한 그들의 연구는 성장 마인드셋을 가진 학생이 좀 더 복잡한 사고 전략과 인식 전략(즉, 학습에 대한 자기 모니터링)을 사용했다는 것을 보여 주었고, 이는 교육과정의 더 깊은 실행과 이해로 이어졌다. 〈표 4-9〉는 고정 마인드셋과 성장 마인드셋 간의 차이를 요약한 것이다.

표 4-9 고정 마인드셋과 성장 마인드셋 간의 차이

	'고정 마인드셋' 학생의 사고방식	'성장 마인드셋' 학생의 사고방식
기본 가정	나의 기본적인 능력은 바뀔 수 없는 고정된 특성이다.	나의 기본적인 능력은 동기 부여, 노력, 전략으로 향상될 수 있다.
주요 목표	나의 주된 초점은 능력을 보여 주는 것이다.	나의 주된 초점은 새로운 것을 배우고, 기술과 지식 및 '나의 최고 성과(personal bests)'를 향상시키는 것이다.
실패나 낮은 수행에 대한 관점	실망과 실패는 나의 능력이 부족하다는 것을 보여 준다.	실망이나 실패는 내가 충분한 노력을 기울이지 않았거나, 좋은 전략을 쓰지 않았음을 나타낸다.
낮은 수행 후 나타나는 대부분의 반응	피드백은 나의 생각에 위협이 되기 때문에 무시한다. 더 많은 노력을 기울일 필요가 없다.	피드백은 어떻게 하면 더 잘할 수 있는지를 배울 수 있는 기회이다. 좌절에도 불구하고 더 열심히 노력하고 지속할 것이다.
새로운 과제에 대한 반응	계속해서 멋지게 보이기 위해 새로운 도전은 피할 것이다.	내가 어디까지 갈 수 있는지 확인하기 위해 새로운 도전을 할 것이다.

(1) '개인 속성에 대한 칭찬'보다 '과정에 대한 칭찬'을 더 많이 하기

학생의 성적에 대한 교사와 가족의 피드백은 성장 혹은 고정 마인드셋의 발전에 영향을 미친다. 학생에게 "시험을 잘 보았네, 정말 똑똑하구나."라고 말하는 것은 고정 마인드셋으로 이어지는 반면, 학생에게 "시험을 잘 봤다니, 정말 열심히 노력했구나."라고 말하는 것은 노력에 초점을 맞추고 성장 마인드셋을 형성한다.

'개인 속성에 대한 칭찬'보다 '과정에 대한 칭찬'을 해 주는 것은 학생에게 '성장 마인드셋'을 개발하게 하고, 주어진 과제에 회복탄력성을 발휘하고 성공하도록 도와준다.

'과정에 대한 칭찬'은 학생이 결과를 달성하는 데 과정을 강조하는 긍정적인 피드백의 형태이다. 이러한 과정의 예시로는 아동의 노력이나 의지, 아동의 준비성, 지속성, 문제해결, 연구 혹은 결정 등이 있다. 〈표 4-10〉에 나타난 예시는 '성장 마인드셋'을 촉진하는 피드백과 '고정 마인드셋'을 촉진하는 피드백을 구별하여 비교한 것이다.

표 4-10 개인 속성에 대한 칭찬 vs 과정에 대한 칭찬

시나리오	개인 속성에 대한 칭찬: '고정 마인드셋'을 촉진하는 피드백	과정에 대한 칭찬: '성장 마인드셋'을 촉진하는 피드백
한 학생이 학교에서 어린 학생을 위해 이야기를 쓰고 삽화를 그리는 데 많은 시간을 보냈다.	참 잘했네. 정말 대단하구나!	이야기를 흥미롭게 만들기 위해 많은 노력을 했구나. 그리고 잘 이해되도록 할 때까지 포기하지 않았네.

성장 마인드셋과 고정 마인드셋이 학생에게 미치는 영향을 비교하면 다음과 같다.

- **목표:**

  배우고 성장하기 위해 열심히 목표를 세운다(성장).

  대단해 보이거나 최소한 어리석어 보이지 않는 것에 더 관심을 기울인다(고정).

- **결과가 부족한 일에 대한 자기 반성/설명:**

  자신이 더 열심히 하고 전략을 바꿀 필요가 있다는 것을 표현하고 설명한다(성장).

  타고난 재능이 부족하다는 신호라고 설명한다.

  예시) "나는 똑똑하지 않아."(고정)

       "나는 더 열심히 해야 해."(성장)

- **문제 발생 시 학습전략:**

  문제가 생겼을 때 도움을 요청하거나 새롭게 생각하는 것과 같은 전략의 변화를 보인다(성장).

  문제가 생겼을 때 방어적이다(고정).

  예시) "먼저 곱셈 6단부터 공부해 보자."(성장)

       "곱셈이라는 게 뭐하러 있는 거야."(고정)

- **사회적 마인드셋:** 학생의 마인드셋은 사회적 탄력성에 영향을 미칠 수 있다. Yeager[52, 53]의 연구를 살펴보면 또래에게 괴롭힘이나 따돌림을 당했을 때 '고정 마인드셋'을 가진 학생은 따돌림 상황을 바꿀 수 없는 것으로 보고, 상대를 이해 못할 다른 사람으로 인식하였다. 또한 못되게 굴었던 사람은 분명 나쁜 사람이었다고 결론을 짓는다. 이러한 학생은 사회적 역경에 단기적으로 더 부정적인 반응을 보였을 뿐만 아니라, 높은 수준의 스트레스와 건강 악화 양상을 나타냈으며 해당 학년 동안 낮은 성적을 보였다. 그러나 동일하게 괴롭힘이나 따돌림을 당했을지라도 '성장 마인드셋'을 가진 학생은 지원과 문제해결을 요구할 가능성이 더 높았다. 또한 공격적인 복수를 할 가능성이 현저히 낮았고 수치심이나 증오와 같은 부정적인 감정도 덜하다고 보고되었다.

- **'아직은'의 힘:** 학생이 성장 마인드셋을 개발하도록 돕는 것의 일부는 아동의 성취가 '진행 중인 작업의 과정'이며, 시간과 노력으로 목표를 달성하고 개선할 수 있다는 것을 이해하도록 돕는 것이다. 그것이 바로 '아직은(not yet)'의 힘이다. '아직은'이라는 단어를 추가하면 더 많은 그릿[53]을 달성할 수 있다

(101페이지 참조). 예를 들어, 어려운 음악 작품을 연주하거나 어려운 수학 문제를 해결할 수 없는 경우, '아직은'이라는 단어를 추가하면 더욱 낙관적이고 인내할 가능성이 높아진다.

－ 난 그런 까다로운 뮤지컬은 연주할 수 없어……. 아직은

－ 나는 그 수학 문제를 풀 수 없어……. 아직은

－ 나는 협상을 잘 못하겠어……. 아직은

Yeager[53]는 '성장 마인드셋'을 채택하도록 가르치려는 훈련을 시도할 때 학생 집단의 연령층에 맞게 맞춤화되어야 한다고 주장했다. 예를 들어, Blackwell[51]이 중학생을 대상으로 한 성장 마인드셋 연구를 할 때는 학습에 대한 더 큰 노력이 두뇌를 강화할 수 있다고 가르침으로써 중학생의 성장 마인드셋을 향상시켰다. 하지만 대학생을 대상으로 한 Yeager[53]의 연구에서는 보다 총체적인 삶의 과제를 대할 때 서투른 전략에 집중하였고 이러한 대학생들에게는 노력＋전략＋타인의 도움에 집중하도록 가르침으로써 과정과 결과의 완료를 크게 향상시켰다.

(2) Bounce Back!에서의 성장 마인드셋

노력이 학습의 측면에서 보탬이 된다는 생각의 중요함과 자신의 능력에 대한 고정 마인드셋보다는 성장 마인드셋을 갖는 것의 중요성은 10단원에 제시된다. 성취와 관련된 주제로서 유용하고 낙관적인 생각과 연관된다. 3단원에서는 탄력성을 통한 성장을 이야기하며, 5단원의 낙관성 주제에서도 성장 마인드셋을 다루게 된다. 노력의 중요성은 모든 단원에서 초점이 되는 내용이다.

(3) 학습과 두뇌에 관한 연구

최근 몇 년 동안 뇌의 가소성에 관한 연구는 성장 마인드셋의 개념과 일치한다. 이제 학습은 인간의 두뇌에 상당한 변화를 일으킨다는 것이 수용되었다. 학습은 뇌 세포의 새로운 연결을 발달하게 하고, 기존 연결은 더욱 강하게 한다.

신경생리학, 신경해부학, 뇌 영상에 관한 연구들은 모두 사람이 새로운 기술을 배우고 연습할 때 그러한 기술을 담당하는 뇌 영역의 신경 조직이 더 커지고 밀도가 높아짐을 보고한다. 또한 관련된 작업을 수행할 때 뇌의 다른 영역이 함께 연결되어 활성화된다고 보고하고 있다. 우리의 뇌는 일생 동안 발전할 수 있는 능력을 가지고 있다. 하지만 오직 도전과 배움의 자극에만 반응하여 발전한다. 학생에게 뇌의 가소성에 대해 가르친다는 것, 즉 '열심히 할수록 더 똑똑해진다'는 것을 가르치고, 뇌를 확장하는 도전적인 자료를 제공하며, 노력을 기울이고 학습에 적극적인 역할을 하도록 동기를 부여하는 것은 성장 마인드셋과 높은 학업성취도에 기여한다.[53]

3. 사회정서 및 대처 기술: 자기관리

자기관리(self-management) 기술에서는 대처 기술(coping skills)과 자기훈련(self-discipline) 기술을 알려준다. 대처 기술은 학생이 어렵거나 도전적인 상황에 직면했을 때 회복탄력성을 갖도록 도와준다. 이러한 대처 기술을 요약하면 도움이 되는 이성적 사고, 개인화가 아닌 정상화, 어려운 상황에 대한 적응적 거리 두기, 스트레스가 많은 상황에서 감정을 조절할 수 있는 능력이 있다. 자기훈련 기술에는 개인적 및 학업적 목표 달성을 위해 노력하고 끈기 있게 동기를 부여하는 것을 포함한다. 또한 성장 마인드셋을 갖는 것, 노력은 배신하지 않는다는 것을 인식하는 것, 인생의 장애물을 만났을 때 그릿과 집념을 보여 주는 것을 포함한다. 때때로 사물을 균형 있게 보기 위해서는 용기나 유머 감각이 필요하다.

이 절에서는 다음과 같은 자기관리 기술에 대해 자세히 설명하고자 한다.

• 도움이 되는 이성적 사고   • 정상화   • 적응적 거리 두기   • 그릿

1) 도움이 되는 이성적 사고

도움이 되는 이성적 사고(helpful and rational thinking)는 Aaron Beck[55]이 개발한 인지 행동 치료(Cognitive Behavior Therapy)에서 유래하였다. CBT는 어떻게 생각하는지가 자신의 감정에 영향을 주고, 차례로 자신의 행동에 영향을 미친다는 사실을 바탕으로 한다. 특히 합리적 사고는 Albert Ellis가 개발한 합리적 · 정서적 치료(Rational Emotive Therapy: RET)에서 추출한 개념으로 CBT에서 나온 것이다.

CBT는 불안, 우울증, 분노와 같은 강한 감정은 자신의 생각과 믿음에 의해 야기된다는 가정에 근거한다. CBT는 문제에 대처하고 개인의 성장을 향상시키기 위한 실용적이고 행동 지향적인 접근법이다. 그것은 우울, 불안, 분노에 대한 매우 성공적인 치료의 형태로 전 세계적으로 인정받고 있다. 사고방식의 왜곡은 대처 기술이 떨어지게 만들고 무력한 상태로 부정적 감정에 노출하게 하는 데 중요한 역할을 한다. 부정적인 사건에 대해 골몰하는 것은 자신의 정서적, 행동적 반응을 과장시킬 수 있다.

CBT는 자신의 생각, 감정, 행동을 변화하도록 돕기 위한 전략을 강조한다. 이러한 전략은 '도움이 되지 않는 사고'를 식별할 수 있고, 그것을 '도움이 되는 사고'로 대체할 수 있다는 가정에 기반한다.

1. 다음과 같이 도움되지 않는 비이성적 사고에 도전하기
    • 자기 자신이나 타인에 대한 비현실적인 기대(나는 완벽해야 하고 절대 실수하지 말아야 한다.)
    • 자신의 감정을 어쩔 수 없다는 믿음(내 기분에 대해 내가 할 수 있는 것은 아무것도 없다.)
    • 파국화(만약 무언가 잘못될 수 있다면, 그것은 분명히 잘못될 것이다. 최악의 결과는 불가피하기 때문에 미리 대처하려고 노력하는 것이 좋다. 만약 부정적인 일이 일어난다면 그것은 세상의 종말이다.)

- 마음 읽기(그들이 나에 대해 어떻게 생각하는지 알 수 있다.)
- 과잉 일반화(나에게 나쁜 일이 한 번 일어난다면, 그것은 또 발생할 것이다.)

2. 타인이 상황을 어떻게 보는지를 이해하기 위해 타인과 대화하고 결론을 뒷받침하는 '증거'와 사실들을 확인함으로써 '현실성 점검'을 이용하기
3. 통제할 수 없기 때문에 바꿀 수 없는 것들은 받아들이기

도움이 되는 사고는 다음과 같은 특징을 가지고 있다.

- 증거에 기반하고 사실 확인을 하게 하거나 타인에게도 의견을 물어 다른 정보를 얻도록 돕는다.
- 유연한 사고와 열린 마음을 갖고, 문제를 해결하다 막혔을 때 다른 방법을 찾도록 한다.
- 생각하는 방식이 감정과 행동에 영향을 미치며, 부정적인 정서는 강력하지만 관리할 수 있다는 것을 인정한다.
- '한 번'을 '항상'으로 생각하는 비합리적인 일반화를 포함하지 않는다.
- 누군가의 마음을 읽으려는 것을 멈춘다.
- 결론을 성급히 내리기보다는 대안적 설명을 고려한다.
- 문제를 다루는 데 있어서 자기유연성과 자기확신으로 이어진다.

(1) Bounce Back!에서 알려 주는 도움이 되는 이성적 사고

Bounce Back!에서는 도움이 되는 이성적인 사고를 3단원의 회복탄력성 주제에서 가르친다.

2) 정상화

개인화(personalizing)와 대조되는 정상화(normalizing)는 낙관주의의 간접적인 측면이다. 정상화는 많은 삶의 도전이 다른 사람에게도 발생하고, 이는 전형적이거나 정상적인 발달 단계임을 인식하는 것을 포함한다. 대조적으로, 개인화는 상대적으로 평범한 어떤 일이 다른 사람이 아닌, 자신의 모습 때문에 자기에게만 일어난다는 믿음을 포함한다. 개인화하는 사람은 다음과 같이 생각한다. '바로 나이기 때문에 그런 일이 내게만 일어났고, 그래서 내가 할 수 있는 것은 아무것도 없다. 왜냐하면 그것은 틀림없이 내가 항상 나여서 다시 일어날 것이기 때문이다.'

개인화를 할 때, 자동적으로 '나에게 무슨 문제가 있는 거야?' 또는 '왜 나한테 일어나지?'라고 생각한다. 정상화하면, 자동적으로 '여기에 무슨 문제가 있는가?'라고 생각하고 '이것은 평범하지 않은 사건인가, 아니면 다른 사람에게 꽤 자주 일어나는 일인가?'라고 묻는다. 정상화 과정에서는 다음과 같이 말하게 된다. '그 일이 내게 일어난 이유는 나뿐만 아니라 살면서 많은 사람에게 일어나는 일이기 때문이다. 다른 사람이 그것을 다룰 수 있다면 나도 할 수 있다.' 시간이 지남에 따라, 일상적인 역경을 개인화하는 사람은 비관적

인 설명 양식과 스스로 불운하고, 부적절하다고 생각하는 부정적 자기인식을 발전시킨다.

아동과 청소년은 행동, 역할 그리고 관계에서 '일상적' 스트레스 요인으로 인한 많은 변화를 정상화하는 방법을 배울 필요가 있다. 웰빙에 대한 도전은 질병, 사고, 상실 또는 트라우마로 인해 언제든지 발생할 수 있지만 모든 사람이 약간의 불안과 불확실성을 경험할 가능성이 있는 다양한 발달 단계의 일상적인 스트레스 요인도 있다. 〈표 4-1〉의 '일상적 및 주요 스트레스 요인' 차트에 이에 대한 설명이 나와 있다. 아동과 청소년은 다른 사람들도 같은 종류의 감정을 경험할 가능성이 있고 이러한 성장기에 약간의 불안감을 경험하는 것은 정상이라는 것을 이해할 필요가 있다. 그들의 걱정을 다른 사람과 공유하는 것은 '정상화' 과정에 도움이 된다.

아동과 청소년을 대상으로 하는 직업군은 그들의 발달 단계 및 특징을 명확하게 이해하는 것이 중요하다. 이러한 이해가 없다면, 아동과 청소년의 문제에 대해 과민 반응하거나 덜 반응할 위험이 있다.

(1) Bounce Back!에서 알려 주는 정상화

3단원에서는 회복탄력성을 다루면서 '오뚝이처럼 행복하세요(Bounce Back!)'의 머리글자로 대처 문장을 제시하는데 정상화는 '행'이라는 글자의 메시지에 포함되어 있다. 어떤 사람이라도 슬픔, 상처, 실패, 거부와 좌절을 경험할 수 있으며 나만 유독 그런 것이 아님을 표현하고 있다. 즉, 이것은 삶의 정상적 부분이니 개인화하지 말자는 의미로 다음과 같다.

> 행복이 항상 있는 건 아니야! 슬픔과 상처와 아픔도 자연스러운 거야.

3) 적응적 거리 두기

적응적 거리 두기(adaptive distancing)는 아동이 속한 부모나 학교 또는 사회의 기능에 장애가 있을 때 아동을 그곳으로부터 감정적으로 분리시키는 것을 의미한다. 즉, 아동이 다른 사람의 기능장애의 원인이 아니라는 사실과 이것은 아동이 통제할 수 없는 어쩔 수 없는 부분이라는 사실을 깨닫는 것이다. 적응적 거리를 두는 것은 학생에게 보호적 완충장치를 제공하는 데 도움이 된다.[61] 고통스럽고 변경할 수 없는 상황에서 자신을 '적절하게' 거리를 두는 것의 의미는 다음과 같다.

- 내가 책임질 수 없는 부분에 대해 자신을 탓하지 말자(예: 부모의 곤란한 상황).
- 가족의 상태 중 쉽게 바뀔 수 없는 부분은 인정하자(예: 형제자매의 영구적 질병이나 부모의 알코올 중독).
- 상황이 최악일 때 갈 수 있는 곳을 찾아 놓자(예: 생각이 맑아지게 할 수 있는 기분이 나아지는 장소).
- 비정서(non-emotional) 작업이나 프로젝트를 수행하거나, 계획 또는 목록을 작성하는 것과 같은 도전적 정신활동을 하자.
- 생각을 정지시키자. '깜빡(blink)' 잊어버리듯 괴로운 생각은 떨쳐 버리고 특별하고 행복한 시간을 추억

하는 데 집중하자.
- 어려운 상황에 있는 사람들로부터 일시적으로 멀어지자(예: 형제자매가 다투고 있을 때 다른 방으로 가기). 적응적 거리 두기는 마치 상황이 해결된 듯한 환상을 제공하는 마약이나 알코올과 같은 물질을 사용하는 것과는 다르다.

(1) Bounce Back!에서 알려 주는 적응적 거리 두기
적응적 거리 두기는 3단원의 회복탄력성과 5단원의 낙관성 주제에서 다룬다.

4) 그릿

성장 마인드셋과 마찬가지로 그릿(grit)은 도전과 장애물에 직면했을 때 포기하지 않고 인내하는 것이다. 그릿은 심리학자인 Angela Duckworth가 만든 용어로, 다음과 같이 정의된다.

> 비교적 장기적인 목표나 결과를 달성하기 위해 노력을 지속하려는 경향으로 스포츠 대표팀이나 드라마 제작팀에 입단하기 위해 대규모 프로젝트에서 자기단련을 마무리하는 것 등을 예로 들 수 있다.[62]

그릿은 노력(고된 일), 의지력(자기훈련) 및 집념(역경에 직면했을 때 포기하지 않음)의 조합이다. Duckworth와 Seligman[63]의 연구에서 중학교 2학년 학생의 자기통제 능력 또는 '그릿'(교사와 학부모의 자기보고에 의함)이 학생의 IQ 점수보다 표준화된 시험 성적을 포함한 학업성취도를 더 잘 예측한다고 하였다. 사실, 그릿과 자기통제는 학생의 IQ 점수보다 전반적으로 학업적 성공을 더 잘 예측하는 지표로 여겨진다. 또한 자기통제는 학교 결석률을 감소시키고, 공부에 더 많은 시간을 쏟으며, TV 보는 시간을 줄이는 것으로 확인되었다.

(1) Bounce Back!에서 알려 주는 그릿
그릿이 학업성취와 목표 달성에 도움이 된다는 주제는 10단원에서 다룬다.

4. 사회정서 및 대처 기술: 사회적 인식

사회적 인식에 대한 학생들의 능력을 개발한다는 것은 사람들과 공감하고 사회적 관점을 취할 수 있도록 돕는 것이다. 또한 1단원의 핵심 가치와 2단원의 사회적 가치를 뒷받침하는 도덕적 나침반을 개발한다는 의미도 있다. 예를 들어, 다양한 인종과 문화를 가진 사람들의 다양성을 인정하고, 타인에 대한 존경, 친절, 연민을 보여 주며, 사회적, 윤리적 규범을 이해하는 것 등을 포함한다. 학생들은 가족, 학교 및 지역사회에서 접근할 수 있는 지원을 인식해야 한다.

이 절에서는 모든 사회적 가치를 뒷받침하고 강력하며 긍정적인 관계를 발전시키는 데 필수적인 공감에 대해 이야기한다.

1) 공감

공감은 사회정서학습과 도덕적 발달을 뒷받침한다. 자신이 했던 반사회적 행동으로 인해 피해 입는 친구들의 고통을 '알게' 되거나 '느낄' 수 있게 되는 학생은 반사회적 행동을 멈추고 다시 그 행동을 하지 않을 것이다. 이렇게 높은 수준의 공감은 친사회적 행동과 관련이 있는 반면, 낮은 수준의 공감은 괴롭힘, 공격성, 범죄 활동을 포함한 반사회적 행동과 관련이 있다. 공감할 수 있다는 것은 회복탄력성을 갖는 것의 일부이다. 공감에는 인지적, 정서적, 행동적 세 가지 요소가 있다.

1. 인지적 요소
   - 인지적 요소는 어떤 사람의 표현과 행동을 읽고 그 사람의 감정을 인지적 수준에서 식별하는 것을 말한다. 자신의 경험을 바탕으로 이것을 강화할 수 있다.
   - '다른 사람의 입장이 되어 보는 것'을 통해 다른 사람의 시각이나 관점을 체험할 수 있다.
2. 정서적 요소
   - 다른 사람의 감정을 정서적으로 느낄 수 있는 능력이다. 정서적 공감이란 타인의 정서적 경험에 반응하여 일어나는 다양한 정서적 반응으로 정의될 수 있다. 이것은 실제 또는 가상의 인물일 수 있다. 공감하는 사람은 타인의 정서가 마치 자신이 경험하고 있는 듯 '거울'처럼 비춰져 느껴지게 되는데 이것은 단순히 관망하는 것과는 다른 것이다.
3. 행동적 요소
   - 행동적 요소는 '공감적 관심'이라고 부를 수 있으며, 친절이나 지지의 말 또는 행동으로 타인의 고통에 반응하는 것과 관련된다.

공감적 기술이 잘 발달하면 학생들은 다음과 같은 일을 할 수 있다.

- 친사회적 행동에 더욱 참여하고 괴롭힘과 같은 반사회적 행동을 피한다. 타인에 대한 태도와 행동을 안내하기 위해 공감과 친사회적 가치를 사용한다(예: 내가 그 사람의 펜을 훔치거나 뭔가 불쾌한 말을 하면 그 사람은 어떻게 느낄까?).
- 타인의 괴롭힘 행위를 방관하지 않는다. 또한 괴롭힘에 참여하는 것을 거부할 가능성이 더 높으며 괴롭힘당하는 학생을 도울 가능성이 더 커진다.
- 덜 판단적이고 더 수용적이며, 더 많은 친절과 지지를 보임으로써 긍정적인 관계를 맺게 된다.

- 상황의 양면을 보려고 할 가능성이 높기 때문에 갈등을 보다 효과적으로 처리한다.
- 윤리적 사고능력을 키울 수 있다. 학생들이 더 복잡한 문제와 아이디어에 직면할 때, 자신의 관점과 다른 타당한 관점이 있다는 것을 인식할 필요성을 느끼게 된다. 흘룽한 사상가들은 동시에 두 가지 상반된 생각을 품을 수 있다. 또한 자신이 동의하는 것뿐만 아니라 동의하지 않는 견해도 분명하게 진술할 수 있다.
- 더 넓은 지역사회의 타인에 대한 사회적 정의와 관심이 발달한다.
- 타인의 행동을 개인화하지 않는다. 사람들이 특정한 방식으로 행동하는 원인을 이해하게 되면, 그러한 행동이 직접적인 공격이 아니라는 것을 알게 된다.
- 더 나은 우정과 지원 네트워크를 가지게 된다. 타인의 관점과 감정을 이해하려고 노력한다는 것을 보여 주는 학생은 인기가 있거나 다른 학생들에게 선호될 가능성이 더 크다.

(1) Bounce Back!에서 알려 주는 사회적 인식 기술

타인에 대한 공감은 1단원 핵심 가치와 2단원의 사회적 가치에서 다루는데 다양성과 타인을 존중하고, 친절과 자비를 보이며 행동의 사회적 및 윤리적 규범을 이해하는 것이 포함된다. 또한 공감은 7단원에서 논의된 사회정서기술을 발달시키는 데 중요하다. 갈등 상황에서 상대의 관점을 취하는 것도 7단원에서 배울 수 있다.

5. 사회정서 및 대처 기술: 사회적 관리와 대인관계 기술

학생에게 학급 친구, 동료, 가족, 다른 친구들과 좋은 관계 형성을 뒷받침하는 사회적 기술을 가르치는 시작점은 대인관계가 중요하다는 믿음을 갖게 하는 것이다. 대인관계 기술을 뒷받침하는 연구에 대한 자세한 내용은 제2장을 참조하기 바란다.

(1) Bounce Back!에서 알려 주는 대인관계 기술

7단원 관계에서는 다양한 개인과 집단, 우정 기술, 갈등 관리 기술을 증진하고 유지하기 위한 사회적 기술을 배운다. 9단원 안전에서는 부당한 사회적 압력에 저항하고 필요할 때 도움을 구하기도 하고 제공하기도 하는 대인관계 기술을 다룬다.

6. 사회정서 및 대처 기술: 책임감 있는 의사결정

책임감 있는 의사결정은 윤리적 기준, 안전 문제 및 사회적 규범을 기반으로 자신의 행동과 사회적 상호작용에 대해 건설적인 선택을 할 수 있는 능력을 개발하는 것과 관련된다. 이러한 기술과 이해는 학생이 자신과 타인의 웰빙을 고려하는 학업적, 사회적 상황에서 문제를 식별하고 가능한 결과를 예측, 분석 및 평가하는 데 도움을 줌으로써 가르칠 수 있다.

(1) Bounce Back!에서 알려 주는 책임감 있는 의사결정

책임에 대해 배우는 것은 1단원의 핵심 가치, 2단원의 사회적 가치 및 9단원의 안전 단원이다. 모든 단원에서 사용되는 협력적 사고 기술은 비판적이고 창의적이며, 윤리적이고 공감적인 이해의 기술을 장려한다. 7단원의 관계는 사회적 인식에 근거한 사회적 규범에 기반한다.

참고문헌

1. Collaborative for Academic, Social and Emotional Learning, 2007 [cited 18/1/10], available from www.casel.org.
2. Elias, J.E., et al. 2003, 'Implementation, sustainability, and scaling up of social-emotional and academic innovations in public schools', *School Psychology Review*, vol. 32.
3. Govindji, R., & Linley, P. 2007, 'Strengths use, selfconcordance and well-being: Implications for strengths coaching and coaching psychologists', *International Coaching Psychology Review*, 2: pp. 143-153.
4. Linley, A. & Harrington, S. 2006, 'Playing to your strengths', *The Psychologist*, 19: pp. 86-89.
5. Wood, A.M., Linley, A.P., Maltby, J., Kashdan, T.B. & Hurling, R. 2011, 'Using personal and psychological strengths leads to increases in wellbeing over time: A longitudinal study and the development of the strengths use questionnaire', *Personality and Individual Differences*, 50: pp. 15-19.
6. Noble, T. 2004, 'Integrating the Revised Bloom's Taxonomy with Multiple Intelligences: A planning tool for curriculum differentiation', *Teachers College Record*, vol. 106, no. 1, pp. 193-211.
7. Harter, J.K. 1998, 'Gage Park High School research study' cited in Daly, A.J. & Chrispeels, J. 2005, 'From problem to possibility: Leadership for implementing and deepening the process of effective schools', *Journal for Effective Schools*, vol. 4, no. 1, pp. 7-25.
8. Williamson, J. 2002, 'Assessing student strengths: Academic performance and persistence of first-time college students' cited in Daly, A.J. & Chrispeels, J. 2005, 'From problem to possibility: Leadership for implementing and deepening the process of effective schools', *Journal for Effective Schools*, vol. 4, no. 1, pp. 7-25.
9. Gardner, H. 1999, *Intelligence Reframed: Multiple Intelligences in the Twenty-First Century*, Basic

Books, New York.

10. Peterson, C. & Seligman, M. 2004, *Character Strengths*, Oxford University Press, New York.

11. Gardner, H. 1983, *Frames of mind*, Basic Books, New York.

12. Gardner, H. 2006, *Multiple intelligences: New horizons*, Basic Books, New York.

13. Willingham, D.T., Hughes, E.M. & Dobolyi, D.G. 2015, 'The scientific status of learning styles theories', *Teaching of Psychology*, 42(3), pp. 266-271.

14. Moran, S. 2011, 'Measuring Multiple Intelligences and Moral Sensitivities in Education', *Moral Development and Citizenship Education*, 5: pp. 121-133.

15. Kornhaber, M., Fierros, E. & Veenema, S. 2003, *Multiple Intelligences: Best ideas from research and practice*, Allyn & Bacon.

16. McGrath, H. and T. Noble, 2005a, *Eight ways at once. Book One: Multiple Intelligences + Bloom's Revised Taxonomy = 200 differentiated classroom strategies*, Pearson Education, Sydney.

17. McGrath, H. and T. Noble, 2005b, *Eight ways at once. Book Two: Units of Work Based Multiple Intelligences + Bloom's Revised Taxonomy*, Pearson Education, Sydney.

18. Noble, T. 2004, 'Integrating the Revised Bloom's Taxonomy with Multiple Intelligences: A planning tool for curriculum differentiation', *Teachers College Record*, 106(1), pp. 193-211.

19. Park, N., Peterson, C. & Seligman, M.E.P. 2004, 'Strengths of character and wellbeing', *Journal of Social & Clinical Psychology*, vol. 23, pp. 603-619.

20. White, M. & Waters, L.E. 2015, 'Strengths-based approaches in the classroom and staffroom', in *Evidence-Based Approaches in Positive Education*, M.A. White, A.S. Murray (eds), Positive Education,

DOI 10.1007/978-94-017-9667-5_6.

21. White, M. & Waters, L.E. 2014, 'A case study of "The Good School": Examples of the use of Peterson's strengths-based approach with students', *The Journal of Positive Psychology*, DOI: 10.1080/17439760.2014.920408.

22. Proctor, C., Tsukayama, E., Wood, A.M., Maltby, J., Eades, J.F., & Linley, P.A. 2011, 'Strengths gym: The impact of a character strengths-based intervention on the life satisfaction and well-being of adolescents', *The Journal of Positive Psychology*, 6: pp. 377-388.

23. Seligman, M.E.P, Ernst, R.M., Gillham, J., Reivich, K. & Linkins, M. 2009, 'Positive education: positive psychology and classroom interventions', *Oxford Review of Education*, 35 (3): pp. 293-311.

24. Quinlan, D.M., Swain, N., Cameron, C. & Vella-Brodrick, D.A. 2014, 'How "other people matter" in a classroom-based strengths intervention: Exploring interpersonal strategies and classroom outcomes', *The Journal of Positive Psychology*, http://dx.doi.org/10.1080/17439760.2014.920407.

25. Csikszentmihalyi, M., Rathunde, K. & Whalen, S. 1993, *Talented Teenagers*, Cambridge University Press, Cambridge, United Kingdom.

26. Carver, C.S. & Scheier, M.E. 1999, '*Optimism*' in *Coping. The Psychology of What Works*, Snyder C.R. (ed), Oxford University Press, New York, pp. 182-204.

27. Seligman, M.E.P. 1995, *The Optimistic Child*, Random House, Sydney.

28. Seligman, M.E.P. 1992, *Learned Optimism*, Random House, Sydney.

29. Reivich, K. 2005, 'Optimism lecture' in Authentic Happiness Coaching, University of Pennsylvania.

30. Peterson, C. 2000, 'The future of optimism', *American Psychologist*, vol. 55, no. 1, pp. 44-55.

31. Dweck, C.S. 2006, *Mindset. The New Psychology of Success*, Random House, New York.

32. Dillon, R.S. 1997, 'Self-Respect: Moral, Emotional and Political', *Ethics*, 107(2): pp. 226-249.

33. Baumeister, R. 1996, 'Should Schools Try to Boost Self-Esteem Beware the Dark Side', *American Educator*, vol. 20, Summer.

34. Baumeister, R.F., Campbell, J.D., Krueger, J.I. & Vohs, K.D. 2005, 'Exploding the Self-esteem Myth', *Scientific American*, 292, pp. 84-91.

35. Seligman, M.E. 2011, *Flourish: A visionary new understanding of happiness and wellbeing*, Simon & Schuster, NY.

36. Bundick, M.J., Yeager, D.Y., King, P. & Damon, W. 2009, 'Thriving across the life span', in *Handbook of lifespan human development*, W.F. Overton & R.M. Lerner (eds), Wiley, New York.

37. Keyes, C.L.M., Shmotkin, D. & Ryff, C.D. 2002, 'Optimizing well-being: The empirical encounter of two traditions,' *Journal of Personality and Social Psychology*, 82: pp. 1007-1022.

38. Benard, B. 1991, 'Fostering resiliency in kids: Protective factors in the family, school and community', Western Regional Center for Drug Free Schools and Communities, Far West Laboratory, San Francisco.

39. Masten, A.S. & Reed, M.G. 2002, 'Resilience in development', in *The handbook of positive psychology*, C.R. Snyder & S.J. Lopez (eds), Oxford University Press, New York, pp. 74-88.

40. Mauss, I.B., Shallcross, A.J., Troy, A.S., John, O.P., Ferrer, E., Wilhelm, F.H., et al. 2011, 'Don't hide your happiness! Positive emotion dissociation, social connectedness, and psychological functioning', *Journal of Personality and Social Psychology*, 100(4), pp. 738-748.

41. Bronk, K.C., Hill, P.L., Lapsley, D.K., Talib, T.L. & Finch, H. 2009, 'Purpose, hope, and life satisfaction in three age groups', *Journal of Positive Psychology*, 4(6): pp. 500-510.

42. Bronk, K.C., Finch, W.H. & Talib, T. 2010, 'The prevalence of a purpose in life among high ability adolescents', *High Ability Studies*, 21(2): pp. 133-145.

43. Shek, D.T. 1993, 'The Chinese purpose-in-life test and psychological well-being in Chinese college students', International Forum for Logotherapy, 16: pp. 35-42.

44. Debats, D.L. 1998, 'Measurement of personal meaning: The psychometric properties of the life regard index', in *The human quest for meaning: A handbook of psychological research and clinical applications*, P.T.P. Wong & P.S. Fry (eds), Lawrence Earlbaum, Mahwah, NJ, pp. 237-259.

45. Damon, W., Menon, J. & Bronk, K.C. 2003, 'The development of purpose during adolescence', *Applied Developmental Science*, 7(3):119-128, p. 121.

46. Damon, W. 2008, *The Path to Purpose. How Young People Find Their Calling in Life*, Simon & Schuster, NY.

47. Seligman, M.E.P. 2002, *Authentic Happiness*, Free Press, New York, p. 260.

48. Malin, H., Reilly, T. S., Quinn, B., & Moran, S. 2014, 'Adolescent purpose development: Exploring empathy, discovering roles, shifting priorities, and creating pathways', *Journal of Research on Adolescence*, 24, pp. 186-199. doi:10.1111/jora.12051.

49. Hulleman, C.S. & Harackiewicz, J.M. 2009, 'Promoting interest and performance in high school science classes', *Science*, 326, pp. 1410-1412.

50. Holdsworth, R., Cahill, S. & Smith, G. 2003, 'Student action teams. An evaluation of implementation and

impact', Parkville: Faculty of Education, University of Melbourne.

51. Blackwell, L.S., Trzesniewski, K.H. & Dweck, C.S. 2007, 'Implicit Theories of Intelligence Predict Achievement Across an Adolescent Transition: A Longitudinal Study and an Intervention', *Child Development*, 78(1): pp. 246-263.

52. Yeager, J., Fisher, S. & Shearon, D. 2011, *Smart Strengths: Building Character, Resilience and Relationships in Youth*, Kravis Publishing, New York.

53. Yeager, D.S. & Dweck, C.S. 2012, 'Mindsets that promote resilience: When students believe that personal characerics can be developed', *Educational Psychologist*, 47(4): pp. 302-314.

54. Dweck, C.S., Walton, G.M. & Cohen, G.L. 2015, 'Academic Tenacity. Mindsets and Skills that Promote Long-Term Learning', Bill & Melinda Gates Foundation, https://ed.stanford.edu/sites/default/files/manual/dweck-waltoncohen-2014.pdf

55. Beck, A.T. 1979, *Cognitive Therapy and the Emotional Disorders*, Penguin Books, New York.

56. Burns, D. 1980, *Feeling Good: The New Mood Therapy*, Avon Books, New York.

57. Clark, D. & Beck, A. 1999, *Scientific Foundations of Cognitive Theory of Depression*, John Wiley, New York.

58. Ellis, A. 1988, *How to Stubbornly Refuse to Make Yourself Miserable about Anything. Yes, Anything!*, Pan Macmillan, Sydney.

59. Ellis, A., et al. 1997, *Stress Counselling: A Rational Emotive Behaviour Approach*, Cassell, London.

60. Ellis, A. & Dryden, W. 1987, *The Practice of Rational Emotive Therapy*, Springer, New York.

61. Benard, B. 2004, *Resiliency: What we have learned*, WestEd, San Francisco.

62. Duckworth, A. 2011, 'The significance of self-control', Proceedings of the National Academy of Sciences, 108(7), pp. 2639-2640.

63. Duckworth, A. & Seligman, M. 2005, 'Self-discipline outdoes IQ in predicting academic performance in adolescents', *Psychological Science*, 16(12), pp. 939-944.

제5장 Bounce Back! 10가지 대처 원칙

이 장에서는 다음과 같은 주제를 다룬다.

- BOUNCE BACK! 프로그램의 열 가지 대처 원칙: '오뚝이처럼 행복하세요'
- '오뚝이처럼 행복하세요' 열 가지 대처 원칙 및 주요 메시지
- 다양한 교육과정에서 '오뚝이처럼 행복하세요' 열 가지 대처 원칙을 질문으로 사용하기 위한 조언
- 회복탄력성에 대한 열 가지 오해와 진실
- 전문가에게 의뢰가 필요한 학생을 선별하는 기준

도입

10가지 대처 원칙은 삶 속에서 대처 기술을 익히며 목적지로 가는 '안내지도'의 역할을 한다. '오뚝이처럼 행복하세요'로 요약된 10개의 핵심 문장으로 이루어진 10가지 대처 원칙에 대한 지침을 제공하고, 각 문장이 만들어진 이론적 배경을 설명한다. 10행시로 구성된 대처 원칙을 중심으로 한 Bounce Back! 프로그램은 어려운 상황에서 대처하는 방법을 소개한다.

1. 10가지 대처 원칙 지도를 위한 가이드라인

10가지 대처 원칙은 외우기 쉽게 '오뚝이처럼 행복하세요'의 10행시로 제시되어 있다. 이 문구는 학생이 어려운 상황에서 대처 방법이 필요할 때 사용할 수 있도록 숙지하고 있어야 한다. 다음의 10행시 아이디어는 학생이 오뚝이처럼 회복하는 것의 의미를 알고 회복탄력성을 습득하는 데 도움이 될 것이다. '오뚝이처럼 행복하세요'는 호주에서 사용하고 있는 대처 문장 BOUNCE BACK!을 한국어로 의역한 표현이다.

- 개념의 이해 정도를 확인하고 필요에 따라 10가지 대처 원칙 '오뚝이처럼 행복하세요' 문장에 나와 있는 새 단어 또는 익숙하지 않은 단어를 이해한다.
- 학생이 어려운 상황에서 대처 방법을 숙지하고 쉽게 기억할 수 있도록 매년 '오뚝이처럼 행복하세요'를 반복하고 재점검한다.
- 프로그램에 부모와 보호자를 참여시킨다. 이 프로그램은 '오뚝이처럼 행복하세요' 10가지 대처 원칙이 강화되고 학교에서뿐만 아니라 집에서도 활용될 수 있는 기회를 제공한다. 가족을 위한 아이디어는 교육과정 및 뉴스레터, 학교 웹사이트 또는 가정통신문을 통해 소개된다.
- 총 3단계의 수준으로 이루어져 있다. [수준 1]과 [수준 2]에는 더 많은 수업 시간이 필요하고, [수준 3]에서는 보다 적은 시간이 요구된다.
- 수준 1: 학생은 문구와 의미에 집중한다.
  수준 2: 학생은 가족, 친구, 인형, 만화 캐릭터, 뉴스 인물, 책, 영화 등 다른 사람들에게 적용할 수 있는 아이디어와 개념에 집중한다. 개념을 적용하기 어려운 단계는 건너뛸 수 있다.
  수준 3: 학생은 자신에게 적용되는 아이디어와 개념에 집중한다.
- 모든 토론과 활동을 위해 서로의 경험을 털어놓을 수 있도록 신뢰롭고 안전한 분위기를 제공한다(교수 전략 및 자료 단원 참조).
- 학생들이 친구나 급우들을 지지하려고 할 때 10가지 대처 원칙을 참고하도록 권장한다.
- 놀이터, 교실 문제, 상황 등을 관리할 때는 10가지 대처 원칙을 참고하도록 한다.
- 가능한 경우 프로그램을 인문사회과학, 과학, 기술, 영어, 건강 및 체육, 자기계발, 종교교육 또는 보호 행동 프로그램과 같은 교육과정의 다른 영역과 연결한다.

2. '오뚝이처럼 행복하세요'의 핵심 원칙

'오뚝이처럼 행복하세요'로 요약되는 대처 문장은 인지행동치료(Cognitive Behavioral Therapy: CBT) 기법이 뒷받침된 Bounce Back!의 핵심 원칙을 기반으로 한다. 참고로 1~2학년에게는 10개 문장이 너무 많고 어렵기 때문에 '오뚝이처럼'이라는 5개의 대처 원칙만을 제시한다. 하지만 1~2학년 저학년 아이들에게도 '오뚝이처럼 행복하세요'의 10개 원칙 모두에 대해 말하는 것은 중요하다.

오뚝이처럼 행복하세요(BOUNCE BACK!)의 10개 대처 원칙은 다음과 같다.

오늘의 나쁜 기분은 영원히 지속되지 않아! 내일은 오늘보다 좋아질 거야.

뚝심 있게 도와달라고 말해 봐! 도와달라고 하면 도와줄 거야.

이로운 생각은 기분을 좋게 해 줘! 다시 생각해 봐.

처음부터 완벽한 사람은 없어! 이 세상 어디에도.

넘어져도 일어날 수 있어! 실패보다는 성공에 초점을 둬.

행복이 항상 있는 건 아니야! 슬픔과 상처와 아픔도 자연스러운 거야.

복(福)은 만드는 거야! 그냥 주어지는 게 아니야.

하늘의 뜻이려니 생각해. 너무 자책하지 마!

세상은 끝나지 않았어. 도전하면 다시 이룰 수 있어!

요즘 힘들다고? 이 또한 지나가리!

1) 오늘의 나쁜 기분은 영원히 지속되지 않아! 내일은 오늘보다 좋아질 거야

- 나쁜 시간과 불쾌한 느낌은 항상 일시적이다. 인생은 점점 좋아지니까 포기하지 말자. 낙관적이고 희망적인 자세를 유지하는 것이 중요하다.
- 어려운 상황이 개선되는 데는 시간이 좀 걸리지만 언젠가는 개선된다.
- 어떤 때는 상황이 개선되지 않을 수도 있지만(예: 누군가가 심한 중병으로 임종을 앞두고 있다면), 그에 대한 여러분의 감정은 개선될 것이다.
- 상황이 정말 안 좋을 때는, 그저 하루를 버틸 수 있도록 노력하라.

2) 뚝심 있게 도와달라고 말해 봐! 도와달라고 하면 도와줄 거야

- 믿을 수 있는 사람에게 말할 수 없을 정도로 끔찍한 것은 없다. 걱정거리를 함께 나누면 일이 쉬워진다. 물론 용기가 필요하다.
- 누구나 대화할 사람이 가끔 필요하다. 나를 괴롭히는 것에 대해 말하는 것은 약한 것이 아니라 오히려 강하다는 증거이다.
- 걱정되는 것에 대해 말할 사람이 있다는 사실은 그 사람이 여러분에게 도움을 줄 수 있다는 사실을 의미하기도 한다. 그 사람에게 이야기하지 않으면 당신이 도움을 필요로 하는지 알 수 없다.
- 다른 사람과 고민을 나누다 보면 혼자만 생각했던 의견들을 꺼내어 체크할 수 있다. 이것은 다른 사람

도 나처럼 생각하는지 아닌지를 확인할 수 있는 방법이다.

- 믿을 수 있는 사람과 이야기를 나누며 나의 생각이 타당한지 '현실 확인'을 할 수 있다. 그들은 내가 비현실적으로 생각할 때 이야기해 줄 것이다. 아마도 사실을 잘못 알고 있거나 필요한 모든 사실을 알고 있지는 않을 수 있다. 어쩌면 사실을 왜곡된 시각으로 보고 있을 수도 있다.

3) 이로운 생각은 기분을 좋게 해 줘! 다시 생각해 봐

- 우리의 생각은 우리의 감정과 행동에 강하게 영향을 준다. 우리의 생각을 바꾸는 것은 우리가 어떻게 느끼는지를 관리하는 데 도움을 준다.
- 다음은 도움이 되지 않는 생각의 예이다.
  - 모든 사람이 나를 좋아해야 해.
  - 나는 절대 실수해서는 안 돼(모든 사람은 무언가를 배우기 위해 실수를 할 필요가 있다).
  - 난 절대 져서는 안 돼(모든 사람은 때때로 져야 한다).
  - 나한테는 항상 나쁜 일이 일어나(아마도 자신에게 일어나는 나쁜 일들만 알아차리고 있을지도 모른다. 좋은 일 또한 일어나고 있다는 것은 알아채지 못하고 있을 것이다).
- 감정을 사실로 착각하지 말자. 예를 들어, 남의 시선이 의식되어 긴장하더라도 실제 사람들은 자신을 그렇게 보지 않는데 착각하는 경우가 있다. 때로는 '현실 확인'을 해야 할 때가 있다.
- 감정을 조절하기 위해 낮은 수위의 단어를 사용하라. 그러면 더 쉽게 감정이 조절될 것이다. 예를 들어, '화가 난다'보다는 '불쾌하다', '참을 수 없다'보다는 '짜증난다'고 자신에게 말한다.

4) 처음부터 완벽한 사람은 없어! 이 세상 어디에도

- 완벽한 사람이 되는 것은 자연스러운 일이 아니다. 우리 모두는 결함을 가지고 있다. 완벽은 선택 사항이 아니지만 개선하고 높은 기준을 위해 최선을 다하는 것은 선택 사항이다.
- 기대했던 것만큼 완벽하게 잘되지 않는 것은 자연스러운 일이니 너무 무리하지 말자. 자신의 노력을 칭찬하고 나에게 친절하자.
- 나처럼 다른 사람들(부모님, 선생님, 형제들)도 완벽하지 않다. 논리적이지 않은 기대를 하지 말자.
- 실수는 배움의 일부분이다. 발전하기 위해서는 실수를 만들어야만 한다.

5) 넘어져도 일어날 수 있어! 실패보다는 성공에 초점을 둬

- 아무리 작은 것이라도 어려운 상황에서 긍정적인 것을 찾고자 하면, 당신이 조금 더 희망을 가지고 버틸 수 있도록 도움을 준다.

- 희망을 많이 느낄수록 기분이 나아지고 더 잘 대처할 수 있다.
- 어려운 상황에서 재미있는 것을 찾는 것은 비록 사소한 것일지라도 잘 대처하는 데 도움이 된다. 웃음은 스트레스와 걱정을 덜어 주는 데 도움을 준다.

6) 행복이 항상 있는 건 아니야! 슬픔과 상처와 아픔도 자연스러운 거야

- 모든 사람에게 나쁜 일이 일어나지만, 자신에게만 일어난다고 생각할 수 있다.
- 슬프거나 실망하거나 실패했을 때는 용기가 필요하다.
- 개인화(personalizing)는 나쁜 일이 일어날 때 나에게만 일어난다고 생각하는 것이다. 개인화하는 말의 예는 '나는 나쁜 일의 대명사야.' 또는 '나쁜 일은 나에게만 일어나.'와 같은 말이다.
- 정상화(normalizing)가 더 유용하고 현실적이다. 거절, 실패, 좌절과 같은 나쁜 일들이 나만이 아닌 모든 사람에게 자연스럽게 일어난다는 것을 의미한다. 때로는 이런 일들이 한꺼번에 일어나는 것처럼 보인다. 하지만 이런 일도 정상적인 것이다.

7) 복(福)은 만드는 거야! 그냥 주어지는 게 아니야

- 나쁜 일이 생겼을 때 자신만을 비난하지 않는지 확인하고 적절하게 원인을 따져 보는 적극성을 가져야 한다. 자신에 대한 친절을 기반으로 한 이런 적극성이 복을 가져온다. 자신의 영향이 미치는 영역으로 발생한 비율은 얼마만큼인지 다른 사람의 영향은 얼마만큼인지 나쁜 운과 환경으로 인한 것이 얼마만큼인지를 따져 본다(예를 들어, 시간이나 장소가 좋지 않았거나 순서 없이 발생한 사건의 영향).
- 나쁜 일이 생겼을 때, 영역 파이 차트(Responsibity Pie Chart: 교수전략 및 자료 참조)를 사용하여 확인해 본다.
    - 나로부터 발생한 영역은 얼마만큼인가?
    - 다른 사람들이 원인이 되어 발생한 영역은 얼마만큼인가?
    - 나쁜 운이나 환경으로 인한 영역은 얼마만큼인가?

8) 하늘의 뜻이려니 생각해. 너무 자책하지 마

- 통제할 수 있는 일이라면 바꾸는 시도가 가능하다. 예를 들어, 학업을 걱정하는 경우 가족이나 교사에게 도움을 요청하거나, 계획을 세우거나, 기술을 연습하는 등 기술 향상을 위해 나의 통제권을 넓힐 수 있는 많은 일이 있다. 친구와 의견이 맞지 않는다면, 괴로운 것에 대해 친구와 이야기 나누어 나의 통제권을 발휘하는 것도 좋다.
- 우리가 걱정하는 몇 가지는 나와 상관없는 다른 사람의 걱정거리이다. 예를 들면, 엄마나 친구의 걱정

일 수 있다. 자기 영역 밖의 것이거나 바꿀 수 없는 것들에 대해 걱정하는 것은 아무에게도 도움이 되지 않는다.

• 바꿀 수 없는 것을 받아들이는 것은 다른 사람들이 완벽하지 않더라도 있는 그대로 받아들이는 것을 의미한다. 이런 받아들임은 그들의 모든 것이 좋은 것은 아니지만, 우리는 그들을 있는 그대로 받아들이는 것이다. 그들을 바꿀 수는 없지만, 만약 받아들인다면 그들이 스스로를 바꾸는 데 더 도움이 된다.

9) 세상은 끝나지 않았어. 도전하면 다시 이룰 수 있어

• 파국화(catastrophizing: 최악의 결과를 가져올 것이라고 생각하는 인지왜곡 현상)는 일어날 수 있는 최악의 상황에 대해 생각하고 그런 일이 일어날 것이라고 믿는 것을 의미한다. 예를 들면 다음과 같다.
  - 이 시험이나 프로젝트를 잘하지 못하면 학기 전체가 망하게 될 거야.
  - 드라마 수업을 들으면 난 바보처럼 보일 거야.
• 파국화가 만들어 낸 최악의 시나리오는 자신이 만들어 낸 허상이다. 최악의 허상이기 때문에 현실의 자신에게 아무런 방향성을 주지 않아 아무것도 하고 싶지 않게 만든다. 현실이 아닌 허상이 스스로를 걱정시키고 비참하게 만드는 것이다.

10) 요즘 힘들다고? 이 또한 지나가리

• 만약 상황을 제대로 파악하지 못한다면, 우리는 아주 작은 것들에 대해 화를 내서 긁어 부스럼을 만들 것이다. 이런 사람은 좋은 점들을 잊고 나쁜 점들만 보게 될 것이다.
• 나쁜 사건이 발생했을 때 상황을 제대로 파악하는 데 도움이 되는 것은 스스로에게 질문하는 것이다.
  - 이게 정말 중요할까? 화가 좀 나 있는 걸까?
  - 이것의 중요도를 1에서 10으로 나타내 보면 얼마일까?
  - 이것이 내 삶에 얼마나 영향을 미칠까?
  - 내 삶의 얼마나 많은 부분이 예전처럼 괜찮을까?
  - 정말 세상의 끝일까?

3. 10가지 대처 원칙의 사용 방법

'오뚝이처럼 행복하세요'로 요약되는 10가지 대처 원칙은 다양한 방법으로 사용될 수 있다.

- 상담 현장 및 행동 관리를 위한 기준으로 '오뚝이처럼 행복하세요'로 요약되는 10가지 대처 원칙을 사용한다.
- 10가지 대처 원칙을 교실 포스터로 상시 게시하고 학생, 교사 및 교직원은 개인적으로나 수업에서 토론할 때 정기적으로 이 게시물을 참조할 수 있다. 또한 가정에 메시지를 알릴 때 사용한다.
- 쉬는 시간에 발생할 수 있는 일에 대처할 때 참고할 수 있도록 '오뚝이처럼 행복하세요'로 요약되는 10가지 대처 원칙을 게시해 놓는다. 교사와 교직원 등이 스스로 대처 기술을 개발하고 학생들에게 보다 긍정적 모델이 되는 데 도움이 되도록 한다.
- 매년 포스터의 새로운 비주얼을 만들어 '오뚝이처럼 행복하세요'의 10가지 대처 원칙이 '케케묵은 것'이 되지 않도록 한다. 학생들이 다른 글꼴과 그래픽을 사용하여 포스터를 만들도록 한다.
- 학교 신문(있는 경우)과 학교 웹사이트 또는 가정통신문에 '오뚝이처럼 행복하세요'의 10가지 대처 원칙을 사용하는 것을 고려한다.
- 고학년용 10가지 대처 원칙뿐만 아니라 저학년을 위한 다섯 가지 대처 원칙 혹은 '강한 스마트위너(WINNER!)'로 요약되는 대처 원칙 등을 수업 시간에 만들어 교실과 복도에 전시한다.
- 부모 및 보호자가 문구와 대응 메시지를 인지하도록 한다. '오뚝이처럼 행복하세요' 10가지 대처 원칙을 인쇄하여 가정에 제공하고 집에서 이 주제로 대화를 하도록 권장한다.
- 학교와 연계된 상담자, 사회복지사, 심리학자, 언어병리학자들이 Bounce Back! 프로그램을 알고 있는 것이 매우 중요하다.

4. '오뚝이처럼 행복하세요' 10가지 대처 원칙을 질문으로 사용하기

'오뚝이처럼 행복하세요' 10가지 대처 원칙을 사용하여 Bounce Back! 프로그램을 수업의 주요 내용과 지속적으로 연결한다. 이를 위한 질문은 책, 영화, 뉴스 항목, 전기, 역사적 사건 및 세계적인 이슈에 대한 논의와 매일 일어나는 아이들의 사건에 적용될 수 있다.

예를 들어, '화재가 난 집에서 아이를 구한' 사람에 대한 뉴스 기사에 대하여 얘기할 때, 10가지 대처 원칙을 이용한 질문을 사용할 수 있다. '누가 가장 용감한 사람인가? 어떻게 알 수 있는가? 무엇이 용감한 행동을 하도록 만들었는가?' 또한 당신이 알고 있는 이야기에 대해 수업에서 학생들과 논의할 때, 다음과 같은 질문을 사용할 수 있다. '긍정적인 생각을 한 인물은 누구일까? 인물이 여전히 희망을 가질 수 있었다는 증거는 무엇인가? 주인공은 목표를 달성하기 위해 어떤 계획을 세웠는가? 사건 속에서 어떤 문제들을 다루어야 했을까? 주인공은 어떤 방식으로 견뎠을까?'

5. '회복탄력성'에 관한 10가지 오해와 진실

'회복탄력성(resilience)'의 개념은 이제 대중적으로 인기를 얻게 되었다. 하지만 회복탄력성이 대중화되면서 그 개념이 지나치게 단순화될 위험에 놓였다. 다음에서는 '회복탄력성'이라는 용어에 관련된 몇 가지 오해와 진실을 간략히 설명한다. 다음의 진실은 회복탄력성에 대한 연구 문헌을 참고하였다. '회복탄력성'의 개념이 복잡하다는 것은 청소년이 회복탄력성을 획득하는 과정이 그만큼 복잡하다는 것을 보여 준다.

[오해 1] 아동·청소년의 문제를 예방하는 가장 좋은 방법은 문제를 유발하는 위험요소가 무엇인지 그리고 가장 위험한 성격의 아동·청소년은 누구인지에 초점을 맞추는 것이다.

진실: 높은 위험요인을 지닌 청소년 대부분은 생각만큼 불법 약물 남용과 같은 예상된 문제 행동을 하지 않는다. 청소년 삶의 위험요인과 발생되는 문제 사이에는 직접적인 인과관계가 없다. 또한 교사가 위험요인을 억제하거나 변경하는 것은 거의 불가능하다. 예방에 있어서는 초점을 바꾸어 접근하는 것이 더 효과적이다. 전체 아동에게 사회·정서적 기술을 가르치는 것으로, 이는 청소년이 삶의 위험요인에 보다 성공적으로 대처하도록 돕는다. 물론, 아동·청소년이 학대, 무시, 괴롭힘, 폭력과 가난을 겪지 않는 안전한 환경을 만드는 것도 매우 중요하다.

[오해 2] 아동·청소년은 자신의 부모, 가족 혹은 지역사회의 삶에서 나타나는 폭력, 가난, 실패의 굴레에서 결코 벗어날 수 없을 것이다.

진실: 회복탄력성의 기본 개념은 역경에 직면하여 '다시 오뚝이처럼 회복하는' 능력이다. 이 능력은 환경보다 기술을 습득했는지 여부와 관련이 있다. 어려운 환경에 대처하는 기술 혹은 어려운 환경을 변화시키는 기술을 습득했느냐의 여부가 중요하다. 모든 사람은 자신이 처한 환경을 긍정적으로 변화시킬 수 있고, 자신의 대처능력을 발전시킬 수 있다. 어려운 가정환경에 처해 있는 아동·청소년에게 삶의 복잡성에 대처할 수 있는 회복탄력성을 개발하도록 교육할 수 있다. 그렇기 때문에 학교, 또래, 그리고 관심을 가지는 선생님에게 회복탄력성을 전수할 수 있도록 연계하는 것은 중요하다. 혹은 다른 경로로 목표를 설정하고 성취하는 방법과 같은 기술을 배울 수 있다면 어려운 가정환경의 아동·청소년이 환경에 상관없이 목적과 미래에 대한 감각을 갖게 될 것이다. 그렇게 되면 고통스럽고 바꿀 수 없는 삶의 사건들로부터 거리를 두도록 보호받을 수 있다.

[오해 3] 회복탄력성은 타고난 특성이다. 가지고 있거나 없거나 둘 중 하나이다.

진실: 연구를 통해 개인에 따라 유전적으로 회복탄력성이 높거나 혹은 낮을 수 있다는 것이 확인되었다. 하지만 다른 수준의 회복탄력성을 갖고 태어났다고 하여 이후 회복탄력성이 '고정적'이라는 것을 의미하지는 않는다. 호주에서 진행된 연구(The Australian Temperament Project)[1]에 의하면 태어날

때부터 존재하는 몇 가지 특징들이 10대에도 여전히 존재하고 있다는 것이 증명되었다. 이러한 특성 중 일부는 다음과 같다.

- 쉽게 지루해함
- 새로운 상황에 쉽게 적응하지 못함
- 상황에 대한 강한 정서적 반응
- 진정하거나 편안해지기 힘듦
- 수줍어함

어떤 청소년은 어린 시절에 발생하지 않더라도 청소년기 이후에 발생할 수 있는 불안, 우울, 정신질환의 유전적 경향을 물려받기도 한다. 어떤 청소년은 보호요인을 발전시키기 어려운 인지적 그리고/또는 행동적 장애를 가지고 태어난다. 또 일부 아동은 발달시기에 조기 학대와 방치의 결과, 장기적 두뇌 손상으로 보호요인이 파괴되어 성인 시절 불안과 우울증에 걸릴 위험이 높다. 각각의 위험요인은 부모, 교사, 그리고 관심 있는 다른 사람들이 그러한 청소년을 지원하고 돌보려고 애쓸 때 도와주기 어렵게 만들기도 한다. 하지만 이런 성향과 장애에도 불구하고, 아동·청소년에게 보호요인이 투입되거나 회복탄력성의 기술과 태도를 배우면 회복탄력성이 증가된다. 회복탄력성은 고정된 특성이기보다는 발달되는 과정으로 보는 것이 맞다. 회복탄력성이 떨어지는 경향이 있는 청소년은 또래보다 Bounce Back!과 같은 프로그램이 더 필요하다.

[오해 4] 회복탄력성이 있는 사람은 모든 상황에서 탄력적인 행동을 보일 것이다.

진실: 사람들은 어떤 상황에서는 쉽게 회복탄력성을 발휘할 수 있지만 다른 상황에서는 그렇지 않다. 예를 들어, 학교에서는 비협조적이고 불친절한 학생이 사촌들과 놀 때는 그렇지 않을 수 있다. 학생을 가르칠 때는 높은 자신감을 보이는 선생님이 학부모 집단에게 말할 때는 자신감을 덜 보일 수도 있다. 이 두 가지 예시처럼 사람들은 사회적 상황에 따라 위협적으로 느끼는 상황이 다르다. 교사가 학부모에게 공개적으로 말하는 것은, 이런 기술을 연습할 기회가 적었기 때문에 학생에게 말하는 것보다 더 위협적일 수 있다. 사회적 배경, 환경, 상황이 변하면 우리의 회복탄력성도 변할 수 있다. 새로운 변화에는 더 많은 위협이나 새로운 상황이 포함될 수 있기 때문에 어떤 상황에서 습득한 기술이 다른 모든 상황에서 적용되는 것은 아니다. 회복탄력성은 개인의 대처 능력과 행복감뿐만 아니라 현재의 사회적 맥락에도 역동적으로 영향을 받는다.

[오해 5] 아동·청소년의 탄력적인 행동은 관찰하기 쉽다.

진실: 사회적, 정서적, 인지적 요소를 복합적으로 가지고 있는 다면적인 특성으로 회복탄력성은 쉽게 관찰하기 어렵다. 회복탄력성이 있어 보이고, 자신감도 있는 것 같고, 어떤 면에서는 자만심도 있어

보이는 아동·청소년이 스트레스나 위협 상황에서 매우 취약하고 잘못된 선택을 하는 모습은 종종 관찰된다. 반면, 어떤 아동·청소년은 연약해 보이고, 적응하지 못하는 것처럼 보이지만 높은 스트레스 상황에서 잘 대처하기도 한다.

[오해 6] 아동·청소년 관련 각 분야의 전문가는 회복탄력성이 무엇이고 어떻게 해야 회복탄력성이 가장 잘 발달되는지에 대해 같은 의견을 가지고 동의한다.

진실: 회복탄력성의 개념은 다양한 학문 분야에 따라서 또 같은 분야의 전문가 집단 안에서도 다양하게 해석되고 있다. 예를 들어, 지역사회복지 전문가들은 가족이나 구성원이 사회복지시설에 쉽게 접근할 수 있고 복지시설과 같은 보호요인을 향상시키는 것이 가족 전체의 회복탄력성을 키울 수 있다고 여길 것이다. 반면, 심리 및 상담 분야의 전문가들은 개인적인 대처 능력을 높이는 상담을 지원하는 방향으로 회복탄력성에 접근할 가능성이 가장 높다. 교사에게 주된 초점은 학교 관련 보호요인을 향상시키고, 전체 학급 수준에서 웰빙과 회복탄력성 향상을 위한 사회·정서적 대처 능력을 가르치는 것을 강조할 것이다. 같은 학교의 교사들 또한 특정 학생이 회복탄력성이 있는지 없는지에 대해 서로 다른 견해를 가질 수도 있다. 예를 들어, 한 교사로부터 행동화(acting-out)와 반항적인 행동에 대해 대처 기술이 없다고 판단된 학생이 또 다른 교사에게는 힘든 삶 속에서도 행동화와 삶에 대한 반항을 통해 회복 가능한 탄력성을 보이는 것으로 판단될 수 있다. 회복탄력성은 사회적인 구성요소가 포함된 개념이다. 회복탄력성을 위한 프로그램으로 계획하고 실행하기 위해서 환경적 보호요인과 개인적 대처 기술 그리고 지역사회의 특정 문화에 대한 전체적인 이해가 필요하다.

[오해 7] 아동·청소년에게 회복탄력성을 갖도록 돕기 전에 아동 상황의 모든 위험요인을 확인할 필요가 있다.

진실: 위험요인에만 집중하는 것은 청소년에게 해결책이라기보다는 부정적인 꼬리표를 붙이고 문제에만 집중하는 위험을 수반한다. 학대에서 살아남은 생존자는 다음과 말했다. "학대는 나라는 사람을 나타내는 것이 아니라 나에게 일어난 일을 일컫는 것이다." 이는 '생존자의 프라이드(survivor's pride)'를 잘 설명하는 것으로, Wolin과 Wolin[2]이 만든 이 용어는 고난의 압박을 견뎌 내면서 야기되는 당연한 성취감을 가리킨다. 생존자들은 그들의 투쟁을 인정받고, 불쌍히 여겨지지 않고 명예를 얻기 원한다. 희생양이 아니라 힘을 가진 사람으로 인식되고 싶어 한다. 문제에 초점을 맞추면 실패의 연결고리가 생길 수 있다. 실패의 연결고리는 무력감과 압도당하고 포기하는 경향의 악순환을 이끌어 낸다. 아동·청소년의 위험요인보다 그들의 강점에 대한 재능을 찾고 적응력, 힘, 지능, 통찰력, 창의력 및 강인함의 증거를 찾아 어려움을 극복할 수 있는 역량을 재정비하는 것이 더 생산적이다. 문제해결에 초점을 맞추면 긍정의 연결고리가 형성된다. 긍정적인 순환은 삶의 힘과 희망을 불러일으킬 수 있다.

[오해 8] 회복탄력성은 간단한 사회적, 교육적 개입을 통해 쉽게 개발할 수 있다. 사회적 기술 향상과 같은 한 가지 보호요인에 집중하면 학생들은 회복탄력성을 갖게 될 것이다.

진실: 회복탄력성은 다차원적이며 학생들의 사회적 배경과 각 개인의 개별적 대처 능력을 반영한다. 학생의 환경에서 변화가 뒷받침되지 않는다면 사회적 능력 향상과 같은 일련의 기술만을 가르치는 것으로 장기적인 효과를 기대하기 어렵다. 개인적인 요인뿐만 아니라 환경적 보호요인을 고려한 다차원적 접근방식이 1차원인 프로그램보다 웰빙과 회복탄력성을 개발하는 데 보다 도움이 된다. 프로그램이 일찍 시작될수록 학생의 회복탄력성을 보다 높일 수 있고 기술을 가르쳐 보다 삶이 번성하도록 도울 수 있다.

[오해 9] 회복탄력성은 모든 문제를 해결한다. 아동·청소년이 회복탄력성을 갖고 있다면 무슨 일에서든 살아남을 수 있다.

진실: 상처받지 않는 사람은 없다. 어느 누구도 인생의 교훈과 도전을 완전히 피해 갈 수는 없다. 우리 모두는 상처를 가지고 있고, 돌파구도 가지고 있다. 만약 삶의 위험요인이 증가하고 보호요인이 감소한다면 누구나 일시적으로 혹은 더 오랜 기간 동안 대처할 수 없는 상황에 처하게 된다. 회복탄력성은 아동의 삶에서 복합적인 보호요인과 위험요인이 상호작용하기 때문에 개발하기가 쉽지만은 않다.

[오해 10] 회복탄력성이 있는 아이는 모든 연령대에서 같은 종류의 대처 기술을 적용해도 된다.

진실: 회복탄력성은 발달 과정과 관련이 있다. 따라서 아이들은 성장하며 다른 종류의 스트레스 요인을 경험하고 서로 다른 대처 기술을 보여 준다. 아동은 발달 단계마다 직면하는 전형적인 스트레스가 다르다. 취학 전 아동의 전형적인 스트레스는 부모와의 분리가 될 수 있다. 초등학생의 경우 스포츠나 학교 공부 또는 또래의 놀림과 관련한 스트레스가 중요한 관심사가 된다. 청소년의 경우 학교에서의 성취나 용돈에 대한 것일 수 있다. 발달 단계에 따른 대표적인 스트레스 요인을 잘 이해하는 것은 실제적인 도움이 된다. 회복탄력성 프로그램은 학생의 연령, 인지, 사회, 정서 그리고 신체 발달 단계에 적합하게 맞춰져야 한다.

6. 전문가에게 의뢰가 필요한 학생을 선별하는 지표

교사는 학생의 정신건강에 '응급 처치 요원'으로서 종종 학생의 정서적 또는 사회적 웰빙에 대해 염려하는 역할을 하지만 그들을 돕는 데는 전문성의 한계를 느낀다. 그런 상황에서는 전문가의 도움을 요청하는 것이 최선이다. 다음은 전문적 도움이 필요한 학생을 판별하는 몇 가지 지표이다.

- 자신이 쉽게 접근하고 대화할 수 있는 사람이 아무도 없는 학생
- 아주 어린 아이들에게도 우울한 기분이 지속되는 패턴이 나타나는 경우
- 사회적, 정서적 위축의 지속되는 패턴이 나타나는 경우, 특히 학생이 이전에는 더 사교적이고 외향적이었던 경우 더욱 그러하다.
- 오랫동안 괴롭힘을 당하거나 사회적으로 거부당한 학생
- 사회적 상호작용에 대한 이해가 매우 제한적인 것으로 보이며, 다른 학생들과 유대 관계를 형성하는 데 어려움을 겪는 학생. 이는 자폐스펙트럼장애(Autism Spectrum Disorder)의 징후일 수 있으며 전문가의 지원이 필요할 수 있다.
- 분노가 폭발하거나 뚜렷한 충동 통제 문제로 어려움을 겪는 학생
- 학교를 무단결석하는 경우가 있다(예: 피로, 몸이 좋지 않음). 이것은 종종 불안과 우울함의 징후이다(그리고 때로는 괴롭힘을 당하기도 한다).
- 보건실을 자주 방문하는 경우(항상 그렇지는 않지만) 극적인 방식으로 또는 동요된 감정 상태로 방문하는 경우가 있는데, 이것은 일반적인 불안, 강박 신경증 또는 우울증의 초기 지표일 수 있다.
- 자살에 대해 말한다. 누가 자살을 시도할지에 대해서는 명확한 패턴이 있는 것은 아니다. 자살을 말하는 사람 중에 시도한 사람도 있고, 하지 않는 사람도 있다. 그렇기 때문에 항상 진지하게 받아들여야 한다.
- 이유 없이 이전 패턴과 다른 뚜렷한 변화가 보이는 경우(예: 더 이상 숙제를 제출하지 않고, 더 이상 친구들과 사귀지 않으며, 스포츠 활동을 중단하기도 함)

참고문헌

1. Vassallo, S. & Sanson, A. (eds), 2013, *The Australian Temperament Project: The first 30 years*, Australian Institute of Family Studies, Melbourne.

2. Wolin, S. & Wolin, S.J. 2010, 'Shaping a Brighter Future by Uncovering "Survivor's Pride"', accessed 2/2/10, www.projectresilience.com/article19.htm

제6장 Bounce Back!의 실행과 유지

이 장에서는 다음과 같은 주제를 다룬다.

- Bounce Back!의 성공적인 실행 및 유지 관리를 위한 지침
- 실행의 5단계: 의사결정 단계, 계획 및 준비, 실행, 유지 및 프로그램 개선
- 학생들의 웰빙과 회복탄력성의 현재 상태 및 향상된 수준을 측정하기 위한 Bounce Back! 평가 및 평가도구
- 조직의 변화를 위한 강점 기반 접근인 강점 탐구(Appreciative Inquiry)를 통해 Bounce Back!에 활력을 불어넣기 위한 지침
- 관계에서 도전을 받고 있는 교사와 부모를 위한 조언

 도입

Bounce Back! 프로그램은 단위학교의 요구와 특성에 맞춰 다양한 방법으로 시행될 수 있다. 학생 웰빙에 초점을 맞춘다는 것은 학교 기획운영회가 전체 학교 공동체를 연결하고 학생 웰빙을 가르치는 모든 교사의 의지를 발전시키는 긍정적인 학교 및 교실 관행을 조정할 수 있다는 것을 의미한다. 또한 학교 기획운영회가 학생들에게 웰빙 프로그램을 가르치는 교사의 노력을 촉진시키고, 학교 공동체를 연결하는 긍정적인 학교와 교실 분위기를 형성할 수 있다는 것을 의미한다.

Noble과 McGrath는 Bounce Back! 프로그램을 5~12년 동안 시행해 온 10개 학교와 함께 연구를 수행했다. 그 결과, 모든 학교 기획운영회는 학생들의 웰빙을 학교 우선 과제로 인정했다.[1] 학생 웰빙에 강조점을 둔 기획운영회가 주체가 되어 괴롭힘 방지 계획, 정신건강 계획, 사회 기술 훈련, 또래/친구 지지 프로그램을 진행하였다. 또한 학교차원 긍정적 행동 지원(Schoolwide Positive Behavior Support: SWPBS) 또는 학습을 위한 긍정행동(Positive Behavior for Learning: PBL) 및 회복적 실천과 같은 긍정적 행동 관리 전략을 실천하였다. 그리고 이를 다양한 학교 계획과 통합하여 단일화하고, 다양한 학교 계획과 활동에 일관성을 부여하였다.

훈육 문제, 괴롭힘, 그리고 소극적 참여로 고심하는 많은 학교의 현시점을 고려하면, 학생 웰빙을 학교 공동체의 우선 과제로 '받아들일' 가능성은 높다. 학생 웰빙은 긍정교육과 사회정서학습 운동의 핵심이다. 학교가 학생 웰빙에 대해 초점을 두면 학교 공동체 전체가 학생 웰빙 증진의 중요성을 보다 명확하게 이해할 수 있다.[2]

1. Bounce Back!의 실행

1) 실행 요인

Bounce Back! 프로그램을 성공적으로 시행한 10개 학교를 대상으로 한 연구에서 프로그램 실행에 중요한 프로그램의 특이요소, 학교 시스템 요소, 학교 기반 요소를 확인하였다.

프로그램의 성공적이고 지속적인 구현에 기여하는 것으로 가장 자주 언급되는 학교 기반 요소는 다음과 같다.

- 학생의 웰빙과 사회정서학습을 학교에서 최우선 과제로 삼으며, 이러한 것이 학습을 이루는 밑바탕이 된다는 인식
- 프로그램에 대한 운영위원회의 높은 수준의 지지 및 지원
- 학생의 학습과 웰빙은 밀접한 관련을 맺고 있으며, 학교의 모든 측면이 학생의 건강과 웰빙에 영향을 끼칠 수 있다는 것을 인식하는 전 학교 접근을 채택
- 아동 · 청소년이 성장하는 데 있어 17년의 기간 중 많은 시간을 학교에서 보낸다는 것을 감안할 때, 학교는 학생의 학업적 성장뿐 아니라 사회 · 정서적 성장에 있어서도 중요한 기관이다. 학교라는 공간 안에서 친구를 만들고 건강한 관계도 발전시키기 때문이다. 따라서 학교 전체가 Bounce Back!을 실행한다는 것은 다음을 의미한다.
  - 프로그램을 명확하게 가르침과 동시에 학교 전반에 걸쳐 주요 개념을 구체적으로 실현함[예: 교실과 학교 규준 · 학교의 가치 · 행동 관리에 대한 학교의 접근 방식을 명확하게 설정하고 또래 프로그램(buddy program)과 같은 학생 조직을 통해 주요 개념을 실현하기]
  - 프로그램은 일 년 내내 진행
  - 전문 지식을 쌓기 위한 교사들의 학습 기회 제공
  - 교사는 프로그램의 롤모델로 행동
  - 가정은 학생의 사회정서학습의 성장을 위한 동반자 역할을 함
  - 적절한 경우, 프로그램의 내용은 다양한 교육과정과 통합
- 가정에서 프로그램에 대해 잘 알고 있도록 하며, 자녀의 사회정서학습에 더 큰 향상이 있도록 하는 방법을 안내(Bounce Back! 가정을 위한 정보 참조)
- 교직원이 관련 전문 교육을 받을 수 있는 기회 제공
- 프로그램을 가르치기 위해서 매주 지정된 시간 이상 할당
- 프로그램 실행을 촉진하도록 돕는 주요 교직원을 지원하고 운영기간 동안 일관되게 실행할 수 있도록 돕기

- 학교 가치, 행동 관리 전략, 학교의 향상 계획과 같은 학교의 다른 구성요소와 프로그램을 연결

프로그램의 성공적이고 지속적인 실행에 기여하는 것으로 가장 자주 언급되는 학교 시스템 요소(school-system factors)는 다음과 같다.

- 교육 정책 지침, 기본 권장 사항 및 중요한 연구 결과와 일치하는 프로그램
- 학생의 웰빙과 사회정서학습을 학교 체제의 최우선 과제로 여기는 학교 시스템

프로그램의 성공적, 지속적인 실행에 기여하는 것으로 가장 자주 언급되는 프로그램의 특이요소(program-specific factors)는 다음과 같다.

- 사용하기 쉽고, 가르치기 쉬우며, 유연하고 쉽게 응용할 수 있는 프로그램
- 투입된 시간과 노력의 관점에서 보았을 때 효율적인 프로그램
- 프로그램을 가르치는 데 있어 자신감을 느끼며, 가르치는 것을 즐기고, 가르치는 것이 중요하다는 교사의 믿음
- 확인 가능한 학생들의 수준 높은 성공적인 결과물
- 다면적 접근 방식을 통해 다양한 교육과정 영역과 탐구 단원을 연결(보건건강과 체육, 영어, 수학, 과학, 인문학 그리고 사회과학, 일반 역량 등)
- 학생의 동기유발이 가능한 보충자료(책, 시, 노래, 영화)와 추후 문학 및 언어 활동을 문학 교육과정의 한 측면으로 통합
- 의도한 결과물을 달성 가능하게 하는 프로그램의 구조 및 주요 메시지의 일관성

표 6-1 Bounce Back!의 양질의 실현을 위한 5단계

1. Bounce Back! 실행 결정

- 학교는 '사회정서학습(SEL)' 실행 준비가 되었는가? 교직원은 SEL에 대한 적절한 지식을 가지고 있는가? 그것이 왜 중요한가?
- 학생의 웰빙과 회복력을 향상시키는 것이 우리 학교의 최우선 과제인가?
- Bounce Back!이 우리 학교의 비전과 가치에 적합한가?
- 프로그램이 교사가 가르치는 방식(예: 아동문학 사용 및 관계 만들기를 가르치는 전략)에 적합한가? 교사들은 이 프로그램을 가르치는 것에 대해 어떻게 느끼는가?
- 학교 운영위원회는 Bounce Back!의 실행을 지원하는가?

2. 실행 계획 및 준비

- 교직원은 적절한 전문 연수가 필요할 때 손쉽게 도움을 받을 수 있는가?
- 'Bounce Back! 팀'(또는 보조요원)을 만드는 것이 가능한가? 그들의 책임은 무엇인가?
- 'Bounce Back! 팀'은 교사들이 프로그램을 구현하는 데 도움을 줄 자원 준비를 어떻게 할 것인가?
- 학교 운영위원(및/또는 'Bounce Back! 진행팀') 중 한두 명이 교육과정 발표회를 조정할 수 있는가?

3. 실행

- 프로그램의 적정한 진행과 시간 운영이 잘 이뤄지는지 어떻게 모니터링할 수 있는가?
  (예를 들어, Bounce Back! 수업을 참관하기와 교사들의 프로그램을 확인하기)
- 유용한 피드백과 지원을 어떻게 교사들에게 정기적으로 제공할 수 있는가? 어떻게 장애물을 파악하고 대처할 수 있는가?
- 어떻게 교직원이 Bounce Back! 사용과 지도, 관련 기술과 지식 및 방법을 공유하도록 권장받고 있는가?
- 프로그램에 대한 시간 약속과 교직원의 합리적 수준의 성실을 어떻게 보장할 수 있는가?
- Bounce Back! 교육을 받을 수 있도록, 시간을 어떻게 일관되게 배정하는가? 예를 들어, 학교의 모든 학년에게(혹은 각 학년별) 동시에 Bounce Back! 수업을 실행할 것인가?
- 사전 및 실행 진행 중, 경과를 평가하기 위해 어떤 평가도구를 사용할 것인가?

4. 프로그램 유지

- 프로그램의 초기 및 지속적인 영향을 언제, 어떻게 평가할 수 있을까?
- 가정의 지원 및 협업을 유지하기 위해 가정이 프로그램에 관해 잘 알 수 있도록 어떻게 할 수 있는가?
- 교직원의 열정과 노력을 유지하기 위해 프로그램에 활력을 넣고자 할 때 'Bounce Back! 팀'은 어떻게 도울 수 있는가?
- 주요 교사의 전출 및 신규 교사의 전입에 대비해 교육과정 기획팀이나 'Bounce Back! 팀'은 어떤 계획이 있는가? 예를 들어, 신규 직원이나 혹은 주요 교사를 위해 안내 매뉴얼을 개발할 것인가?

5. 프로그램 개선

- 잘 실행되고 있는 부분과 향상될 수 있는 부분을 어떻게 확인할 것인가? 확인의 간격은 어떻게 할 것인가?
- 아이디어와 자원을 탐구하고 공유하기 위해 프로그램을 시행하고 있는 다른 학교들을 어떻게 하면 방문할 수 있는가?
- 프로그램 실행에 가치를 더하는 전문적 연수 및 자료는 무엇인가?

출처: Durlak, J.A, et al. (2015);[3] Noble, T. & McGrath, H. (2017).[1]

2) Bounce Back!의 양질의 실현을 위한 5단계

5단계(〈표 6-1〉 참조)는 학교 운영위원회 및 학생 웰빙 팀이 학교의 Bounce Back! 준비를 평가할 수 있는 기본 틀을 제공한다. 학교운영위원회는 증거-기반된 단계(5단계)를 프로그램의 성공적인 실행 및 지속가능성을 촉진하기 위해 제공한다. 수년간 학교에서 받은 피드백과 추가 시행 연구를 바탕으로 진행한다.[3]

3) 실행 팁

5~12년 동안 Bounce Back!을 시행했던 10개 학교의 웰빙 책임자가 공유하는 핵심 메시지는 교직원이 프로그램을 가르치는 것이 가능한 쉽도록 프로그램을 만들라는 것이었다.[1] 프로그램을 시행하기 위해 교

직원을 지원하는 방법은 다음과 같다.

(1) 매주 교육과정 시간을 할애하라

많은 학교가 매주 Bounce Back! 시간을 가지고 있다(보통 45분에서 한 시간). 이 시간 동안 몇몇 학교는 모든 학년에서 유사한 프로그램 주제를 다룬다. 예를 들어, 모든 선생님은 6단원: 정서에 중점을 두고, 분노 관리와 같은 유사한 주제를 다룬다. 다른 학교에서는 각 선생님이 자신의 Bounce Back! 수업을 위해 그에 맞는 주제를 선택한다.

(2) 단원을 범위와 순서 차트로 만들기

이상적인 경우는 Bounce Back!의 각 단원에 있는 핵심 포인트를 매년 모든 수업에서 다루는 것이다. 이를 통해 핵심 메시지가 매시간 반복된다. 또한 단·장기적인 관점에서 학생들이 회복탄력적으로 생각하고 행동하도록 하며 학생의 웰빙을 증가시킬 가능성을 더 크게 만드는 것을 보장한다. 그러나 학교는 매우 바쁜 곳이고 이것이 항상 실현 가능한 것은 아니다. 일부 학교는 1년 동안에 절반만 가르치고, 나머지는 다음 해에 가르치기 위해 구성 단위를 교체하기도 한다. 같은 수준에서 작업하는 모든 선생님은 각 학년에서 단원을 뛰어넘어 사용할 책과 활동을 협력적으로 계획하는 것이 매우 중요하다. 이는 학생들이 2~3년 동안 연속으로 같은 내용을 공부하는 시간 낭비를 줄여 준다.

(3) 다양한 교육과정 영역과 Bounce Back!의 통합

학기별 학교의 가르칠 범위와 순서 차트는 각각의 주제에서 다루는 주요 학습 영역을 개괄한다. 이는 교사들이 프로그램에 대한 결과물을 구성하고 교육과정이 프로그램과 관련되는 것을 알아보기 쉽게 만든다. Bounce Back! 단원의 활동에는 영어, 건강 및 체육, 인적 개발, 인문학과 사회과학, 예술, 수학, 과학, 기술, 종교교육 교과가 포함될 수 있다. Bounce Back! 수업은 다른 교육과정과 연계될 수 있다. 예를 들면 다음과 같다.

- 시작을 동화책으로 할 수 있다. Bob Graham의 책 〈강아지 사주세요!라고 케이트는 말했어요(Let's Get a Pup! Said Kate)〉의 책을 예로 들 수 있다. (문학 과목)
- 그런 다음 서클 타임 활동을 후속으로 가지며 연민의 핵심 가치에 대한 논의를 진행할 수 있다. [건강 및 체육(관계), 인적 개발/종교 과목]
- 학생들은 강아지를 어떻게 돌봐야 하는지에 대한 간단한 보고서를 준비하거나(국어, 과학 과목) 시나리오에 대한 역할극(예술)을 할 수 있다.
- 읽고 쓰는 활동에서는 책에 있는 단어로 가로·세로 퍼즐을 개발할 수 있다. (국어 과목)
- 동물 학대방지 협회(RSPCA) 또는 이와 유사한 단체에서 진행 중인 소규모 그룹 협동 프로젝트가 장기적인 후속 작업이 될 수 있다. (국어, 인문사회과학, 기술 과목)

• 종교교육이 있는 학교에서는 선한 사마리아인의 이야기를 참조할 수 있다.

(4) 책 선택의 기준이 되는 Bounce Back! 주제

읽고 쓰는 능력을 가르치기 위한 최고의 책 중에는 용기, 역경, 관계, 갈등 그리고 감정과 같은 Bounce Back! 주제들을 포함한 책이 있다. 각 교육과정 단원의 시작 부분에는 프로그램에서 권장하는 자료 목록(책, 영화/동영상, 시, 노래 및 웹사이트)이 제공된다.

(5) 모든 학생에게 Bounce Back! 워크북 또는 저널 제공

활동에 대한 답을 기록하고, Bounce Back! 이야기를 쓰며, 약어 관련 인쇄물을 보관하고, 수업 활동에 대한 자기 반성을 기록하는 것은 좋은 아이디어이다.

(6) 학교 및 지역사회 기반 프로젝트 고려

또래 프로그램, 뮤지컬 또는 연극 공연, 기금 모금 행사, 그리고 모든 학생이 재능을 선보이는 '탤런트 축제'와 같은 전 학교 활동을 통한 학교 참여를 촉진하는 것이 중요하다. 지역사회 봉사는 여러 가지 이점을 가지고 있다. 학생들이 자신의 학교를 자랑스러워하고 사회적 정의와 책임감을 개발할 수 있는 기회를 준다. 또한 일부 학업성취도가 낮은 학생에게는 그들의 탁월한 장점을 보일 수 있는 기회를 제공하고, 모든 학생이 더 큰 공동체에 연결될 수 있다. 이를 위해 교직원은 다음을 고려할 수 있다.

• 노령 인구를 위한 공동체 프로젝트(예: 공연, 방문 또는 읽어 주기 봉사)
• 지역 유치원과 협력
• 학교 전체 학생의 웰빙 캠페인

(7) 공유 및 협업 분위기 조성을 위해 교직원을 고무하기

직원 회의 개최

직원 회의는 교직원이 프로그램을 지원하는 새로운 문학 및 비디오 클립, 영화, 노래 및 시의 시사의 장을 제공한다. 교직원 회의에서 새로운 아이디어와 팁을 공유하고 특정 주제를 어떻게 가르쳤는지 설명하도록 한다. 또한 직원들의 구현 진행 상황을 공유한다. 교사끼리 전략을 공유하는 것은 모든 주제에 대한 직원들의 토론을 촉진할 뿐 아니라 전략에 대한 모델링과 실천의 가능성을 높인다(교육전략 및 자료 참조). 학교 상담가, 사회복지사, 심리학자, 언어병리학자들이 Bounce Back! 프로그램을 인지하는 것도 매우 중요하다.

용어집 사용

모든 교직원(및 학생)이 용어 사용에 통일성을 갖게 하기 위해서 Bounce Back! 용어집을 개발한다. 예를 들어, 용기, 회복탄력성, 낙관, 존중, 충성, 가치 및/또는 강점이 무엇을 의미하는지 정의하는 것이다.

자료의 구성 및 공유

컴퓨터 폴더를 만들거나 스티커를 사용하여 범위 및 차시에 따라 연도별로 서로 다른 Bounce Back! 자료에 라벨을 붙여 사용한다. 각 학기별로 자료를 교무실이나 도서실에 마련한 보관함 또는 컴퓨터나 인터넷 폴더에 저장한다. 또한 집에서 읽는 책을 포함하여 읽기 프로그램에 적절한 책들을 파악해 놓는다.

협력팀 계획을 위한 협상 시간

혁신을 위한 시간을 갖는 것은 학교가 지속해야 할 과제이다. 교실 친화적인 활동으로 탈바꿈하고 새로운 아이디어가 커리큘럼 결과와 일치하는지 확인하는 데에는 상당한 시간이 걸린다. 이는 대다수 교사가 쉽게 확보할 수 있는 시간은 아니다. 문제해결에 대해 함께 고민하게 되면 새로운 프로그래밍에 대한 시간 제공 문제를 해결하는 것에 도움이 될 수 있다.

(8) 프로그램 진행이 잘 보이도록 하는 시각적 노력

학교에 Bounce Back! 포스터와 메시지를 전시한다. 학교 웹사이트와 소식지는 중요한 홍보 도구가 될 수 있다. 이는 학교 공동체가 Bounce Back!의 구현에 대해 잘 알 수 있게 한다. 또한 학생이 학교의 좋은 것들을 홍보하기 위한 아이디어에 참여할 수 있게 한다. Bounce Back! 테마를 주제로 정기 발표모임을 가진다. 대부분의 가족은 자녀가 모임에서 발표하는 모습을 보고 싶어 한다. 모든 학년 수준에서 학교 전체가 용기와 같은 동일한 주제에 대해 노래, 촌극, 역할극 또는 시와 같이 짧으면서도 발달적으로 적절한 아이템을 제공하도록 한다.

(9) 가정과 연계한 Bounce Back! 강화

가정에서의 사용을 위한 자료 목록을 준비하고, 핵심 메시지를 강화하는 영화나 비디오 클립 혹은 지역 도서관이나 학교에서 빌릴 수 있는 책들을 추천한다. 학생이 프로그램의 주요 메시지에 대해 가족과 이야기하도록 가정용 과제를 보낸다.

(10) 안내 매뉴얼 및 멘토링 개발

신규 교직원을 위한 안내 매뉴얼을 개발한다. 매뉴얼에는 프로그램에 대한 학교 비전 및 프로그램(예: 범위와 순서 차트)의 실행에 대한 지침이 포함된다. 또한 신규 교사의 질문에 답변을 해 주고 도움을 줄 수 있는 교사, 자신의 수업 참관을 허용하는 교사의 목록도 기재한다. 이 매뉴얼을 통해 학기 중에 신규 교직원이 프로그램을 가르치거나 계획할 때 지침을 얻을 수 있도록 정리한다. 마지막으로, 교사끼리 서로의

Bounce Back! 수업을 관찰하고 피드백을 주는 동료 간 코칭도 권장한다.

(11) 다른 Bounce Back! 학교들과의 네트워크

이 프로그램을 사용하는 다른 학교들과 네트워크를 구축하거나 다른 Bounce Back! 학교를 방문하여 프로그램이 시행되는 모습을 확인할 수 있는 기회를 만든다. 이것은 멘토링 기회를 만드는 계기가 될 수 있다.

2. Bounce Back!의 평가

1) 형성 평가

Bounce Back! 수업에서는 평가를 동시에 진행한다. 평가란 내일의 학습을 보다 효과적으로 바꿔 주기 위해 오늘의 활동을 점검하는 것이다. 평가는 특정 사회적, 정서적 학습 능력, 강점과 흥미 그리고 학습 접근법에 대해 학생들이 어느 정도 준비되어 있는지, 준비 상태에 대한 일일 데이터를 제공한다. 어떤 학생들은 배운 것을 Bounce Back! 저널에 쓰는 것을 선호할 수 있고, 어떤 학생들은 역할극이나 노래를 통해 발표하는 것을 선호할 수도 있다. 평가는 학생들이 무엇을 배웠는지(혹은 배우지 않았는지) 확인하기 위해 단원이 끝났을 때만 시행하는 것이 아니라 중간에 형성 평가(formative assessment)를 실시한다. 이는 서클 타임 토론, 과제에 대한 모둠의 다양한 반응, 교사-학생 인터뷰, Bounce Back! 저널 출품, 우체통 활동 조사와 같은 학생 설문을 통해 진행되기도 한다. 사회정서적 능력을 학생이 발휘하는지에 대한 교사 관찰 등 다양한 방식을 통해 도출될 것이다. 중요한 목표는 학생이 자신의 사회적, 정서적 학습 능력에 대한 자기인식과 자기관리를 증진하고, 반 친구들과 긍정적인 관계를 발전시키며, 의사결정에 대한 책임을 기르도록 하는 데 있다. 효과적인 의사결정은 학생에게 명확한 목표가 주어지고 이와 관련해 지속적으로 자신의 과제를 분석하도록 장려할 때 가능해진다.

2) 총괄 평가

교사는 학생의 Bounce Back! 학습 수준을 확인하고자 할 때(예: 단원 말미), 학생 성장을 공식적으로 기록하기 위해 총괄 평가(summative assessment)를 사용할 수 있다. 학생들의 기술과 이해를 측정할 수 있는 웰빙과 회복탄력성을 측정하는 도구를 참조한다. Bounce Back!에서의 평가는 학생들의 실수를 분류하는 것이 아니다. 학생들이 알고, 이해하고, 할 수 있는 것을 제시함과 동시에 적용에도 도움을 주는 것이 더 많다.

3) 웰빙과 회복탄력성 측정을 위한 평가도구

학생의 웰빙과 회복력을 측정하기 위한 Bounce Back! 평가도구는 프로그램을 시행한 후 학생들의 개선 정도를 평가하기 위해 다양한 방법과 선택권을 제공한다. 대부분의 도구는 프로그램 실행 전과 진행 중에 학생의 웰빙과 회복성의 변화를 기록하기 위해 사용될 수 있다.

(1) 담임선생님용

회복탄력성 행동 척도(Resilient Behaviour Scale 1~6학년): 이 평가도구는 교사가 각 Bounce Back! 단원의 핵심 개념에 연결된 학생 개인의 웰빙과 회복탄력성에 대한 수준을 확인할 때 사용될 수 있다(140페이지 참조).

수업 평가 검사지(Class Assessment Inventory 1~6학년): 이 평가도구는 Bounce Back! 단원에서 배운 내용에 대해 형성 평가 또는 총괄 평가 시 사용할 수 있다. 형성 평가를 통해 학생들이 잘 이해하고 있는 개념은 무엇인지와 각 단원의 마지막에 재검토하고 다시 가르칠 필요가 있는 개념은 무엇인지에 대해 교사에게 피드백을 제공할 수 있다. 반면, 총괄 평가는 학생들이 성공적으로 학습한 내용을 파악하는 데 도움을 준다(143페이지 참조).

교사용 교실 유대감 검사지(Teacher's Observations of Classroom Connectedness: TOCC): 이 평가도구는 교실 유대감 수준에 대한 교사의 인식을 측정한다. 교실의 정서적, 사회적 분위기에 대한 선생님의 관찰과 인식을 평가한다. 다음을 확인하는 데 사용될 수 있다(146페이지 참조).

- 사회적 분위기와 교실 유대감 수준에 대한 교사 관찰
- 교실에 대한 학생의 인식과 선생님의 인식 간 불일치 정도

교사용 교실 회복탄력성 검사지(Teacher Assessment of Resilience Factors In their Classroom: TARFIC): 이 평가도구는 교사가 현재 학급 운영으로 인해 학생의 웰빙과 회복탄력성이 어느 정도 길러졌는지를 측정한다. 여기에는 다음과 같은 아홉 가지 범주가 포함된다(148페이지 참조).

- 안전한 교실 환경 조성
- 자기존중과 자신감 구축
- 학생 지지
- 교육 계획 설계, 목표 설정 및 문제해결 기술을 가르치는 것
- 낙관적이고 도움이 되는 사고 개발
- 친사회적 교실 문화 조성

- 협력 장려
- 관계 구축
- 갈등 관리 기술의 지도

TARFIC는 다음과 같은 목적으로 교사가 활용할 수 있다.

- 학생의 웰빙과 회복탄력성 증진에 있어서 개선이 필요한 분야를 파악하기 위해 학급운영, 조직 및 관리를 파악
- 마지막 단계에서 교사가 이루어 낸 변화된 학급의 수준을 평가
- 학생의 회복탄력성에 기여하는 교실 보호 요소에 대한 상기
- 전체 교직원 차원에서 잘 운영되고 있는 분야 및 개선될 필요가 있는 분야 파악

전체 교직원의 결과물을 총합하면 프로그램 개발이나 전문성의 성장과 관련하여 학교의 필요를 확인하는 데 사용할 수 있다.

(2) 학생용(3~6학년)

보호 환경 과정 척도(Protective Environmental Processes Scale: PEPS): 이 평가도구는 학생을 둘러싼 보호적이며 환경적인 조치와 자원에 대한 학생들의 자기보고이다. 3~4학년용 및 5~6학년용으로 되어 있다. 이 도구는 교사가 학생들의 회복탄력성을 개발할 때 보호적 외부 조치와 자원이 취약한 학생을 확인하는 데 도움을 줄 수 있다. 대부분의 학생보다 적은 외부 자원을 가진 학생에게 학교는 다음을 고려한다(154페이지 참조).

- 반드시 교사가 아니더라도 돌봄이 가능한 어른 한 명과의 관계 설정
- 학교 유대감을 갖도록 하는 다양한 방식의 지원
- 교사에게 유대감을 느끼지 못하는 학생 확인-교사 행동 조치로 해결

보호적 회복탄력성 태도 및 기술 평가(Protective Resilient Attitudes and Skills Evaluation: PRASE): 이 평가도구는 학생이 얼마나 회복탄력적으로 생각하고 행동하는지에 대한 자기보고이다. 항목은 BOUNCE BACK! 머리글자 10개 각각의 진술과 관련된다. PRASE 척도는 다음과 같은 경우에 도움이 된다(157페이지 참조).

- 학생 개인의 회복탄력성 성장을 저해하는 비회복탄력적인 사고를 확인할 때: 학생의 회복탄력적인 사고를 개발할 수 있는 상호작용의 기회 제공
- 학급 전체에 비교적 흔한 비회복탄력적인 사고를 확인할 때: 이는 Bounce Back! 머리글자에 있는 특

정한 대처 전략을 검토하고 강화하는 데 특별한 주의를 기울일 수 있도록 돕는다.
- Bounce Back!을 통해 배운 전략과 태도에 대한 학습의 진행을 확인(사후 검사)

교실 유대감에 대한 학생 인식(Students' Perceptions of Classroom Connectedness: SPOCC): 이 도구는 학급의 교실 유대감 수준에 대한 학생의 인식을 파악한다. 이는 교사용을 각색한 것으로 학생들이 느끼는 교실의 사회정서적 분위기와 소속감에 대한 인식을 평가한다. 다음을 위해 사용할 수 있다(160페이지 참조).

- 소속감을 느끼지 못하거나 급우 및/또는 선생님과 연결되어 있지 않다고 느끼는 학생 혹은 교실에서 안전감을 느끼지 못하는 학생의 식별
- 모든 학생의 응답 빈도를 분석하여 사회정서적인 학급 분위기(풍토)에 대한 학급 전체의 인식 평가
- 학생들이 우려하거나 실망하게 되는 부분을 파악하고 문제해결
- 수정된 학급 경영에 대한 확인(학급 분위기와 교실 유대감에 있어 향상이 있는 경우, 개별 학생과 학급 전체의 긍정적인 인식 변화를 살펴보기 위해)

3. 변화 정도 평가

1) 개별 학생의 회복탄력적인 행동 변화

학교 환경에서 학생의 웰빙과 회복탄력성의 증가를 직접적으로 관찰하는 것은 어려울 수 있다. 학생이 사회 및 개인 기술을 배우는 과정 중에 있을 때는 이에 대한 효과가 휴면 상태와 같은 '잠자는' 현상이 발생한다. 많은 학생이 새로운 대처 능력과 태도를 습득하고 있지만 다음과 같이 될 때까지 종종 '휴면기'에 놓일 수 있다.

- 더 성숙할 때까지
- 기술이나 기술 사용에 대한 자신감이 생길 때까지
- 긴급하게 사용을 요구하는 상황에 처하게 될 때까지

그럼에도 다음과 같은 개별 학생의 회복력을 볼 수 있는 지표들이 있다.

- 학생 토론이나 다른 상황에서 Bounce Back! 머리글자 10가지 대처 원칙을 사용하는 횟수가 늘어나는 경우
- 당황하거나 실수를 하거나 우정을 잃는 등 도전적인 상황에서 보다 효과적인 대처 행동 사용

- 더 나은 학습 성과 달성
- 개선된 교우 관계 및 수준 높은 사회적 수용
- 3~6학년의 경우, 추후평가에서 PRASE 척도의 전반적인 점수에서 더 높은 점수를 받음(또는 개별 질문에 대한 더 높은 점수)
- 3~6학년의 경우, 학생이 인식하는 교실 유대감을 나타내는 지표인 SPOCC에서 더 높은 점수를 받음

2) 더 큰 그림의 변화

일부 평가도구는 학교에서 일어나고 있는 변화의 큰 그림을 평가하는 데 사용될 수 있다. 개선 사항을 문서화하는 것은 Bounce Back! 프로그램의 지속을 정당화하고 프로그램을 계속 유지할 수 있게 하는 '긍정적 피드백의 고리'를 제공한다. 이 프로그램이 학교 전체 학생들의 웰빙과 회복탄력성, 학생들의 행동에 긍정적인 영향을 주고 있다고 여겨질 수 있는 지표는 다음과 같다.

3~6학년
- SPOCC 점수 향상
- SPOCC의 특정 항목에 대한 점수 향상
- PRASE 점수 향상
- PRASE 특정 영역에 대한 점수 향상

한 학급, 특정 학년 또는 학교 전체에서 이러한 향상이 감지될 수 있다.

전 학년
- 학급에서 학생들 사이의 협력, 친절, 그리고 서로에 대한 지지의 증가가 관찰됨, 개별 학생 또는 전체 학생의 긍정적 기분 증가, 학급과 운동장에서 학급 친구와의 긍정적인 관계 증가, Bounce Back! 대처 원칙이 반영된 말이나 행동의 증가
- 학생 결석 수 감소
- 교직원이 병가를 내는 일수 감소
- 운동장에서 발생하는 분쟁 및 비행률 감소
- 학생들의 비행에 대한 조치 비율 감소
- 정학 처분 비율 감소
- 집단 괴롭힘 사건 수 감소
- 불명확한 이유로 학교를 옮기는 학생 수 감소
- 학교에 대한 가족 참여 증가

• 가정에서 학생 행동에 대한 긍정적인 피드백
• 학생의 집중력 향상으로 인한 학습 성과

4. Bounce Back!을 업데이트하기 위한 강점 탐구

강점 탐구(Appreciative Inquiry: AI)는 조직적 변화와 개발에 대한 협력적이고 강점을 기반으로 한 접근법이다.[4] AI는 공동체와 모든 단체가 가장 활기차고, 효과적이며, 성공적이고, 건전한 방법으로 연결될 때 단체에 생명을 주는 요소를 가지고 있다고 가정한다. 많은 학교와 학군에서 사용되는 강점 탐구는 사람들이 학교와 학군에 좋은 것을 판별하여 인식하는 데 도움을 준다. 강점 탐구는 긍정 원칙에 기초한다. 즉, 강점과 관련한 긍정적인 정서가 동력이 된 학교는 새로운 방향으로 이끄는 것을 가능하게 한다. 학교의 긍정적 부분을 인식하고 이를 학교 공동체의 비전, 역동, 행동에 연결하여 긍정적 강점을 강화하게 되는데, 이는 대조적으로 전통적인 학교가 문제들을 분석하고 끄집어 내는 방식으로, 문제를 해결함으로 인해 비난과 부정적인 에너지의 소용돌이를 맞이했던 것과 비교된다. 강점 탐구의 가장 일반적인 형태는 5단계를 따르며 〈표 6-2〉에서 볼 수 있다.

표 6-2 강점 탐구의 5단계

1. 정의하기
평가의 초점과 범위에 합의한다. 예를 들어, 어떻게 하면 우리 학교에서 학생들의 웰빙과 학생 참여 혹은 학생 성취를 강화할 수 있을까? 어떻게 하면 우리는 교사 웰빙을 강화할 수 있을까?

2. 발견하기
발견에는 5단계가 있다. ① 개인, ② 짝과 함께, ③ 4인 모둠에서 공유하기, ④ 4인 모둠에서 분석하기, ⑤ 전체 교직원에게 발표하기. 학교의 '가장 좋은 특징, 자산 및 잠재력'으로 구축할 수 있는 것과 과거에 잘 작동한 부분의 확인을 위한 생산적인 질문(예: 변화된 사고와 행동을 이끌 가능성이 가장 높은 질문) 사용

3. 상상하기
만약 '발견하기' 단계의 모든 것이 적절하게 마련되었다고 가정한다면(예: 모든 학생의 웰빙 증가), 학교가 어떻게 될 수 있는지에 학교의 꿈과 비전을 발전시킨다.

4. 디자인하기
'발견' 단계의 정보를 통합하여 비전 구성을 위한 새로운 행동 계획을 작성한다.

5. 전달하기
실천을 수행하고 지속 가능하도록 만든다.

출처: Cooperrider, D. L., Whitney, D., & Stavros, J. M. (2008). *Appreciative Inquiry handbook for leaders of change* (2nd ed.). OH: Crown, Brunswick.

〈표 6–3〉은 전 학교 측면에서 Bounce Back!에 대한 교직원의 교육과 프로그램에 새로운 활력을 불어넣을 수 있게 하는 강점 탐구의 다섯 단계를 개략적으로 보여 준다.

표 6-3 Bounce Back!에 활력을 불어넣기 위한 가장 좋은 방법에 대한 강점 탐구

평가단계	그룹	절차
1. 정의하기(Define)	전체 교직원	10분 동안 'Bounce Back!을 재정비하는 것'이 무엇을 의미하고, 또 왜 중요한 일인지 토론하고 기록하기
2. 발견하기(Discover) 우리 학교의 '긍정적 핵심'은 무엇이고 과거로부터 무엇을 배울 수 있는가?	교직원 개인	**2.1단계: 프로그램에 대한 개인적인 성찰** 각 참가자는 프로그램이 차별화되고 잘 진행되어 활기차고 만족스러웠던 최고의 경험을 생각하고, 가장 두드러지는 경험을 성찰한다. 이것은 수업을 가르칠 때, 아이들의 행동이나 다른 유형의 피드백을 관찰했을 때 일어났을 수 있다. 참가자는 다음 사항에 대해 메모한다. • 무엇이 잘되었고, 그 이유는? • 무엇 때문에 그것이 발생했나? 어떤 행동이 취해지고 있었나? 어떤 구조가 준비되어 있었나? • 어떤 핵심 인물들이 차이를 만들었으며, 어떤 방법이었는가? • 여러분은 어떻게 기여했으며, 어떤 강점을 사용했는가?
	2인 짝으로 이루어진 교직원	**2.2단계: 짝끼리 공유** 한 사람은 방금 성찰한 개인적인 경험/상황/시간에 대해 짝에게 말한다. 촉진하는 질문(위의 예 참조)을 사용하고, 추가로 '좀 더 얘기해 줄래?' 질문을 사용하여 메모하고, 더 자세한 정보를 얻을 수 있도록 촉진한다. 그런 다음 역할을 바꾼다.
	네 명으로 조직된 새 교직원 모둠	**2.3단계: 네 명이 한 모둠이 되어 공유** 짝끼리 함께 이동해 새로운 한 쌍의 짝을 만나 4인의 모둠을 만든다. 각 사람은 2.2단계의 짝에게 들었던 내용을 다른 짝에게 말한다. 그런 다음, 짝을 바꾸어 방금 전 짝에게 들었던 내용을 다시 말한다. 즉, 통틀어 4개의 성찰이 다시 이야기되는 것이다.
	2.3단계와 동일한 네 명 모둠	**2.4단계: 4개 성찰에 대한 분석** 이 모둠은 서로 협력하여 4개의 성찰로부터 주요 '주제'를 확인한다. 다음에 중점을 둔다. • Bounce Back! 성공에 중요한 차이를 만드는 요소와 관련하여 우리가 무엇을 과거에 배웠나? 이 과정은 과거에 무슨 일이 있었는지에 기초하여 미래를 위한 아이디어에 기여한다. • 성공적 향상을 위한 자산과 잠재력 관점에서 학교의 '가장 좋은' 것은 무엇인가?(예: 사람, 학생, 학교 공동체, 헌신, 자원, 리더십, 가치 등) 이러한 것들은 학교의 '긍정적인 핵심(positive core)'에 기여한다. 학교의 '긍정적인 핵심'은 프로그램에 '새롭게 활력을 불어넣기' 위한 계획이 수립될 때 만들어질 수 있다.

		또한 각 개인은 이 단계에서 특정한 역할을 갖는다. • 한 사람은 그룹의 메모 작성자 역할 • 한 사람은 2.5단계 대변인 역할 • 두 사람이 함께 작업하여 모둠의 주제 마인드맵 작성(2.5단계가 시작되기 전에 전체 그룹을 위해 교실의 벽면에 마인드맵을 붙여 놓기)
	전체 교직원	**2.5단계: 모둠 전체의 피드백 및 요약** 각 모둠의 대변인은 전체 교직원을 위해 그들 모둠에서 발견된 것에 대해 다음의 내용을 요약한다. • Bounce Back!에 활력을 불어넣는 방향으로 작업할 때 긍정적인 차이를 만드는 요소 • 학교가 갖고 있는 최고의 특징/자산/잠재력 및 이를 달성하는 데 도움이 될 수 있는 과거의 성공 촉진자는 각 모둠의 주제와 아이디어 목록을 만들고 '큰 그림'을 그리기 위한 공통점을 확인한다.
3. 상상하기(Dream) 프로그램의 시행이 업데이트되고 강화되면 학교는 어떤 모습인가에 대한 비전을 함께 구성한다.	전체 교직원	교직원들은 다음과 같은 질문들을 바탕으로 Bounce Back!을 새롭게 하는 데 필요한 모든 것이 갖추어진다면 학교는 어떤 모습일지에 대해 함께 의논한다. • 어떤 변화 및 개선이 학교가 보고, 행동하고, 생각하고 느끼도록 강화할 수 있을까? • 학교 및 교실의 물리적 배치와 구성에 어떤 변화가 만들어질 수 있는가? • 어떤 추가적인 구조를 도입할 수 있을까? • 어떤 배움과 가르침의 과정이 추가될 수 있을까? • 어떤 추가 자료들을 이용 가능하도록 만들 수 있을까? 어떻게?
4. 디자인하기(Design) 그 비전이 현실이 되기 위한 계획을 짠다.	전체 교직원	교직원들은 비전을 현실로 바꾸기 위한 최선의 방법을 협상하고 확인함으로써 계획을 공동 구성한다. 결정은 다음 내용에 기초해서 정한다. • 비전을 달성하는 데 중요한 차이를 만들 수 있는 즉시 할 수 있는 두 가지 구체적인 행동 • 학기/연중 취할 수 있는 다른 행동들 • '판도를 바꿀' 가능성을 가진 '과감한' 한 가지 행동 • 각 직원이 비공식적으로 '즉흥적으로' 할 수 있는 변화에 대한 기여 방법
5. 전달하기(Deliver) 조치를 현실로 바꾸기 위한 최적의 절차를 결정한다.	전체 교직원	그런 다음 교직원들은 누가 이런 '행동'의 각각에 포함될 것인지, 어떻게 언제 보고할 것인지에 대해 협상된 결정을 내린다. 그들은 또한 • 진행 상황을 확인할 수 있는 후속 데이터를 언제 수집할지 너무 멀지 않은 날짜를 선택한다. • 이런 후속 조치를 어떤 형태로 취할 것인지(예: 설문조사, 전체 직원 토론 등), 언제 그러한 일을 진행할지 결정한다.

5. 어려운 상황을 관리하기 위한 조언

학교에서 일하는 교사들은 소위 말하는 '감정 노동'을 매일 하게 된다. 즉, 도전적인 행동을 하거나 지원이 필요한 가정 또는 학생들을 상대한다. 그러한 상호작용은 스트레스로 작용한다. 그래서 좋은 대인관계 기술뿐만 아니라 교사 자신의 감정을 관리하는 기술 등 사람들의 감정을 관리하는 기술이 필요하다. 이번 장에서는 이러한 상황을 더 잘 관리하기 위한 교사 기술 개발 방법에 관한 몇 가지 지침을 제공한다.

1) 감정관리

때때로, 부정적인 감정은 다른 사람들에 의해 원하지 않은 반응을 일으키거나 상황을 더 악화시킬 수 있기 때문에 관리해야 한다. 때로는 긍정적인 결과를 얻기 위해 교사는 실제로 느끼는 것을 감출 필요도 있다. 이는 말하기를 조심하며 목소리 톤을 조절하고, 얼굴 표정을 통제하여 자신이 실제로 느끼는 감정을 조절하는 것이다. 이러한 자기조절은 자신의 감정을 진정시키는 데 도움이 되는 이성적인 방식의 사고를 요구할 수 있다. 예를 들어, 교사에게는 다음이 요구된다.

- 모든 학생과 가족, 심지어 대하기 어려운 사람들에게까지도 환영해 주고 미소를 짓기: 보통 이것은 선택한 단어와 목소리 톤을 통해 따뜻함을 표현하고 미소짓는 것을 요구하며 그리고/또는 대화에 몰입할 것 등을 요구한다.
- 비협조적인 학생의 행동이 관리될 필요가 있을 때 침착하게 통제력을 유지하기
- 학생의 행동이나 학습에 대한 '나쁜 소식'을 가족들에게 긍정적이고 공감적이며 배려 있는 방식으로 전달하기
- 학생 또는 가족 구성원이 맞서며 말로 '도전적'일 때 평정을 유지하며 통제하기
- 괴로워하는 학생이나 가족 구성원에게 따뜻함과 걱정을 표현하기

사람들의 감정을 다루며 어려운 대화를 해야 할 때 유용한 사회적 기술은 다음과 같다.

- 적극적 경청(active listening)
- 정중한 반대(respectful disagreeing)
- 공감적 반응(empathic responding)
- 단호한 대응(responding assertively)
- 긍정적 추적(positive tracking)

(1) 적극적 경청

이 기술은 정보를 수동적으로 듣는 것보다 더 직접적인 역할을 요구한다. 이는 듣기와 '듣고 있다는 증거' 반응을 보이는 것을 포함한다. 예를 들어, 교사는 자신의 말로 간단히 다른 사람이 방금 한 말의 요점을 요약하고 교사의 이해가 제대로 됐는지 확인하기 위한 방법으로 질문할 수 있다.

예시)

한 학생(Sarah)은 다른 학생(Lily)이 몇몇 친구에게 자신의 부모가 별거하는 것을 말했을 때 얼마나 화가 났었는지 설명하고 있다.

Sarah: Lily는 우리 반 아이들 중 적어도 세 명에게 무슨 일이 일어났는지 말했어요. 그 애가 우리 가족 개인사를 말해서 너무 화가 나요.

교사: 정말로 Lily는 네 가족의 사생활을 존중하지 않았구나. Lily에 대해 네가 어떻게 느끼는지 말해 보았니?(문제를 요약하고 '듣는 것을 증명'하기 위해 관련 질문하기)

(2) 정중한 반대

이 기술에는 반대를 표현하기 전에 동의하는 지점을(그러나 작은) 확인하고 진술하는 것을 포함한다.

예시)

한 부모는 교사가 자신의 아들(Ben)을 불공정하게 대우한다고 생각해서 화가 나 있다.

부모: Ben은 논쟁을 시작한 게 아니에요. Oliver는 묻지도 않고 Ben의 농구공을 가져가서 돌려주지 않았어요. Ben이 그럼 어떻게 해야 하죠? 그저 참으면서도 아무 말도 하지 말아야 하나요? Ben이 휴식 시간에 밖에 나가 놀 수 없는 것은 옳지 않아요.

교사: 저도 Oliver가 허락 없이 Ben의 농구공을 가져갔고 Ben이 그것에 대해 매우 화가 났다는 것에 동의 해요. 그러나 Ben이 Oliver를 운동장에서 밀어 버리는 것은 잘했다고 생각하지 않아요. Ben은 그러한 행동이 용납될 수 없다는 것을 이미 알고 있었을 겁니다. 그런 상황을 다루는 더 좋은 방법이 있다는 것도 알고 있거든요(이의 제기를 말하기 전에 동의하는 지점을 강조하여 진술한다).

(3) 공감적 반응

이 기술은 다른 사람의 틀로 세상을 보면서 언어적, 비언어적으로 반응하며 여러분이 다음과 같다는 것을 알리는 방식이다.

- 상황에 대한 상대의 견해를 이해한다.
- 그들의 감정을 이해하고 존중한다.
- 그들을 판단하지 않는다.

예시)

한 부모는 또 다른 어떤 부모가 자신에게 무례하게 대했을 때 자신이 얼마나 화가 났었는지 말하고 있다.

부모: Jess의 아빠는 Ayesha가 학교에서 중요한 역할을 한다는 것을 알았을 때 저에게 무례하게 굴었어
요. 그는 Ayesha가 그런 역할을 맡을 자격이 없었다고 말했어요.

교사: 대부분의 사람이 다른 부모가 그렇게 말하면 화가 날 것이라고 저도 생각합니다. 어떤 누구라도
그 상황에서 적절하게 대응하기가 어려웠을 겁니다(이해에 대한 표현과 무비판적 존중).

(4) 단호한 대응

단호한 대응 능력은 교사의 견해나 교사가 원하는 것을 솔직하게 드러내지만 공격적이거나 요구적인 방
식을 취하지는 않는다. 다음 중 하나 혹은 하나 이상을 요구한다.

- '너' 메시지보다는 '나' 메시지 사용(예: '당신의 계획은 실행 불가능합니다.' 대신 '나는 계획이 잘되지 않을 가
능성이 있다고 생각합니다.')
- 약간 다른 방식으로 자신의 입장을 계속해서 재진술하는 '고장 난 레코드(broken record)' 전략 사용
- 위협(무엇이 일어날지도 모른다)보다는 결과를 진술(무엇이 일어날 것이다)하는 방식
- 옆길로 새는 것을 거절('그것은 이 사안과 관련이 없다.')

예시)

큰 그림책을 보관하고 싶어 하는 친구는 책장의 선반을 다시 정리하여 자신의 큰 그림책을 책장에 두고 싶어 한다.
하지만 그렇게 하면 선반에 있던 나의 많은 책을 보관할 수 없기 때문에 난 오히려 그대로 두고 싶다.

친구: 그렇게 책장을 정리하면 내가 필요할 때마다 큰 책들을 손쉽게 볼 수 있을 것 같아.

나: 하지만 그렇게 하면 내 책들을 책장에 많이 넣을 수 없어서 난 오히려 불편해질 텐데(나 메시지).

친구: 그러면 네 책 중 일부는 방 뒤쪽에 있는 큰 선반에 보관하면 되잖아.

나: 이 책장에 보관하면 보다 쉽게 책을 뽑아 볼 수 있기 때문에 그렇게 하고 싶지 않아(다른 시점의 거
부. 고장 난 레코드: 고장 난 레코드처럼 반복적으로 자신의 의사를 명확하게 얘기함).

친구: 알았어. 내가 내 책들을 저기 있는 상자에 넣을게.

(5) 긍정적 추적

이 기술은 강점과 성장에 초점을 맞추고 상황의 긍정적인 측면을 강조하여 희망을 키우는 것을 포함한
다. 때로는 '긍정적인 재구성'이 필요하다. 작지만 긍정적인 측면을 파악하여 실수나 부정적인 상황의 전환
을 유도하는 것이다. 그러나 잘난 체하는 것처럼 보이지 않기 위한 주의가 필요하다.

예시)

Alex(학생)는 학교에 도착해서 오늘 수학 시험이 있다는 것을 까맣게 잊고 있음을 알게 된다. Alex는 화가 나서 교사에게 말하고 집에 가고 싶어 한다.

Alex: 수학 시험을 잊어버렸어요. 몸이 아픈 것 같아서 집에 가고 싶어요.

교사: 네가 기억했더라면 더 좋았을 텐데, 어쩔 수 없지 뭐. 하지만 최선을 다해 보자. 너는 이 주제를 다루는 수업에서 정말 잘해 왔어. 네가 원하는 대로 잘되지 않더라도 그 사실은 변하지 않아(긍정적인 것에 초점을 맞추고, 희망을 키우는 방식으로 상황을 재구성한다).

참고문헌

1. Noble, T. & McGrath, H. 2017, 'Making it real and making it last! Sustainability of teacher implementation of a whole school resilience program', in *Resilience in Education: Concepts, Contexts and Connections*, M. Wosnitza, F. Peixoto, S. Beltman, & C.F. Mansfield (eds.), Springer.

2. Senge, P. 1990, *The Fifth Discipline: The Art and Practice of the Learning Organisation*, Doubleday, New York.

3. Durlak, J.A., Domitrovich, C.E., Weissberg, R.P., & Gullota, T.P. 2015, *Handbook of Social and Emotional Learning, Research and Practice*, The Guilford Press, New York.

4. Cooperrider, D.L, Whitney, D. & Stavros, J.M. 2008, *AI handbook for leaders of change* (2nd ed.), Crown, Brunswick, OH.

회복탄력성 행동 척도
Resilient Behaviour Scale

회복탄력성과 웰빙을 판단할 수 있는 행동을 측정하는 검사 도구이다. 특히 각 학생이 특별히 부족한 대처 전략에 대해서 진단하여 특별히 집중해야 할 단원을 계획하는 데 사용할 수 있다.

회복탄력성 행동 척도 사용 방법

각 단원 수업 전과 수업 후 각 단원의 전략과 대처 능력의 수준을 검사한다. 검사를 통해 단원에서 주요하게 전달해야 할 기술 혹은 보충 내용을 파악하는 데 사용할 수 있고 혹은 개별 학생에 대해 학기 초 검사를 실시하여 학기 동안 집중적으로 다루어야 할 전략을 진단하는 데 사용할 수도 있다.

점수 매기는 방법

교사는 관찰을 통해 학생들이 각 문항에 대한 행동을 지속적으로 하는지 여부를 체크한다. 각 행동의 수준에 따라 점수를 다음과 같이 부여한다.

0-행동하지 않음
1-드물게 함
2-상황에 따라 함
3-대부분 함
4-항상 함

회복탄력성 행동 척도
Resilient Behaviour Scale

지난 4~6주 동안 학생을 관찰한 결과를 나타냅니다. 각 범주에서 이 학생의 행동을 가장 잘 나타내는 단어에 동그라미를 치십시오.

학생 이름 _____ 반 번호 _____ 날짜 _____

핵심 가치	1. 정직하게 행동한다(예: 거짓말을 하지 않고, 게임을 정직하게 함). 항상 함　대부분 함　상황에 따라 함　드물게 함　행동하지 않음
	2. 그룹에 협력한다(예: 공유, 경청, 협상 및 기여). 항상 함　대부분 함　상황에 따라 함　드물게 함　행동하지 않음
	3. 친구와 동생들에게 친절하고 지지적이다. 항상 함　대부분 함　상황에 따라 함　드물게 함　행동하지 않음
	4. 타인의 권리와 감정에 존중과 배려가 있다—무시하거나 조롱하지 않는다. 항상 함　대부분 함　상황에 따라 함　드물게 함　행동하지 않음
	5. 타인에게 우호적으로 행동하고 나와 다른 모습도 받아들인다. 항상 함　대부분 함　상황에 따라 함　드물게 함　행동하지 않음
	6. 학교 친구들과 어른들에게 좋은 매너를 사용한다. 항상 함　대부분 함　상황에 따라 함　드물게 함　행동하지 않음
대처 기술	7. 걱정되거나 화가 났을 때 선생님이나 반 친구에게 털어놓으려고 한다. 항상 함　대부분 함　상황에 따라 함　드물게 함　행동하지 않음
	8. 일이 잘 풀리지 않을 때 스스로를 진정시키는 혹은 대처를 도와주는 자기대화를 사용한다. 항상 함　대부분 함　상황에 따라 함　드물게 함　행동하지 않음
	9. 문제가 발생하거나 화가 난 후 빠르게 회복하고 다음 단계로 넘어간다. 항상 함　대부분 함　상황에 따라 함　드물게 함　행동하지 않음
용기	10. 용기를 발휘하거나 혹은 긴장되는 어려운 과제에 대해 도전한다. 예를 들면, 교실에서 발표하기, 캠프 가기와 같이 도전하기 곤란한 과제들이 있다. 항상 함　대부분 함　상황에 따라 함　드물게 함　행동하지 않음
낙관적 사고 기술	11. 자신과 타인에 대한 좋은 점/긍정적인 점, 그리고 그들의 삶에 초점을 맞춘다. 항상 함　대부분 함　상황에 따라 함　드물게 함　행동하지 않음
	12. 일이 잘 풀릴 것이라는 낙관적인 태도를 유지한다. 일이 안 풀릴 때도 마찬가지이다. 항상 함　대부분 함　상황에 따라 함　드물게 함　행동하지 않음
	13. 다른 사람들에게 감사를 표한다(예: 그들의 도움, 관대함, 친절함, 우정 또는 지원). 항상 함　대부분 함　상황에 따라 함　드물게 함　행동하지 않음

정서	14. 화가 나거나, 슬프거나, 걱정되거나, 다치거나, 속상할 때 자신을 상당히 빨리 진정시킨다. 　　항상 함　　대부분 함　　상황에 따라 함　　드물게 함　　행동하지 않음 15. 다른 사람에 대한 공감을 나타내는 방식으로 행동한다. 　　항상 함　　대부분 함　　상황에 따라 함　　드물게 함　　행동하지 않음
관계	16. 운동장에서 놀 때나 기타 학교 활동에서 아이들과 잘 어울린다. 　　항상 함　　대부분 함　　상황에 따라 함　　드물게 함　　행동하지 않음 17. 적어도 두 개 이상의 상당히 가까운 우정을 유지한다. 　　항상 함　　대부분 함　　상황에 따라 함　　드물게 함　　행동하지 않음 18. 다른 사람의 공격이나 분노에 대해 대항하여 화를 내지 않고 단절하지 않는다. 　　항상 함　　대부분 함　　상황에 따라 함　　드물게 함　　행동하지 않음 19. 긍정적인 단호함이 필요할 때 그렇게 한다. 　　항상 함　　대부분 함　　상황에 따라 함　　드물게 함　　행동하지 않음 20. 경기나 토론에서 으스대며 이기지 않고 당황하며 지지 않는다. 　　항상 함　　대부분 함　　상황에 따라 함　　드물게 함　　행동하지 않음
유머	21. 유머를 적절하게 사용한다(예: 좌절에 대처할 때, 동료들과 유대감을 형성할 때)—유머를 다른 　　사람을 비하하는 데 사용하지 않는다. 　　항상 함　　대부분 함　　상황에 따라 함　　드물게 함　　행동하지 않음
안전	22. 다른 사람을 괴롭히지 않는다. 　　항상 함　　대부분 함　　상황에 따라 함　　드물게 함　　행동하지 않음 23. 본인이 괴롭힘을 당할 경우 적절한 조치를 취한다(예: 단호하게 말하거나 지원을 요청한다). 　　항상 함　　대부분 함　　상황에 따라 함　　드물게 함　　행동하지 않음 24. 다른 사람이 괴롭힘을 당하는 것을 보는 경우 목소리를 높이거나 지원을 한다. 　　항상 함　　대부분 함　　상황에 따라 함　　드물게 함　　행동하지 않음 25. 타인을 학대하는 행동에 참여하라는 동료의 압력에 저항하거나 반대 의견을 말한다. 　　항상 함　　대부분 함　　상황에 따라 함　　드물게 함　　행동하지 않음
성취	26. 학습목표, 개선 목표 및 개인 목표를 설정하고 행동한다. 　　항상 함　　대부분 함　　상황에 따라 함　　드물게 함　　행동하지 않음 27. 활동에 대한 계획 및 구성이 있으며 끝까지 완료한다. 　　항상 함　　대부분 함　　상황에 따라 함　　드물게 함　　행동하지 않음 28. 실수를 해도 크게 당황하지 않고, 실수를 정상으로 본다. 　　항상 함　　대부분 함　　상황에 따라 함　　드물게 함　　행동하지 않음 29. 자신의 강점이 무엇인지 합리적으로 파악하고 자신감을 가지고 표현한다. 　　항상 함　　대부분 함　　상황에 따라 함　　드물게 함　　행동하지 않음 30. 도전, 문제 또는 장애에 직면했을 때 쉽게 포기하지 않는 인내가 있다. 　　항상 함　　대부분 함　　상황에 따라 함　　드물게 함　　행동하지 않음

수업 평가 검사지
Class Assessment Inventory

수업 평가 검사지는 교실에서 사용하는 웰빙과 회복탄력성을 측정하는 도구이다. 이 평가서는 학생들이 Bounce Back!의 주요 개념에 대한 이해를 측정하기 위한 형성적 또는 종합적 평가로 사용될 수 있다.

수업 평가 검사지 사용법

수업 활동 중 학생들이 잘 이해하고 있는 Bounce Back! 개념이 무엇인지, 어떤 개념을 복습하고 다시 가르쳐야 하는지에 대한 형성 평가로 사용한다. 또한 마지막 단원의 종합 평가 시에도 사용되는데 성공적으로 개념이 학습되었는지 확인할 때 사용한다.

평가 방법

교사는 학생들이 주요 개념에 대해 일관되게 보여 주는지에 따라 점수를 매긴다.

1단원 & 2단원 핵심 가치 및 사회적 가치	전부	대부분	일부	해당 영역 추가 지원 및 교육이 필요한 학생
1. 얼마나 많은 학생이 다른 사람들에게 공정하게 행동하는가?				
2. 얼마나 많은 학생이 과제나 역할에 책임감 있게 행동하는가?				
3. 얼마나 많은 학생이 교실 친구들에게 친절을 보여 주는가?				
4. 얼마나 많은 학생이 그룹 과제와 활동에서 잘 협력하는가?				
5. 얼마나 많은 학생이 학급 구성원들 간의 차이를 받아들이고 있는가?				
6. 얼마나 많은 학생이 모든 급우에게 우호적으로 행동하고 대화, 활동, 그리고 게임에 포함시키는가?				
7. 얼마나 많은 학생이 교실과 운동장 놀이공간에서 반 친구들에게 공손하게 행동하고 말하는가?				
8. 얼마나 많은 학생이 선생님들과 다른 학생들에게 좋은 매너를 사용하는가?				

3단원 회복탄력성	전부	대부분	일부	해당 영역 추가 지원 및 교육이 필요한 학생
9. 얼마나 많은 학생이 '회복하기'가 무엇을 의미하는지 정확하게 설명할 수 있는가?				
10. 얼마나 많은 학생이 가끔은 삶에서 슬프거나 힘든 시간을 보내는 것이 자연스럽다는 것을 이해하는가?				
11. 얼마나 많은 학생이 학교에서 어렵고, 도전적이거나, 잘되지 않을 때 빠르게 회복할 수 있는가?				
12. 얼마나 많은 학생이 학습이나 해결하기 어렵다고 생각하는 관계 문제가 있을 때 당신에게 도움을 구하는가?				

4단원 용기	전부	대부분	일부	해당 영역 추가 지원 및 교육이 필요한 학생
13. 얼마나 많은 학생이 두려움이나 걱정에 직면할 때 용기가 필요하다는 것을 이해하는가?				
14. 얼마나 많은 학생이 용기와 무모함의 차이를 설명할 수 있는가?				
15. 얼마나 많은 학생이 용기를 가지고 행동할 수 있었던 때를 확인하고 묘사할 수 있는가?				

5단원 낙관성	전부	대부분	일부	해당 영역 추가 지원 및 교육이 필요한 학생
16. 얼마나 많은 학생이 낙관적인 생각이 무엇이고 왜 중요한지 설명할 수 있는가?				
17. 얼마나 많은 학생이 삶에서 감사하는 두 가지를 쉽게 묘사할 수 있는가?				

6단원 정서	전부	대부분	일부	해당 영역 추가 지원 및 교육이 필요한 학생
18. 얼마나 많은 학생이 화난 감정을 관리하는 방법을 적어도 두 가지 묘사할 수 있는가?				
19. 얼마나 많은 학생이 나쁜 분위기를 좋은 분위기로 바꾸는 한 가지 방법을 제안할 수 있는가?				

7단원 관계	전부	대부분	일부	해당 영역 추가 지원 및 교육이 필요한 학생
20. 얼마나 많은 학생이 또래 친구 간에 잘 지내도록 돕는 두 가지 좋은 행동 방법을 말할 수 있는가?				
21. 얼마나 많은 학생이 좋은 친구가 되는 방법을 설명할 수 있는가?				
22. 얼마나 많은 학생이 의견 불일치를 다루는 좋은 방법을 묘사할 수 있는가? 또한 결과에 만족감을 느끼는가?				

8단원 유머	전부	대부분	일부	해당 영역 추가 지원 및 교육이 필요한 학생
23. 얼마나 많은 학생이 지원 유머와 상처입히는 유머의 차이점을 설명할 수 있는가?				
24. 얼마나 많은 학생이 농담이나 재미있는 이야기를 잘 할 수 있는가?				

9단원 안전	전부	대부분	일부	해당 영역 추가 지원 및 교육이 필요한 학생
25. 얼마나 많은 학생이 친구 괴롭힘에 절대 참가하지 않는가?				
26. 얼마나 많은 학생이 괴롭힘을 당하거나 부당한 대우를 받는 친구를 도와주는 방법 두 가지를 말할 수 있는가?				

10단원 성취	전부	대부분	일부	해당 영역 추가 지원 및 교육이 필요한 학생
27. 얼마나 많은 학생이 학습목표, 사회적 목표, 개인적 목표, 스포츠 목표 또는 행동 변화 목표와 같은 목표를 설정하고 달성할 수 있음을 보여 주는가?				
28. 얼마나 많은 학생이 왜 끈기가 성공의 중요한 측면인지 설명할 수 있는가?				
29. 얼마나 많은 학생이 두 가지 강점을 말하고 강점의 이유를 설명할 수 있는가?				

TOCC: 교사용 교실 유대감 검사지
Teacher's Observations of Classroom Connectedness

TOCC는 웰빙과 회복력의 측면을 측정하는 교실용 관찰지이다. 구체적으로, 교실 유대감 수준에 대한 교사의 인식을 측정한다.

TOCC 사용 방법

이 목록은 교실 유대감 수준에 대한 교사의 인식을 측정한다. 교실에서 정서적ㆍ사회적 환경에 대한 교사의 관찰과 인식을 평가한다. 다음을 알아낼 수 있다.

- 교사가 인지하고 관찰한 부정적인 사회 풍토와 낮은 수준의 유대감
- 학급이 얼마나 연계되어 있는지에 대한 학생들의 인식과 교사의 인식 간 불일치

교사들이 (비록 익명으로라도) 결과를 취합하고 제출한다면, 전체 교직원의 조사 결과는 전문적인 개발이나 프로그램 계획과 관련하여 학교의 요구를 파악하는 데 사용될 수 있다.

TOCC 점수 측정 방법

모든 항목은 다음 점수 체계에 따르며, 가능한 최고 점수는 45점이다.

- '대부분 사실' 3점 획득
- '가끔은 사실' 2점
- '사실이 아님' 1점

높은 점수는 교실에 강한 긍정적인 정서적, 사회적 풍토가 있고 따라서 높은 수준의 학급 유대감을 관찰한 것으로 나타낸다. SPOCC에 대한 전체 학급의 결과와 TOCC에 대한 교사의 결과 사이에 큰 차이가 있을 경우 TOCC 결과 값이 사실이 아닐 가능성이 크다.

TOCC: 교사용 교실 유대감 검사지

다음 문장의 내용과 교사의 교실 분위기와 비슷한지를 묻습니다. 각 문장에 어느 정도 동의하는지를 가장 잘 나타내는 항목에 체크해 주세요.

	대부분 사실	가끔은 사실	사실이 아님
1. 학생들은 서로를 좋아한다.			
2. 학생들은 우리 반에 있는 것을 좋아한다.			
3. 학생들은 결코 서로를 비열한 방법으로 대하지 않는다.			
4. 학생들 사이에 논쟁이 거의 없다.			
5. 학생들은 서로 꽤 잘 지낸다.			
6. 학생들과 나는 서로를 꽤 잘 안다.			
7. 아무도 이 수업에서 소외되고 외롭다고 느끼지 않는다.			
8. 학생들은 안전하다고 느낀다. 괴롭힘을 당하거나 감정이 상하게 될 예상을 하지 않는다.			
9. 학생들은 서로 만나기를 고대한다.			
10. 학생들은 소속감을 느끼고 서로에게 수용받는다.			
11. 교실에서 '무시하기'는 절대 일어나지 않는다.			
12. 나는 학급과 잘 지낸다.			
13. 대부분의 학생은 긍정적인 태도를 가지고 있고, 학급에서 일어나는 나쁜 일보다 좋은 일에 더 집중한다.			
14. 교실에 희망과 자신감에 대한 강한 느낌이 있다.			
15. 학생들은 서로가 반 친구들에게 일어나는 일을 잘 돌봐준다.			
항목별 총점			
총점			

TARFIC: 교사용 교실 회복탄력성 검사지
Teacher Assessment of Resilience Factors In their Classrooms

TARFIC는 교실의 웰빙과 회복탄력성을 측정하는 도구이다. 구체적으로, 이 평가도구는 교사가 현재 학급 운영으로 학생들의 웰빙과 회복탄력성을 어느 정도 길러 내는지를 평가한다.

TARFIC 사용 방법

이 목록은 교사의 현재 학급 운영이 학생의 회복탄력성을 어느 정도 높이는가를 측정한다. 63개의 항목을 포함하고 있으며, 다음 9개의 범주 각각에 7개의 항목이 있다.

- 안전한 교실 환경 조성
- 자기존중과 자신감 구축
- 학생 지지
- 교육 계획 설계, 목표 설정 및 문제해결 기술을 가르치는 것
- 낙관적이고 도움이 되는 사고 개발
- 친사회적 교실 문화 조성
- 협력 장려
- 관계 구축
- 갈등 관리 기술의 지도

교사는 완성된 TARFIC를 통해 다음을 제공받는다.

- 진행되고 있는 교실 관행, 조직 및 관리를 성찰하고 학생의 회복탄력성 성장을 위해 개발이 필요한 영역을 파악한다.
- 앞으로 어느 정도의 성장이 필요한지 수준을 평가한다.
- 학생의 회복탄력성에 기여하는 교실 보호 요소를 상기한다.
- 전체 교직원이 잘하고 있는 영역과 앞으로 개선해야 할 영역을 파악한다.

교사들이 (비록 익명으로라도) 결과를 취합하고 제출한다면, 전체 교직원의 조사 결과는 전문적인 개발이나 프로그램 계획과 관련하여 학교의 요구를 파악하는 데 사용될 수 있다.

TARFIC 점수 평가 방법

각 항목별 점수를 계산한다.

- '만족함' 3점
- '괜찮음' 2점
- '추가 작업이 필요함' 1점

각 부문에서 가능한 최고 점수는 21점이다. 높은 점수는 교사별 수업과 학급 관리에 만족하는 영역을 나타낸다. 점수가 낮을수록 더 많은 계획과 투자가 필요한 곳을 나타낸다.

TARFIC: 교사용 교실 회복탄력성 검사지

각 문장에 대한 느낌을 가장 잘 보여 주는 항목을 선택하세요.

> 만족함: 수업 진행과 교실 관리에 있어 해당 영역과 관련된 나의 노력과 결과에 만족합니다(3점).
>
> 괜찮음: 나의 수업 진행과 교실 관리의 해당 측면은 괜찮게 진행되고 있고 계속 노력하고 있습니다(2점).
>
> 추가 작업 필요함: 나의 수업 진행과 교실 관리의 해당 측면은 미개발 상태이며 더 많은 계획과 투자가 필요합니다(1점).

• 안전한 교실 환경 조성

	만족함 (3)	괜찮음 (2)	추가 작업 필요함(1)
1. 나는 사이버 폭력을 포함한 괴롭힘을 다루는 학교의 절차를 완전히 알고 있다.			
2. 나는 괴롭힘을 심각한 문제로 보고 괴롭힘이 발생했을 때 신속하게 대처한다.			
3. 나는 학생들에게 괴롭힘은 어떤 상황에서도 용납될 수 없다는 것을 분명히 전한다.			
4. 나는 우리 반에 비난이 없도록 확실히 한다.			
5. 나는 학급 구성원이 느끼는 불쾌한 행동의 모든 사건을 추적한다.			
6. 나는 학생에게 공손한 방법으로 서로 동의하지 않는 기술을 가르친다.			
7. 나는 학대를 받고 있는 반 친구를 위해 지지하도록 격려한다.			
항목별 총점			
총점			

• 자기존중과 자신감 구축

	만족함 (3)	괜찮음 (2)	추가 작업 필요함(1)
1. 나는 학생에게 쓰러뜨리는 것이 아니라 세우는 것을 목표로 한다는 것을 알렸다.			
2. 나는 학생의 한계에 집중하기보다는 학생의 성격과 능력의 장점을 파악하고 구축한다.			
3. 나는 할 수 있을 때마다 학생의 일과 행동에 대한 진정한 긍정적인 피드백을 준다.			
4. 나는 교육과정을 다양화하기 위해 '다중 지능' 프레임을 운영한다.			
5. 나는 학생들의 강점을 보여 주고 공연 연습을 할 수 있는 기회를 계획한다.			
6. 학생 존재 자체에 대해 기억한다. 즉, 학생 행동과 학생 존재는 구분된다는 것을 기억한다.			

7. 나는 모든 학생에게 현실적이지만 높은 기대를 가지고 있다.			
항목별 총점			
총점			

• 학생 지지

	만족함 (3)	괜찮음 (2)	추가 작업 필요함(1)
1. 나는 학생들이 학문적 또는 정서적 지원이 필요한 분야를 파악하여 보충하여 제공한다.			
2. 나는 용기가 나지 않고 진전이 없어 보일 때조차도 어렵고 도전적인 학생들을 지원하려고 노력한다.			
3. 나는 학생들이 개인적인 고민에 대해 이야기할 수 있도록 친숙하다.			
4. 나는 각 학생의 환경, 개인 생활, 흥미 및 학습 필요성에 대해 많이 알고 있다.			
5. 나는 학업성적뿐만 아니라 각 학생에 대한 지속적인 기록과 첨삭을 하고 있다.			
6. 나는 학생들이 문제를 가지고 있거나 기분이 우울할 때 말할 수 있는 기회를 만든다.			
7. 추가적인 행동 지원 또는 학습 지원이 필요한 학생을 위해 개인 행동지원 또는 학습 지원 계획을 작성해서 가지고 있다.			
항목별 총점			
총점			

• 교육 계획 설계, 목표 설정 및 문제해결 기술을 가르치는 것

	만족함 (3)	괜찮음 (2)	추가 작업 필요함(1)
1. 나는 학생이 진취성을 발휘할 수 있는 많은 기회를 제공한다. 즉, 아이디어를 생각한 다음 프로젝트를 계획하고 완료할 책임을 부여한다.			
2. 나는 학생들이 활동과 학교 환경에 대해 결정을 내리고 선택할 수 있는 많은 기회를 제공한다.			
3. 나는 끈기, 열심, 노력의 중요성을 강조한다.			
4. 나는 가능한 모든 곳에서 현실의 문제를 이용하여 창의적인 사고와 문제해결의 기술을 가르친다.			
5. 나는 학생이 구체적인 목표를 세우고 진도를 관찰하도록 격려한다.			
6. 나는 학생이 교실에서 발생하는 모든 문제를 해결하기 위해 함께 일하도록 격려한다.			
7. 매 학기가 끝날 때마다, 학생들이 성취와 계획한 목표에 대해 성찰해 줄 것을 요청한다.			
항목별 총점			
총점			

• 낙관적이고 도움이 되는 사고 개발

	만족함 (3)	괜찮음 (2)	추가 작업 필요함(1)
1. 글로벌 이슈를 논의할 때 낙천적인 느낌을 전달한다(예: 환경, 멸종위기종).			
2. 나는 실수를 필요한 학습 경험으로 본다는 것을 분명히 한다.			
3. 나는 학생들과 나 자신 모두에게 영향을 미치는 상황에 대해 낙관적인 모델이 된다.			
4. 일이 잘못될 때, 나는 그 문제의 일시적인 본질을 강조한다.			
5. 나는 나 자신이나 다른 사람들로부터 완벽함을 기대하지 않는 모델이 된다.			
6. 나는 하루 종일 '긍정적 추적'을 한다. 즉, 교실과 학생들 내부의 긍정적인 면을 강조한다.			
7. 나는 교실에서 최대한 유머를 사용한다.			
항목별 총점			
총점			

• 친사회적 교실 문화 조성

	만족함 (3)	괜찮음 (2)	추가 작업 필요함(1)
1. 나는 학생들이 친절하고, 친근하고, 서로를 존중하고, 지지하기를 기대한다는 것을 분명히 하고, 나는 학생들과 상호작용을 통해 모델이 된다.			
2. 나는 사회 기술을 직접 가르치며 학생들이 사회 속에서 우연히 습득하리라고 기대하지 않는다.			
3. 나는 학생이 수업 활동과 게임을 통해 사회 기술을 연습할 수 있는 기회를 계획한다.			
4. 나는 학생들과 교실 규칙, 기대, 결과를 협상한다.			
5. 학생들이 규칙을 어길 때 지속적으로 제재를 가하지만, 부정적인 방식으로 하지는 않는다.			
6. 나는 학생들이 다른 학생들의 기여에 대해 건설적이고 긍정적인 피드백을 제공할 수 있는 기회를 준다.			
7. 나는 사람들 사이의 차이를 이해하고 받아들이는 것의 중요성을 강조하고 행동 모델이 된다.			
항목별 총점			
총점			

• 협력 장려

	만족함 (3)	괜찮음 (2)	추가 작업 필요함(1)
1. 나는 정기적으로 협동 학습 구조를 사용한다.			
2. 나는 교직원 동료들과 협력해서 일할 수 있는 기회를 찾고 학생들에게 이것을 알려 준다.			
3. 나는 장기적인 프로젝트의 학생 협동 학습 계획을 가지고 있다.			
4. 나는 협력의 기술을 요구하는 과제를 설정하기 전에 학생들에게 협력의 기술에 대해 상기시킨다.			
5. 나는 학생들을 섞고 친구들을 배제시킬 수 있는 '파벌'을 해결하기 위해 대부분 무작위 그룹을 사용한다.			
6. 나는 내가 할 수 있을 때마다 학생들과 협상함으로써 협상 과정 모델이 된다.			
7. 나는 효과적인 팀워크와 협력의 예를 강조한다(예: 미디어).			
항목별 총점			
총점			

• 관계 구축

	만족함 (3)	괜찮음 (2)	추가 작업 필요함(1)
1. 나는 학생들이 서로에 대해 잘 알 수 있도록 체계적인 기회를 마련한다.			
2. 나는 학생들이 나를 한 사람으로서 알아 갈 수 있도록 내 일부분을 학생들과 공유한다.			
3. 나는 학생들의 분노를 확인하고 관리하는 기술을 가르친다.			
4. 나는 교실에서 학생들이 서로 함께 즐길 수 있는 재미있는 단체 활동과 게임을 많이 할 수 있도록 한다.			
5. 나는 자리를 비운 학생들이 있을 때 그들이 없다는 것을 알게 하고 친구가 돌아왔을 때는 기쁘게 생각하도록 한다.			
6. 나는 학생들이 가능한 한 많은 다른 학생들과 함께 활동할 수 있는 기회를 갖도록 한다.			
7. 나는 학생들이 친구 되기 활동과 동료 지원해 주기 프로그램의 역할을 담당할 수 있는 기회를 만든다.			
항목별 총점			
총점			

• 갈등 관리 기술의 지도

	만족함 (3)	괜찮음 (2)	추가 작업 필요함(1)
1. 나는 갈등을 삶의 정상적인 부분으로 보며 학생들에게 이런 관점을 전달한다.			
2. 나는 내 교실에서 직접 갈등 관리 기술을 가르친다.			
3. 나는 교실의 모든 학생이 자신의 갈등을 개진하여 서로 윈윈하는 방법으로 갈등 문제를 해결하도록 격려한다.			
4. 교실에 갈등을 겪고 있는 학생들이 일을 정리하기 위해 갈 수 있는 공간이 있다.			
5. 만약 학생들이 자신의 갈등을 해결할 수 없을 때, 나는 중재안을 제안한다.			
6. 강의실에는 포스터와 같이 의견 차이를 잘 관리하는 방법에 대해 학생들에게 상기해 주는 자료가 있다.			
7. 나는 갈등을 해결하고 교실에서 발생하는 문제들을 다루는 것을 돕기 위해 교실 회의를 연다.			
항목별 총점			
총점			

PEPS: 보호 환경 과정 척도
Protective Environmental Processes Scale

PEPS는 교실에서 사용하는 회복탄력성을 측정하는 도구이며, 특히 학생들의 보호 환경 요인 프로세스 혹은 자원에 대한 자기보고식 검사지이다.

PEPS 사용 방법

이 검사지는 상대적으로 외부 보호 프로세스가 적거나 자원이 적은 학생들을 식별하는 데 도움이 될 수 있다. 다른 학생보다 적은 외부 자원을 가지고 있는 것으로 확인되는 학생을 알게 되면, 학교는 다음과 같이 조치한다.

- 해당 학생을 위해 교사가 아닌 배려하는 어른 한 명과 관계를 맺도록 한다.
- 해당 학생이 여러 가지 방법으로 학교와 더 연결되어 있음을 느낄 수 있도록 도와준다.

이 검사지는 또한 교사와 유대감이 없다고 느끼는 학생 혹은 교사의 처방이 필요한 학생을 식별할 수 있다.

설문을 통해 처방한 후 특정 학생이 첫 번째 관리 때보다 외부 보호 프로세스와 자원을 더 많이 보유하고 있는지 또는 적게 보유하고 있는지 평가한다.

설문지 뒤에 나오는 결과 차트를 통해 학생의 총 점수를 탄력성을 강화하는 7가지 보호 환경 프로세스/자원으로 각각 분류할 수 있다.

이 검사는 자기평가에 의존하고 있는데 자기평가는 일부분 한계가 있다. 만약 자기보고를 완성한 학생이 질문을 이해하지 못하거나, '정답'이라고 생각하는 것을 제시하지 못하는 경우 혹은 단순히 자신의 생각과 행동에 대해 잘 알지 못한다면, 측정 결과는 신뢰성이 떨어진다. 학생의 기술, 태도 또는 행동에 대한 보고서는 반드시 실제 행동을 반영하지는 않는다. 그러나 검사 결과가 낮은 경우 학생에게 많은 관심이 필요하며 개입이 필요한 영역을 파악해야 할 필요를 나타낸다.

PEPS 평가 방법

'예' 문장에 대해 각 1점이 가산된다. 최고 점수는 16점이다. 점수가 높을수록 학생들은 더 많은 환경 보호 프로세스와 자원을 이용할 수 있다. 일반적으로 8점 이하일 경우 관심군으로 분류된다.

PEPS 퀴즈

다음의 설명문을 읽고, 참이면 '예'를, 그렇지 않으면 '아니요'를 선택하십시오.

학생 이름 _____ 반 번호 _____ 날짜 _____

문항	예	아니요
1. 나는 내가 친하다고 느끼는 가족이 적어도 한 명 있다. 내가 걱정될 때 그들에게 말할 수 있다.		
2. 나는 말썽을 일으키지 않는 아이들과 자주 어울린다.		
3. 나는 예배나 종교 장소에 참석한다.		
4. 학교에서 나에게 관심이 있고 내가 어떻게 지내고 있는지 알고 있는 선생님 한 분을 말할 수 있다.		
5. 우리 학교는 내가 좋아하는 활동들을 한다.		
6. 내가 아프거나 뭔가 화가 났다면 우리 반 학생들은 나를 신경 쓸 것 같다.		
7. 나는 학교 밖 스포츠팀이나 클럽에 속해 있다.		
8. 나는 내가 문제가 있을 때 말할 수 있는 내 또래 친구 이름을 댈 수 있다.		
9. 다른 학생들이 사람들을 다치게 하거나 괴롭히지 않기 때문에 이 학교가 안전한 학교라고 생각한다.		
10. 적어도 나의 부모님이나 보호자 중 한 명은 나의 학교 일과 학교에서 나에게 일어나는 일에 정말로 관심이 있다.		
11. 부모님이나 선생님 말고도 내가 가깝게 느끼는 어른이 한 명 더 있다. 이 분은 나를 아끼고 내 인생에서 일어나는 일에 관심이 있다.		
12. 나는 정기적으로 나와 같은 종교 장소에 가는 사람들과 시간을 보낸다.		
13. 나는 내가 도움이 필요하면 말할 수 있는 선생님을 안다.		
14. 평상시 학교에 있을 때, 쉬는 시간이나 점심시간에 함께 시간을 보낼 친구들이 있다.		
15. 나는 우리 반 학생들과 함께 시간을 보내는 것을 좋아하기 때문에 학교가 기대된다.		
16. 만약 나에게 문제가 있거나 도움이 필요하다면, 부모님이나 선생님 외에 내가 의지할 수 있는 어른이 한 명 있다.		
17. 나는 외로움이나 수업 활동에서의 소외감을 거의 느끼지 않는다.		
18. 나는 우리 가족이 나를 정말 아끼고 나의 좋은 점을 볼 수 있다고 생각한다. 그들은 나를 옹호할 것이다.		
19. 나는 나의 미래에 도움이 될 것들을 학교에서 배우고 있다.		
20. 적어도 우리 학교에는 나를 꽤 잘 아는 선생님이 한 분 계신다.		

PEPS 결과 차트

이 결과 차트를 통해 학생의 총 점수를 회복탄력성 7가지 보호 환경 프로세스/자원으로 각각 분류할 수 있다. '예' 문장에 대해 각 1점을 획득한다. 가능한 최고 점수는 16점이다. 점수가 높을수록 학생들이 더 많은 환경 보호 프로세스와 자원을 사용할 수 있다. 일반적으로 8점 이하의 점수는 관심군으로 분류된다.

학생 이름 _____ 반 번호 _____ 날짜 _____

	문항 번호	최대 가능 점수	학생 점수
영적 공동체 참여 • 종교 예배 장소에 참석하기 • 회원들과 교제하기	3, 12	2	
가족 소속 • 가족의 친밀함과 지지 • 가족의 관심 • 가족에 대한 감사와 충성심	1, 10, 18	3	
친구/동료 지원 연결 • 또래의 호감과 배려 • 동료의 지지와 관심 • 동료 간의 교제 • 반 친구들과 함께 있는 즐거움 • 외로움이나 소외감을 느끼지 않음	2, 6, 8, 14, 15, 17	6	
교사 연결성 • 교사의 흥미 • 교사 지원 • 학생의 교사 지식	4, 13, 20	3	
학교/수업 연계 • 학교생활에의 참여 • 안전 • 학교에 대한 의미 있는 목적	5, 9, 19	3	
자상한 어른 한 분 • 관심과 배려 • 감사와 지지	11, 16	2	
커뮤니티 연결성 • 팀이나 클럽에 참여하기	7	1	
총점		20	

PRASE: 보호적 회복탄력성 태도 및 기술 평가
Protective Resilient Attitudes and Skills Evaluation

PRASE는 교실에서 회복탄력성 측면을 측정하는 도구이며, 특히 학생들이 회복탄력성을 얼마나 잘 생각하고 행동하는지에 대한 자기보고서이다.

PRASE 사용 방법

PRASE는 학생들의 회복탄력적인 사고에 대한 인식을 평가하는 자기보고서 도구이다. Bounce Back!의 10개 문항 각각에 해당하는 10개 항목이 있다. PRASE 퀴즈를 통해 교사가 식별할 수 있는 것은 다음과 같다.

- 학생 개개인의 회복탄력성 발달을 저해하는 비탄력적 사고를 식별한다. 식별된 정보는 교사들이 그 학생과의 상호작용과 토론에서 더 탄력적인 사고를 개발하도록 도움을 준다.
- 전체 교실 아동에게 있는 비교적 일반적인 비탄력적 사고를 식별한다. 이는 머리글자의 특정 대처 기술을 검토하고 통합하는 데 참고할 수 있다.
- BOUNCE BACK! 약자를 통해 학습한 기술과 태도를 학습한 후 사후 진전 상태를 확인한다.

이 검사지는 학생의 자기평가에 의존하며, 자기평가는 한계가 있다. 만약 자기보고서를 완성한 학생이 질문을 이해하지 못하거나, 혹은 '정답'이라고 생각하는 것을 잘 표현하지 못할 경우 혹은 단순히 본인이 어떻게 생각하고 행동하는지에 대해 잘 알지 못한다면, 그 결과는 신뢰도가 떨어진다. 이 평가지의 학생의 기술, 태도 또는 행동에 대한 보고는 반드시 실제 행동을 반영하지는 않는다. 그러나 이 검사지의 낮은 점수는 학생에 대한 많은 탐색과 개입이 필요한 영역을 알려 준다.

첫 번째 검사

시작하기 전에 학생들과 함께 문장을 이해할 수 있도록 수업과 함께 각 항목을 살펴본다. 정답이나 오답은 없다는 것을 알려 준다.

두 번째 검사

모든 학생이 모든 문장을 이해했는지 각각의 항목을 다시 살펴본다.

발문의 예: 처음 답한 이후 자신의 생각과 행동이 달라졌습니까? 달라지지 않았나요? 당신이 지금 생각한 정도를 검사지에 표시하세요. 여기에는 정답도 오답도 없습니다.

PRASE 평가 방법

10개 항목은 역채점된다.

- '나답지 않은' 3점
- '조금 나 같은' 2점
- '나 같은' 1점

PRASE 검사에서 가능한 최고 점수는 30점이다. 점수가 높을수록 탄력적인 태도와 기술을 가진 것으로 판단된다.

PRASE: 어떻게 생각하나요? 무슨 행동을 하나요?

학생 이름 _____ 반 번호 _____ 날짜 _____

어떻게 생각하고 무엇을 하는지 가장 잘 설명한 박스를 체크합니다. 질문에는 정답도 오답도 없습니다.

문항	나 같은(1)	조금 나 같은(2)	나답지 않은(3)
1. 나는 한 가지 일이 잘못되면, 다른 일들도 다 잘못될 것이라고 생각한다.			
2. 나에게 문제가 있다면, 문제를 혼자 간직하고, 그것에 대해 다른 누구와도 말하지 않는다.			
3. 나에게 일이 잘못될 때, 그것은 대개 내 잘못이다.			
4. 나는 불행하거나 나쁜 상황에서 좋은 것을 찾기 위해 애쓰지 않는다.			
5. 나는 실수를 했을 때 나 자신에게 정말 화가 난다.			
6. 어떤 불쾌한 것이 바뀔 수 없다는 것을 알면서도, 나는 여전히 그것에 대해 정말 화가 난다.			
7. 나쁜 감정이 나에게 그냥 일어나고 그것에 대해 내가 할 수 있는 것은 아무것도 없다.			
8. 만약 나쁜 일이 일어날 수 있다면, 그것은 반드시 일어날 것이라고 생각하고 걱정한다.			
9. 나에게 나쁜 일이 일어날 때, 나는 상황이 결코 나아지지 않을 것이라고 생각한다.			
10. 나는 종종 내가 또래 중 불행한 시간과 문제를 가진 유일한 아이라고 생각한다.			

PRASE 결과 차트: 보호적 회복탄력성 태도 및 기술 평가

다음 표에는 각 PRASE 항목이 오뚝이 Bounce Back! 대처 문장 중 하나와 어떻게 관련되어 있는지 나와 있다. 각 학생의 PRASE 점수 기록은 지도가 필요한 항목을 나타낸다.

- '나답지 않은' 3점
- '조금 나 같은' 2점
- '나 같은' 1점

문항	문항 번호	최고 가능 점수	학생 점수
오늘의 나쁜 기분은 영원히 지속되지 않아! 내일은 오늘보다 좋아질 거야.	9	3	
뚝심 있게 도와달라고 말해 봐! 도와달라고 하면 도와줄 거야.	2	3	
이로운 생각은 기분을 좋게 해 줘! 다시 생각해 봐.	7	3	
처음부터 완벽한 사람은 없어! 이 세상 어디에도.	5	3	
넘어져도 일어날 수 있어! 실패보다는 성공에 초점을 둬.	4	3	
행복이 항상 있는 건 아니야! 슬픔과 상처와 아픔도 자연스러운 거야.	10	3	
복(福)은 만드는 거야! 그냥 주어지는 게 아니야.	3	3	
하늘의 뜻이려니 생각해. 너무 자책하지 마!	6	3	
세상은 끝나지 않았어. 도전하면 다시 이룰 수 있어!	8	3	
요즘 힘들다고? 이 또한 지나가리!	1	3	
총점		30	

SPOCC: 교실 유대감에 대한 학생 인식
Students' Perceptions of Classroom Connectedness

SPOCC는 교실에서 회복탄력성의 측면을 측정하는 도구이며, 특히 교실에서 유대감 수준에 대한 학생들의 인식을 검사하는 도구이다.

SPOCC 사용 방법

SPOCC는 교실의 정서적, 사회적 분위기에 대한 학생들의 인식과 소속감을 평가한다. 다음과 같은 용도로 사용할 수 있다.

- 자신이 반에 소속되어 있지 않다고 느끼거나, 반 친구 및/또는 선생님과 연결되어 있지 않다고 느끼거나, 교실에서 안전하다고 느끼지 못하는 개별 학생을 식별한다.
- 모든 학생의 응답을 비교하여 학급 전체의 정서적, 사회적 분위기를 파악한다.
- 학급의 많은 학생을 우려하거나 실망시키는 영역을 파악하여 문제를 해결할 수 있도록 한다.
- 재실시 후 개별 학생과 학급 전체의 긍정적인 인식이나 유대감이 개선되었는지 확인한다.

이 검사지는 학생의 자기평가에 의존하며, 자기평가는 한계가 있다. 만약 자기보고서를 완성한 학생이 질문을 이해하지 못하거나, 혹은 '정답'이라고 생각하는 것을 잘 표현하지 못할 경우 혹은 단순히 본인이 어떻게 생각하고 행동하는지에 대해 잘 알지 못한다면, 그 결과는 신뢰도가 떨어진다. 이 평가지에 나타난 학생의 기술, 태도 또는 행동에 대한 보고가 반드시 실제 행동을 반영하지는 않는다. 그러나 이 검사지의 낮은 점수는 학생에 대한 많은 탐색과 개입이 필요한 영역을 알려 준다.

SPOCC 평가 방법

모든 항목은 단계별 점수가 매겨진다.

- '대부분 사실' 3점
- '가끔은 사실' 2점
- '사실이 아님' 1점

가능한 최고 점수는 45점이다. 점수가 높을수록, 학생들은 친구와 선생님과의 유대감을 더 많이 느낀다.

SPOCC

각 문항에 대한 느낌을 나타내는 항목에 표시하세요.

	대부분 사실 (3)	가끔은 사실 (2)	사실이 아님 (1)
1. 이 반의 대부분의 학생은 서로를 좋아한다.			
2. 나는 이 반에 있는 것이 좋다.			
3. 이 반의 학생들은 서로를 비열하게 대하지 않는다.			
4. 이 교실에서는 학생들 간의 싸움이 거의 없다.			
5. 이 반의 학생들은 서로에게 친절하다.			
6. 학생들과 선생님은 서로를 꽤 잘 알고 있다.			
7. 아무도 이 수업에서 소외되고 외롭다고 느끼지 않는다.			
8. 교실은 안전한 곳이다. 아무도 나와 나의 감정을 상하게 하려고 하지 않는다.			
9. 나는 이 수업에서 다른 학생들과 함께 있기를 기대한다.			
10. 나는 내가 이 반에 속하고 받아들여진다고 느낀다.			
11. 이 반에서는 '무시하기'가 거의 일어나지 않는다.			
12. 우리 반은 선생님과 잘 지낸다.			
13. 우리 반 대부분의 학생은 나쁜 것보다 좋은 일에 대해 더 많이 생각한다.			
14. 이 반의 대부분의 학생은 교실에서 일어나는 문제들을 해결하기 위해 서로 협력한다.			
15. 이 반의 대부분의 학생은 그들의 반 친구들에게 무슨 일이 일어나는지 신경 쓴다.			
총점			

단원 **교수전략 및 자료**

1. 서클 타임

1) 서클 타임이란

서클 타임(Circle Time)은 전체 학급토론을 위해 계획되고 구조화된 수업전략이다. 전체 학생은 원 모양으로 둘러앉아 서로를 보며 경청하고, 모든 참여자가 서클 타임 활동과 토론에 참여한다. 원 모양을 만드는 것은 학급 전체가 더 몰입하고 산만함을 줄이기 위해서이다. 모든 사람에게는 듣고 말할 수 있는 기회가 주어진다. 서클 타임에는 의자를 활용하는 것이 가장 효과적이지만, 참여자가 어린 학생일 경우 바닥에 동그랗게 앉는 것도 가능하다. 서클 타임은 Bounce Back! 프로그램의 모든 단원에 사용된다. 이 방법을 통해 교실은 하나의 공동체를 이루고, 긍정적인 관계를 형성하며, 사회정서학습(SEL) 기술을 배우게 된다.

2) 서클 타임의 방법

Bounce Back!의 일반적인 서클 타임에서는 다음의 형식에 따라 논의가 이루어진다.

- 서클 타임 규칙 떠올리기(다음 참조)
- 우리가 사용하는 토킹 스틱(이 스틱을 가지고 있는 학생만이 발언을 할 수 있음)의 용도에 대해 확인하기 (165페이지 참조)
- 소개 게임(선택사항)이나 분위기 전환 활동(energizer) 또는 상황극하기
- 서클 타임 주제를 소개하는 활동(종종 관련 책을 읽음)하기
- 학생이 다음과 같은 다양한 방식으로 참여하는 전체 학급 형식의 토론하기

- 원 안에 있는 모든 학생이 발표하는 방식
- 선발된 학생이 발표하는 방식
- 자발적으로 의견을 말하거나 질문하는 방식
- 두 명 또는 세 명이 한 팀이 되어 토론하고 이후 그룹별 대표가 토론 결과를 설명하는 방식
- 학급토론을 핵심 메시지로 요약하거나 문장으로 완성하는 것과 같이(예: '오늘 내가 배운 한 가지는 …이 다', '한 가지 내가 놀랐던 것은 …이다', '새롭게 알게 된 한 가지는 …이다', '나는 …느꼈다') 서클 타임을 마무리 짓는 활동하기
- 서클 타임의 후속 활동으로 그룹 또는 개별 활동하기(특수한 상황은 제외함)

3) 서클 타임 규칙

모두가 원 안으로 둘러앉았을 때, 서클 타임 규칙을 떠올리면서 세션을 시작한다.

- 모든 학생은 차례가 있고, 한 사람이 말할 때(토킹 스틱이 있는 사람에 해당) 다른 사람은 모두 듣는다.
- 할 말이 없으면 넘어갈 수 있다(하지만 하고 싶은 말에 대해 생각할 시간을 조금 더 갖겠다고 하면 다음 차례에 교사가 다시 물어볼 수도 있다).
- 서클 타임 동안에는 비꼬는 말(은연중에 상대를 무시하는 말)은 허용되지 않는다.

4) 소개 게임이나 분위기 전환 활동(선택사항)

이 활동으로는 이름 게임(name game), 인사말 또는 분위기 전환 활동이 사용된다. 활동 중에 모든 학생은 원을 따라 본인의 차례를 갖는다. 예를 들면 다음과 같다.

- **침묵의 인사**(silent greetings): 미소, 하이파이브, 파도타기 또는 원을 그리며 악수로 전달
- **인사말 인사**(spoken greetings): 가능한 많이 말로 인사말을 전달. 안녕, 안녕하세요, 잘 지내니, 만나서 반가워, 좋은 아침, 헬로우 등을 사용하여 학급의 모든 학생과 인사를 하고 원을 그리면서 돌아다닌다.
- **이름 게임**: 저는 (○○○)이고 이 분은 (◇◇◇, 오른쪽 사람의 이름)이고 이 분은(□□□, 왼쪽 사람의 이름) 입니다.

5) 서클 타임의 학생 섞기 활동

원을 그리며 앉을 때 학생은 종종 자기 친구의 옆에만 앉는 경향이 있다. 다른 친구와 상호작용하기 위해 학생을 섞는 것은 교실의 유대감을 만들고 서클 타임 에너지를 유지하도록 돕는다. 학생 섞기 활동을 위한

예시는 다음과 같다.

- 나에 대한 설명으로 섞기(예: 다음과 같은 경우 일어서서 위치를 변경)
  - 안경을 썼습니다.
  - 언니(남동생/강아지)가 있습니다.
  - 자전거 타기(나무에 오르기, 악기를 연주하기, 수영하기)를 할 수 있습니다.
  - 올리브(스파게티, 바나나, 애플 주스)를 좋아합니다.
  - 몇 월이 생일입니다, 이름에 ~자가 들어갑니다, 수영(축구, 퍼즐 맞추기)을 좋아합니다. 등
- 카테고리를 부여하기
  - 원에 속해 있는 모든 학생은 번호가 매겨지고, 번호를 바꾸어 학생을 섞는다.
  - 모든 학생이 '카테고리 카드'를 받는다(150페이지 참조). 카테고리 하나를 선택하여 그 사람들만 위치를 섞는다(예: 국가 카드를 가지고 있는 사람들만 위치 변경). 카테고리 종류에는 계절, 꽃, 색상, 알파벳, 모양, 동물, 달(month) 등이 있다.

6) 토킹 스틱

토킹 스틱(Talking prompt)을 가지고 있는 사람만이 말할 수 있기 때문에 토킹 스틱은 학생들에게 누가 말할 차례인지 알려 준다. 다른 조 조원들의 중요한 역할은 적극적으로 경청하는 것이다. 토킹 스틱은 창의적으로 만들 수 있고 공식적인 수업용 '우리반 토킹 스틱'을 정하여 사용할 수도 있다. 어린 학생은 작고 부드러운 장난감을 사용하는 것이 선호되고, 고학년 학생은 스냅 팔찌(순간적으로 쉽게 감기는 손목 밴드), 소프트 볼이나 공을 사용하는 것도 좋다. 모든 연령대에서 좋아하는 것의 예로는 방을 어둡게 하여 사용하는 셀로판이 달린 햇불 모양의 빛이 나는 토킹 스틱도 있다. 수업 중 학생들이 평등한 발언권을 가지고 있지 않다고 판단될 때, 서클 타임과 협동 그룹 과제에 사용되는 토킹 스틱을 활용하면 도움이 된다.

7) 서클 닫기

서클 타임을 종료하는 활동의 한 예는 학급토론의 핵심 메시지를 요약하는 것이다. 이때 다음과 같이 문장을 완성하는 방식이 될 수 있다. '오늘 내가 배운 한 가지는 …이다', '한 가지 내가 놀랐던 것은 …이다', '새롭게 알게 된 한 가지는 …이다', '나는 …를 느꼈다' 등으로 할 수 있다. 이러한 자기 성찰은 시기적절한 '싱크 · 잉크 · 페어 · 셰어(Think-ink-pair-share: TIPS; 191페이지 참조)'를 통해 완성할 수 있다.

2. 안전한 학급토론

학생들은 토론 속에서 자신을 공개하고 의견, 감정, 생각 또는 행동의 차이점을 학급 친구들이 존중할 것이라고 생각하기 때문에 안전한 교실 분위기를 조성하는 것은 필수적이다. 또한 학생들이 학급토론에서 나누기에 적절한 자신과 타인의 정보 종류에 관해 배울 수 있도록 도와주는 것도 중요하다. 이러한 신뢰 분위기는 시간이 지남에 따라 쌓일 수 있지만 이해를 받지 못하는 논평이나 비꼬는 말에 의해 쉽게 파괴될 수 있다. 오뚝이 Bounce Back!은 학생들이 자기 자신이나 그들이 아는 사람에 대한 심도 깊은 사적 정보를 공유하는 것에 중점을 두지 않는다.

오뚝이 Bounce Back!에서는 2단계로 자신을 공개한다.

1. 첫 번째 단계에서는 어떤 개념에 대해서 자신의 생각, 의견, 예시 그리고 진행과정을 이야기하며, 이때 그 개념과 발상을 인형, 만화 또는 책 캐릭터, 뉴스 속 인물 등에 적용하여 이야기한다. 예를 들면 다음과 같다.
   - 당신의 친구가 걱정되는 상황의 예를 생각해 볼 수 있나요?
   - Henry는 왜 그렇게 슬펐을까요?
   - 용기란 무엇이라고 생각하나요?
   - 이 인형은 여기에서 어떻게 응답하면 좋을까요?
2. 두 번째 단계에서는 학생이 스스로에게 혹은 가족이나 친구와 같은 자신이 알고 있는 다른 사람에게 적용되는 생각과 개념에 대해 이야기한다. 예를 들면 다음과 같다.
   - 당신이 아는 사람 중에 스스로 정한 목표를 정해서 달성한 경우가 있나요? 그 사람은 그것을 이루기 위해 무엇을 했나요?
   - 나는(혹은 내 또래들은) 어떤 상황을 제일 무서워할까요?

1) 학생이 학급토론에서 안전함을 느끼도록 돕는 지침

(1) 토론을 시작하기 전에 학생에게 '적극적 경청 기술'과 '정중한 반대 기술'을 가르치라

이러한 기술은 미리 가르쳐야 하며, 각각의 토론 기반 활동이나 결과 발표 활동 전에 사용하도록 알려 줘야 한다. 다음과 같은 전략을 사용할 수 있다.

- 이 책에는 학생이 경청하는 기술을 배우고 연습할 수 있도록 기회를 제공하는 여러 가지 활동이 있다. 예를 들면, 싱크 · 잉크 · 페어 · 셰어 TIPS(191페이지 참조), 짝 이야기 전하기(Partner Retell; 187페이지 참조)가 있다. 또한 경청하기 기술을 위한 활동은 7단원의 관계 주제에서 보다 심도 있게 다루어진다.

- 토킹 스틱을 사용한다. 말하는 사람이 토킹 스틱을 사용하고 있음은 다른 사람은 방해하지 말라는 신호이다.
- 토킹 토큰(talking token)을 사용한다. 한 학생만 토론의 중심이 되는 경향이 있는 경우, 모든 학생에게 2개의 토킹 토큰을 주고 이야기할 때는 토큰을 앞에 내도록 한다. 2개의 토큰을 모두 사용한 후, 또 말하고 싶다면 다른 학생이 토킹 토큰을 모두 사용할 때까지 기다려야 한다.
- '정중한 반대 기술'은 상대방에게 반대의 의견을 말하기 전, 상대방의 주장 중 동의한 것을 먼저 이야기하는 것을 말한다. 예를 들어, "낙하산이라는 것은 작동 오류를 범할 수 있기 때문에 낙하산이 위험하다는 Emma의 주장은 맞다고 생각합니다(동의할 수 있는 부분). 그러나 이것이 번지 점프만큼 위험하다고 주장하는 것에는 반대하는 입장입니다(동의할 수 없는 부분)."라고 말할 수 있다.

(2) 항상 상대를 '무시하지 않는' 규칙을 엄격하게 적용한다

토론 전에 학생들에게 규칙을 상기시키며 토론은 절대 상대에게 모욕감을 주지 않는 방향으로 진행될 수 있도록 한다. 이 규칙에는 언어적 무시뿐만 아니라 비언어적 무시도 포함된다. 또한 이 규칙은 서로 간의 차이를 수용하고(1단원의 핵심 가치 주제 참조) 다른 학생이 다른 가치와 아이디어를 가지고 있다는 것만으로 그 학생을 부정적으로 판단하지 않는다는 핵심 가치와 관련된다. 상대에 대한 무시를 줄일 수 있는 전략에 대한 더 많은 상세한 설명은 9단원 안전 주제에 제시되어 있다.

(3) 학생이 불분명한 말을 할 때는 명확한 말로 바꾸어 말하도록 한다

종종 학생들은 다른 학생이나 심지어 자신에게도 분명하지 않은 말을 하거나 질문을 한다. 처음에는 감정과 관계에 관련된 언어를 사용하는 것이 학생들에게 쉽지 않다. 만약 이런 일이 일어난다면, 불분명한 말을 더 단순하고 명확한 방법으로 바꾸어 말하고 이것을 그들과 함께 확인해 보도록 한다.

(4) 학생의 사생활이나 감정이 과도하게 노출되는 내용은 지양한다

불편하게 생각할 것들을 학생에게 시키거나 그에 대해 토론하도록 권하지 말자. 하지만 자신에 대해 공개하는 것을 부끄러워하는 정도가 '일반적'인지 여부를 고려하는 것도 필요하다. 일반적인 사람들보다 자신에 대해 더 많이 공개하거나 부끄럼을 많이 타는 것은 아닌지 살펴본다.

(5) 일부 학생에게는 자기개방이 어려울 수도 있다는 것을 이해한다

일부 학생은 개인적인 이유로 혹은 사소해 보이는 피상적인 이유만으로도 개인적인 것을 이야기하기 어려워할 수 있다. 이 사실은 그들이 주제에 관심이 없거나 그것에 대해 화가 났다는 것을 의미하는 것은 아니다. 이들은 말을 많이 하지 않더라도 여전히 많이 배우고 있다. 어떤 학생은 다른 학생보다 더 수줍어하거나, 그들이 관심의 중심일 때 불안감이 높아진다. 또 다른 경우는 또래의 반대를 두려워하기도 한다. 다음은 토론에 모든 학생을 참여시키는 데 도움이 되는 몇 가지 아이디어들이다.

- 다른 학생과 다른 의견을 갖는 것은 모든 사람의 권리임을 상기시킨다. 비록 누군가 말한 것에 동의하지 않더라도, 그들은 다른 의견에 대한 그 사람의 권리를 존중할 필요가 있다.
- 학생에게 어떠한 질문에도 '통과'할 수 있는 권리를 주되, 학생이 토론에 참여할 수 있도록 격려하고, 너무 자주 '통과'하지 않도록 한다.
- 직접 참여하는 부담을 '한 단계 낮추는' 방법은 인형을 통해 간접적으로 감정과 문제를 표현하도록 하는 것이다.
- 주저하는 발표자를 토론에 포함시키려고 노력하되 난처하게 만들지는 않는다. 예를 들어, 몇몇 학생에게 추가하고 싶은 것이 있는지 (그들의 이름을 부르며) 물어본다. 이때 이미 발언한 학생과 아직 발언하지 않은 학생 모두에게 질문하여 발언하지 않은 학생에게 직접적으로 초점을 맞추지 않도록 배려하는 자세가 필요하다.
- 전체 토론이 항상 좋은 것은 아니다. 일부 소규모 그룹 또는 짝과의 토론 활동을 적절히 사용한다. 일부 학생은 전체 토론에서 관심의 중심이 되는 것에 불편감을 느끼지만, 소규모 그룹에서의 열린 토론(open-ended discussion)에서는 위협을 덜 느낀다. 각 그룹 내에서 언급되는 모든 내용을 '자신의 것으로 소화하도록' 하고, 개별 의견이나 이야기에 초점을 맞추기보다는 '우리가 이야기한 것'에 대해 전체 학급과 공유하도록 요청한다. "Josh가 이렇게 말하던데"와 같이 학급 전체에서 특정 친구를 언급하여 공개적으로 말하는 것은 당사자가 듣기에는 매우 당황스러울 수 있다. 이것은 토론의 성격에 많이 좌우된다. 또한 모든 사람이 토론 후 조별 활동에 대한 모든 결과물에 서명하여 팀 상호의존성과 소유권을 강화하도록 권장한다.
- 학생에게 자기개방의 기회를 제공할 때, 덜 위협적인 대안을 제시한다. 예를 들어, "우정이 깨졌던 일을 이야기해 볼래?"라고 질문하는 대신, "왜 가끔은 우정이 끝난다고 생각해?"라고 물을 수 있다.
- 다른 사람이나 이야기 또는 영화 속 등장인물의 관점에서 상황이나 감정을 묘사하도록 한다. 다른 사람의 감정을 묘사하는 것과 자기개방 사이의 차이는 크지 않으며, 더 많은 연습이 수반되면 자신의 감정 표현을 더 편안하게 느끼게 된다. 예를 들어, 다음과 같이 말할 수 있다.
  - "만일 어색함을 느끼는 신입생이 있다고 할 때, 이 친구의 어색함을 줄일 수 있는 좋은 방법은 무엇이 있을까?"
  - "이 시점에서 Alex는 어떤 감정을 느낄까? 그는 왜 그렇게 느낄까?"
- 학생이 세부 정보를 줄이거나, 이야기를 단순화하거나, 특정 정보를 누락하는 등의 방법으로 피상적인 수준의 자기개방이 가능하다는 사실을 상기시킨다. 이것은 정직하지 못한 일이 아니다.

(6) 일부 학생은 토론에 참여하는 것에 대해 불안감을 느낀다는 것을 기억하고 '그들을 토론에 포함시킬' 방법을 찾는다

어떤 학생은 말할 차례를 놓고 경쟁할 때 불안해하며 그러한 학생들은 토론 상황에서 자신이 방해를 받는다거나 '자신의 의견이 무시된다'고 느끼게 될 것이다. 토론이 잠깐 멈추었을 때 "의견을 더 추가할 사람

이 있나요?"와 같은 일반적인 질문을 한다. 그런 다음 교실을 둘러보면서 발언을 많이 하지 못한 학생에게 압력을 주지 않는 방식으로 분명하지만 짧게 시선을 맞춘다.

(7) 어떤 학생은 과도하게 자기개방을 하고 싶어 함을 이해한다

일부 학생은 개인적인 문제에 관해 이야기할 수 있는 기회에 힘을 얻고 주어진 기회보다 더 많이 불쑥 말한다. 이때 이러한 학생들은 그들 자신, 동급생, 친구 또는 가족에 대해 너무 많이 드러내는 것이 불러올 결과에 대해 충분히 생각하지 않을 수도 있다. 이는 이후 학생들로 하여금 불편함을 느끼게 할 수 있다. 이러한 일이 자주 발생하지는 않지만, 충분히 발생할 수 있는 일이다.

다음은 이러한 가능성을 최소화하기 위한 몇 가지 제안 사항이다.

* 대부분의 경우 '이름 없이 말하기' 규칙을 적용한다. 토론을 시작할 때 학생들에게 언급할 사람의 세부 사항을 알려 주는 것에 대해 주의를 기울이도록 상기시켜 주고, 사생활 보호의 중요성을 강조한다. 학생들은 대신 다음과 같이 말할 수 있다.
  − "내가 아는 사람이 있는데~"
  − "내가 아는 어떤 상황인데~"
  − "내가 아는 친척이 있는데~"
* 학급토론을 시작하기 전에 학생들이 너무 개인적이거나 주제와 간접적으로만 관련이 있거나 교실에서 토론하기에는 너무 복잡한 말을 할 경우 교사가 '보호를 위한 방해(protective interrupting)'를 사용할 것을 학생들에게 알린다. 토론을 시작하기 전에 다음과 같이 이야기한다. "기억하세요, 때로는 여러분을 걱정하게 하는 몇 가지에 대해서는 수업 중에 토론하는 것보다 수업 후 개인적으로 선생님께 말하는 것이 더 나을 수도 있어요. 만약 그런 일이 생기면, '죄송한데요, 우리가 시간이 더 있다면 그것에 대해 나중에 얘기할 수 있을까요?'라고 말할 수 있어요."

학생이 말하는 내용에 관심이 없기 때문에 교사가 중간에 개입한 것으로 느끼는 사람이 아무도 없기를 바란다는 것을 강조한다. 이런 내용은 메모를 하여 나중에 반드시 후속 조치를 취하도록 한다.

(8) 어떤 형태의 연극이나 역할극이든 활동 이후에는 학생들에게 항상 그에 대해 설명한다

학생들은 역할극에 나오는 역할과 태도를 실제 모습과 혼동하기 쉽다. 인형극을 사용하면 이런 효과를 어느 정도 최소화할 수 있다. 이를 위해 다음과 같이 말할 수 있다. "다시 돌아온 걸 환영해. Briony와 Sanjay(원래 이름) 그리고 Jenny와 Jake(그들의 극중 이름) 안녕. 자, 비록 우리 모두가 단지 연극이라는 것을 알고 있지만, 때때로 우리의 뇌는 특정 역할을 연기한 친구를 그 역할과 혼동할 수 있어요. Briony와 Sanjay가 Jenny와 Jake와 같지 않다는 것을 기억합시다. Briony와 Sanjay는 단지 주인공들처럼 행동했을 뿐이에요. Sanjey는 Jake의 역할을 한 것에 대해 어떻게 느꼈나요? Jake와 자신은 어떤 점이 다른가요? Briony야,

Jenny 역을 맡은 것에 대해 어떻게 생각해? Jenny는 너와 어떤 점이 다르니?"

(9) 모든 학생에게 서로의 비밀을 존중하도록 요청한다

학생들은 토론에서 어느 정도 비밀을 유지하는 것이 필요하다. 교사는 "이 방에서 말한 것은 모두 이 방 안에만 머물러야 한다는 것을 기억하세요."와 같이 말할 수 있다. 하지만 교사는 모든 학생이 그 규칙을 준수하기를 바라고 기대하는 한편, 그들에게 비밀을 보장할 수는 없다는 것을 동시에 지적할 필요가 있다. 모든 학생에게 자신이 공개하는 개인 정보에 대해 생각해 보라고 하고, 다른 학생이 수업 외 시간에 이야기하기를 원치 않는 자기 자신, 자신의 가족 그리고 친구에 대한 그 어떤 것도 이야기하지 않는 것이 좋다는 점을 상기시킨다.

(10) 다수의 남학생이 여학생보다 자기개방에 덜 익숙하다는 것을 명심한다

남학생에게 특정한 문제에 대한 자신의 감정에 대해 말하도록 요구하면, 스스로를 연약하다고 느끼면서 자신의 감정을 보여 주지 않는 것에 대한 남성적 사회화 방식과 갈등을 느낄 위험이 있다. 그러므로 일부 남학생이 때때로 감정에 대해 말하거나 글로 쓰거나 자신의 두려움, 의심, 불안감 또는 애정을 친구들에게 공개적으로 선언하는 것을 불편하게 느낄 것이라는 생각은 합리적이다. 남학생들은 종종 어리석고 버릇없이 행동하거나 농담을 하면서 불편감을 나타낼 것이다. 하지만 토론에 참여하지 않는 것처럼 보일지라도 내용을 받아들이지 않고 있다고 생각하는 실수를 범해서는 안 된다. 남학생들은 우정, 용기 등과 관련된 기술의 필요성에 대해 걱정을 하지만 또래 생활에서 이러한 것들을 또래와 의논하거나 발전시킬 기회는 비교적 적을 수 있다. 이때, 교사는 이렇게 말할 수 있다. "우리는 여기서 약간의 개인적인 문제에 대해 말할 수도 있으니, 우리가 말하고 있는 것의 중요성을 존중합시다."

(11) 문화적 차이에 대해 민감하게 인식한다

서양의 심리치료와 상담원리뿐만 아니라 서양의 교육원리와 실천은 오뚝이 Bounce Back! 프로그램을 뒷받침한다. 또한 이러한 원칙의 대부분은 불교의 원칙과 같은 동양 철학과도 일치한다. 하지만 우리 사회는 인종적, 문화적 구성의 측면에서 매우 다양하다. 따라서 언어, 가치, 배경 및 경험과 관련하여 학생들의 문화적 차이를 고려하기 위해 적절한 활동을 선택하고 개념을 적용하는 데 있어서 문화적 감수성을 발휘할 필요가 있다.

3. 문학작품을 활용한 방법

동화책과 소설책은 오뚝이 Bounce Back! 도입 부분에 사용되거나 핵심 메시지를 강화하기 위해 사용된다. 오뚝이 Bounce Back! 프로그램에서 사용되었던 자료는 접근하는 방법이나 자료가 있는 위치에 대한 정보가 함께 제공될 것이다.

학생이 텍스트를 읽고 자신의 삶을 돌아보는 데 사용할 수 있는 질문의 예를 제시하면 다음과 같다. 다음 질문은 학급 전체, 소규모 조별 학습 또는 조별토론에 사용될 수 있다. 또한 수업전략으로는 짝 이야기 전하기(187페이지 참조) 및 싱크 · 잉크 · 페어 · 셰어(191페이지 참조)와 같은 활동에 사용할 수 있다.

1) 학생이 작품을 이해하는 데 도움이 되는 질문

- 내가 이 주제에 대해 이미 알고 있는 사항은 무엇일까요?(예: 용기)
- 이 책은 무엇에 관한 것 같나요?(책 표지를 보여 주고 난 후)
- 등장한 인물/동물/주인공은 누구인가요?
- 무슨 일이 일어났나요?
- 사건이 일어난 장소는 어디인가요?
- 그 사건은 언제 일어났나요?
- 어떻게/왜 그런 일이 일어났나요?
- 시작/중간/끝에 무슨 일이 있었나요?
- 표지/제목은 본문에 대해 무엇을 말해 주고 있나요?
- 이 삽화는 무엇을 말해 주나요? 이 삽화를 보면 기분이 어떤가요?
- 다음에 무슨 일이 일어날 것 같나요? 왜 그렇죠?

2) 학생이 작품에 대해 비판적으로 생각하는 데 도움이 되는 질문

- 이 이야기는 무엇에 관한 것일까요? 어떻게 알게 됐나요?
- 그 이야기 속에 누가 있나요? 그 이야기에서 빠진 사람은 누구인가요? 반드시 있어야 할 사람은 누구일까요?
- 이야기를 들려주는 사람은 누구인가요? 만약 다른 등장인물에게 질문한다면 그들은 뭐라고 말할까요?
- 이야기가 마음에 드나요? 왜 그런가요?/왜 아닌가요?
- 이야기의 결말을 어떻게 바꿀 수 있을까요?
- 등장인물이 뭔가 다른 일을 했다면 어떨까요? 이야기가 어떻게 달라질까요?

- 어떤 등장인물을 좋아하나요? 어떤 캐릭터를 좋아하지 않나요? 왜죠?
- 단어나 그림은 등장인물들의 기분에 대해 어떤 단서들을 주나요?
- 작가가 독자들에게 무엇을 전달하려고 했을까요?
- 작가는 이 세상과 사람들에 대해 우리가 무엇을 깨닫기를 원할까요? 무엇을 통해 그 사실을 알 수 있었 나요? 이것은 당신이 이 세상과 사람들에 대해 믿고 있던 사실과 '부합'하나요? 왜 부합하나요?/왜 부 합하지 않나요?
- 이 책의 메시지/교훈은 무엇인가요? 작가는 우리에게 무엇을 말하고 있나요? 작가의 메시지에 동의하 나요? 이 책을 읽고 나서 무엇을 새롭게 할 건가요?
- 이 캐릭터는 지금 어떤 생각을 하고 있을까요?
- 이 이야기는 왜 이런 식으로 끝났을까요?
- 결말이 무슨 의미를 지니나요?
- 책은 어떤 느낌을 주었나요? 행복한 느낌의 책인가요? 아니면 슬픈 느낌의 책인가요?
- 이 책은 자신이 가장 좋아하는 책과 어떤 점에서 비슷한가요?/어떤 점에서 다른가요?
- 이 책에 그림이 없다면 어떨까요?

4. Bounce Back!의 10가지 대처 원칙과 관련한 질문

다음 질문은 추천 문학작품을 사용할 때 Bounce Back!의 핵심 메시지를 이해하는 데 도움이 된다. 이 질 문은 프로그램에서 책, 시, 노래, 동영상 그리고 영화 또는 다른 종류의 텍스트와 함께 사용할 수 있다. 몇 몇 질문은 다른 질문에 비해 특정 자료에 더욱 적합한 경우도 있다.

- 발생 가능성 예측의 정확성에 초점을 맞춘 질문:
  일어날지도 모른다고 걱정하는 일이 실제로 일어날 가능성은 얼마나 될까요?
- 용기에 대한 질문:
  이 이야기에서 용기를 보인 사람은 누구인가요? 그들은 어떤 두려움을 극복했나요? 그들은 어떤 위험 을 감수했나요? 그들의 행동은 사려 깊었나요 아니면 무모한 위험이었나요?
- 그릿, 성장 마인드셋 및 목표 설정에 초점을 맞춘 질문:
  이야기에서 누가 포기하기를 거부했나요? 책의 등장인물은 어떤 계획을 세웠죠? 실수로부터 포기하 지 않고 무언가를 배운 사람이 있나요? 도중에 어떤 문제나 장애를 만났나요? 등장인물은 열심히 했나 요? 인물이 달성하고 싶어 했던 것은 무엇이었나요? 어떤 목표를 세웠나요? 열심히 하는 것은 그 인물 의 성공에 도움이 되었나요? 그 등장인물이 아직까지 할 수 없었던 것은 무엇인가요?
- 대처 원칙 '오늘의 나쁜 기분은 영원히 지속되지 않아! 내일은 오늘보다 좋아질 거야'에 초점을 맞춘 질문:

인물은 사건의 나쁜 시간이 지속되지 않고 상황이 나아졌다는 것을 언제 알았을까요?

- 대처 원칙 '뚝심 있게 도와달라고 말해 봐! 도와달라고 하면 도와줄 거야'에 초점을 맞춘 질문:

  등장인물은 슬퍼질 때/걱정될 때/어려움을 겪을 때 누구에게 말을 했나요? 누군가와 대화를 하는 것이 기분이 나아지는 데 어떻게 도움이 되었나요? 이 이야기에서 증거도 없이 결정을 내리는 사람이 있었나요?

- 대처 원칙 '이로운 생각은 기분을 좋게 해 줘! 다시 생각해 봐'에 초점을 맞춘 질문:

  동화 속 인물들은 어떤 감정을 가졌나요?(6단원 정서 주제에서 그랬던 것처럼 감정에 대한 정확한 이름과 강도를 지정하도록 강조한다) 동화 속 어떤 인물이 화가 났나요? 화내는 것이 도움이 되었나요? 인물이 침착하고 화를 내지 않았다면 어떻게 되었을까요? 자신의 생각을 더 도움이 되는 방향(즉, 흥분하지 않고, 사실을 찾고, 해결책을 찾는 데 도움이 되는 방향)으로 바꾼 인물이 있나요?

- 대처 원칙 '처음부터 완벽한 사람은 없어! 이 세상 어디에도'에 초점을 맞춘 질문:

  등장인물이 어떻게 완벽하지 않았나요? 다른 등장인물은 어떤 식으로 완벽하지 않았나요? 그들은 어떤 실수를 했나요? 완벽한 사람이 있나요? 본인은 언제 실수를 했나요? 그 실수를 통해 본인이 무언가를 배우는 데 도움이 되었나요?

- 대처 원칙 '넘어져도 일어날 수 있어! 실패보다는 성공에 초점을 둬'에 초점을 맞춘 질문:

  등장인물이 나쁜 상황에서 긍정적인 것을 발견했나요? 누가 밝은 면을 보았나요?

- 대처 원칙 '행복이 항상 있는 건 아니야! 슬픔과 상처와 아픔도 자연스러운 거야'에 초점을 맞춘 질문:

  동화 속에서 어렵거나 힘든 시간은 언제였나요? 이런 일은 모두에게 일어나나요? 또래친구 중에 이런 종류의 어려움을 겪은 친구가 있나요?

- 관계에 관련한 질문:

  이 등장인물은 좋은 친구였나요? 어떻게요? 다른 사람들과 그 등장인물의 관계가 이야기의 결말/결과에 어떻게 영향을 미쳤나요? 갈등이나 문제는 어디서 일어났고 어떻게 해결되었나요?

- 감정과 공감에 초점을 맞춘 질문:

  등장인물이 느낀 감정은 무엇인가요? 어떤 단어나 그림을 보고 그들이 그렇게 느꼈다고 생각했나요? 그들의 감정은 그들을 어떻게 행동하게 했나요? 이것이 좋은 일이라고 생각하나요? 만약 본인이 이 캐릭터라면 어떤 감정을 느꼈을까요? 그들이 한 일을 본인도 할까요?

5. 짝 활동과 소그룹 활동 구성

학생들을 그룹이나 짝으로 조직하는 가장 좋은 방법은 '무선배정(random grouping)'이다. 이 방법은 학생들이 함께 활동할 친구를 선택하는 것이 아니라 그룹으로 할당되고 '혼합(mixed up)'됨을 의미한다. 대부분의 시간은 이렇게 무선배정으로 배정되고 나머지 시간에는 자신이 짝을 선택할 수 있도록 한다(하지만 학생들에게 모든 사람이 2분 이내에 특정 그룹으로 초대받지 못하면 '자유 선택'은 더 이상 하지 못한다고 안내한다).

이와 같은 무선배정은 모두가 서로를 알고 협동하는 것과 같은 유대감으로 특징지어지는 더 포괄적이고 긍정적인 교실 문화에 기여한다. 다음은 24명으로 구성된 학급에 대해 3인 혹은 2인 1조로 편성하는 몇 가지 방법이다.

1) 이름 카드 또는 막대 뽑기

교사가 카드나 막대에 모든 학생의 이름을 쓴다(또는 학생들이 직접 자신의 이름을 쓰도록 한다). 교사는 박스에서 세 개씩(또는 두 개씩) 카드 혹은 막대를 뽑는다.

2) 번호 맞추기

1에서 8까지 종이에 번호를 매긴다. 동일한 번호를 가진 학생은 같은 그룹에 속한다. 학생 숫자가 24명 이상인 경우, 자신이 속할 그룹을 선택할 수 있는 '와일드 카드(wild card)'로서의 여분의 숫자 한 개 혹은 두 개를 더 선택한다. 만약 학생 수가 26명보다 더 많다면 그룹을 더 많이 만든다.

3) 카테고리 카드

3개로 구성된 범주 카드 8세트를 만든다. 각 세트의 각 카드 뒷면에 1~3 사이의 숫자를 입력한다(이는 같은 범주의 각 1번, 각 2번, 각 3번에 역할을 할당할 때 사용하기 위함). 각 카드의 전면에 그림을 붙여 넣거나 그리거나 현재 주제와 관련된 단어를 작성한다. 먼저, 학생들은 상자에서 카드를 뽑는다. 그리고 같거나 일치하는 카드를 가진 다른 두 학생을 찾는다. 각 세트는 다음과 같이 설정할 수 있다.

- 8개의 다른 동물
- 8개의 서로 다른 교통수단(예: 자동차, 선박, 트럭, 자전거, 버스, 전차, 비행기, 인력거 등)
- 8개 국가(같은 나라에 대한 정보를 바탕으로 하나의 그룹을 형성함. 예: 나라 이름, 주요 강, 수도, 유명한 기념물, 언어 등)
- 8장의 엽서(생일 카드, 크리스마스 카드 등) 또는 8개의 잡지 사진 각각을 3개의 조각으로 나누어서 사용
- 같은 답을 가진 8개의 수학식(예: 정답이 10인 수학식으로 2×5, $5+5$, $8+2$ 등)끼리의 조합
- 8종류의 다른 놀이 카드 중에 같은 숫자끼리의 조합
- 같은 글자로 시작하거나(예: 가위, 가방, 가수 등) 또는 동일한 초성으로 이루어진(예: 사과, 수고, 산길 등) 단어 혹은 그러한 단어를 나타내는 그림 8세트

4) 줄 서기

학생들은 가나다의 이름(성을 포함한 혹은 성을 제외한 이름) 순서나 생일(태어난 달을 기준으로 하고 달이 같다면 날짜를 고려함)과 같은 기준에 따라 두 줄로 선다. 그런 다음 각 줄의 처음 두 명, 총 네 명이 하나의 그룹이 되고 그다음 네 명이 또 하나의 그룹이 되는 식으로 그룹을 편성한다. 두 줄을 '섞는' 작업을 할 수 있는데 이것은 학생들을 혼란스럽게 해서 가장 친한 친구가 함께 있지 않도록 하기 위해서이다. 예를 들어, 각 줄의 처음에 선 두 사람에게 자신이 속한 줄의 끝으로 가도록 하고, 그 줄 끝의 두 사람은 같은 줄의 맨 앞에 오도록 요청할 수 있다. 그런 다음 앞에서 설명한 것과 같이 각 줄에서 두 사람씩 총 네 명을 하나의 그룹으로 한다.

6. 학급회의와 전교학생회의

1) 학급회의

학급회의는 서클 타임 방식을 사용하여 진행할 수 있다. 그러나 별도의 방법으로도 학급회의를 열 수 있다. 이러한 모임 시간은 모든 학급 친구에게 교실이나 운동장에서 발생한 어려움을 토론할 수 있는 문제해결 회의(problem-solving meeting) 시간이다. 예를 들어, 교사는 학생들에게 다음과 같은 질문을 할 수 있다. "공공연하게 친구를 무시하는 말을 하거나 친구에게 욕을 할 때 우리는 어떻게 해야 할까?" 학생들은 다음과 같은 질문을 할 수도 있다. "체육 수업을 15분 더 늘려 달라고 할 때 선생님을 어떻게 설득시킬 수 있을까요?" 학급회의는 회의 진행과정을 배우고 정중히 반대하기와 적극적 경청과 같은 사회적 기술을 연습하기에 좋은 시간이다. 또한 학급회의는 학생들이 의장에게 요청하여 자신이 발언할 기회를 얻고, 말하는 차례를 기다리며, 자신의 의견을 표현하고, '나 전달법(I-message)'을 사용하며, 갈등을 관리하고, 협상하는 방법을 배우는 데 도움이 된다. 학생들은 효과적으로 문제해결 기술을 개발하기도 하며, 이런 구조화된 환경 속에서 자신이 잘 해낸다는 유능감을 높일 수도 있다.

학급회의의 구조는 다음과 같다.

- 모두가 원으로 둘러앉는다.
- 역할 분담: 의장(골고루 돌아가며 함), 서기(회의록을 작성하여 모든 참여자에게 사본을 공유함), 시간 체크 도우미. 교사의 역할은 주로 학생들의 다양한 생각을 받아들이고 듣는 것이며, 모든 학생이 받아들일 수 있는 해결책을 얻도록 도와주는 것이다. 교사가 회의를 주도하지는 않지만, 참여할 수는 있으며, 적절한 경우 의견과 질문을 통해 학생들의 참여를 절묘하게 촉진할 수 있다.
- 회의 진행 시간: 저학년은 10~15분이 적합하며 고학년은 최대 30분 동안 진행한다.

- 회의를 하기에 적절한 시간: 휴식시간, 점심시간 또는 종례시간 직전에 회의를 진행하면 뜨거운 논의가 이루어지고 있더라도 자연스러운 중단이 발생할 수 있다. 이럴 때, 교사는 "다음 회의는 이 문제로 시작할게요."라고 말할 수 있다. 그러나 쉬는 시간 또는 점심시간 직후에 바로 개최되는 회의들은 사건 발생 직후의 시점에 문제를 해결할 수 있기 때문에 부정적인 사고를 줄이는 데 도움이 된다.

2) 학급, 학년 또는 학교 수준의 위원회 설치

학급, 학년 또는 학교 수준의 위원회에 대한 학생 참여를 통해 자기 자신과 다른 학생에 대한 책임감을 기를 수 있고, 공동체 의식과 학교 유대감을 높일 수 있다. 학생회 참여를 통해 학생들은 협동, 경청, 정중한 비판, 협상, 갈등 해결, 주인 의식 발휘, 목표 설정, 진행상황 모니터링과 같은 사회정서 기술을 연습할 수 있다. 학급별 자치 활동 위원회에 속한 세부적인 각각의 위원회는 보통 두세 명의 학생으로 구성된다.

이상적으로 학급, 학년 또는 학교 수준의 위원회는 다음과 같이 활동한다.

- 활동을 운영하는 데 필요한 종합적인 전략을 사용한다.
- 뛰어난 목표 설정 기술을 사용한다.
- 모두가 팀이 되어 활동하기 위해서는 어떻게 해야 하는지 협상을 통해 결정을 내린다.
- 기간별 순환제(예: 학기별 혹은 분기별)를 실시하여 임기의 제한을 둔다.
- 너무 '뽐내거나 위세부리지(bossy)' 않도록 한다.
- 필요한 경우 다른 친구가 임시 위원으로 지원할 수 있다.
- 활동 진행과정을 지속적으로 기록하고 임기 동안의 업무와 업적에 대한 최종보고서를 임기가 끝날 때 (지정된 서식을 이용하여) 작성하도록 한다.

학급별 자치 활동 위원회의 구성은 다음과 같이 제안할 수 있다.

- **행정 위원회**(administrative committee): 출석 여부를 확인하고 출석 통계를 작성하는 지원을 하며, 결석이나 지각에 대한 자문을 함
- **입법 위원회**(assembly committee): 학교 관리자와의 연결 및 학교규칙을 제정함
- **학급유지·관리 위원회**(classroom maintenance committee): 교실 청소 및 유지·관리를 담당함
- **학급회의 위원회**(classroom meetings committee): 계획, 공지, 의장, 회의록 및 보고서 작성을 담당함
- **학급 연락 위원회**(classroom liaison committee): 다른 반과 연락하고 사회적 교류를 계획하기, 교무실과 다른 반에 메시지를 전달하고 수집하기, 소식지 및 가정통신문 배부함
- **자료전시 위원회**(display committee): 교실 전시 및 전람회를 설계하고 유지 관리함
- **이벤트 관리 위원회**(event management committee): 반 친구들과 선생님의 생일뿐만 아니라, 출산과 같이

축하해야 할 일을 기억하고 축하하며 교실 안팎에서 학급 친구들의 긍정적인 성취와 행동에 대해 기록하고 보고함

- **기금 모금 위원회**(fundraising committee): 행사 및 프로젝트를 조직함
- **게임 클럽 위원회**(game club committee): 점심시간에 일부 학생들에게 단순한 오락적인 놀이를 제공할 뿐만 아니라 안전하고 만족스럽고 자극적이지 않은 장소를 함께 제공하는 게임 클럽을 운영함(하나의 게임 세션은 최대 25개의 예약된 장소에서 열리고, 점심시간마다 총 두 개의 게임 세션이 열릴 수 있으며, 한 명의 교사가 각 세션을 자유롭게 감독해야 함)
- **정원 관리 위원회**(garden committee): 학급 식물 혹은 학급에서 만든 모든 정원을 돌보고, 구매하고, 감독함(예: 야채 정원, '향기' 정원, '터치' 정원, 평화 정원, 곤충 퇴치 정원)
- **하하호호 놀이 위원회**(Giggle Gym committee): 재밌는 만화, 농담, 노래, 시나 이야기를 찾아 발표하고 학급의 학생들이 즐길 수 있는 재미있고 재치 있는 게임을 조직함
- **그래픽 위원회**(graphics committee): 교실에서 요구하는 장식, 인증서, 잡지 삽화, 카드, 포스터, 만화 등을 제공함
- **감사 위원회**(gratitude committee): 학급/학교를 위해 일하고 기여하는 분들에게 감사를 표현하는 적절한 공식적이고 비공식적인 방법을 찾음
- **그룹 편성 위원회**(grouping committee): 협동학습 시간에 활용할 수 있는 재미있는 무선배정 방법을 기획하고 구성함
- **도서관 위원회**(library committee): 도서관과 연락하고, 학급 도서 자료에 대한 기록을 유지하고, 도서 자료 구입에 대한 제안서를 제공함
- **학급 소식지 위원회**(newsletter committee): 주간, 격주, 월간 또는 학기별로 학급 소식지의 발행을 기획함
- **자료 위원회**(resources committee): 수업 자료, 자료 보관, 새 자료에 대한 제안 제공, 수업 활동을 위한 자료 제작 등에 대해 지속적으로 확인함
- **기술 위원회**(technology committee): 디지털 도구와 장비에 대한 목록 제작 및 유지, 학급 친구들에게 멀티미디어 학습 제품에 대한 지원을 제공함
- **오늘의 단어/이번 주의 문제 위원회**(word of the day/problem of the week committee): 교실에서 기회가 될 때마다 사용할 수 있는 흥미로운 오늘의 단어와 매일 시도할 수 있는 재미있는 문제를 조사한 후 선택함
- **동물 관리 위원회**(zoo-keeping committee): 적절한 교실 동물과 유지 관리에 대해 조언하고 그들이 잘 보살핌을 받고 있는지 확인함

7. 효과적인 교수전략

1) 앞일까 뒤일까

이 게임의 승자는 모든 친구에게 공개된 단어의 목록에서 미스터리 단어를 제일 먼저 추측하는 팀이다. 각 팀은 서너 명의 학생으로 구성된다.

- 게임에 참여하는 모든 팀은 같은 단어 목록을 제공받는다. 이때 목록에는 맞혀야 하는 '미스터리 단어'가 포함되어 있다(해당 단어는 목록에 제시된 단어 중 하나이며 학생들은 교사가 지정한 이 미스터리 단어가 무엇인지 맞혀야 함).
- 각 팀은 돌아가면서 교사에게 목록에 있는 특정 단어를 선정하여 미스터리 단어의 앞에 있는지 뒤에 있는지 정보를 요청한다(예: '오뚝이'에 대한 정보를 주세요).
- 교사는 미스터리 단어가 선정한 단어보다 앞에 있는지, 뒤에 있는지에 대해 정보를 제공한다(예: 오뚝이는 미스터리 단어보다 앞에 있습니다).
- 단, 한 팀이 갖고 있는 단어 추측 기회는 한 번뿐이며 팀의 모든 학생이 추측 기회를 사용하는 데 동의해야 가능하다.
- 만약 추측이 틀렸다면, 그 팀은 추측 기회가 더 이상 없으며 게임에서도 진행되는 라운드가 끝날 때까지 퇴출된다. 교사는 "아쉽지만 틀렸습니다. 이번 라운드는 아웃입니다."라고 말하고 남은 다른 팀과 경기를 계속한다.
- 미스터리 단어를 맞히는 팀이 승리한다.

이 교육전략은 학지사 홈페이지에 PPT 자료로도 제공된다.

(1) 팀 리그전의 2 대 2 버전

'앞일까 뒤일까' 게임은 협력 게임인 팀 리그 게임의 일부로 실행할 수 있다(192페이지 참조). 두 명이 한 팀이 되어 한 팀이 목록에서 미스터리 단어를 선택하고 다른 한 팀은 그것을 알아내도록 한다. 각 팀의 점수는 추측 과정에서 정답을 맞히기 전까지 추측하여 제시한 단어의 개수이다. 따라서 점수가 낮은 팀이 게임에서 승리한다.

2) BRAIN 토론

이 교수전략에서는 BRAIN의 약자를 사용한다.

- Beautify it in some way: 어떤 식으로든 아름답게 하기
- Replace or reorganize some parts of it: 일부를 교체하거나 재구성하기
- Add or remove parts of it: 일부를 추가하거나 제거하기
- Increase or decrease parts of it: 일부를 늘리거나 줄이기
- Name it differently: 다르게 이름 짓기

학생들은 5명이 한 팀이 되어 활동하는데(BRAIN 머리글자가 5개의 문장으로 구성되기 때문) 각 개인은 BRAIN 문장으로부터 할당된 다섯 가지 관점 중 하나에 대해 토론을 이끌어야 한다. 토론이 모두 이루어지면 학생들은 개선 계획을 세운다(예: 교실, 가방, 또는 운동장에 대한 개선 계획).

3) 묶음 활동

각 학생은 네 장의 종이를 가지고 있고, 각 종이에 주제와 관련된 서로 다른 단어(예: 4개의 감정 단어) 또는 사실(예: 실수는 배우는 데 도움이 된다)을 적는다. 그리고 나서 각 학생은 다른 두 학생을 더 모아서 총 세 명이 한 팀을 이룬다. 팀을 이룬 학생들은 자신이 가지고 있는 종이를 서로 다른 범주(즉, 묶음)로 분류하고 각 묶음에 이름표를 붙인다(예: 즐겁고 불쾌한 감정). 마지막에 각 팀은 학급 전체와 결과를 공유한다.

4) 회전 브레인스토밍

- 6장의 큰 종이 위에 6개의 주제에 해당하는 열린 질문을 적는다. 7단원이라면 관계에 대한 질문을 할 수 있다. 예를 들어, "좋은 친구라고 부를 수 있는 사람의 행동 한 가지만 이야기해 볼까요?"라고 질문할 수 있다. 9단원 안전 주제에 대한 회전 브레인스토밍 질문으로는 "괴롭힘당하는 친구를 어떻게 도울 수 있는지 한 가지 예를 써 볼까요?"를 제시할 수 있다.
- 각각 다른 질문이 있는 6개의 정거장을 설치한다.
- 학생들은 네 명이 한 팀이 되고, 각 학생은 1에서 4까지의 번호 중 하나를 부여받는다. 1번은 작가, 2번은 시간 체크 도우미, 3번은 이동 안내 도우미(팀원을 다음 정거장으로 이동시키는 역할), 4번은 발표자 역할을 나타낸다.
- 선생님의 신호가 울릴 때에만 다음 정거장으로 이동할 수 있다. 각 정거장에서 각 팀은 이미 작성된 응답과는 다른 응답을 작성해야 한다(다른 색상의 펜 이용).
- 모든 팀이 출발한 곳(홈 정거장)으로 돌아가면, 각 팀의 발표자는 홈 정거장에 적혀 있는 6개 아이디어를 읽는다.

5) 집단 교실 탐구

작은 자료를 붙일 수 있도록 벽에 큰 종이를 붙이거나 게시판 한쪽에 넉넉한 공간을 확보한다. 학생 모두에게 주어진 주제(예: 애완동물을 키울 때, 건강상의 이점은 무엇일까?)를 탐구할 것이라고 공지한다. 모든 학생은 지정된 주제에 대해 답과 자료를 탐구하고 가지고 온다. 교사는 이 활동을 위해 학생들이 인쇄하거나 그린 자료들을 넣을 수 있도록 빈 클리어 파일을 준비해야 한다. 또한 학생들에게 정보의 출처를 바르게 표시하도록 상기시킨다. 학생들은 그들의 최종 결과물을 큰 종이 혹은 게시판에 붙인다.

6) 별점 주기 비교표

학생들은 두 명이 한 팀이 되어 책이나 영화에서 유사한 주제나 등장인물을 비교하는 표를 개발한다. 이 때, 비교할 기준을 세 개나 네 개 정도 정한다. 책을 예로 들면, '얼마나 재미있었나?', '삽화들이 그 이야기에 적절했나?', '전개가 자연스러웠는가?', '결말이 얼마나 만족스러웠는가?'와 같다. 그리고 각 기준에 대해 어떻게 '점수를 부여할지'를 결정한다(예: 별 5개 만점).

7) 협력적 입장교환 논쟁

두 명이 한 팀이 된다. A팀은 주제와 관련된 문제를 지지하는 두 가지 의견을 찾아내고, B팀은 그와 반대되는 입장의 의견 두 가지를 찾아낸다. 각 팀은 다른 팀에 자신의 주장을 제시한다. 그런 다음 두 팀은 관점을 바꾸어 A팀은 문제에 반대하는 새로운 의견 한 가지를, B팀은 문제에 찬성하는 새로운 의견 한 가지를 제안한다. 이후 모든 팀은 문제에 대한 가장 강력한 찬반 의견을 하나씩 협상하여 이를 반 학생들과 공유한다.

8) 팀 대표 번호 뽑기

학생들은 1번에서 3번까지 번호를 부여받는다.

- 교사는 질문을 한다. 팀은 합의를 거쳐 최종적으로 합의된 답을 결정한다. 팀의 모든 사람은 자신이 속한 팀의 대답이 무엇인지 명확하게 알아야 한다.
- 선생님은 숫자(1, 2, 3)를 부르며, 해당 번호를 부여받은 학생만이 말로 혹은 서면으로 발표할 수 있다.

9) 공동 또래 정비소

학생들은 서술형 과제나 발표와 같은 높은 수준의 주제 관련 결과물에 대한 평가 기준을 논의한다. 그들은 이를 통해 평가 기준 체크리스트를 개발하게 된다. 그다음, 개별 학생들은 그들 과제의 초안을 만들어 낸다. 이후 세 명이 한 팀이 되어 각 학생이 그들의 초안 과제를 보여 주고 설명하면 다른 학생들은 그에 대해 평가 기준 체크리스트에 따라 피드백을 준다. 각 학생은 학급 친구들에게 받은 피드백을 통해 성찰하고 그것을 제품 재정비에 사용한다.

10) 비밀단어 퍼즐

이 단어 게임에서 학생들은 비밀 메시지를 찾기 위해 범주들을 지워 나간다. 비밀 메시지는 Bounce Back! 프로그램 각 단원의 핵심 메시지이다. 이 교육전략은 몇 개의 단원에서 PPT 자료로 제공된다.

11) 주사위로 생각하기

네 명이 한 팀이 되며, 각 팀에서 주사위를 하나씩 사용하거나 학급 전체가 컴퓨터 화면의 주사위를 사용한다. 이 교수전략에서는 다음과 같이 제안할 수 있다. '학생들이 학교에 다니는 것에 대해 돈을 받아야 한다.' 그리고 이 주제를 논의하기 위해 학생들은 각자 주사위를 던진다. 만약 짝수가 나오면 이 제안이 왜 좋은 의견인지에 대한 한 가지 이유를 말한다. 만약 홀수가 나오면 이 제안이 왜 안 좋은 의견인지에 대한 한 가지 이유를 제시해야 한다. 또한 이 활동은 긍정적·부정적 예시를 제시하는 방법으로도 진행할 수 있다 (예: 짝수가 나올 경우에는 '좋은 우정 행동'의 예를 제시한다. 홀수가 나올 경우에는 '나쁜 우정'의 예를 제시한다).

12) 코너 모임

이 활동은 토론을 장려하는 데 좋은 전략이다.

• 네 가지의 색이 다른 색종이(예: 빨강/파랑/초록/노랑 색종이)를 준비한다. 방의 네 모서리 근처에 다른 색깔의 색종이를 붙인다.
• 개인의 선호도 및 경험에 대한 주제 관련 질문을 많이 준비한다. 각 질문은 네 가지의 선택지가 있어야 한다. 예를 들면 다음과 같다. "어떤 것이 가장 무서운가요?"라는 질문에 빨간색 모서리는 치과의사에게 가는 것, 파란색 모서리는 말을 타는 것, 녹색 모서리는 처음으로 친구 집에서 자는 것, 그리고 노란색 모서리는 많은 인파 속에서 길을 잃은 것으로 제시할 수 있다.
• 학생들은 자신의 생각을 가장 잘 나타내는 모서리로 간다. 그러고는 같은 모서리에 도착한 친구들과

함께 왜 이 모서리를 선택했는지에 대해 토론한다. 한 모서리에 서너 명 이상이 모였다면 두 그룹으로 나누어 토론하도록 한다.

13) 되감기 역할극

이 활동은 학생이 문제를 이해하는 능력을 키우고 특정한 상황에 처한 사람의 감정을 공감하도록 도와주는 연극 활동이다. 인형극으로 활동할 수도 있다.

* 팀에게 갈등 상황이나 이야기의 장면과 같이 역할극을 할 수 있는 시나리오를 제공한다. 혹은 학생들이 직접 간단한 이야기를 재연하거나 구성할 수도 있다.
* 이야기의 중요한 시점에서 연기를 하는 학생들이 멈추도록 한다. 이것은 역할극의 참가자와 청중에게 무엇이 일어났는지, 연기하는 학생들의 말이나 행동이 극중 다른 등장인물에게 어떤 효과를 야기했는지, 그리고 이 다음에 어떤 일이 벌어질지에 대해 좀 더 깊이 생각해 볼 수 있도록 한다. 이때 청중에게 인물의 감정과 행동 등에 대한 생각을 물어본다.
* '되감기'는 학생들이 특정 장면을 되돌릴 수 있게 하여 되돌린 시점에서부터 이야기를 다른 결말로 이끌 수 있도록 한다.

14) 좋은 경찰과 나쁜 경찰

이 전략은 학생이 같은 상황에 대해 두 가지 방법으로 생각할 수 있다는 것을 이해하는 데 도움이 된다. 한 가지는 도움이 되는 긍정적인 방법이고, 다른 한 가지는 도움이 되지 않는 부정적인 방법이다. 이 활동은 '얼음, 되감기' 전략과 함께 인형극이나 역할극으로도 사용할 수 있다. 이 경우, 구체적으로는 두세 명의 배우와 좋은 경찰과 나쁜 경찰로 구성된 소그룹 역할극으로 진행될 수 있다.

각 팀은 서로 상반되는 충고를 하는 착한 경찰과 나쁜 경찰에 대한 시나리오를 연기하게 된다. 좋은 경찰은 주인공에게 긍정적인 메시지를 속삭이면서 선택을 도와준다(예: '용감해져야 해. 왜냐하면~', '솔직해지자. 왜냐하면~', '힘내자. 왜냐하면~' 등). 나쁜 경찰은 부정적인 메시지를 속삭인다(예: '포기해. 왜냐하면~', '거짓말해. 왜냐하면~', '아무것도 하지 말고 그냥 도망쳐. 왜냐하면~' 등).

의상을 준비한다면 착한 경찰과 나쁜 경찰의 역할에 대한 명확한 이해에 도움이 된다.

15) 역할 의자

책이나 영화 속 등장인물이 된 한 명의 학생이 교실 앞쪽에 마련된 의자에 앉아 학급 친구들의 인터뷰에 대답해 준다. 몇몇 학생은 여러 가지의 서로 다른 등장인물이 될 수 있다.

16) 타임 어택 정보 사냥꾼

학생들은 네 명이 한 팀을 이루어 지정된 시간 내에 목록의 필수 정보(예: 10개의 지정된 자선 단체의 주소, 목적 등)를 모두 찾는다. 필요한 모든 정보를 가장 먼저 찾는 그룹이 이긴다.

17) 탐구 기반 학습

탐구 기반 학습은 학생 중심 혹은 적극적인 수업 참여를 유도하는 교수전략으로 주제에 대한 학생의 호기심을 불러일으키는 질문으로 시작한다. 그리고 이를 바탕으로 학생들의 정보처리 능력과 문제해결 기술을 증진시켜 나간다. 탐구 기반 학습의 본질은 학생 스스로 프로젝트와 활동의 계획, 개발 및 평가에 참여한다는 것이다. 교사는 '무엇을 아는가'보다는 탐구의 본질인 '어떻게 알아내는가'를 학생이 배울 수 있도록 노력한다. 예를 들면 다음과 같다.

- 질문하기
  - 이 주제에 대해 알고 싶은 것은?
  - 무엇을 알아야 하는가?
  - 내가 이미 알고 있는 것은?
  - 내가 이걸 어떻게 알았는가?
- 자료 찾기
  - 어떤 종류의 자료가 도움이 되는가?
  - 그러한 자료를 어디서 찾을 수 있는가?
  - 특정 정보가 올바른지 어떻게 알 수 있는가?
- 정보 분류 또는 해석
  - 이 정보가 내가 가지고 있는 질문에 답하는 데 도움이 되는가?
  - 이 정보가 내가 이미 알고 있는 것과 연관되거나 일치하는가?
  - 어떤 부분이 나의 대답과 다른가?
  - 그것은 새로운 질문을 만들어 내는가?
- 결과 보고
  - 요점은 무엇인가?
  - 이 주제에 대해 보고할 주요 사항은 무엇인가?
  - 나의 청중은 누구인가?
  - 이것은 우리가 배우고 있는 다른 것들과 어떻게 연결되는가?
  - 연구 결과를 어떻게 발표할 것인가?(예: 슬라이드 쇼, 시연, 역할극, 인형극, 학급 강연, 포스터 등)

18) 안쪽 바깥쪽 서클 만들기

- 학생들은 서로 마주 보며 두 개의 서클을 안쪽과 바깥쪽으로 만들어 모든 학생이 마주 보며 파트너를 갖게 한다.
- 교사는 질문이나 문제를 제기한다.
- 각 쌍의 한 사람이 답하고, 그다음에 다른 사람이 답한다.
- 신호가 울리면, 외부(또는 내부) 학생은 2~3칸을 이동하여 새로운 파트너와 새 질문을 반복한다.
- 이전 단계를 2~3번 더 반복한다.

19) 직소 퍼즐

홈 그룹은 네 명으로 구성된다. 각 주제에는 네 가지 하위 주제가 있다. 홈 그룹의 네 명 학생은 네 가지 하위 주제 중 하나의 정보 활동지(각각 다른 색상)를 받는다. 예를 들어, 우정이라는 주제에 대한 네 가지 하위 주제는 다음과 같이 나눌 수 있다. '친구들을 만나는 곳'(파란색 활동지), '친구를 사귀는 방법'(노란색 활동지), '친구관계를 유지하는 방법'(녹색 활동지), '좋은 친구가 되는 법'(분홍색 활동지)으로 구분할 수 있다. 다음 단계에서는 홈 그룹을 떠나 동일한 색상의 활동지를 가진 학생들끼리 그룹을 구성하여, 서로 정보를 공유하고 배울 수 있도록 돕는다. 그런 다음, 홈 그룹으로 돌아가 다른 학생들에게 하위 주제를 가르칠 수 있도록 한다.

20) 번개 글쓰기

이 전략은 학생이 주제에 대해 생각할 수 있는 모든 것을 1~2분 정도의 짧은 시간 안에 빠르게 적어 내는 것이다.

- 주제에 대해 학생이 생각할 수 있는 모든 것(단어와 구절)을 쓸 수 있는 시간은 1분밖에 없다고 말한다 (예: '성공' 하면 어떤 생각이 드는지 적어 보세요, '회복한다'는 것은 무엇을 의미할까요? 등).
- 번개 시간이 끝나면 다른 학생들에게 추가 교육을 위한 참고자료로 공유할 수 있도록 제출을 요청한다. 교사는 학생들에게 글쓰기 용지에 재미있는 그래픽이나 테두리를 인쇄해 주거나, 번개와 글쓰기 아이콘이 포함된 '번개 글쓰기'라는 제목을 달아 주어도 좋다.

21) 메모리 카드

어휘를 통합하기에 좋은 활동이다. 먼저, 메모리 카드를 뒤집어 놓는다. 학생들은 차례로 1장의 카드를 뒤집어서 짝이 되는 다른 카드를 찾으려고 노력한다. 우승자는 가장 많은 짝을 찾은 학생이다. 이 교육전략은 학지사 홈페이지에 PPT 자료로도 제공된다.

22) 곱하고 더하기

- 학생들에게 종이 네 장을 준다. 각 종이에 적힌 간단한 질문에 대한 간단한 답변을 작성한다. 예를 들면, '누군가에게 좋은 친구가 되기 위한 가장 좋은 방법 네 가지는 무엇입니까?'와 같은 질문이 있다.
- 학생과 짝을 지어 여덟 가지 대답을 만들고, 협의와 협상을 통해 가장 좋은 방법 네 가지를 결정한다.
- 각 짝은 또 다른 짝과 결합하여 다시 여덟 가지 반응을 만들고 그중에서 가장 좋은 방법 네 가지를 결정하기 위해 협상한다.
- 네 명으로 구성된 각 그룹은 최종적으로 결정된 가장 좋은 방법 네 가지를 발표한다.

23) 멀티뷰 토론

학생들은 서너 명씩 그룹을 이루고, 서로 다른 사람의 관점에서 논란의 여지가 있는 이슈에 대해 생각한다. 예를 들어, 괴롭힘 또는 사이버 괴롭힘 상황에 대해 관점이 다를 수 있다. 한 그룹의 서너 명은 다음 견해와 같이 서로 다른 관점을 취하게 된다.

- 괴롭힘을 당하는 학생
- 괴롭힘을 주도하는 학생
- 괴롭힘을 돕는 다른 두 명의 학생
- 괴롭힘을 당한 학생의 가족
- 괴롭힘을 주도한 학생의 가족
- 담임교사

또는 4인 1조로 구성된 그룹에서 한 명씩 차례대로 돌아가며 토론을 주도하고, 나머지 학생은 여러 관점 중 하나를 선택해서 자신의 노트에 의견을 적을 수도 있다.

24) 음악과 함께 토론

학생들이 방 안에서 서성이는 동안 음악이 재생된다. 음악이 멈추면, 학생들은 짝을 짓고, 선생님이 질문한 주제에 대해 토론한다. 예를 들어, 10단원의 성취 관련 단원에서 '마감일까지 숙제를 끝내는 것을 잊지 않으려면 어떤 방법이 있을까?'에 대해 토론할 수 있다.

25) 미스터리 바둑판

이 게임은 협력적 게임인 팀 리그전에서 사용할 수 있다(게임에 대한 자세한 내용은 192페이지 참조). 4×4의 16개 또는 5×5의 25개 바둑판을 만들어 단어들로 채워진 바둑판을 미리 준비해 둔다. 게임의 목적은 가능한 적은 질문을 사용하여 두 명으로 구성된 상대팀이 선택한 미스터리 단어를 추측하는 것이다. 2인으로 구성된 팀이 질문을 할 때, 대답하는 팀은 다음과 같이 '예', '아니요', '대답할 수 없습니다', '다른 방법으로 질문하세요'의 네 가지 방법으로 대답할 수 있다. '대답할 수 없습니다'와 '다른 방법으로 질문하세요'는 총 질문 수에 포함되지 않는다. 잘못된 추측은 질문으로 간주된다. 학생들은 '맨 위 세 번째 줄에 있습니까?' 또는 '두 번째 줄에 있습니까?'와 같이 위치를 물어보는 질문을 할 수 없다.

- 한 팀은 조용한 장소에 가서 어떤 단어를 미스터리 단어로 내세울 것인지를 결정한다. 그들은 상대팀의 미스터리 단어를 추측하기 위한 좋은 질문을 계획한다.
- 한 팀이 먼저 질문을 하면 상대팀은 답변을 제공하고 질문의 수와 잘못된 추측의 개수를 센다. 미스터리 단어를 정확하게 추측했을 때 역할을 바꿀 수 있다.

각 팀은 두 라운드를 시도한다. 두 라운드에 걸쳐 그들이 물어봐야 했던 총 질문 수의 합을 기록한다. 승리한 팀(게임이 팀 리그전의 일부인 경우)은 두 라운드에서 모두 가장 적은 질문을 한 팀이다.

26) PACE

PACE는 4단계 전략으로 탐구자의 페이스를 유지한다.

P: 무슨 일이 일어날지 예측(Predict)
A: 예측을 논의(Argue)
C: 실험, 조사, 연구를 통한 확인(Check)
E: 예측한 것과 발견한 것 사이의 차이점 설명(Explain)

- 3인 1조의 팀을 편성하고 작가, 리포터, 시간 확인 도우미의 세 가지 중 한 가지 역할을 부여한다. 주제와 관련된 설문조사 질문을 제시한다. 예를 들면, 학급 학생들의 가장 일반적인 대답을 찾는 질문이 좋다(예: '어떤 행사가 가장 재미있었나요?').
- 각 그룹은 결과를 예측하고 왜 그들이 그렇게 생각하는지를 결정하기 위해 협상한다. 논의된 예측을 A3 종이에 쓰고 벽에 붙인다.
- 같은 반 친구(혹은 또래 학년 친구)는 질문에 대한 답을 개인 종이에 쓰고, 접어서 설문조사 상자에 넣는

다. 설문 결과를 확인하고 결론을 보고한다. 실제 결론과 비교하여 예측이 얼마나 정확했는지 혹은 왜 부정확했는지에 대해 보고서를 작성하여 발표한다.

27) 짝 시너지 활동

- 학생들을 짝 지어 준다. 짝으로 이룬 팀은 종이 한 장과 펜을 준비한다. 주어진 주제 질문과 과제에 응답을 작성하고 또 짝이 차례로 작성한다. 두 사람 모두 생각할 수 있는 모든 아이디어를 번갈아 가며 기록한다. 예를 들면, '우리 또래가 우리의 지구를 구하는 데 할 수 있는 일'에 관한 주제가 있다. 그러고서 대답을 쓰기 위해 파트너에게 종이를 건넨다(말은 하지 않고). 아이디어가 고갈되거나 시간이 다 될 때까지(예: 3분) 계속해서 글을 쓴 다음 통과한다.
- 이후 각 팀은 다른 팀과 결합한다. 한 팀은 적은 답을 읽고 다른 팀은 동일한 응답을 체크한다. 다른 팀은 앞선 팀이 언급하지 않은 새로운 생각을 리스트에서 읽는다.
- 그런 다음 두 팀은 중복되지 않은 결합 목록으로 아이디어를 작성한다.

28) 짝 이야기 전하기

짝을 지어 주어진 주제에 대해 서로 인터뷰하는 활동이다. 예를 들어, 책임의 가치에 대한 주제를 다루면서 "집에서는 어떤 집안일을 하고 얼마나 자주 하나요?", "자신의 집안일에 대해 어떻게 생각하세요?", "집안일을 어떻게 하면 잘 할 수 있을까요?" 등의 질문으로 인터뷰한다. 그런 다음 다른 한 쌍과 짝을 지어 이전 인터뷰에서 짝이 말한 내용을 요약하고 공유한다. 상황에 따라 짝이 한 말의 전반적인 맥락을 파악하여 전달해야 한다. 이렇게 전달할 때 짝이 말한 정보를 다시 새로운 짝에게 말할 것이기 때문에 특별히 잘 들어야 함에 주의한다.

29) 친구 정보 사냥하기

각 학생에게 '사람을 찾습니다'라는 제목의 차트와 카테고리 목록을 나누어 준다(예: 고양이가 있다, 포도를 좋아한다). 학급 친구들과 돌아다니며 이야기하여 해당 카테고리에 대해 각 사람의 이름을 쓴다. 최대한 많은 친구를 찾아야 한다.

30) 우체통 조사

- 각 학생별로 6개의 번호가 매겨진 간단한 주제와 관련된 설문조사 질문을 준비한다. 각 학생은 6개의 설문조사 질문에 대한 답을 개별적으로 종이에 쓰고 그것을 6개로 자른다.

- 6개의 우체통에 1에서 6까지 번호를 매기고 가능한 한 교실 내에서 먼 거리에 둔다. 각 학생은 6개의 답을 해당하는 우체통에 넣는다.
- 네 명이 한 팀인 그룹을 형성한다. 각 그룹은 6개 중 한 개의 상자를 가져와서 종이에 적혀 있는 답을 최소 세 개 이상의 다른 범주로 나눈다. 각 범주의 응답 수를 기록하고 해당 범주의 응답에 대한 하나의 좋은 예를 선정한다. 어떤 범주는 객관식으로 분류하기 쉽지만(예: 질문의 답이 '예', '아니요' 또는 '확실치 않음'인 경우), 주관식 문항 같은 질문의 답은 학생 스스로 범주를 만들어야 하는 번거로운 경우도 있다(예: '학생들이 좋아하는 보드게임은 무엇일까?'에 대한 다양한 응답을 '단어게임', '숫자게임', '기억력게임'과 같이 새롭게 범주화하는 경우).
- 각 그룹은 결과를 발표한다. 이 자료는 문제에 대한 토론의 기초가 되기도 하고 수업을 이끄는 주제로 활용될 것이다. 또한 학생들은 최종 결과를 보고서로 작성할 수도 있다.

31) 낭독 극장

그림책과 같은 간단한 텍스트를 낭독 극장에 맞게 조정한다. 학생들이 읽을 간단한 대화 줄을 선택하고 텍스트에 입력한다. 교사는 내레이터가 될 수 있으며 학생들은 교대로 대본을 읽는다. 학생들에게 미리 지정된 대본을 제공하고 대화를 읽는 방법을 보여 준 다음 표현을 사용하여 읽는 연습을 할 시간을 준다.

32) 성찰하기

단원 마무리 활동으로 전반적인 수업 맥락에서, 학생들은 차례로 그 주제에 대한 성찰적인 질문을 선택하고 답한다. 질문 예시는 각 단원의 마지막에 있다.

33) 소크라테스 서클 토론

소크라테스 서클은 논란의 여지가 있거나 도발적인 주제를 탐구함으로써 비판적이고 창의적, 윤리적, 공감적인 사고를 촉진한다. 원은 2개의 동그라미로 구성되고, 안쪽 동그라미에는 발표자, 바깥 동그라미에 있는 관찰자가 있다. 리더는 옳고 그른 대답이 없는 열린 질문으로 시작한다.

소크라테스 토론 단계

1. 주제를 선택하고 질문을 준비한다. 예를 들어, '우리 동네 노숙자에 대한 해결방법'과 같이 답이 없는 주제를 선정하고 학생들은 미리 학교나 집에서 주제에 대해 토론과 발표를 할 수 있도록 정보를 검색하고 연구해 온다.
2. 전체 토론을 이끌 리더 학생을 임명한다. 토론 리더는 토론을 지속시키고 모든 학생이 발언권을 고루

갖도록 할 책임을 갖는다.

3. 네 명이 한팀이 되어 각 인원에게 1~4번까지의 번호를 부여한다. 먼저, 1번, 2번이 토론에 참가하고 3번 4번은 토론을 관찰한다. 그룹을 만들 때는 최대한 이질 집단이 되어 섞일 수 있도록 주의하는데 생일 과 같은 임의의 기준으로 조합하거나 제비뽑기 같이 무선으로 조합하면 좋다. 팀별 색을 지정해 주면 효과적이다. 색깔 카드 또는 색깔 막대기를 제공한다. 6개 그룹일 경우 여섯 가지 색상이 필요하다. 안쪽 원, 바깥 원으로 원을 만드는데 안쪽 원의 1번, 2번은 발표자이고 바깥쪽 원에 있는 3번, 4번은 관찰자이다.

4. 다음 소크라테스 토론 배우기(다음 참조)의 규칙을 교사와 함께 검토한다. 바깥쪽 관찰자는 소크라테 스 토론 관찰지를 사용하여 안쪽 원에 있는 같은 색상 팀원의 토론에 대해 관찰하여 피드백을 제공해 준다.

5. 지정된 토론 시간(10분) 후 각 색상 그룹의 관찰자끼리 만난다. 3번, 4번 관찰자는 우리 색 그룹 발표자 들의 토론이 어땠는지 질문지를 비교해서 종합한다(2분). 그런 다음 두 관찰자는 자신의 색상 그룹을 만나 우리 그룹 발표자들의 토론 태도를 제공해 준다. 이때 발표자 개별에 대한 피드백이 아닌 우리 그룹의 발표 전체에 대해 피드백하여 그룹 책임을 강조한다.

6. 발표자는 관찰자와 역할을 바꾸어 두 번째 라운드를 진행한다. 색상 분류는 그대로 유지한다. 새로운 토론 리더(또는 선생님)는 첫 번째 라운드에서 묻지 않은 질문을 하거나 새로운 질문을 한다.

후속 활동에는 성찰적 글쓰기, 보고서, 포스터 또는 핵심 사항에 대한 요약 활동이 있다.

소크라테스 토론 지침서 및 관찰 기록지	
	바깥쪽 원: 안쪽 원을 관찰한 기술에 ✓ 표시하기
요점에 충실하기-주제에서 벗어나지 않기	
상대에게 자세한 정보를 요청하기	
교사가 아닌 안쪽 원에 있는 서로의 발표자에게 말을 걸기	
상대의 질문에 자신의 답이 없으면 '통과'라고 말하기	
필요하다면 노트를 참고하기	
다른 발표자에 대한 존중을 표시하기: • 발표자를 바라보기 • 방해하지 않기-돌아가며 말하기 • 무시하는 말 사용하지 않기 • '정중한 반대' 기술 사용하기-먼저, 동의하는 점을 말하고, 그 다음에 동의하지 않는 것을 말하기	
긍정적 추측 사용하기: • 좋은 생각이라고 생각합니다. 이유는~ • ~에 대해 동의합니다.	

34) 학생 행동 팀

학생 행동 팀은 소규모 학생 그룹에 의해 지시되고 계획되는 사업팀으로(대개 서너 명) 학급, 학교 공동체 혹은 지역사회를 변화시키는 주제나 해당 공동체의 문제처럼 명확하지 않은 목표를 해결하기 위해 노력한다. 예를 들면, 학교를 더 친절하고 안전하게 만들기 위한 학교 전체에 대한 웰빙 캠페인 같은 것이다.

학생 행동 팀 프로젝트 가이드라인은 다음과 같다.

- **현실에 기반함**: 과제는 학생, 학급, 학교 또는 지역사회와 관련이 있다. 과제는 실제 행동에 근거해야 한다. 평가하거나 피드백을 주는 사람은 주제에 대한 진정한 관심이나 전문 지식을 가지고 있어야 한다. 잠재적 평가자는 다음과 같다.
    - 주제를 통해 배울 또는 사용할 사람들(예: 다른 학교, 학부모 및 지역사회의 구성원 포함)
    - 의료 전문가, 지역 예술가, 홍보 전문가, 역사학자 등 관련 분야의 전문가
    - 그 분야에서 결정을 내릴 수 있는 권한을 가진 사람들(예: 지방 의회 또는 학교 지도자)
- **최종 결과물의 유형을 학생이 결정함**: 예를 들면, 다음과 같은 활동이 포함된다.
    - 예술작품
    - 책자, 안내지 또는 포스터
    - 프레젠테이션 또는 슬라이드 쇼
    - 자원 모음
    - 공연, 콩트 또는 콘서트
    - 수업(교습) 시간
    - 전시 또는 전시
    - 그림책/단편 소설/디지털 스토리
    - 연구보고서(예: 정원 관찰)
    - 팟캐스트 또는 비디오와 같은 멀티미디어 제작
    - 학교 뉴스레터 항목
    - 점심시간 클럽/게임
    - 규칙 제정
    - 지역사회 방문(예: 유치원)
    - 학교 전체 캠페인
    - 웹사이트 활동
- **연구에 기반함**: 프로젝트를 완료하거나 문제를 해결하는 데 필요한 연구에 의해 학습이 이루어진다.

35) 또래교사 팀 코칭

학생들은 단원의 핵심용어나 중요한 내용을 기반으로 6~10개의 퀴즈를 내고 점수를 매긴다. 그런 다음 네 명으로 구성된 팀에서 퀴즈 점수를 합산하여 팀 점수를 계산한다. 팀원들은 어디서 오답이 발생했는지 알아보고 두 번째 퀴즈에 대한 그룹 합산점수 목표를 설정하는데 이전보다 높은 점수를 설정한다. 10분 후에 개별적으로 다시 퀴즈를 풀게 되는데 이때 퀴즈 문제는 이전과 동일하거나 유사하다. 주어진 10분 동안 그룹원은 서로를 도와 자료를 다시 배우고 그것을 이해하고 기억할 수 있는 좋은 방법을 찾는다. 학생들은 두 번째 개인 퀴즈(첫 번째 퀴즈와 같거나 유사할 수 있음)를 풀고 점수를 다시 계산한다. 그룹원의 점수를 모아서 두 번째 총 그룹 점수와 그룹이 전반적으로 얼마나 향상되었는지 계산한다.

36) 열 가지 생각 단계

이 활동은 학생들이 어떤 문제를 열 가지의 다른 화두에서 토론할 수 있도록 도와주는 사고 전략이다. 학생들은 5인 1조로 활동한다. 각 학생은 토론을 주도하고 두 개의 단계에 대해서 메모할 책임이 있다. 각 조에는 토론 진행자, 토론 기록자가 있다. 각 단계의 토론을 촉진하는 질문이 포함된다. 이처럼 보다 명확하게 '단계'를 사용하면 결정하는 데 도움이 된다. 이처럼 결정에 앞서 생각의 단계를 밟는 연습을 한다. 이 교육전략은 학지사 홈페이지에 PPT 자료로도 제공된다. 열 가지의 관점은 다음과 같다.

- 명료화: 이것은 무엇일까?
- 지식: 무엇을 알고 있고 알아야 하는가?
- 밝은 면: 긍정적인 면은 무엇인가?
- 어두운 면: 부정적인 면은 무엇인가?
- 감정: 공감적 사고
- 개선: 창의적 사고
- 생각 전략: 분석적, 비판적 사고
- 공정한가?: 도덕적 사고, 공정한 마음가짐
- 나는… 생각한다(I-think): 자기성찰
- 우리는… 생각한다(We-think): 공동의 비판적 사고와 협상

37) 싱크·잉크·페어·셰어 팁

학생들은 교사가 제시한 문제를 곰곰이 생각해 보고 자신의 생각에 기반해서 중요한 단어를 적어 본다. 그리고 짝과 함께 자신의 생각과 단어를 공유한다(TIPS는 1981년 F. Lyman이 저술한 책에서 수정한 것임: *The*

Responsive Classroom Discussion: The Inclusion of All Students, Mainstreaming Digest, University of Maryland, College Park, MD.).

38) 주사위 던지기

6개의 질문으로 구성된 질문지를 준비한다. 네 명으로 이루어진 한 그룹에 질문지를 한 부씩 복사하여 나누어 준다. 각 그룹에게 주사위 하나와 질문지 하나를 준다. 각 학생은 주사위를 던지고 던진 숫자에 해당하는 질문 번호 및 연결된 주제와 관련하여 답을 한다. 만약 이전에 대답한 번호가 나왔다면 다시 던져 대답한다. 하지만 다른 사람이 대답한 번호일 경우, 같은 질문에 대답할 수 있다. 같은 번호가 그래도 반복되면 다시 주사위를 던질 수 있다. 활동 전날 6개의 질문이 있는 질문지를 미리 주어서 미리 대답을 생각하거나 가족, 친구들과 토론을 유도할 수도 있다. 이런 전략은 특히 대인관계에서 불안해하거나 수줍음을 타는 학생에게 도움이 된다.

39) 현미경 전략

팀별로 주제에 관한 사고 도구를 사용하여 아이디어, 대상, 절차, 시스템 또는 개념에 대해 생각한다. 예를 들면, '학교에서 종교를 나타내는 복장이나 물품 착용을 금지한다면'과 같은 주제를 다음의 렌즈를 통해 생각한다. 7개의 생각 '렌즈'를 무작위로 그룹 구성원에게 배포하며, 각 구성원은 2~3개의 생각 렌즈를 맡게 된다. 학생들은 자신의 아이디어, 목적 등을 다음에 제시된 렌즈를 사용하여 자세히 조사한다. 각 렌즈 담당자는 자기 렌즈의 토론이 잘 진행되도록 이끌고 기록한다. 7개의 렌즈는 다음과 같다.

- 설명 및 기능
- 가장 중요하고 유용한 특징
- 다른 것과의 연결 관계
- 과거와 미래의 발전
- 그것이 없다면 우리 생활이 어떻게 달라질 것인가?
- 주제와 관련된 학생들의 책임
- 자신의 삶에 미치는 영향

8. 협력 게임: 팀 리그전

팀 리그전은 학생들이 서로 협력하는 데 필요한 기술을 개발하는 좋은 활동이다. 앞일까 뒤일까(178페이지 참조) 및 메모리 카드(184페이지 참조)는 협력 게임 팀 리그전의 일부로 사용할 수 있는 훌륭한 게임이다. 7단원 관계에 더 자세한 게임 전략이 있다. 기타 적합한 게임은 다음과 같다.

1) 숨겨진 글자 찾기

2인으로 구성된 한 팀으로 대항전을 한다. 열 개의 글자 안에서 몇 개의 글자를 조합하여 작은 단어를 찾으면 점수를 얻는 게임이다. 2번의 기회가 있으며(라운드별 다른 단어로 작업할 수 있음) 각 라운드는 4분간 지속된다. 2문자 단어는 2점, 3문자 단어는 3점을 얻는다. 교사는 각 라운드마다 작은 단어가 숨겨진 열 개의 글자를 제공한다.

2) 도전 카드

이 게임의 목적은 가장 높은 점수를 얻는 팀이 되는 것이다. 각 팀은 잭(J), 퀸(Q) 및 킹(K)이 제거된 숫자 카드 중에서 3장의 카드를 받는다. 팀은 공동의 합의하에 원하는 대로 세 자리 숫자를 표현한다. 예를 들면, 4, 5, 6은 465, 456, 654, 645, 564 또는 546일 수 있다. 각 팀은 상대팀에게 선택한 세 자리 숫자를 알려준다. 그리고 주사위를 돌린다. 주사위 숫자가 '짝수'인 경우, 가장 높은 숫자를 가진 팀이 그 라운드에서 승리한다. 주사위 숫자가 '홀수'인 경우, 가장 낮은 숫자를 가진 팀이 그 라운드에서 승리한다. 10라운드 후 가장 많이 이긴 팀이 승리한다.

3) 꽝

2인 1조를 이룬 팀 대결 경기이며, 각 팀별로 5개의 주사위가 필요하다. 한 팀이 먼저 첫 번째 라운드를 시작한다. 이 팀의 플레이어 두 명은 차례대로 5개의 주사위를 던져 점수를 기록한다(다음 참조). 해당 라운드에서 점수를 내지 못하고 '꽝'이 되면, 그 팀은 해당 라운드 점수를 모두 잃고 주사위 5개를 상대팀으로 넘긴다. 6라운드 후에 가장 높은 점수를 얻은 팀이 승리한다. 점수는 다음과 같다.

- 2종류의 같은 숫자 = 10점
- 3종류의 다른 숫자 = 20점
- 4종류의 다른 숫자 = 30점
- 5종류의 다른 숫자 = 50점
- 연속된 5종류 숫자 = 60점

4) 포킹

이 게임 역시 2인 1조로 구성된 팀 대결 경기이다. 경기 종료 시 합산된 점수가 가장 낮은 팀이 이긴다. 킹(K)은 0점, 에이스(A)는 1점, 퀸(Q)과 잭(J)은 10점이고 다른 카드는 점수 그대로 채점된다.

- 4인 1그룹(2개 팀)에서 한 사람씩 차례대로 각 라운드의 딜러가 된다. 딜러는 각 플레이어에게 카드 4장을 주고 나머지 카드는 가운데 반듯이 쌓아 추첨 더미를 만든다. 추첨 더미는 그림이 보이지 않게 엎어 놓는다.
- 딜러의 왼쪽에서 시작해서 시계 방향으로 게임을 시작한다. 플레이어는 가운데 추첨 더미에서 맨 위의 카드를 가져온다. 자신의 카드 중 하나를 선택하여 폐기 더미 위에 그림이 보이게 놓는다. 다음 플레이어는 추첨 더미에서 카드를 선택하는 대신 폐기 더미 맨 위 카드를 선택할 수도 있다.
- 추첨 더미의 모든 카드가 다 사용되면 각 플레이어는 카드 4장의 점수를 더하고 짝의 카드 합계도 더한다. 점수가 가장 낮은 팀이 승리하며, 3라운드를 한다.

5) 도전! 곱셈식

이 게임 역시 2인 1조로 구성된 팀 대결 경기이다. 4인의 한 그룹당 카드 한 팩이 필요하다. 시작하기 전에 보드에 에이스(A)는 1점, 잭(J)은 10점, 퀸(Q)은 11점, 킹(K)은 12점이라고 쓴다. 카드는 각 팀마다 팩의 절반이 되도록 균등하게 분배한다. 카드는 그림이 보이지 않도록 엎어 놓는다. 두 팀이 동시에 맨 위의 카드를 뒤집는다. 두 개의 카드를 곱하고, 누구든지 올바른 대답을 외치는 사람은 그 조의 카드를 자기 팀의 승리 더미에 올려 놓는다. 모든 카드를 다 사용하면 그들은 얼마나 많은 카드를 획득했는지 계산한다. 이 게임은 더하기, 빼기 또는 나눗셈과 같은 다른 수학식을 응용할 수 있다.

6) 양수와 음수

카드 한 팩을 준비한다. 에이스(A)는 1, 잭(J)은 10, 퀸(Q)은 11, 킹(K)은 12의 숫자에 해당한다. 검은색 카드는 양수이고 빨간색 카드는 음수이다. 2인 1조가 되어 3쌍의 학생이 원 모양으로 앉고 각 팀마다 7장의 카드가 배정된다. 나머지 카드는 추첨 더미에 놓는다. 목표는 숫자 25를 만드는 것이다. 각 팀은 카드의 숫자를 계산하여 카드를 추가하거나 버린다. 추가 카드로 25 숫자를 만드는 팀이 라운드에서 승리한다. 여러 번의 라운드를 진행한다. 버려진 카드는 다시 사용될 수 있으며, 카드 두 팩을 한 게임에 사용할 수도 있다.

7) 일곱 코스

2인 1조로 구성된 팀끼리 대결을 하며 가장 빠른 시간에 다음에 제시된 7개의 코스를 통과하는 팀이 이긴다. 혹은 각 팀은 자기 팀의 최고 기록을 향상시키기 위해 연습한 후 기록을 잴 수 있다. 공을 튕길 벽이 필요하고 테니스공을 사용하여 다음에 제시된 코스를 연속적으로 마무리해야 한다. A팀의 첫 번째 플레이어가 시작하고 실패하면 B팀의 플레이어가 시작한다. 중간에 실패하면 기회가 상대팀으로 넘어가고, 실패한 팀은 처음부터 다시 해야 한다. 다른 방법으로는 각 팀의 시간을 단축시키기 위해 연습한 후 측정할 수 있다.

코스 1: 벽에 던져 튕겨진 공 잡기(7번)

코스 2: 벽에 던져 튕겨진 공이 바닥에 한 번 바운스하고 나면 잡기(6번)

코스 3: 벽에 던져 튕겨진 공이 바닥에 한 번 바운스하고 돌아올 동안 한 바퀴 돌고 공 잡기(5번)

코스 4: 벽에 던져 튕겨진 공이 바닥에 한 번 바운스하고 돌아올 동안 박수 한 번 치고 공 잡기(4번)

코스 5: 공이 벽을 치기 전에 한 번 점프하고 바닥에 바운스 없이 바로 튕겨진 공 잡기(3번)

코스 6: 공이 벽을 치기 전에 한 번 점프하고 바닥에 바운스 없이 바로 튕겨진 공을 잡기 전에 박수치고 공 잡기(2번)

코스 7: 공을 한쪽 다리 밑으로 던지고 박수를 치며 공 잡기(1번)

8) 동그라미 10개

동그라미 10개 게임은 짝끼리 팀 대결을 이루며 상대팀이 초성만 제시한 단어를 추측하는 게임이다. 먼저, 초성 글자를 제시한다. 상대팀은 초성을 보고 글자를 맞힌다. 추측하는 팀은 동그라미 10개의 생명을 가지고 있다. 추측하는 팀이 추측한 단어가 틀렸다면, 동그라미 10개의 생명 중 하나의 생명이 사라진다. 추측하는 팀이 마침내 단어의 의미를 알아내면, 상대팀은 바꾸어 게임을 한다. 점수는 단어를 맞힌 후 남은 동그라미의 수이다. 최종 점수는 3라운드 이후 합산한다(예: 각 팀별 3회 추측).

9) 단어 탐정

이 게임은 3~5글자로 구성된 단어를 제시하고 그중 2개 혹은 3개의 글자를 지워 단어를 추측하는 단어 탐정 게임이다. 한 팀은 4글자의 단어를 선택하고 그중 2글자를 가려서 문제를 제시한다. 예를 들어, '시베리아'라는 단어를 문제 낼 경우 '시□□아'라고 두 글자를 가리고 출제한다. 맞히는 팀은 단어를 추측하는데 맞히기 어려우면 힌트를 받을 수 있다. 게임의 목적은 단어를 알아내기 위해 최소한의 힌트를 받는 것이다. 한 팀이 두 번씩 2라운드를 경기한다. 최종 점수는 두 라운드에서 단어를 추측한 횟수와 힌트를 사용한 횟수를 더한 점수이다. 낮은 점수의 팀이 승리한다.

9. 교실용 학습자료

각 단원의 교육과정을 지원하는 데 다음 자료가 사용된다.

1) 오뚝이

오뚝이는 넘어져도 다시 일어서서 학생들이 넘어지거나 슬프게 느껴질 때 오뚝이 Bounce Back!을 기억할 수 있는 훌륭한 시각적 자료가 된다.

필요한 재료:
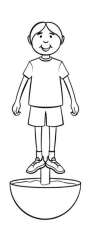
- 반구 플라스틱볼
- 몸통용 두꺼운 공예용 막대, 팔과 다리용 얇은 공예 막대
- 얼굴용 원 모양의 두꺼운 종이나 판지 혹은 학생 개개인의 사진
- 점토, 밀가루 반죽 또는 석고 모델링
- 교실에서 함께 쓰는 매직, 가위, 스티커 테이프 및 접착제

만드는 방법:
- 학생들은 반쪽 공을 밀가루 반죽이나 점토로 채운다.
- 몸통을 위한 공예용 막대를 가운데에 끼우고, 얼굴용 판지에 얼굴을 그린 다음(얼굴만 사진으로 해도 되고 몸 전체를 사진으로 표현해도 된다) 공예용 막대에 붙인다.
- 가는 공예용 막대로 팔과 다리를 만들고, 오뚝이에게 옷을 만들어 준다. 교복이 있다면 교복을 몸통에 붙여 준다.

응용 오뚝이 만들기 및 후속 활동:
- 반쪽 공을 석고를 이용하여 채울 수도 있다. 절반이 완성되면 공예 막대기를 삽입한다.
- 혹은 럭비공 모양의 공 중앙에 작은 나무 꼬챙이를 꽂아도 좋다. 석고가 굳으면, 얼굴에 탁구공이나 작은 스티로폼 공을 사용할 수 있다. 이 작은 공에 눈과 입을 그리거나 눈동자 용품을 사용한다.
- 의상을 입체적으로 꾸밀 수도 있다. 21cm인 원을 카드에 그린다. 원을 3등분하기 위해 파이처럼 선을 긋는다. 선 중 하나를 원의 중심까지 자른다. 3등분 중 한 등분에 오뚝이의 의상을 그리고 색칠한다. 그런 다음 원뿔을 만들어 의상을 만든다.
- 오뚝이의 동작에 관해 이야기 나눌 수 있다. 오뚝이는 결국 무게중심 쪽으로 다시 돌아오게 되어 있다. 시소와는 다르다는 것을 비교할 수 있다.

2) 오뚝이 Bounce Back! 저널

모든 학생은 오늘 배운 핵심 가치나 성찰을 기록하고, 활동을 통해 얻은 아이디어나 읽을 책 목록을 기록할 수 있는 자신만의 오뚝이 Bounce Back! 저널을 갖도록 권장한다. 활동지도 이곳에 보관할 수 있다. 저학년은 활동지를 모아서 스크랩할 수도 있고, 고학년은 디지털 기록이나 줄 공책에 직접 적어서 사용할 것을 권장한다.

3) 우리 학급 문집 및 디지털 저널

우리 학급 문집은 내용을 반영하는 모양으로 만들어도 좋다(예: 감정이나 가족에 대한 도서를 만들 때는 하트 모양). 두꺼운 도화지를 잘라서 모양을 내어 커버를 만든다. 같은 모양과 크기로 학급 교재의 속지를 제작한다. 그다음 학생 각자에게 같은 모양의 속지 내용을 완성하게 한다. 혹은 디지털 사진을 만들고 슬라이드에 삽입하여 학급 디지털 저널을 만들 수 있다.

4) 주사위 패턴

이 주사위 패턴은 확대하여 주사위 모양으로 만들어 쓰거나 줄을 매달아 정보를 표시하는 주사위로 사용할 수 있다(예: 감정 주사위, 내 인생의 긍정적인 여섯 가지).

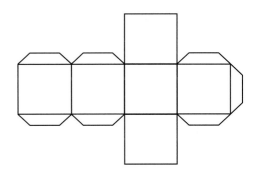

5) 동영상 스토리

학생들은 컴퓨터 프로그램을 이용하거나 직접 그린 그림을 사진으로 찍어 자신에 대한 개인적이고 긍정적인 이야기를 동영상으로 만든다. 자전거 타는 법을 배웠던 사건과 같이 시작과 끝이 분명한 이야기가 좋고, 포기하지 않고 지속했던 나의 경험과 같이 감정을 사용하는 이야기가 좋다. 또한 좋아하는 것이나 하고 싶은 것에 관해 스토리를 만들어도 좋다. 학생들은 약 두세 줄 정도의 이야기를 적는다. 그런 다음 표현할 영상을 그림으로 그려 간단한 스토리보드를 만든다. 스토리보드를 다른 사람에게 보여 주고 피드백을 받아서 대본을 수정해도 좋다. 사진이나 그림 혹은 동영상과 같은 이미지를 만들고 이야기에 맞게 정렬한 후, 음향 효과를 영상에 입힌다. 화면 전환 효과 또는 색상 효과를 넣거나 추가로 음악 효과를 주어도 좋다.

6) 북 트레일러

북 트레일러는 영화 예고편을 통해 영화를 홍보하는 것처럼 책을 홍보하는 것이다. 학생들은 책에 대해 사람들이 알고 싶어 하는 내용으로 짧은 대본을 쓰고, 디지털 소프트웨어를 사용하여 책을 홍보하는 프레젠테이션을 만든다. 책 속에 내용을 발췌하거나 삽화 등을 사용할 수 있으며, 다른 사이트에서 내용을 검색해서 사용해도 좋다. 컴퓨터 프로그램에는 음성 효과, 색상 효과, 음악 효과, 분위기 설정, 풍경 및 특수 효과를 삽입할 수 있는 기능이 있으니 다양한 효과를 사용하여 콘텐츠를 만든다. 다음의 제안 사항은 Chris Cheng에서 발췌했다(Cheng, C., *Trailers*, http://www.chrischeng.com/wp-content/uploads/2012/11/make-book-trailers.pdf).

- 첫 번째 슬라이드로 청중의 관심을 사로잡도록 노력하라.
- 사람들이 이 책에 대해 흥미를 갖게 만드는 것을 목표로 한다.
- 책 홍보 영상은 짧게 유지한다(90초 이내).
- 한 장면에 너무 많은 정보나 세부 정보를 넣지 않는다.
- 사용하는 글꼴 및 템플릿 스타일을 되도록 통일한다.
- 책 표지, 저자 및 삽화가 이름, 출판 세부 정보를 반드시 포함한다.

7) 냉장고 자석으로 붙이는 프레임

냉장고 자석으로 붙이는 프레임은 '오뚝이처럼 행복하세요'의 이니셜로 시작하는 10가지 행동원칙에 대한 주요 메시지를 학생들의 생활 속에서 항상 접할 수 있도록 한다. 'WINNERS'를 이니셜로 사용하는 위너의 조건을 떠올리거나 자신이 설정한 목표를 쉽게 떠올릴 수 있도록 도와주는 데 사용해도 좋다.

필요한 재료:
- 자
- 색깔이 있는 종이(프레임 사이에 넣음)
- 프레임용 두꺼운 판지 한 장(150cm×100cm)
- 물감과 붓/유성 매직
- 매우 작은 평면 자석(화방이나 문구점 혹은 장난감 가게에서 손쉽게 구입할 수 있음)
- 마커펜
- 접착제와 가위

만드는 방법:

• 판지 가장자리로부터 1cm 떨어진 곳에 프레임을 측정하고 그린다.

• 방금 그린 첫 번째 프레임 안에 1cm의 두 번째 프레임을 그린다.

• 마커펜을 사용하여 외부 프레임으로 확장된 그림을 그린다(그림 참조).

• 내부 사각형을 자른다.

• 작은 자석을 네 모서리에 각각 접착시킨다.

• 색이 있는 종이에 메시지를 써서 프레임 뒤에 끼워 넣는다.

8) 팝업 상자와 카드

입체 카드처럼 만든 팝업 문을 들어 올려 메시지를 확인하는 플랩을 통해 반 친구들에게 나의 일상에 상호작용하도록 초대할 수 있다. 플랩 창문에 질문을 쓰고(예: 서로 협조를 잘하는 동물은 무엇일까요?), 질문에 대한 대답은 플랩 창문을 들어 올리면 나타난다(예: 미어캣). 대형 게시판이나 학급 게시판에 여러 작은 플랩을 게시할 수 있다. 작은 플랩을 만들려면 생일 카드처럼 종이를 반으로 접거나 두 장의 종이를 겹쳐 만들 수 있다. 큰 플랩은 사물함이나 책상 위에 올려놓고 게시할 수 있다.

필요한 재료:

• 뚜껑이 있는 빈 신발 상자

• L 자 파일이나 투명 플라스틱 파일

• 두꺼운 종이

• 뚜껑을 들기 위한 손잡이(코르크 마개, 작은 손잡이 등)

질문은 두꺼운 종이에 쓰고 L 자 파일 같은 것으로 코팅을 한다. 상자의 뚜껑에 문제를 붙인다. 뚜껑을 아래 상자 위에 덮는다. 답을 적은 종이는 코팅을 해서 상자의 안쪽에 붙여 놓는다. 뚜껑에 손잡이를 붙인다.

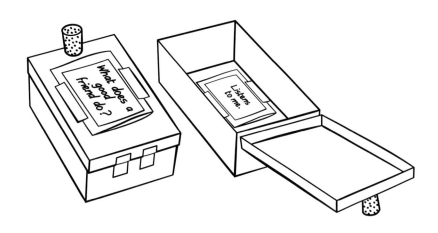

마스킹 테이프를 사용하여 뚜껑과 아래 상자가 연결되어 열고 닫히도록 한쪽을 붙인다.

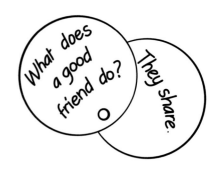

두 개의 원이 뚜껑과 안쪽 역할을 하는 카드는 매우 큰 안내판이나 게시판에 부착하여 전시할 수 있다. 원 모양의 카드를 만들기 위해서, 동일한 크기의 종이 원 두 개를 만든다. 동그라미 각각에 질문과 답변을 쓴다. 두 개의 원을 함께 묶고 게시판에 압정으로 함께 꽂거나 침핀을 사용할 수도 있다. 원은 양쪽으로 회전할 수 있어야 한다.

세 장의 원으로 구성된 카드를 만들 수도 있다. 하나의 원에는 질문이 있고 다른 두 개의 답이 서로 다른 경우이다. 하나는 정답이고 다른 하나는 정답이 아니다. 예를 들면, 정답의 아래쪽에는 미소 띤 얼굴과 함께 '잘했어요! 정답입니다.'라고 적고, 틀린 답의 밑에는 찌푸린 얼굴과 '다시 시도하십시오.'라고 적을 수 있다. 디지털 소프트웨어를 사용하여 한 슬라이드에 질문을 던지고 다음 슬라이드에 답변을 표시할 수도 있다. 또한 '우정'과 같은 주제를 연구하기 위해 세 그룹으로 나눈다면 각 집단은 우정의 다른 면을 연구할 수 있다. 각 팀은 프로젝트를 모든 형태의 팝업 상자와 카드를 사용하여 학급 디스플레이로 제시할 수 있다. 예를 들어, '좋은 친구가 되는 방법을 찾기 위해 뚜껑을 열어 보세요.'라는 질문을 할 수도 있다.

9) 모빌

모빌은 움직이는 물체 형식의 작품이다. 모빌은 두 부분으로 나뉘는데, 철사 같은 구조물과 그곳에 걸어야 하는 물건들이다. 중심을 잡아 주는 구조물은 철사, 코르크를 이용하여 꼬챙이를 연결한 것, 길가에 떨어져 있는 막대기나 대나무 살, 판지(그림 참조), 판지로 된 원통, 빨대, 낚싯줄 등의 재료로 만들 수 있다. 걸어야 할 물건들은 다양한 재료로 만드는데 그림 인형, 점토 인형, 작은 장난감 및 인형, 공, 사람 모양 나무, 종이 인형 등을 매달 수도 있고 카드, 판지, 작은 상자, 티슈, 작은 돌과 같은 물건들을 매달 수도 있다.

10) RPC(영역 파이 차트)

RPC(Responsibility Pie Chart: 영역 파이 차트)는 다음 세 가지 영역의 조합으로 부정적인 상황이 발생한다는 것을 이해할 수 있는 구체적인 방법이다. 과대하게 책임을 한쪽으로 돌리는 습관을 되돌아볼 수 있다.

- 자신의 행동 영역: 나의 행동이 이 상황에 얼마나 기여했는가?(나)
- 다른 사람의 행동 영역: 다른 사람의 행동이 그 상황에 얼마나 기여했는가?(타인)

• **예측할 수 없는 랜덤 요인 영역**: 불운이나 예측할 수 없는 조건(예: 날씨, 타이밍, 우연, 지식의 부족, 질병)이 이 상황에 얼마나 기여했는가?(불행/상황)

학생들은 간단한 RPC를 개별적으로 만들 수 있다. RPC는 부정적으로 발생한 상황에 대해 그 원인을 세 가지 요인으로 나누어 부여하는 원인 영역의 양을 변경할 수 있는 움직이는 장치이다. RPC를 사용할 때 지켜야 할 한 가지 규칙은 자신의 행동은 적어도 10%의 책임이 있다고 항상 주장해야 한다는 것이다. 즉, 타인의 책임과 기타 책임은 없다고 주장해도 상관은 없다.

하지만 일부 학생들은 자신의 행동이나 성격에 너무 많은 영역을 할당한다. 이 학생들에게는 이것을 반드시 지적해 준다. 그런가 하면 어떤 학생은 외부 요인에 너무 많은 영역을 할당한다. 이들에게는 자신의 행동을 정확하게 보지 못한다고 지적해 줄 수 있다.

다른 상황에서는 선생님과 학생들이 일대일 대화를 할 때 RPC를 사용할 수 있다. '비난'이나 '실수'와 같은 단어를 사용하지 말고 대신 다음과 같은 용어를 사용한다.

• 일어난 일은 어떤 영역에 영향을 받았을까?
• ~부분으로 발생한 비율은 얼마나 될까?
• 이것이 일어난 이유는 얼마나 될까?
• 이것이 일어난 일을 얼마나 설명할까?

(1) 간단한 RPC 그리기 및 사용 지침

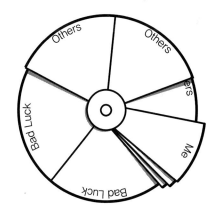

• 종이 위에 원을 그린다.
• 학생들은 자신의 상황에 대해 생각하고 세 가지 요소의 세부 사항을 파악한다. 자신의 행동, 다른 사람들의 행동, 그리고 불운 세 가지를 분석한다.
• 학생들은 세 가지 범주 각각에 대해 스스로에게 정직하게 책임감을 느끼는 비율을 할당하고, 원 위에 '나', '다른 사람', '불운이나 상황'에 대한 할당 비율을 그려서 RPC를 완성한다.
• 학생들과 함께 RPC를 살펴보고, 학생들이 잘못 판단했을 경우 비율을 다시 생각해 보도록 돕는다.
• 학생들이 세 가지 범주에서 무엇을 배울 수 있는지 성찰하여 부정적인 상황이 다시 발생할 가능성이 낮아지도록 한다.

(2) 움직이는 RPC를 만드는 방법

필요한 재료:

• 영역 파이 오뚝이 Bounce Back! 활동지

- 두꺼운 노란색 A4 판지 1개
- 빨간색 A4 판지 두 장
- 파란색 A4 판지 두 장
- 할핀

만드는 방법:

- 받침대 만들기: 노란색 두꺼운 종이에 있는 불운이나 상황 영역 관련 활동지 A의 원을 잘라 낸다.
- 두 번째 층 만들기: 파란색 두꺼운 종이 2장에 다른 사람 영역 관련 활동지 B를 복사한다. 5개의 조각 파이를 잘라 낸다.
- 마지막 층 만들기: 빨간색 두꺼운 종이 2장에 나의 영역 관련 활동지 C를 복사한다. 10개의 조각 파이를 잘라 낸다.
- 하단의 노란색 종이를 기준으로 장치를 조립한다. 그다음에 5개 조각의 파란색 종이를 붙인다. 맨 위는 10개의 빨간색 종이이다. 가운데를 가로질러 할핀을 삽입한다.

1단원 핵심 가치

핵심 메시지

말보다 실천하는 것이 더 가치롭다.

어떻게 행동할 것인가에 대한 개인의 신념을 가치관이라고 한다. 어느 누구도 완벽하지 않고 항상 원하는 만큼 성공하지는 못하지만 우리는 '올바른 일'이라고 믿는 것을 하려고 노력한다. 개인적인 가치관을 지키고 살아가기 위한 노력은 '온전함을 지니는 것'으로 묘사되기도 한다. 이것은 아무도 자신을 보지 않을 때도 자신의 가치관에 따라 행동한다는 것을 의미한다.

정직한 것은 중요하다.

정직하다는 것은 진실을 말하는 것이다. 정직이란 다른 사람의 물건을 훔치거나 속이지 않는 것이며 잘못된 일을 했을 때 '잘못을 인정하는 것'까지 포함한다. 정직하기 위해서는 사실을 말하는 것과 함께 내용을 선별하거나 상대의 입장을 고려하는 능력이 필요하다.

모든 사람을 공정하게 대하는 것은 중요하다.

공정하다는 것은 규칙을 따르고, 편견 없이 모든 사람에게 똑같은 규칙을 적용하는 것을 의미한다. 편견은 자신과 다른 사람들에 대해 부정적인 생각이나 감정을 품게 되는 것을 말하는데, 이 생각이나 느낌은 사실이나 현실에 근거하지 않는다. 또한 공정하다는 것은 다음을 의미한다.

- 다른 사람이 베푼 호의와 친절에 보답하는 것
- 타인이 공정한 지원을 받도록 배려하는 것—정의, 음식, 피난처, 의료 치료 및 교육
- 참여하지 못하는 친구를 집단 및 게임에 함께하도록 하고 괴롭힘을 당하지 않도록 돕는 것
- 광범위한 사회적 영역에서 공정의 개념으로, 예를 들어 서로 다른 배경과 능력을 가진 사람을 공정하게 대하는 것

책임감 있게 행동하는 것은 중요하다.

책임감 있는 것은 다른 사람이 시키거나 해야 한다고 말하기 전에 자신이 해야 할 것을 다른 사람에게 떠맡기지 않고 스스로 하는 것을 말한다. 또한 책임진다는 것은 다음을 의미한다.

- 내가 해야 할 일은 내가 하기
- 다른 사람의 계획을 망치지 않도록 시간 잘 지키기
- 학교 일과에 필요한 것들을 미리 준비하고 계획하기
- 타인에게 문제를 일으키지 않도록 분별력 있게 행동하기
- 필요한 사람을 돕기

다르다는 것은 괜찮은 일이다.

모든 사람은 다 다르며 또 다르다는 것은 괜찮은 일이다. 또한 사람들과 다르다는 것을 잘 받아들이는 사람은 다음과 같이 행동한다.

- 나와 다른 사람에 대해 알기 위해 노력하기
- 나와 다른 사람들과 함께하고 대화하기
- 나와 다르다고 놀리거나 배제하지 않기
- 많은 부분에서 사람들이 서로 다르다는 것은 좋은 일이라는 것을 이해하기
- 당신이 좋아하지 않을 수도 있는 부분에서의 차이를 받아들이고 내 것을 주장하지 않는 법을 배우기

학습목표

이 단원에서 학생들은 다음 사항에 대한 이해를 넓히고 적용한다.

- 가치관을 갖고 자신의 삶에 적용해 보는 것의 중요성
- 주요 가치: 정직, 공정하기, 책임감, 다름에 대한 인정

1. 학습자료

학지사 홈페이지 자료실(www.hakjisa.co.kr)에 이번 단원에서 사용하는 PPT 자료, 오뚝이 Bounce Back! 활동지의 전체가 탑재되어 있다.

2. 정직하게 행동하기

1) 학습자료

(1) 도서

양치기 소년

양치기 소년은 늑대가 오랫동안 나타나지 않자 지루함을 느낀다. 소년은 사람들에게 짓궂은 장난을 하며 재미를 찾는다. 하지만 늑대가 정말로 나타나 사람들에게 도움을 요청했을 때에는 아무도 그를 도우러 오지 않는다.

[역자 추천]

입에 딱 달라붙은 거짓말(엘리센다 로카 글, 2016)

활발하고 밝은 성격의 아니타에게 아무렇게나 거짓말하는 습관이 생겼다. 처음에는 그저 재미있어서 거짓말을 하기 시작했지만 나중에 입에 거짓말이 딱 달라붙는다. 이제 그 누구도 아니타의 말을 믿지 않는다.

거짓말 괴물(레베카 애쉬다운 글·그림, 2017)

펄시가 거짓말 감추기를 반복하자 거짓말 괴물이 나타났다. 나중에는 아주 거대해졌고, 결국 펄시를 꿀꺽 삼켜 버렸다.

거짓말(카트린 그리브 글, 2016)

어느 날 입 밖으로 튀어나온 거짓말 하나. 아이는 그때부터 하나둘씩 늘어나는 빨간 점을 보게 된다. 학교 갈 때도, 밥 먹을 때도, 그림 그릴 때도 빨간 점이 따라온다.

(2) 영화

빅 팻 라이어

고등학생 주인공은 숙제를 마치지 못한 이유에 대해 공개적인 자리에서 거짓말로 둘러댄다. 주인공이 애써 쓴 각본을 영화 제작자가 훔쳐서 영화로 만드는 일을 겪게 되고 사람들에게 이 사실을 알리지만, 거짓말을 하는 주인공을 믿는 사람은 아무도 없다.

2) 서클 타임 또는 학급토론

부록에 첨부된 오뚝이 Bounce Back! 활동지 '정직에 관한 우체통 조사'의 각 질문을 완료하여 친구들이 어떻게 답했는지 알아본다(226페이지 참조). 모든 대답은 익명으로 하고 각 질문의 결과에 대해 토론한다. 그런 다음 앞의 학습자료 중 하나를 사용하여 정직함의 가치에 대해 토론한다.

토론 질문

- 긍정적인 가치를 갖는 것이 왜 좋은가요?(상황이 불분명할 때 행동하는 방식을 결정하는 데 도움이 되며, 사람들이 자아존중감을 갖게 되고, 사람들이 긍정적인 가치관을 공유하면 공동체가 더 잘 운영된다.)
- 정직과 거짓의 예를 들어 보세요.
- 진실을 말하는 것은 언제 가장 힘들며 그 이유는 무엇인가요?
- 누군가가 당신에게 거짓말을 한 일/상황에 대해 말해 봅시다('익명' 규칙이 적용됨). 그때 기분은 어땠나요?
- 가장 흔하게 볼 수 있는 부정행위는 무엇입니까?
- 사람들이 게임에서 속임수를 쓰는 이유는 무엇이라고 생각하나요?
- 어떤 상황에서 '선의의 거짓말'을 할 수 있나요?(눈치 있게 행동하기 위해, 예: 친구가 머리 스타일을 바꾸거나 당신의 마음에 들지 않은 옷을 입은 경우)
- 상황에 따라 상대가 불쾌하게 여길 수 있다면 진실 전부는 말하지 않는 것 혹은 '팩폭' 직언을 하지 않고 눈치 있게 행동하는 것은 좋은 것일까요?(예: 누군가 매우 친절하게 선물을 주었지만 그 선물이 정말 필요 없고 싫은 경우, 누군가 식사를 준비했는데 정말 맛이 없는 경우)
- 사람들에게 지속적으로 정직하지 않게 행동하면 어떻게 될까요? 정직하지 않다는 것은 당사자에게 어떤 영향을 미칠까요? 타인에게는 어떻게 영향을 미칠까요?(다른 사람들은 그 사람이 신뢰할 수 없다고 느끼게 된다.)
- 가게 주인들이 정직하지 않은 사람들을 막기 위해 시도하는 방법에는 어떤 것들이 있나요?
- 만약 거짓말을 하는 것이 들통나면, 사람들은 그 순간부터 거짓말한 사람의 말을 믿지 않고 이미 말한 것도 의심하게 되는데 그것이 사실일까요?
- '온전함을 지니는 것(integrity)'이란 무엇인가요?(아무도 보고 있지 않아도 정직하고 가치관대로 행동하는 것이다.)
- 온전함을 지닌 것으로 잘 알려진 사람은 누구일까요, 왜 그 사람을 선택했나요?

3) 활동

팀 활동으로, 학생들은 지역사회 조사 연구를 실시한다. 동네 좀도둑에 관한 문제를 현지 상점 주인에게 인터뷰한 후 보고서를 작성한다.

- 짝과 협력하여 정직에 관련한 책 홍보 영상(197페이지 참조)을 제작한다.

가방 금지 규칙

열 가지 생각 단계 활동(191페이지 참조)을 모든 학생에게 PPT 자료의 열 가지 생각 단계를 이용하여 설명한다. 그런 다음 오뚝이 Bounce Back! 활동지 '열 가지 생각 단계'를 사용해 다음을 토론한다(그룹은 4~5명으로 배정).

- 학생들은 쇼핑할 때 훔친 물건을 가방에 숨길 수 있으므로 책가방이나 배낭은 가게에 가지고 들어갈 수 없고 가게 문 앞에 두어야 한다. 속이 보이는 책가방만을 가지고 다닐 수 있다.

거짓말에는 결과가 뒤따른다

앞의 자료를 참고하여 거짓말을 경고하는 우화를 읽는다. 짝과 함께 동화를 읽고 거짓말을 하거나 부정행위를 한 결과가 미치는 영향에 대한 경고를 이야기로 만든다. 제작한 이야기를 저학년 학생들에게 읽어주거나, 연극으로 발표할 수 있다.

약속 깨기

약속을 절대 어기면 안 될까? 친구가 이런 상황이라면 어떻게 해야 할까?

다음 시나리오에서 싱크·잉크·페어·셰어 팁(Think-ink-pair-share) 전략을 사용하여 다음 상황에서 가장 중요하다고 생각되는 단어를 적고 짝과 공유한다(191페이지 참조).

- 형은 친구 세 명에게 견디기 힘든 괴롭힘을 당하고 있다. 하지만 친구들의 복수가 두려운 형은 부모님에게 말하지 말라고 한다.
- 학교 친구 두 명이 때때로 동네 슈퍼마켓에서 도둑질을 한다. 하지만 이 아이들은 당신에게 절대 다른 사람에게 말하지 말라고 한다.

긍정적 역할 모델 찾기

'온전함(integrity)'을 지닌 유명한 사람을 찾아서 연구하고 그 사람의 전기를 쓴다. 왜 이 사람을 선택했는지 설명한다. 결과를 포스터, 프레젠테이션 자료 또는 파일로 발표한다.

거짓말 탐지기 만들기

2인 1조로 학생들은 작은 거짓말을 할 때 맥박수가 증가하는지 여부를 조사한다. 각 학생은 두 가지는 참이고 한 가지는 작은 거짓인 사실을 생각한다. 각 팀은 휴대전화 맥박 측정 앱을 사용하거나 클레이를 사용하며 작은 공을 만들어 그 안에 이쑤시개를 꽂는다. 팔을 탁자 위에 평평하게 놓고 작은 공을 맥박 위에 놓는다. 맥박 위의 이쑤시개는 거짓말을 할 때 더 강하게 움직이는지 확인한다. 짝이 거짓말을 할 때 얼굴의 단서, 목소리 톤 또는 몸짓 언어와 같은 다른 단서들을 발견할 수 있는지 확인한다. 결과를 기록한다.

광고의 진실

학생들과 광고에서 진실이 얼마나 중요한지를 토론한다. 진실이 왜 중요한지 말해 달라고 제안한다. 3인 1조로 학생들은 아동용 텔레비전 광고나 잡지 광고를 분석한다. 광고에 어떤 정보가 누락되었는지와 만약 물어볼 수 있다면 광고주에게 무엇을 물어볼 것인지 확인한다. 그 광고는 진실인가? 학생들은 자신의 '광고 속의 진실' 체크리스트를 만들어 소비자가 광고에서 주의해야 할 사항에 대해 살펴본다.

스포츠에서의 부정행위

학생들은 스포츠 대회에서 부정행위에 대한 탐구 기반 학습(183페이지 참조)의 질문을 기반으로 탐구하는 과정을 배운다. 다음 주제를 포함할 수 있다.

- 시합 전 금지약물 사용
- 승부 조작
- 동물 도핑

드라마

한 학급을 3~4개 그룹으로 나누어 진행한다. 그룹끼리 계획을 세우고 학교의 저학년이나 가까운 유치원 동생들에게 발표할 수 있도록 한다. '양치기 소년', '입에 딱 달라붙은 거짓말' 등의 책 내용을 바탕으로 한 낭독 극장(188페이지 참조)을 준비하여 공연한다. 한 팀은 하나 이상의 역할을 해야 한다.

- 준비 및 관리 담당
  - 이야기 구성 만들기
  - 대본 작성
  - 간단한 의상이나 소품들에 대한 아이디어 제시
  - 시간 관리
- 연극 및 토론 담당
  - 소개 및 해설
  - 특정 배우역 맡기
  - 공연이 끝난 후 어린 학생들을 위한 토론 질문 개발

각 담당자는 자신의 계획을 다른 팀이나 전체 학급에 공유하여 잘 진행된 면과 개선할 측면에 대한 피드백을 받을 수 있다.

3. 공정하게 행동하기

1) 학습자료

(1) 도서

우리는 무적남매 골치와 대장

한 소녀(훌륭한 아이)와 남동생(고통받는 아이)은 상대보다 부당하게 대우받는다고 생각하며 부모가 다른 한 명을 더 사랑한다고 믿는다. 책은 양쪽의 관점에서 쓰였다.

마틴 루서 킹

이 그림책은 아프리카계 미국인의 공정한 대우와 동등한 권리을 위해 노력한 Martin Luther King에 관한 이야기이다.

(2) 동영상 해시태그

#백신 관련 토론

자녀의 예방 접종 의무를 거부하는 부모에게 정부의 지원을 금지해야 하는지에 대한 문제, 그리고 그들의 자녀를 국비 보조 보육원이나 유치원에 등록시키는 것을 금지해야 하는지에 대한 문제와 관련된 동영상 자료 및 공정함 관련 자료를 사용한다.

2) 가정 연계 과제

토론에 앞서 학생들에게 가족을 대상으로 설문조사를 실시하도록 한다.

- '부당한 것'은 어떤 의미인가?
- 공정한 행동의 예와 불공정한 행동의 예

3) 서클 타임 또는 학급토론

도서 자료에서 하나를 읽고 주제를 소개한다. 그런 다음 학생들은 과제를 집으로 가져가 가족과 함께한다. 대안적으로는 짝 이야기 전하기 전략(187페이지 참조)을 사용하여 부당한 대우를 받은 적에 대한 자기의 경험이나 친구의 경험(익명으로)을 잘 듣고 요약하여 발표하도록 요청한다. 다음 토론 질문에서는 앞의 도서 자료를 이용하거나 가정용 설문지를 제작하여 사용하여도 좋고 친구나 가족을 면접하여 요약 발표하는 짝 이야기 전하기 전략으로 활동해도 좋다.

토론 질문

- 공정함이란 무엇일까요? 왜 공정함은 때때로 주관적인가요?(상황에 따라 다르게 인식될 수 있다.)
- '평등권'과 공정성 사이의 연관성이 있나요? 아직 동등한 권리를 가지지 못한 사람들이 우리 주변에 있나요?
- 교사가 실제로 공정하게 대하더라도 학생은 불공평하다고 느끼는 이유는 무엇일까요?
- 공정하게 대우받지 못했던 나의 경험 혹은 친구의 경험을 말해 보세요(예: 누군가 밀치고 간 경우, 놀린 경우, 따돌림을 당하거나 소외된 경우 등의 예가 있고 학교 숙제를 어떻게 하는지 혼자만 모르는 경우도 해당한다. 반드시 상대는 익명으로 하며 공개하지 않는다).

교사가 생각해 볼 문제

학교의 규칙과 절차는 모든 사람의 입장에서 얼마나 공정할까?(각 규칙에 해당되는 아동, 관심군 학생 혹은 교사와 부모의 입장에서 살펴본다.) 학교 규정에 대한 기준을 사용하여 검토할 수 있다(다음의 '우리 학교 규칙은 공정한가요' 참고).

4) 활동

- '공정함'과 관련된 그림책 『우리는 무적남매 골치와 대장』(주디 블룸 저, 2018)을 학급에 읽어 준다. 2인 1조로 학생들은 두 주인공이 모두 불공정하다고 생각하는 면을 두 원의 교차 지점에 그리고, 각각 따로 불공정한 것을 두 개의 원에 따로 그린다. 상대 입장과 다른 것을 나열한다. 이 그림은 벤다이어그램으로 표현된다.
- 학생들은 『우리는 무적남매 골치와 대장』을 낭독 극장(188페이지 참조)이나 역할극 활동을 하고 유치원이나 저학년을 위한 공연을 한다.
- 싱크 · 잉크 · 페어 · 셰어(191페이지 참조)를 사용하여 언제나 공정한 대우가 이루어지는 학급을 만들기 위한 개인 또는 집단 토론 활동을 한다. 교실이 어떻게 달라질 수 있을지 브레인스토밍한다.

공정한가요

열 가지 생각 단계 PPT 자료를 사용한다(191페이지 참조). 학생 4~5명을 한 그룹으로 나눈다. 열 가지 면을 잘 따져서 주제를 다시 생각해 보는 오뚝이 Bounce Back! 활동지 '열 가지 생각 단계'를 사용하여 다음 문제의 공정성을 토론한다.

- 아이의 팔에 마이크로칩을 이식하는 수술을 하여(16세까지 제거해서는 안 됨) 어린이가 안전한지 추적

한다.

- 운전 면허증 취득 연령을 16세로 낮춘다.
- 아이들은 10세부터 페이스북 계정을 가질 수 있다.
- 학부모는 자녀의 컴퓨터나 휴대전화 사용을 제한할 수 없다.
- 어린이는 마이크로소프트의 공동 창립자인 빌 게이츠가 옹호한 대로 14세까지 휴대전화에 접속할 수 없다.

멀티뷰 토론(185페이지 참조)은 이러한 문제의 일부로도 사용될 수 있다. 이 외의 좋은 토론 주제를 만들어 활동한다.

백신 관련 논쟁

동영상 해시태그를 이용하여 #백신 관련 토론에 관련된 동영상 자료를 보고 다음의 활동을 할 수 있다. 여러 가지 생각할 점을 조목조목 따져 보는 '열 가지 생각 단계 활동(the ten thinking tracks; 191페이지 참조)'이나 토론의 참여를 이끌고 토론의 규칙을 배워 보는 '소크라테스 서클 토론(188페이지 참조)', 주제를 분해해 보는 '현미경 전략(192페이지 참조)' 또는 여러 사람의 관점에서 보는 '멀티뷰 토론(Multiview)전략(185페이지 참조)'을 사용하여 다음 질문에 대해 논의한다: '자녀에게 예방 접종을 하지 않은 부모는 처벌받아야 할까요?', '아이들에게 예방 접종을 하지 않으면 어떨까요?', '모든 사람이 예방 접종을 하는 것이 공정/불공정한가요?'

우리 학교규칙은 공정한가요

학생들과 왜 학교규칙이 있어야 하는지에 대해 토론한다(모든 학생이 안전하고, 존중받고, 공정한 대우를 받을 수 있도록 학생들이 어떻게 행동해야 하는지 모두 이해하기 위해).

그룹으로 나누어 학생들은 우리 학교규칙이 무엇이며 규정을 어길 때 결과가 '공정'한지 아니면 '불공정'한지 판단하고 일련의 기준 또는 점검표를 개발한다.

예를 들어, 다음 예에서 '공정성'이 잘 적용되었는지 따져 본다.

- 규칙 적용의 일관성(모든 학생에게 동일한 규칙 적용)
- 편견 없음(즉, 감정이나 개인적인 의견에 근거하지 않는 통제된 대응)
- 일어난 일의 비중과 상응하는 규칙인지(예: 사소한 잘못에 대한 심한 질책, 고의로 누군가를 다치게 한 것에 대한 간단한 휴식 시간 박탈)
- 존중, 이해, 열린 마음을 바탕으로 한 결과(판단이 아닌)
- 의사소통이 원활하고 예측 가능한 규칙

공정성을 판단하는 기준으로 다른 학교규칙의 공정성, 의사소통과 적용 방법 그리고 규칙 위반의 기준을 살펴볼 수 있다.

멀티뷰 토론

멀티뷰 토론 전략(185페이지 참조)을 사용하여 다음 두 가지 문제에 대한 다른 관점을 살펴본다.

- 자연산림 속 토지의 사용 권리에 대한 관점
  - 선대의 할아버지가 산 땅을 3대째 농사를 지어 온 가족의 입장
  - 그 땅에 살고 있는 동물의 입장
  - 도시에 사는 주민의 입장
- 가게 물건을 훔쳐 달아난 10대 청소년의 얼굴 사진 공개에 대한 관점
  - 훔쳐 달아난 10대 청소년 당사자
  - 10대의 가족 입장
  - 가게 주인 입장
  - 경찰관
  - 다른 손님

4. 공정성, 정의, 인권

1) 학습자료

(1) 도서

나는 어린이로서 누릴 권리가 있어요

이 책은 국제사면위원회(Amnesty International)에 소속된 아동 해설자가 내레이션을 한다. 아이들의 얼굴, 장소, 경제적 여유와 관계없이 지구상의 모든 아이가 음식, 물, 쉴 곳, 교육, 폭력으로부터의 자유와 같은 권리를 가져야 함을 설명한다. 많은 국가에서 아이들의 기본적인 욕구는 충족되지 않고 있다.

우리가 꿈꾸는 자유

국제사면위원회의 또 다른 책인 이 책은 교육을 받을 자유와 다치거나 고문당하지 않을 권리, 가정을 꾸릴 권리, 자기 자신이 되는 권리 등 다양한 측면에 대한 17개의 아동 친화적인 인용문을 담고 있다.

(2) 웹사이트 자료

아동의 권리와 책임에 관한 소책자

UNICEF에서 발행한 아동 권리에 관한 국제 연합 협약을 각종 웹사이트에서 제공하고 있다.

아동 권리

아동 권리에 관한 국제 연합 협약 문서(Convention on the Rights of the Child)를 각종 웹사이트에서 제공하고 있다.

2) 서클 타임 또는 학급토론

동영상을 보여 주고 하나 이상의 추천 도서를 읽는다. 학생들은 2인 1조로 서로가 동력이 되어 아이디어를 생성하는 '짝 시너지 활동(187페이지 참조)'을 사용하여 아동 권리에 대한 아이디어를 번갈아 가며 적는다.

토론 질문

'사회적 정의'라는 용어에 대해 이야기해 본다. 사람을 동등하게 대우한다는 것은 개인뿐만 아니라 모든 사람을 공정하게 대하려고 노력하는 것이라는 점을 분명히 한다.

- 인간의 권리는 무엇인가요? 전 세계의 어린이는 어떤 권리를 가져야 할까요?
- UNICEF는 무엇이며 무엇을 하나요?('모든 어린이는 더 나은 세상을 위해 생존하고, 번성하며, 그들의 잠재력을 수행할 권리가 있다'는 원칙을 바탕으로 이들을 지원하고 보호하기 위해 70년 동안 일해 온 단체)
- 세계에서 부당하게 취급되는 사람들이 있나요?
- 우리 동네에도 공정한 대우를 받지 못하는 사람들이 있나요?(노숙자, 노인, 난민, 장애인, 정신건강에 문제 있는 사람들)
- 사람들이 공정한 대우를 받도록 돕는 기관이 있나요?(월드비전, 구세군, 호주의 스미스 가족, RSPCA, 적십자)
- 이런 기관이 하는 일에 대해 사람들이 알고 있나요?

3) 활동

- 학생들은 3인 1조로 우리 학급 문집(197페이지 참조)에 실릴 유엔 세계인권선언의 권리를 수기로 작성하고 그림을 그려 문집을 만들 수 있다.
- 학생들은 유니세프 또는 다른 단체 중 하나를 선택한 후 단체 관련 주제를 선정하여 탐구하는 탐구 기반 전략(inquiry-based project)을 수행할 수 있다.

기금 모금 관련 활동

6개의 질문 정거장을 마련하여 정거장을 돌며 주제를 생각해 보는 '회전 브레인스토밍(179페이지 참조)'을 사용하여 기금 모금에 관련한 아이디어를 나누어 본다. 예를 들면 다음과 같다. 해외 아이들을 후원하기 위한 기금 마련(월드비전), 호주의 아이를 학교 보내는 기금 마련(스미스 가족: The Smith Family), 그리고 음식이나 보살핌 부족으로 학교에 못 오는 학생들에게 아침 식사를 제공하기 위해 돈을 모금하는 활동(적십자)이 있다. 기금 모금은 작은 방법으로도 불공정한 상황에 변화를 주는 방법이다.

또한 학생들과 기금단체를 조직하여 모금을 하거나 기관의 강사를 손님으로 맞이하여 이야기를 들어 보는 자리를 마련할 수 있다.

4) 적용

주목해야 하는 것은 서클 타임의 교육전략이 다루는 핵심 가치와 오뚝이 Bounce Back! 공동 학습전략이 목표로 하는 핵심 메시지이다. 이 핵심 메시지에 주목하기 위해서는 다음의 가치가 전제되어야 한다.

- 모두가 공정하게 갖는 발언권
- 자신과 학급 친구들의 학습에 대한 책임감
- 의견, 아이디어 등의 차이에 대한 인정 및 존중

5. 책임감 있게 행동하기

1) 학습자료

(1) 도서

신문 배달 소년
소년은 비록 종종 아침에 일찍 일어나기 힘들지만, 해가 뜨기 전에 신문을 배달하는 책임을 다한다(충실한 강아지와 함께).

2) 서클 타임 또는 학급토론

책을 먼저 읽는다.

토론 질문
- 주인공의 책임감은 어땠나요?(매일 그에게 힘든 일이었지만, 결국 하기로 약속한 일을 했다.)
- 책임감과 관련된 다른 이야기가 있나요?

토론의 답이 다음 두 가지 유형에 해당되는지 확인한다.

① 자신을 위해 책임감 있는 행동을 한다

책임감 있게 행동하는 것은 성장하며 발전하기 위해 해야 할 일이기 때문에 스스로를 믿는 행동이다. 자신을 위한 책임감 있는 행동이란 스스로를 실망시키지 않는 행동이다.

- 행동에 대한 책임을 인정하고 변명을 하거나 다른 사람을 탓하지 않는다.
- 학교 수업을 위한 준비물을 학교에 가져가는 것을 잊지 않는다.
- 소지품을 관리한다.
- 숙제와 프로젝트를 제시간에 끝낸다.
- 스포츠 실습이나 음악/드라마 연습과 같은 활동을 제시간에 시작한다.
- 자신의 물건과 다른 사람들의 물건을 잘 간수한다.
- 해야 할 일을 찾아내고 다른 사람이 하기를 기대하지 말고 자신이 한다.
- 건강한 음식 섭취 선택, 선크림 사용, 모자 또는 자전거 헬멧 착용과 같이 자신에게 도움이 되는 현명한 선택을 한다.

② 다른 사람을 위해 책임감 있는 행동을 한다

사람들이 자신을 신뢰하고 의지할 수 있도록 하는 것을 의미한다.

- 남들의 확인을 거치지 않고 자신에게 약속한 것을 스스로 한다.
- 약속을 지킨다.
- 내가 하기 싫을 때나 다른 사람의 감독이 없을 때조차도 맡은 역할을 한다.
- 다른 사람의 계획을 위해 약속 시간을 지킨다.
- 다른 사람에게 문제가 되지 않도록 현명하게 행동한다.
- 도움이 필요한 사람들을 도와준다.
- 다른 사람에게서 빌린 물건을 소중히 쓰고 아낀다.
- 다른 사람의 웰빙(예: 어린 가족 구성원, 저학년 학생, 아픈 가족, 노인 친척, 학교에서 괴롭힘을 당하는 사람)을 살핀다.

더 많은 토론 질문으로 책임감에 대한 개념을 이어서 확인한다.

- 집안일에서 어떤 역할을 맡아서 하나요?
- 책임감 있게 행동하는 것으로 얻는 이익은 무엇인가요?(다른 사람의 신뢰를 받고, 자기존중을 하게 되고,

학교생활을 성공적으로 하게 된다.)

- 책임감이 필요한 상황은 무엇인가요?
- 고학년이 되면서 집이나 학교에서 더 많은 책임이 주어졌나요? 예를 들어 보세요.

 교사가 생각해 볼 문제

어렸을 때 어떤 책임을 맡았었는가? 그런 책임들이 지금 어른이 되어 책임감과 행복감에 어떻게 도움이 된다고 생각하는가? 이것을 학생들과 공유해 보자.

3) 활동

책임감 증명하기

안쪽, 바깥쪽 두 개 원을 만들어 짝지어 앉아 주제에 대한 토론을 한다. 바깥 서클이 이동하여 새로운 짝으로 다시 토론하게 된다. 이와 같은 안쪽 바깥쪽 서클 만들기 활동 전략(184페이지 참조) 활동을 하며 다음과 질문한다. 다음 상황에서 '나라면 어떻게 책임감을 증명할까?'

- 실수로 친구가 좋아하는 티셔츠에 뭔가를 쏟았다.
- 가족들에게 내 방 청소는 내가 하겠다고 약속했으나 실제로 그렇게 하지 못했다.
- 내일 끝내기로 한 과제가 있는데 좋아하는 TV 프로그램 중 하나를 보고 싶다.
- 주말에 친척이 여행을 가는 동안 강아지를 돌보기로 했는데 친구가 시내에 가서 놀자고 한다.
- 학교에 도착해 보니 숙제 가져오는 것을 잊었다.

오뚝이 Bounce Back! 저널 주제 글쓰기

학생들은 다음의 주제로 같은 개인적인 성찰을 적어 본다.

- 자신을 위해 책임감 있는 행동을 한 일
- 다른 사람을 위해 책임감 있는 행동을 한 일

4) 드라마

책임감 역할극

그룹을 4~5명으로 나누어 '책임감 있게 행동하기'에 대한 짧은 역할극을 하도록 한다. 각 그룹은 앞에서 공연한다. 학생이 공연을 마친 후 각 시나리오 내용에 대해 토론하여 책임감 있는 행동이 무엇이었는지 명확하게 한다.

6. 반려동물에 대해 책임감 있게 행동하기

1) 학습자료

(1) 도서

강아지가 갖고 싶어!

비둘기는 정말 귀여운 강아지를 원한다. 이 비둘기는 만약 강아지를 얻는다면, 강아지를 잘 돌볼 것이라고 말한다. 하지만 진짜 살아 있는 게으른 개를 만나게 되니 마음을 바꾼다.

(2) 동영상 해시태그

#반려동물 책임의식

책임감 있는 고양이 소유주가 되는 데 필요한 사항에 대한 영상 자료를 사용한다. −고양이를 가두어야 할까?

#강아지 농장 #고양이 농장

강아지와 새끼 고양이 농장에서 사육된 반려동물에 대한 영상 자료를 사용한다.

2) 서클 타임 또는 학급토론

학생들은 먼저 책을 함께 읽는다. 함께하고 싶은 반려동물이 있는 경우 책임감의 중요성에 대해 토론한다. 토론 후에 5개 그룹으로 나누어서 유치원이나 저학년 어린이들에게 책 읽어 주기를 하고, 유치원과 저학년 학생들이 책임감 있는 반려동물 주인이 되는 방법에 대해 토론할 수 있도록 이끈다(218페이지 참조).

토론 질문
• 집에서 반려동물을 키우거나 전에 반려동물을 키운 적이 있나요? 어떤 종류의 반려동물이었나요?
• 반려동물을 키울 때 책임감 있는 행동이란 어떤 것인가요?(올바른 음식을 주고, 도로 위를 달려가지 않도록 하고, 애정 표현을 하고, 정기적으로 우리나 먹이 그릇을 청소하고, 물에 접근할 수 있는지 안전을 확인하고, 주인과 함께 있도록 조치하고, 밤에 혼자 두지 않고, 배설물을 확실히 처리할 수 있도록 조치한다.)
• 반려동물에 대한 책임감을 저학년 동생들에게 이해시킬 수 있고 예를 제시할 수 있나요?(어떤 어린 동

생들은 단순히 반려동물의 반응이 좋아서 괴롭히거나 성가시게 한다.) 사람들은 반려동물을 사거나 입양하기도 하지만(특히 어리고 귀여울 때) 반려동물이 나이 들면 귀찮아하기도 한다(즉, 책임감 있게 행동하지 않는다). 그럴 때, 동물 보호소에 데려가서 다른 사람에게 주게 된다. 이런 상황을 막기 위해 우리는 무엇을 할 수 있을까요?(동물 보호소 캠페인 문구를 기억한다. '반려동물은 여러분과 크리스마스에만 함께하는 것이 아니라 영원히 함께하고 싶어요.')

• 만약 새로운 반려동물을 갖게 된다면 어디에서 데려오는 것이 좋은가요? 책임감 있게 행동하는 방법에는 무엇이 있나요?(동물 행동전문가를 방문하고, 추천을 받고, 동물 보호소에서 입양할 수 있다.)

앞의 동영상 자료들을 감상한 후 다음의 토론을 할 수 있다.

• 사육장, 동물 보호소, 펫숍으로부터 새끼 고양이나 강아지를 얻는 장점과 단점은 무엇인가요?
• 반려 고양이가 우리 동네 자연환경과 야생을 해치지 않도록 하기 위해 고양이 주인이 가져야 할 책임감 있는 행동은 무엇일까요?(목줄이나 종을 사용하고, 밤에는 집 안에 있게 한다.)
• 동영상 속의 관리가 고양이에게 불공평할까요?
• 집에서 멀리 나왔을 때 가죽 끈으로 반려견을 묶는 일은 현명한 일인가요, 잔인한 일인가요?

3) 활동

반려동물에게 책임감 있게 행동하는 방안에 대한 홍보 포스터를 만든다.

반려동물 번식

많은 동물 보호소는 새끼 고양이와 강아지가 버려지거나 유기되는 것을 막기 위해 고양이와 개의 중성화 수술을 할 것을 반려동물 주인에게 권장하는 캠페인을 운영하고 있다. 오뚝이 Bounce Back! 활동지를 활용하여 '열 가지 생각 단계 활동'으로 동물의 중성화 문제를 다각도로 탐구할 수 있다(191페이지 참조).

4) 드라마

반려동물을 기르고 싶다면 책임감 있게 행동하기

'강아지가 갖고 싶어' 이야기의 주요 메시지에 대해 토론한다. 그런 다음 저학년이나 유치원 동생들에게 메시지를 전달하는 방법을 제안한다. 반려동물을 소유함에 있어 책임감 있는 행동에 대한 주요사항에 대한 메시지를 다룰 수도 있다(예: 반려동물을 실망시키지 마세요. 반려동물은 우리에게 의존합니다). 활동에 참여하고 집단 활동 역할에 책임을 다하는 것의 중요성을 강조한다(예: 소품 제작, 조직, 소개, 연기, 내레이션, 마지막에 핵심 사항 전시 등).

7. 다르다는 것은 괜찮아

1) 학습자료

(1) 도서

[역자 추천]

우리는 이민 가족입니다(크리스타 홀타이 글, 2015)

1869년 독일 하노버주의 한 작은 마을에 살고 있던 로베르트 페터스 씨는 의료 기술의 발달로 인해 인구가 늘어나고 기계 공업 발달로 인해 가내수공업이 힘을 잃자, 온 가족과 함께 먼 타국, 미국으로 이민을 가기로 결심한다. 험난한 여행을 통해 마침내 목적지에 이른다.

달라서 좋아요(후세 야스코 글, 2009)

서로 너무나도 다른 동그라미와 세모가 만났다. 둘은 각자의 부족한 면을 보완해 주고, 서로의 좋은 점을 알아 가게 된다.

(2) 영화

리멤버 타이탄

이 영화는 고등학교 축구팀의 초기 인종 차별에 대해 사람들의 지속인 교류와 협조 그리고 친근함으로 차별을 극복하는 이야기이다.

해피피트

Mumbles는 남극에 사는 젊은 황제 펭귄이다. 다른 펭귄처럼 이성에게 어필할 훌륭한 노래 실력을 갖추지는 못했지만, 탭댄스만큼은 자신 있다. Mumbles는 짝을 찾기 위해 자신의 장점을 살린다.

(3) 동영상 해시태그

#Sneetches

Dr. Seuss의 이야기 중 일부이다. 스노비 돌연변이(snobby sneetches)는 배에 녹색별이 있으며, 이것이 배꼽이 평범한 아이들보다 우수한 증거라고 믿는다. 이후 Sylvester McMonkey McBean이 배꼽을 만들 수 있는 기계를 들고 마을에 도착한다.

(4) 노래

'Walk a Mile in My Shoes(상대방의 입장이 되어 보세요)'

[역자 추천] 다문화송
----

2) 서클 타임 또는 학급토론

오뚝이 Bounce Back! 활동지의 '친구 정보 사냥하기'를 사용하여 이 주제를 소개한다. 교실을 돌아다니면서 활동지에 나온 질문에 해당하는 친구들을 찾는다(187페이지 참조). 친구의 정보를 모두 사냥한 후 다음의 토론 질문을 사용하여 토론을 진행한다.

토론 질문

- 친구 정보 사냥하기에서 학급 친구에 대해 배운 점은 무엇입니까?
- 우리는 서로 어떻게 다른가요?(다른 경험, 문화적 배경, 강점과 약점, 능력, 가족 구조, 가치, 의견, 선호, 성격, 목표)
- 다른 사람과의 차이를 느낀 사람이 있나요?(다른 나라로 여행을 가 보면, 나와는 다른 사람들이 있음을 알게 된다.)
- 특정 집단의 사람들에 대해 '편파적 입장에 있는' 사람의 예를 들어 보세요.
- '차이'에 기초한 차별의 예는 무엇입니까?(특정 종교인이 사교 모임에서 배제됨)
- 차별받는 기분은 어떨까요? 장기적으로 어떤 영향을 미칠까요?
- 다름을 받아들인다는 것은 어떤 의미일까요? 어떻게 보여 줄 수 있나요?(사람들의 차이가 좋은 것임을 인정하면 세상에 대한 우리의 이해를 넓히고, 새로운 아이디어에 대해 열린 마음을 갖는다. 우리가 다른 사람들은 그다지 좋아하지 않을지도 모르는 그 차이점들을 이해하려고 노력한다. 다른 사람들을 환영하는 다른 방법들, 재미, 일, 대화에서, 누군가 빠졌을 때 주목하고 함께하도록 초대한다. 고정관념을 갖지 않고 무시하지 않으며 괴롭히지 않는다.)
- 조화란 어떤 의미인가? 우리 반, 학교, 지역사회, 자연, 우리나라, 세계에서의 조화를 실천한 예는 어떤 것이 있는가?(세계인의 날, 223페이지 참조)

3) 활동

- 학생들은 오뚝이 Bounce Back! 활동지에 제시된 '사회적 다양성'에 관련된 질문을 완료하고, 사회적 다양성으로 인해 자신의 삶이 나아진 방법 면에 대해 쓰고, 그림을 그린다.
- 학생들은 3인 1조로 북트레일러(digital book trailers)를 만들거나(198페이지 참조) 문화적 다양성을 주제

로 한 책이나 영화에 대해 검토한다. 212페이지의 인권 관련 서적도 참조한다.

- 3인 1조로 학생들은 학급의 다양성을 대표하는 이미지를 기획한다. 그들에게 '기존 틀 밖의 생각'을 하라고 권한다.
- 학생들은 '다름'에 관련한 동물들의 이야기를 상상해서 쓴다(예: 점이 하나만 있는 무당벌레, 줄무늬 대신 점이 있는 호랑이).
- '상대방의 입장이 되어 보세요(Walk a Mile in My Shoes)'라는 곡을 들려준 다음, 학생들에게 이 곡을 토대로 자신의 노래나 시를 쓰도록 한다. 학생들은 '다르다는 것은 괜찮다'를 다양한 형식의 시로 표현해 본다.
- 학생들은 인상주의, 표현주의, 초현실주의 등의 다른 그림 스타일을 통해 유사한 주제(예: 바다, 국가, 정물)에 대한 다양한 예술가의 인상을 연구한다. 초현실주의, 입체주의 또는 현대주의 이것은 사람들이 다른 '눈'을 통해 어떻게 같은 것을 보는지를 보여 주는 데 도움이 될 것이다. 이 활동은 미술 교육과 정과 연계된다.

다름에서 나오는 창의성 만들기

학생들에게 짝과 협력하여 정직, 공정 또는 책임에 관한 발표 과제를 준다. 이를 위해 30분 이상 함께하며, 서로 다른 여러 가지 기술과 창의력이 결합하여야 하고, 원하는 형태의 프레젠테이션을 창조해 내야 한다고 강조한다(예: 이야기, 슬라이드 쇼, 노래, 시, 그림, 콜라주, 멀티미디어 프레젠테이션).

다름에 관한 열 가지 생각 단계 활동

전체 수업으로 열 가지 생각 단계 PPT 자료(191페이지 참조)를 사용한다. 그런 다음 학생들을 4~5명으로 그룹 짓고, 오뚝이 Bounce Back! 활동지를 사용하여 토론과정을 거친다. 다음의 두 가지 문제 중 하나에 대해 토론하고 결과를 전체 앞에서 발표한다.

- 학교에 종교를 나타내는 복장이나 물건을 착용하는 것 금지
- 오스트레일리아의 날 변경-이 날의 기념은 백인이 호주에 도착한 것을 축하하는 양상을 띤다고 일부 사람은 주장한다. 이런 논리는 마치 호주 원주민의 존재를 더 이상 인정하지 않아 보인다는 입장이다. 주사위로 생각하기(181페이지 참조) 전략을 사용하여 홀수 번호는 긍정적인 부분을 말하고 짝수 번호는 부정적인 부분을 말해 본다. 또는 멀티뷰 토론 전략(185페이지 참조)을 사용하여 다양한 관점의 입장에서 토론해 볼 수 있다.

다양성에 관한 우리 학급 통계

다음 질문 중 몇 가지를 사용하여 차이점에 대해 학급 친구들에게 설문조사를 실시하고 그 결과를 그래프로 발표하도록 한다.

- 나는:
  - 왼손잡이인가?
  - 기독교인가?
- 나는:
  - 반려동물을 기르고 있다.
  - 여동생이나 형제가 있다.
  - 특정 스포츠를 보는 것을 좋아한다. 예를 들면, 축구, 테니스가 있다.
  - 서울에서 태어났다.

개인적 설문조사

칠판에 다음 선택사항 각각을 보여 주고 어떤 것이 좋은지 선택한다. 한번에 하나씩만 보여 준다. 번호를 매긴다. 학생들은 숫자와 그 대답을 적는다. 그런 다음 파트너와 답변을 공유하고 서로 다른 점을 확인한다. 오뚝이 Bounce Back! 저널에 결과를 적는다.

① 초콜릿 아이스크림과 딸기 아이스크림
② 독서와 컴퓨터 게임
③ 부자가 되는 것과 유명하게 되는 것
④ 예술가가 되는 것과 운동선수가 되는 것
⑤ 학교 공부와 뮤지컬
⑥ 많은 돈과 많은 친구
⑦ 정직함과 자신감
⑧ 창조하는 것과 정리하는 것
⑨ 팀의 주장이 되는 것과 우수 플레이어가 되는 것
⑩ 해변에서 노는 것과 스키 타고 노는 것
⑪ 비디오 보는 것과 컴퓨터 게임을 하는 것
⑫ 많은 것을 가르쳐 주는 선생님과 친절한 선생님

신발 상자에 다른 집과는 다른 우리집 문화를 표현하는 집 꾸미기

호주의 원주민은 Torres 해협 섬 주민이지만 현재는 대부분 이민자로 구성되어 있으며 그중 일부는 최근에 이민을 온 사람들이다. 어떤 이들은 2, 3세대 이전 혹은 그 이전에 이민을 왔다. 이 프로젝트는 학생들이 자기 가족의 근원에 대한 용기를 북돋는 활동이다. 각 학생은 집의 역사, 집의 사진, 이야기들이 녹아 있는 문화공간을 만든다. 신발 상자가 없다면 약 30cm×30cm×40cm의 골판지 상자를 사용하면 된다. 가족의 특징이나 가족의 추억들을 반영하는 디자인이나 장식 등을 채운다. 각 주택은 구조적으로 유사할 수 있지만 학생마다 외양과 내용은 다르다. 집의 외관은 학생들이 현재 거주하는 공간의 문화와 지역을 반영해야 한다. 내부는 역사, 관습, 가족 축하 및 가족 배경 등의 관점에서 그들의 문화를 반영해야 한다.

학생들은 공동 또래 정비소 전략(181페이지 참조)을 사용하여 친구의 상자를 어떻게 평가할지 기준을 함께 만들고 활동 후 피드백을 제공한다(Culture box 프로젝트는 예술가인 Mira Vuc-Nikic가 고안함).

세계인의 날

세계인의 날의 핵심 주제는 '모든 사람의 참여'이다. 매년 5월 20일에 개최되며 문화 다양성과 차이를 인정하는 기념행사이다. 세계인의 날은 세계인들이 서로의 문화와 전통을 존중하면서 더불어 살아가는 사회를 만들기 위해 2007년에 제정된 국가기념일로, 5월 20일을 세계인의 날로 지정, 이날부터 1주간을 세계인 주간으로 지정하였다.

- 다양한 민족 의상을 입거나 호주 화합의 날의 색인 오렌지색을 입는다(호주 harmony day의 색).
- 다양한 종류의 다문화 음식을 가져와 또래 친구와 공유할 수 있다.
- 다른 문화의 춤과 음악/노래 연주를 즐긴다.
- 동영상과 녹음 등을 통해 하루를 기록한다.

이 활동은 학생 행동 팀(190페이지 참조) 전략을 사용하여 당일의 여러 가지 사건을 계획할 수 있다. 가족도 초대받을 수 있다.

8. 단원정리

1) 활동

자신이 선택한 핵심 가치 중 하나를 골라 저학년 동생들을 위해 책을 읽어 주는 모습을 팟캐스트나 동영상에 담는다.

- 정직, 공정성, 책임, 권리, 차이 수용의 가치를 이용하여 저학년 동생들을 위해 뱀과 사다리 게임을 만든다.
- 협동하여 신문이나 잡지 등 자료를 이용하여 한 개 이상의 핵심 가치를 반영하는 이야기를 찾아 보고한다.

핵심 어휘

또래교사 팀 코칭 전략(191페이지 참조)을 사용한 팀점수 게임을 진행하여 학생들이 핵심 가치와 관련된 어휘와 철자를 숙달할 수 있도록 한다. 발표회나 국어과 어휘 수업과도 연결된다. 예를 들면 다음과 같다.

수락하다/수락
(accept/acceptance)

부정행위
(cheating)

문화/문화의/다문화의
(culture/cultural/multicultural)

다른/다름
(different/difference)

차별하다/차별
(discriminate/discrimination)

다양성/생물의 다양성
(diversity/biodiversity)

공정한/공정/불공정한
(fair/fairness/unfair)

조화/조화로움/부조화
(harmony/harmonious/disharmony)

도움/도움이 되는/불편한
(help/helpful/helpless)

정직/정직하게
(honest/honesty)

진실성
(integrity)

공정한/공정성/부당함
(just/justice/injustice)

편견
(prejudice)

시간을 지키는/시간을 지키지 않는
(punctual/unpunctual)

믿다/믿을 수 있는/믿을 수 없는
(rely/reliable/unreliable)

책임감 있는/책임
(responsible/responsibility)

요령(눈치)/요령 있는/요령 없는
(tact/tactful/tactless)

견디다
(tolerate)

신뢰/신뢰할 수 있는
(trust/trustworthy)

사실인/진실한
(true/truthful)

가치/가치 있는
(values/valuable)

2) 게임

전체 학급이나 그룹으로 다음 게임 중 하나를 한다.

- 앞일까 뒤일까? PPT 자료(178페이지 참조)
- 메모리 카드 PPT 자료(184페이지 참조)—주어진 낱말의 반대말을 찾는다.

다른/같은
(different/same)

공평한/불공평한
(fair/unfair)

조화/부조화
(harmony/disharmony)

공정성/부당함
(justice/injustice)

시간을 지키는/시간을 지키지 않는
(punctual/unpunctual)

믿을 수 있는/믿을 수 없는
(reliable/unreliable)

책임감 있는/무책임한
(responsible/irresponsible)

정직한/정직하지 못한
(honest/dishonest)

요령(눈치) 있는/요령(눈치) 없는
(tactful/tactless)

진실한/기만적인
(truthful/deceitful)

협력하다/방해하다
(cooperate/obstruct)

수락하다/거부하다
(accept/reject)

신뢰할 수 있는/신뢰할 수 없는
(trustworthy/untrustworthy)

- 다양성, 신뢰성 또는 책임감과 같은 핵심 가치 단어 중 하나를 사용하여 숨겨진 글자 찾기(169페이지 참조) 전략을 실행한다.

3) 오뚝이 Bounce Back! 시상식

오뚝이 Bounce Back! 활동지의 시상식을 이용하여 이 단원의 정직, 공정, 책임, 다양성의 가치를 가장 잘 보여 준 학생에게 수여한다.

9. 오뚝이 Bounce Back! 활동지

- 다음 활동지는 학지사 홈페이지 자료실(www.hakjisa.co.kr)에도 탑재되어 있다.

정직에 관한 우체통 조사

(   ) 학년 (   ) 반 이름 (   )

나의 생각과 비슷한 곳에 체크하세요.

만약 내가 휴대전화를 파는 사람인데, 기계가 무언가 잘못되었다는 것을 알고 있다면, 나는 기계를 살 사람에게 기계의 잘못된 부분을 말할 것 같다.

예 ☐　　　　아니요 ☐　　　　불확실함 ☐

만약 내가 가게에서 거스름돈을 너무 많이 받았다면, 나는 점원에게 잘못 거슬러 줬다고 말할 것 같다.

예 ☐　　　　아니요 ☐　　　　불확실함 ☐

나는 아빠가 술을 마신 것을 알지만 그래도 운전해 달라고 할 것 같다.

예 ☐　　　　아니요 ☐　　　　불확실함 ☐

만약 친구가 남의 물건을 훔치거나 나쁜 짓을 하더라도 하지 말라고 말하지 못할 것 같다.

예 ☐　　　　아니요 ☐　　　　불확실함 ☐

나는 백화점 같은 데서 별로 비싸지 않은 물건은 훔쳐서 가지고 가도 된다고 생각한다.

예 ☐　　　　아니요 ☐　　　　불확실함 ☐

나는 무언가를 훔치다가 잡히고 벌 받은 사람을 알고 있다.

예 ☐　　　　아니요 ☐　　　　불확실함 ☐

왜 누군가가 거짓말을 하면 화가 날까요? 또 약속을 지키지 않는 사람에게는 왜 화가 나고 기분이 나쁠까요?

열 가지 생각 단계

(   ) 학년 (   ) 반 이름 (   )

1단원의 활동 *가방 금지 규칙 *공정한가요? *예방 접종 논쟁 *반려동물 번식 *다름에 관한 열 가지 생각 단계 활동에서 사용하세요.

1단계	주제는 무엇일까?	생각하려는 문제나 주제를 명확하게 서술하세요.	
2단계	알고 있어야 할 것	우리가 이 주제에 대해 알고 있는 것은 무엇인가요? 우리가 더 알아야 하는 것은 무엇인가요? 알아야 하는 것을 어떻게 알아낼 수 있나요? 우리가 알고 있는 것 중 비슷한 것이 있나요?	
3단계	밝고 긍정적인 면	이 주제의 좋은 특성은 무엇인가요? 주제 속에 좋은 결과가 있을 수도 있나요? 주제에서 좋은 기회가 나올 수도 있나요?	
4단계	어둡고 부정적인 면	이 주제의 그다지 좋지 않은 특성은 무엇인가요? 어떤 문제가 발생할 수 있나요?	
5단계	느낌	이 주제를 접했을 때 어떤 느낌이 들었나요?(느낌 관련 단어: 흥분됨, 걱정됨, 불안함, 기쁨 등) 관련된 사람들에게는 어떤 느낌이 들게 할까요?	
6단계	개선하기	주제를 개선하기 위해 어떤 변화가 필요할까요? 여기에, 덧붙이거나 빼거나 다시 만들거나 대신할 것은 무엇일까요?	
7단계	생각을 점검하기 (좋은 경찰이 묻는다고 생각하고 대답하기)	해결하기 위해 만약 무엇이라면이라는 가정을 만들어 볼까요? 우리가 말했던 것에 대한 충분한 증거가 있나요? 우리가 말한 증거는 믿을 만한 가치가 있나요? 우리를 가로막는 해결되지 않은 문제는 무엇인가요?	
8단계	정확하게 생각하기 삐뚤어지지 않기	주제와 관련하여 안정적 혹은 논리적인 생각은 없나요? 도덕성 때문에 이러지도 저러지도 못하는 건가요? 혹시 소수의 문제는 아니었나요?(장애인, 노인, 민족 등) 혹시 성차별이 개입되었나요? 혹시 더 큰 그림 혹은 국제적 시각으로 볼 수 있나요?	
9단계	나의 생각 말하기	나의 의견을 말해 볼까요? 이유도 함께 (저는 생각합니다. 왜냐하면,)	
10단계	우리의 생각 말하기	우리가 토론한 전체 의견을 말해 봅시다. 이것을 결정한 세 가지 이유를 말해 보세요. 반대 관점도 요약해 볼까요?	

친구 정보 사냥하기

(   ) 학년 (   ) 반 이름 (   )

다음에 제시된 친구를 찾으십시오.

다른 나라를 방문한 적이 있는 친구를 찾으세요. 이름: _____
친구가 이 나라에서 경험한 것과 우리나라의 다른 점은 무엇인가요?

_____

_____

우리 동네가 아닌 곳에서 산 적이 있는 친구를 찾으세요. 이름: _____
친구가 그곳에서 지냈던 추억 하나를 알아보세요.

_____

_____

다른 나라의 음식을 먹어 본 친구를 찾으세요. 이름: _____
친구는 이 음식이 어떤 부분이 좋고 어떤 부분이 싫었는지 적어 보세요.

_____

_____

아파트나 주택 등 나와 다른 종류의 집에 살고 있는 친구를 찾으세요. 이름: _____
이런 집에서 사는 것에 대해 한 가지 좋은 점을 말해 달라고 부탁하세요.

_____

_____

가족이 모두 몇 명인지 우리 집과는 다른 친구를 찾으세요. 이름: _____
친구의 가족이 함께하는 활동은 무엇인가요?

_____

_____

스포츠를 좋아하는 친구를 찾으세요. 이름: _____
무슨 스포츠이고 친구는 왜 그것을 좋아하나요?

_____

_____

직업에 대한 꿈이 있는 친구를 찾으세요. 이름: _____
친구는 어떤 직업을 원하며 이 직업에는 어떤 기술을 가지는 것이 도움이 될까요?

_____

_____

사회적 다양성

(   ) 학년 (   ) 반 이름 (   )

다양성은 여러 가지가 있음을 의미한다. 다양성은 환경과 사회 모두에 매우 중요한 요소이다.

생물의 다양성

생물의 다양성은 지구 생태계 속 모든 살아 있는 생명의 중요성을 강조한다. 모든 생물이 세상에 독특한 공헌을 한다는 뜻이다. 한 종류의 생명만 존재한다면, 환경의 신중한 균형을 깨뜨릴 것이다. 예를 들어, 왜 세상이 개미를 필요로 하는지 생각해 본 적이 있는가? 그들은 마치 해충인 것처럼 보인다. 하지만 개미는 우리의 환경에 매우 중요하다. 개미는 새와 다른 종들의 먹이의 원천이다. 예를 들면, 도마뱀도 개미를 먹는데 도마뱀은 자신의 지역에 많은 식물의 씨앗을 분배하는 역할을 하고 있다. 개미가 멸종되면 새와 도마뱀은 다른 먹이의 원천을 찾아야 하며 식물까지 영향을 받는다. 결과적으로, 환경의 균형은 깨질 것이다.

문화적 다양성

생물의 다양성과 유사하게, 우리 사회를 생각해 보라. 이제 이 나라에서 태어나지 않은 사람들을 모두 제거했다고 상상해 보자. 즉, 다른 나라로부터 온 문화는 모두 없애야 한다. 예술, 음식, 파티 그리고 다른 문화에서 온 것들은 모두 사라졌다. 더 이상 중국 배달음식이나 피자(이탈리아)를 먹지 않는다. 해리포터 책(잉글랜드)과 포켓몬(일본)도 없고 맥도날드(미국)도 없다. 너무 지루하지 않은가? 우리 문화는 전 세계의 문화 조합에 기반을 두고 있다. 다양한 인종과 형태의 사람들이 살고 있다. 우리 사회의 성공은 한 가지 특정한 문화에 바탕을 둔 것이 아니다. 오히려 서로 다른 문화의 조합에 바탕을 두고 있다. 만약 우리가 이러한 문화들 중 하나라도 잃게 된다면, 문화는 덜 다양해지고 덜 흥미로워질 것이다.

1. 우리 학교는 어떤 면에서 '다양성을 추구'하는가?

_____

_____

_____

_____

2. 우리 학교에서 문화적 다양성이 긍정적인 영향을 미치는 두 가지를 열거하라.

_____

_____

_____

_____

오뚝이 Bounce Back! 시상식 상장

Bounce Back! Award

이름

초등학교장

BB

2단원 사회적 가치

사회적 가치란 타인을 대하는 행동에 대한 신념이다.

강한 사회적 가치를 갖는 것은 다른 사람을 존중한다는 의미이다. 다른 사람을 존중하면, 다른 사람 역시 나를 존중할 가능성이 높다.

타인에게 친절하게 대하고 타인을 지지하는 태도를 갖는 것은 중요하다.

친절하게 행동하는 것의 의미는 다음과 같다.

- 도움이 필요한 타인을 돌보고 지원하는 것
- 사려 깊고 관대한 태도
- 용기를 북돋아 주는 것
- 다른 사람의 고민을 귀 기울여 듣는 것
- 다른 사람이 무언가 하기 어려워할 때 인내심을 발휘하는 것

협력하는 것은 중요하다.

협력하는 것은 하나가 되어 모두가 원하는 것을 성취하기 위해 함께 노력하는 것이다. 협력의 의미는 다음과 같다.

- 공유하기, 듣기, 격려하기
- 모두에게 공평한 발언권
- 자기 몫의 일을 하는 것
- 모두를 위한 공정한 결정

내가 무언가에 대해 완전히 동의하지 않는다면, 모든 사람이 원하는 것을 얻을 수 있도록 해결책을 내놓거나 해결책에 대해 협의하거나 아니면 완전히 동의해야 할 필요가 있다.

다른 사람을 수용하고 친절하게 대하는 것은 중요하다.

우호적으로 대한다는 의미는 비록 여러분의 친구가 아니거나 여러분이 좋아하기 힘든 사람일지라도 수용하고 환영하며 친절하게 대하는 것을 말한다. 그 의미는 다음과 같다.

- 미소를 짓고 눈을 맞추기
- 인사하고 이야기를 나누기
- 함께 웃을 만한 재미있는 것을 찾기
- 친절하게 대하기
- 게임 및 대화에 참여하도록 초대하기

낯선 사람이 안전한 사람이라는 확신이 있기 전에 우호적으로 대하는 것은 좋은 행동이 아니다.

다른 사람들을 존중하는 것은 중요하다.

타인 존중이란 내가 다른 사람에게 존중받고 싶은 것처럼 다른 사람을 존중으로 대하는 것을 의미한다. 이는 잠시 멈추고 다른 사람의 감정과 권리에 대해 생각할 필요가 있다는 것을 의미한다. 존중의 행동은 다음과 같다.

- 공손한 목소리로 말하고 예절을 지키는 것
- 다른 사람을 수용하기(끼워 주기/함께하기)
- 다른 사람을 상처 주거나 모욕하지 않기
- 다른 사람에 대한 소문을 퍼뜨리지 않는 것
- 타인을 차별하지 않는 것
- 공공재 또는 타인 재산을 소중히 다루기
- 남의 것을 사용할 때는 허락 받기

자신을 존중하는 것은 중요하다.

자아존중감은 자신을 좋아하고 수용하며 자신의 행동과 다른 사람을 대하는 방식에 만족감을 느끼는 것을 말한다. 따라서 나 역시 소중하다고 믿기 때문에 다른 사람도 나를 소중히 대해야 한다고 생각한다. 자아존중감이 있는 사람은 다음과 같이 행동한다.

- 누군가 당신을 부당하게 또는 무례하게 대할 때는 목소리를 낸다.
- 자기보호란 자신을 돌보고 해를 입지 않도록 조치를 취한다는 것을 뜻한다. 스스로가 자신을 존중할 때, 내가 나인 것이 편안해진다.

이 단원에서 학생들은 다음 사항에 대한 이해를 더욱 발전시킬 것이다.

- 내가 존중받고 싶은 대로 다른 사람을 존중하는 것의 중요성
- 친절, 협력, 우호적으로 대하기, 다른 사람들을 포함시키기 등의 사회적 가치를 적용하기 위한 전략, 자기존중과 타인 존중을 발전시키는 전략

1. 학습자료

학지사 홈페이지 자료실(www.hakjisa.co.kr)에 이번 단원에서 사용하는 PPT 자료, 오뚝이 Bounce Back! 활동지의 전체가 탑재되어 있다.

2. 친절과 타인지지

1) 학습자료

(1) 도서

평범한 메리의 특별한 행동

평범한 메리가 베푼 친절은 나비효과가 되어 전 세계에 연쇄적인 반응을 만든다. 마지막 페이지를 읽기 전에, 얼마나 많은 사람이 메리의 친절에 영향을 받았는지 학생들과 함께 추정해 본다(10억 이상).

[역자 추천]

Kind: 내가 먼저 행동하는 고운 마음(레나 디오리오 글, 2016)

함께 살아가는 세상에서 필요한 마음가짐에 대해 말하고 있다. 타인을 위해 시작한 작은 친절이 결국에는 내 마음을 따뜻하게 하고, 세상을 아름답게 바꿀 수 있다는 것을 보여 준다.

앤서니 브라운 코끼리(앤서니 브라운 글, 2015)

호기심이 아주 많은 새끼 코끼리는 숲속에 무엇이 있는지 궁금하여 들어갔다가 집으로 돌아가는 길을 잃는다. 숲속에서 만난 동물들은 도움을 주지 않는다. 그러다 작은 생쥐가 집으로 가는 길을 알려 주겠다고 한다.

(2) 동영상 해시태그

#친절 부메랑

한 사람의 친절이 다른 사람에게 전달되면서 시작하며, 처음 친절을 베푼 그 사람에게 친절이 되돌아가는 과정을 담고 있는 자료를 사용한다.

#친절의 순간들

강한 공동체를 만들고 사람들이 '침착하고 친절하게' 될 수 있도록 용기를 북돋는 동영상 자료를 사용한다.

#2011년 브리즈번 홍수

2011년 브리즈번 홍수가 일어났을 때 사람들이 보여 준 용기, 탄력성, 희망, 친절, 지원에 대한 이야기를 사용한다.

2) 서클 타임 또는 학급토론

친절을 소개하고 다른 사람들을 지원하는 것과 관련된 학습자료를 활용한다. 개인뿐만 아니라 지원 단체의 친절에 대해서도 함께 토론한다.

토론 질문

• 동영상 속의 친절이나 지원은 어떻게 보이나요?
• 저자가 의도한 메시지는 무엇인가요? 그게 왜 중요한가요?
• 사람들이 어떻게 친절과 지지를 보여 주었나요?(용기 주는 말을 함으로써, 음식과 자원, 도움 및 지원을 제공함으로써, 이해와 공감을 보여 줌으로써, 누군가에 대해 인내함으로써, 의논할 문제가 있는 사람의 말을 경청하면서, 어려운 일과 씨름하고 있는 사람들이 잘 풀리길 바라면서, 누군가를 보호하면서, 누군가를 위해 연대하며, 누군가를 수용하면서)
• 우리는 단순히 우리와 친한 사람들에게만 지원과 친절을 보여 주나요?(우리는 사랑하는 사람과 친구를 더 많이 지지하지만, 모르는 사람이나 가깝지 않은 사람에게도 친절함과 지지를 보여 줄 수 있다.)
• 친절은 사람들에게 어떤 영향을 미치나요?
• 누군가가 친절을 베풀 때 사람들은 무엇을 느끼나요?
• 연민이란 무엇인가요?(친절을 보여 주고, 배려하며 기꺼이 다른 사람들을 도우려는 마음을 나타내는 것)
• 연민은 왜 중요한가요?(함께일 때 더 잘 헤쳐 나감, 신뢰를 발전시킴, 상호적임)
• 친절한 행동으로 가장 많은 혜택을 받는 사람은 누구인가요? 주는 사람인가요, 받는 사람인가요?(둘 다 혜택을 봄, 하지만 주는 사람이 더 많은 혜택을 받는다는 연구 결과가 있음. 40페이지 핸드북 참조)
• '이타주의'란 무엇을 의미하나요?(대가를 기대하지 않고 다른 사람을 돕는 것—그냥 해 줘서 기쁘거나 기분이 좋은 것—그러한 행동에 대해 좋은 감정을 갖거나 도움을 주는 것에 행복해함, 친구 집에 놀러가는 대신 방과후

과제가 있는 누군가를 돕는 것, 생일에 자신을 위해 무언가를 사는 대신에 생일에 받은 돈을 기부하는 것)

- 사람들은(나 포함) 언제 이타적인 행동을 할까요? 당신 혹은 당신이 아는 누군가는 언제 이타적으로 행동했나요?

👤 **교사가 생각해 볼 문제**

교직원 및 교사들은 학생과 서로를 위해 협력, 친절, 존중과 같은 사회적 가치를 어떤 방법으로 모델이 되어 주는가? 이를 알기 위한 교직원 브레인스토밍을 진행하여 존중에 대한 전략을 마련해 보자.

---

3) 활동

- 전학 온 학생이 수업 및 학교 공동체의 구성원으로 받아들여지는 데 도움이 되는 네 가지 최상의 방법이 무엇일지 묻도록 한다. 먼저, 한 명에게 네 장의 종이에 네 가지 아이디어를 적게 한 후 짝을 지어 여덟 가지 아이디어를 만들고 팀끼리 짝을 지어 네 개를 다시 추려 내는 곱하고 더하기 전략(185페이지 참조)을 사용한다.
- Florence Nightingale, Elizabeth Kenny 또는 노벨 평화상 수상자 중 한 명을 연구하여 사실 파일(a fact file) 또는 전기 등을 완성한다.

친절한 행동

학생들을 작은 소그룹으로 조직하여 학생 행동 팀(190페이지 참조)을 구성한다. 학급이나 학교 전체 공동체에 파급효과를 가져올 수 있는 친절 행동 수행에 대한 작은 규모의 학교 프로젝트를 생각해 보도록 한다.

직소 퍼즐

오뚝이 Bounce Back! 활동지를 참고하여 자선단체 4곳—국제사면위원회, 호주의 스미스 가족, 프레드 할로우스, 캐롤라인 크리솔—에 관련한 직소 퍼즐 전략(184페이지 참조)을 사용한다. 직소 퍼즐 활동을 할 것이라는 예고 없이 홈그룹을 네 명으로 구성하여 모둠원 각각에게 오뚝이 활동지 하나씩을 제공한다. 학생들은 집에서 활동지를 완성해 온다. 학교에서는 동일한 활동지를 가진 학생들끼리 그룹을 구성하여, 서로 정보를 공유하고 배울 수 있도록 돕는다. 그런 다음, 홈 그룹으로 돌아가 다른 학생들에게 하위 주제를 가르칠 수 있도록 한다.

노래와 영화 사냥

학생들은 서로를 위한 친절, 연민, 지원이라는 주제로 노래와 영화를 찾아온다.

- 'Put a Little Love in Your Heart'(당신의 마음에 사랑을 담아요)

- 'He Ain't Heavy'(그는 무겁지 않다)
- 'Try a Little Kindness'(작은 친절을 시도해 봐)
- 'Love of the Common People'(보통 사람들의 사랑)
- 'Stand by Me'(내 옆에 있어 줘)
- [역자 추천] '친절송', '아름다운 세상'

도움이 필요한 사람들을 지원하기

학생들은 다음과 같이 도움이 필요한 사람(또는 동물)을 지원하는 단체에 대해 '집단 교실 탐구' 전략을 실시한다(180페이지 참조).

- 월드비전
- 생명의 전화
- 아동 보호단체(Kids Helpline)
- RSPCA(영국 동물구조단체)
- 플린 코리아(Plan International)
- 프래드 기금위원회(Fred Hollows Foundation)
- 호주의 스미스 가족(The Smith Family)
- 국제사면위원회 앰네스티(Amnesty)

4) 가정 연계 과제

친절한 행위

- 각 학생은 가족 중 한 명을 선택하여 일주일 동안 다양한 친절을 베푼다. 오뚝이 Bounce Back! 저널에 누구에게 친절했는지, 어떤 친절인지, 어떻게 했는지, 어디서 했는지, 결과는 어떠했는지를 기록한다.
- 각 학생은 다섯 개의 '친절 쿠폰'을 디자인하고 만든다. 다섯 개의 쿠폰을 가족이나 친구 등 다섯 명의 사람에게 선물한다. 선물한 친절 쿠폰은 다른 사람을 위해 친절을 베푸는 시간이다.

5) 적용

가치 위원회

쉬는 시간에 하나 이상의 사회적 가치를 보여 주고 있는 학생을 뽑아 수상하는(모든 수준에서) 가치 위원회를 운영한다. 매주 모임을 만들어 해당 아동에게 증명서를 수여한다. 순환하는 가치 위원회(Values Committee)를 만든다. 이 위원회는 운동장에서 사회적 가치를 하나 이상 보여 주고 있는 학생을(모든 학년에서) 찾는 것이다. 매주 조례시간에 학생의 이름을 호명하고 인증서를 수여한다.

슈퍼 친절 주간

일주일간의 슈퍼 친절 주간을 선언한다. 학생들은 가능한 한 많은 친절을 생각해 본다. 그리고 이렇게 생각한 많은 친절을 행하도록 독려한다. 이러한 친절의 내용을 쓰고 슈퍼 친절 우편함을 마련하여 전달한다. 모래 항아리에 심어져 있는 슈퍼 친절 나무 가지에 줄을 매달아 친절 카드를 연결한다. 카드에는 친절 행동이 적혀 있다.

주간 성찰

일주일이 끝날 무렵, 내가 받았던 친절이나 지원을 기억하고 세어 보도록 한다. 작은 것도 상관없다. 다른 사람들이 내게 베푼 친절, 내가 베푼 친절 등 다양할 것이다. 이런 성찰을 통해 사람들이 얼마나 친절하고, 나를 돌보아 주며, 도움이 되어 주는지에 대한 인식을 확장하고 학생 자신도 그와 같이 행동할 수 있도록 격려한다.

3. 협력은 중요하다

1) 학습자료

(1) 도서

[역자 추천]

개미에게 배우는 협동: 잎꾼 개미의 버섯 농사(최재천 글, 2016)

한 군락의 잎꾼 개미들은 각자 역할을 분담하여 체계적으로 버섯 농사를 짓는다. 자신이 맡은 역할을 충실히 수행하고, 함께 힘을 모아 큰일을 척척 해내는 잎꾼 개미의 생활은 어린이에게 협동하는 생활의 중요함을 일깨워 준다.

투발루에게 수영을 가르칠 걸 그랬어(유다정 글, 2008)

로자와 고양이 투발루는 무엇이든 함께했지만, 점점 가라앉는 투발루에서 더 이상 살기 힘들다. 투발루 섬을 떠나는 날, 고양이 투발루가 보이지 않는다. 로자는 애타는 마음으로 투발루를 찾아다니지만 결국 찾지 못한다.

(2) 동영상 해시태그

#좋은 예절

단체 여행과 좋은 팀워크의 이점을 담은 유명한 애니메이션 영화를 짤막하게 네 개의 동영상으로 제작한 것이다.

#알파치노의 팀워크

영화배우 알파치노가 영감이 주는 구절과 함께 스포츠 팀워크를 보여 주는 장면을 내레이션한다.

(3) 영화

쿨러닝

눈을 본 적이 없는 자메이카 사람이지만, 동계 올림픽에서 봅슬레이 선수가 되기 위해 훈련하고 협력한다.

2) 서클 타임 또는 학급토론

자료 중 하나를 사용하여 협력의 중요성에 대해 논의한다.

토론 질문

- '협력'은 어떤 의미입니까?(공통의 목적이나 공유한 목표를 위해 함께 일하는 것, 팀워크)
- 등장인물은 서로 어떻게 협력하나요? 그리고 다른 동식물과는 어떻게 협력하나요?
- 협력을 잘하려면 어떤 기술이 필요한가요? 교대로 하며 공유하기, 격려하기, 모든 아이디어를 경청하기, 갈등관리 기술, 협상하기–모두가 원하는 것을 얻기 위한 방법, 공정한 의사결정, 우호적인 방식으로 일을 나눠 하기 등
- 좋아하는 사람하고만 협력할 수 있나요?(아니요, 공통의 목표를 가진 누구와도 협력할 수 있음, 7단원을 참고하기)

3) 활동

- 스포츠 팀에서 뛰는 두 사람에게 '팀원이 잘 협력하고 팀 분위기가 좋은 이유'에 대해 인터뷰하는 활동도 좋다. 네 명을 한 모둠으로 구성하여 이 활동의 결과로 얻게 된 협력의 원칙을 기록하거나 리포트를 작성한다. 혹은 시각적인 발표 자료를 제작한다.
- 냉장고 자석으로 붙이는 프레임(198페이지 참조), 10행시, 만화, 학급 게시판 또는 광고 노래 등을 만들거나 TEAM(Together Everyone Achieves More–함께 가면 멀리 가요) 메시지를 전시한다.

팀 조사

짝과 함께 목표를 달성하기 위해 협동심을 훌륭하게 발휘하는 팀을 조사한다(1996년에 노벨 의학상이나 탐

험가, 스포츠 팀, 록 밴드, 공동 수상한 Peter Doherty 교수와 의학 연구팀). 조사는 협력, 팀워크의 중요성, 구성원의 기여에 초점을 맞춰야 한다. 학생들은 팀이 이룬 업적과 그들이 협력한 방법에 대해 포스터를 만들거나 신문이나 잡지에 기사를 쓴다.

협동 단체 걸음

5~6명이 한 모둠을 이룬다. 어깨를 맞춰 줄을 서고 학생들의 각 오른발은 학생의 왼발 바로 옆에 있게 나란히 선다. 팀은 마음을 맞춰 앞으로 나간다. 발이 서로 떨어지게 하면 안 된다. 모든 학생의 한쪽 발은 동시에 앞으로 나아가야 한다. 해 보면 생각보다 더 어렵다는 것을 알 수 있다.

협력 사각형

학생들에게 6×6 격자무늬 정사각형 그림을 제공한다. 학생 개인에게 크고 작은 정사각형은 총 몇 개인지 구하게 한다. 그리고 짝과 협력하여 자신의 답을 서로 비교한다. 혼자할 때가 답에 자신이 있으며 정확성이 높은지, 아니면 짝과 함께할 때 더 자신 있으며 정확성이 높은지 물어본다(정답은 크고 작은 사각형 모두 포함하여 91개).

음악 그룹 및 협력

세 명을 한 모둠으로 하여 뮤지컬 팀이나 락 그룹을 구성한다. 각각의 학생이 그룹에서 어떤 역할과 임무를 하는지 확인한다. 누가 무엇을 맡았는가? 다른 사람보다 덜 중요한 역할이 있을까? 만약 한 사람이 교체된다면 그룹은 이전과 같을까? 이에 대한 간단한 발표를 하거나 보고서를 제출하게 한다.

우리 학급 협력 프로젝트

- 우리 학급에서 이루어 냈던 행사 중 우리 학급 전체가 '협력'하지 않았으면 불가능했던 일들에 대한 기록 및 사진을 모아서 '협력' 학급문고를 만든다.
- 학급 신문, 학급 편지 또는 학급 게시판을 만든다.
- 네 명이 한 모둠이 되어 팝업 책을 만든다(예: 단원 주제 관련).
- 학급 요리책을 출판하기 위해 계획, 비용, 광고, 디자인 및 시식회용 요리법을 알아본다. 각 모둠은 한 개 요리법을 제공한다.
- 다른 학급과의 점심 식사를 위해 쇼핑하고 준비한다.
- 모든 모둠의 아이디어를 모아서 최선을 다하여 현장체험학습을 계획하고 실시한다.
- 우리 학급 협력위원회를 구성한다(아이디어는 176페이지 참조).

4) 게임

다음 게임은 모두 협력을 포함한다. 각각의 결론에서, 이 표를 사용하여 학생들이 얼마나 잘 협력하고 무엇을 개선할 수 있는지 생각해 보도록 한다.

우리는 얼마나 잘 협력했는가?	정말 잘함	개선 가능	거의 안 함. 더 많은 연습이 필요함
우리는 서로의 말을 듣고 생각을 나누었다.			
우리는 결정을 내려야 할 때 협상을 했다.			
우리는 모든 사람의 생각과 제안을 존중했다.			
우리는 일을 공평하게 나누었다.			

- 6개의 작은 공으로 6개 모둠이 공동 패스를 시작한다. 전체는 1, 2, 3을 외치고 공을 가진 학생은 3을 외칠 때 왼편에 있는 학생에게 공을 패스하여 오른쪽에서 온 공을 받는다. 점점 더 빨리 속도를 붙인다.
- 사진을 숨기고 타이머를 4분간 설정한다. 세 명의 모둠원은 선생님에게 10개의 질문을 할 수 있고, 선생님은 '예' 또는 '아니요'로만 대답한다. 이 과정을 통해 어떤 사진인지 맞혀야 한다. 사전에 미리 작전을 짤 협상시간을 갖게 한다.

협동 신문지 걷기

네 명을 한 모둠으로 하여 신문지를 두 장씩 준다. 땅을 밟지 않고 결승점까지 두 개의 신문을 이용해서 먼저 도착한 팀이 승리하는 게임이다. 개인별 대항 혹은 특정 시간 안에 들어오도록 하는 게임 형태로 변형할 수 있다.

협력 만들기

이 게임을 위해 주사위를 준비한다. 먼저, 학생들이 선택할 수 있는 다양한 만들기 재료를 제공한다. 모둠별로 가장 큰 벌레를 만들기 위해 모둠원끼리 서로 협의한다. 벌레의 모양은 잡아당길 수 있는 줄이 달렸으며 분리와 결합이 가능한 조각으로 구성하도록 한다.

필요한 재료

- 각 모둠 주사위
- 각 모둠이 곤충 부품을 만드는 데 필요한 항목
  - 본체(예: 작은 플라스틱 양동이, 큰 요구르트 용기)
  - 머리(줄을 부착할 수 있는 방법이 반드시 있어야 함)

－더듬이 2개

－2개의 눈

－꼬리 1개

－6개의 다리

단계

각 모둠은 각기 다른 벌레를 만들며, 시작 신호가 있기 전에는 만들지 않는다. 주사위는 6이 나와야 시작할 수 있다. 각 모둠의 참가자는 6이 나올 때까지 차례로 주사위를 굴리고 6이 나오면 게임을 시작한다. 벌레의 신체부위를 붙이려면 순서에 해당하는 번호가 나와야 한다. 만약 주사위 번호가 나오지 않으면 나올 때까지 참가자들은 순서를 바꿔 가며 주사위를 굴려야 한다.

- 6이 나오면 몸을 붙인다(제일 처음 나와야 하는 수).
- 5가 나오면 머리를 붙일 수 있다.
- 4는 다리(6회 나와야 다리 완성)
- 3은 꼬리
- 2는 더듬이 1개(2회 나와야 더듬이 완성)
- 1은 각 눈 1개(2회 나와야 두 눈 완성)

벌레를 완성한 모둠은 재빨리 곤충의 목에 줄을 묶어 결승선까지 끌어야 우승이다.

구슬 굴리기 게임

세 명이 한 모둠이 되어 경사로 만들기 재료와 낡은 상자, 대리석, 컵을 이용해 구슬 굴리기 게임을 한다.

1. 땅에서 약 40cm 위에서 시작하게 구슬 미로를 만든다. 이 미로는 방향을 세 번 바꾸고 적어도 세 번의 시도 안에 도착지점 컵에 도착해야 한다.
2. 1에서와 같이, 그러나 구슬은 미로에서 출발에서 도착지점까지 4초 안에 들어와야 한다.
3. 1에서 시작할 때 구슬을 직접 만지지 않고 구슬이 출발하게 해야 한다.

미스터리 바둑판

전체에게 5×5 바둑판을 나누어 주거나 함께 그린다. 짝을 이뤄 경기한다. 목표는 상대팀 미스터리 바둑판의 '미스터리 단어'를 10개 이하의 질문을 사용하여 맞히는 것이다. 상대방이 보지 못하게 하고 각 25개의 사각형에 알맞은 단어를 쓴다. 그러나 하나의 정사각형에는 미스터리 단어를 적는다. 그 후, 다른 모둠을 만나서 바둑판을 바꾸어 갖는다. 일단, 5분 동안 미스터리 단어를 찾기 위한 질문을 생각해 보도록 한다. 두 모둠은 서로에게 교대로 '예', '아니요'로 답할 수 있는 질문을 하고 서로의 질문에 답을 한다. 미스터리 단어를 알게 될 때까지 몇 개의 질문을 했는지 알아본다. 미스터리 단어를 맞히면 다른 모둠을 만난다. 위치 질문(예: 몇 행 또는 구간에 그 미스터리 단어가 있는지)을 금지하면 게임은 더 어려워진다(452페이지 7단원 게임 토너먼트 참조).

협동 홀라후프

학생들은 동그랗게 서서 손을 잡는다. 두 사람이 손을 잡은 곳에서 후프를 걸고 시작한다. 서로의 손을 놓지 않고 훌라후프를 통과하여 옆으로 넘긴다. 손가락이나 손을 전혀 사용할 수 없다. 협력이 필요하다. 2개의 후프가 반대 방향으로 가도록 할 수도 있다.

모두 공을 만져라

다양한 크기의 물체(예: 축구공, 소프트볼, 테니스 공, 골프공, 큰 클립, 동전)를 사용한다. 각 게임에 하나의 물체만 사용한다. 가장 큰 물체에서 시작해 가장 작은 물체 순서로 진행한다. 10명 정도씩 모둠을 만든다. 모든 사람이 동시에 10초 동안 서로는 닿지 않고 물체만 닿도록 하는 협력의 방법을 찾는다.

4. 우리의 환경을 보호하기 위한 협력

1) 학습자료

(1) 도서

[역자 추천]

우리가 자연을 보호해요(장르네 공베르 글, 2006)

자연은 우리에게 어머니와 같다. 하지만 그렇게 소중한 자연을 사람들이 파괴하고 있다. 우리가 어떻게 자연을 보호할 수 있는지 살펴본다.

마지막 큰뿔산양(김소희 글, 2020)

파도처럼 굽이치는 크고 멋진 뿔을 가진 큰뿔산양들은 황량하지만 아름다운 땅 배드랜드에서 자유롭고 평화로이 살고 있다. 하지만 사냥꾼들이 배드랜드로 몰려가 큰뿔산양을 마구 사냥하기 시작한다.

재활용이 좋아요—크리스토퍼의 특별한 자전거(샬럿 미들턴 글, 2014)

크리스토퍼의 엄마와 아빠가 아주 비밀스럽게 크리스토퍼를 위한 재활용 자전거를 만든다. 엄마와 아빠는 낡은 자전거와 엄마의 낡은 원피스 등을 이용해서 특별한 자전거를 만든다.

(2) 동영상 해시태그

#미세플라스틱

미세플라스틱이 우리 해양에 어떤 영향을 미치는지 살펴보는 동영상을 활용한다.

#The Lorax, Read aloud, 로렉스

Dr. Seuss의 동화책 내용이다. 나무를 사랑하는 Lorax는 탐욕스러운 Onceler를 만난다. Onceler는 나무의 숲을 파괴해서 물건을 생산하고 이익을 챙기고 싶어 하는 욕심쟁이이다. 그로 인해 공기, 물, 식량 그리고 서식지가 파괴된다는 내용을 담고 있다. 도서는 한글 번역판이 없으나 Read aloud 버전의 동영상으로 접할 수 있다. 영어판으로 자동 한글 번역 기능을 사용하면 효과적이다.

#Bag in the wind, Read aloud, 바람을 타고 나는 비닐봉지

비닐봉지가 여행하는 이야기이다. 매립지에서 마을까지의 과정이 담겨 있는 환경에 대한 색다른 책이다. 이 여행 중 모든 사람은 어떤 방식(예: 캔을 모으는 소녀, 노숙자, 노점상인 등)으로든 비닐봉지를 재사용하게 된다. 한글 번역판이 없으나 영어로 된 Read aloud 버전의 동영상 자료를 사용할 수 있다.

(3) 영화

로렉스

(4) 웹사이트

Clean Up Australia Day(웹브라우저의 번역 기능을 사용하면 이해가 쉽다.)

2) 서클 타임 또는 학급토론

하나 이상의 자료를 사용하여 주제를 소개한다. 환경을 보호하기 위해 협력이 중요하다는 점을 강조하고 나서 다음의 불가사리에 대한 이야기를 한다.

> 어느 날 한 사람이 해변을 걸어가고 있었다. 썰물로 바닷물이 빠져나가고 많은 불가사리가 모래 위로 나타났다. 불가사리들은 이대로 두면 사실 다 죽는다. 그래서 불가사리를 바닷물로 넣기 위해 던지기 시작했다. 그때 지나가던 다른 사람이 말했다. "여보시오. 저쪽 해변에 가면 그런 불가사리가 수만 마리요. 몇 마리 던져 준다고 뭐가 달라지겠소?" 그러자 그가 대답했다. "그 말이 맞군요, 하지만 이 불가사리만큼은 확실히 살 거예요."

토론 질문

• 우리의 환경이나 동물을 보호하는 데 한 사람만 행동한다고 달라질 수 있나요?(예: 동참하는 사람이 많

으면 더 큰 차이를 만들 것이다.)

- 고라니와 같은 야생 동물이 다쳤을 때 구하기 위해서는 어떻게 해야 하는지 알고 있나요?
- 지속성은 무엇을 의미하나요?(지구의 모든 생명 유지 능력)
- 지속성이 왜 중요한가요?
- 가족이나 내가 환경이나 동물을 위해 실천한 일이 있나요?
- 환경을 위해 우리가 하고 있진 않지만 지금 당장 시작할 수 있는 일은 무엇이 있을까요?

3) 활동

- 학생들은 짝과 함께 포스터를 만들거나 시를 짓거나 또는 '아름다운 세상' 노래를 부른다.
- 'Bag in the Wind' 혹은 '재활용이 좋아요'를 읽은 학생은 재활용 여정을 보여 주는 흐름도를 작성한다.
- 학생들은 오뚝이 활동지 호주 청소의 날(Clean Up Australia Day)를 완료하고 6개의 정거장마다 다른 아이디어를 적는 회전 브레인스토밍 전략(179페이지 참조)을 사용하여 동네에서 할 수 있는 환경 프로젝트에 대한 아이디어를 만든다.
- 그런 다음 실행 계획을 수립한다(10단원: 성취 참조).
- 학생들은 자신만의 불가사리 이야기를 그리고 쓴다. 그다음 환경을 보호할 때 사람들의 협력이 가져올 수 있는 파급효과를 쓰고 설명한다.
- 학생들은 포스터를 만들고 The Lorax의 책과 영화에서 나오는 협력에 대한 구절을 설명한다.
- 그런 다음 10가지 생각 단계에 관련된 PPT 자료와 오뚝이 Bounce Back! 활동지를 사용하여 4~5명의 모둠원이 비닐봉지 사용을 금지하는 방법에 대해 토의한다. 토의하기 전에 열 가지 생각 단계를 함께 학습하고 시작한다.

환경의 날

모둠은 환경의 날(매년 4월)이나 학교 환경 실천 주간에 할 수 있는 활동을 조사하고 계획한다. 공동 또래 정비소 전략(181페이지 참조)을 사용하여 어떻게 평가할지 각 모둠의 계획 평가에 대한 피드백을 제공한다. 최고의 아이디어들을 결합하여 당일 행동으로 옮긴다.

사회 문제 조사-'만약 개개인의 실천이 모인다면'

아무리 사소한 행동일지라도 여럿이 하게 되면 엄청난 결과를 가져온다. 학교 한 곳에 분필로 작은 원을 그리고 그곳에 각자 하나씩 쓰레기를 버려 보자. 그러고 나서 '전', '후' 사진을 찍어 본다. 한 사람이 버릴 때는 별일이 아니지만 여러 사람이 하나씩 버리면 '보통 일'이 아니게 된다. 또한 이후 하루를 정해서 특정 지역(흔히 지저분한 지역)의 쓰레기를 하나씩 줍는 활동을 하여 '만약 개개인의 실천이 모인다면' 쉽게 큰 변화를 이끌어 낼 수 있음을 보여 준다. 마찬가지로 '전'과 '후' 사진을 찍어 비교해 본다.

• 추후 활동으로 학생 그룹은 다음과 같은 문제에 '만약 개개인의 실천이 모인다면'이라는 개념에 기초한 광고 캠페인을 디자인할 수 있다.
  - 1년에 두 번 씨앗을 채취하고 가지치기하기
  - 하루에 네 번 더 웃기
  - 매일 친절한 행동 한 번 하기

👤 **교사가 생각해 볼 문제**

직장에서 협력은 얼마나 중요한가? 모두의 성과를 향상시킨 협력의 두 가지 사례를 말할 수 있는가?
협력할수록 유용한 어떤 상황이 있을까? 협력이 여러분의 학교 환경에 어떤 영향을 미치는가? 직원 회의 때, 교직원들은
협력적 학습전략(cooperative learning strategies)을 어떻게 사용할 수 있을까?

---

5. 친절과 다른 사람에 대한 수용

1) 학습자료

(1) 도서

[역자 추천]

내 짝꿍 드리타(제니 롬바드 글, 2010)

드리타는 맥시라는 친구를 사귀게 되면서 새로운 나라에 조금씩 적응하기 시작하고, 그러면서 그 나이 또래만의 특별한 우정도 쌓아 간다.

(2) 동영상 해시태그

#My Name Is Sangoel, Read aloud, 내 이름은 상고엘

Sangoel은 수단에서 온 난민 아이이다. 학급 친구들은 그의 이름을 발음할 수 없어서, 그를 게임과 대화에 참여시키지 못한다. Sangoel은 이름의 뜻을 그림으로 그린 셔츠를 입는다. 이렇게 그림 글자 셔츠(태양과 축구골대의 그림)를 입자 학급 친구들 역시 즐거워하며 Sangoel의 이름을 부른다. 친구들 또한 자신의 이름을 그림 글자로 표현한 셔츠를 입는다. 한국어 번역판은 없으나 영어 동화책을 소개하는 Read aloud 동영상 자료를 사용하면 한국어 자막을 사용하여 감상할 수 있다.

2) 서클 타임 또는 학급토론

이 주제로 넘어가기 전에(예: 수업 전 점심시간에) 학생들에게 친구 중에 다른 사람을 수용하고 친절하게 대했던 것을 본 적이 있었다면 그 예를 적어 보도록 한다. 수업을 시작하면서, 학생들이 관찰한 친절한 행동을 설명하게 하고, 친절과 관련된 행동과 단어 목록을 칠판에 만든다. 다음 'My Name Is Sangoel' 혹은 '내 짝꿍 드리타'라는 책을 읽고 학생들에게 목록에 추가될 수 있는 새로운 정보가 있는지 물어본다. 해당되는 경우 칠판 위 목록을 참조하여 다음의 토론을 진행한다.

토론 질문

- 왜 주인공은 게임과 대화에 포함되지 않았나요?
- 만약 사람들이 학교나 학급에서 친절하지 않게 행동한다면 여러분은 어떤 감정을 느낄 것 같나요?
- 주인공의 그런 행동은 좋은 것이었나요? 주인공이 친구에게 적극적으로 다가가기를 결심했을 때 마음 속으로 어떤 자기대화를 했을까요?
- 사람들이 잘 아는 사람들과 친해지기 위해 무엇을 하나요?(상대를 보고 미소 짓고, 인사하고, 그들을 인정하며, 그들과 말하기 위해 시간을 내고, 짧은 대화를 가지며, 함께 웃고, 필요하면 도움을 주고, 자신에 대한 정보를 공유하고, '너도 놀고 싶니?'라고 말한다.)
- 외로워 보이고 모임에 포함되지 않는 사람과 더 친해지려면 무엇을 하면 될까요?
- 다른 사람들과 친해지는 것은 왜 좋은 일인가요?(긍정적인 교실/운동장을 만든다, 소속감과 수용됨을 느낀다, 서로에게 더 친절하게 대하며 스스로를 더 좋아하게 된다, 학교에서 더 많은 재미를 가질 수 있으며 학교 가는 것이 기다려지게 된다.)
- 어떤 태도가 친밀감을 만드나요?(차이를 인정, 다른 사람에게 기꺼이 다가가기 위해 적극적으로 행동, 사람과 관계가 중요하다는 견해)
- 소속감은 무엇과 관련이 있나요? 소외감은 무엇을 의미하나요? 어떤 방식으로 다른 사람을 배제하나요?(투명인간 취급한다.)

3) 활동

친밀하거나 다른 사람을 수용하는 방법에 대한 시나 비법을 작성한다.

우정 자리

많은 초등학교가 운동장에 '우정 자리'를 설치했다. 이 벤치에는 세 명에서 다섯 명까지 앉을 수 있고, 밝은 색상이 칠해져 있으며, '우정 자리'라는 라벨이 선명하게 붙어 있다. 어떤 학생이 이 자리에 앉았다는 것은 활동이나 대화에 포함되고 싶다는 뜻이며, 이를 다른 학생들은 금방 알아차릴 수 있다. 즉, 자리에 앉은 아이들을 대화나 활동에 초대하도록 모든 학생을 격려하는 것이다.

　짝 이야기 활동을 하기 위해 네 개의 모둠으로 나눈다(96페이지 참조). 그리고 우리 학교에 '우정 자리'를 마련하는 것이 좋을지 찬성과 반대의 입장을 취하고 각각 적절한 이유를 밝힌다. 각 모둠은 매일 학교를 다니면서 더 많은 친구에게 더 친절하게 행동하게 되는 상황이나 학교의 공간에 대해 제안한다.

4) 드라마

　다른 사람을 수용하거나 배제하는 시나리오로 역할극을 할 수 있도록 좋은 경찰과 나쁜 경찰 전략(182페이지 참조)을 사용한다. 어떤 행동을 해야 할지 이야기해 주는 나쁜 경찰과 좋은 경찰의 역을 선정한 후 역할극을 진행한다.

- 아무도 Jet가 팀에 들어오길 바라지 않는다.
- 아무도 교실 활동에서 Alesha의 짝이 되길 원치 않는다.
- Mohammed, Sofia, Jo는 Henry와 함께 쉬는 시간에 핸드볼 놀이를 하고 싶지 않다.

역할극 진행하기

학생들은 다음 상황 중 하나를 극으로 보여 주기 위해 네 명이나 세 명으로 모둠을 만들어 활동한다.

- 점심시간에 혼자 공을 가지고 노는 반 아이를 보게 되었다. 이 아이가 외로워 보여서 다가가기로 결심했다. 역할극을 준비하면서, 이 아이와 함께하기 위해 어떤 말과 행동을 할 것인지 논의한다.
- 나와 친구는 쉬는 시간에 공놀이를 하고 있고 작년에(올해는 아님) 같은 반이었던 아이가 당신이 노는 것을 보고 있다. 이 아이와 함께하기 위해 말을 건다. 역할극을 준비하면서, 이 아이가 게임에 참여하고 싶은지 아닌지를 어떻게 알아낼 수 있을지와 친구와 함께하기 위해 어떤 말과 행동을 할 것인지 논의한다.
- 선생님은 "다음 과제로 네 명의 모둠원이 되어 일할 사람을 찾아라."라고 말한다. 역할극을 준비하면서, 모둠을 형성할 때 함께하기를 바라는 사람을 어떻게 알 수 있는지 그리고 그들에게 뭐라고 말할 수 있는지 토의한다. 또한 내가 함께하고 싶다는 것을 어떻게 하면 알려 줄 수 있는지도 논의한다.

6. 남을 존중하는 것은 중요하다

1) 학습자료

(1) 도서

예의 좀 지켜!

이 유머러스한 책은 화장실과 테이블 매너와 같은 주제를 다루면서 예의 바른 태도와 좋은 매너가 무엇인지 보여 준다. 토론 질문이나 퀴즈의 기초로 사용하기에는 괜찮지만 수업에 읽기에는 적합하지 않다.

(2) 동영상 해시태그

#좋은 예절

좋은 예절이란 무엇인지 좋은 예절을 갖는 것이 무엇을 의미하는지를 보여 주는 동영상 자료를 사용한다.

2) 서클 타임 또는 학급토론

도서 자료를 읽거나 동영상 본 후 짝 시너지 활동(187페이지 참조)인 짝 랠리와 짝 비교를 한다. 먼저, 짝 랠리(187페이지 참조)는 우리 집에 주말 동안 머무르는 손님이 '세계에서 가장 나쁜 매너를 가진 손님'이라는 가정하에 그 사람이 할 수 있는 나쁜 매너의 예를 짝과 번갈아 가며 랠리 형식으로 나열하는 것이다.

다음으로 하는 짝 비교(187페이지 참조)는 다른 짝팀과 새로운 모둠을 이루어 서로의 아이디어를 비교한다. 모아진 목록을 보고 즉흥적인 이야기를 만들거나 '세계에서 가장 최악의 방문객'에 관한 역할극을 제작하여 발표한다. 역할극 공연 중 나쁜 매너가 나올 때마다 "다음은 무엇을 존중하지 않는 행동일까요?"라고 묻는다.

토론 질문

- '존중을 보여 준다'는 것은 무엇을 의미할까요?(배려하기, 수용하기, 모든 사람은 존엄성을 가지고 있다고 확신하기—예: 어리석게 보지 않기, 모욕 주지 않기, 다른 사람을 간섭하거나 상처 주지 않기, 인정하기, 예의 바르게 행동하거나 좋은 매너와 예절을 보여 주기, 공공 물건이나 다른 사람의 재산을 보호하고 소중히 다루기, 소문을 퍼트리지 않기—9단원: 안전 참조)
- 무례함이란 어떤 방식의 행동인가요?(무시하기, 뒤에서 험담하기, 남의 물건을 함부로 사용하기, 타인의 권리를 배려하지 않기, 무례하게 말하기, 편견을 가지고 대하기)
- 권리에는 책임이 따릅니다. 우리는 가정과 학교에서 어떤 책임을 가지고 있나요? 이 책임들은 '나의 권

리'와 어떻게 관련되어 있나요?

- 타인에 대한 책임감과 존경의 한 측면은 좋은 매너입니다. 좋은 매너란 무엇인가요?(다른 사람에 대한 존중과 배려, 좋은 사회적 기술과 습관)
- 학습자료의 책과 동영상에서 어떠한 예절을 보았나요?
- 좋은 매너의 사용이 어떻게 다른 사람에 대한 존중을 보여 주나요?
- 왜 좋은 매너를 사용하는 것이 중요한가요?(사람들은 존중감을 느끼기 때문에 적대감을 줄인다. 사람들은 나에게 더 긍정적으로 반응한다. 이는 존중받을 권리를 인정하는 것이다. 나에게도 역시 예의 바르게 행동할 가능성이 높다.)
- 나쁜 매너는 무엇인가요?(다른 사람들에 대한 존중 부족)
- 정중하게 다른 사람에게 이의제기하는 방법은 무엇일까요?(상대에게 동의하는 부분을 먼저 말하고 나서 자신의 의견을 표현한다.)

3) 활동

- 짝 이야기 전하기 전략(187페이지 참조)을 사용하여 자신의 가족이 특별히 나쁜 매너라고 여기는 것에 대해 짝에게 전하고 이를 들은 짝은 다시 잘 전달하도록 한다.
- 모둠은 전체 학생을 대상으로 매너 퀴즈를 만든다.
- 모둠은 저학년 동생들을 위한 좋은 예절을 알려 주는 재미있는 그림책을 만든다.
- 모둠원은 '네티켓(netiquette, 온라인 에티켓)'을 조사하고 포스터처럼 한 쪽짜리 네티켓 광고지를 만든다.

RESPECT! 소책자

학생들에게 'RESPECT!'는 '로얄 에듀케이셔널 소사이어티가 갖춘 선생님에 대한 예의(Royal Educational Society for the Prevention of Embarrassment and Cruelty to Teachers)'를 의미한다. 짝을 지어 선생님께 예의 바르게 대하는 방법에 대한 소책자를 만든다. 하지만 매우 신랄한 조언을 하는 책을 디자인한다(예: 선생님이 실수를 했을 때 못본 척한다, 웃기지 않은 농담을 할 때 웃어 준다).

4) 드라마

좋은 예절 도구

좋은 예절이 필요한 상황이 적힌 카드 묶음을 만든다. 두 학생에게 카드를 뽑고 그 상황에서 좋은 매너를 보여 주는 짧은 연극을 하도록 요청한다. 전체 학생은 어떤 상황인지, 어떤 매너인지 추측한다.

다음은 상황의 예이다.

- 누군가의 집을 방문하는 것
- 푸드코트나 식당에서 식사

- 파티에 가는 상황
- 모둠 과제
- 친구 집에서 저녁을 먹는 상황
- 휴대전화로 통화 중

- 영화 또는 쇼 관람
- 팀으로 놀기
- 이메일 사용
- SNS 사용

5) 가정 연계 과제

행동 변화 인터뷰

학생들은 좋은 매너가 의미하는 바가 무엇인지, 좋은 매너는 시간에 따라 어떻게 변화하는지에 대해 가족을 인터뷰한다(예: 유선 전화 사용과 비교하여 현재 휴대전화 사용과 관련).

조사하기

짜증나게 하는 공공장소에서의 나쁜 매너는 무엇인가? 이 활동에 PACE 전략(186페이지 참조)이 사용되는데 결과를 예측하고 설문을 한 후 예측과 결과를 비교해 보는 과정까지 탐구적 페이스를 유지한다. 공공장소에서 나쁜 매너의 체크리스트를 만들어 본다. 그리고 나서 두 명의 어른을 인터뷰하여 3점 척도로 각 나쁜 매너를 판단(정말 짜증 남, 다소 짜증 남, 짜증 나지 않음)하게 한 후, 학급 결과를 집계한다. 나쁜 매너의 예를 들면, 침 뱉기, 지하철에서 한 사람이 두 자리를 차지하기, 버스 안에서 끊임없이 코를 킁킁거리기, 혹은 대중교통을 이용할 때 큰 소리로 휴대전화 통화를 하는 것 등이 있다.

장소에 따른 좋은 매너 인터뷰

학생들은 다음 상황 중 하나를 선택하고 학교 외부 두 명에게 다음 상황에서 요구되는 좋은 매너와 나쁜 매너에 대해 인터뷰한다. '[학생 이름]의 적절한 매너를 알려 주는 훌륭한 책'이라는 제목의 소책자나 브로슈어를 만든다. 다음의 예를 참고한다.

- 푸드코트나 식당에서 식사
- 가게
- 대중교통(비행기, 기차, 버스)
- 전화/휴대전화 사용
- 누군가의 집을 방문하는 것
- 손님 접대

- 학교 캠프에서 간 오두막에 침대가 네 개인 상황
- 영화 또는 라이브 공연
- 재채기, 기침, 딸꾹질, 트림
- SNS 참여
- 게임할 때

7. 자기존중감*을 갖는 것은 중요하다

1) 서클 타임 또는 학급토론

학생들에게 자기존중감(self-respect)이 무엇인지 물어보고 대답을 칠판에 적는다. 각 학생에게 오뚝이 Bounce Back! 활동지 '자기존중감이란 무엇인가'를 나누어 준다. 자기존중감이 있는 사람은 다음과 같은 사람이다.

- 자신을 좋아하며, 받아들이고 자신의 행동에 만족한다.
- 자신을 다른 사람들보다 열등하거나 우월하지 않은 존재로 여긴다.
- 타인에게 친절하고 공손하게 행동한다.
- 나 역시 소중하다고 믿기 때문에 다른 사람도 나를 소중히 대해야 한다고 생각한다.—누군가 여러분을 존중하지 않을 때는 목소리를 낸다.
- 자신의 강점을 잘 알고 있지만, 자신의 한계 또한 잘 알고 있으며 이러한 영역을 개선하려고 노력한다.
- 스스로를 배려함으로써 자기를 보호하고, 위험으로부터 자신을 지키기 위해 조치를 취한다.
- 완벽하지 않다는 것을 인정한다.—실수나 일이 뜻대로 되지 않을 때는 스스로에게 친절하고 자신을 괴롭히지 않는다.

토론 질문
- 자기존중을 갖는 것은 무엇을 의미하는가?[자신에게 편안함을 느낀다. 다른 사람의 기대에 부응하기 위해 나를 변화시키려 애써 노력하지 않는다(예: 옷 입기, 취향 등). 타인의 관점을 존중하며 나 자신에 대해서도 존중할 줄 안다.]
- 자기를 존중할 줄 아는 사람은 어떻게 행동할까요?

2) 활동

- 오뚝이 Bounce Back! 활동지 '자기존중감이란 무엇인가'를 사용한다. 자기존중감의 한 측면을 자세히 알아본다.
- 그런 다음 자신들의 오뚝이 Bounce Back! 저널에 붙인다.

---

* 역자 주: 자기존중감(self-respect)과 자아존중감(self-esteem)의 차이는 91페이지를 참조.

- 학생들은 '자기를 존중하면, 자기를 보호한다'라는 주제를 중심으로 만화를 만든다.
- 학생들은 '자기존중감'이란 글자로 5행시를 쓴다.

8. 단원정리

1) 적용

학급 문집을 쓰고 협력, 존중, 친절 그리고 수용과 같은 사회적 가치를 실천하는 학생들의 사진을 꾸준히 게시한다. 이름을 붙여 전시하거나 사회적 가치를 실천하는 모습을 게시판에 게시하거나 동영상으로 만들어 볼 수 있도록 한다.

2) 활동

- 사회적 가치 단원 자료에 수록된 그림책 중 하나를 저학년 동생에게 읽어 주는 모습을 동영상으로 만들거나 자신의 팟캐스트에 올린다.
- 네 명이 한 모둠이 되어 이 단원의 사회적 가치 중 하나를 전달하는 사진 또는 삽화 전시물을 만들어 본다.

열 가지 생각 단계 활동(191페이지 참조)을 사용한다. 4~5명을 한 모둠으로 하여 오뚝이 Bounce Back! 활동지 '열 가지 생각 단계'에 따라 '넌 놀 수 없어.'라고 말하는 건 누구에게도 허용되지 않는다는 주제로 토론한다.

친근한 학교
짝과 함께 '친근한 학교'라는 주제로 학교 광고와 광고하는 이유를 책자로 만든다. 기존에 존재하는 온라인 템플릿을 사용하여 활동해도 좋다. 공동 또래 정비소(181페이지 참조) 전략을 사용해 평가기준을 함께 만들고 각 팀이 책자에 대한 피드백을 받을 수 있도록 한다.

사회적 가치 인용문
인용문이나 속담(하단 참조 또는 학생이 스스로 조사한 내용)을 선택해 카드에 적는다. 다섯 명을 한 모둠으로 만들고 각 모둠에 두 개씩 인용구를 준다. 5분 동안 문구에 대해 논의하고 앞에 나와 인용문을 설명한다. 인용구를 고르고 포스터로 만드는 활동을 짝 활동으로 바꾸거나 인용문 출처에 대한 조사를 포함하여 진행할 수 있다.

- 협동은 일을 반으로 줄이고 성공을 2배로 높인다. (익명)
- 아무리 작더라도 쓸모없는 작은 친절은 없다. (Aesop)
- 친절한 말은 하기 쉽고 짧지만, 울림은 진실로 끝이 없다. (Mother Tereasa)
- 다른 사람의 친절을 기다리지 말라. 차라리 친절함이 무엇인지 보여 주라. (익명)
- 생각은 말이 되기 때문에 조심하라. 말은 행동이 되기 때문에 조심하라. 행동은 습관이 되기 때문에 조심하라. 습관은 성격이 되기 때문에 조심하라. 성격을 조심하라. 성격은 당신의 운명이 되기 때문이다. (Aristotle)

핵심 어휘

또래교사 팀 코칭 전략(167페이지 참조)을 사용하여 학생들이 핵심 가치와 관련된 어휘와 철자를 숙달할 수 있도록 한다. 다음 단어들을 퀴즈로 제시하고 팀으로 합산을 하여 점수를 매긴다. 또래끼리 팀 코칭으로 학습한 후 다시 팀 점수를 합산한다. 이 활동은 단어와 단어의 구조에 대해 배울 수 있는 좋은 학습의 기회가 된다. 관련 어휘는 다음과 같다.

이타심/이타주의
(altruism/altruistic)

보호하다/돌봄/세심한/조심성 없는/무신경한
(care/caring/careful/careless/uncaring)

협력하다/협력
(collaborate/collaboration)

연민을 가지며
(compassionate)

협동하다/협동
(cooperate/cooperation)

공손한
(courteous)

격려하다/격려
(encourage/encouragement)

환경
(environment)

제외하다/배제
(exclude/exclusion)

친구/우정/친한
(friend/friendliness/friendly)

예의범절
(manners)

협상하다/협상
(negotiate/negotiation)

예의 바른/무례한
(polite/impolite)

선입견
(prejudice)

보호하다/보호
(protect/protection)

존중하다/존중을 보이는/무례한 짓을 하다
(respect/respectful/disrespect)

소문
(rumour)

지원하다/도와주는/지원자
(support/supportive/supporter)

지속 가능한/지속 가능성
(sustainable/sustainability)

생각/사려깊은/배려심 없는
(thought/thoughtful/thoughtless)

너그러운/너그러움
(generous/generosity)

가치
(values)

조화/사이좋은
(harmony/harmonious)

환영하는/반가워하지 않는
(welcoming/unwelcoming)

포함하다/포함/포함하는
(include/inclusion/inclusive)

친절한/친절/불친절한
(kind/kindness/unkind)

경청하다/듣는 사람
(listen/listener)

3) 드라마

- 네 명이 한 모둠이 되어 사회적 가치 중 하나에 대한 2분짜리 동영상을 계획, 연기 및 촬영한다.
- 낭독 극장(188페이지 참조) 전략을 도입하여 단원의 그림책 자료 중 하나를 사용하여 공연한다.
- 학생들은 저학년 동생들을 위해 사회 가치관 중 하나를 선택해 인형극으로 보여 준다.

4) 게임

전체 학급이나 모둠으로 다음 게임 중 하나를 한다.

- 비밀단어 퍼즐 PPT 자료(181페이지 참조)—비밀 메시지 '긍정적인 가치는 나 자신을 존중하도록 만든다.'
- 메모리 카드 PPT 자료(184페이지 참조)—동의어를 찾는다.

  주의깊은/사려깊은(careless/thoughtless)   보호하다/돌보다(protect/look after)

  협력하다/협동하다(collaborate/cooperate)   지원/도움(support/help)

  연민을 가지며/친절한(compassionate/kind)   이타주의/배려하는(altruistic/selfless)

  정중한/예의 바른(courteous/polite)   함께하다/참여시키다(include/involve)

  배제/거부(exclude/reject)   불친절하다/못된(unkind/mean)

  다정한/환영하는(friendly/welcoming)   존중하지 않는/무례한(disrespectful/rude)

- 숨겨진 글자 찾기(193페이지 참조)—협동하다, 연민을 갖다, 존중하다, 우정, 친절하다, 수용과 같은 사회적 가치 단어 중 하나를 선택하여 열 개의 글자 속에 숨겨 놓는다. 팀대항으로 맞히기 게임을 한다 (문제 예: 기하줄친자숨절다내치, 정답: 친절하다).

5) 오뚝이 Bounce Back! 시상식

오뚝이 활동지의 수상 형식을 이용하여 이 단원의 사회적 가치를 가장 잘 보여 준 학생에게 수여한다.

9. 오뚝이 Bounce Back! 활동지

• 다음 활동지는 학지사 홈페이지 자료실(www.hakjisa.co.kr)에도 탑재되어 있다.

국제사면위원회 앰네스티(Amnesty)

(   ) 학년 (   ) 반 이름 (   )

국제사면위원회 앰네스티(Amnesty International)는 도움과 지원의 네트워크를 제공하는 세계적인 기관이다.

이 기구의 목적은 인간의 권리를 존중하지 않는 나라들에게 세계가 그들을 지켜보고 있다는 것을 상기시키는 것이다. 피터 베넨슨은 1961년에 국제사면위원회를 시작했다. 베넨슨은 헝가리, 남아프리카 그리고 스페인에서 정치범들을 변호하는 피고측 변호사였다. 그는 자유를 위해 건배했다는 이유로 7년 동안 감옥에 보내진 포르투갈 학생 두 명을 보고 그 부당함에 경악했고, 이 위원회를 만들게 되었다.

국제사면위원회 앰네스티는 세 그룹의 사람들을 돕고 그들에게 희망을 주는 것에 초점을 맞추고 있다. 첫 번째 그룹은 양심수라고 불린다. 이들은 자신의 생각을 표현하기 위해 폭력을 행사한 것이 아니라 서로 다른 종교적 또는 정치적 신념으로 인해 박해를 받거나 수감되거나 고문을 당한 사람들이다. 두 번째 그룹은 재판을 거부당한 정치범들로 구성되어 있다. 세 번째 그룹은 학대받거나 고문을 당했거나 사형 집행을 기다리고 있는 죄수들로 구성되어 있다.

국제사면위원회 앰네스티는 여러 가지 방법으로 부당한 대우를 받아 온 사람들을 지원한다. 불공정한 재판이 있을 때 변호사가 참여하게 된다. 인권이 남용되는 나라를 감시한다. 또한 인권을 위반한 나라들에 대한 보고서를 쓴다. 위반한 정부에 자국 내 인권 유린을 중단하도록 로비를 하고 있다. 억울하게 감옥에 갇히거나 학대받은 사람들에게 희망과 격려의 메시지를 보내는 일을 한다.

1. 국제사면위원회 앰네스티의 주된 목표는 무엇인가요?

2. 국제사면위원회 앰네스티가 돕는 세 개의 단체는 무엇인가요?

3. 국제사면위원회 앰네스티가 타인을 돕는 방식에는 어떤 핵심적 가치가 반영되어 있나요?

4. 도움이 필요한 사람들에게 희망을 주는 것이 어떻게 그들이 살아남는 데 도움이 되나요?

5. 국제사면위원회 앰네스티가 도와준 사람 또는 사람들의 그룹을 조사해 보세요.

6. 가족 구성원이나 학교 친구가 할 수 있는 상황을 생각해 보세요.

희망을 잃은 사람들에게 어떻게 하면 희망을 갖도록 도울 수 있을까?

호주의 스미스 가족(The Smith Family)

(   ) 학년 (   ) 반 이름 (   )

1922년, 다섯 명의 호주 자선 사업가들이 자신의 자녀들을 위해 선물을 주면서 더불어 고아원 아이들에게도 선물을 주었다. 고아원 아이들에게 누가 선물을 주었냐고 물으니 아이들은 '스미스 씨'라고 대답했고 그래서 '스미스 가족'이 설립되었다.

스미스 가족은 현재 호주의 가장 큰 자선 단체 중 하나이다. 회원들은 호주의 불우한 가정과 아이들을 돕기 위해 대부분의 시간을 할애한다.

수년간 스미스 가족은 다양한 상황을 통해 가난한 호주인을 도왔다. 1930년대 대공황 때 영양부족이 문제가 되자 이 단체는 건강한 식사를 할 수 없는 가족들에게 음식을 제공했다.

2015~2016년에는 근처에 학교가 없어 멀리 학교를 다니는 원주민 학생 200명을 지원했다. 스미스 가족은 또한 공부를 못하는 아이들이 학교에 가는 것을 돕는다. 2017년, 생애 학습 프로그램을 통해 가정 형편이 어려운 33,195명의 호주 학생들에게 학교에 머물 수 있도록 필요한 감정적, 실용적, 재정적 지원을 제공하였다. 또한 예술, 공동체, 경제, 읽고 쓰는 능력, 숫자 그리고 멘토링 프로그램을 가지고 있다.

스미스 가족의 재정은 정부의 도움을 받지만 대부분의 활동은 대중의 기부와 후원자의 지원으로 자금을 받는다. 또한 자원 봉사자의 도움도 큰 역할을 한다.

1. 스미스 가족이 다른 사람들을 도운 두 가지 방법은 무엇인가요?

2. 스미스 가족은 어떻게 탄생했고 이 과정에서 우리는 무엇을 배울 수 있을까요?

3. 스미스 가족이 다른 사람을 돕는 방식에 어떤 가치가 반영되어 있나요?

4. 나도 이런 행동을 한 적이 있나요?

프레드 할로우스(Fred Hollows)

(   ) 학년 (   ) 반 이름 (   )

프레드 할로우스는 1929년 뉴질랜드에서 태어났다. 그는 원래 선교사가 되기를 원했지만 후에 의학 분야의 직업을 결정했고 그중 안과의 수술을 전문화하기로 결정했다. 프레드는 항상 불행한 상황에 처한 사람들에게 많은 동정심을 느껴 왔다.

프레드는 시드니에서 원주민들을 돌볼 의사가 필요하다는 소식을 듣고 지원을 시작하였다. 호주 최초의 원주민 의료 서비스를 시작하는 데 중요한 역할을 했다. 프레드는 외딴 지역에 살고 있는 원주민의 다수가 눈병을 앓고 있다는 것을 알아냈다. 이러한 문제 중 대부분은 적절한 치료만 받으면 예방될 수 있다는 것을 알게 되었다.

프레드는 병원과 멀리 있는 원주민에게 적절한 눈 관리를 제공하는 프로그램을 시작했다. 그리고 눈병을 앓고 있는 사람들을 치료하기 위해 의사들로 구성된 팀을 조직할 수 있었다.

3년 동안, 프레드의 안과 팀은 거의 3만 명의 사람을 치료했고 1만 개의 안경을 제공했다. 몇 년 후에 프레드는 아프리카의 에리트레아로 여행을 갔다. 그는 시력을 향상시키기 위해 렌즈가 필요한 수백만 명의 사람에 대해 알게 되었다. 호주인들에게 기부를 요청하기로 결심했고 렌즈 공장을 위해 600만 달러를 모금할 수 있었다. 그는 또한 지역 의사들을 훈련시켰다.

1989년 프레드는 암에 걸렸지만 가난한 사람들이 양질의 눈 건강을 얻을 수 있도록 하기 위해 끝까지 애썼다. 그는 1993년에 세상을 떠났지만, 이와 같은 노력은 프레드 할로우스 재단을 통해 25개국 이상에서 계속되고 있다.

1. 프레드 할로우스는 많은 사람의 삶에 중대한 변화를 가져왔나요?

2. 프레드 할로우스는 어떤 사회적 가치로 행동했나요?

3. 프레드 할로우스의 행동에서 우리가 배울 수 있는 중요한 것은 무엇인가요?

4. 우리 반에서 도움을 줄 수 있는 한 가지 작은 방법은 무엇인가요?

캐롤라인 크리스홀름(Caroline Chisholm)

(   ) 학년 (   ) 반 이름 (   )

캐롤라인은 1808년 영국에서 태어났다. 어린 소녀였을 때, 부모님이 항상 다른 사람들을 도와주려고 하는 것을 보고 자랐다. 집은 부자든 가난하든 누구에게나 열려 있었다. 그 결과, 캐롤라인도 다른 사람들을 돕는 것에 관심을 갖게 되었다.

캐롤라인이 결혼한 직후, 22세의 나이에 남편과 함께 영국에서 시드니로 이사했다. 시드니에 도착했을 때, 캐롤라인은 가난에 시달렸다. 사람들은 더 나은 삶을 찾기 위해 호주에 왔지만, 직장이나 살 곳이 매우 적다는 것을 발견했다.

캐롤라인은 실직한 여성들을 위한 가정을 꾸리기로 결심했다. 그리고 뉴사우스웨일스 주지사에게 재정적인 도움을 요청했지만 처음에는 거절당했다. 캐롤라인은 단호했고 주지사와의 많은 만남 후에 그녀의 소원이 이루어졌다. 2년 만에, 그녀가 창립한 여성 이민자 집은 직업을 제공할 수 있었고 천 명이 넘는 여성에게 은신처를 제공했다.

비록 호주 이민자들의 삶을 조금 더 편하게 만들었지만, 더 많은 일이 필요했다. 호주로 이민 올 때 배들의 상태를 개선하도록 정부를 설득하였으며 호주 최초의 고용 사무소를 설립했다.

캐롤라인은 광산에서 금 채취를 시작하였다. 여기서 광부들과 가족들을 위한 땅을 마련할 수 있었고, 금 광산으로 가는 광부들을 위한 합리적인 피난처를 마련할 수 있었다. 캐롤라인은 1877년 영국에서 일생을 마감했다. 그녀의 삶 동안, 거의 11,000명의 이주자를 위한 일자리와 집을 찾는 것을 도왔다. 그러나 죽을 때까지 자신의 재산은 거의 없었다. 호주 역사는 캐롤라인을 '이민자의 친구'로 기억한다.

1. 캐롤라인은 어떻게 도움이 필요한 사람들을 도왔나요?

2. 캐롤라인이 타인을 도왔던 방식에는 어떤 가치가 반영되어 있나요?

3. 우리 모두가 캐롤라인에게서 배울 수 있는 중요한 메시지는 무엇인가요?

열 가지 생각 단계

(   ) 학년 (   ) 반 이름 (   )

2단원의 활동 비닐봉지 사용을 금지하는 방법에 대해 생각해 보세요.

1단계	주제는 무엇일까?	생각하려는 문제나 주제를 명확하게 서술하세요.	
2단계	알고 있어야 할 것	우리가 이 주제에 대해 알고 있는 것은 무엇인가요? 우리가 더 알아야 하는 것은 무엇인가요? 알아야 하는 것을 어떻게 알아낼 수 있나요? 우리가 알고 있는 것 중 비슷한 것이 있나요?	
3단계	밝고 긍정적인 면	이 주제의 좋은 특성은 무엇인가요? 주제 속에 좋은 결과가 있을 수도 있나요? 주제에서 좋은 기회가 나올 수도 있나요?	
4단계	어둡고 부정적인 면	이 주제의 그다지 좋지 않은 특성은 무엇인가요? 어떤 문제가 발생할 수 있나요?	
5단계	느낌	이 주제를 접했을 때 어떤 느낌이 들었나요?(느낌 관련 단어: 흥분됨, 걱정됨, 불안함, 기쁨 등) 관련된 사람들에게는 어떤 느낌이 들게 할까요?	
6단계	개선하기	주제를 개선하기 위해 어떤 변화가 필요할까요? 여기에, 덧붙이거나 빼거나 다시 만들거나 대신할 것은 무엇일까요?	
7단계	생각을 점검하기 (좋은 경찰이 묻는다고 생각하고 대답하기)	해결하기 위해 만약 무엇이라면이라는 가정을 만들어 볼까요? 우리가 말했던 것에 대한 충분한 증거가 있나요? 우리가 말한 증거는 믿을 만한 가치가 있나요? 우리를 가로막는 해결되지 않은 문제는 무엇인가요?	
8단계	정확하게 생각하기 삐뚤어지지 않기	주제와 관련하여 안정적 혹은 논리적인 생각은 없나요? 도덕성 때문에 이러지도 저러지도 못하는 건가요? 혹시 소수의 문제는 아니었나요?(장애인, 노인, 민족 등) 혹시 성차별이 개입되었나요? 혹시 더 큰 그림 혹은 국제적 시각으로 볼 수 있나요?	
9단계	나의 생각 말하기	나의 의견을 말해 볼까요? 이유도 함께 (저는 생각합니다. 왜냐하면,)	
10단계	우리의 생각 말하기	우리가 토론한 전체 의견을 말해 봅시다. 이것을 결정한 세 가지 이유를 말해 보세요. 반대 관점도 요약해 볼까요?	

호주 청소의 날(Clean Up Australia Day)

(　　　　)학년 (　　　　)반 이름 (　　　　　　　　)

이안 커난(Ian Kiernan)은 전 세계를 항해한 요트 항해사였다. 그는 여행에서 쓰레기나 오염이 심각하다는 것을 직접 체험했다. 호주로 돌아왔을 때, 이안은 쓰레기 해결을 위해 뭔가 하기로 결심했다. 1989년, 친구의 도움으로 이안은 시드니 항구를 청소하기 시작했다. 짧은 시간 안에, 이안은 압도적인 반응을 얻었다. 400,000명이 넘는 자원봉사자가 시드니 항구의 날을 맞아 시간과 에너지를 청소하는 데 쏟아내었다. 이듬해 이안은 전국을 청소하였다. 1990년 제1회 호주 청소의 날에는 전국에서 30만 명 이상의 자원봉사자가 몰렸다. 즉, 그동안 많은 호주인은 환경에 대해 심각하게 걱정하고 있었다.

1994년, 이안은 올해의 호주인으로 선정됨으로써 공헌으로 인정받았다. 호주 청소의 날은 3월의 연례 행사가 되었고 참여는 계속 증가하고 있다. 예를 들어, 2016년에는 682,000명의 자원봉사자가 7,117개 지역에서 호주 청소의 날에 참가했다. 공원과 호수 등지에서 약 15.6톤의 쓰레기를 수거했다. 흥미롭게도, 제거된 쓰레기의 약 80%는 재활용이 가능했다. 몇 사람만 참여해서 호주를 깨끗하게 유지하는 것은 너무 힘든 일이었다. 그러나 수천 명의 사람이 협력하여 장관을 이루어 내었다. 이것은 '백지장도 맞들면 낫다'는 옛말을 증명한다.

1. 이안은 호주 청소의 날 자신의 작품에서 어떤 핵심적 가치를 보여 주나요?

2. 이 사건은 '백지장도 맞들면 낫다'는 것을 어떻게 보여 주나요?

3. '백지장도 맞들면 낫다'는 원칙은 단체운동이나 협력 과제에서 어떻게 나타나나요?

자기존중감이란 무엇인가

(   ) 학년 (   ) 반 이름 (   )

자기존중감이 있다면:

◎ 자신을 좋아하고 받아들이며 자신의 행동에 만족감을 느낀다.

◎ 자신이 다른 사람보다 열등하지도 우등하지도 않다고 생각한다.

◎ 다른 사람들에게 친절하고 공손한 방식으로 행동한다.

◎ 자신이 중요하다고 믿고, 따라서 다른 사람들로부터 좋은 대우를 받아야 한다. 누군가가 존중하지 않을 때 큰 소리로 말한다.

◎ 자신의 강점을 알고 있지만 또한 한계를 알고 있고 그러한 영역에서 개선하려고 노력한다.

◎ 자신을 보살피고 자신을 해치지 않게 하는 조치를 취함으로써 자신을 보호한다.

◎ 자신이 완벽하지 않다는 것을 인정한다. 실수를 하거나 일이 뜻대로 되지 않을 때는 자신에게 친절하고 자신을 힘들게 하지 않는다.

◎ 자신을 편안하게 느낀다.

◎ 단지 친구들의 기대에 부응하기 위해 선호도나 옷 입는 방법 등을 바꾸어야 한다는 부담감은 느끼지 않는다.

◎ 다른 사람의 관점을 고려하면서도 스스로도 생각해 본다.

자존심의 어떤 측면들이 필요한가?

_____

_____

_____

_____

_____

_____

_____

오뚝이 시상식 상장

3단원 회복탄력성

공이나 자연이 다시 원래 상태로 돌아가는 것처럼 사람은 역경을 경험한 후 심리적으로 회복될 수 있다.

공이 땅에 떨어지면 일시적으로 형태가 망가지지만, 다시 튀어 올라 원래 모양으로 되돌아간다. 숲은 화재로 인해 모든 것이 불에 타더라도, 대부분이 다시 재생되고 원상 복구된다. 이러한 예들을 보면, 우리가 살면서 슬프고 걱정되고 불행한 어려운 시기를 맞닥뜨리더라도 우리 또한 다시 이전의 모습으로 되돌아갈 수 있는 자연적 힘이 있다는 것을 알 수 있다. 종종, 우리는 다시 돌아온 후에 이전보다 훨씬 더 강해진다.

오늘의 나쁜 기분은 영원히 지속되지 않아! 내일은 오늘보다 좋아질 거야.

나쁜 상황과 감정은 거의 항상 일시적이다. 때로는 어려운 상황이 나아지기까지 시간이 좀 걸리기도 하지만, 상황은 분명히 나아진다. 상황이 개선되거나 우리가 그 상황에 대처할 방법을 찾게 되는 식으로 말이다. 우리가 인생을 살면서 때로는 불행한 시간을 보내고 있을 때, 하루하루씩 견뎌 내도록 노력하자. 상황이 나아질 것을 아는 것은 어려운 시기를 극복하는 데 도움이 될 수 있다.

뚝심 있게 도와달라고 말해 봐! 도와달라고 하면 도와줄 거야.

나쁜 상황에 처해 있고 불행하다고 느끼거나 걱정이 될 때 다른 사람들과 대화하는 것은 회복을 도와준다. 자신이 신뢰할 수 있다고 생각하는 사람을 선택하고 그 사람에게 자신의 문제에 대해 이야기하면 우리는 현실을 객관적으로 직시하게 된다. 그들은 나의 문제에 대한 자신의 견해를 말해 줄 것이고 우리에게 다른 생각이나 정보를 줄 것이다. 또한 그들은 우리를 돕고 돌볼 것이다. 우리의 어려움에 대해 누군가에게 말하기 위해서는 때때로 용기가 필요하다. 하지만 우리가 자신의 어려움에 대해 말하는 것은 우리에게 힘이 있다는 증거이다.

이로운 생각은 기분을 좋게 해 줘! 다시 생각해 봐.

도움이 되는 생각은 사실에 근거한 현명한 생각이다. 이것은 우리가 사물에 대해 더 차분하고 더 희망적으로 느끼도록 만든다. 도움이 되는 생각은 현실 직시(reality checking)를 기반으로 한다. 예를 들면 다음과 같다.

- 다른 의견 듣기
- 사실 확인하기
- 사실에 근거하기
- 상황을 시험하기

도움이 되지 않는 생각은 여러분을 더 화나게 하고 덜 희망적이게 한다. 도움이 되지 않는 생각은 다음과 같다.

- 결론을 성급히 내리고 추측하기
- 다른 사람의 마음을 읽으려고 노력하기
- 과장하기
- 일반화하기
- 겁에 질려 있기

도움이 되지 않는 생각에는 모든 것이 실제보다 더 단순하다고 생각하는 것 또한 포함될 수 있다. 도움이 되지 않는 생각을 유용한 생각으로 바꾸면 기분이 좋아지고, 대처하는 데 도움되며, 인생에서 더 나은 결정을 내리는 데 도움이 된다.

처음부터 완벽한 사람은 없어! 이 세상 어디에도.

모든 사람은 실수를 하고, 잊어버리고, 어떤 일에 실패하며, 때때로 생각 없이 행동한다. 이런 것은 다 정상이다. 우리 모두는 최선을 다하고 있으며, 약점을 가지고 있다. 완벽한 사람은 없다. 자신이 완벽하기를 기대한다면, 너무 자기비판적으로 될 것이다. 만약 다른 사람들이 완벽하길 바라고 그들의 실수를 용서하지 않는다면, 그들을 너무 비판하게 될 것이다. 그렇게 된다면 사람들은 당신을 좋아하지 않게 될 위험이 있다. 완벽을 추구하지는 않더라도 우리는 삶을 개선하고 성장하게 될 것이다.

넘어져도 일어날 수 있어! 실패보다는 성공에 초점을 둬.

불행하거나 걱정스러운 상황에서 발견할 수 있는 긍정적인 측면에 집중한다. 그런 면이 작아도 상관없다. 또한 그러한 상황 속에 있는 작더라도 재미있는 부분을 보도록 한다. 긍정적인 면을 보는 것과 웃음은 상황이 좋지 않을 때 지켜야 하는 것이다. 이 두 가지가 마법처럼 우리의 문제를 사라지게 하지는 않겠지만, 우리의 기분이 좀 더 좋아지도록 도와줄 것이다. 또한 그것은 우리가 해결책을 찾고 문제를 해결하는 것에 대해 더 희망을 느끼게 할 것이다(참고: 이와 관련한 단원 주제는 8단원 유머 주제와 5단원 낙관성 주제임).

행복이 항상 있는 건 아니야! 슬픔과 상처와 아픔도 자연스러운 거야.

때때로 인생에서 고통스럽고, 걱정스럽고, 힘든 시간을 갖는 것은 정상이다. 모든 사람이 항상 행복한 것은 아니다. 하지만 우리는 그것들이 우리에게만 일어난다고 느낄지도 모른다. 만약 우리가 유독 자기 자신만 불행하고, 고생하는 것 같고, 우리에게만 징크스가 있다고 잘못 생각한다면, 우리는 회복할 수 없을 것이다. 이런 일이 모두 자주 벌어지는 일이라고 생각해 보자. 이것은 불행한 일들이 많은 사람에게 일어나는 삶의 일반적인 부분으로 보는 것을 의미한다. 나에게만 불행한 일들이 일어난다고 개인화해서 생각하지 말자. 이것은 불운이 나에게만 일어나는 것으로 보지 않는다는 것을 의미한다.

복(福)은 만드는 거야! 그냥 주어지는 게 아니야.

나쁜 일이 일어났을 때, 어떻게 그 일이 일어났는지를 설명하는 상황에서 자신과 다른 사람들에게 공평해지자. 이러한 일은 보통 다음과 같은 세 가지 요소가 결합되어 발생한다.

- 내가 한 일(또는 하지 않은 일)
- 다른 사람이 한 일(또는 하지 않은 일)
- 불운이나 내가 통제할 수 없는 상황

이 세 가지 요인 각각이 발생한 나쁜 일에 대해 얼마나 많은 부분을 차지하고 있는지 알아보도록 노력하자.

하늘의 뜻이려니 생각해. 너무 자책하지 마!

우리의 삶에서 좋아하지 않는 문제를 해결하고 변화시키기 위해 최선을 다한다. 하지만 우리가 상황을 바꿀 수 없다는 것을 받아들여야 할 때가 언제인지도 알아야 한다. 때때로 우리는 상황을 바꿀 수 없다(예: 친구가 이사를 가거나 부모님이 이혼하는 상황). 왜냐하면 그것은 우리의 통제하에 있지 않기 때문이다. 내가 바꿀 수 없는 것에 대해 화를 낼 필요는 없다. 화를 낸다고 상황이 달라지지는 않는다. 그냥 스스로에게 '이게 현실이고 나는 이 상황을 그저 해결하면 돼.'라고 말한다. 만약 어떤 일이 이미 일어났고 바뀔 수 없다면 자신에게 말한다. '이미 일어난 일은 어쩔 수 없지. 나는 이 상황을 받아들일 거야.'

세상은 끝나지 않았어. 도전하면 다시 이룰 수 있어!

'파국화(catastrophizing)'는 어떤 상황에서 일어날 수 있는 최악의 상황에 대해 생각하고 그런 일이 일어날 것이라고 가정하는 것을 의미한다. 절대 일어나지 않을 일에 대해 겁먹거나 스스로를 비참하게 만들지 말자. 대신 현실을 직시하자.

요즘 힘들다고? 이 또한 지나가리!

나쁜 상황은 그저 인생의 일부에서만 일어난다. 그러한 상황들이 우리 인생의 다른 부분까지 망치지는 않는다. 상황을 균형 있게 유지하려고 노력하자. 우리는 친구와 문제가 있을 수도 있지만 가정 생활은 여전히 괜찮고 학교에서 정말 잘하고 있으며 속한 스포츠 팀도 잘 운영되고 있다. 불운한 시절은 마치 해진 외투의 몇 가닥 실과 같다. 외투가 조금 헐거워졌을 뿐, 전체가 망가지지는 않았다는 것을 생각한다.

학습목표

이 단원에서 학생들은 다음 사항에 대한 이해를 더욱 넓히고 적용한다.

• 도움이 되는 생각과 도움이 되지 않는 생각의 차이
• 일상적이지만 도전적인 변화와 좌절 및 어려운 시기를 관리하기 위한 전략
• 낙관적 사고의 중요성

1. 학습자료

학지사 홈페이지 자료실(www.hakjisa.co.kr)에 이번 단원에서 사용하는 PPT 자료, 오뚝이 Bounce Back! 활동지의 전체가 탑재되어 있다.

2. 인생에는 오르막길과 내리막길이 있지만 우리는 회복할 수 있어

1) 학습자료

(1) 도서

Oh, the Places You'll Go!(아, 우리가 가야 할 곳!)

모든 사람은 평생 동안 자신의 결정에 책임이 있다는 주제를 담고 있다. 이 책은 Bounce Back! 프로그램에서 필수적으로 사용되어야 하는 도서이다. 인생에는 큰 기쁨과 성공이 있지만 때때로 우리는 외롭고, 길을 잃으며, 무섭고, 슬플 수 있다는 메시지를 전달한다.

[역자 추천] 한글판 대체 동화보다 앞 도서의 그림과 내용을 전달하는 것을 추천한다.

발레리노 리춘신

이 그림책은 중국의 한 가난한 마을에 태어났지만, 세계 발레 무대에서 꿈을 이뤘던 '마오의 마지막 춤꾼 (리춘신)'의 실화를 다루고 있다. 그 과정에서 그는 11세의 나이에 부모님과의 이별을 경험하고, 극심한 외로움과 새로운 곳에 적응해야 하는 어려움을 겪어 내야 했다.

넬슨 만델라 자서전: 자유를 향한 머나먼 길

Nelson Mandela의 이야기를 담았다. 그는 어린 소년으로서 남아프리카 사람들의 권리를 위해 싸우겠다고 결심하였다. 이 책은 피부색이 어떻든 모든 사람은 평등하다고 믿었던 Mandela의 투쟁을 그리고 있다.

(2) 영화

마이 독 스킵

1942년을 배경으로 하는 이야기로, 어린 소년과 그의 강아지의 관계는 소년이 자라면서 겪게 되는 고통스러운 경험의 일부를 반영한다.

(3) 노래
• 'Bounce Back-Rap'
• 'Bounce Back Wriggle Jive'
• 'When You Fall Down, Just Pick Yourself Up'

2) 서클 타임 또는 학급토론

『Oh, the Places You'll Go!』를 읽고 안쪽 바깥쪽 서클 만들기(184페이지 참조) 전략을 사용하여 문제에 따라 서로 다른 파트너와 함께 책에 대해 토론할 수 있도록 한다. 일정 시간이 지나면 바깥 원이 이동하여 파트너를 바꾸어 다른 파트너와 토론한다. 이때 다음의 세 가지 질문을 활용한다(각 파트너와 한 문제씩 토론함). 활동 후 학생들은 원 안으로 들어와 논의한 내용을 나누도록 하고, 학생들의 답변이 다음 예시 답안과 유사한지 확인한다.

• Dr Seuss가 전달하고자 하는 삶에 관한 메시지는 무엇일까요?(인생에는 오르막길과 내리막길이 있다, 모두는 장애물을 만날 것이고, 좌절을 경험하고 실수를 한다, 인내하고 포기하지 말고 낙천적으로 지내자, 우리의 인생 여정은 대부분 멋질 것이다.)
• 여러분의 강점 중 하나를 말해 주세요. 자신의 강점을 아는 것이 왜 중요할까요? (예: 그림, 수학, 독서, 작곡, 서핑/축구 등을 잘한다. 자신이 잘하는 것을 하는 것은 우리가 힘든 시간을 이겨 내는 데 도움을 줄 수 있다.)
• 자신의 일상에서 일이 잘못될 때 어떻게 스스로를 '슬럼프에 빠지지 않게(unslump)' 할 수 있나요? 나

쁜 기분을 좋은 분위기로 바꾸기에 좋은 방법은 무엇일까요?(예: 걷기, 자전거 타기, 음악 듣기, 누군가와 대화하기 등)

토론 질문

- 이 책에서 주인공이 만난 장애물/문제는 무엇인가요?[나쁜 날씨, 적, 무서운 것들, 피곤함(아픈 팔, sore arms), 그리고 힘 빠지는 나의 상황(물이 새는 운동화, leaky sneakers)]
- 그는 포기하나요, 아니면 인내하나요?
- 우리 또래가 겪는 역경은 무엇인가요?(예: 학교생활, 학교공부, 친구와 놀이에 참여하기, 가족, 스포츠)
- 내가 가기로 정한 가장 멋진 곳은 어딘가요?('장소'가 지리적 위치일 뿐만 아니라 성공, 성취, 우정, 사랑 등을 포함한다는 점을 강조한다.)
- Dr Seuss는 다음을 어떻게 표현했나요?
  - 나 혹은 또래가 기다려야만 하는 것
  - 원하는 것이 있을 때는 목표를 세우는 것이 도움이 된다는 것
  - 나쁜 상황이 지나면 더 강해진다는 것
  - 모든 사람이 가끔 외로움을 경험한다는 것
  - 때로는 내가 나의 최악의 적이 될 수도 있다는 것
- 내가 가지 않기로 한 '길'은 무엇인가요?(예: 반사회적 행동, 약물 복용, 자기존중감 없는 행동, 괴롭힘, 불친절, 탐욕)
- 자신의 강점을 아는 것이 왜 중요한가요?(우리의 강점은 우리의 여정에서 어떤 길을 택할 것인지를 결정하는 데 도움이 된다, 우리의 강점 중 하나를 사용할 필요가 있는 곳에서 무언가를 하는 것은 우리가 어려운 시기를 극복하는 데 도움을 줄 수 있다.)
- 회복탄력성은 무엇을 의미하나요?(쉽지 않을 때도 있지만, 다시 회복할 수 있는 능력을 의미한다.)
- 어떤 사람들은 인생을 균형 잡기(balancing act)로 표현한다고 해요. 이게 무슨 의미일까요?
- 이 책의 어느 부분이 자신의 현재 기분을 가장 잘 나타내고 있나요?

자료 목록에 제시된 도서 중 하나를 읽거나 동영상을 함께 시청한다. 그런 다음 오뚝이처럼 행복하세요 PPT 자료와 또는 오뚝이 Bounce Back! 활동지 '포스터'를 사용하여 10가지 대처 원칙 '오뚝이처럼 행복하세요(BOUNCE BACK!)'에 대해 설명한다. 이것은 사람들이 어떻게 다시 회복하여 자신의 삶에 대처할 수 있는지, 그리고 어떻게 우리의 삶을 훨씬 더 좋게 만들 수 있는지에 대해 말해 준다.

대처 원칙에 나온 새로운 낱말이나 익숙하지 않은 어휘는 설명해 준다. 학생들이 지속적으로 10가지 대처 원칙에 노출되고 각각의 대처 원칙을 배우는 것이 중요하다. 이렇게 함으로써 학생들은 삶을 살아가면서 오랫동안 대처 원칙을 기억하게 될 것이다.

> **교사가 생각해 볼 문제**
>
> 오뚝이처럼 행복하세요(BOUNCE BACK!)로 요약되는 10가지 대처 원칙 중 좌절을 겪을 때 가장 도움이 되는 두 문장을 골라 본다. 그리고 자신의 사진을 사용하여 나만의 책상용 오뚝이(bounce-backer)를 만들어 보자. 이것은 교사에게는 유용한 시각적 교육자료(prompt)가 될 수 있고 학생들에게도 어려운 순간에 대처하기 위한 도구로서 자신만의 오뚝이를 사용하도록 격려한다. 만약 좌절을 겪었다면 당신이 그것을 어떻게 (부드럽게) 밀어내려고 노력했는지를 학급 학생들에게 보여 주자. 그리고 결국에는 항상 '다시 회복된다'는 것을 알려 주자.

3) 활동

- 각 학생은 '인생에는 오르막길과 내리막길이 있지만 우리는 회복할 수 있어'라는 핵심 메시지에 대한 우리 학급 문집 및 디지털 저널(197페이지 참조)을 개발한다. 또는 학생마다 『Oh, the Places You'll Go!』에서 구절을 선택하고 그것을 제시한다.
- 다양한 열기구 그림을 이용해 학급 콜라주를 만든다. 하나의 열기구에는 학급의 학생 한 명의 얼굴 사진과 말풍선을 넣는데, 말풍선 안에는 학생이 가진 하나의 중요한 목표를 적는다. 행동할 수 있는 목표여야 함을 강조한다.
- 학생들은 이야기를 만들거나 '인생이란 훌륭한 균형 잡기 활동이야!' 혹은 '인생에는 어떤 순간이든 오르막길과 내리막길이 있어'와 같은 제목의 그림을 만든다. 또는 줄이나 시소에서 균형을 잡는 사람의 모델을 만들 수도 있다.

오뚝이 만들기

학생들은 자신의 오뚝이(bounce-backer)를 만든다(196페이지 참조). 여기에서 오뚝이란, 우리가 삶에서 고군분투하거나 문제를 겪고 있을 때 잠시 쓰러질 수 있지만 곧 다시 회복할 수 있다는 사실에 대한 강력한 동기를 제공하는 인형을 의미한다. 오뚝이가 다시 일어나게 하는 이유들에 대해 학생들과 논의해 보자. 중력이 오뚝이를 '일어서게'(즉, 다시 일어나도록 하는 에너지를) 만든다. 오뚝이의 바닥에 무게가 없을 경우 어떻게 될까? 오뚝이의 머리가 너무 무거우면 어떻게 될까? 오뚝이가 어떻게 넘어지고 다시 시작한 곳으로 돌아가는지, 그리고 우리가 '우리를 넘어뜨리는' 경험을 한 후에도 어떻게 다시 '회복'하는지를 관련지어 생각해 보자.

저학년 동생과 함께 활동하기

- 저학년에게 좋아하는 활동에 대한 인터뷰를 한다(예: 운동, 독서, 친구들과 놀기). 인터뷰를 바탕으로 저학년 동생들이 자신이 좋아하는 활동에 참여하면서 겪은 시련으로부터 어떻게 회복했는지에 대한 이야기를 쓴다.
- 학생들은 회복에 대한 노래인 〈Bounce Back-the resilience song〉을 배운 후 저학년 동생들에게 불러

주고 가르쳐 준다.

위인전 분석

추천 도서였던 넬슨 만델라나 리춘신에 대한 위인전(269페이지 참조)을 학급 전체와 함께 읽거나 학생들이 개별적으로 읽도록 한다. 그런 다음 학생들은 넬슨 만델라나 리춘신의 회복탄력성을 강조하는 방식으로 그들의 세부적인 일대기를 요약할 수 있다.

가정 연계 과제

학생들이 가정에서도 가족들과 함께 '오뚝이처럼 행복하세요(BOUNCE BACK!)'로 표현되는 10가지 대처 원칙이 무엇을 의미하는지에 대해 생각할 수 있도록 한다. 또한 대처 원칙이 살아가면서 실수를 하거나 기분이 좋지 않을 때 다시 회복하는 데 가족구성원 모두에게 어떻게 도움이 될 수 있을지에 대해 가족과 이야기해 볼 수 있도록 격려한다. 학생들은 Bounce Back!에 대한 냉장고 자석으로 붙이는 프레임(198페이지 참조)을 만들어 집으로 가져가 가족들에게 열 가지 대처 원칙에 대해 가르쳐 줄 수도 있다.

4) 적용

'오뚝이처럼 행복하세요(BOUNCE BACK!)' 머리글자

'오뚝이처럼 행복하세요(BOUNCE BACK!)' 머리글자는 학교 전반에서 통용되는 회복탄력성의 언어가 될 수 있다. 머리글자의 문장을 통해 비합리적 사고에 도전하라. 학생들이 어려움을 경험할 때 더 어려움을 주는 비합리적 사고가 떠오를 때 '오뚝이처럼 행복하세요(BOUNCE BACK!)'의 메시지를 통한 합리적 사고를 강화할 수 있는 순간을 포착하여 학생들이 잘 극복할 수 있도록 도우라. 171페이지를 참고하여 Bounce Back! 대처 원칙을 문학작품과 연결하여 교실 상황, 책, 동영상, 이벤트에 적용하여 논의한다. 또한 Bounce Back!의 열 가지 대처 원칙을 강화하는 데 도움이 되는 책을 선택하여 활용하도록 한다. 쉬는 시간에 운동장을 감독하는 교사는 놀이터나 쉬는 시간에 발생하는 문제에 대처하기 위해 '오뚝이처럼 행복하세요(BOUNCE BACK!)' 대처 원칙 카드를 항상 소지하고 있는다.

오뚝이 Bounce Back! 저널

오뚝이 Bounce Back! 프로그램을 실행하는 동안 학생들이 자신의 성찰을 기록하는 시간을 갖도록 한다. 삶이 가르쳐 주는 것은 무엇인지, 이를 어떻게 실천할 것인지를 적어 본다.

3. 오늘의 나쁜 기분은 영원히 지속되지 않아! 내일은 오늘보다 좋아질 거야

1) 학습자료

(1) 동영상 해시태그

#호주 산불 #산불 지원

2017년 2월, 호주의 New South Wales(NSW)주와 수도 영토(Australian Capital Territory: ACT)에서 발생한 화재는 50채 이상의 가옥을 파괴하였고 이로 인해 많은 어린이가 대피하였다. Beechwood 공립학교 학생들을 인터뷰한 내용으로 재해 경험을 전해 들을 수 있다. 혹은 비슷한 내용의 동영상을 이용한다.

#홍수, 산불, 태풍 #살아남은 사람들

재해로 인해 발생한 참화를 담은 자료를 이용한다. 불운한 시기는 지속되지 않고 항상 상황이 나아진다는 오뚝이 Bounce Back!의 메시지를 포함한다. 지역사회의 지원과 낯선 사람들의 친절이 큰 도움이 됨을 보여 줄 수 있다. 혹은 재해 속에서 살아남은 사람들의 이야기를 사용할 수도 있다.

2) 서클 타임 또는 학급토론

학습자료 목록에서 제시한 동영상을 보여 주고 토론한다. 이때 PPT 자료 또는 오뚝이 Bounce Back! 활동지 '포스터'를 활용하여 학생들이 '오뚝이처럼 행복하세요(BOUNCE BACK!)' 대처 원칙의 첫 문장, '오늘의 나쁜 기분은 영원히 지속되지 않아! 내일은 오늘보다 좋아질 거야'를 주목할 수 있도록 한다.

토론 질문

- 이야기에서 일어난 불운한 상황이나 사건은 무엇인가요?
- 등장한 사람은 이 불운한 상황에 대해 어떻게 느꼈나요?
- 상황이 나아지기까지 어느 정도의 시간이 걸렸나요?
- 불운한 상황과 자신이 잃은 것에만 집중한다면 어떤 일이 벌어질까요?(계속 슬프고 우울하고 불행하다.)
- 낙관주의란 무엇인가요?(상황이 나아지고 잘 해결될 가능성이 높다는 믿음)
- 비관주의란 무엇인가요?(상황이 더 안 좋아질 가능성이 있다는 믿음)
- 좋지 않은 상황에서 사람들이 상황이 나아질 것이라는 낙관적인 믿음을 가질 수 있도록 도왔던 작은 긍정적인 점들은 무엇이 있었나요?
- 낙관주의가 어려운 상황에서 회복하는 데 어떻게 도움이 되나요?(낙관주의는 우리가 너무 슬프거나 걱정하지 않게 하고, 희망을 주고, 우리가 문제를 해결하기 위해 노력하게 한다.)

- 비관주의가 상황을 어떻게 악화시킬까요?(기분이 나빠지고, 포기하게 한다.)
- 더 낙관적으로 생각하도록 자신이 생각하는 방식을 바꿀 수 있나요?[그렇다. 263페이지의 핵심 메시지를 확인하거나 '오뚝이처럼 행복하세요(BOUNCE BACK!)' 머리글자를 참조한다.]
- 자신이 좋아하지 않는 상황에 처했고 그 상황이 결코 개선되지 않을 것이라고 생각했지만 실제로는 상황이 개선된 적이 있나요?(불운한 시간은 대개 일시적이다.)
- 왜 불운한 시간은 지속되지 않을까요?(상황이 변하기 때문에, 시간이 지나면 상황이 덜 끔찍하게 보이게 된다. 또 여러 사람이 도움을 주고, 시간이 지나면서 상황을 보다 균형 있게 볼 수 있게 되며, 문제를 해결할 수 있는 더 많은 방법을 떠올리게 된다.)
- 낙관주의를 유지하기 어려운 때는 언제일까요?
- 우리는 지나칠 정도로 굉장히 낙관적인 태도를 취할 수도 있을까요?(그렇다. 맹목적인 믿음, 즉 사실을 확인하지 않고 무언가에 대한 믿음을 가질 수 있다. 하지만 이것은 위험할 수 있기 때문에 늘 우리는 현실을 직시해야 한다.)

학생들이 짝과 함께 지속되지 않고 결국 사라졌던 불운한 경험을 이야기할 수 있도록 한다. 일부 학생은 짝과 나눈 이야기를 반 전체와 공유한다. 그리고 학생들에게 슬프고 불행했던 시간이 있었더라도 결국 상황은 나아진다는 점을 강조한다. 학생들이 짝과 이야기를 나누거나 반 전체에게 발표를 할 때는 너무 많은 정보를 공개하지 않아도 된다는 사실을 상기시킨다.

3) 활동

- 학생들을 그룹으로 나누어 각 그룹에서 사람들이 힘든 시간에서 어떻게 회복했는지에 대한 내용을 담고 있는 북 트레일러(198페이지 참조)를 제작한다. 이때, 활동 결과물이 특히 '오늘의 나쁜 기분은 영원히 지속되지 않음'을 강조할 수 있도록 한다.
- 학생들은 두 권의 책을 비교하기 위해 짝을 지어 작업한다. 그들은 각 책에서 이야기하는 희망의 메시지들 사이의 유사점과 차이점에 초점을 맞출 수 있다.
- 학생들은 '오늘의 나쁜 기분은 영원히 지속되지 않아'라는 문구로 냉장고 자석으로 붙이는 프레임(198페이지 참조)을 만들 수 있다.

생존 가방 활동

호주의 많은 학생은 산불이나 홍수와 같이 가정생활을 위협하는 자연재해로부터 대피해야 했던 경험이 있다. 이를 바탕으로 사람들이 어떻게 집을 떠나 피난처를 찾아야 하는지 토론한다(예: 가족 및 친구와 함께 지낸다, 구호 센터로 이동한다). 그리고 학생들에게 대피 상황에서 생존 가방(survival pack)에 무엇을 넣을 것인지 물어본다(예: 음식, 사진, 따뜻한 옷, 물, 게임 등). 또 생존 가방은 어떻게 그들이 힘든 시간을 이겨 내는데 감정적으로 도움을 줄 수 있을지도 물어본다. 마지막으로, 학생들은 집을 떠나 대피를 해야 하는 힘든 상황을 이겨 내기 위해 자신에게 필요한 물품을 그림으로 그리고 설명한 '생존 가방' 포스터를 만든다.

3-1. 사랑하는 사람이나 반려동물을 잃는 것

👤 교사가 생각해 볼 문제

학생이 상실의 슬픔에 빠져 있을 때 교사는 이 주제를 사용해도 된다. 학생들이 죽음에 대처할 수 있도록 돕는 것은 교사에게 어려운 문제이지만 피할 수 없는 부분이다. 학생의 상실은 사랑했던 반려동물, 조부모나 부모와 같은 가족 구성원, 혹은 친구와 관련될 수 있다. 12세와 13세의 아이들은 죽음이 돌이킬 수 없는 것임을 이해한다. 비록 아이들이 어른들에 비해 비교적 짧은 기간 동안 슬퍼하는 경향이 있지만, 아이들의 슬픔은 어른들의 슬픔 못지않게 격렬하다. 슬픔으로 인해 문제행동으로 발전할 수도 있다. 토론 상황에서는 아이들에게 혼란을 주는 말인 '멀리 떠나셨다(he's passed on)', '더 이상 우리와 함께할 수 없다(no longer with us)'와 같은 표현보다는 '죽음(death)'이나 '죽은(dying)'이라는 말을 사용한다. 아이들은 선천적으로 호기심이 많기 때문에 질문을 많이 할 수 있도록 격려하자. 하지만 교사가 꼭 그들의 모든 질문에 대해 훌륭한 답을 알고 있지 않아도 되니 걱정하지 말자. 답을 알고 있는 것보다 더 중요한 것은 아이들이 자신이 물어볼 수 있는 대상이 있다는 것과 자신에게 관심을 보여 주는 어른이 있다는 사실을 인식하도록 하는 것이다.

1) 학습자료

(1) 도서

마음이 아플까 봐

이 책의 어린 소녀는 사랑하는 누군가를 잃었을 때, 슬픈 감정으로 괴로워한다. 그리고 슬픈 감정으로부터 자신을 보호하기 위해 병에 자신의 감정을 담기로 결심한다. 하지만 시간이 흐르면서 그녀는 강렬한 감정이 없는 삶은 꽤 공허하다는 것을 깨닫는다. 그리고 감정을 다시 되찾을 수 있도록 기꺼이 자신의 마음을 열고자 한다.

내 친구 네이선

이 책의 화자는 그의 친구 Nathon의 죽음에 대해 이야기한다. 교실에 있는 친구들은 Nathon에 대한 '기억 상자'를 만들어 슬픔을 극복하고 있지만, 화자는 슬픔과 고투하고 있다. 화자의 오랜 이웃은 이를 보고 화자가 Nathon과 함께 방문했던 나무 집이나 다른 장소에서 혼자 시간을 보낼 수 있도록 돕는다.

어머니의 얼굴

10세 Siobhan의 어머니는 그녀가 3세 때 돌아가셨고, 그녀는 자신의 어머니가 어떻게 생겼는지 기억하지 못한다. 어느 날, Siobhan이 모르는 한 여성(사실 이 여성은 어머니의 유령임)이 어머니의 얼굴을 보기 위해서는 '거울을 바라보라'고 제안한다.

(2) 동영상 해시태그

#죽음이 슬플 때

2) 서클 타임 또는 학급토론

상실과 슬픔에 관한 앞의 책 중 하나를 읽는다.

토론 질문

• 등장인물은 어떻게 자신의 상실에 대처했나요?

• 사랑하는 반려동물이 죽은 적이 있다면 손을 들어 주세요. 그 반려동물은 어떤 종류였으며 왜 그들을 사랑했나요?

• 조부모님과 같이 가까운 사람이 사망한 적이 있다면 손을 들어 주세요. 그 사람이 누구인지, 그 사람이 죽었을 때의 나이, 그 사람에 대해 기억하고 있는 긍정적인 점 하나를 나누고 싶은 사람이 있나요?

• 상실이나 슬픔에 빠진 친구를 어떻게 도울 수 있을까요?(예: 함께 놀자고 제안하기, 카드 또는 그림 쪽지 보내기, 공부 도와주기)

사랑하는 사람이나 특별했던 반려동물을 잃었을 때 슬픔을 느끼는 것은 당연하다는 점을 강조한다. 하지만 얼마 후에는 우리의 슬픔은 그렇게 크고 압도적이지 않을 것이다. 이를 대처 원칙 '오늘의 나쁜 기분은 영원히 지속되지 않아! 내일은 오늘보다 좋아질 거야' 그리고 '행복이 항상 있는 건 아니야! 슬픔과 상처와 아픔도 자연스러운 거야'에 연결 짓자.

비록 때로는 우리가 사랑하는 사람들을 잃더라도, 그들은 여전히 우리의 마음속에 있고 우리는 그들과의 행복한 시간을 기억함으로써 우리가 여전히 그들을 얼마나 사랑하는지 생각해 볼 수 있다.

또한 학생들에게 상실을 경험한 학급 친구와의 우정은 매우 중요하다고 설명한다. 학생들이 그 친구에게 무슨 말을 할 수 있을지 생각해 볼 수 있도록 돕는다. 예를 들면, 학생들은 다음과 같이 말할 수 있다. "반려동물이 죽었다니, 나도 정말 마음 아프구나. 그가 몹시 그립겠구나.", "할아버지가 돌아가셨다니 정말 유감이야. 나는 네가 할아버지를 얼마나 사랑했는지 알고 있단다."

이것은 다음의 대처 원칙과 연계된다. '뚝심 있게 도와달라고 말해 봐! 도와달라고 하면 도와줄 거야'

3) 활동

- 서클타임에서 다음 문장 완료 활동을 수행한다: '나는 ~가 보고 싶다', '내가 가진 좋은 추억은 ~이다', '나는 ~여서/에게 감사하다' 학생들은 말하지 않을 권리도 있다는 것을 기억한다.
- 학생들은 앞서 제시한 열린 문장에 대한 답을 적어 학급 기억 상자에 넣는다.
- 학생들은 최근에 상실을 경험한 친구를 위해 메시지를 쓰고, 카드를 만들거나 그림을 그린다.

4. 뚝심 있게 도와달라고 말해 봐! 도와달라고 하면 도와줄 거야

1) 학습자료

(1) 도서

커다란 걱정보따리

Jenny는 거의 모든 것에 대해 걱정한다. 그리고 그녀는 항상 걱정거리를 담은 가방을 매고 다니는데, 이 제는 그 가방이 너무 커져서 가지고 다니기에는 너무 무거울 정도가 되었다. 어느 날 친절한 한 여성이 다 가와 이것을 '절대 일어날 수 없는 일', '일어날 것 같은 일이지만 그렇게 끔찍하지 않은 일', '다른 사람의 걱 정' 등으로 분류하도록 도와준다.

(2) 동영상 해시태그

#Building Resilience with Hunter and Eve: Getting Help

어린 학생들이 신뢰하는 사람에게 도움을 청하는 세 단계 방법을 소개하는 동영상 자료를 사용한다. 이 영상은 고학년 학생들이 저학년 동생들을 위해 동영상을 만들 때 모델로 참고할 수 있다(영어판 동영상으로 자동 한글 번역 기능을 사용하면 이해에 효과적이다).

2) 서클 타임 또는 학급토론

앞에서 소개한 책이나 동영상 자료 중 하나를 사용하여 토론을 시작한다. 그리고 학생들과 등장인물이 자신을 아껴 주는 사람과 자신에 대해 이야기함으로써 슬픔과 걱정을 더 잘 대처하는 방법에 초점을 맞추 어 이야기 나눈다. 문학작품을 활용한 방법(171페이지 참조)을 사용하여 토론을 이어 간다.

그리고는 안쪽 바깥쪽 서클 만들기 전략(184페이지 참조)을 활용해 학생들이 서로 다른 짝과 함께 다음의 상황에서 자신은 누구에게 이야기를 할 수 있을지에 대해 논의한다.

- 완성하기 어려운 프로젝트가 너무 걱정될 때
- 사촌과 말다툼했고 정말 화가 날 때
- 누군가로부터 불쾌한 이메일을 받았을 때
- 치과나 진료 예약을 해 놨는데 약간 긴장될 때

오뚝이처럼 행복하세요 PPT 자료 또는 오뚝이 활동지 '포스터'를 사용하여 '오뚝이처럼 행복하세요'의 두 번째 대처 원칙, '뚝심 있게 도와달라고 말해 봐! 도와달라고 하면 도와줄 거야'에 대해 논의한다.

토론 질문

- 상황에 따라 의논할 사람을 다르게 선택하는 이유는 무엇인가요?
- 이야기를 하면 다른 사람은 어떻게 우리를 도울 수 있을까요?
- 우리가 괴롭거나 걱정될 때 도움을 요청하지 않거나 신뢰할 수 있는 사람에게 말하지 않으면 어떤 일이 일어날까요?
- 현실적인지 따져 본다는 것은 무엇인가요?

이것은 학생들에게 도전적이거나 어려운 상황에 직면했을 때, 특히 압도당했다고 느낄 때, 도움을 받기 위해 자신이 신뢰하는 누군가에게 말하는 것의 중요성을 강조한다. 그리고 누군가에게 말하는 것은 용기가 필요하며 누군가에게 말을 할 수 있다는 것은 본인이 약하다는 의미가 아니라 오히려 강하다는 뜻임을 강조한다. 그리고 이것을 '신뢰하는 사람에게 말을 할 수 없는 것만큼 끔찍한 것은 없다'는 보호 행동 메시지와 연결 짓는다.

오뚝이 Bounce Back! 활동지 '현실 감각 체크'의 각 항목을 살펴봄으로써 학생들이 현실을 직시할 수 있도록 한다.

3) 활동

- 학생들은 오뚝이 Bounce Back! 활동지 '현실 감각 체크'를 완성한다.
- 활동지를 참고하여 학생들은 주사위 패턴(197페이지 참조)을 만든다. 학생들은 현실 감각 체크 방법 여섯 가지를 주사위의 각 면에 쓴다. 그리고 교대로 주사위를 던져 문제를 낸다. 활동지에 적은 자신의 답변을 활용하여 주사위에 나온 현실 감각 체크 방법에 대한 예시를 들어야 한다.
- 학생들은 오뚝이 Bounce Back! 활동지 '청소년 상담전화'를 읽고 이 전화 상담 서비스가 청소년이 현실 감각을 체크하는 데 어떻게 도움이 될 수 있는지에 대해 토론한다.

은유와 직유

책『커다란 걱정보따리』에서 사용된 것과 같은 은유의 개념을 논의한다. 학생들에게 은유와 직유의 차이를 설명한다. 교사는 다음과 같이 설명할 수 있다. 둘 다 비교를 위해 사용되지만 은유는 비교를 위해 단일 개념을 사용하는 반면, 직유는 두 가지를 비교하기 위해 '처럼' 또는 '마치'와 같은 단어를 사용한다. 예를 들면 다음과 같다.

- 그의 미소는 햇살이다. (은유)
- 그의 미소는 마치 햇살과 같았다. (직유)

학생들은 짝과 함께 자신의 문제나 걱정을 은유나 직유를 통해 표현한다.

걱정과 나쁜 감정을 구분하기

세 명이 한 그룹이 되어, 학생들은 또래 나이에서 가질 수 있는 모든 걱정이나 문제를 종이 한 장에 나열한다. 그리고 그 문제들을 책『커다란 걱정보따리』에서 사용된 카테고리를 이용해 분류한다. 필요하다면 학생들은 카테고리를 추가할 수 있다(예: '지금 누가 나를 도와줄 수 있을까'-걱정, '예전에 느꼈지만 사라졌던'-나쁜 감정)

도와줄 거야

학생들은 동영상 해시태그를 이용하여 유튜브의 Building Resilience with Hunter and Eve: Getting Help(헌터와 이브의 회복탄력성 향상: 도움 받기) 동영상을 시청한다. 이후 학생들에게 도움을 청하는 3단계를 바탕으로 간단한 이야기를 쓰도록 한다. 간단한 1분짜리 동영상이나 역할극을 만들 수도 있다. 그리고 이를 저학년 동생들에게 발표할 수 있는 기회를 제공한다.

5. 이로운 생각은 기분을 좋게 해 줘! 다시 생각해 봐

1) 학습자료

(1) 도서

달을 줄 걸 그랬어-무거운 짐

판다 '고요한 물'은 인생의 교훈을 전해 주는 세 편의 불교 우화를 들려준다. 그중 한 이야기에서는 나이든 스님이 젊은 스님에게 도움이 되지 않는 생각을 고집하는 것은 오히려 우리를 더 화나게 만든다는 것을 알려 준다. 또한 그는 우리가 부정적으로 생각할지 혹은 긍정적으로 생각할지에 대해 선택권을 가지고 있다고 가르쳐 준다.

(2) 동영상 해시태그

#부정적 사고와 긍정적 사고 #실시간 회복탄력성(Real Time Resilience)

이 영상 자료는 도움이 되는 사고와 도움이 되지 않는 사고의 예를 제공한다. 한쪽에서 들려오는 내면의 목소리는 매우 부정적이며, 다른 쪽에서 들려오는 내면의 목소리는 더 유용하고, 현실적이며, 낙관적이다.

#회복탄력성 만들기(Building Personal Resilience)

회복탄력성이 학생뿐만 아니라 일반적인 대중에게 미치는 영향에 대한 동영상 자료를 사용한다.

2) 서클 타임 또는 학급토론

자료 목록에서 제시한 책 중 하나를 읽거나 동영상을 보여 준다. 오뚝이처럼 행복하세요 PPT 자료 또는 오뚝이 활동지 '포스터'를 사용하여 대처 원칙 '이로운 생각은 기분을 좋게 해 줘! 다시 생각해 봐'에 대해 논의한다.

토론 질문

• 도움이 되지 않는 생각의 예를 들어 보세요.

• 도움이 되는 사고의 예를 들어 보세요.

• 방해되는 생각 또는 도움이 되지 않는 생각이 우리의 기분과 행동에 어떤 영향을 미치나요?(분노, 걱정, 불안과 같은 부정적인 감정을 느끼게 되고 압도당할 수 있다.)

• 긍정적 사고가 우리의 기분과 행동에 어떤 영향을 미치나요?(일이 잘 풀릴 것이라고 희망적이고 낙관적으로 느끼게 된다. 이런 느낌은 우리가 더 잘 인내할 수 있게 한다.)

• 이야기에서 전하고자 하는 메시지는 무엇인가요?(도움이 되는 생각을 선택할지 도움이 되지 않는 생각을 선택할지에 대해 우리는 선택할 수 있다.)

• 도움이 되는 생각을 하는 편인가요, 아니면 도움이 되지 않는 생각을 하는 편인가요?

• 앞의 질문에 대한 답이 상황에 따라 달라질 수 있다고 생각하나요? 예를 들어, 본인은 어떤 특정한 상황에서는 다른 사람들에 비해 더 도움이 되는 생각을 하는 사람인가요?

• 언제 더 도움이 되는 생각을 하게 되나요? 언제 더 도움이 되지 않는 생각을 하게 되나요?

• 도움이 되거나 도움이 되지 않는 생각은 각각 어떤 감정이 들게 하나요?

학생들이 대답하는 도움이 되는 생각과 도움이 되지 않는 생각을 다음 표에 기록한다. 이때 생각의 유형에 따라 느낌이 어떻게 바뀌는지를 함께 적고, 각각에 대한 예시를 이끌어 낸다.

	도움이 되는 생각	도움이 되지 않는 생각
정의	• 자신과 자신의 삶에서 일어나고 있는 것들에 대해 기분이 좋아지게 하는 방식의 생각	• 자신과 자신의 삶에 일어나고 있는 것들에 대해 더욱 화가 나게 만드는 방식의 생각
어떤 기분이 들게 하는가?	• 더 차분하고 희망적인 느낌을 준다. • 문제를 잘 해결하게 도와주고 포기하지 않도록 도와준다. • 밝은 면을 보는 낙관적인 내면의 목소리를 갖게 된다.	• 상황에 대해 더 부정적으로 생각하고 포기하게 만든다. • 문제를 잘 해결하지 못하게 할 수 있다. • 항상 상황의 우울한 면을 보는 비관적인 내면의 목소리를 갖게 된다.
예시	• 이 새 청바지에 익숙해지면 이 청바지를 좋아하게 될 것 같아. • 지금 당장은 기분이 좋지 않지만, 상황이 이보다 더 나쁠 수도 있었으니 이만하면 참 다행이야! • 팀에 합류하지 못해 실망스럽지만, 그렇다고 세상이 끝난 것은 아니야.	• 이 청바지를 입으니까 끔찍해 보이네. • 모든 것이 끔찍하고 어떤 것도 나아지지 않을 거야. • 모두가 나를 패배자라고 생각해.

사람들의 자기대화(self-talk)는 도움이 되지 않는 생각이나 방해가 되는 생각 쪽으로 기울어지는 경우가 많다. 사람들은 기분이 나빠진다면 상황을 부정적으로 해석할 가능성이 높아진다. 따라서 사람들이 자기대화에 대해 주의 깊게 관찰하고 자신의 사고의 부정적인 측면을 바꾸려 하는 것은 상당히 유용하다. 다음은 도움이 되는 생각을 잘 사용하기 위해 실천할 수 있는 세 가지 방법이다.

• 나 자신에게 하는 말을 들어 보기: 첫 번째 단계는 내면의 목소리가 무엇인지를 알아차리는 것이다. 본인 내면의 목소리가 하는 말은 긍정적인/도움이 되는 말인가? 혹은 부정적인/도움이 되지 않는 말인가?
• 자기대화를 확인/현실 감각 체크하기: 다음과 같이 자기대화에 대해 질문을 시작한다.
  −내가 생각하는 것에 대한 실제적인 증거가 있는가?
  −친구가 비슷한 상황에 있다면 나는 뭐라 말할 수 있는가?
  −이 생각보다 더 긍정적으로 보는 방법이 있는가?
  −나의 안 좋은 기분을 바꿀 수 있는 방법에는 무엇이 있는가?
• 자기대화를 변화시키기: 말처럼 실천하기에 쉽지 않다고 생각할 수 있지만 확실히 노력할 가치가 있다. 부정적인/방해되는 생각에 도전하고 이를 도움이 되는 사고로 변화시켜 보려고 노력하자. 예를 들어, '나는 이것을 절대 할 수 없어.'라고 생각한다면, 스스로에게 묻는다. '내가 이것을 할 수 있도록 내가 나 자신을 도울 수 있는 방법에는 무엇이 있을까?' 힘든 상황에서도 작지만 긍정적인 것을 찾아보려고 노력해 보자.

오뚝이 Bounce Back! 활동지 '도움이 되지 않는 생각의 종류'에 관하여 토론한다. 그리고 학생들에게 오뚝이 Bounce Back! 저널에 활동지를 붙이도록 하고 개인적인 성찰 내용을 적어 넣으라고 안내한다. 학생들에게 '파국화(catastrophizing)' 또한 도움이 되지 않는 사고의 예임을 설명한다. 동영상 해시태그 Building Personal Resilience(회복탄력성 만들기)를 활용하여 세션을 계속 진행한다.

3) 활동

- PPT 자료를 사용하여 도움이 되는 생각과 도움이 되지 않는 생각 연습하기 활동을 함께한다. 학생들은 '오뚝이처럼 행복하세요(BOUNCE BACK!)'의 열 가지 대처 원칙 각각이 하나 혹은 하나 이상과 서로 어떻게 관련될 수 있는지에 대해 생각한다.
- 학생들은 짝과 함께 자신만의 '달을 줄 걸 그랬어-무거운 짐' 이야기를 만들고 그림을 그린다. 학생들은 이 책의 배경보다는 좀 더 현대적이지만 비슷한 상황을 설정하고 그들의 또래의 등장인물을 활용할 수 있다.
- 학생들은 짝과 협력하여 오뚝이 Bounce Back! 활동지 '도움이 되지 않는 생각의 종류'와 '도움이 되는 생각 연습하기, 도움이 되지 않는 생각에서 빠져나오기'의 각 시나리오에 대해 도움이 되지 않는 생각의 예를 들어 보고 도움이 되는 생각으로 바꿔 본다.

4) 연극

도움이 되지 않는 생각의 종류

학생들은 세 명이 한 그룹이 되어 짧은 이야기나 시나리오를 만든다. 이때 도움이 되지 않는 생각 중 하나를 사용하는 인물이 등장할 수 있도록 한다.

도움이 되지 않는 생각/도움이 되는 생각 역할극

세 명이 한 그룹이 되어 활동한다. 도움이 되는 생각 연습 PPT 자료를 활용하거나 또는 오뚝이 Bounce Back! 활동지 '도움이 되는 생각 연습하기, 도움이 되지 않는 생각에서 빠져나오기'(281페이지의 표 참조)를 활용한다. 각 그룹에서는 도움이 되지 않는 생각을 하는 상황에 대한 시나리오를 작성한다. 그룹 구성원 중 한 명은 자신의 도움이 되지 않는 생각을 말하는 역할을 맡는다. 방청객의 학생들은 다 함께 "그것은 도움이 되지 않아. 다시 생각해 봐!"라고 말한다. 그다음, 이 학생은 떠나고 그룹의 다른 학생이 나와 이번에는 같은 상황에서 도움이 되는 생각을 말한다. 나머지 학생들은 역할극을 관찰하고 피드백을 준다(예: '도움이 되는 생각 혹은 도움이 되지 않는 생각은 ~이다', '이번 그룹이 정말 잘한 것은 ~이다').

6. 처음부터 완벽한 사람은 없어! 이 세상 어디에도

1) 학습자료

(1) 도서

실수하면 어떡하지?

Sally Sanders는 완벽주의자이며 자신이 하는 모든 일에 능숙해 보인다. 하지만 그녀의 마음 깊은 곳에는 실수하는 것과 충분히 잘 해내지 못하는 것에 대한 두려움이 있다. 어머니와 선생님의 도움으로, Sally는 완벽해지는 것에 대해 걱정하는 것보다 최선을 다하는 것에 더 집중할 수 있게 된다.

앨리슨 미워하기

이것은 어떻게 누군가가 잘못 판단될 수 있는지에 대한 고전적인 이야기이다. Alison은 너무 완벽해 보여서 이 책의 화자가 질투와 반감으로 불쾌해지게 한다. 하지만 화자는 Alison이 보기보다 착하고 그렇게까지 완벽하지 않다는 것을 알게 된다. 그리고 둘은 친구가 된다.

앞에서 소개한 모든 책에는 여성이 주인공으로 등장하지만, 책에서 전하는 메시지는 여학생에게만 국한되지 않는다는 점을 유념한다.

(2) 동영상 해시태그

#신체 이미지(Body Image 6~18세 소녀 신체 이미지 이야기, 매력)

자신의 몸을 어떻게 느끼는지는 사람마다 다르다. 광고, 잡지, 패션쇼 모두 보통 사람과 전혀 다른 완벽한 몸을 가진 사람들을 보여 준다. 이런 사진은 자신의 몸을 어떻게 느끼게 하는가?

(3) 웹사이트

우리의 바디 이미지(The Truth About Body Image)

키즈 헬프라인(https://kidshelpline.com.au/) 웹사이트에는 자신의 신체 이미지에 대한 개념을 설명하고 있다. 영어판으로 한글 번역 기능을 사용하면 효과적이다.

2) 서클 타임 또는 학급토론

'완벽해지는 것'에 관한 책 중 하나를 선택하여 읽는다. 그리고 오뚝이 Bounce Back! 활동지 '나는 완벽해!'를 읽고 물음에 답한다. 오뚝이처럼 행복하세요 PPT 자료 또는 오뚝이 Bounce Back! 활동지 '포스터'를 사용하여 네 번째 대처 원칙인 '처음부터 완벽한 사람은 없어! 이 세상 어디에도'에 대해 토론한다.

토론 질문

- 완벽해지려고 노력함으로써 스스로 불러일으키는 문제는 무엇인가요?
- '완벽한' 것이 가능할까요?
- 사람들에게(예: 가족에게) 항상 완벽하기를 기대한다면 어떻게 될까요?
- 스스로를 위해 열심히 하고 많은 노력을 기울이며 높은 수준을 목표로 하는 것과 100% 완벽하려고 하는 것은 어떻게 다른가요?(자기 자신의 한계에 도전하며 발전하기 위해 노력하는 것은 활력을 유지시켜 주고 실수나 문제에 과민반응하지 않게 한다. 하지만 완벽해지려고 노력하는 것은 애초에 완벽을 달성하는 것이 불가능하기 때문에 스트레스를 받게 한다.)
- 왜 우리가 실수를 하고 결함을 갖고 있는 것이 매우 중요하고 도움이 될까요?(우리는 그러한 것들을 통해 배우기 때문이다.)

이 주제는 신체 이미지(body image)의 측면에서도 탐구될 수 있다. 이 주제가 자신의 학급에 관련성이 있을지 고려해 보자. 만약 그렇다면 동영상 해시태그를 이용해 신체 이미지에 관련된 영상을 학생들과 함께 시청한다.

- 신체 이미지란 무엇인가요?(신체 이미지는 자신의 몸에 대한 스스로의 태도이다. 우리가 자신의 외모를 어떻게 보고, 생각하고 느끼는지, 그리고 다른 사람들이 자신을 어떻게 인식한다고 생각하는지와 관련된다.)
- 신체 이미지에 영향을 미치는 사람 또는 (광고 외의) 요소는 무엇인가요?(또래, 친구, 가족)
- 완벽한 몸이라는 것이 존재하나요?
- 신체 이미지와 관련하여 도움이 되지 않는 생각은 무엇인가요?(자신의 몸이 너무 뚱뚱하고, 만족스럽지 못하고, 역겹다고 생각하는 것)
- 신체 이미지와 관련하여 도움이 되는 생각은 무엇인가요?(대부분 자신의 외모와 스스로에 대해 좋게 느끼고 자신이 어떻게 생겼는지가 아니라 스스로가 어떤 사람인지에 가치를 두는 것)
- 완벽한 몸을 가지는 것에 너무 집중하고 자신의 신체 이미지에 만족하지 않는다면 어떻게 될까요?
- 신체 이미지가 남학생과 여학생 모두에게 같은 방식으로 영향을 준다고 생각하나요?
- 이상적인(완벽한) 여성의 몸에 대한 이미지가 문화와 역사에 따라 어떻게 다른지를 보여 주는 예에는 무엇이 있나요?
- 광고는 잡지나 온라인상의 패션 이미지에서 사람이 '완벽하게' 보이도록 하기 위해 어떤 조치를 취하고 있나요?
- 이러한 '완벽한' 신체 이미지는 젊은이들에게 어떤 영향을 미칠 수 있을까요?

3) 활동

- 학생들은 키즈 헬프라인(https://kidshelpline.com.au/) 웹사이트에서 신체 이미지에 대한 자료를 검색할 수 있다.
- 학생들은 두 명이 짝을 이루어 자료에 제시된 도서 중 『너무 완벽해』를 스스로에 대한 이야기로 각색하여 저학년 동생들에게 들려준다.
- 학생들은 학습자료에서 제안된 책 중 하나를 선정하여 북 트레일러 제작(198페이지 참조) 활동을 할 수 있다. 이를 통해 완벽주의의 위험성을 강조한다.

완벽한 사람들

학생들은 두 명이 한 그룹이 되어 좋은 선생님의 특성에 대해 이야기한다. 교사는 이를 5단원의 도서 『디펜두퍼의 날 만세(Hooray for Diffendoofer Day)』의 Bonkers 선생님과 연결지어 볼 수 있다(358페이지 참조). 그리고 나서 학생들이 '완벽한 선생님'에 대한 재미있는 표현을 그림이나 글을 통해 나타낸다(예: 모든 것을 들을 수 있는 큰 귀, 머리 뒤에도 하나 더 있는 눈). 완벽한 형제, 반려동물, 친구, 딸 또는 아들 등에 대해서도 같은 활동을 진행할 수 있다.

완벽한 신체 이미지가 있나요?

다음의 단계에 따라 PACE 전략(186페이지 참조)을 사용하여 각 주제에 대한 탐구 페이스를 잃지 않도록 한다. "우리 또래 중 완벽한 몸을 갖지 못하는 것에 대해 걱정하는 사람은 몇 명이 있나요?"라고 묻는다. 학생은 대부분이 그렇다고 답을 하는가? 혹은 몇몇이 그렇다거나 많다거나 아니면 아무도 없다고 대답을 하는가?

- 모든 학생이 완벽한 몸을 갖는 것에 대해 걱정하는지 혹은 안 하는지에 대한 답을 종이에 적도록(익명 유지) 한다. 그리고 그 종이를 반으로 접는다.
- 그런 다음 네 명이 한 그룹이 되도록 그룹을 형성한다. 각 그룹의 한 사람은 그룹의 답변을 수집하여 교실 앞으로 가져온다.
- 교사가 실제 응답을 계산하는 동안 학생들은 각 그룹에서 가장 인기 있는 답변이 무엇일지 예측한다.
- 각 그룹의 예측을 게시판에 기록한다. 그런 다음 예측과 연관지어 실제 학급 결과에 대해 토론한다.

7. 넘어져도 일어날 수 있어! 실패보다는 성공에 초점을 둬

1) 학습자료

(1) 동영상 해시태그

#화재 여파(Fire Aftermath)

호주 산불로 인해 가지고 있던 모든 것을 잃은 수천 명의 이야기를 사용한다. 이 동영상은 어려움에 처한 이들을 돕는 사람들과 이 어려운 시기에 일어난 작지만 긍정적인 면을 보여 줄 수 있다.

#홍수, 화재, 태풍(273페이지 참조)

2) 서클 타임 또는 학급토론

수업 시간에 학습자료 동영상을 본다.

토론 질문

• 언제부터 나쁜 일이 좋아지기 시작했나요? 혹은 언제부터 등장인물이 더 긍정적으로 느끼기 시작했나요?
• 좋지 않은 상황에서 찾을 수 있는 좋은 점은 무엇인가요?
• 불행한 상황에서 작지만 좋은 것들을 찾는 것이 어떻게 우리의 기분을 나아지게 만드나요?

> **교사가 생각해 볼 문제**
>
> 외상 후 스트레스(post-traumatic stress)라는 용어를 들어 봤을 것이다. 연구에 의하면 충격적인 사건을 경험한 사람의 약 65%가 사건 직후 정상 수준으로 돌아가고, 25%는 회복에 1~2년이 걸린다고 한다(Bonanno, www.tc.columbia.edu/ltelab/). 이것은 사람들이 어떤 일이 일어났는지에 대해 더 이상 상처받거나, 후회하거나, 슬픔을 느끼지 않는다는 것을 의미하는 것이 아니라, 외상의 강도는 점차 줄어들 것이고 나날이 보다 나은 기능을 하게 되는 것을 의미한다. 소수는 훨씬 더 많은 고통을 겪고 훨씬 더 오랜 기간 동안 고군분투하거나 이 사건에 대한 반응을 지연시킨다. 이 사람들은 외상 후 스트레스를 경험한다고 말한다.
>
> 외상 후 성장(post-traumatic growth)에 대해 들어 본 적 있는가? 이것은 외상 후 스트레스보다 더 흔한 일이다. 이것은 매우 도전적인 삶의 위기에 대해 투쟁한 결과로서 발생하는 긍정적인 변화의 경험이다. 외상 후 성장은 삶에 더 많은 감사의 표현, 더 의미 있는 대인관계, 개인의 강인함, 우선순위의 변화, 그리고 보다 풍요로운 실존적이고 영적인 삶을 포함한 다양한 방식으로 나타난다.

• 슬프거나 걱정될 때 가끔 웃는 것은 어떻게 도움이 될까요?

그런 다음 동영상 해시태그를 이용해 Behind the News의 화재 여파(fire aftermath) 관련 동영상을 보고 학생들에게 이야기 속의 긍정적인 부분에 집중하고 그것을 적어 보라고 한다. 동영상 자료와 학생들의 적은 글을 보고 대처 원칙에 대해 토의한다(참고: 이 대처 원칙은 5단원 '낙관성'에서 다시 언급된다).

3) 활동

(1) 계획의 차질을 경험한 후 좋은 점을 찾는 방법

등장인물이 계획에 차질이 생겼을 때 할 수 있는 것을 어떻게 발견하게 되었는지에 대해 상상력을 발휘하여 다양한 이야기를 쓴다. 가능한 시나리오는 다음과 같다.

• 기다리고 있는 휴일이 취소되었다.
• 날씨로 인해 모든 사람이 기대했던 행사가 취소되거나 연기되었다.
• 친구와 계획대로 영화를 보러 갈 수 없게 되었다.
• 감기에 걸려서 파티에 갈 수 없게 되었다.

(2) 오뚝이 Bounce Back! 저널

학생들이 오뚝이 Bounce Back! 저널에 쓴 내용은 다음과 같다.

• 가족, 학교, 친구(사실 혹은 가상)들과 함께 문제가 생겼을 때도 웃을 수 있는 측면을 찾을 수 있는가
• 행복감을 줄 수 있는 재미있는 책, 동영상, 시, 게임 또는 노래. 이렇게 작성한 것들을 다른 친구들에게 상황이 좋지 않을 때 공유하고 싶은지 물어본다. 하하호호 놀이(Giggle Gym) 위원회를 이용하여 재밌는 만화, 농담 등을 발표하고 재치 있는 게임을 만들어 볼 수도 있다(177페이지 참조).

8. 행복이 항상 있는 건 아니야! 슬픔과 상처와 아픔도 자연스러운 거야

1) 학습자료

(1) 도서

[역자 추천]

나의 프리다(앤서니 브라운 글, 2019)

외로운 프리다는 자기와 똑같이 생긴 친구를 만난다. 그 친구에게 자신의 비밀을 털어놓는다. 친구는 아무런 말없이 춤을 추면서 프리다의 이야기를 들어 준다.

(2) 동영상 해시태그

#안나 미어스 프로필

올림픽 사이클 선수인 Anna Meares는 2008년 사이클링 사고로 심각한 부상을 입었다. 하지만 다시 회복하여 복귀하였다.

#불운의 사나이에게 운을 몰빵해 보았다

Steven Bradbury는 2002년 동계 올림픽에서 스피드 스케이팅으로 금메달을 딴 마지막 남자선수였다. 그는 자신이 몇 년간의 경주에서 입었던 심각한 부상과 회복된 것에 대해 이야기한다.

#털뭉치로 감싼 콜린(Cottonwool Colin)

Colin은 그의 가족 중에서 가장 작은 쥐이고, 그를 과잉보호하는 어머니는 그를 안전하게 지키기 위해 털뭉치로 감싸 주었다. 하지만 털뭉치는 Colin을 안전하게 지켜 주는 대신에, 위험한 다른 생물들의 관심을 끌었다. 그 때문에 여러 어려움을 겪게 되었고 그러다 털뭉치가 다 사라져 버렸지만 Colin은 털뭉치 없이도 자신을 보호할 수 있음을 알게 되며 다시 당당하게 세상으로 나간다. 영어판으로 한글 번역을 사용하면 효과적이다.

2) 서클 타임 또는 학급토론

학생들이 파트너와 다음 사항에 대해 이야기하면서 주제를 시작한다. '사람들은 건강을 유지하기 위해 무엇을 하나요?'(좋은 음식, 좋은 수면, 운동)

그런 다음 학생들에게 신체 피트니스(physical fitness) 능력의 정의를 보여 준다: 신체적으로 피트니스

(being fit)한 것은 다양한 상황에서 신체적으로 잘 기능하고 부상으로부터 잘 회복할 수 있는 신체적 능력이다. 학생들을 2인 1조로 편성하여 스포츠 스타의 이름을 묻고 '이 스포츠 스타는 어떤 방법으로 그들의 신체 건강을 보여 주는가?'에 대해 토론한다.

또한 정신적으로 피트니스의 능력이 있는 것은 다양한 상황에서 정신적으로 잘 기능할 수 있는 정신 능력을 갖춘 것을 설명한다. 다른 사람들과 좋은 관계를 유지하고, 인내하고, 쉽게 포기하지 않으며, 좌절로부터 회복하는 것을 의미한다.

먼저, 동영상 중 하나를 보여 준다. 각 학생에게 스포츠 스타의 신체 피트니스와 정신 피트니스(mental fitness) 상태가 어떠한지 무엇을 보고 알 수 있는지 묻는다.

토론 질문

- 이 스포츠 스타는 어떤 방식으로 신체 피트니스를 보여 주나요?
- 이 스포츠 스타는 어떤 방식으로 신체적 부상에서 회복되었는지를 보여 주나요?
- 이 스포츠 스타는 어떤 방식으로 정신 피트니스를 보여 주나요? 스포츠 스타의 정신 피트니스는 물론 스타로서의 지위를 유지하기 위한 신체 건강은 얼마나 중요한가요?

정신 피트니스의 예에는 무엇이 있을까? 동영상 속 스포츠 스타가 정신 피트니스의 기술을 보여 준 것이라고 생각한다면 학생들에게 손을 들도록 한다. 예를 들면 다음과 같다.

- 어려운 상황에 도전했고 잘 대처했다.
- 스트레스를 견디고 강한 감정을 조절할 수 있었다.
- 목표를 달성하기 위해 열심히 노력했다.
- 장애물을 극복하고 버텼다.
- 유머를 사용하여 더 잘 대처하도록 도왔다.
- 용기를 보여 주었다.
- 강점과 한계를 인정했다.
- 다른 사람들과의 관계가 중요하다는 것을 보여 주었다.
- 좋은 문제해결사였다.

9개의 그룹을 구성하고 팀 대표 번호 뽑기 전략을 사용한다(180페이지 참조).

- 각 그룹 구성원에게 번호를 할당한다(예: 네 명일 경우 1~4번까지).
- 동영상을 보고 스포츠 스타가 앞에 제시된 아홉 가지 정신 피트니스 능력을 보여 주었는지 또 어떤 방법으로 보여 주었는지 알아본다.

- 함께 머리를 맞대고 의논한다(5분 제한).
- 9개 각 그룹은 정신 피트니스 기술 중 한 가지만 발표한다. 1에서 4까지의 숫자를 무작위로 부르고 해당 번호를 가진 학생은 팀을 대표해서 발표한다. 질문은 다음과 같다. 스포츠 스타는 정신 피트니스 기술을 보여 주었나요? 만약 그렇다면, 어떤 방법이었나요?

운동선수 말고 다른 사람들도 신체적으로나 정신적으로 건강해지는 것이 중요한지 물어본다. 모든 사람은 인생의 좌절을 경험하고, 모든 사람이 인생에서 행복하고 성공하기 위해 신체적 피트니스와 정신적 피트니스 둘 다 필요함을 강조한다. 10가지 대처 원칙 오뚝이처럼 행복하세요 PPT 자료를 사용하거나 오뚝이 Bounce Back! 포스터 활동지를 사용하여 대처 원칙을 연결한다: 행복이 항상 있는 건 아니야! 슬픔과 상처와 아픔도 자연스러운 거야.

토론을 확장하여 다음 사항을 설명한다.

- 왜 좋지 않거나 골치 아픈 일은 나에게만 일어난다고 생각하나요?(우리는 항상 다른 사람에게 일어나는 일에 대해 알지 못한다. 우리는 다른 사람들이 경험하는 것의 일부를 잊어버린다.)
- 다른 모든 사람도 문제, 어려움, 어려운 시기를 겪고 있다는 것을 아는 것은 우리에게 어떤 도움을 주나요?(우리는 이러한 것들이 정상적인 삶의 일부라는 것을 깨닫게 된다.)
- 특정한 종류의 좌절은 나 때문에(예: 징크스, 패자) 혹은 나에게만 발생한다고 잘못 생각할 때 어떻게 되나요?(더 무력하게 느끼게 되고 문제를 해결하려고 노력하거나 대처하려고 하지 않게 된다.)

Cottonwool Colin(털뭉치로 감싼 콜린) 이야기는 무엇에 관한 것이라고 생각하는지 먼저 물어보고 토론한다.

- 과잉보호하는 부모를 어떻게 부르나요?
- 메시지가 무엇이었나요?
- 결말은 우리에게 무엇을 말해 주나요?(때때로 우리는 위험을 감수할 필요가 있다. 또한 어떻게 회복하는지를 배우기 위해 자신의 문제를 해결하는 방법을 배울 필요가 있다.)
- 이 이야기는 대처 원칙 '행복이 항상 있는 건 아니야! 슬픔과 상처와 아픔도 자연스러운 거야'와 어떤 관련이 있나요?

3) 활동

- 네 명으로 한 그룹을 구성하여 다양한 장애인 올림픽(paralympic) 선수 또는 팀에 대해 연구하고 발표

한다. 좌절과 역경에도 불구하고 포기하지 않고 인내하는 회복탄력성에 중점을 두어 발표한다. 각 그룹은 각기 다른 다양한 운동선수 또는 팀을 선택한다.

- 학생들은 신체 부상 후 사람들이 다시 회복하는 데 무엇이 도움이 되는지 설명하기 위해 RICE(Rest: 휴식, Ice: 정지, Compression: 웅크림, Elevation: 튀어오름) 포스터를 만든다.
- 오뚝이 Bounce Back! 활동지 '배는 부서졌지만 정신은 부서지지 않았다'로 활동한다(참고 도서:『Ice Trap! Shackleton's Incredible Expedition(아이스 트랩! 섀클턴의 믿을 수 없는 탐험)』사용).
- 학생들은 '행복이 항상 있는 건 아니야! 슬픔과 상처와 아픔도 자연스러운 거야'라는 대처 원칙 관련 포스터를 만든다. 또한 '나에게만 일어나는 것이 아니다(정상화)' 문구도 포함시킨다.
- 학생들은 두 가지 생쥐에 대한 이야기를 상상하여 글을 쓴다. 부모가 소홀한 생쥐와 무엇이든 원할 때마다 원하는 것을 할 수 있는 생쥐에 대해 글을 쓴다. 어떤 결과가 초래될 수 있을까? 생쥐의 이야기를 토론하면서 회복탄력성을 배우기 위해 과잉보호 육아와 소홀한 육아 간의 균형이 중요함을 아이들에게 강조한다.
- 멀티뷰 토론 전략(185페이지 참조)을 사용하여 학생들이 각 캐릭터의 이야기를 볼 수 있도록 한다. 예를 들어, 털뭉치로 감싼 Colin, Colin 할머니, Colin 형제/자매, Colin 어머니의 입장이 있을 수 있다. 어머니가 걱정하는 일이 일어날 가능성이 있는지 혹은 Colin을 해칠 수 있는지 생각해 본다.

우리의 좌절 조사

우체통 조사(187페이지 참조)로 오뚝이 Bounce Back! 활동지 '나만 그럴까 다들 그럴까'에 있는 설문조사를 모두 완료한다. 각 그룹은 결과를 발표하고 각 항목이 대처 문장과 어떻게 연결되는 논의한다: '행복이 항상 있는 건 아니야! 슬픔과 상처와 아픔도 자연스러운 거야'

9. 복(福)은 만드는 거야! 그냥 주어지는 게 아니야

1) 학습자료

(1) 도서

나는 지구 반대편 나라로 가 버릴 테야

알렉산더는 아침에 눈을 뜨자 끔찍한 하루가 시작되고, 거기에서 잘못될 수 있는 모든 것이 잘못된다. 어떤 것은 단순히 불행이고 어떤 것은 자기 행동의 결과이다. 이 해학적인 이야기를 통해 삶의 나쁜 시기는 누구에게나 발생한다는 것을 알려 주고자 한다.

2) 서클 타임 또는 학급토론

학습자료의 책을 소개하거나 다음 이야기를 읽고 주제를 소개한다.

> 니키와 칸은 좋은 친구이다. 그들은 같은 농구팀에 속해 있고 매주 토요일마다 함께 경기를 한다. 최근에, 이 둘의 팀은 준결승전에서 2점 차로 패했고 결승전에 진출할 수 없게 되었다. 경기가 끝난 후, 둘 모두 실망했지만, 왜 게임에서 졌는지에 대해서는 다르게 생각하고 있었다. 니키는 자신이 중요한 3점 슛을 놓쳤기 때문에 팀이 졌고 그래서 팀이 진 것은 그녀의 잘못이라고 생각했다. 그래서 니키는 스스로에게 정말 화가 났다. 그런데 니키는 칸이 이야기하는 것을 듣고 깜짝 놀랐다. 칸은 팀의 두 멤버가 경기에 늦게 도착했고 팀 전체가 경기도 잘못했기 때문에 졌다고 생각했기 때문이다. 또한 칸은 팀의 최고 선수가 아파서 경기할 수 없었던 불운이 영향을 미쳤다고 이야기했다.

‘오뚝이처럼 행복하세요’ PPT 자료를 사용하거나 오뚝이 Bounce Back! 활동지 ‘포스터’를 사용한다. 그리고 ‘오뚝이처럼 행복하세요’의 일곱 번째 문장을 토론한다: 복(福)은 만드는 거야! 그냥 주어지는 게 아니야. 나쁜 일이 생겼을 때 자신만을 비난하지 않는지 확인하고 적절하게 원인을 따져 보는 적극성을 가져야 한다. 일이 잘못되었고 그 이유를 이해하려고 할 때, 원인에 영향을 미치는 세 가지 영역이 있다고 설명할 수 있다. 그 내용은 다음과 같다.

- 자신–내가 했던 일, 니키는 게임에서 진 이유 중 하나를 무엇이라고 여기나요?(자신의 골 실수)
- 다른 사람–다른 사람들이 했던 일, 게임에서 진 이유 중 다른 사람이 원인이 되었던 것은 무엇이었나요?(두 명의 선수가 늦게 와서 경기를 잘하지 못했다.)
- 불운 또는 상황–그날 일어났던 일, 경기에서 진 이유 중 어떤 불운이나 상황이 원인이 되었을까요?(팀 최고의 선수 중 한 명이 아팠다.)

칠판에 세 부분으로 나눈 표를 그리고 다음과 같이 항목 제목을 적는다.

- 자신
- 다른 사람
- 불운이나 상황

학생들은 니키의 입장이 되어 본다.

토론 질문

- 니키는 다음 중 무엇 때문에 팀이 졌다고 생각하나요?(자신이 한 일, 다른 사람들이 한 일, 불운이나 상황)
- 니키는 팀이 결승전에 진출하지 못한 것에 대해 얼마나 자책하고 있나요?(많이, 보통, 적게)

니키의 입장이 되어 칠판 세 부분에 자신에는 '전부'라고 체크하고, 다른 사람에는 '0', 불운에도 '0'이라고 체크하며, 아래 선을 그어 칸이 게임에 진 원인이라고 생각하는 정도를 밑에 적을 것이다.

- 니키가 모두 자기 잘못이라고 생각할 때 어떤 느낌이 드나요? 그녀는 자신을 공정하게 비난하고 있나요?

이번에는 칸의 입장이 되어 본다.

- 칸은 팀이 진 이유에 자신의 원인이 영향을 미치는 영역은 얼마인가요?(0) 다른 사람의 영향을 받았던 영역은 무슨 일이 있었나요?(두 명이 늦게 왔기 때문에) 불운한 상황은 무엇이 있다고 생각하나요?(최상의 선수가 아팠다.)
- 이 결과로 무엇을 알 수 있나요?(다른 사람들은 같은 사건을 다른 방식으로 볼 수 있다.)

대안적인 활동으로 도서『나는 지구 반대편 나라로 가 버릴 테야』를 읽고 알렉산더에게 일어난 일들의 원인에서 자신, 다른 사람, 불운/상황의 비율이 어느 정도인지 토론한다.

- 만약 인생에서 일이 잘못되었을 때 항상 부당하게 우리 자신을 탓한다면 어떻게 될까요?(우리는 불행할 것이고, 포기하고 시도하지 않게 될 것이다.)
- 만약 인생에서 일이 잘못되었을 때 항상 다른 사람들을 탓한다면 어떻게 될까?(우리가 배울 수 있는 것에 대해 절대 생각하지 않기 때문에 다음번에도 같거나 비슷한 일이 일어났을 때 실수를 반복하게 된다.)
- 만약 항상 불운을 탓한다면 어떻게 될까?(우리가 상황을 통제하거나 상황을 개선하기 위해 할 수 있는 일은 아무것도 없다고 생각하게 된다.)
- 만약 일이 잘못되었을 때 우리가 항상 공정하게 발생한 원인의 영역을 따진다면 어떻게 될까?(우리는 우리가 뭘 잘못했는지, 남들은 어떤 일을 했는지, 그리고 운이나 상황이 어떻게 변했는지 세 가지를 살펴보게 된다.)
- 나쁜 일이 일어나는 이유를 항상 알 수 있나요?(아니다, 가끔 우리가 모르는 이유가 있다.)

3) 활동

- 학생들은 벌어진 일에 대해 주인공이 공정하게 비난하는 결말의 이야기와 주인공이 부당하게 비난받는 결말의 이야기 두 가지를 가지고 있는 선택형 모험 이야기를 쓸 수 있다.

- 자신을 주인공으로 삼아 '나는 지구 반대편 나라로 가 버릴 테야' 이야기를 쓴다. 또한 저학년 동생들 과 만든 이야기를 읽고 토론한다.

(1) 영역 파이 차트

학생들이 영역 파이 차트(Responsibility Pie Chart: RPC)를 직접 그리거나 만든다(200페이지 참조). RPC는 학생들이 그들의 행동, 다른 사람의 행동, 불운 또는 상황 중 어떤 영역이 나쁜 일에 영향을 미쳤는지를 계 산하는 데 도움을 주는 구체적인 보조 자료이다. 학생들에게 어떻게 완성해야 하는지 알 수 있도록 RPC의 예를 먼저 만드는 것이 도움된다. 오뚝이 Bounce Back! 활동지에 '어느 영역이 영향을 미쳤나요? 영역 파 이 차트' 자료가 나와 있다.

(2) RPC 이야기 만들기

- 오뚝이 Bounce Back! 활동지 '원인의 영역 따져 보기'를 함께 읽는다. 학생들은 RPC를 사용하여 파트 너와 함께 어느 영역이 영향을 미쳤는지 '나의 영역', '다른 사람들의 영역', '불운이나 상황의 영역' 중 어떤 원인이 어느 정도 해당하는지 계산한다. 활동지의 각 이야기에서 주인공의 역할을 맡아 앞에서 발표한다. 학생들의 견해는 '정답'이 없음을 공유한다.
- 세 명으로 구성된 그룹은 오뚝이 Bounce Back! 활동지 '원인의 영역 따져 보기'의 시나리오를 모델로 사용하고 참고하여 학생 자신의 간단한 이야기를 쓰고 연습한다. 연습한 내용을 한 학생이 발표하면 전체 학생들은 RPC를 측정해 보며 다른 사람의 RPC와 비교한다.
- 2인 1조로 팀을 이룬 학생들은 '나는 지구 반대편 나라로 가 버릴 테야' 이야기를 이용해 주인공이 원 인에 영향을 미친 영역과 다른 사람들의 영역 그리고 상황과 관련된 불운의 영역을 따져 본다.

10. 하늘의 뜻이려니 생각해. 너무 자책하지 마

1) 학습자료

(1) 도서

달려라 외발 자전거

임마누엘은 비록 다리 한쪽을 가지고 태어났지만, 그는 바꿀 수 없는 현실을 받아들이고, 그가 마음먹은 모든 것을 성취할 수 있도록 끈기 있게 목표를 추구했다.

(2) 동영상 해시태그

#바운던

양 한 마리가 털이 깎이면서 자신감이 사라진다. 그는 자신이 못생겼다고 생각하고 모두가 자신을 비웃고 있다고 느낀다. 그러다 한 친구가 나타나 그의 도움이 되지 않는 생각에 도전하고, 좌절감을 정상화하고, 스스로를 '인정'하도록 격려한다. 다른 양들은 매년 털이 깎일 때 대처하는 방식을 바꾸게 된다.

2) 서클 타임 또는 학급토론

 교사가 생각해 볼 문제

이 주제에 앞서, 여러분이 집을 이사하거나 새로운 일을 시작하는 것과 같이 중대한 변화에 대처해야 했던 때를 생각해 보자. 이 변화가 삶에서 긍정적인 측면은 무엇이었고, 어려운 측면들은 무엇이었는가? 교사 자신의 경험에 대해 편하게 학생들과 함께 나눌 수 있는 이야기를 생각해 보자.

학습자료의 책을 읽거나 동영상을 보면서 주제를 소개한다.

토론 질문

• 주인공이 바꿀 수 없었던 것은 무엇인가요?
• 그들이 바꿀 수 있는 것은 무엇이었나요?
• 그들은 꿈을 어떻게 추구했나요?

'오뚝이처럼 행복하세요' 열 가지 대처 원칙 PPT 자료를 사용하거나 오뚝이 Bounce Back! 활동지 '포스터'를 사용하여 활동한다. 그리고 '오뚝이처럼 행복하세요'의 여덟 번째 문장을 알아본다: 하늘의 뜻이려니 생각해. 너무 자책하지 마!

학생들과 함께 안쪽 바깥쪽 서클 만들기(184페이지 참조)를 사용하여 상대방과 다음 질문을 나누어 본다.

바깥쪽 서클이 이동하면서 학생들은 처음 두 명의 파트너에게는 동일한 질문을 하고 다음 세 번째 파트너에게는 새로운 질문으로 이야기 나눈다.

질문은 다음과 같다.

• 다음 문장의 의미는 무엇인가요? 첫 번째 질문: 'That's the way the cookie crumbles(쿠키가 어떤 모양으로 부수어질지는 아무도 모르지).' 두 번째 질문: 'That's the way the ball bounces(공은 어떤 방향으로도 튈 수 있어).'

- 당신이나 당신이 아는 사람(익명)이 바꿀 수 없는 것을 받아들여야만 했던 것은 무엇인가요?(예: 병, 부모님과의 이별, 이사가는 것, 장애가 있는 것, 부모님이 오랜 시간 일하는 것, 부모님이 출근하거나 멀리 떠나고 있는 경우)
- '받아들이기'란 무엇을 의미합니까?(상황은 그대로이며 앞으로도 변하지 않을 것임을 깨닫는 것, 마음에 들지 않더라도 그 사실로 살아갈 수 있는 방법을 찾는 것, 무엇인가 일어났고 무언가를 취소할 수 없음을 인정하는 것)
- 때때로 우리가 받아들여야 하는 것은 어떤 것인가요?
- 다음 문장을 완성해 보세요(대답을 안 하는 것도 허용): '제가 좋아하지 않지만 받아들여야 하는 것은 무엇입니다.'
- 이러한 것 중 우리의 영향권 밖에 있는 것도 있나요?(예)
- 다음 문장을 완성합니다: '나의 기분이 나아지도록 돕는 한 가지는 …이다.'
- 우리가 선택할 수 있는 것은 무엇인가요?(우리는 생각을 선택하거나 바꿀 수 있다. 화를 낼 수밖에 없다고 생각하는 것을 바꿀 수 있다. 받아들일 수 있다고 생각을 선택할 수 있다. 상황에 대한 가장 효율적인 행동을 선택할 수 있다.)

3) 활동

- 학생들은 오뚝이 Bounce Back! 저널에 과거부터 현재까지 바꿀 수 없기 때문에 받아들이는 법을 배웠던 것들을 저널에 기록한다.

역경에 대처하기

학생들은 오뚝이 Bounce Back! 활동지 '걸을 수 없다면 날아서 갈 거야'를 읽고 토론한다. 1988년 동계 올림픽에서 육상경기의 일종인 크로스컨트리 스키(cross-country skiing) 선수인 호주의 Janine Shepherd의 실제 이야기이다. Janine은 훈련 중에 끔찍한 사고를 당했고 다시는 걸을 수 없을 것이라는 말을 들었다. #Janine Shepherd의 해시태그를 따라가 동영상 자료를 사용하여 그녀가 일상으로 돌아올 수 있었던 과정을 영상으로 보여 줄 수 있다. 학생들은 또 다른 유명한 사람을 연구할 것이다. 어려운 역경을 극복한 운동선수뿐만 아니라 이민자와 난민에 대한 이야기를 다른 교과와 통합적으로 적용할 수 있다(183페이지 참조).

11. 세상은 끝나지 않았어. 도전하면 다시 이룰 수 있어

1) 학습자료

(1) 도서

풍덩: 치킨 리틀

치킨 리틀(Chicken Little)의 또 다른 이야기이다. 소풍하는 여섯 마리의 토끼는 사과 한 조각이 강으로 떨어지는 소리를 듣는다. 토끼들은 소리에 놀라 겁을 먹고 혼란에 빠진다. 토끼들은 만나는 모든 동물에게 '끔찍한 풍덩'이라는 공포를 전달한다. 아무도 사실을 확인하려 하지 않는다.

[역자 추천]

학교 가기 싫은 선생님(박보람 글, 2020)

새 학기 전날 밤, 이런저런 걱정을 하는 주인공이 등장한다. 놀라운 것은 그 주인공이 바로 학생이 아닌, 선생님이라는 것이다.

(2) 동영상 해시태그

#First Day Jitters, Read aloud, 첫날의 떨림

사라는 새 학교에서의 첫날에 대해 매우 걱정한다. 그곳에 아는 사람이 아무도 없고 무슨 일이 일어날지 모르는 어려움을 겪는다. 사라가 학교에 도착했을 때 버튼 부인은 사라의 친구가 되어 적응을 돕는다. 놀라운 사실은 사라는 학생이 아니라 새로운 선생님이라는 것이다. 도서는 번역서가 없으나 Read aloud 동영상으로 접할 수 있다(영어판으로 자동 한글 번역 기능을 사용하면 효과적이다).

2) 서클 타임 또는 학급토론

『풍덩: 치킨 리틀』을 읽고 토론한다. 오뚝이처럼 행복하세요 PPT 자료를 사용하거나 오뚝이 Bounce Back! 활동지 포스터를 사용한다. 그리고 '오뚝이처럼 행복하세요'의 아홉 번째 문장을 알아본다: 세상은 끝나지 않았어. 도전하면 다시 이룰 수 있어! 그런 다음 '파국화'란 무엇인지를 소개한다. 학생에게 풍선을 서서히 불게 해 달라고 부탁한다. 매번 불기 전에 교사는 풍선이 터질 때까지 점점 더 과장된 표현을 하며, 각 단계마다 교사의 목소리 톤을 점점 더 당황스럽게 몰아간다. 예를 들면 다음과 같다.

- 사촌 생일 파티에 초대받았어요.
- 가고 싶지만 거기 올 사람 중 아는 사람은 아무도 없어요.
- 그곳에서 누군가를 알아 가려고 할 때 너무 수줍게 될 거예요.
- 그곳에서는 이야기를 나눌 사람도 없고 함께 재미있게 놀 사람이 없을 거예요.
- 만약 내가 대화를 시도하면, 거기 사람들은 나를 무시하거나 비웃을 거예요.
- 파티에 가지 않을래요.

토론 질문

- 이야기의 각 단계에서 생각은 점점 어떻게 되었나요?(생각은 점점 더 과장되고, 일어날 수 있는 끔찍한 일에만 생각이 집중되었다. 마치 그런 일이 일어난 것 같다.)
- 파국화는 어떤 영향을 미치나요?(최악의 경우를 예상하기 때문에 결국에 무언가를 하는 것을 피하게 된다. 필요 이상으로 기분이 나빠지게 된다.)
- 이런 식으로 생각하기 시작하면 나중에는 어떻게 될까요?(습관이 될 수 있다.)
- 파국화하는 것이 습관이 된다면, 습관을 고칠 수 있을까요?(습관은 고칠 수 있지만 항상 쉽지는 않다.)
- 어떻게 그런 습관을 버릴 수 있을까요?

파국화 습관은 다음과 같은 방법으로 고칠 수 있다.

- 현실 확인, 다른 사람 의견 듣기 및 추가 정보를 확인한다.
- 미래에 무슨 일이 일어날지는 그때 가 봐야 안다고 스스로에게 말한다.
- 진짜 최악이 일어난다면 내가 지금 준비할 수 있는 것을 확인한다.
- 도움이 되지 않는 생각보다는 도움이 되는 생각을 사용한다.
- 긍정적이고 낙관적인 상태를 유지한다.

『학교 가기 싫은 선생님』을 읽거나『First Day Jitter』의 Read aloud 버전을 보고 토론한다.

- 새로운 학교에 취직했을 때 선생님들은 어떤 걱정을 할 수 있나요? 선생님은 첫 출근에 대한 걱정들을 해결하고 다시 본래 모습으로 회복하기 위해 스스로에게 어떤 말로 다짐하거나 어떤 행동을 하면 될까요?
- 선생님들도 첫 출근 새로운 교실에 도착하기 전 파국적으로 생각할 수 있다고 생각하나요?
- 주인공이 어떻게 하면 파국화하는 편파적인 생각을 '균형을 유지'하는 생각으로 바꿀 수 있을지 설명해 보세요.

3) 활동

- 학생들은 각각 네 개의 프레임으로 구성된 두 개의 연속된 만화를 그리는데 각 주제는 뒤 페이지의 파국 드라마의 소재를 활용한다(299페이지의 파국 드라마 소재 참조). 그 등장인물의 생각을 말풍선에 적어 넣는다.
- 싱크·잉크·페어·셰어 팁 전략을 사용하여(191페이지 참조) 학생들이 무언가 걱정했지만 발생하지 않았던 경우를 생각해 본다. 곰곰이 생각해 보고 자신의 생각에 기반해서 중요한 단어를 적어 본다. 짝과 단어를 공유한다.
- 학생들은 자신의 상상을 통해 도서 자료의 현대판 치킨 리틀(Chicken Little)을 쓴다.

(1) 이 걱정은 얼마나 심각한가

각 그룹은 걱정에 싸인 상황을 브레인스토밍한다(예: 프로젝트, 프레젠테이션 또는 테스트, 점퍼 분실, 팔 부러짐, 집에 화재가 발생함, 자연재해가 집을 덮침 등). 여러 상황을 발표해 보고 듣는 사람들은 1(그렇게 나쁘지 않음)에서 10(가장 끔찍한)으로 평가하도록 한다. 답변을 다른 그룹과 비교한다.

(2) 사소한 일에 목숨 걸지 말라

학생은 세 명씩 한 조를 이루어 다음 세 가지 중 하나를 바탕으로 만화 포스터를 제작한다.

- 바늘 가지고 몽둥이 만하다고 이야기하지 말라(침소봉대).
- Don't make a mountain out of a molehill(두더지가 파 놓은 두둑을 보고 산이 생겼다고 말하지 말라).
- 사소한 일에 목숨 걸지 말라.
- 성급히 결론 내리지 말라.

이 활동에 공동 또래 정비소 전략을 사용한다(181페이지 참조). 또래끼리 결과물에 대한 평가 기준을 논의하여 평가 기준 체크리스트를 개발하게 된다. 중간에 체크리스트에 따라 피드백을 받아 재정비에 사용한다.

4) 드라마

파국 드라마

네 명으로 이루어진 그룹은 두 개의 짧은 파국 드라마를 기획하고 연기한다. 하나는 주인공이 파국화되는 것으로 끝나고, 다른 하나는 똑같은 이야기이지만 주인공이 중간에 파국화되더라도 그것을 멈추고 더 도움이 되는 생각을 사용하는 것으로 이야기가 전환된다. 다음과 같은 장면을 만들 수 있다.

- 치과 가기
- 앞에서 발표하기
- 파도 타며 수영하기
- 스키 타러 가기
- 비행기 처음 타기
- 말 타기
- 파티에 초대되지 않기

서클 타임 또는 학급토론에 제시된 파국화 예시의 모델을 사용해도 좋다(297페이지 참조).

5) 적용

주간 성찰

매 주마다 학생들은 잘 안 되는 일에 대해서 짝과 대화를 하거나 오뚝이 Bounce Back! 저널에 기록하도록 한다. 또한 실제로 얼마나 악화될 수 있었는지 판단해 본다. 이런 성찰은 학생들에게 악화될 것 같은 일이 그저 '별로 좋지 않은' 일로 그친다는 것을 이해하는 데 도움이 된다. 이것은 아주 나쁜 일에 비교한다면 별로 좋지 않은 일은 감사한 일상임을 깨닫게 도와준다. 이런 성찰은 어려운 감정에 대해 스스로 대처하도록 도와준다.

12. 요즘 힘들다고? 이 또한 지나가리

1) 학습자료

(1) 도서

[역자 추천]

걱정 마, 친구야!(엘프리데 비머 글, 2013)

아이들은 각자 자신이 스스로 부끄럽고 못나게 굴었던 순간들과 그 순간들을 이겨 낼 수 있었던 비밀스럽고도 소중한 이야기들을 일기에 적고, 그 이야기를 친구들과 함께 나눈다. 아이들은 서로를 이해하게 되고 마음속에 더 커다란 용기를 갖게 된다.

(2) 동영상 해시태그

The Worry Glasses: Overcoming Anxiety, Read aloud, 걱정 안경: 불안감 극복하기

MJ는 자신의 인생에서 거의 모든 것을 걱정하며 그녀는 항상 최악의 상황이 발생할 것이라고 가정하기 때문에 많은 즐거움을 놓치게 된다. 치료사는 그녀가 '걱정 안경(일어나지 않은 것을 확대하는 안경)'을 벗을 수 있게 도와준다. 도서는 번역서가 없으나 Read aloud 동영상으로 접할 수 있다. 동화책 그림만 참고해도 좋다.

2) 서클 타임 또는 학급토론

책이나 동영상 자료를 보거나 Steven Bradbury 또는 Anna Meares(288페이지 참조)의 동영상을 보여 주고 회복탄력성이 있는 사람들의 전기를 참조하거나 학생들의 조사 기반 전략을 사용한다. 균형감각을 살려 인생의 우선순위를 조정하고, 한 가지 중대한 좌절에 압도당하지 않고 삶의 다른 부분들은 괜찮은지에 집중한다.

오뚝이처럼 행복하세요 PPT 자료나 오뚝이 Bounce Back! 활동지 '포스터'를 사용한다. 그리고 '오뚝이처럼 행복하세요'의 마지막 대처 원칙을 알려 준다: 요즘 힘들다고? 이 또한 지나가리!

토론 질문

- 등장인물들은 어떻게 되었습니까? 그들은 상황에 어떻게 반응했나요? 그들은 균형감각을 어떻게 유지했나요? 혹은 어떻게 유지하지 못하였나요?
- 처음 볼 때는 최악의 일처럼 느껴졌지만 처음 보기만큼 그렇게 나쁘지는 않았던 일을 경험한 적이 있나요?
- 만약 여러분의 삶에서 한 가지가 잘못되었다면, 여러분의 나머지 삶은 어떻게 될까요?(때로는 이 한 가지가 다른 부분에도 작은 영향을 미치지만, 비록 처음에는 그렇게 느껴지지 않을지라도, 여러분 삶의 대부분은 예전과 같습니다.)

3) 활동

(1) 균형 감각 주사위

수업 시간에 학생들 또래 대부분이 느낄 수 있는 어려운 상황이나 괴로운 문제를 8~10가지 브레인스토밍한다(예: 시험에 실패하거나, 친구와 떨어져 있거나, 엄마가 아픈 것). 그리고 학생들을 3인 1조로 편성한다. 각 그룹은 카드(카드당 하나의 상황)에 이러한 상황을 기록하고 카드를 거꾸로 쌓아 그룹당 한 무더기씩 쌓아 놓는다. 그런 다음 다음의 여섯 가지 삶의 영역을 주사위 번호 하나씩에 지정한다.

- 학교 숙제
- 친구들
- 건강
- 가족
- 스포츠/레저
- 반 친구들

각 그룹마다 주사위 한 개를 준비하고 학생들은 차례대로 좌절과 어려움이 담긴 '상황 카드'를 고른다(예: 시험에 통과하지 못함). 그다음 삶의 영역 주사위를 던져, 카드의 상황이 여섯 가지 주사위 삶의 영역에 어느 정도 영향을 미칠지 말한다(예: 2번이 나오면 친구들 사이에 어느 정도 영향을 미치는지). 마지막으로, 상황을 균형 있게 유지하려면 어떻게 해야 좋을지 이야기 나눈다.

(2) '균형감 잡기' 미디어 검색

활동에 앞서 1m 길이의 마스킹 테이프를 바닥에 붙인다. 이것은 '마스킹 테이프 파국화 척도'이다. 한쪽 끝의 10은 '가장 끔찍한'에 해당하는 라벨을 붙이고, 그리고 다른 쪽 끝의 1은 '그렇게 나쁘지 않은'에 해당된다.

- 학생들은 3인 1조로 대부분의 사람이 파국적이라고 생각할 만한 사건을 미디어에서 세 가지를 조사한다. 그룹별로 이야기의 제목을 세 개의 개별적인 카드에 쓴다. 자신의 이야기를 가장 심각한 것에서 가장 덜 심각한 것으로 순위를 매기고, 그들의 이야기들이 파국화 척도에서 어디에 놓일지를 결정한다.
- 각 그룹은 차례로 자신의 이야기를 파국화 척도에 올려놓고 왜 이야기가 거기에 배치되어야 한다고 생각하는지 설명한다.
- 그런 다음 각 그룹은 자신의 또래 학생에 대한 일반적인 문제 또는 염려/걱정 사항을 카드에 기록한다. 그 문제가 척도의 어디쯤에 위치할지 결정한다.

후속 토론

- 미디어를 통해 조사한 세 가지 사건을 '마스킹 테이프 파국화 척도' 위에 순위를 매기는 것이 쉽거나 어려웠나요?
- 또래 학생의 파국화 순위를 매기는 것과 미디어 사건의 파국화 순위를 매기는 것 중 어느 것이 쉬웠나요?
- 여러분 자신의 문제를 균형 있게 보는 데 도움이 되었나요?
- 문제를 균형감각을 가지고 보지 않을 경우 어떤 부정적인 결과가 초래될 수 있나요?(과민 반응, 우울, 문제해결에 대한 희망 부족, 자신에 대한 안타까움)

학생들은 자신의 상황과 사건을 1에서 10까지 파국화 척도의 개념을 사용하여 순위를 매기고 저널에 기록한다.

13. 단원정리

1) 적용

주간 성찰

주말마다 학생들이 지난주에 일어난 것에 대해 짝과 이야기 나누거나 오뚝이 Bounce Back! 저널에 쓰도록 권장하는데, 일이 잘 풀리지 않았을 때나 혹은 무언가에 대해 걱정하거나 긴장했을 때 대처를 잘했거나 용감하게 직면할 수 있었던 것에 대해 적는다. 학생들에게 어떻게 이런 일을 할 수 있었는지 설명해 달라고 부탁한다. 이러한 성찰은 삶에서 일어난 일에 대처하기 위한 몇 가지 긍정적인 행동들을 식별하는 데 도움을 주고, 자신의 용기와 회복 능력에 대한 감각을 키워 준다.

2) 활동

- 학생들은 회복탄력성과 관련된 주제 또는 열 가지 대처 원칙에 관련된 것을 수업 교재, 노래, 동영상, 시, 책에서 찾고 기록한다. 자료가 정확한지 아동 연령에 적합한지 확인한다.
- '오뚝이처럼 행복하세요' 열 가지 대처 원칙을 훈련하기 위해, 오뚝이 Bounce Back! 활동지 "'오뚝이처럼 행복하세요'의 몇 번째 대처 원칙을 적용할 수 있을지 알아보세요"를 사용하여 토론, 드라마 또는 쓰기 활동을 한다.
- 학생들은 4인 1조로 번갈아 가며 테니스공을 벽에 튕긴다. 바운드할 때마다, 오뚝이 Bounce Back! 대처 원칙 '오뚝이처럼 행복하세요'를 외친다.
- 학생들은 자신에게 의미 있는 문구를 포함하는 오뚝이 Bounce Back! 지갑 카드나 냉장고 자석을 만든다(198페이지 참조).

(1) 연구 프로젝트

학생들은 인생의 어려운 시기에 탄력적으로 회복한 능력이 있는 존경하는 사람을 선택한다(예: 가족 구성원, 유명인). 학생들은 이 사람이 어떻게 성공적으로 회복하였는지 연구 프로젝트를 완료하고 몇 가지 전략과 접근방식을 알아본다(대처 원칙 '오뚝이처럼 행복하세요'와 연결한다).

(2) '오뚝이처럼 행복하세요' 대처 원칙 다시 쓰기

학생들은 3인 1조로 10가지 대처 원칙을 약자로 다시 쓴다.

- 학생 자신의 말로
- 다른 언어로
- 마치 시인인 것처럼

- 시각적 표현으로
- 마치 특정 종류의 음악 작곡가나 연주자(예: 힙합 가수 또는 랩 예술가)인 것처럼

(3) '오뚝이처럼 행복하세요' 광고

짝과 함께, 대처 원칙 중 하나를 선택하고 메시지를 광고하는 방법에 대한 계획을 세워 이 광고가 사람들에게 어떻게 도움이 되는지를 설명한다. 광고는 30초짜리 TV 광고, 라디오 광고, 신문이나 잡지 광고, 스티커, 배지, 포스터일 수 있다.

(4) 미디어 활동

집단 교실 탐구(180페이지 참조)를 사용하여 학생들에게 미디어 매체나 다양한 자료에서 나온 회복탄력성이 뛰어난 사람에 대한 이야기를 수집하도록 요청한다. 학교에서는 잡지, 신문 또는 온라인 미디어에 대한 접근을 제공할 수 있다. 학생들에게 두 개의 이야기를 비교하고 대처 문장과 관련하여 역경을 대처할 때 얻는 이로운 점 혹은 어려운 점을 분석하도록 요청한다. 또한 학생들의 결과물을 발표하거나 팟캐스트로 보여 줄 수 있다.

(5) '오뚝이처럼 행복하세요' 열 가지 대처 원칙에 관련한 PACE 전략

번호를 매기고 열 개 중 네 가지를 선택하여 대처 원칙을 표시한다. 예를 들면,

- 오늘의 나쁜 기분은 영원히 지속되지 않아.
- 뚝심 있게 도와달라고 말해 봐.
- 처음부터 완벽한 사람은 없어.
- 넘어져도 일어날 수 있어.

각 학생에게 가장 유용하다고 생각하는 문장의 번호를 종이에 쓰도록 한다. 모든 사람의 종이를 모아서 어떤 문장을 많이 선택했는지 종이의 개수를 세는 동안 가장 유용한 문장에 대해 예측한다. 각 그룹의 예측 값을 기록하고 예측 값을 결과 값과 비교한다. 결과 비교까지 탐구의 페이스를 유지한다. 옳고 그른 답이 없다는 것을 강조한다. 순전히 개인적인 답이기 때문이다.

(6) 오뚝이 Bounce Back! 미로 찾기 만들기

학생들이 짝 활동을 사용하여 미로 찾기 지도를 디자인한다. 미로 중간에는 삶의 장애와 어려움이 가로막고 있다. 짝 시너지 활동을 통해(187페이지 참조) 랠리 형식으로 미로 중간의 삶의 장애와 어려움을 미로에 설치할 수 있도록 아이디어를 낸다. 또래 연령에 대한 전형적인 일상의 좌절과 걱정거리의 장애물을 맞닥뜨릴 때 대처 원칙을 떠올려 길을 계속 갈 수 있도록 그린다. 간단한 인터넷의 미로 템플릿 자료를 이용

하여 사용하고 반 전체 학생들이 풀 수 있도록 복사본을 만들어 나누어 준다.

(7) 오뚝이 Bounce Back! 저널

이 단원의 많은 활동은 자기성찰 질문을 포함한다. 학생들은 저널에 여러 활동과 관련된 자신의 생각을 기록할 수 있다. 또한 학생들은 여러 가지 어려움으로부터 얼마나 잘 회복했는지 되돌아보고 기록하도록 한다. 몇 가지 가능한 질문은 다음과 같다.

- 어떻게 대처했는지 기억나는 일은 어떤 것인가요?
- 어떤 것이 효과가 없었고 그 결과는 어땠나요?
- 잘 대처했을 때는 어떤 것을 배울 수 있었나요?
- 다른 사람들이 문제나 좌절에 어떻게 대처하는지를 보고 무엇을 배웠나요?
- 실수했을 때 사용한 도움이 되는 생각의 예는 무엇인가요?

(8) 학기 말(또는 학년 말) 오뚝이 Bounce Back! 성찰

학생들에게 이전 학기 말 또는 학년 말에 회복탄력성 능력에 대해 배운 다섯 가지 또는 열 가지 사항을 성찰하고 이 내용을 저널에 기록하도록 한다.

(9) Bounce Back!에 관련한 인용문 및 명언

카드에 선택한 인용문이나 명언을 작성한다(다음 모음집 또는 학생들 스스로 조사). 학생들을 다섯 그룹으로 나누고 각 그룹에게 두 개의 인용문을 준다. 학생들은 5분 동안 토론한 후 반 학생들에게 그들의 인용문구를 설명한다.

- '문제를 함께하면 반으로 줄어든다.'(속담)
- '인내하는 것은 가장 어려운 훈련 중 하나이지만, 참는 사람에게는 최후의 승리가 온다.'(부처)
- '우리의 가장 큰 영광은 절대로 실패하지 않는 것이 아니라 실패할 때마다 일어서는 것이다.'(공자)
- '일곱 번 쓰러져도 여덟 번 일어나라.'(한국 속담)
- '구부러지는 대나무는 저항하는 참나무보다 강하다.'(일본 속담)
- '고통은 피할 수 없지만 고통을 느끼는 것은 선택이다.'(익명)
- '도랑에 빠지면 더 현명해진다.'(중국 속담)
- '모든 여정의 가장 어려운 부분은 첫걸음을 내딛는 것이다.'(익명)
- '동 트기 전이 가장 어둡다.'(익명)
- '엎질러진 우유를 보고 울어 봐야 소용없다.'(속담)
- '시간은 모든 상처를 치유한다.'(속담)

『Oh, the Places You'll Go!(아, 내가 가야 할 곳)』이라는 책의 그림을 인용해도 좋다. 인용문을 선택하기 위해 짝과 협력한다. 학생들이 오뚝이 Bounce Back!을 이해하고 영감을 얻을 수 있도록 포스터를 합판에 고정하여 전시한다.

(10) 핵심 어휘

또래교사 팀 코칭 전략(191페이지 참조)을 사용하여 학생들이 적절한 수준의 어휘와 철자를 배울 수 있도록 지원한다. 예를 들면 다음과 같다.

받아들이다/수용
(accept/acceptance)

가정하다/가정
(assume/assumptions)

파국화하다/파국화
(catastrophise/catastrophe)

환경
(circumstance)

집중하다/집중
(concentrate/concentration)

과장하다/과장
(exaggerate/exaggeration)

실패/실패하다
(failure/fail)

일반적인/일반화하다/일반화
(general/generalise/generalisations)

도움이 되는/무력한/도움이 되지 않는
(helpful/helpless/unhelpful)

부정적인/부정적으로
(negative/negatively)

정상/정상화하다
(normal/normalise)

낙관적인/낙관주의
(optimistic/optimism)

개인/개인화하다
(person/personalise)

관점
(perspective)

비관적인/비관주의
(pessimistic/pessimism)

긍정적인/긍정적으로
(positive/positively)

문제/문제가 되는
(problem/problematic)

완벽한/완벽
(perfect/perfection)

진짜의/실제
(real/reality)

거부하다/거부
(reject/rejection)

회복하다/회복탄력성
(resilient/resilience)

자신의 영역인/맞은 영역
(responsible/responsibility)

좌절
(setback)

강한/강점
(strong/strength)

일시적인
(temporary)

약한/약함
(weak/weakness)

3) 드라마

오뚝 서는 vs 오뚝 서지 못하고 넘어지는 드라마

세 명 또는 네 명으로 구성된 학생 그룹(코치 한 명 포함)이 두 가지 버전으로 드라마를 계획하고 실행할 수 있는 대본이 제공된다. 첫 번째 버전에서는 등장인물이 넘어져도 오뚝이처럼 회복되지 않는다. 두 번째 버전에서는 열 개의 '오뚝이처럼 행복하세요' 대처 원칙 중 하나 이상에 관련된 전략을 사용하여 오뚝 다시 회복된다.

대처 원칙을 사용하여 다음 각각을 설명한다.

- 부모님과 심한 말다툼을 하는데 부모님이 화가 나서 나를 방으로 들어가라고 했다. 부모님은 나의 행동 때문에 토요일에 파티에 갈 수 없다고 말한다.
- 가장 친한 친구가 다음 달에 전학을 간다고 말하였다. 슬픔과 분노가 느껴진다.
- 엄마 아빠는 서로 떨어져서 별개의 집으로 이사할 것이라고 말한다. 나는 매우 화가 나고 불안하다.
- 경미한 사고가 나서 불안감을 느끼고 떨린다.
- 선생님께서 내주신 프로젝트 숙제 점수를 예상보다 낮게 주셨다. 정말 화가 났다.
- 스포츠 경기를 구경하다가 좋아하는 재킷을 잃어버렸다.

4) 게임

전체가 함께하거나 그룹으로 다음 게임 중 하나를 수행한다.

- 앞일까 뒤일까 PPT 자료(178페이지 참조)
- 비밀단어 퍼즐 PPT 자료(181페이지 참조)-비밀 메시지는 '노력하면 다시 오뚝이처럼 돌아올 수 있다' 이다.

오뚝이 Bounce Back! 골프공 퀴즈

필요한 재료:
- 20개의 플라스틱 '연습' 골프공 또는 탁구공
- 아이스크림 용기 4개-한 가지 색상 2개(예: 빨간색 팀) 및 다른 색상 2개(예: 파란색 팀)
- 공 위에 한 글자씩 '오뚝이처럼 행복하세요'라고 적혀 있는 10개 공으로 이루어진 다른 색깔 2세트(팀당 1세트). 첫 번째 '오'에 '오1', 첫 번째 '뚝'에는 '뚝1', 두 번째 '오'는 '오2', 두 번째 '뚝'에는 '뚝2'라고 적는다.
- 이 게임은 '오뚝이처럼 행복하세요' 열 개의 대처 원칙을 모두 정확하게 기억하는 팀이 승리한다.

단계:

- 10명의 학생으로 구성된 2개 팀을 구성한다.
- 각 팀의 '공 세트'를 별도의 아이스크림 용기에 담는다.
- 선수를 1에서 10까지 번호를 매긴다.
- 선생님이 무작위로 숫자를 부르면, 그 번호를 가진 각 팀의 학생들이 교실 맨 앞으로 나와 아이스크림 용기에서 공을 하나 집어 올린다.
- 뽑힌 공에 맞는 정확한 진술을 한다.
- 만약 두 공의 첫 글자가 같다면, 크게 말하기보다는 보드에 답을 쓴다. 답을 맞히면 맞힌 아이스크림 용기에 담는다. 만약 정확하지 않으면, 다시 첫 번째 용기에 넣는다.

5) 오뚝이 Bounce Back! 시상식

오뚝이 Bounce Back! 활동지의 시상식 상장을 이용하여 좌절과 어려움에서 잘 대처한 학생에게 수여한다.

14. 오뚝이 Bounce Back! 활동지

- 다음 활동지는 학지사 홈페이지 자료실(www.hakjisa.co.kr)에도 탑재되어 있다.

오뚝이처럼 행복하세요 포스터

(   ) 학년 (   ) 반 이름 (   )

우리에게 일이 잘못되거나, 삶에서 일어나는 일로 인해 쓰러질 때, 우리가 오뚝이처럼 회복되고 다시 내 자신이 되기로 결정할 수 있다는 것을 기억하라.

오늘의 나쁜 기분은 영원히 지속되지 않아! 내일은 오늘 보다 좋아질 거야.

뚝심 있게 도와달라고 말해 봐! 도와달라고 하면 도와줄 거야.

이로운 생각은 기분을 좋게 해 줘! 다시 생각해 봐.

처음부터 완벽한 사람은 없어! 이 세상 어디에도.

넘어져도 일어날 수 있어! 실패보다는 성공에 초점을 둬.

행복이 항상 있는 건 아니야! 슬픔과 상처와 아픔도 자연스러운 거야.

복(福)은 만드는 거야! 그냥 주어지는 게 아니야.

하늘의 뜻이려니 생각해. 너무 자책하지 마!

세상은 끝나지 않았어. 도전하면 다시 이룰 수 있어!

요즘 힘들다고? 이 또한 지나가리!

현실 감각 체크

(   ) 학년 (   ) 반 이름 (   )

두 번 확인하는 버릇이 있나요?: 챙긴 것이 맞는지? 실수해서 빠트린 것은 없는지?

물건을 잘 챙겼는지 확인하는 것이나 수학 시험의 재확인이나 여행에서 머물 곳에 대해 떠나기 전에 다시 확인하는 것, 실수를 확인하도록 다른 사람에게 부탁하는 것, 다이빙 장비를 파트너끼리 확인하는 것이나 내가 한 일을 잘했는지 교정받는 것 등

필요한 정보를 찾곤 하나요?

어떤 일을 처음 할 때 여러 가지 주변의 예나 정보를 찾는 것, 책을 읽거나, 동영상을 보거나, 전문 포털 검색을 하는 일 등(예: 수영을 하는 바다에 해파리가 있는지 확인하는 것)

내가 알고 있는 것이 맞는지 틀린지 확인하나요?(증거 사용)

내가 알고 있는 것(믿음 또는 이해한 것)이 정말 맞는지 확인하는 증거를 찾는 노력(예: 음악 선생님이 나에게만 불공정하게 대하는 것 같을 때, 다른 친구들에게는 어땠는지 물어보기)

내가 알고 있는 것 말고 다른 견해(혹은 반대 견해)가 있는지 확인하나요?

내가 믿을 수 있는 사람은 이것을 어떻게 생각하는지 알아보고 내 생각에 동의하는지 의견을 구하는 것을 의미(예: 부모님, 선생님, 친구 혹은 상담가에게 친구 문제나 진로 문제 말하기)

직접 테스트해 보나요?

무엇이 일어날지 예측한 나의 예상이 맞는지 확인하는 것(예: 만약 새로 전학 온 친구가 우리 집에 함께 가는 것을 좋아하는지 잘 모를 때, 오랜 시간 걱정하는 대신 직접 물어보는 것)

현실 감각 체크!

두 번 확인하는 버릇이 있나요? _____

필요한 정보를 찾곤 하나요? _____

내가 알고 있는 것이 맞는지 틀린지 확인하나요?(증거 사용)

_____

내가 알고 있는 것 말고 다른 견해(혹은 반대 견해)가 있는지 확인하나요?

_____

직접 테스트해 보나요? _____

청소년 상담전화

(   ) 학년 (   ) 반 이름 (   )

청소년 상담전화란?

(한국에서는 청소년 사이버 1388 상담이 있어 사이버와 1388번으로 아동 청소년을 돕고 있다.)

청소년 상담전화는 청소년을 위한 무료 24시간 상담 서비스이다. 전화, 이메일 또는 웹을 통해 도움을 받을 수 있다. 상담가와 통화하는 가장 빠른 방법은 1388에 전화를 걸거나 홈화면 상담란에 채팅하는 것이다. 상담가는 아이들과 이야기를 나누며 크고 작은 모든 종류의 문제를 돕는다.

무슨 말을 할 수 있나요?

상담가에게 어떤 것이든 말할 수 있다. 어쩌면 집이나 학교에서 어떻게 해야 할지 잘 모르는 상황 혹은 슬프거나, 무섭거나, 외로울 수도 있고, 아니면 단지 이해하는 사람과 이야기하고 싶을 때 함께 고민을 나눌 수 있다. 혹은 학교에서 괴롭힘을 당해서 어떻게 해야 할지 모를 때나 무엇이든지 가능하다. 또한 관계 잘 맺기, 음주나 마약중독에 관한 정보나 불안할 때 어떻게 해야 하는지 혹은 전학에 대처하는 정보도 있다.

누구랑 이야기하게 되나요?

전화하거나 이메일을 보내거나 웹에서 상담을 사용할 때 항상 상담가과 직접 대화할 것이다. 상담가는 사람들의 문제를 듣고 돕는 전문가이다. 모든 상담가는 특히 아이들과 함께 일하도록 훈련받는다. 전화할 때, 남성 상담가나 여성 상담가를 선택할 수 있다.

전화하면 어떻게 진행되나요?

상담자와 연결될 것이다. 상담가는 무엇에 대해 이야기하고 싶은지 물어볼 것이고 당신에게 무슨 일이 일어나고 있는지 이해하는 데 도움이 될 몇 가지 질문을 할 것이다. 자신의 이름을 말할 필요도 없으며, 상담가는 의논한 것은 비밀로 하여 누구에게도 공개하지 않고 아무에게도 말하지 않는다.

이메일을 보내거나 웹 카운슬링을 받을 때 어떻게 되는가?

사이버1388 청소년 상담센터(https://www.cyber1388.kr)를 통해 실시간으로 연결하거나 상담가에게 이메일을 보낼 수 있다. 그러나 답변을 조금 기다려야 한다. 그래서 누군가와 빨리 이야기를 해야 한다면 직접 전화하는 것이 좋은 방법이다.

기억할 것은 혼자가 아니라는 것과 항상 도움만 받는 것도 아니라는 사실이다.

◎ 친구를 위해서 전화할 때는 어떤 방법으로 전화하는 것이 좋을까?

◎ 일부 학생들은 청소년 상담전화를 꺼릴 수도 있는데 왜일까?

도움이 되지 않는 생각의 종류

(   ) 학년 (   ) 반 이름 (   )

● **도움이 되지 않는 생각**: 화가 나서 속상하게 되고 희망이 보이지 않게 만듦.

  문제를 잘 해결하는 것으로부터 멈추게 함. 사실에 기반하지 않음.

● **도움이 되는 생각**: 감정을 침착하게 만듦. 희망적으로 됨.

  문제를 잘 해결하는 것을 도와줌. 사실과 알고 있는 것에 기반함.

도움이 되지 않는 생각의 종류

사람의 마음을 추측하는 것: 사람들의 마음을 읽으려고 하는 것은 도움이 되지 않는 생각의 하나이다. 다른 사람의 느낌이나 생각을 내 입장에서 상상하거나 추측하는 것을 말한다. 예를 들면, 누군가의 겉모습을 보고 '눈빛을 보니 화가 난 게 분명해.'라고 생각하는 것이다. 이런 생각이 맞을 수도 있다. 하지만 도움이 되는 생각을 이용한다면 '화가 났다고 추측할 수 있는 근거가 없어, 내가 아무것도 아닌 것에 걱정하는 중일 수도 있어.'라고 생각하게 된다. 그러고는 현실 감각을 이용해서 '화가 났는지' 직접 물어보게 될 것이다.

사실을 과장하는 것: 작은 문제를 큰 문제로 만드는 것이 사실을 과장하는 한 예이다. 또 하나는 어떤 힘든 일이 일어났을 때 이젠 끝장이 났다는 생각이다. 이렇게 과장할 때 '결코', '항상', '모두', '아무도'와 같은 단어를 사용하게 된다(예: 난 결코 좋은 선물을 받을 수 없어, 모두 날 싫어해, 난 항상 운이 좋지 않아, 아무도 날 돌봐주지 않을 거야). 하지만 도움이 되는 생각을 이용한다면, '나 여기서 과장하는 건가?'라고 나에게 물어볼 수 있다. 그리고 스스로 사실적 근거를 찾아내거나 친한 사람에게 다른 의견 다른 입장에 대해 물어보게 될 것이다.

결론으로 점프하는 것: 결론으로 점프하는 것을 예를 들어 보자면 조금 누군가가 늦었을 때 사고가 난 것이라고 단정하는 것과 같은 것이다. 하지만 도움이 되는 생각을 이용한다면 사고 났다는 증거가 하나도 없다는 것을, 그리고 다른 가능한 설명이 많다는 것을 생각해 낼 수 있다. '조금 침착해 보자. 난 지금은 증거가 하나도 없거든. 아마 괜찮을 거야. 가끔은 조금씩 늦었잖아.'라고 생각하게 된다.

과잉일반화: 지난번 경기에서 졌기 때문에 이번에는 수영대회에 가고 싶지 않을 경우 우리는 과잉일반화라고 이야기한다. 지난번에 일어난 일이 또 일어날 것이라고 생각하는 경향이다. 하지만 도와주는 생각을 하게 되면 '그건 지난번에 한번 일어난 거잖아. 다시 그런 일이 일어나지는 않을 거야. 이번에는 다를 거야.'라고 생각할 수 있도록 도와준다.

과잉단순화: 저 사람의(저 사건의) 모든 것이 좋다고 혹은 모두 나쁘다고 생각할 때 일어난다. 도움이 되는 생각은 대부분의 사람이 좋은 점도 있고 나쁜 점도 있다는 것을 생각해 낸다. 대부분의 사건도 마찬가지이다. 나쁜 점이 있을 때 좋은 점도 항상 같이 있다. 도와주는 생각은 상황은 복잡한 것이고 흑백으로 나뉠 수 없다는 것을 알게 해 준다.

도움이 되는 생각 연습하기,
도움이 되지 않는 생각에서 빠져나오기

(   ) 학년 (   ) 반 이름 (   )

다음은 나에게 도움이 되지 않는 생각이 나올 수 있는 상황을 모아 놓은 것입니다.
도움이 되는 생각으로 바꾸세요.

사라는 학교에 도착하자마자 수학 시험이 있다는 것을 깜빡했음을 알게 되었다.	쌤은 중요한 축구시합에서 패스된 공을 놓쳐 버렸다.	로리는 반 친구한테 욕설이 섞인 기분 나쁜 문자를 받았다.
잭은 친구에게 농구공을 빌렸는데 농구공이 뜯어져서 망가져 버렸다.	엘리시아는 사회 문제 10문제에서 4개 맞고 다 틀렸다.	클로이는 수학여행을 갔는데 친구들 앞에서 넘어졌다. 친구들 모두가 웃었다.
라니는 학교 연극에 정말 들어가고 싶었는데 다른 아이가 역할을 맡아 버렸다.	야구를 좋아하는 잭은 최상위 야구팀에 들어갈 기회를 놓쳤다.	올리버는 친구 가족이 여행가는 동안 어항을 맡아 주기로 했다. 그런데 어항의 물고기 한 마리가 죽었다.
메튜가 점심시간에 자신도 댄스 동아리에 들어가고 싶다고 말하자 친구들이 비웃었다.	엘라가 부모님과 휴가를 떠났을 때 새로 산 스마트폰을 남의 차에 두고 집에 돌아왔다.	조르단이 친구들과 영화를 보기 위해 계획을 세웠는데 부모님께서 그만두라고 화를 내셨다.

나는 완벽해!

(   ) 학년 (   ) 반   이름 (   )

패트릭은 모든 것이 완벽한 것을 좋아한다. 그는 실수하는 것을 싫어한다. 거의 모든 시간을 학교 과제에 투자한다. 그리고 거의 최고 점수를 받는다. 한번은 어린 동생이 그의 과제에 물을 엎어 버리자 너무 화가 나서 동생을 때리고 절대 패트릭의 물건 근처에 가지 말라고 하였다. 또한 패트릭은 시험에 높은 점수를 받기 위해 밤에 잠을 잘 수가 없었다. 그러나 100점을 받지는 못했다. 패트릭은 매우 실망하였고 친구들 앞에서 '참을 수가 없었다'.

패트릭은 야구도 매우 잘했다. 스윙 연습에 매진하는데 스윙에서 볼을 놓치면 매우 화를 냈다. 팀과 함께 경기를 할 때는 팀원 모두가 잘하기를 요구했고, 멍청한 경기를 하는 친구에게는 매우 화를 내며 소리를 질렀다. 놀랍지는 않지만 팀원들은 패트릭이 아무리 경기를 잘해도 같은 팀이 아니기를 바라고 있었다.

패트릭은 학습 활동에서도 완벽주의가 있었다. 모둠활동을 할 때에도 패트릭은 다른 아이디어보다 자신의 아이디어가 뛰어나다고 생각하고 자신의 것만 주장했다. 다른 사람 의견은 듣지도 않았다. 패트릭은 다른 아이가 모둠의 활동을 망쳐 버릴까 봐 걱정했다. 결국 다른 아이들은 패트릭한테 모든 과제를 하게 했고 다시는 패트릭과 같은 모둠이 되고 싶어 하지 않았다.

◎ 패트릭의 완벽하기 바라는 마음은 어떤 행동을 하게 했나요?

◎ 패트릭을 화가 나게 하는 최악의 것들은 무엇인가요?

◎ 패트릭의 완벽주의는 친구들과 어떤 관계를 만들었나요?

◎ 완벽해지려는 걱정을 줄이기 위해서 패트릭의 생각을 어떻게 바꿀 수 있을까요?

배는 부서졌지만 그들의 정신은 부서지지 않았다

(   ) 학년 (   ) 반 이름 (   )

남극의 유명한 탐험가인 어니스트 섀클턴(Ernest Shackleton)경은 남극 대륙을 횡단하는 탐험을 이끌고 싶어 했다. 1914년 8월 부에노스아이레스에서 27명의 대원을 거느리고 출발했다. 일부러 음악을 연주하고, 노래하고, 연기하고, 농담을 할 수 있는 승무원을 골랐다. 이런 자질들이 어려움에 처하면 유용할 것이라고 믿었다.

여행 중의 얼음 상태는 너무나 혹독했고, 나무로 만든 배인 앤드란스호는 1915년 1월 웨델해에서 얼음 속에 갇히게 되었다. 그와 선원들은 얼음 속에 10개월 동안 갇혀 있었고 배는 표류했다. 승무원이 우울해지거나 '다운' 상태가 되면, 섀클턴은 승무원 전체에 대한 비관론이 확산되는 것을 막기 위해 이동을 했다.

선원들은 배 옆에 있는 거대한 얼음판 위에서 축구와 하키를 즐겼다. 섀클턴은 이 기간 동안 상황의 심각성에도 불구하고 웃음이 많았다고 일기에 적었다. 열 달이 지나자 얼음의 압력이 배를 완전히 짓눌렀고 배를 버려야만 했다. 그들은 따뜻한 옷, 피난처, 음식의 몇 가지 품목만 가지고 나갈 수 있었다. 그리고 5개월 동안 빙판 위에서 야영을 했다. 빙판은 더 멀리 바다로 떠내려갔고 정신을 차린 그들은 코끼리 섬 근처에 도착했다.

그들은 배에서 구조한 세 척의 작은 구명 보트를 타고 간신히 섬으로 항해했다. 섬에는 먹기에 충분한 물개와 펭귄이 있었으나 사람은 아무도 없었다. 선원 일부가 도움을 받기 위해 조지아섬의 포경 기지로 항해하는 것이 유일한 구조 희망이라고 결정했다. 섀클턴과 그의 부하 다섯 명이 구명 보트를 타고 출발하여 항해했다.

세계에서 가장 위험한 바다를 통과해야 했다. 불행히도, 그들은 아무도 살지 않는 섬에 도착했다. 배를 떠나 바위투성이의 위험한 얼음 틈새와 눈 위를 42킬로미터나 지나 포경대가 있는 섬의 반대편으로 갔다. 동상에 걸려 굶주리고 지쳤으나, 두 사람이 계속 가서 결국 구조 신청을 하게 되었다.

섀클턴은 코끼리 섬으로 돌아가 나머지 선원들을 구출하려는 세 번의 시도했다. 그러나 성공하지 못했다. 하지만 이에 굴하지 않고 마침내 1916년 8월, 그가 처음 출항한 지 2년 만에, 섀클턴은 그가 남기고 간 사람들 모두를 구출할 수 있었다.

특별한 어려움에도 불구하고, 28명의 승무원 중 한 명도 사망하지 않았다. 섀클턴은 지도력, 낙관성, 지구력 그리고 용기로 역사에 기록되고 있다. 왜 섀클턴은 농담을 주고받을 줄 아는 승무원을 뽑았을까?

◎ 고난에 대처하고 긍정적으로 지내기 위해 한 일들은 무엇이었을까?

◎ 이런 불가능한 상황에서 어떤 도움이 되는 생각이 도움을 주었는가?

우체통 조사

나만 그럴까 다들 그럴까

(   ) 학년 (   ) 반 이름 (   )

내가 생각하는 것이랑 비슷한 곳에 체크하세요.

1. 남에게 거절당하거나 거부당했다는 느낌을 받은 적이 있나요?

예 ☐   아니요 ☐

들어가고 싶은 친구 모임	들어가고 싶은 운동 모임	들어가고 싶은 놀이나 게임	다른 경우

2. 다음에 관련되는 큰 실수를 한 적이 있나요?

예 ☐   아니요 ☐

숙제 관련 실수	운동 관련 실수	돈 관련 실수	친구 사이 실수	가족 사이 실수	다른 경우

3. 하기 싫었는데 그냥 참고 한 경우가 있나요?

예 ☐   아니요 ☐

학교 숙제	아이들과 어울리는 것	가족 나들이에 참여	다른 경우

4. 무언가를 꼭 갖고 싶어서 시도를 했으나 결국 얻지 못했던 적이 있나요?

예 ☐   아니요 ☐

꼭 사고 싶은 옷	게임기나 DVD	컴퓨터나 스마트폰	친구들과 놀러가기	다른 경우

5. 무언가를 혹은 사랑하는 사람을 잃은 적이 있나요?

예 ☐   아니요 ☐

강아지(애완동물)	친구	가족	다른 경우

6. 남으로부터 부당한 대우를 받거나 정말 화나는 대우를 받아서 곤란한 적이 있나요?

예 ☐   아니요 ☐

반 아이	선생님	형제나 부모님	친구	다른 경우

영역 파이 차트(활동지 A)

(　　　　)학년 (　　　　)반　이름 (　　　　　　　　　)

불운이나
상황의 영역

불운이나
상황의 영역

불운이나
상황의 영역

불운이나
상황의 영역

불운이나
상황의 영역

어느 영역이 영향을 미쳤나요?

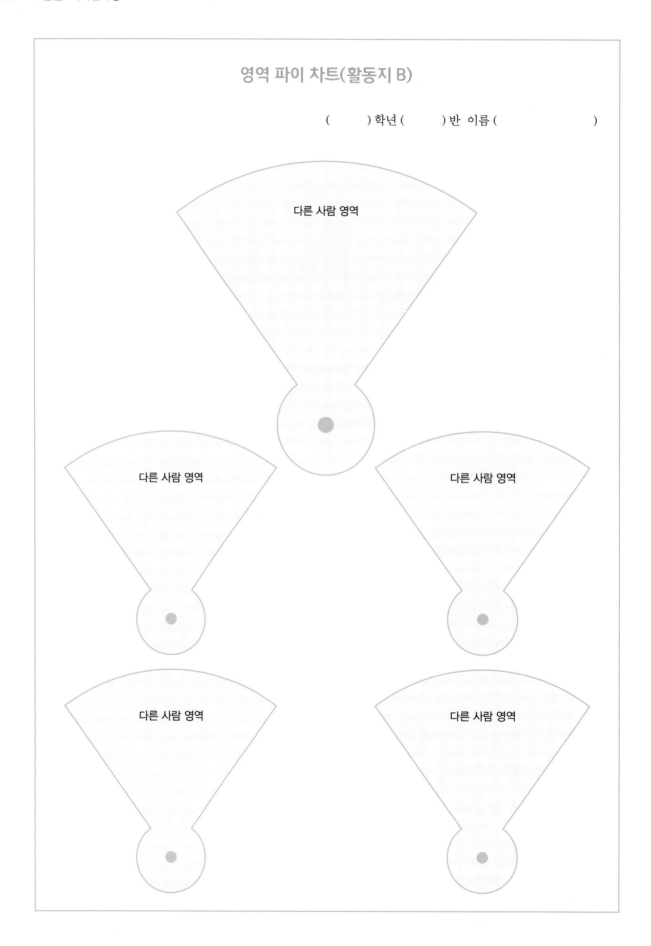

영역 파이 차트(활동지 B)

(   ) 학년 (   ) 반 이름 (   )

다른 사람 영역

다른 사람 영역

다른 사람 영역

다른 사람 영역

다른 사람 영역

영역 파이 차트(활동지 C)

(   ) 학년 (   ) 반 이름 (   )

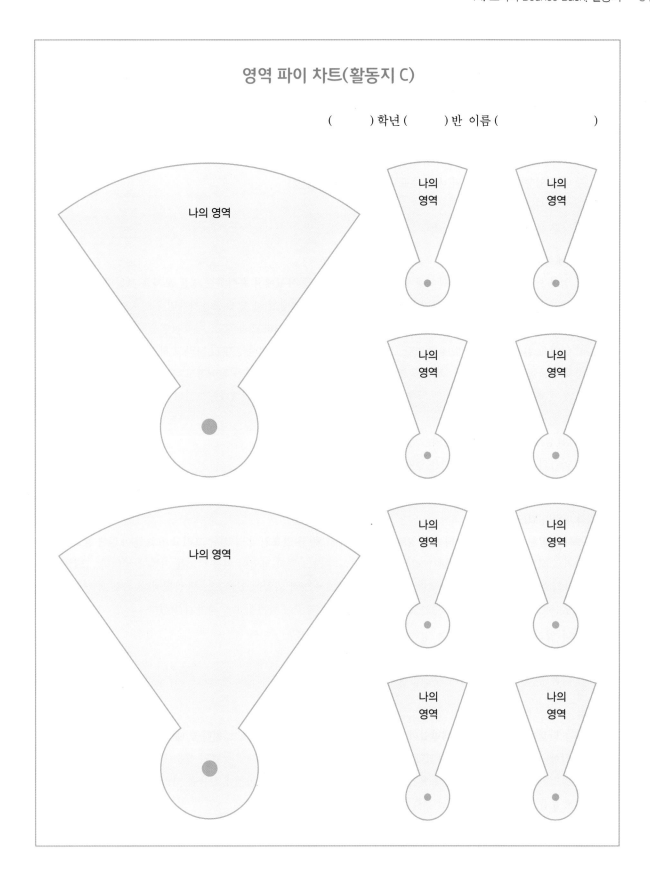

원인의 영역 따져 보기

(   ) 학년 (   ) 반 이름 (   )

영역 파이 차트 활동지를 이용하여 이야기의 영역을 정확하게 계산하여 본다.

◎ 나의 영향이 미치는 영역(내가 주인공이라고 생각하는 것)

◎ 다른 사람의 영역

◎ 나쁜 운 혹은 나쁜 상황의 영역

배수구에 빠진 명품 모자

샘의 엄마는 샘의 가방에서 수학여행에 가져갈 요즘 친구들 사이에서 유행하는 명품 모자를 보았다. 샘이 조금씩 모아 놓은 돈으로 산 명품 모자였다. 엄마는 샘이 수학여행에 이 모자를 가져가면 잃어버리거나 망가질 수 있으니까 집에 두고 가라고 말했다. 그러나 샘은 가지고 갈 거라고 우겼다. 수학여행을 다녀왔을 때 비가 와서 엄마의 차를 기다릴 수밖에 없었다. 샘이 버스에서 내렸을 때 엄마는 빨리 타라고 하셨다. 샘은 서둘렀고 가방과 짐들을 챙겨서 내렸다. 차의 문으로 뛰어왔을 때 샘의 명품 모자가 떨어졌고 배수구에 콸콸 넘치는 물들과 함께 빠져 버렸다. 샘은 너무 당황스러웠다. 그러자 샘의 엄마가 말했다. "그러니까 내가 가지고 가지 말라고 그랬지!"

◎ 나(샘)의 영향이 미치는 영역은 얼마만큼? 몇 퍼센트?

◎ 엄마의 영향이 미치는 영역은 얼마만큼? 몇 퍼센트?

◎ 나쁜 운 혹은 나쁜 상황의 영역은 얼마만큼?

영화 파일이 있는 USB

알리사는 친한 친구인 크리스타에게 영화 파일이 있는 USB를 일요일에 빌렸다. 그리고 월요일 아침에 빨리 돌려주기로 하였다. 일요일 저녁에 알리사는 잃어버리지 않고 영화 파일이 있는 USB를 가방에 넣었다. 그런데 알리사의 동생이 아침 일찍 일어났다. 그러고는 가방에서 영화 파일이 있는 USB를 발견했다. 그리고 영화 파일이 있는 USB를 플레이하려고 했는데 운이 없게도 영화 파일이 있는 USB가 망가져 버렸다.

◎ 나(알리사)의 영향이 미치는 영역은 얼마만큼? 몇 퍼센트?

◎ 동생의 영향이 미치는 영역은 얼마만큼? 몇 퍼센트?

◎ 나쁜 운 혹은 나쁜 상황의 영향이 미치는 영역은 얼마만큼?

선물

벨라는 단짝친구의 생일에 초대받았다. 생일파티 전날 엄마가 차로 집에 데려다줄 때 벨라는 선물을 살 테니 가게 앞에 잠깐만 세워 달라고 하였다. 엄마는 벨라가 태권도 학원 시간에 늦었기 때문에 시간이 없다고 했다. 대신에 엄마는 생일날 아침에 선물을 살 수 있을 거라고 했다. 생일날 아침에 선물을 사러 갔을 때 가게는 휴일이었고 문을 닫았다. 벨라는 전날 선물을 못 사게 한 엄마에게 화가 났다.

◎ 나(벨라)의 영향이 미치는 영역은 얼마만큼? 몇 퍼센트?

◎ 엄마의 영향이 미치는 영역은 얼마만큼? 몇 퍼센트?

◎ 나쁜 운 혹은 나쁜 상황의 영향이 미치는 영역은 얼마만큼?

걸을 수 없다면 날아서 갈 거야

(   ) 학년 (   ) 반 이름 (   )

제닌 쉐퍼드(Janine Shepherd)는 항상 스포츠를 잘했다. 열 살이 되었을 때, 그녀는 여러 전국권 육상 선수권 대회에서 우승했을 뿐만 아니라, 다른 많은 스포츠에서도 뛰어난 성적을 거두었다. 결국 그녀는 크로스컨트리 스키선수가 되었다. 전국 챔피언이 되었고 캘거리에서 열리는 1988년 동계 올림픽을 목표로 삼았다. 하지만 게임을 위해 훈련하는 동안, 제닌은 끔찍한 사고를 당했다.

블루 마운틴에서 자전거를 타고 있을 때 지나가던 트럭에 치인 것이다. 올림픽 출전의 꿈이 깨진 것은 물론이고 의사가 살아남은 것이 행운이라고 말할 만큼 크게 다쳤다. 다시는 못 걸으며 아이를 가질 수도 없다고 하였다.

그러나 제닌은 이것을 받아들이려 하지 않았다. 어느 날, 머리 위로 비행기들이 날아가는 것을 보면서, 걸을 수 없다면 대신 날아갈 것이라고 스스로에게 말했다. 제닌은 포기하지 않고 자신에게 닥친 장애를 극복하기로 결심했고 그녀는 비행 레슨을 받았다.

얼마 지나지 않아 제닌은 조종사 면허증을 받았다. 또 시간이 지나 강사 허가증까지 받아 다른 사람에게 비행을 가르칠 수 있게 되었다. 그리고 제닌은 결혼을 했고, 의사들의 절망적 예측에도 불구하고 아이의 어머니가 될 수 있었다.

제닌은 사고로 인한 부상을 극복하는 과정을 담은 내용을 『나에게 안 된다는 말은 안 됩니다(Never Tell Me Never)』라는 책으로 담아내었고 이 내용은 영화로도 만들어졌다. 제닌은 또한 많은 사람에게 자신의 이야기를 들려주어 포기한 사람들에게 희망을 전하고 있다.

◎ 제닌이 어려움에서 회복할 수 있었던 개인적인 특성은 무엇인가요?

◎ 어떤 도움이 되는 생각이 이런 부정적 상황에서 회복하는 힘을 주었을까요?

◎ 심각한 부상이나 질병 또는 정신적 충격에서 회복한 사람에 대한 조사 보고서를 작성하세요.

'오뚝이처럼 행복하세요'의
몇 번째 대처 원칙을 적용할 수 있을지 알아보세요

(   ) 학년 (   ) 반 이름 (   )

너무 당황스러웠어요!

사라는 항상 쾌활하고 친구들이 좋아하는 학생이었다. 그런데 최근 사라는 내성적이고 말이 적어졌다. 그것은 3주 전에 일어난 당황스러운 일 이후에 그렇게 됐다.

선생님은 총학생회에 연설을 온 외부손님들에게 감사의 말을 하라고 사라에게 부탁했다. 사라는 흔쾌히 수락했는데 막상 여러 사람 앞에서 말을 하려고 단상에 나가자 갑자기 중요한 손님의 이름이 생각나지 않았고 머릿속이 새하얗게 되어 아무 생각도 나지 않았다.

선생님이 도와주자 바로 잘할 수 있었다. 그런데 단상에서 내려왔을 때 어디로 갈지 갈팡질팡했고 마이크는 잘못 놓아져서 시끄러운 소음으로 강당을 메웠다. 그러자 사람들은 모두 웃기 시작했고 사라는 그날 이후 매우 소심해졌다.

닉의 망쳐 버린 날

닉는 항상 친구들을 웃기곤 한다. 모두 닉이 크면 코미디언이 될 거라고 생각했다. 그래서 비록 교실에서 바보같이 굴어도 합리적인 성적을 받곤 했다. 그런데 얼마 전 학예회 발표 이후에 닉은 어떤 것도 끝마칠 수가 없었다. 그리고 친구들과 어울리지도 않고 웃기려고 하지도 않았다.

학예회 발표에서 코미디를 선보일 것을 요청받았었다. 오랜 시간 연습을 했고 몇몇 친구에게 농담을 시험해 보았다. 학예회 때 첫 번째 농담에서 아무도 웃지를 않았다. 자신감을 잃어버린 닉은 나머지를 망쳐 버렸다. 그리고 단상에서 내려오면서 닉은 미끄러져 넘어져 버렸다. 원래 사람들을 웃기려고 이런 짓을 하곤 했었지만 부모님과 여러 사람 앞에서 미끄러질 때 너무 당황스러운 나머지 눈물이 터져 버렸다. 다음날 친구들이 닉이 운 것을 가지고 놀리자 닉은 참을 수 없었고 친구들과 싸우기 시작했다.

드디어 그날이 왔는데

하나는 어린이 요리사이다. 하나는 열심히 노력했고 드디어 전국 어린이 요리대회에서 상을 받아서 해외에서 개최하는 세계 챔피언십 참가 비용과 이동 비용을 무료로 지원받았다. 금요일에 비행기를 타고 세계 챔피언십에 가야 했다. 그런데 항공사가 망해서 그날 비행기 편이 모두 취소되었다. 다른 티켓을 구할 수도 없었고, 기차를 타고 가기에는 이미 늦었다. 하나는 챔피언십 참가 기회를 놓쳐 버렸다.

아픈 새미

새미는 학교 캠프를 정말 기대하고 있었는데 그 전날부터 목이 아프기 시작했다. 월요일 아침이 되자 그는 독감으로 아파서 가지 못했다. 친구들은 다시 못 올 최고의 캠프라고 말했다.

오뚝이 Bounce Back! 시상식 상장

오뚝이 Bounce Back! 주사위 패턴

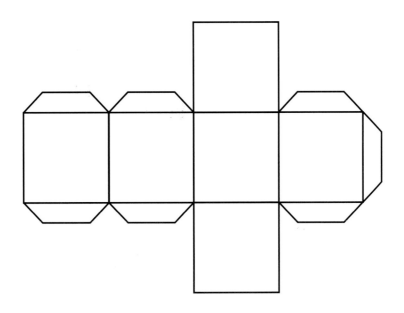

4단원 용기

핵심 메시지

용기란 무엇인가?

용기란 두려움을 마주하고 극복하는 것을 말한다. 용기는 두려움 또는 고통에 굴복하지 않고 어려움, 도전, 위험과 역경 또는 고난을 마주할 수 있도록 해 주는 것이다. 두려움, 고통 또는 고난보다 행하는 것이 더 중요하다고 판단될 때 용기를 내게 된다. 두렵지 않다면 용감해질 일도 없다.

사람은 모두 가끔씩 두려워하고 불안해한다.

두려움은 가능성에 대한 인간의 정상적이며 필수적인 반응이다. 두려움은 위협에 대응하기 위해 경계상태로 돌입하게 만든다. 불안은 두려움을 미리 느끼는 것이다(다시 말해서 방해물이나 위험에 대해서 생각할 때 불안하거나 초조해지는 것을 말한다). 이 감정은 당신에게 해결해야 할 문제가 있을 수 있다는 신호이다. 앞으로 일어날 일을 과장되게 생각한다면 불안감과 초조함을 더 크게 느끼게 된다.

어떤 사람들은 다른 사람들보다 불안감을 더 느낀다.

모든 사람의 뇌에는 경보 역할을 하는 '공포 중추'가 있다. 하지만 어떤 사람은 다른 사람보다 이 경보 시스템이 뇌에서 더 빠르고 격렬하게 작동하며, 이런 경향은 보통 유전된다. 이 사람들은 두려움에 더 자주 대처해야 하기 때문에 어려움을 느낄 수 있다. 그러나 이러한 반응을 자주 느낀다고 하여 용감해지지 못하는 것은 아니다.

우리는 모두 같은 것에 두려움을 느끼거나 초조함을 느끼지는 않는다.

어떤 사람에게 무서운 것이 다른 사람에게는 두렵지 않을 수도 있다. 말을 무서워하지만 롤러코스터는 무섭지 않은 사람이 있는 반면 반대인 사람도 있다. 사람들은 서로 다른 두려움을 가지고 있기에 누군가의 용기 있는 행동은 다른 사람에게는 용기 있는 행동으로 보이지 않을 수도 있다. 우리는 삶에서 '일상의 용기'를 실천할 필요가 있다. 이 용기는 평범하지만 약간 긴장시키거나 불안하게 만드는 무언가를 할 수 있는 용기를 말한다.

일상의 용기는

- 새로운 것에 도전하는 것(예: 먼저 말을 거는 것)
- 새로운 사람을 만나는 것
- 시험을 보는 것
- 오해받는 사람을 위해 대변해 주는 것

두려움을 극복할 때마다 당신은 용감해지고 강인해지고 더 자신감이 생긴다.

용감해지고 싶을 때는 '용감한 자기대화'가 필요하다.

'용감한 자기대화'는 자신을 강하고 용감하게 느끼도록 한다. 다음과 같이 말할 수 있다.

- '그냥 하자!'
- '이것은 중요하다.'
- '나는 그것을 해야만 한다.'
- '열심히 노력하면 해낼 수 있다는 것을 나는 알고 있다.'
- '계속하자, 거의 다 왔다.'

가끔은 삶에서 경험하는 불행이나 중요한 변화를 직접 다루기 위해 용기가 필요하다.

불쾌한 변화 및 원치 않는 변화, 때로는 치명적인 변화, 인생을 바꿀 수 있는 사건은 일어난다.

- 사고
- 죽음
- 병
- 폭력
- 이별과 가족 문제

분노, 슬픔, 괴로움이 당신을 압도하도록 내버려 두기보다는 그것을 직접 대면하기 위한 용기가 필요하다(이 주제는 3단원에서도 다룬다).

영웅이 되는 것은 다른 종류의 용기이다.

영웅이란 두려움을 느낄 때도 있지만 다른 사람을 돕기 위해 위험을 감수할 준비가 되어 있는 사람을 말한다. 때때로 어려움에 처한 누군가를 도우려고 하는 것은 어리석은 일일 수 있다. 만약 여러분이 그것을 할 기술이나 자원이 없다면, 여러분과 상대방 둘 다 다칠 수 있다. 가장 좋은 것은 빨리 도움을 받는 것일 수도 있다. 때로 영웅이 된다는 것은 본인이 부정적인 반응을 받을 위험을 감수하고라도, 학대받는 누군가를 옹호하거나 지지할 준비를 하는 것을 의미한다.

용감해지기로 결심하기 전에 가끔은 멈추어서 생각할 필요가 있다.

용기를 내기로 결심하는 것은 계획 없이 일어날 수 있지만, 가끔은 생각할 시간도 필요하다. 용기를 내는 것이 안전하다는 것을 확실히 하기 위해 잠깐 멈추고 '현실 점검'을 하는 것이 중요하다.

무모함은 용기와 같지 않다.

무모함(예: 얕은 물에 뛰어들거나, 지붕을 가로질러 오르기)을 자랑하거나 누군가에 강한 인상을 남기기 위해 하는 행동들은 위험하다. 필요한 기술과 경험이 전혀 없거나 해로울 가능성이 매우 높은 것에 관여하는 것은 전혀 용감한 것이 아니다. 무모한 위험은 전혀 가치가 없다.

스릴 추구는 무모함과 다르다.

어떤 사람들은 스릴을 추구하지만 무모하지는 않다. 그들은 극단적인 스포츠 활동을 하지만 피해를 최소화하기 위한 기술, 경험, 좋은 장비 및 안전 규칙을 가지고 있다.

학습목표

이 단원에서 학생들은 다음 사항에 대한 이해를 더욱 넓힐 것이다.

- 모든 사람은 때로는 걱정하거나 두려움을 느낀다.
- 두려움을 극복하려면 용기가 필요하다.
- 두려움과 걱정을 다스리기 위해서는 '용감한 자기대화'가 필요하다.
- 무모하거나 위험한 행동을 하는 것은 용기 있는 것과 같지 않다.

1. 학습자료

학지사 홈페이지 자료실(www.hakjisa.co.kr)에 이번 단원에서 사용하는 PPT 자료, 오뚝이 Bounce Back! 활동지의 전체가 탑재되어 있다.

2. 용기란 무엇인가

1) 학습자료

(1) 동영상 해시태그

#소방관의 기도 #해군 '헌신' #6.25 유엔참전용사

(2) 영화

마틸다

Roald Dahl의 소설을 각색한 특별한 힘을 가진 놀라운 소녀에 관한 영화로, 그녀는 용기를 가지고 친구들을 변호한다.

메리다와 마법의 숲

공주는 삶에서 자신만의 길을 개척하기 위해 전통을 거스른다.

2) 서클 타임 및 학급토론

참고: 모든 학생이 두려움, 고통, 걱정을 경험한다는 것을 이해하고 받아들이도록 하는 것이 중요하다. 또한 일부 학생(특히 남학생)은 자신의 두려움을 모른 척하거나 어떤 것도 그들을 화나게 하거나 괴롭히지 않는 척한다는 사실을 확인하는 것도 중요하다. 어떤 학생이 다른 학생들 앞에서 마치 '터프'한 것처럼 보이기 위해 두려움과 걱정을 최소화한다는 것도 함께 이야기한다.

앞의 자료 해시태그를 사용하여 등장인물이 어떻게 용기를 보여 주었는지 논의한다. 그런 다음 묶음 활동(179페이지 참조)을 사용하여 네 개의 종이에 다음의 예를 적어 본다. 그 후 다른 두 친구와 종이를 합친 후 12개의 종이를 범주에 따라 나누어 묶어 본다. 각 학생들은 다음의 두 가지 글을 쓰도록 한다.

- 용기를 보여 줄 수 있는 다양한 방법의 예
- 용기를 보여 준 잘 알려진 사람들

이 정보를 사용하여 용기가 무엇이고 주요 특징이 무엇인지에 대한 논의를 진행한다. 토론에서 나누었던 학생들의 이야기를 활용하여 글을 쓴다.

토론 질문

- 용기란 무엇인가요?(두려움에도 불구하고 두려움에 맞서고 극복하며, 지속한다.)

- 용기를 표현하는 다른 단어는 무엇인가요? 왜 우리는 어떤 사람이 배짱이 있다고 말하나요? 사람은 용감할 때 무엇을 '직면'하나요?(두려움, 때로는 진실, 반대자, 질병, 불운)

- 사람들이 보여 주는 다른 종류의 용기는 무엇인가요?

- 유명한 사람들이 보여 주는 용기는 무엇인가요?

- 두렵지 않으면 용감하다고 말할 수 있을까요?(아니요)

- 사람들은 같은 것에 두려워할까요?(대부분 아니다. 비록 거의 모든 사람은 두려움을 느끼지만 그 종류는 다르다. 예를 들어 보세요.)

- 소방관이나 인명 구조원 같은 사람들은 용감한가요?(일반적으로 그들이 일상의 업무를 수행할 때는 훈련받은 기술, 장비, 교육, 안전 절차 및 안정 장치가 있다. 하지만 그들은 대부분의 사람보다 업무상의 위험이 약간 더 높으며 어느 시점에서는 용기가 필요할 수도 있다.)

- 사나운 개 또는 불타는 집에서 사람을 구하는 것을 돕는 사람(훈련을 받지 않았을 때)은 용기 있는 건가요?(예: 다칠 위험이 있다.)

- 다리에서 얕은 강으로 다이빙하거나 기차가 달리는 길을 넘는 것을 하는 등 큰 위험을 감수하는 것이 용기 있는 일인가요?(아니요. 이 행동은 어리석고 무모하다. 매우 위험하고 그럴 만한 가치가 없다. 기술도 없고, 안전 장비도 없고, 경험도 없고, 안전 절차도 없고, 일이 잘못되면 도움을 줄 수 있는 사람도 없다.)

- 익스트림 스포츠에 참여하는 사람들은 용감한가요?(꼭 그렇지는 않다. 두렵지 않을 수도 있다.)

- 그들은 무모한가요?(대부분은 그렇지 않다. 경험, 장비, 교육, 안전 절차 및 기술을 확보한다.)

- 만약 두려움이나 긴장감이 여러분을 덮친다면 어떻게 될까요?(인내하지 않게 된다. 하고 싶은 일을 하지 않게 된다. 스스로에게 실망할 수도 있다.)

- 긴장감을 극복하는 데 도움이 될 수 있는 것은 무엇인가요?(공포에서 벗어나는 가장 좋은 방법은 긍정적인 자기대화와 실천, 기술을 개발하는 것이다.)

- 일상의 용기는 무엇인가요?(이러한 용기는 평범하지만 여전히 약간 긴장되는 무언가를 할 수 있는 것이다. 예를 들어, 답이 옳은지 확실하지 않을 때 수업 시간에 발표를 하거나 질문에 대답하는 것과 같다. 때때로 일상의 용기는 힘들거나 걱정스러운 시간에서 일어나고 계속 나아가는 것이다.)

- 일상의 용기는 불행한 상황에서 용기를 내는 것과 어떻게 다른가요?(일상의 용기는 여러분이 자주 필요로 하는 것이지만, 불행할 때의 용기는 가끔씩 필요하다. 예를 들어, 심각한 질병에 직면했을 때, 사고, 갑작스러운 손실, 당신 삶의 중요한 변화, 산불이나 홍수와 같은 자연 재해를 경험했을 때에는 불행 중 용기가 필요하다.)

- 텔레비전, 컴퓨터 게임 및 영화 속에서 용기는 어떻게 표현되나요? 등장인물은 어떤 두려움에 직면하나요?

- 캐릭터가 용기 있게 두려움에 반응하거나 행동하는 방식에 성별 차이가 있나요?(때로 여성 캐릭터가 용감해지기 위해 남성 캐릭터에 의존하는 것으로 묘사되는 경우도 있지만, 이런 편파적 표현은 나아지고 있다.)

> 👤 **교사가 생각해 볼 문제**
>
> 어떤 상황이나 임무가 두렵거나 도전적이어서 용기가 필요했음에도 불구하고 맡은 일은 무엇인가? 어떤 자기대화를 이용해서 동기부여를 했는가?

3) 활동

- 짝 이야기 전하기 전략(187페이지 참조)을 사용하여 학생을 약간 긴장하게 만드는 것(또는 긴장하게 만들었던 것)의 예를 짝에게 전달받아 발표하도록 요청한다.
- 일상적인 용기가 필요한 상황 목록을 만든다. 이러한 상황 중 더 잘 다룰 수 있는 상황을 하나 골라 오뚝이 Bounce Back! 저널에 적어 본다.
- 용기를 보여 준 유명한 사람의 행동들을 정리해 보거나 전기를 써 본다.
- 집에서 본 영화나 학교에서 감상했던 영화 중 주인공 둘을 비교한다. 2인 1조가 한 팀이 되어 주인공의 강점을 비교하는 벤다이어그램을 작성한다.
- 집단 교실 탐구를 위하여(180페이지 참조) 불행이나 역경에 직면하여 용기를 보여 준 사람들에 대한 정보를 모아 게시한다.

공포 사다리

사다리를 그리거나 만든다. 그리고 나서 공포나 초조함과 관련된 감정들을 수준별로 분류한다. 사다리의 꼭대기에는 가장 공포의 정도가 강하고 강렬한 감정을 위치시킨다. 사용될 수 있는 단어는 (순서 아님) 걱정, 공포, 두려움, 겁먹는, 걱정되는, 불안한, 긴장되는, 끔찍한, 안전하지 않은, 걱정스러운, 주위를 살피는, 몹시 불안해하는 그리고 신중함이다.

미디어 활동

파트너와 협력하여 용기와 관련된 미디어 사진을 검색하고 토론한다. 토론 중 학생들에게 "이야기에 나오는 사람들이 극복해야 할 두려움은 무엇이고, 어떻게 극복했을까?"와 같은 질문을 한다.

3. 우리는 모두 같은 것에 두려움을 느끼거나 초조함을 느끼지는 않는다

1) 학습자료

(1) 동영상 해시태그

#자연재해 살아남은 사람들 #에베레스트 시각장애인

2) 서클 타임 및 학급토론

동영상 시청으로 시작한다. 학생들에게 오뚝이 Bounce Back! 활동지의 우체통 조사 '어떤 것이 더 두려운가요?'(187페이지 참조)를 작성하도록 한다. 1~8번 우체통에 활동지 문제의 답을 적어 제출한다. 학급을 여덟 개 그룹으로 나누어, 그룹마다 우체통을 하나씩 준다. 각 그룹은 할당된 질문에 그룹토의를 통해 모인 자료를 발표한다.

토론 질문

- 우체통 설문조사의 결과는 우리에게 무엇을 보여 주나요?(용기는 상대적이다: 한 사람에게 무서운 것이 반드시 다른 사람에게도 동일하게 무서운 것은 아니다.)
- 어떤 사람이 다른 사람보다 선천적으로 더 두려움 느낄까요? 왜인가요?(그렇다. 어떤 사람은 다른 사람보다 더 빠르고 더 강하게 불안하거나 두려움을 느끼는 경향이 있다.)
- 반대의 경우도 있나요? 익스트림 스포츠를 자주 하는 사람과 같이, 두려움을 느끼지 않거나 즐기는 사람들이 있을까요?(그렇다. 어떤 사람은 스스로를 다치게 할 수도 있다. 왜냐하면 두려움은 보호의 역할을 하기 때문에 두려움의 부족은 너무 지나치거나 많은 위험을 감수하도록 만들 수 있기 때문이다.)
- 고위층 창문 청소부나 구조 요원과 같은 고위험 전문직 종사자들이 우리와 같은 수준의 두려움을 느낀다고 생각하나요?(아마 그렇지 않을 것이다.)
- 이 사람들이 큰 두려움이나 걱정 없이 일을 하도록 돕는 것은 무엇인가요?(업무를 수행하는 데 필요한 기술을 습득하고 올바른 장비, 안전 절차 및 시스템을 갖추고 있다.)
- 모험가(모험을 찾는 사람들)와 탐험가(새로운 지역을 탐험하는 사람들)는 용감한가요? 예를 들어, 1953년 5월 29일 Edmund Hillary와 네팔 현지 안내인(Sherpa)인 Tenzing Norgay가 에베레스트 산 정상에 처음으로 도착하였다고 안내한다.
- Edmund Hillary와 같은 탐험가들은 매우 용감하고 놀라울 정도로 단호한 것일까요? 아니면 단지 개인적으로 야심찬 것일까요?(개인적 목표를 달성하기 시작한 일부 사람들은 끈질기고 단호하지만 반드시 용감하지는 않다. 그들은 때때로 용기를 필요로 하는 예기치 못한 상황이나 불행을 마주하고, 그런 상황에서 우리는 그

들의 이야기를 더 많이 듣게 된다.)

· 용감해지려면 먼저 멈추고 생각해 봐야 할까요?(그렇다: 용감해지기로 결정하는 일은 때때로 즉흥적이지
만, 수영을 잘하지 못하거나 물살이 강한 경우 물에 빠진 사람을 구하려고 할 때와 같은 경우는 먼저 생각할 시
간을 갖고 '현실적인 점검'을 해야 한다.)

3) 활동

불안감을 처리하는 방법에 대해 탐구하기 위해 PACE 전략을 사용한다. 186페이지의 탐구 질문과 절차
에 따라 다음 질문의 탐구 페이스를 유지한다. 다음 목록에서 어떤 것이 가장 긴장될까요? 그리고 어떻게
하면 더 용감해질까요?

· 총회에서 발표하기
· 두 명으로부터 불쾌한 문자 메시지를 받는 학생을 위해 맞서기
· 실제로 들어가고 싶은 스포츠 팀(또는 학교 연극)에 들어가기 위해서 노력하기
· 멍청하고 위험한 일이라고 판단되기 때문에 하고 싶지 않은 일을 자꾸 하게 하는 친구들에게 '아니'라
고 말하기(자세한 내용은 334페이지를 참조한다.)

모험가 및 탐험가

그룹을 지어 모험가 또는 탐험가를 조사한다. 결과물을 보고서, 발표, 개요 작성, 저널 작성 등으로 제시
한다. 학생들은 이 사람이 실제로 어떻게 용감하고 무엇이 그를 용감하게 만들었는지, 어떤 기술과 훈련을
가지고 있고 무엇이 그를 유명하게 만들었는지를 강조해야 한다.

위험한 직업

곱하고 더하기 전략(185페이지 참조)을 사용하여 학생 개인들은 가장 '위험한' 직업 세 가지(예: 심해 용접
사, 스턴트맨, 헬리콥터 조종사, 소방관, 동물원 사육사, 경찰관, 인명 구조원 등)를 조사한다. 조사한 세 가지를 가
지고 두 명이 만나 최종적으로 세 가지를 결정한다. 결과를 발표하고 이러한 직업의 사람들이 일상적인 작
업을 할 때 용기를 보일 필요가 거의 없도록 위험을 줄이는 어떤 기술, 절차, 장비 및 안전장치를 보유하고
있는지 논의하거나 조사를 진행한다.

고위험 직군

온라인 신문이나 지역 신문 기사를 사용해서 학생들은 2인 1팀으로 고위험 직업이라고 생각하는 것의
예를 찾는다. 그리고 이 일을 하고 싶은 또는 하고 싶지 않은 이유에 대해서 간략히 설명하고 조사 결과를
발표한다.

4) 가정 연계 과제

아주 작을지라도 용기가 필요했던 학생의 어린 시절 경험에 대해 자신의 가족들에게 물어본다(예: 처음 자전거를 탔을 때). 또한 부모에게 용감해져야 성공적으로 수행할 수 있었던 부모의 어릴 적 행동에 대해 말해 달라고 요청한다. 또한 부모님에게 용기 있었던 비결이 무엇이라고 생각하는지 물어볼 수 있다.

4. 옳은 일을 할 용기

1) 학습자료

(1) 도서

빈 화분

황제는 모든 아이에게 씨를 나누어 준다. 누구든지 가장 좋은 꽃을 기른 사람이 후계자가 될 수 있다. Ping의 씨앗에서 자라는 것은 아무것도 없었기 때문에 그는 빈 화분을 보여 주지만, 다른 아이들은 꽃을 보여 준다. 씨앗은 자랄 수 없는 씨앗이었고, 오직 Ping만이 진실을 말할 용기를 가지고 있었다.

용기 있는 어린이 루비 브리지스

6세 된 아프리카계 미국인 소녀 Ruby Bridges의 실화를 바탕으로 한 책이다. 1960년, Ruby는 뉴올리언스에 있는 백인 전용 학교에 다섯 명의 흑인 아이와 함께 입학했다. Ruby는 몇 달 동안 학교 입구에 줄을 지어 서 있는 과격한 시위자들 앞을 용감하게 지나갔다.

글짓기 시간

이 이야기에 등장하는 아이들은 부모님을 빼앗길 수 있는 독재 체제하에 살고 있다. 학교에서 군대 장교가 자녀들에게 경연대회를 위해 가족이 밤에 하는 일에 대한 작문을 하라고 지시한다. 아이들은 이 작문이 부모를 배신하도록 하는 속임수임을 깨닫는다.

(2) 동영상 해시태그

#루비 브리지스(Ruby Bridges film)

2) 서클 타임 및 학급토론

앞서 제시한 자료 중 하나를 사용하여 토론한다.

토론 질문

- '옳은 일을 하기 위한 용기'는 무엇을 의미하나요?(예: 부정적인 결과가 나올 수 있음에도 불구하고 정직, 동정심, 공정성, 포용성 등과 같은 친사회적 가치에 따라 행동하는 것)
- '자신의 신념에 대한 용기'는 무엇을 의미하나요?(중요한 결정에 있어 자신의 개인적인 믿음을 반영하는 방식으로 행동하는 것. 예를 들어, 공정하지 못하거나 부정직한 법률이나 정부의 행동에 저항하거나 공개적으로 항의하는 것으로 나타난다. 또한 개인과 지역사회에 중요한 원칙이나 문제의 원인을 옹호하거나 자신이 옳다고 믿는 것을 고수하기 위해 오랜 시간에 걸쳐 반복적으로 취하는 행동에서도 나타난다.)
- 등장인물은 신념에 대한 용기를 가지고 어떻게 행동했나요? 나와 비슷한 또래가 혹은 상황이 비슷한 사람이 옳은 일을 행하거나 신념에 대한 용기를 발휘하는 방법은 무엇인가요?(아무도 당신이 무엇을 하는지 모르고 아무도 당신을 지켜보고 있지 않을 때에도 진실하게 행동한다. 진실성이 없으며 누군가를 학대하는 사람과 뜻을 같이하지 않으며, 학대당하고 있는 이를 도와주고 세상에 기여하는 방식으로 행동한다.)
- 옳은 일을 하거나 신념에 따라 행동하기 위해서는 어떤 두려움을 직면해야 하나요?(나의 행동에 동의하지 않는 사람들에게 벌을 받거나 거절당할 것이라는 두려움, 비웃음을 당할 두려움, 경제적 비용)

3) 활동

- Martin Luther King, Nelson Mandela(3단원: 회복탄력성 참조), Aung San Snn Kyi와 Eddie Mabo 같이 자신의 신념에 따라 행동한 사람들에 대해 연구하고 프레젠테이션을 만든다.
- 오뚝이 Bounce Back! 활동지 '마하트마 간디(Mahatma Gandhi)'를 완성하고 학생들의 답변을 공유한다.
- 그룹으로 나누어 '공정하지 못한 것에 반대하는 것은 어렵다'에 대한 토론이나 역할극을 준비한다.

5. 나만의 용기 찾기

1) 학습자료

(1) 도서

용감한 아이린

재봉사의 어린 딸 Irene은 어머니가 만든 드레스를 공작부인에게 전하기 위해 아주 심한 폭풍을 뚫고 여행해야 한다. 그녀는 임무를 완수하기 위해 많은 위험에 직면해야 했다. 때때로 우리는 할 가치가 있는 것을 성취하기 위해 용감하고 지혜로워야 한다.

2) 서클 타임 및 학급토론

오뚝이 Bounce Back! 활동지의 '여섯 가지 큰 두려움'에 대한 내용을 읽는다. 그 후, 앞서 제시한 도서 자료를 읽고 다음 질문을 사용하여 여섯 가지 큰 두려움에 대해 토론한다.

토론 질문

- 등장인물은 무엇을 두려워했나요? 어떻게 두려움을 극복했나요?
- 여섯 가지 큰 두려움은 모든 사람이 때때로 느끼는 두려움인가요? 아니면 다른 두려움들도 있나요?
- 또래 친구들이 두려움과 긴장감을 줄이는 데 도움이 되는 것은 무엇인가요?['강인한 자기대화' 사용, 예: '침착하게 노력하면 해낼 수 있다'(325페이지 핵심 메시지 참조), 경험, 좋은 발표를 하는 법을 배우는 것과 같은 중요한 기술을 배우면 긴장감이 줄어든다, 합리적인 위험을 감수하기, 다른 사람과 대화, 현실적인 점검, 이전의 성공을 기억하기, 위험보다는 하고 싶은 일에서 얻을 수 있는 이점에 더 집중한다.]
- 사람들이 사용할 만한 '강인한 자기대화'에는 어떤 것들이 있을지 생각해 볼 수 있나요?
- 가장 긴장되거나 무서워질 때는 언제인가요?(앞의 전략 중 일부 또는 전부를 사용하지 않은 경우)

오뚝이 Bounce Back! 활동지의 '여섯 가지 큰 두려움' 중 어느 것이 극복하기에 가장 어려운 것 같으며, 그 이유는 무엇인가요?

- 어떤 종류의 '도움이 되지 않는 생각'이 당신의 불안감이나 공포를 과장시키나요?(3단원 참고: 회복탄력성과 오뚝이 Bounce Back! 열 가지 대처 원칙, 예: 도움이 되지 않는 사고와 파국화)

> 👤 **교사가 생각해 볼 문제**
>
> 나이가 몇 살이든, 우리가 불안감을 느끼는 것을 시도해 볼 수 있는 일상의 용기가 필요한 순간이 있다. 어떤 선생님은 학생에게 말하는 것은 어렵지 않지만 부모나 심지어 다른 선생님들과 말하는 것을 훨씬 더 위협적으로 느낀다. 어떤 상황이 도전적이라고 생각하며, 그러한 상황에서 어떤 전략을 사용하는가? 당신은 '강인한 자기대화'를 사용하는가? 그렇다면 스스로에게 뭐라고 말하는가? 학생들과 하나의 예를 공유해 보자.

3) 활동

- 오뚝이 Bounce Back! 저널에 용기를 보여 준 경험에 대해 쓴다. 또한 오뚝이 Bounce Back! 활동지의 '여섯 가지 큰 두려움'(347페이지 참조)을 활용하여 어떤 두려움에 직면해야 했는지 확인한다.

- 오뚝이 Bounce Back! 활동지 '나만의 용기 찾기'를 위해 할 것과 하지 말아야 할 것(Dos and Don'ts) 차트를 만들고 자신만의 용기를 찾는다.
- 오뚝이 Bounce Back! 활동지 '나와 용기'를 학생들이 작성할 수 있도록 나누어 준다.
- '공포에 대한 해독제는 기술과 긍정적인 자기대화'라는 메시지와 그림을 그리고 용기에 대한 명언을 사용하여 포스터를 만든다(341페이지 단원정리 참조).
- '자신에게 친절하라'와 '자기 자신을 인정하라'와 같은 문장에 필요한 용기를 토론하기 위해 그룹으로 활동한 뒤, 저학년 학생들에게 할 수 있는 세 가지 좋은 조언을 협의한다. 각자의 생각을 오뚝이 Bounce Back! 저널에 기록한다.

수업 발표 기술

학생들은 좋은 수업 발표에서 할 것과 하지 말아야 할 것에 대하여 오뚝이 Bounce Back! 활동지의 '발표할 때 긴장하지 않는 방법'을 통해 알아본다. 이 활동은 또래교사 팀 코칭(191페이지 참조) 전략을 사용한다. 점차 '도전적인' 청중들이 있는 상황으로 난이도를 높여 가면서, 학생들이 이 기술을 연습할 수 있도록 많은 기회를 제공한다(예: 강의실 발표 이전에 회의실 발표 기회가 도움이 된다. 그전에는 가족들 앞 발표가 도움이 된다). 학생들은 자신의 발표를 스스로 평가한다.

4) 역할극

강인한 자기대화

학생들은 자신에게 용기를 갖게 하는 '기술'에 대한 역할극을 한다. 예를 들어, 강인한 자기대화 및 긍정적인 자기대화 사용, 현실 확인, 이전의 성공에 대한 기억 등과 관련된 장면을 준비하고, 연습하고, 연기한다(앞의 활동 부분을 참조). 용기의 종류와 역할극의 상황(또는 아이디어를 학생에게 물어보는)이 제시되어 있는 장면 카드를 학생에게 제공한다.

- 실패할지라도 계속 해 나가세요-학교 뮤지컬에서 중요한 역할을 위해 노력한다.
- 옳은 일을 하세요-누군가가 다른 학생에 대한 뒷담화 사이트를 구축하는 것을 도와달라고 한다.
- 거부할지라도 누군가에게 손을 내밀어 보세요-새로운 수업을 듣는 사람에게 영화를 보자고 한다. 좋은 경찰/나쁜 경찰이 등장하는 역할극 전략을 사용할 수도 있다(182페이지 참조).

6. 누가 영웅일까

1) 학습자료

(1) 도서

어린이를 위한 나는 말랄라/카펫 소년의 선물–이크발

이 책에 소개된 두 명의 어린이는 그들의 신념으로 용기 있는 행동을 하였기에 영웅으로 묘사되고 있다. 그들은 죽음의 위협에도 불구하고 다른 아이들을 보호하기 위한 행동(Malala는 여자아이들의 교육권을 위해 싸웠고, Iqbal은 아동 노예제도를 끝내기 위해 싸웠다)을 지속했다.

(2) 동영상 해시태그

#독립운동가 이야기(역자 추천) #6.25 전쟁 영웅(역자 추천) #허드슨 강의 기적

한국 독립운동과 전쟁 영웅에 관한 자료를 참고한다. 미국 조종사 Chesley 선장의 비상 착륙에 대한 자료를 참고한다.

(3) 웹사이트

국가 보훈처: 독립유공자, 이달의 전쟁영웅(역자 추천)

공훈전자자료관(역자 추천)

2) 서클 타임 및 학급토론

Malala와 Iqbal의 용감한 행동에 대해 이야기 나눈다.

- 2012년 Malala는 모든 소녀가 학교에 다니고 교육을 받을 권리를 보호하기 위한 적극적인 캠페인을 시작했다. 그녀는 자신을 침묵시키려는 탈레반에 의해 총을 맞았으나, 부상으로부터 회복되었고 캠페인을 계속했다. 그녀는 2014년에 노벨 평화상을 받았다.
- 1987년 4세 Iqbal은 부모가 진 빚을 갚기 위해 부모에 의해 카펫 제조공장에 '노예처럼' 팔렸다. 그 일은 너무 어려웠고 심지어 12시간 동안 일해야 했다. 수백 명의 아이가 이 회사에 이런 식으로 '구속'된 상태였다. 이 아이들은 사실상 떠날 수 없도록 작업 공간에 묶여 있는 노예나 다름이 없었다. Iqbal은 10세 때 탈출할 수 있었고 아동 노예들을 위해 설립된 학교에서 교육을 받을 수 있었다. 그는 감금된 채 일하는 3천 명 이상의 파키스탄 어린이가 자유를 위해 탈출하도록 지속적으로 도왔고 전 세계에서

속박되어 일하고 있는 아이들을 위한 발언을 하였다. 1994년에 그는 Reebok 인권상을 받았다. 하지만 1995년, 노예제도 반대 운동을 하는 Iqbal을 견제한 17세의 헤로인 중독자에 의해 총에 맞아 죽었다.

앞의 자료 중 하나를 사용하여 토론한다. '영웅'이라는 용어를 소개한다(핵심 메시지 325페이지 참조). 이 용어는 종종 그들의 업적에 대해 존경받는 사람을 의미하기 위해 잘못 사용되기도 한다.

토론 질문

- 당신은 누구를 존경하나요? 이 사람들은 정말 영웅일까요? 아니면 훌륭한 자질을 가진 사람들일까요? 두렵더라도 다른 사람의 웰빙과 안전을 위해 위험에 빠질 수 있는 선택을 했던 진정한 영웅은 누구인가요?
- 영웅이라는 용어가 언론 매체에서 오용되는 경우가 있나요?
- 모두가 영웅이 될 수 있나요?(대부분의 영웅은 역사에 기록된 영웅적 행동을 하거나, 널리 알려져 있다. 그럼에도 우리 모두는 행복을 지키고 싶은 욕구가 있기에 영웅이 될 수 있다. 우리는 어떤 위험을 무릅쓰고라도, 작은 방법으로 곤경에 처한 다른 사람들을 지원해 줄 수 있다. 예를 들어, 학대받는 사람을 대변하고 그렇게 해서 사회적 처벌을 받을 위험을 무릅쓸 수 있다. 다른 사람을 지지할 때 심각한 신체적인 위험이 있는 상황은 그렇게 많지는 않다. 하지만 심각한 신체적 위험이 있을 때는 매우 신중하게 선택해야 한다.)
- 항공 조종사가 문제가 발생한 비행기를 안전하게 착륙시킨 것을 보고 그를 영웅이라고 할 수 있을까요?(아니요, 그들은 자신과 승객의 생명을 구하기 위해 자신의 두려움을 극복하는 데 대단한 기술과 용기를 보여 주지만, 영웅과는 다른 이야기이다. ① 그들의 조치는 선택의 여지가 있어 한 것이 아니고 ② 이미 위험에 처해 있었기 때문에 위험을 감수한 것과는 다르다. 학생들에게 뉴욕의 Hudson강에 비상 착륙한 미국인 조종사 Chesley 선장과의 인터뷰 영상을 보여 준다.)

3) 활동

- 위대한 영웅주의를 반영하는 사람에 대해 연구하고 발표 자료를 만든다(예: 독립운동가, Nancy Wake, Oskar Schindler).
- 2인 1조로 용기나 용맹함에 대해 수여한 국제, 국가의 시상(예: 무공훈장)이나 상을 수여받은 개인을 연구한다. 짝 활동을 통해 최근의 수상자에 대해 간단한 요약을 한다.
- 학생들은 용맹한 상이나 메달을 만들고 자격 기준을 작성한다. 이 상을 받을 만한 사람이 학급이나 학교에 있나요?
- 학생들은 영웅이라는 주제로 자신의 작품, 사진, 슬라이드 쇼 또는 멀티미디어 프레젠테이션, 조각 또는 콜라주를 연구하고 제작한다. 학생들은 위대한 용기를 가지고 행동한 사람을 선택하고 그에 대한 포스터를 만든다.

'영웅' 검색

매체에서 '영웅'이라는 용어에 대한 언급한 예를 찾는다. 용어가 올바르게 사용되었는지 혹은 잘못 사용되고 있는지 알아본다. 스포츠와 관련된 경우가 많은 이유에 대해 토론한다. 대안적 활동으로 두려움을 느낌에도 불구하고, 혹은 선택할 수 있었음에도 불구하고 다른 사람의 행복이나 안전을 위해 위험을 감수하는 큰 용기를 보여 준 사람을 찾을 수도 있다. 그들을 영웅이라 부를 수 있는 것은 무엇인지 요점을 쓴다.

7. 용감함, 멍청함 아니면 위험을 즐기는 사람?

1) 학습자료

(1) 동영상

#긴급구조종합훈련 #위험 감수의 의미와 가치 #스노보드(X Games)

이 영상 기록은 위험을 감수하고 스릴을 추구하는 것에 관한 다양한 주제를 고찰한다.

2) 서클 타임 및 학급토론

무모하다는 것은 위험하고 불필요한 상황에서 어리석은 방법으로 용기를 내는 것임을 설명하는 주제를 소개한다. 몇몇 젊은이가 행하는 무모한 행동에 대해 이야기한다. 예를 들어, 2017년 3월, 18세의 한 남자는 친구들이 종용하자 Queensland에 있는 악어가 득실거리는 강으로 뛰어들었다. 강력한 턱을 가진 매우 큰 악어는 청년이 뛰어 내리자마자 물어 버렸다. 비록 그는 간신히 물리쳤지만, 결국 한 팔에 심한 부상을 입어서 병원에 입원했다.

학생들에게 몇 가지 예를 제시하라고 한다. 행동이 어리석거나 무모하다는 것은 위험이 높은 것임을 강조한다. 기술, 경험, 안전 절차, 장비 및 뒤따르는 대책이 최소화되거나 완전히 없는 경우가 위험이 높은 것이다. 무모한 행동의 예는 다음과 같다.

• 얕은 물(다리 또는 절벽에서)로 뛰어드는 것
• 안전선 밖에서 파도타기
• 위험한 제안을 받아들이기

자료를 사용하여 무모한 행동에 대한 토론을 한다.

- 무모한 행동과 용기의 차이는 무엇인가?(170페이지 핵심 메시지를 참조한다.)
- 왜 일부 젊은이들은 무모한 행동을 하는가?(자신의 힘을 자랑하기 위해, 아드레날린이 심하게 요동치기 때문에, 뽐내거나 멋있어 보이기를 원하기 때문에, 또래압력 때문에)
- 익스트림 스포츠란?(번지점프, 수상 래프팅, 스카이다이빙, 베이스 점프, 공중 스키 등)
- 이러한 익스트림 스포츠를 할 때도 무모한 행동과 스릴을 추구하는 것의 차이점은 무엇인가?(익스트림 스포츠에서 사람들은 기술을 배우고, 안전 장비를 사용하고, 안전사항을 따른다. 많은 경우 안전 지원도 준비되어 있다.)
- 무모한 짓을 할 가능성은 남학생이 높은가, 여학생이 이 더 높은가? 왜인가?(남성들은 겉보기에 '거친 것'으로 서로를 뽐내거나 강렬한 인상을 남겨야 한다는 압박감을 더 많이 느낄 수 있다.)
- 집단에 포함된 사람이 무모한 행동에 관여할 가능성이 더 높은가, 아닌가?(집단에서는 또래압력과 위험에 굴복하기 쉽고 집단에 적합하도록 행동을 바꿀 가능성이 높다.)
- 어떤 성향의 사람이 마약과 술 복용과 같은 무모한 행동에 많이 관여할까?(결과에 대해 잘 생각하지 않는 사람, 또래압력에 더 쉽게 굴복할 가능성이 높은 사람, 자신의 행복에 대해 별로 관심이 없는 우울감이 높은 젊은이)

3) 활동

- 학생들은 집단 교실 탐구를 수행하고(180페이지 참조) 선택된 익스트림 스포츠 활동의 위험을 더 낮은 수준으로 줄이는 교육, 기술, 장비 및 절차에 대한 정보를 발표한다.
- 학생들은 무모한 행동에 대한 신문이나 잡지의 기사를 찾아 요약한 후 제출하고 '이건 좋지 않아'라는 표제와 함께 오뚝이 Bounce Back! 저널에 붙인다. 그룹별로 흡연, 마약 또는 음주, 과속운전, 음주나 약물 복용한 운전자와 동승하는 것, 안전선 밖에서 수영하는 것, 이 외에도 비슷한 무모한 행동들의 위험성에 대한 과제를 완료한다.

학생들은 열 가지 생각 단계 PPT 자료 또는 오뚝이 Bounce Back! 활동지 열 가지 생각 단계를 사용하여 다음 사항에 대한 토론을 준비한다.

- 모든 익스트림 스포츠는 금지되어야 한다.
- 접촉 스포츠(contact sport)를 하는 모든 젊은이는 반드시 마우스 피스와 헬멧을 착용해야 한다.

4) 적용

용기의 개념은 과목 간의 교차 교육과정 연구를 통해 많은 주제에 적용될 수 있다. 예를 들면 다음과 같다.

- 현충일
- 탐험가
- 발명가
- 남극대륙
- 독립운동가
- 자연재해

- 첫 함대
- 식민지
- 골드러시
- 이민
- 지역 영웅들

8. 단원정리

1) 활동

그래픽 이야기

학생들은 그래프를 준비한다. 세로 축에서 1분당 심장 박동 수를 그린다(10단계 80에서 160까지). 가로 축에는 다음과 같은 활동시간을 표시한다.

- 오전 9:00(85)
- 오전 10:35(100)
- 오전 10:43(90)
- 오전 11:30(110)
- 오전 11:34(90)

- 오후 12:50(115)
- 오후 2:10(85)
- 오후 3:20(100)
- 오후 3:35(90)

그래프에 기록된 심장 박동 수가 또래의 심장 박동 수라고 가정하여 파트너와 함께 이야기를 쓴다. 이야기를 통해 왜 이 사람의 심박수가 위아래로 움직이는지를 설명한다. 사람의 쉬고 있는 심장 박동 수가 분당 80~85이고 공포가 생기면 증가하고 용기가 생기거나 긍정적 자기대화를 할 때 감소한다고 가정한다.

용기 관련 명언

학생들은 세 그룹으로 나뉘어 웹사이트에서 용기(또는 용감함)나 두려움에 대한 여섯 가지 긍정적인 명언을 찾는다. 다음은 인용된 사람의 일부이다. 하지만 학생들은 더 많은 명언을 온라인에서 찾을 수 있다. 두 문장 이상을 포함하는 짧은 인용문을 찾아내는 것을 권장한다. 그런 다음 각 그룹은 좋아하는 세 가지 명언(및 저자)을 앞에 나와서 설명하거나 학생마다 돌아가면서 설명한다. 학생들의 나이와 비슷한 인물과 관련된 인용문을 찾아 선택하도록 권장한다. 다른 학생이 조사한 인용문을 베껴 가지 않도록 안내한다.

- 투 리아 피트(Turia Pitt)
- 랄프 왈도 에머슨(Ralph Waldo Emerson)

- 베다니 해밀턴(Bethany Hamilton)
- 데이비드 벤 구리온(David Ben-Gurion)
- 에디 리켄 배커(Eddie Rickenbacker)
- 헬렌 켈러(Helen Keller)
- 린 유탕(Lin Yutang)

- 로버트 인거솔(Robert G. Ingersoll)
- 루스 고든(Ruth Gordon)
- 조지 제셀 경(Sir George Jessel)
- 윈스턴 처칠(Winston Churchill)
- 조앤 롤링(J. K. Rowling)

나만의 모험 이야기 선택하기

학생들은 선택된 용기 관련 인용문을 상상력 있는 이야기를 쓰기 위한 기초로 사용한다. 이 이야기는 두 가지 선택, 즉 용기를 가지거나 두려움에 굴복하는 것을 선택함에 따라 두 가지 다른 결말을 가질 수 있다. 또 다른 내용은 무모한 행동을 선택하여 끝을 보는 이야기일 수 있다. 혹은 나쁜 결과를 겪고 분별 있게 되는 것에 관한 이야기도 좋다.

우리 반 추천목록

학생들은 다음에 대한 추천목록을 학급 문집이나 디지털 저널에 기록한다.

- 용기에 대한 최고의 노래/시/소설/그림책
- 용기에 대한 최고의 영화/웹사이트/TV 쇼/예술

핵심 어휘

또래교사 팀 코칭(191페이지 참조)을 사용하여 학생들이 용기와 관련된 어휘와 철자를 합리적인 수준으로 숙달할 수 있도록 한다. 이것은 또한 언어 능력, 어원 그리고 접사를 학습하는 좋은 기회이다. 예를 들면 다음과 같다.

역경의/역경 (adverse/adversity)	어려운/어렵게 (difficult/difficulty)	고통/고통스러운/고통이 없는 (pain/painful/painless)
두려운 (afraid)	고민 (distress)	또래 압박 (peer pressure)
걱정하는/걱정 (anxious/anxiety)	실패하다/실패 (fail/failure)	직업 (profession)
용감한/용감 (brave/bravery)	두려움/두려워하는/두려움을 모르는 (fear/fearful/fearless)	항의/시위자 (protest/protestor)
도전 (challenge)	무모한/무모한 짓 (foolhardy/foolhardiness)	벌을 주다/처벌 (punish/punishment)
선택하다/선택 (choose/choice)	운/불운 (fortune/misfortune)	거부하다/거부 (reject/rejection)

자신감/자신만만한
(confidence/confident)

겁/겁먹은
(fright/frightened)

위험/위험한
(risk/risky)

일치하는/적합
(conform/conformity)

영웅/영웅적 자질
(hero/heroism)

겁을 주다/겁나는
(scare/scary)

결과
(consequence)

창피를 주다/창피
(humiliate/humiliation)

어리석음/어리석은 짓
(stupid/stupidity)

확신
(conviction)

잃다/잃음
(lose/loss)

살아남다/생존한/생존자
(survive/survival/survivor)

용기/용기 있는
(courage/courageous)

실수
(mistake)

용맹
(valour)

위험/위험한
(danger/dangerous)

신경 쓰다/신경 쓰이는/신중하게
(nerves/nervous/nervously)

2) 게임

전체 학급이나 그룹으로 다음 게임 중 하나를 한다.

- 앞일까 뒤일까 PPT 자료(178페이지 참조)
- 비밀단어 퍼즐 PPT 자료(181페이지 참조)
- 메모리 카드 PPT 자료(184페이지 참조)—학생들은 형용사와 명사로 짝을 짓는다.

신경질/신경질적인
(nervousness/nervous)

역경/역경의
(adversity/adverse)

무모한 짓/무모한
(foolhardiness/foolhardy)

용감/용감한
(bravery/brave)

두려움/공포스러운
(fear/fearful)

영웅/영웅적인
(hero/heroic)

용기/용기 있는
(courage/courageous)

자신감/자신 있는
(confidence/confident)

불안/불안한
(anxiety/anxious)

위험/위험한
(danger/dangerous)

어려움/어려운
(difficulty/difficult)

위험/위험한
(risk/risky)

기술/기술적인
(skill/skilful)

두려움/두려운
(fear/fearful)

비밀단어 퍼즐 PPT 자료 비밀 메시지는 '용기를 내기 전에 다시 한번 생각하자(Stop and think before deciding to be courageous)'이다.

3) 오뚝이 Bounce Back! 시상식

오뚝이 Bounce Back! 시상식 활동지를 통해 두렵거나 어려운 일상에서도 용기를 보여 행동한 학생에게 상을 수여한다.

9. 오뚝이 Bounce Back! 활동지

• 다음 활동지는 학지사 홈페이지 자료실(www.hakjisa.co.kr)에도 탑재되어 있다.

어떤 것이 더 두려운가요?

(   ) 학년 (   ) 반 이름 (   )

내가 생각하는 것이랑 비슷한 곳에 체크하고, 절취선을 잘라서 해당 판에 붙이세요.

1. TV에 나와서 인터뷰하는 것과 ☐ 번지 점프하는 것 ☐ 중 선택하세요.

2. 절벽 스키 활강을 하는 것과 ☐ 반 친구들 앞에서 연설하는 것 ☐ 중 선택하세요.

3. 헌혈하는 것과 ☐ 친구들에게 괴롭힘당하는 친구를 변호해 주는 것 ☐ 중 선택하세요.

4. 인기 있는 아이와 경쟁하여 반장선거에 출마하는 것과 ☐ TV 퀴즈쇼에 나가는 것 ☐ 중 선택하세요.

5. 학예회에서 혼자 독창을 하는 것과 ☐ 민머리에 거미를 올려놓는 것 ☐ 중 선택하세요.

6. 말을 타고 달리는 것과 ☐ 큰 파도 속에서 수영하는 것 ☐ 중 선택하세요.

7. 학부모 총회에서 학생대표로 연설하는 것과 ☐ 아는 사람도 없는 파티에 가는 것 ☐ 중 선택하세요.

8. 암벽 절벽을 자일을 타고 내려오는 것과 ☐ 행글라이더를 타는 것 ☐ 중 선택하세요.

마하트마 간디(Mahatma Gandhi)

(   ) 학년 (   ) 반 이름 (   )

마하트마 간디는 1869년 인도에서 태어났다. 그는 13세에 결혼했고 18세에 고등학교를 졸업했다. 3년 후 남아프리카로 이주했고, 그곳에서 법률고문이 되었다. 간디가 아파르트헤이트(apartheid: 인종차별정책)를 처음 목격한 것은 남아프리카였다.

이 제도하에서 흑인과 인디언은 백인들에 의해 이류 시민으로 취급되었다. 간디는 이 문제에 대해 뭔가를 하기로 결정했다. 비폭력 저항을 통해 간디와 그의 지지자들은 일련의 항의로 남아프리카 정부에 대한 부당함을 전달하였다. 그들은 끊임없이 구타를 당했지만 맞서 싸우지 않았으며 감옥에 갇혔지만 석방되자마자 곧장 항의하고 다시 감옥에 갔다. 이런 식의 항의를 반복한 이후 20년 만에 남아프리카공화국 정부가 듣기 시작했다. 남아프리카에서의 인도인들의 생활은 향상되었다.

제1차 세계대전이 끝날 무렵 간디는 인도로 돌아갔다. 그는 인도인들의 삶 또한 개선되어야 한다고 느꼈다. 당시 인도는 영국의 지배하에 있었고 영국인은 인도인을 매우 나쁘게 대했다. 간디는 곧 많은 추종자를 거느리고 비폭력 저항을 사용하여 일부 사람들에게 항의하기 시작했다. 영국인들은 보통 폭력으로 보복했다. 간디의 반응은 영국 학교에서 인도 아이들을 철수시키고 거리에 쪼그리고 앉아 부당한 대우에 항의하도록 장려하는 것이었다. 영국인은 간디를 어떻게 다루어야 할지 몰랐다. 간디를 감옥에 가두면, 간디는 먹는 것을 거부했다. 그를 석방하면, 그는 더 많은 항의를 하였다.

1930년에 간디는 인도의 가장 가난한 시민들의 세금 납부에 반대했다. 그는 380킬로미터의 시위대를 이끌고 바다로 갔다. 전국에서 인도 사람들이 그의 뒤를 따랐고 더 많은 체포가 뒤따랐다. 마침내 1947년 인도는 영국으로부터 독립을 쟁취했다. 비극적으로, 간디는 1년 후에 암살당했다. 간디는 변호사로서 부유한 삶을 살 수 있었다. 대신 그는 환경을 개선하고 수백만 명의 다른 사람을 위해 정의를 위해 싸우다가 편안한 삶을 포기했다. 그의 비폭력 저항 방법은 후에 미국의 마틴 루서 킹에 의해 성공적으로 사용되었다.

◎ '아파르트헤이트', '비폭력 저항', '보복하다'라는 용어의 의미는?

◎ 간디의 어떤 특징이 그가 한 일을 가능하게 했는가?

◎ 그가 한 일을 하게 된 동기는 무엇이라고 생각하는가?

여섯 가지 큰 두려움

(   ) 학년 (   ) 반   이름 (   )

이런 공포에는	이런 혼잣말을 하고	그리고 대부분 이런 행동을 한다.
Top 6. 몸을 다친다는 두려움 (작은 상처라도)	내가 다치게 되다니 참을 수 없어.	다치는 일을 하지 않는다. 다칠까 봐 재미있는 일도 하지 않는다.
	다치고 싶진 않았지만, 잘 치료하면 괜찮아질 거야.	재미있는 일을 하기 위해 노력하고 다치지 않도록 주의를 기울인다.
Top 5. 불편함에 대한 두려움	나는 불편한 것을 참을 수 없어. 얼굴이 붉어지거나, 가슴이 요동치거나 긴장되거나 불안해진다면 그건 최악의 상황이야.	불편한 상황을 피한다(전화하지 않기, 발표하지 않기, 공연하지 않기).
	나는 얼굴이 빨개지거나 가슴이 요동치거나 긴장되거나 불안해질 수도 있어. 하지만 이런 건 계속되는 것도 아니고 끝나게 되어 있어. 그리고 난 끝날 때까지 기다려 왔어.	잠깐 불편할 수 있는 일들도 여전히 하게 된다.
Top 4. 실수할 것에 대한 두려움, 잘 못할 것에 대한 공포	실수를 한다는 것은 끔찍한 일이야. 일이 잘되지 않는 것은 견딜 수 없어. 내 자존심은 무너져 버릴 거야.	새롭거나 어려운 일은 하려고 하지 않는다. 만약 실수를 했을 때는 기분이 금방 상하고 빨리 포기하고 만다.
	실수 없이 일을 마무리하고 일을 잘 해내는 걸 나도 좋아해. 하지만 그것을 못했다고 세상이 끝난 건 아니잖아. 실수하는 건 평범한 일이고 모든 사람이 하는 일이잖아.	새롭거나 어려운 일을 해 보고자 한다. 실수에서 배우고 금방 포기하지 않는다.
Top 3. 다른 사람이 받아들이지 않을 것에 대한 두려움	만약 누군가가 나의 말과 행동을 비판한다면 그것은 최악으로 끔찍한 일이고, 그 사람 말대로 나는 틀리게 행동한 것이 틀림없어.	스스로가 될 준비를 하지 않고, 스스로의 생각을 포기해 버린다. 남들이 최고라고 생각하는 것을 하려고 어렵게 노력한다.
	물론 사람들이 나의 말과 행동을 인정하는 것은 나도 좋아. 하지만 난 여전히 스스로가 되는 것이 중요해. 남들이 날 받아 주지 않아도 그게 반드시 내가 틀렸다는 것은 아니야.	가끔 다른 사람에게 동의하기도 하고 함께 행동하기도 한다. 그러나 스스로의 생각을 이야기하고 자신만의 선택을 만들어 낸다.
Top 2. 실패나 패배에 대한 두려움	만약 경쟁이나 선거에서 패배한다면, 그것은 돌이킬 수 없는 재앙이야. 그것은 내가 다른 사람처럼 좋지 않다는 증거야.	경쟁이나 선거의 위험을 감수하려고 하지 않는다. 가끔 위험을 감수하면서 진다면 과도하게 속상해한다.
	나도 이기는 것을 좋아해. 하지만 누구도 모든 경기에서 이길 수는 없어.	이겨 보기 위해 시도를 한다. 만약 지더라도 쉽게 극복한다.
Top 1. 거절당할 것에 대한 두려움	누군가 나를 싫어한다면 그것은 끝장이야.	다른 사람을 사귀고 알아 가는 것을 꺼린다.
	사람들이 나를 좋아하는 것은 나도 좋아. 하지만 모두가 나를 좋아할 수는 없어. 그리고 난 참아 내 왔어.	친구를 만들기 위해 노력하고 자신을 좋아하지 않는 것에 대해 과도하게 속상해하지 않는다.

나만의 용기 찾기

(   ) 학년 (   ) 반 이름 (   )

할 일	하지 말아야 할 일
현실 감각 체크하기, 위험요소들과 위험성에 대해 생각하기 조심스럽게 생각하기. 어떤 부분이 긴장하게 하는가? 공포가 정당한 건지? 과장된 건지? 위험을 감당할 가치가 있는 것인지?	위험에 대해 생각하지 않고 행동 먼저 하지 말기 남들에게 인상을 주거나 단순하게 자랑하기 위해 잠재적 위험을 감수하지 말기
긍정적인 면에 집중하기 공포를 극복했을 때 좋은 면에 대해 생각하기(자기존중감, 자신감, 타인으로부터의 존중, 진보) 긍정적 혼잣말(self-talk)를 사용하기	부정적 혼잣말(self-talk)을 사용하지 말기(끔찍할 거야, 난 할 수 없어) 위협적 요소에만 집중하지 말기
스스로를 믿기 긴장감을 극복하고 용기를 냈던 다른 시간들을 기억하기. 잘 해낸 때를 기억해 내기. 긴장하고 있을 때조차 이런 것들을 할 수 있음을 자신에게 말하기. 대부분의 사람은 긴장을 하고 나만 하는 것이 아님을 떠올리기	잘못했던 시간을 많이 생각하기 말기 나의 단점에 집중하지 말기 모든 사람이 완벽하다고 가정하지 말기 모든 사람이 긴장하지 않는다고 가정하지 말기
한번에 한 단계만 가기 가끔은 용기를 갖는 데도 시간이 걸린다고 스스로에게 말하기	서두르지 말기 자신감을 잃지 말기(어려운 것을 준비하는 데 시간이 걸린다) 최종 결과가 더 중요함을 떠올리기
당신에게 마음을 쓰는 사람에게 말하기 현실 감각을 갖고 지지와 용기를 갖기 나의 걱정과 긴장감을 그들에게 말하기	다른 사람이 나에게 신경 쓰지 않는다고 생각하지 말기 도와주지 않을 거라고 생각하지 말기
실수할 수도 있다고 생각하기 용기를 발견했을 때조차도 어떤 일들은 해내기가 참 힘들 수 있음을 떠올리기 다른 상황 속에서 다시 시작할 준비를 하기	무엇을 할 수 없다고 실패했다고 생각하지 말기 하기 어려운 것을 해 보는 것 그것이 용기임을 떠올리기

나와 용기

(   ) 학년 (   ) 반 이름 (   )

내가 살아오면서 용기를 냈던 상황을 곰곰이 생각해서 적어 보세요.

용기의 종류	이런 종류의 용기를 보여 주었던 나의 일화	용기를 만들어 내기 어려웠던 공포는 어떤 종류일까요?
다른 사람이 나의 말에 동의하지 않는다고 할 때 자신만의 의견을 갖기		
불안했지만 여러 사람 앞에서 용기 내어서 말하거나 과제 발표하기		
누군가가 나에게 고약하게 굴었지만 나를 위해 당당히 맞선 경우		
나 자신이 되고 생각 변하지 않기, 규율만을 따르지 않기		
어려운 시간을 겪고 있는 누군가를 위해 함께 맞서 주기		
매우 긴장되는 새로운 무언가를 해 보기		
비록 결과가 그렇더라도 나의 실수를 자백하기		
변할 수 없는 것이 확실한 비참한 상황에 맞서기		
실패했던 어떤 일을 다시 시도하기		

발표할 때 긴장하지 않는 방법

(   ) 학년 (   ) 반 이름 (   )

	할 일	하지 말아야 할 일
계획과 준비	말하고 싶었던 중요한 것들과 목록에 대한 계획을 만들라. 연설하기 전에 준비와 슬라이드에 많은 시간을 투자하라. 가족들에게 연설을 연습하라. 피드백을 요청하라.	마지막까지 준비와 계획만을 하지 말자. 너무 많이 세세하게 준비하지 말자.
긍정성 유지	숨을 깊게 들이쉬고, 스스로에게 말하라. '다 잘될 거야. 난 할 수 있어.'라고 말하라.	부정적인 자기대화를 하지 말자: '다 망쳐 버릴 것 같아.', '바보처럼 보일 거야.'와 같은 말을 하지 말자.
자신감	자신감을 보기 위해 노력하라. 똑바로 서라. 사람들의 눈을 보라. 강한 목소리를 유지하라. 재미있고 흥미진진하게 말하라.	긴장감을 보이지 말자. 꼼지락거리지 말고, 바닥을 보지 말고, 팔짱을 끼거나 우물쭈물 말하지 말자.
잘 시작하기	듣는 사람들이 뭔가 할 수 있게 하라. 파워포인트를 볼 수 있도록 하든지 핸드아웃을 주는 것이다. 파워포인트는 보기만 하는 것이다. 잘 듣고 있는지 물어보는 것도 좋다. 주제에 대해 말을 던지는 것도 좋다.	말하기 처음 시작 몇 분은 가장 떨리는 시간이다. 이때에는 나에게 너무 집중하지 말자.
진지함과 유쾌함의 균형을 맞추기	주제를 진지하게 다루라. 그러나 할 수 있는 한 유머를 다루라. 듣는 사람과 나를 이완하게 해 줄 것이다.	바보같이 보이지 말라. 자랑하지 말라.
다양하기	다양한 것을 사용하라. 동영상과 사진이나 오디오 등을 이용하라. 간략하게 말하고 보여 주라. 질문이 있는지 물어보라.	그냥 말만 하거나 글씨를 쓰게만 하는 것은 피하라.
시간 조절하기	시계를 이용하여 발표시간을 준수하라. 마지막에 들어 주서서 감사하다고 말하라.	발표시간을 지나치지 않도록 하라. 지루해 할 것이다.

열 가지 생각 단계

(　　　) 학년 (　　　) 반　이름 (　　　　　　　　)

4단원 *스포츠 토론에 사용합니다.

1단계	주제는 무엇일까?	생각하려는 문제나 주제를 명확하게 서술하세요.	
2단계	알고 있어야 할 것	우리가 이 주제에 대해 알고 있는 것은 무엇인가요? 우리가 더 알아야 하는 것은 무엇인가요? 알아야 하는 것을 어떻게 알아낼 수 있나요? 우리가 알고 있는 것 중 비슷한 것이 있나요?	
3단계	밝고 긍정적인 면	이 주제의 좋은 특성은 무엇인가요? 주제 속에 좋은 결과가 있을 수도 있나요? 주제에서 좋은 기회가 나올 수도 있나요?	
4단계	어둡고 부정적인 면	이 주제의 그다지 좋지 않은 특성은 무엇인가요? 어떤 문제가 발생할 수 있나요?	
5단계	느낌	이 주제를 접했을 때 어떤 느낌이 들었나요?(느낌 관련 단어: 흥분됨, 걱정됨, 불안함, 기쁨 등) 관련된 사람들에게는 어떤 느낌이 들게 할까요?	
6단계	개선하기	주제를 개선하기 위해 어떤 변화가 필요할까요? 여기에, 덧붙이거나 빼거나 다시 만들거나 대신할 것은 무엇일까요?	
7단계	생각을 점검하기 (좋은 경찰이 묻는다고 생각하고 대답하기)	해결하기 위해 만약 무엇이라면이라는 가정을 만들어 볼까요? 우리가 말했던 것에 대한 충분한 증거가 있나요? 우리가 말한 증거는 믿을 만한 가치가 있나요? 우리를 가로막는 해결되지 않은 문제는 무엇인가요?	
8단계	정확하게 생각하기 삐뚤어지지 않기	주제와 관련하여 안정적 혹은 논리적인 생각은 없나요? 도덕성 때문에 이러지도 저러지도 못하는 건가요? 혹시 소수의 문제는 아니었나요?(장애인, 노인, 민족 등) 혹시 성차별이 개입되었나요? 혹시 더 큰 그림 혹은 국제적 시각으로 볼 수 있나요?	
9단계	나의 생각 말하기	나의 의견을 말해 볼까요? 이유도 함께 (저는　　　생각합니다. 왜냐하면,　　　)	
10단계	우리의 생각 말하기	우리가 토론한 전체 의견을 말해 봅시다. 이것을 결정한 세 가지 이유를 말해 보세요. 반대 관점도 요약해 볼까요?	

오뚝이 시상식 상장

Bounce Back! Award

이름
_____

_____

_____

_____

초등학교장
_____

BB

5단원 낙관성

핵심 메시지

힘든 시간은 영원하지 않다. 모든 것은 언제나 나아진다. 낙관적으로 생각하라.

힘든 시간과 나쁜 감정은 언젠가는 사라지기 마련이다. 상황이 나아지기까지 시간은 걸릴 수 있다. 낙관적으로 본다는 것은 상황이 좋아질 것이라고 기대하는 것을 의미한다. 비관적으로 본다는 것은 힘든 시간이 계속되거나 더 나빠지리라 예상하는 것을 의미한다.

낙관적인 것은 좋은 일이 일어날 가능성이 더 많다고 예상한다는 의미이다.

낙관적으로 생각하고 긍정적인 면을 보면 힘든 시간을 더 쉽게 극복할 수 있다. 긍정적으로 생각한다는 것은 더 잘 대처하고 회복될 가능성이 높다는 것을 의미한다. 비관적인 생각은 적절한 대처를 하기 어렵게 만든다.

낙관주의자들은 비관론자들과는 다른 방식으로 스스로에게 설명한다.

일이 잘못되면 비관론자는 '나 때문에 이런 일이 일어났다. 나는 항상 운이 없다. 내 인생의 모든 것이 형편없다. 이 일은 끝나지 않을 것이다.'라고 자신에게 설명한다. 그러나 낙관론자는 '이 상황을 좋아하지 않지만, 그것은 나뿐만 아니라 다른 사람들에게도 일어난다. 곧 좋아질 것이다. 이 상황이 영원히 지속되진 않을 것이다.'라고 자신에게 설명한다.

긍정 추적자가 더 행복하다.

긍정 추적자는 자기, 타인, 삶에서 일어나는 일에 항상 좋은 면을 찾기 위해 노력하는 사람이다. 이 사람들은

- 더 잘 대처한다.
- 다른 사람들과 잘 어울린다.
- 더 많은 목표를 달성한다.
- 더 강한 자신감을 갖고 있다.
- 더 성공적인 직장생활과 인간관계를 갖는다.

긍정 추적자가 되는 것은 나의 선택에 달려 있다.

긍정 추적자는 나쁜 일이 발생했을 때 아주 작더라도 좋은 것을 찾아낸다.

나쁜 상황에서도 노력한다면 좋은 것을 찾아낼 수 있다. 상황이 더 나쁠 수도 있었지만 그렇지 않음을 발견하거나 나쁜 상황에서도 앞으로 살아갈 때 도움이 되는 유용한 것을 배웠다고 생각할 수 있다.

불행할 때는 희망을 잃지 않는 것이 중요하다.

긍정적으로 생각하고 행동한다면, 인생의 불행한 시간을 더 쉽게 극복할 수 있다. 좋은 일은 다시 일어날 것이고 상황도 좋아질 것이라고 믿는다. 희망을 갖고 포기하지 않는다. 때로는 다시 낙관적인 자세를 취하는 데 시간이 걸리기도 하지만, 노력하면 그렇게 할 수 있다.

고마움과 감사를 표시한다.

나에게 친절하고 관대하며 도움을 준 사람들에게 감사한다. 이는 우리에게 더 많은 행복감과 스스로에 대한 더 많은 통제력을 갖도록 도와준다. 그로 인해 우리는 인생에 일어나는 좋은 일들에 감사하게 될 것이다. 나의 고마운 마음을 당사자에게 전하는 것 역시 그 사람을 행복하게 만든다.

좋은 기억은 우리가 다시 회복하는 데 도움을 준다.

사랑하는 사람을 잃어서 슬플 때, 함께했던 좋은 시간을 기억하는 것은 도움이 된다(3단원 참조).

좋은 결과도 인정하라.

좋은 일들이 일어날 때 낙관적인 사람이라면, 긍정적인 면을 찾고 기회를 발견하며 열심히 일하고 나로 인해 좋은 일이 일어난다는 것을 깨닫게 된다. 즉, 우리는 자신의 행운을 만들 수 있다. 만약 당신이 비관적인 사람이라면, 스스로 한 것은 아무것도 없으며 단지 운이 좋아서 좋은 결과가 나온 것이라 생각할 것이다.

학습목표

이 단원에서 학생들은 다음의 중요성에 대한 이해가 더욱 향상될 수 있다.

- 긍정적으로 생각하기
- 삶의 좋은 점에 대해 감사하기
- 우리를 지지, 돌봄, 지원해 주시는 사람들께 감사 표현하기
- 일상생활에서 긍정적인 면 추적하기

1. 학습자료

학지사 홈페이지 자료실(www.hakjisa.co.kr)에 이번 단원에서 사용하는 PPT 자료, 오뚝이 Bounce Back! 활동지의 전체가 탑재되어 있다.

2. 어두운 생각 버리고 밝은 생각 사용하기

1) 학습자료

(1) 도서

안녕, 울적아

Bill은 잘되는 것 하나 없는 힘든 하루를 보내고 있다. 심지어 자신이 미행당하고 있다고 느끼는데 그것이 무엇인지는 알 수 없다. 그것은 먹구름처럼 보였다. 그래서 Bill은 그것을 울적이라고 부르기로 결심한다.

(2) 동영상 해시태그

#나쁜 씨앗(The Story of Two Seeds)

두 개의 씨앗은 삶에 매우 다른 접근을 가진다. 한 씨앗은 성장에 있어 긍정적인 접근을 하고 다른 씨앗은 비관적인 접근을 한다.

2) 서클 타임 및 학급토론

학습자료 중 하나를 사용하여 주제를 소개하고 낙관적이고 밝은 측면의 사고와 비관적이고 우울한 사고를 사용하여 토론하게 한다. 각 학생에게 오뚝이 Bounce Back! 활동지 '밝은 생각 vs. 어두운 생각'을 나누어 준다. 활동지에 나온 시나리오 중 하나를 선택하여 서클 타임에서 짝을 지어 샘과 잭(또는 몰리와 테사)의 시나리오를 읽도록 한다. 각 시나리오의 좌절에 대한 밝은 생각과 우울한 생각에 대한 질문에 답을 하고 이야기를 나눈다(다른 날에 다른 이야기와 함께 이 단계를 반복할 수 있다).

토론 질문 샘과 잭 이야기
- 샘과 잭에게 일어난 나쁜 일은 무엇인가요?(수학 시험에 떨어졌다.)
- 긍정적이고 상황이 나아지기를 기대하는 사람은 누구인가요?(잭)
- 상황이 변하지 않거나 심지어 나빠질 것으로 예상하는 사람은 누구인가요?(샘)

- 하나의 나쁜 사건이 삶의 다른 부분에까지 영향을 끼치도록 만드는 인물은 누구인가요?
- 어떤 인물이 자신의 삶에서 괜찮은 것을 생각할 수 있나요?
- 잭이 샘과는 어떤 부분에서 다른가요?(잭은 추가 숙제를 하고 선생님과 이야기 나누며 친구들에게 도움을 요청한다. 샘은 숙제를 그만하고 선생님과 이야기하지 않으며, 수업 시간 질문에 대답하지 않는다.)
- 두 인물 모두에게 '나쁜 시간'이 계속되나요?
- 희망을 잃지 않았던 사람은 누구인가요? 상황이 좋아질 것이라는 희망을 여전히 갖고 있다는 것을 어떻게 보여 주었나요?
- 두 인물이 사물에 대해 다르게 생각하고 다르게 반응한 결과, 어떤 일이 벌어졌나요?

샘과 잭의 이야기는 우리가 생각하는 방식을 스스로 선택할 수 있는 것임을 보여 준다. 우리는 좌절되는 상황에서 낙관적으로 생각을 사용할 수도 있고 비관적으로 사용할 수도 있다.

샘은 비관론자처럼 생각하고 있다. 다음과 같이 생각한다.

- 이 불행한 상황은 나 때문에 일어났어. 나는 수학에서 낙제했으니, 나는 멍청한 게 틀림없어. 나는 수학을 이해하지 못하는 유일한 사람이야.
- 이 불행한 상황은 나쁜 방향으로 모든 것에 영향을 미치고 있어. (수학에 관한 모든 것을 싫어한다.)
- 상황은 영원히 계속될 거고 더 나아지지 않을 거야. (그가 하는 무언가로 인해 상황이 바뀔 수 있다고 기대하지 않는다. 이 안에 갇혔다고 생각한다.)

잭은 낙관주의자처럼 생각하고 있다. 다음과 같이 생각한다.

- 이러한 유형의 불행한 상황은 흔히 벌어질 수 있는 일이고 다른 사람들에게도 일어나. 그것은 단지 나 때문에 일어난 것이 아니야.
- 이건 나의 모든 것에 영향을 주고 있지 않아. 어떤 건 잘되고 있잖아?(그는 과학 프로젝트에서 좋은 점수를 받았다.)
- 이 나쁜 상황은 영원히 계속되지 않을 거야. 상황은 곧 좋아질 거야. 특히 몇 가지 방법을 시도해 보면 더 좋은 변화를 만들 수 있을거야.

토론 질문 몰리와 테사 이야기

- 몰리와 테사에게 일어난 나쁜 일은 무엇인가요?(새로운 학교에 전학을 갔다.)
- 긍정적이고 상황이 나아지기를 기대하는 사람은 누구인가요?(테사)
- 부정적이며 상황이 변하지 않거나 심지어 나빠질 것으로 예상하는 사람은 누구인가요?(몰리)
- 새로 간 학교의 친구들은 절대 친구를 만들지 않을 것이라 생각하는 사람은 누구인가요?(몰리)

- 다른 사람들도 마찬가지로 새로운 학교에서 새로운 친구를 사귀는 것을 어려워할 것이라고 생각하는 사람은 누구인가요?[테사, 자신의 기분을 다른 사람도 느낄 것이라고 생각하는 것을 정상화(nomalizing)라고 한다.]
- 몰리와 테사는 어떤 일을 다르게 했나요?
- 두 인물 모두에게 '나쁜 시간'이 지속되나요?
- 두 인물이 사물에 대해 다르게 생각하고 반응한 결과, 어떤 일이 벌어졌나요?

서클 타임을 마무리하며 테사와 몰리가 어떤 방법으로 비관론자 혹은 낙관론자처럼 생각했는지 다시 살펴본다.

3) 활동

- 짝 이야기 전하기(187페이지 참조)를 사용하여 낙관적 사고를 사용한 경험 혹은 실수, 나쁜 상황에서 '긍정적으로 전환'했던 경험에 대해 짝에게 전달해 준다(예: 부정적인 사고에서 긍정적 사고로 전환).
- 학생들은 오뚝이 Bounce Back! 활동지 '낙관론자와 비관론자는 뭐라고 말할까요?'를 완성한다. 오뚝이 Bounce Back! 저널에 자신들이 앞으로 사용하고 싶은 낙관적 사고방법을 기록한다.
- 학생들은 북 트레일러(198페이지 참조)를 만들거나 '밝은 면 보기'를 강조하는 영화 또는 서적에 대한 리뷰를 작성한다.

유리컵이 반쯤 차 있거나 반쯤 비어 있는 것을 보았나요?

네 명이 한 모둠이 되어, 은유적 표현 '유리컵의 절반이 채워진 또는 절반이 비워진'이 의미하는 바를 토론한다. '절반이 찬 유리컵' 유형 또는 '절반이 빈 유리컵' 유형으로 사람을 구분하여 부를 정도로 너무 유명한 표현이라는 설명을 한다. 각 모둠은 이 은유적 표현에 대한 이해를 시각적으로 보여 주는 포스터를 제작한다. 다른 모둠의 포스터를 보고 해석에 어떤 차이가 있는지 살펴보고 논의한다. 대안적 활동으로 도서 자료 『안녕! 울적아』의 어두운 구름에 대한 은유 표현을 탐구해 볼 수도 있다.

낙관론자 위인전기

학생들은 낙관주의가 목표를 이루는 데 도움이 되었다는 것을 보여 주는 유명한 사람들에 대한 짧은 이야기를 조사하고 발표한다. 책, 영화, TV에서 나온 가상의 인물에 대해 조사하는 것도 가능하다. 10단원 성취에 소개한 많은 도서 자료가 여기에 적합할 것이다. 학생들은 인물이 사용한 낙관적 사고의 특징들을 주사위 패턴(197페이지 참조) 6개의 면에 적어 보는 활동을 할 수도 있다.

4) 드라마

- 학생들은 긍정적(밝은 면)인 생각을 사용하는 사람과 부정적(어두운 면)인 생각을 사용하는 사람이 나오는 이야기나 연극을 만든다.
- 좋은 경찰과 나쁜 경찰(182페이지 참조) 전략을 사용하여 생각을 조언하는 경찰관이 등장하는 시나리오에 낙관적·비관적인 사고를 적용해 보도록 한다. 활동지의 예나 학생들의 생활에서 실제 예를 참고해도 좋다.

3. 긍정적 추적기 사용

1) 학습자료

(1) 도서

네드는 참 운이 좋아

운 좋게도, 네드는 깜짝 파티에 초대하는 편지를 받았다. 하지만 불행히도 파티는 플로리다에서 있었고 그는 뉴욕에 있었다. 운 좋게도 친구가 그에게 비행기를 빌려주었다. 불행히도 모터가 폭발했다. 운 좋게도, 비행기에는 낙하산이 있었다. 이야기는 이렇게 계속된다.

(2) 동영상 해시태그

#2016 리우 장애인 올림픽
2016년 리우 장애인 올림픽 홍보영상이다.

#Hooray for Diffendoofer Day(디펜두퍼의 날 만세), Read aloud
동시대에 시사하는 바가 있는, 좋은 가르침과 좋은 학교에 대한 긍정적인 메시지를 담고 있다. 황량한 Fobber 마을에 있는 선생님들과는 달리, Bonkers 선생님은 좋은 선생님이다. 그녀는 학생들에게 높은 기대를 가지며 긍정적이다. 한글로 번역된 도서는 없으나 Read aloud 동영상으로 접할 수 있고 그림만 참조해도 좋다. 영어판으로 자동 한글 번역 기능을 사용하면 효과적이다.

2) 서클 타임 및 학급토론

2016 리우 장애인 올림픽 동영상을 통해 주제를 소개한다. 다음 사항에 대해 토론한다.

- 동영상의 주요 메시지는 무엇인가요?
- 선수들은 할 수 있는 일에 집중하나요? 할 수 없는 일에 집중하나요?
- 그들은 장애로 인해 성취할 수 없다고 생각해 침울해(부정적이고 비관적) 있나요? 아니면 그럼에도 불구하고 성취할 수 있다는 가능성에 긍정적(낙관적)인가요?
- 동영상을 시청한 후, 어떤 기분이 드나요?(학생들에게 '영감을 받은', '희망적인', '고양된', '긍정적인', '행복한' 등과 같은 긍정적인 감정 목록을 브레인스토밍하도록 권한다.) 회전 브레인스토밍(179페이지 참조)을 사용할 수 있다.
- 여러분은 일상에서 좋은 것이나 나쁜 것 중 어느 것에 집중하나요?

디펜두퍼의 날 만세(Hooray for Diffendoofer Day) 자료를 본다. 안쪽 바깥쪽 서클 만들기(184페이지 참조)를 사용하여 학생들이 네 가지 다른 형태의 질문을 토론하게 한다.

- Bonkers 선생님은 어떤 점에서 긍정 추적자인가요?
- Lowe 씨는 어떤 점에서 부정 추적자인가요?
- 무엇이 Diffendoofer 학교를 재미있게 만드나요?
- Flobber 마을을 우울하게 만드는 것은 무엇인가요?(이 페이지의 색상과 다른 페이지가 어떻게 다르게 표현되었는지 비교)

원 안에 돌아와서 토론 질문을 진행한다.

토론 질문

- 이 책의 운율이나 리듬은 어떤 효과를 주나요?
- 학교와 선생님들의 이름에서 어떤 규칙을 찾을 수 있나요?
- 각 장에서 색깔은 어떤 효과를 주나요?
- Diffendoofer 마을 vs. Flobber 마을에 대한 배치나 모양에 사용된 디자인은 어떤 감정과 관련이 있을까요?
- Bonkers 선생님은 어떤 긍정 추적자인가요? 긍정 추적자는 무엇을 하나요?
- Lowe 씨는 어떤 부정 추적자인가요? 부정 추적자는 무엇을 하나요?(353페이지 핵심 메시지 참조)
- 긍정 추적자가 되면 여러분에게는 어떤 영향을 미칠까요? 다른 사람들에게는?
- 부정 추적자가 되면 여러분에게는 어떤 영향을 미칠까요? 다른 사람들에게는?
- 어떻게 하면 더 긍정 추적자가 될 수 있나요?
- 알고 있는 부정 추적자나 긍정 추적자(익명)가 있나요? 여러분은 그들에게 어떻게 반응하나요?

오뚝이 Boucne Back! 활동지 '오늘은 긍정 추적자!'를 사용하여 긍정 추적자라는 개념을 학습한다. 학생들은 오뚝이 Bounce Back! 저널에 긍정 추적자의 특징을 적어 본다.

3) 활동

- 짝과 함께 학교에 대한 모든 긍정적인 것과 좋은 것의 목록을 작성한다. 이를 바탕으로 짝과 함께 시를 짓고, 모은 시는 학급 문고로 만든다.
- 긍정적 추적과 부정적 추적을 사용하는 캐릭터의 특징을 살펴 만화를 만든다.
- 네 명을 한 모둠으로 구성하여 협력적인 작업을 한다. 학생들이 학교에서 보다 긍정적이며 밝은 면을 볼 수 있도록 장려하는 광고 슬로건을 계획하도록 한다.
- 학생들은 행복한 Diffendoofer 학교와 황량한 Flobber 마을 학교와 같이 행복한 학교와 황량한 학교를 비교하는 시를 쓴다.

나는 어떤 추적자인가요?

학생들은 '나는 어떤 추적자인가요?'를 알아보기 위해 오뚝이 Boucne Back! 활동지 '오늘은 긍정 추적자!'를 사용하여 자신을 진단해 본다. 매일 긍정적인 추적을 하는 말하기를 목표로 정하고 말한 횟수를 오뚝이 Bounce Back! 저널에 적는다.

다섯 가지 긍정적인 것

알고 지낸 또래 친구가 내가 살고 있는 동네로 이사 온다고 가정해 본다. 학생들은 친구에게 동네(학급, 학교, 또는 스포츠 팀)의 다섯 가지 좋은 점이 적힌 이메일이나 편지를 쓴다. 이런 활동은 매우 감동적이고 감사한 이벤트가 될 것이다.

PACE 조사

PACE 전략을 사용하여(186페이지 참조) 낙관적이고 희망적 태도를 표현한 다음의 세 문장 중 어떤 것을 사람들이 가장 선호하는지 알아본다. 결과를 예측하고 실제 결과를 비교한다. 탐구 과정의 페이스를 유지하여 결과의 차이가 왜 나타났는지 그 이유를 살펴보는 활동까지 마무리한다.

- 모든 구름은 밝은 가장자리를 갖고 있다.
- 어둠을 저주하는 것보다는 작은 초를 켜는 것이 낫다. (공자)
- 밤이 아무리 길어도 새벽은 온다. (아프리카의 속담)

TV 광고

네 명이 한 모둠이 되어 긍정적인 추적을 홍보하는 30초짜리 TV 광고를 계획하고 제작하도록 한다. 또래 연령을 대상으로 하는 광고의 특징을 잘 알아보고 어떤 점을 평가할지 공동 또래 정비소 전략(181페이지 참조)을 사용하여 각 모둠이 세운 계획을 점검한 후 제작에 들어가게 한다.

WWWW 시간: What Went Well and Why?

학교 일과가 끝날 때쯤, 학생들은 하루 중 잘된 일(What Went Well) 두 가지를 짝과 함께 나누고 왜 잘되었는지를 설명할 수 있다. 맛있는 점심을 먹고, 누군가와 재미있는 게임을 하고, 교실 활동을 즐기는 등의 작고 소소한 일들이면 충분하다는 점을 학생들에게 상기시켜 준다. 또는 점심시간 바로 전에 오전에 잘된 일과 그 이유, 하루가 끝날 때 잘된 일과 그 이유를 생각해 보고 답하는 활동으로 대체할 수 있다. 이러한 성찰은 '긍정 추적' 기술을 활성화할 뿐 아니라 학생 자신의 행동이 긍정적인 결과를 만들어 내고 있다는 것을 이해시키고 자극할 수 있다.

저학년 학생들과 활동하기

저학년 학생들을 위해 긍정적 추적자의 안테나나 더듬이 형태의 머리띠를 만들 수 있다. 그러고 나서 저학년 학생들에게 학교 또는 학급에 대해 갖고 있는 긍정적 감정을 모두 말하거나 학교에서 하는 활동 중 좋아하는 것을 모두 말해 달라고 요청할 수 있다. 그 후 고학년 학생들도 동일한 활동을 하고 저학년 학생들의 이런 정보를 담은 포스터 만들기 활동을 도울 수 있다. 별장식, 행복한 얼굴 등이 달린 모루를 이용해 저렴한 머리띠를 만들 수도 있다.

4) 드라마

Diffendoofer의 날 공연(Diffendoofer Day performance)

낭독 극장(188페이지 참조)을 활용해 Dr. Seuss의 이야기를 연극 요소가 가미된 낭독이나 무언극 형태의 연극으로 보여 준다. 학생들은 동네의 어르신이나 저학년 학생에게 공연을 보여 줄 수 있다.

핫시트(Hot seat)

세 명이 한 모둠이 되어 라디오나 TV 인터뷰를 계획하고 수행한다. 여기서 한 명은 리포터로 같은 사건(예: 함께 본 스포츠 경기)에 대해 두 사람을 인터뷰한다. 인터뷰 대상자 중 한 명은 긍정 추적자이고 다른 한 명은 부정 추적자이다.

5) 적용

건설적 피드백 사용하기

학생들이 학급에서 발표나 공연을 했을 때 서로에게 피드백을 주게 된다. 이때, 서로에게 친절하고 유용하며 부정적인 것보다 긍정적인 것에 중점을 둔 피드백을 할 수 있도록 안내한다.

- 이 사람은 무엇을 잘했나요?
- 친구들이 다음에 더 좋은 결과를 위해 할 수 있는 한 가지는 무엇일까요?

교실 활동/과제(예: 이야기, 발표)와 관련된 간단한 지시문을 개발하고 학생들이 이를 사용하여 동료에게 피드백을 줄 수 있도록 한다. 보다 복잡한 모둠 과제의 경우에는 공동 또래 정비소 전략(181페이지 참조)의 사용을 고려한다.

긍정 추적을 이끄는 코치 정하기

협력적인 학습 과제를 사용할 때마다 '긍정적 추적 코치'의 역할을 각 모둠에 할당하는 것이 좋다. 코치는 모든 사람에게 긍정적 추적을 상기시키고, 또한 다른 모둠원이 한 긍정적인 발언의 수를 세어 본다(학생 개인이 아닌). 긍정적 추적자 코치 자신이 한 긍정적인 발언은 세지 않는다.

일상에서 좋은 것 추적하기

일상에서 좋은 것들을 추적하고 감사하는 태도를 갖도록 학생들을 장려하는 활동을 규칙적으로 한다. 예를 들어, 다음 중 하나 이상에 대해 곱하고 더하기 전략(185페이지 참조)을 사용한다.

- 우리 반의 가장 좋은 점 네 가지
- 우리 학교의 가장 좋은 점 네 가지
- 우리 나이의 가장 좋은 점 네 가지
- 우리 동네/도시의 가장 좋은 점 네 가지
- 이번 주 수업에서 우리가 했던 가장 좋은 네 가지
- 오늘, 이번 달, 이번 학기, 올해의 가장 좋은 네 가지

각 네 개의 아이디어를 가지고 두 팀이 만나 다시 네 가지를 골라낸다. 최종적으로 학생들은 합의에 의해 가장 창의적이고 좋은 네 가지를 선택한다. 오뚝이 Bounce Back! 저널에 가족 안에서 일어나는 긍정적인 사건을 기록한다. 후속활동으로 서클 타임 또는 짝 이야기 전하기 전략(187페이지 참조)을 사용하여 이번 주에 가족 내에서 일어났던 좋은 일 한 가지에 대해 함께 이야기 나눈다.

즉석에서 긍정적인 추적하기

가능하면, 학생들이 긍정적인 추적(좋은 점 찾기)을 계속 연습할 수 있게 교실이나 운동장에서 발생한 상황을 적용한다. 예를 들어, 하루 동안 아무도 학급에서 키우는 반려동물에 먹이 주는 것을 기억하지 못한 상황에서 "좋은 일이 일어난 건 아니지만, 여기서 우리가 긍정적인 추적을 사용할 수 있는지 봅시다. 어떤 생각이 떠오르나요?"(예: "적어도 전날 남긴 약간의 음식이 있었다."), "우리는 여기서 도움이 되는 무언가를 배웠습니까?"(예: "우리 자신에게 반려동물 먹이 주기를 기억하는 더 나은 방법을 찾아야 한다는 것을 배웠습니다.")와

같이 학생들이 경험하는 부정적인 사건에 이와 같은 긍정적 추적 질문을 함으로써 이러한 방식을 일상에서도 사용할 수 있게 장려한다.

6) 가정 연계 과제

아이의 하루에서 좋은 것을 추척하게 하기

가정에 안내문을 보내, 오늘 하루 아이에게 일어난 긍정적인 일들을 생각하게 격려한다. 저녁 식사 자리나 잠들기 전, 가족은 아이에게 물어본다: "오늘 일어났던 일 중 좋았던 것 세 가지는 무엇이었니?" 아이가 아무것도 떠올리지 못한다면 "오늘 어떤 일로 웃었니?", "누구와 노는 것이 좋았니?", "어떤 활동을 하는 걸 좋아하니?" 같은 촉진 질문을 사용한다. 가족은 아이가 아주 작은 즐거움도 긍정적 추적이 될 수 있다는 것을 상기시킨다. 예를 들어, 밖에 나가는 것, 맛있는 저녁을 먹었던 것 등도 가능하다. 다른 가족원도 이러한 대화를 하도록 장려한다.

7) 게임

다행히도! 게임

도서 자료 『네드는 참 운이 좋아』로 이 게임을 시작할 수 있지만 꼭 그럴 필요는 없다. 두 팀을 구성한다. 한 팀은 '긍정팀'이고 다른 팀은 '부정팀'이다. 이 두 팀이 번갈아 이야기를 짓도록 한다. 예를 들면 다음과 같다.

어느 날 알렉스가 숲속을 걷고 있다가 길 잃은 개를 발견했다.
다행히도 개는 매우 귀여웠다.
불행히도 이 개는 야생의 들개였고 알렉스를 쫓기 시작했다.
다행히도 쫓기다 알렉스는 동굴에 들어갔고, 그곳에서 많은 보물을 발견했다.
불행히도 보물을 가지려 할 때 그곳에 보물을 숨긴 해적이 막 도착했다.

이 게임은 저학년 학생들과도 함께할 수 있다.

긍정적 설명만으로 모양 만들기

학생들은 짝을 지어 활동한다. 한 학생이 삼각형 5개, 사각형 3개, 사각형 3개, 원(또는 다른 모든 조합) 4개를 사용하여 여러 가지 모양을 그린다. 그다음, 짝에게 그림은 공개하지 않으며 그림의 모양을 말로 설명하여 짝이 그림을 그리도록 한다. 단, 수정을 위한 긍정적인 피드백(예: "그래, 맞아. 여기에 선을 더 그리면 돼." 또는 "원을 정확한 크기로 잘 그렸어.")은 줄 수 있지만, "아니야.", "틀렸어.", "잘못 그렸어.", "그렇게 하면 안

> 👤 **교사가 생각해 볼 문제**
>
> 매일 무엇이 좋았고 그 이유를(What Went Well and Why) 생각하는 WWWW 전략을 습관 들이는 것에 대해 생각해 본다. 두 가지 좋았던 일에 집중하고, 그것들이 잘된 이유에 대해 생각해 본다. 이러한 성찰은 긍정적 추적을 활성화하고 긍정적인 감정을 증가시키며 다음과 같은 요인을 인식하도록 도와준다. 이러한 요인에 의해 일이 잘 진행된다는 것을 인식하도록 도와준다.
>
> - 자신의 긍정적이고 효과적인 행동에 의해(반복할 수 있음)
> - 다른 사람의 친절이나 긍정적인 행동에 의해
> - 긍정적인 상황이나(그리고 다시 발생할 수 있는) 얻게 된 기회에 의해(그리고 다시 일어날 수 있음)

돼.", "원을 잘못된 장소에 그렸어." 등과 같은 부정적인 단어나 말은 할 수 없다. 이 전략은 그림(예: 해변 장면)을 그리거나 같은 구조물을 만드는 데도 사용할 수 있다.

4. 희망을 품기

1) 학습자료

(1) 도서

빨간 나무

한 아이가 천장에서 떨어지는 검은 나뭇잎을 발견하고 놀라서 깨어난다. 나뭇잎은 아이를 뒤덮을 것이라고 위협한다. 아이는 꿈속에서 매우 황량한 풍경 속을 배회한다. 모든 희망이 거의 사라질 때, 아이는 방으로 돌아온다. 그리고 선명한 빨간 나무가 될 작은 빨간 묘목을 발견한다.

내가 가장 슬플 때

죽은 아들 Eddie에 대해 생각할 때면 Michael Rosen은 슬픔을 느낀다. 이를 극복하기 위해 자랑스러움을 느끼고, 즐길 수 있는 무엇인가를 하려고 노력한다. 이 슬픈 책은 희망적인 메시지를 담고 있다.

(2) 동영상 해시태그

#The Boy Who Painted the Sun(태양을 그린 소년), Read aloud

어린 소년은 농장에서 힘든 시간을 보낸 후, 가족과 함께 시골에서 도시로 이사 가야만 한다. 그래서 아이는 농장 동물들의 벽화를 그려 자신과 가족이 도시의 암울함과 회색빛에서 살아남을 수 있는 방법을 찾는다. 한글로 번역된 도서는 없으나 Read aloud 동영상으로 접할 수 있다. 그림만 참조해도 좋다. 영어판으로 자동 한글 번역 기능을 사용한다.

2) 서클 타임 및 학급토론

자료의 책들 중 하나를 읽고 주제를 소개한다.

토론 질문

- 희망이란 무엇인가?(역경에도 불구하고 긍정적인 결과나 더 밝은 미래가 가능하다고 믿는 것)
- 책에는 어떤 희망의 상징(예: 태양, 붉은 나뭇잎)이 있었나요? 이러한 것이 우리에게 말하고자 하는 바는 무엇인가요?
- 책 속에 어떤 희망의 메시지가 있었나요?
- 상실이나 비극을 겪은 공동체나 국가의 사람들이 역경을 헤쳐 나가고, 희망을 느끼기 위해 무엇을 하나요?(촛불을 켜고, 헌화하고, 기도하고, 평화와 희망의 메시지를 쓴다.)
- 희망을 품는 것은 여러분이 원하는 것을 성취하고 문제를 해결하거나 기분이 나아지는 데 어떤 도움을 주나요?(희망을 품는 것은 우리를 덜 슬프게 하고 덜 걱정하게 하며, 더 활기차게 만들고 상황에 도움이 될 수 있는 행동을 기꺼이 하게 만든다.)
- 희망을 포기하면 어떤 일이 발생할까요?(좌절하고 문제해결 행동이 부족해진다.)
- 내가(또는 가까이에 있는 사람) 희망을 기대할 수 없었던 일이 잘 풀린 경험이 있나요?(익명)
- 끈기는 낙관주의 및 희망과 어떻게 연관되어 있나요?(가능하다고 믿으면 계속 노력하게 된다.)
- 어떻게 음악이 우리를 희망적으로 만들고, 앞으로 나아가게 할까요? 예를 들어 보세요.
- 여러분이 미래에 품고 있는 희망에 대해 이야기해 줄 수 있나요?

3) 활동

도서 자료『빨간 나무(The Red Tree)』에서 희망이 없을 때의 검은 나무 페이지와 희망이 있는 붉은 나무 페이지를 컬러로 복사하여 나누어 준다. 학생은 다음을 분석한다. 상징, 이미지의 상대적 크기, 단어와 이미지의 관계, 색깔의 효과, 모양과 관련된 감정, 이미지ㆍ단어ㆍ경계의 배치 등을 살펴보고 비교한다.

희망의 상징

학생들은 희망의 상징을 사진으로 만든다. 학생들이 다른 문화권이나 예술 작품에서 희망의 상징이나 기호를 찾아볼 수 있도록 한다. 희망의 상징은 대개 다음 네 가지 범주에 속한다.

- 자연(꽃, 일출, 봄, 무지개)
- 행운의 부적(네잎 클로버, 말발굽)
- 빛(어둠을 밝히는 예: 양초, 별, 태양 등)
- 영성(교회, 십자가, 초승달의 별, 연꽃, 비둘기)

희망의 노래

학생들은 사람들에게 희망을 간직하는 데 도움을 주는 음악(과거 및 현재)을 조사한다. 예: Botany Bay(호주로 보내진 죄수선박에 대한 노래), 제2차 세계대전 영국군가─걱정은 낡은 가방에나 넣어라(Pack Up Your Troubles in Your Old Kit Bag), Somewhere Over the Rainbow(무지개 넘어 어딘가에)

4) 적용

희망나무

모래나 흙이 담긴 항아리나 꽃집에서 파는 오아시스에 막대기를 세워 둔다. 학생들에게 색도화지를 잘라 1~2개의 나뭇잎 모양을 자르도록 한다. 자른 잎에는 미래에 대한 목표나 희망의 메시지를 적는다. 그 후, 막대에 끈이나 모루줄에 연결해 희망의 메시지를 적은 종이 나뭇잎을 전시한다.

5. 감사함을 느끼고 고마움을 표현하기

1) 학습자료

(1) 도서

고맙습니다. 선생님

이 책은 난독증을 앓고 있음에도 불구하고 읽는 것을 배우도록 도와준 한 선생님에 대한 감사가 담긴 저자의 실제 이야기이다. 선생님은 주인공이 이러한 학습장애를 가지고 있다는 것을 알아차린 첫 번째 선생님이었다. 선생님의 관심과 지원은 주인공에게 자신감을 갖게 하고 성공하게 만든다.

폴리애나의 기쁨 놀이

Pollyanna는 고아가 되자 부유한 숙모와 함께 살게 된다. Pollyanna는 솔직하게 진실을 말하는데, 이는 그녀를 곤경에 빠뜨리게 한다. 무언가가 Pollyanna를 괴롭힐 때마다, Pollyanna는 자신을 행복하게 했던 것을 떠올리고 처한 상황의 긍정적인 부분을 나열해 본다.

(2) 영화

폴리애나(Pollyanna)

(3) 노래 해시태그

#감사송 #Thank You for The Music

2) 서클 타임 및 학급토론

주제를 담은 동영상 자료나 노래로 시작한다. 감사가 긍정 추적의 다른 형태인 이유에 대해 토론한다. 다른 사람의 행동, 어떤 장소나 사람의 좋은 점에 대해 생각하고 알아차리는 것을 감사라 할 수 있다. 또한 누군가에 감사한다는 것은 왜 그 사람이 친절한 행동을 했는지, 그 사람은 친절한 행동을 함으로써 무엇을 대가로 지불했는지(예: 무엇을 포기했는지 등), 친절한 행동으로부터 받은 나의 혜택 등에 대해 아는 것이다.

세 가지 감사 생각 질문을 하면 사람들은 많은 감사를 경험할 수 있다.

1. 나에게 좋은 영향을 준 그 사람의 행동은 어떤 것이었나요?
2. 그들은 나를 위해 어떤 노력을 했나요?
3. 그들이 나를 위해 그런 행동을 한 이유는 무엇이었을까요?

다음 이야기를 나눈다.

> Jack은 발이 아파서 쉬는 시간에 게임을 할 수 없었다. Cooper는 가장 좋아하는 스포츠인 축구를 하고 있었다. 그때 Cooper는 친한 친구인 Jack이 혼자 앉아 있다는 것을 알아차렸다. Cooper는 축구 경기를 관두고 휴식이 끝날 때까지 앉아서 Jack과 이야기를 나누었다.

토론 질문

- Cooper의 친절한 행동은 Jack의 상황을 어떻게 더 나아지게 했나요?
- Cooper는 무엇을 포기해야 했나요?
- 어떤 노력을 보여 주었나요?
- Cooper가 Jack을 위해 그런 행동을 한 이유는 무엇이었을까요?
- Cooper는 Jack에게 어떤 생각을 하거나 어떤 감정을 느꼈나요?

세 가지 감사 질문을 사용하여 자료 중 하나를 읽고 토론한다. 그런 다음 학생들은 누군가가 자신을 위해 한 고마운 행동을 생각하고 오뚝이 Bounce Back! 활동지 '감사함에 대한 생각'을 완성한다. 학생들은 물건이 아닌, 다른 사람이 자신을 위해 한 행동에 집중해 감사하도록 한다. 전체가 원을 만들어 이야기를 나누거나 네 명이 한 모둠이 되어 감사함을 나누도록 한다.

3) 활동

만약 감사하는 것이 하나 있을 때마다 만 원(약 $10)을 받는다면, 학생들은 얼마나 많은 돈을 가질 수 있을까? 감사의 크기를 소, 중, 대로 나누어 다른 금액을 부여하여 계산을 더 복잡하게 만들 수도 있다. 학생들은 오뚝이 Bounce Back! 저널에 감사 수입 명세서를 쓴다.

- 각 학생에게 10×10cm의 빈 종이를 나누어 주고 여기에 학생들이 고마워하는 무언가를 그리도록 한다.
- 12×12cm의 색종이에 사각형을 놓은 다음, 서로 다른 색의 사각형을 연이어 붙여 교실의 감사 조각이불/콜라주를 만든다.
- 각 학기 말에 '우리 반의 긍정적 기억'을 캡슐로 만든다. 연말에 캡슐을 열어 학급에서 좋았던 기억을 떠올려 본다.
- 학생들은 긍정적인 기억에 대한 글과 그림을 한 장씩 작성하여 학급의 '긍정적 기억' 책을 만든다.
- 학생들은 '감사합니다'라는 말을 사용하여 감사의 말을 전하는 5행시를 작성한다.
- 학생들은 인터넷을 사용하여 감사에 관련한 인용문이나 명언을 찾는다. 그리고 이 인용문이 왜 학생들의 마음에 와닿았는지 엽서나 이메일에 적는다.
- 짝 활동으로 '감사한 생각'의 예를 보여 주는, 고맙게 여기는 사람들에 대한 1분짜리 비디오를 만든다.
- 학생들이 '감사둥이(GratiDudes)'가 되어 학생들에게 고마운 학교 생활의 측면을 보여 주는 비디오를 만든다.

나는 …에 감사합니다

학생들은 누군가가 나를 위해 베풀었던 호의나 친절에 대해 생각하고 왜 그 사람이 그 일을 했을지 생각해 본다. '나는 …에 감사합니다'라는 주제의 포스터를 작성하고 세 가지 '감사 생각 질문'에 답한다(367페이지 참조). 또는 학생들은 감사한 사람/사람들을 주제로 한 장씩 글을 작성해 우리 학급 문집(197페이지 참조)을 만든다.

감사에 대한 감각을 이용한 시

학생들은 감사한 대상에 대해 오감을 이용한 시를 짓는다. '내가 보고 듣고, 냄새 맡고, 맛보고, 감사한' 것들을 압축해 감각적인 시를 쓴다. 예를 들면 다음과 같다.

> 햇빛은 물 위에서 반짝이고
> 파도는 모래 위를 철썩이며

바람에서는 바다 냄새가 난다.

손가락 사이로 바닷물이 흐르고

내 손가락은 어느새 소금 맛이 난다.

나는 해변이 좋다.

매일 감사기록

하루에 얼마나 자주 '감사합니다.'라고 말하는지 세어 본다. 먼저, 저널에 20개의 원을 그리고, 고맙다고 말할 때마다 하나의 원을 체크한 후 그 위에 고맙다고 말한 시간을 기록한다. 진심으로 고마워하는 것만 포함시켜야 하며, 친구에 대한 작은 부분의 감사함도 포함될 수 있다. 결과는 오뚝이 Bounce Back! 저널에 기록한다.

탐구 기반 조사

모든 종교에서는 삶, 건강, 행복에 대한 감사나 감사의 중요성을 중요하게 다룬다. 각 모둠은 서로 다른 종교(예: 유대인, 기독교, 불교, 힌두, 이슬람교) 및/또는 감사와 관련한 문화를 조사한다.

틱낫한은 유명한 불교 승려이다. 사람들의 신념과 상관없이 모든 사람은 그의 아침 감사 기도/성찰을 실천할 수 있다.

아침에 일어나서 나는 파란 하늘을 본다.

그리고 두 손을 모아 감사를 표한다.

삶의 많은 경이로움에 대해

나에게 새로운 하루가 주어진 것에 대해

다른 모둠의 학생들은 아침 기도/성찰, 다른 기도, 감사 메시지를 슬라이드 쇼, 포스터 등으로 보여 줄 수 있다.

감사 선물상자

학생들은 특별한 누군가에게 선물할 감사 상자를 만든다. 고마운 누군가는 다양한 활동과 감사가 적힌 메시지를 담은 상자를 선물받게 된다. 세 가지의 '감사한 생각 질문'을 생각하며 카드를 작성한다. 특별한 친구나 가족을 위해 또는 생일이나 어버이날 등에 훌륭한 선물이 될 수 있다. 다음은 학생들이 감사한 일을 생각해 내는 데 도움을 제공할 것이다.

- 책, 이야기, 노래, 게임 또는 함께 본 영화
- 공휴일 추억
- 함께한 활동

- 함께 방문한 특별한 곳
- 함께 나눈 재미있는 일

학생들은 디지털상에서 소프트웨어를 사용하여 메시지 문구를 전달할 수도 있다. 학생들이 그린 그림 혹은 이 사람과 함께한 사진 중 하나를 골라 '나는 기억납니다'라는 문구와 함께 스캔하여 카드의 앞면을 디자인한다. 그리고 나서 함께 했던 감사한 추억의 이야기를 적는다.

감사 주간 사진들

2주 동안 매일, 학생들이 감사한 것을 담은 사진을 하나씩 만든다. 사람, 장소, 물체, 반려동물 등이 될 수 있다(예: 스포츠, 반려동물과 함께하기, 취미생활하기, 자연을 즐기기). 학생들은 각각의 사진 아래, 왜 이 사진을 선택했는지 쓴다. 여기서 중요한 핵심은 학생들이 보고, 냄새 맡고, 듣고, 맛보고 하는 것처럼 작은 일에도 감사를 느낄 수 있다는 사실을 인식하게 하는 것이다. 아이스크림의 맛, 친구와 함께 웃는 것, 친구와 함께 하는 게임, 가족의 큰 미소 등이 될 수 있다. 앨범을 위해 사진을 인쇄하거나 슬라이드 쇼로 만들 수 있다. 매일매일 다른 학생들의 사진을 공유한다. 매일 일어나는 일상적인 일들에 대해 긍정적 추적을 함으로써 우리가 얻을 수 있는 좋은 점이 무엇인지 논의하도록 한다. 이 활동은 삶에서 의식하지 못했던 좋은 것들에 대한 우리의 감사를 증가시킨다. 또한 좋은 것, 좋은 사건, 좋은 순간을 추억으로 만들고 기억하는 데 도움을 준다. 다른 사람들과 사진을 공유하는 것은 경험을 함께 나누며, 순간을 음미하는 것을 의미한다. 학생들이 감사한 이런 것들을 오뚝이 Bounce Back! 저널에 기록할 수 있다.

감사에 대한 성찰

한 주 동안 기회가 될 때마다 학생들에게 고마운 일 두 가지와 그 이유를 설명하도록 한다. 이러한 성찰은 학생들이 삶에서 의식하지 못한 좋은 것에 대한 인식을 향상하게 하고, 학생들을 돌보고 있는 사람들에 대한 고마움도 느낄 수 있게 하는 기회를 지속적으로 제공할 것이다. 예를 들면 다음과 같다.

- 나는 사랑하는 가족이 있다.
- 좋은 친구들이 있다.
- 사랑스러운 반려동물이 있다.
- 나는 건강하다.

4) 적용

감사 정거장

학급의 '감사 정거장'을 개설하고 매주 방문한다. 학생들에게 감사했던 무언가를 다른 사람들과 나누는 활동은 학생들의 감사 감정 자체를 높여 주며, 학생들의 행복을 증가시킬 수 있다. 이 단원에는 감사 활동과 긍정적 추적 활동에 대한 많은 아이디어가 담겨 있다. 학생들은 수업 토론이나 서클 타임 활동을 통해, 감사 및 추적 활동으로 만든 것들을 전시할 수 있다. 또한 나를 위한 친구의 행동에 감사를 전달하기 위해 e메일, 카드, 문자 메시지 또는 편지를 준비하고 감사 정거장에 게시할 수 있다. 또한 친구가 보여 준 우정이나 지지에 공개적으로 고마움을 표현할 수 있다. 또한 다양한 분야의 사람에게 학급 전체의 감사 메시지를 보낼 수 있다(예: 스포츠 축제의 도우미, 문제해결에 힘써 주는 유지보수 직원, 기부금으로 활동하는 지역 사업체 등).

> **교사가 생각해 볼 문제**
>
> 일상에서 감사한 일 다섯 가지와 그 이유에 대해 성찰해 볼 수 있는 시간을 규칙적으로 갖는다. 이런 시간은 주변 사람들과 환경을 새롭게 인식하고 이런 자세를 습관으로 유지하는 데 도움을 준다. 이 시간을 통해 나는 안전하고, 지지받고, 보살핌을 받고, 함께 즐길 수 있는 사람이 있다는 것을 알아차릴 수 있다. 예를 들면, 사랑하는 가족, 좋은 친구, 내가 사는 곳이 있다는 것, 혹은 팀이나 공동체의 일원이라는 사실이나 건강하다는 것 등을 감사 목록에 포함할 수 있다.

6. 자신만의 행운 만들기

1) 학습자료

(1) 도서

달을 줄 걸 그랬어: 농부들의 행운

이것은 한 농부의 행운과 불운에 대한 이야기이다. 농부의 말이 도망쳤지만(불운) 그 후 다른 두 마리의 말과 함께 되돌아왔다(행운). 그리고 나서 …와 같이 행운과 불운이 반복적으로 제시된다.

(2) 동영상 해시태그

#달을 줄 걸 그랬어
'농부들의 행운'의 애니메이션 버전 자료이다.

2) 서클 타임 및 학급토론

주제를 담고 있는 자료를 읽거나 보여 주면서 시작한다. 등장인물에게 행운이나 불운으로 여겼던 일이 관점에 따라 다르게 생각될 수 있음을 강조한다. 다음과 같은 질문에 떠오르는 단어를 적어 보는 싱크 · 잉크 · 페어 · 셰어 팁(191페이지 참조) 활동을 한다.

- 행운이란 무엇인가요? 불운은 무엇인가요?
- 어떤 사람들은 좋은 운을 타고나고 또 어떤 사람들은 나쁜 운을 타고난다고 생각하나요?
- 항상 운이 좋은 사람이 있나요?(우리 모두 약간의 행운을 가졌으며 행운은 '무작위'로 온다.)
- 자신 스스로를 행운아(luckier)로 만들 수 있나요?

서클 타임에서 학생들의 대답을 나누는 시간을 갖는다. 질문에 대한 학생들의 답변을 들어 보고, 행운이나 불행에 대한 학생 자신의 경험을 이야기하도록 한다. 그 후, 네 명을 한 모둠으로 구성하여 직소 퍼즐(184페이지 참조)을 한다. 직소 퍼즐의 주제는 Richard Wiseman의 행운 사고방식의 네 가지 원칙이다. 학생들에게 오뚜기 Bounce Back! 활동지 '나만의 행운 만들기 네 가지 원칙'을 배부한다.

- 행운이 있는 사람들은 좋은 기회를 찾고 그 기회를 최대한 활용한다.
- 운이 좋은 사람들은 자신의 직감에 귀 기울이고 이를 지나치지 않고 확인한다.
- 행운이 있는 사람들은 자신에게도 행운이 일어날 수 있다고 기대한다.
- 행운이 있는 사람들은 나쁜 사건이나 상황을 좋은 방향으로 돌린다.
  (Wiseman, R., 2004, *The Luck Factor: The Scientific Study of the Lucky Mind*, Cornerstone, London.)

각 모둠원은 종이를 잘라서 네 개의 이야기를 하나씩 나누어 갖는다. 다른 모둠의 같은 원칙을 가지고 있는 사람끼리 만나 전문가 팀을 이루어 해당 행운의 원칙을 누가 언제 사용했는지, 그 사례에 대해 이야기 나눈다. 홈 팀에 돌아와서 공유된 원칙의 예시들을 정리하여 알려 준다.

토론 질문
- 일부 사람들은 왜 자신이 평소에 '불행한' 사람이라고 생각하나요?(일이 자기 뜻대로 되지 않는 시간은 너무 과대평가하고 일이 잘 풀리는 시간은 과소평가한다. —그들은 운이 없다는 자신의 생각대로 편향되게 사건을 바라본다, 자신이 운이 좋을 것이라 믿지 않기 때문에 기회를 찾지 않고, 인내하지 않으며, 일에 적극적으로 참여하지 않는다.)
- '열심히 일할수록 더 좋은 운을 갖는다'는 말은 무슨 뜻인가요?(전 미국 대통령 토머스 제퍼슨의 인용구를 적용)
- 어떻게 하면 우리는 우리 자신을 행운아로 만들 수 있을까요?(열심히 일하고, 인내하며, 정보를 얻고, 무엇이 방해될지 찾으며, 문제를 해결하기 위해 노력하고, 사람들에게 도움을 요청한다.)

> ### 👤 교사가 생각해 볼 문제
>
> 당신은 행운 같은 것이 있다고 생각하는가? 영국의 심리학자인 리처드 와이즈먼 박사는 인생에 대한 수백 명의 연구에서 어떤 사람들은 스스로를 매우 운이 좋다고 생각하는 반면, 어떤 사람들은 매우 운이 없다고 생각한다는 것을 발견했다(대부분의 사람은 그 중간쯤에 든다. 특별히 운이 좋거나 불행하지 않다고 생각한다). 그는 운이 좋은 사람들에게서 그 행운이 환상이 아니라는 것을 발견했다. 이 사람들은 정말로 운이 좋았다. 그러나 그들의 운은 그들의 삶에서 행운을 창조하기 위한 네 가지 원칙에 기초했다. 네 가지 원칙은 앞의 직소 퍼즐 활동에 요약되어 있다(앞 페이지 참조).

3) 활동

학생들은 도서 자료『달을 줄 걸 그랬어: 농부들의 행운』을 참고하여 자신의 행운/불운 이야기를 쓴다.

자신을 돕기

짝 이야기 전하기 전략을 사용하여(187페이지 참조) 학생들 스스로가 행운의 기회를 만들거나, 기회를 최대한으로 확대한 자신만의 방법이 있다면, 한 가지씩 이야기하게 한다(예: 팀원이 되고 싶어서 더 열심히 연습한다, 누군가와 친구가 되고 싶어 그 친구와 더 이야기하려 노력한다, 읽기 실력을 향상하고 싶어 더 자주 읽는다). 각 모둠은 친구들의 이야기에서 배운 것을 다시 발표한다. 발표 내용을 싱크 · 잉크 · 페어 · 셰어 팁(191페이지 참조)을 활용하여 느낀 것들을 단어로 다시 적어 보고, 학생들의 변화된 생각에 대해 토의한다.

행운의 부적 만들기

다양한 문화에서 믿고 있는 행운의 상징(예: 중국의 빨간색, 네잎클로버), 불길한 미신(예: 숫자 13), 행운/불운의 이유 등 스스로 프로젝트와 활동의 계획, 개발 및 평가에 참여하는 탐구 기반 학습(183페이지 참조) 전략으로 진행한다.

집단 교실 탐구

집단 교실 탐구(180페이지 참조)를 사용하여 다음 내용을 수집한다.

- 다른 문화에서 행운의 상징
- '희망(hope)', '운(luck)', '운이 좋은(lucky)', '긍정적인(positive)' 등의 단어가 포함된 노래 제목

4) 게임

코너 모임 확률

운과 무작위적 확률을 경험하기 위해 코너 모임(181페이지 참조) 확률 게임을 한다. 방의 네 모서리를 각

각 다른 색상으로 표시한다. 하나의 상자에 네 가지 다른 색깔의 공이나 카드를 넣는다. 모든 학생은 하나의 모서리를 선택하고 그 안쪽에 선다. 상자에서 색깔 있는 공이나 카드 하나를 선택하여, 일치하는 색깔의 모서리에 서 있는 학생들은 아웃된다. 한 사람만 남을 때까지 각 단계를 여러 번 반복한다. 이러한 활동은 무작위 행운과 같은 것이어서, 우리는 이런 운에 의지할 수 없음을 강조한다. 그 대신 자기 자신을 행운아로 만들 수 있음을 믿게 한다. 예를 들면, 적극적으로 행동하기, 기회를 찾기, 자신의 예감에 따라 행동하기, 열심히 일하기 등과 같은 행동이 그러하다.

7. 단원정리

1) 활동

부정적인 것을 긍정적인 것으로 바꾸기

학생들과 함께 레모네이드를 만든다. '삶이 레몬을 준다면, 레모네이드를 만들라.'는 말에 대해 논의한다. 그리고 나서 학생을 모둠으로 나누어 이 말을 역할극으로 꾸며 보거나, 부정적인 것을 긍정적인 것으로 바꾸기와 같은 주제로 상상력이 풍부한 문장을 만들도록 한다.

성찰하기

성찰하기(188페이지 참조) 활동을 위해 주사위 던지기(192페이지 참조), 안쪽 바깥쪽 서클 만들기(184페이지 참조) 또는 음악과 함께 토론(185페이지 참조) 전략을 사용할 수 있다. 다음의 문장을 완성한다.

- 사람들이 행운아가 될 수 있게 하는 한 가지는 …이다.
- 내가 운이 좋았던 때는 …이다.
- 학교에 감사한 한 가지는 …이다.
- 긍정적 추적자가 하는 한 가지는 …이다.
- 열심히 일할수록 더 행운을 얻는다는 말은 무슨 의미인가?
- 낙관적인 생각이란 무엇인가?
- 비관적인 생각이란 무엇인가?

낙관론 관련 인용문

학생들은 세 명이 한 모둠을 이루어 인용문을 전문적으로 다루는 인터넷 사이트에서 희망, 밝은 측면 찾기, 긍정적으로 생각하기, 긍정주의 등과 관련된 긍정 인용문 3~4개를 찾도록 한다. 다음은 몇몇 유명한 인용문과 저자들이지만 학생들은 온라인에서 더 많은 인용문을 찾을 수 있을 것이다.

- 밤이 길어도 새벽은 밤을 깨운다. (아프리카의 속담)
- 모든 구름은 은빛 테가 둘러져 있다.
- 어둠을 욕하기보다는 촛불을 켜는 것이 낫다. (공자)
- 바람이 불어도 이익을 보는 사람이 있다.
- 레몬이 주어지면 레모네이드를 만들어라. (익명)
- 낙관주의자-매일의 어려움에서 기회를 찾는 사람, 비관주의자-매일의 기회에서 어려움을 찾는 사람

Lorna Jane, Layne Beachley, Francois Guizot, Alphonse Karr의 인용문을 참고한다.

학생들은 그들의 나이와 관련이 있으면서, 두 개 이하의 문장으로 구성된 짧은 인용구를 찾는다. 다른 모둠의 인용문을 베끼지 않는지 확인한다. 그런 다음 각 모둠은 자신이 선호하는 인용문(및 작성자)을 세 개 언급하고 발표한다. 학생들은 또한 학급 책, 포스터, 냉장고 자석 또는 책갈피에 넣을 가장 좋아하는 인용구를 선택할 수 있다.

핵심 어휘

또래교사 팀 코칭(191페이지 참조)을 사용하여 학생들이 5단원 낙관성에 관련된 어휘와 철자를 적절한 수준까지 숙달할 수 있도록 한다. 이것은 낱말을 습득하는 기회를 주기도 하고 어원, 어미와 관련된 교육과정과도 연결된다. 예를 들면 다음과 같다.

성취하다/달성/성취자
(achieve/achievement/achiever)

감사하다/감사
(appreciate/appreciation)

선택/선택하다
(choice/choose)

자신감/자신 있는
(confidence/confident)

운/운 좋은/운 좋게도
(fortune/fortunate/fortunately)

미래
(future)

관대한/관대하게
(generous/generously)

우울함/우울한/우울/우울한 사람
(gloom/gloomy/gloominess/gloomier)

감사한/감사/감사하여
(grateful/gratitude/gratefully)

희망/희망에 찬/절망적인
(hope/hopeful/hopeless)

기회
(opportunity)

낙관론자/낙관적인/낙관주의
(optimist/optimistic/optimism)

인내하다/인내
(persevere/perserverence)

비관론자/ 비관적인/비관주의
(pessimist/pessimistic/pessimism)

영감을 주다/영감/영감을 주는
(inspire/inspiration/inspirational)

긍정적인/긍정적으로
(positive/positively)

운/행운의/운 좋게/운이 없는/행운아
(luck/lucky/luckily/unlucky/luckier)

기호/상징적인
(symbols/symbolic)

기억
(memory)

감사하다/감사한/감사하지 않는/감사/감사받지 못함
(thank/thankful/thankless/thankfulness/thanklessness)

부정적/부정적으로
(negative/negatively)

더 나쁜/가장 좋지 못한
(worse/worst)

저학년 학생들과 함께 과제하기

- 학생들은 똑같은 어항에 사는 두 마리의 금붕어인 Chester와 Gil의 이야기를 '낙관성'의 주제와 연결시켜 저학년 동생들에게 알려 준다. Gil은 매일 똑같은 일을 하는 것을 좋아하지만, Chester는 '인생은 만들어 가는 것'이라는 좌우명대로 살고 싶어 한다. Chester는 '물이 반이나 찬 컵' 금붕어이고 Gil은 반대이다. 어떤 일이 발생하면 Chester는 해결하고자 한다. Chester의 긍정 추적을 상상하여 간단한 글과 함께 금붕어 그리기 및 색칠을 함께할 수 있다.
- 세 명이 한 모둠이 되어 '더 나빠질 수도 있었어!'라는 제목의 입체 카드나 간단한 그림책을 만들 수 있다. 혹은 슬라이드 단위로 움직이는 간단한 PPT를 만들 수 있다. 저학년 학생들을 화나게 할 수 있는 작은 것(예: 넘어지는 것, 누군가 그들의 장난감을 가지고 가는 것 등)들을 위에 적고, 입체카드/슬라이드 아래에는 다행히도 일어나지 않은 더 나쁜 일에 대한 그림을 그리고 쓴다. 저학년 학생들이 나쁜 상황에서 발견할 수 있는 좋은 점과 긍정적으로 추적하는 방법을 이해하는 데 도움을 준다.
- 학생들은 부정 추적자와 긍정 추적자인 두 아이에 대한 상상력 있는 글을 쓴다. 이때 긍정 추적자에는 저학년 학생의 이름을 붙여 준다. 그 이야기는 소풍, 해변으로의 여행, 동물원 등에 관한 것일 수 있다.

2) 게임

전체 학급이나 모둠으로 다음 게임 중 하나를 한다.

- 앞일까 뒤일까 PPT 자료(178페이지 참조)
- 비밀단어 퍼즐 PPT 자료(181페이지 참조)— 비밀 메시지 '긍정적 추적은 사람들을 행복하게 만든다(Positive tracking can make people happier)' 활동 후, 짝끼리 비밀 메시지 '밝은 면을 보자(Looking on the bright side)'를 바꾸고 자신만의 게임으로 진행할 수도 있다.
- 메모리 카드 PPT 자료(184페이지 참조)—명사와 어울리는 형용사를 찾는다.

낙관주의/낙관적인(optimism/optimistic)	운/운 좋은(fortune/fortunate)
행운/행운의(luck/lucky)	비관주의/비관적인(pessimism/pessimistic)
밝음/밝아지다(brightness/brighten)	사은/고맙게 생각하는(thankfulness/thankful)
희망/희망에 찬(hope/hopeful)	부정적인 성향/부정적으로(negativity/negatively)
감사/감사한(gratitude/grateful)	암울/암울한(gloominess/gloomy)
긍정/긍정적으로(positives/positively)	영감/영감을 주는(inspiration/inspirational)
고마움/고마워하다(appreciation/appreciate)	자신감/자신감 있는(confidence/confident)

단어 탐정

추후 활동으로 단어 탐정(195페이지 참조)을 활용하여 '낙관성' 단원의 단어로 학생들 자신만의 게임을 만든다.

3) 오뚝이 Bounce Back! 시상식

오뚝이 활동지의 시상식 상장 형식을 이용하여 이 단원의 낙관성 가치를 가장 잘 보여 준 학생에게 수여한다.

8. 오뚝이 Bounce Back! 활동지

• 다음 활동지는 학지사 홈페이지 자료실(www.hakjisa.co.kr)에도 탑재되어 있다.

밝은 생각 vs. 어두운 생각
—샘과 잭 이야기—

(   ) 학년 (   ) 반 이름 (   )

샘은 중학교에 막 입학했고 지난주 아주 중요한 수학 시험을 치렀다. 그런데 시험에 통과하지 못했다. 샘은 자신이 반에서 수학을 제일 못한다고 생각했기 때문에 결과에 그다지 놀라지 않았다. 샘은 숙제하는 것을 그만두었고 교실에서 선생님께서 질문을 하면 무시하거나 이상하게 굴었다. 샘은 어떤 대답을 해도 틀릴 것이라고 생각했기 때문이다. 더불어 다른 친구들은 다 선생님 말씀을 잘 이해한다고 스스로에게 이야기했다. 샘은 자신을 도와줄 수 있는 사람이 아무도 없을 것이라고 생각했기 때문에 이렇게 고군분투하는 것을 선생님에게 털어놓을 수도 없었다. 몇 달 뒤, 샘은 전체 과목에서 낙제하였고 수학을 싫어하게 되었다.

잭은 중학교에 막 입학했다. 그리고 지난주 아주 중요한 수학 시험을 쳤다. 그런데 시험에 통과하지 못했다. 잭은 우선 시험에 통과하지 못했기 때문에 화가 났지만 선생님과 안 좋은 수학 실력에 관해 상담했다. 선생님은 용기를 북돋아 주었고 잘 못한 부분에 대한 나머지 숙제를 제시해 주었다. 잭은 또한 이렇게 시험을 못 본 사람이 자기 말고 또 있을 것임을 기억했고 적어도 영어 작문에서는 좋은 점수를 받았다는 것을 기억했다. 이해가 안 되는 것은 친구들에게 물어서 확실하게 이해하라고 선생님이 조언을 해 주셨다. 다음 시험에서 잭은 더 좋은 점수를 받았다. 이제 이번 학기 말에는 A나 B 정도는 받을 수 있을 것이라고 생각하게 되었다.

좌절에 대한 어두운 생각	좌절에 대한 밝은 생각
샘의 생각을 기록하세요.	잭의 생각의 기록하세요.
나 때문인(샘 스스로를 비난하는 생각)	단지 나의 탓만은 아닌(잭의 점수는 잭 탓만이 아니라 다른 원인으로부터도 일어난다는 생각)
모든 것(이 좌절은 모든 것에 영향을 줄 것이라는 생각)	모든 것은 아닌(이런 좌절이 모든 것에 영향을 주지는 않을 것이라는 생각)
항상(이런 상황은 같은 방식으로 항상 계속될 것이라는 생각)	항상은 아닌(상황을 좋게 하기 위해 무언가를 할 수 있는 일이 있다는 생각)

밝은 생각 vs. 어두운 생각
―몰리와 테사 이야기―

(   ) 학년 (   ) 반 이름 (   )

몰리는 이번 해 중학교에 입학했다. 몰리는 새 학교에 아는 사람이 하나도 없었기 때문에 너무 긴장되었다. 고등학교에서 몰리는 친구가 없고 밥을 구석에서 혼자 먹는다고 아이들이 이상하게 생각할까 봐 걱정되었다. 그래서 혼자인 것을 아이들이 못 알아보도록 바쁜 척했다. 몇 주 후에 몰리는 이미 다른 아이들은 친구들이 다 있고 누군가 사귀기 위해서는 너무 늦었다고 스스로에게 말하고 있었다. 몰리는 여전히 같은 구석의 자리에 앉아 있었고 친구를 만들기 위해 아무에게도 말을 걸지 않았다.

테사는 이번 해 중학교에 입학했다. 테사는 새 학교에서 아는 사람이 하나도 없었기 때문에 너무 긴장되었다. 첫날은 조금 외로웠다. 그런데 점심시간에 테사는 다른 여자아이들은 자기들끼리 앉아 밥 먹는 것을 보았고 긴장되었다. 그래서 테사는 여자아이들에게 웃음을 보냈고 그 아이들도 웃었다. 그 후 테사는 여자 친구들에게 자신을 소개했다. 여전히 초등학교 때 친구들이 보고 싶었지만 몇 주 후에 테사는 좋은 그룹을 만들 수 있었다. 주말에 만나기로 하였고, 영화를 같이 보러 가기로 하였다.

좌절에 대한 어두운 생각	좌절에 대한 밝은 생각
몰리의 생각을 기록하세요.	테사의 생각의 기록하세요.
나 때문인(몰리가 스스로를 비난하는 생각)	단지 나의 탓만은 아닌(상황은 테사 외에 다른 것으로부터도 일어난다는 생각)
모든 것(이 좌절은 모든 것에 영향을 줄 것이라는 생각)	모든 것은 아닌(이런 좌절이 모든 것에 영향을 주지는 않을 것이라는 생각)
항상(몰리 행동은 같은 방식으로 항상 계속될 것이라는 생각)	항상은 아닌(상황을 좋게 하기 위해 무언가를 할 수 있는 일이 있다는 생각)

낙관주의자와 비관주의자는 뭐라고 말할까요?

(   ) 학년 (   ) 반 이름 (   )

각각의 상황에서 말풍선에 낙관주의가 말할 수 있는 것과 비관주의가 말할 수 있는 것을 적으시오.

낙관주의자는

◎ 긍정적인 면을 찾고 희망을 유지한다.

◎ 나쁜 시간은 지나간다고 생각한다.

◎ 나쁜 것이 인생의 다른 부분을 망칠 수 없다는 것을 안다.

◎ 얼마나 작든지 자신의 성공과 스스로의 노력을 믿는다.

반면, 비관주의자는

◎ 비관적인 면을 찾고 희망을 재빨리 잃어버린다.

◎ 나쁜 시간은 계속되고 지속될 거라 생각한다.

◎ 나쁜 일이 일어난다면 모든 부분이 같이 망가질 거라고 생각한다.

◎ 좋은 일은 나의 노력 덕분이 아니라 어쩌다 운 때문에 일어난 것이라 생각한다.

아는 친구들이
거의 없는 곳에
놀러오라고 한다.

낙관주의자   비관주의자

할머니가 갑자기
심장마비로
병원에
입원하셨다.

낙관주의자   비관주의자

낙관주의자와 비관주의자는 뭐라고 말할까요?

(   ) 학년 (   ) 반 이름 (   )

중학교에 입학했는데
아는 친구가
하나도 없었다.

낙관주의자   비관주의자

우리 집 강아지가
없어졌는데
찾을 수가 없다.

낙관주의자   비관주의자

전교회장으로
추천되었는데
상대 후보는
인기가 많은
아이였다.

낙관주의자   비관주의자

오늘은 긍정 추적자!

(   ) 학년 (   ) 반 이름 (   )

몇몇 사람은 긍정 추적자이다.

긍정 추적자를 설명할 수 있는 단어는 '박수를 치는', '인정하는', '받아들이는', '존중하는', '낙관적인'이다. 긍정 추적자는 긍정 안테나를 머리 위에 달고 다니는 것처럼 보인다. 아주 높은 긍정적 측면을 탐색하는 안테나이다. 안테나는 계속적으로

◎ 나를 위한 것들과 내가 좋아하는 것을 찾는다.

◎ 나의 특성과 행동에 있어 가장 잘했던 것이나 가장 잘하는 것을 찾는다.

◎ 나쁜 일 속에서 작은 것이라도 좋은 것을 찾는다.

◎ 다른 사람들의 말과 행동에서 성공적인 것과 좋은 것을 찾는다.

긍정 추적자들은 좋은 것을 말할 때 자신들에 대해 열린 마음으로 말한다. 다른 사람에게 힘 있는 영향력이 있다. 대부분의 사람은 긍정 추적자들을 좋아한다. 긍정 추적자는 자신감이 있다. 좋은 것에 포커스를 맞출 것을 알기 때문에 안정감을 느낀다. 이것은 사람들을 기분 좋게 만든다. 긍정 추적자는 좋은 것들을 지적한다. 긍정적이다. 긍정 추적자들은 재미있고 생기 넘치고 친근한 환경을 만든다.

몇몇 사람은 부정 추적자이다.

부정 추적자를 설명할 수 있는 단어는 '비난과 불평', '투덜과 신음', '비운과 우울', '거부와 무례함' 그리고 '비관적인'이다. 부정 추적자는 부정적 안테나를 머리 위에 달고 다니는 것처럼 보인다. 아주 높은 부정적 측면을 탐색하는 안테나이다. 안테나는 계속적으로

◎ 잘못되어 가고 있는 것과 좋아하지 않는 것을 찾는다.

◎ 일상에서 일어나는 나쁜 것들을 찾는다.

◎ 스스로의 실수와 실패를 찾고 자신의 성격의 결함을 찾는다.

◎ 다른 사람의 실수와 나쁜 점을 찾는다.

부정 추적자들이 나쁜 것을 찾을 때 사람들에 대해 비판적으로 말하고 심술궂게 대한다. 부정 추적자들의 영향은 슬픈 것이다. 대부분의 사람이 부정 추적자를 좋아하기란 어려운 일이다. 부정 추적자는 자신감이 없어 보인다. 자신을 그렇게 좋아하지 않는 것처럼 보이기 때문이다. 사람들을 거부한다. 부정 추적자들의 단체에서는 안전함을 느끼지 못한다. 왜냐하면 서로의 실수와 단점을 찾아낼 것이기 때문이다. 이런 부정적 성향은 전염되며 사람을 낙담시킨다. 그래서 좋은 친구를 만들 수 없고 침체된 느낌의 환경을 만들어 내는 경향이 있다.

사람은 바뀔 수 있나요?

모든 사람은 때때로 부정 추적자이다. 왜냐하면 우리는 아무도 완벽하지 않기 때문이다. 우리는 그렇지만 긍정 안테나와 부정 안테나를 모두 가지고 있다. 우리의 부정 안테나의 감도를 낮추고 긍정 안테나의 감도를 높이는 연습을 할 수 있다. 이를 위해 다음을 제안한다.

◎ 하루를 마감할 때 잘되었던 일을 적어도 다섯 가지 떠올린다.

◎ 그 사람이 그 자리에 없을 때 남을 헐뜯거나 끌어내리는 것을 피하라. 남을 헐뜯는 것은 나에게 돌아옴을 기억하라.

◎ 상황이 뜻한 곳으로 가지 않더라도 보채거나, 신음하거나, 불평하지 않는다.

◎ 다른 사람과 자신에 대한 비평을 줄인다.

◎ 아무리 조그만 것일지라도 내가 잘하는 것을 찾는다.

◎ 다른 사람들의 긍정적인 부분을 진정성 있게 밝혀내라.

◎ 삶에서 나쁜 일이 일어날 때는 작더라도 밝은 부분을 밝혀내라(예: 배울 부분이 있었는가? 더 나빠질 수도 있었는가? 좋은 면이 발생했는가?).

감사함에 대한 생각

(   ) 학년 (   ) 반 이름 (   )

누군가가 나를 위해 한 친절한 행동이나 도움이 되었던 행동을 설명해 보세요.

_____
_____
_____
_____

좋은 상황을 만들어 준 그 사람의 행동은 어떤 것이었나요?

_____
_____
_____
_____

나를 위해 무엇을 포기했나요? 나를 위해 어떤 노력을 했었나요?

_____
_____
_____
_____

왜 나를 위해 그랬을까요? 나를 어떻게 생각하거나 느낄까요?

_____
_____
_____
_____

나는 다른 사람들이 감사를 느낄 만한 무언가를 했나요?

_____
_____
_____
_____

나만의 행운 만들기 네 가지 원칙

(   ) 학년 (   ) 반 이름 (   )

1. 행운이 있는 사람들은 좋은 기회를 찾고 그 기회를 최대한 활용한다.

기회를 잡는 것은 나를 도와줄 찬스이다. 항상 좋은 기회를 세심하게 살피라. 아마도 새로운 사람이나 새로운 것에서 기회가 보이게 될 것이다. 예를 들면, 세라는 댄스 교실이 이번 주에 먼 곳으로 옮겨 간다는 것을 알게 되었다. 세라는 댄스 수업을 그만두어야 할 수 있다고 걱정하였다. 댄스 수업이 끝날 때 세라는 한 여자아이와 수다를 떨기 시작했고 친구가 사라네 집 근처에 살고 있다는 것을 알게 되었다. 그리고 새로운 친구의 엄마가 둘 다 먼 곳으로 차를 이용해 데려다 줄 수 있다고 했다. 잘 모르는 사람과 수다를 떤 것이 얼마나 다행스러운 일이었는지, 좋은 기회를 갖게 되었다!

2. 운이 좋은 사람들은 자신의 직감에 귀 기울이고 이를 지나치지 않고 확인한다.

직감이라는 것은 어떤 것에 대한 강한 생각이나 아이디어를 이야기한다. 직감이 항상 맞을 수는 없다. 그러나 귀를 기울이고 확인했을 때 행운을 얻을 수 있다. 예를 들어, 축구 시합에서 벤은 자신의 발이 아픈 걸 알았지만 확실하지 않았다. 전에 발에 문제가 있었고 이번에 더 나빠질 것 같은 직감이 있었다. 그리고 바로 시합을 멈추기 위해 코치님께 그만둘 것을 요청했다. 벤은 부모님에게 말했고 병원에 바로 진찰을 받았는데 심각한 부상임을 알게 되었다. 만약 경기를 계속했다면 아마도 이번 시즌 내내 경기를 뛸 수 없었을 것이다. 직감을 확인한다는 것은 정말 행운이었다!

3. 행운이 있는 사람들은 자신에게도 행운이 일어날 수 있다고 기대한다.

운이 좋은 사람들은 나에게 좋은 일이 일어난다고 믿는다. 행운이 오직 다른 사람에게만 일어나고 나에게는 일어나지 않는다고 믿지 않는다. 만약 행운이 일어났다고 생각하면 보다 열심히 노력한다. 그리고 좋은 일이 일어나는 것을 알아차린다.

예를 들어, 자밀은 동물을 사랑하고 어디서나 동물을 볼 수 있다는 희망을 갖고 있다. 학교에서 집으로 걸어올 때 항상 개나 고양이가 그곳에 있지 않을까 둘러보게 된다. 하루는 집으로 돌아오는 길에 공원에서 땅과 나무에 무엇이 있지 않을까 둘러보았다. 자밀은 엄마 오리가 여섯 새끼 오리와 함께 걸어 나오는 것을 보았다. 매일 기대하면서 보낸 시간은 정말 행운이었다!

4. 행운이 있는 사람들은 나쁜 사건이나 상황을 좋은 방향으로 돌린다.

어떤 것이 나쁜 상황이 될 때 운이 좋은 사람들은 나쁜 사건이나 상황에서 좋은 것을 발견한다. 그다지 좋지 않은 상황에서 아무리 작더라도 좋은 부분을 발견하는 것이다. 아마도 조금 더 나쁜 상황이 아니라는 사실에 안도감을 느낄 수 있을 것이다. 작지만 괜찮은 부분에 집중할 수 있다. 혹은 상황을 좋게 만들어 주는 조금 유용한 것을 발견할 수도 있다. 예를 들면, 첸은 수학여행 확인증을 부모님에게 보여 주는 것을 잊어버렸다. 그래서 수학여행을 못 가고 학교에 남아야만 했다. 정말 실망스러웠다. 그렇지만 상황을 바꿀 수 있는 것이 별로 없다는 것을 알았고 그것 때문에 하루를 망치기는 싫었다. 첸은 미술 선생님께 하루를 즐겁게 보낼 수 있는 일이 있을지 여쭈어봤고 선생님은 지점토를 가지고 미술실에서 보낼 수 있다고 하였다. 첸의 하루는 기대했던 것보다 좋게 바뀌었다. 그다지 좋지 않은 상황을 별로 나쁘지 않은 상황으로 바꾸려고 노력한 것은 정말 행운이었다!

오뚝이 Bounce Back! 시상식 상장

오뚝이 Bounce Back! 주사위 패턴

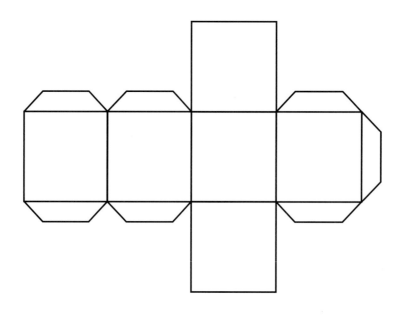

6단원 정서

불쾌하거나 불편한 정서를 포함한 모든 정서는 모두 중요하다.

'정서(emotions)'는 '감정(feeling)'에 대한 또 다른 단어이고 '움직임(to move)'을 뜻하는 라틴어에서 유래되었다. 그래서 정서는 당신을 행동하도록 '움직인다'. 또한 정서는 우리에게 활력을 준다. 기쁨, 호기심, 자부심과 같은 긍정적인 감정은 우리가 자신을 행복하게 만드는 활동을 더 많이 하도록 격려한다. 분노는 우리에게 발생할 수 있는 불공정한 상황에 대해 경고하고 우리가 자신을 방어하도록 '움직이게' 한다. 두려움과 긴장감은 우리에게 발생 가능한 위험에 대해 경고하고 우리가 자신을 보호하도록 '움직이게' 한다. 죄책감은 우리가 자신이나 다른 사람의 기준에 반하는 행동을 했다는 것을 알게 하고 우리가 수정하고 변화하도록 '움직이게' 해 준다.

정서의 정확한 이름을 배우는 것은 정서를 더 잘 다스리는 데 도움을 준다.

자신의 감정을 인식하고 올바르게 이름 짓는 법을 배우기 전까지는, 자신이 어떤 감정을 느꼈는지 정확히 모를 수 있다. 우리는 실제로는 무서움을 느끼고 있을때 화가 난다고 생각할 수도 있다. 서로 다른 정서가 유발되는 상황이지만 많은 경우 우리 몸의 감각들이 매우 비슷하게 느껴질 수 있기 때문이다. 우리는 또한 감정의 강도에 대해 정확히 모를 수 있다. 예를 들어, 우리는 사실 자신이 단지 '짜증난' 상황일 때 '분노'한다고 생각할지도 모른다. 이 두 단어는 모두 화난 감정을 표현하지만, 강도는 다르다.

우리는 무언가에 대해 복잡한 감정을 가질 수 있다.

'양가감정'이란 특정 상황에 대해 긍정적인 느낌과 부정적인 느낌을 모두 갖는 것을 의미한다. 예를 들어, 어떤 사람이 "나는 상을 탄 것에 대해 양가감정을 가지고 있다."라고 말한다면, 그 말은 그 사람이 본인은 상을 받을 자격이 있다고 확신할 수 없지만, 동시에 상을 받은 기쁨을 느낀다는 것을 의미한다.

긍정적인 감정은 무엇이 자신을 행복하게 만드는지 확인하고 이해하는 데 도움을 준다.

기쁨, 자부심, 흥분, 감사, 열정과 같은 긍정적이고 즐거운 감정을 경험하도록 도와주는 사람들과 대상들을 이해하는 것은 우리가 어떻게 하면 행복하고 삶에 만족할 수 있는지를 배우게 해 준다. 긍정적인 감정의 경험은 새로운 것을 배우는 데 더 개방적인 태도를 갖도록 한다. 무엇이 이와 같은 긍정적인 감정을 갖도록 도와주는지에 대해 생각해 보고 긍정적인 감정을 늘릴 방법을 고민해 볼 필요가 있다.

우리는 노력한다면 대개 나쁜 기분을 좋은 기분으로 바꿀 수 있다.

모든 사람은 가끔 슬프고, 실망하고, 화가 나거나 걱정한다. 이것은 정상이다. 하지만 이러한 상황에서 자신이 즐기는 긍정적인 일을 열심히 한다면 우리의 기분은 보통 나아질 수 있다. 우리가 부정적이거나 불쾌한 정서를 더 긍정적인 정서로 바꾸도록 도와줄 수 있는 방법은 분명 있다.

마음챙김을 실천하는 것은 긍정적인 정서를 끌어올리고 불쾌한 정서를 다스리는 데 도움이 된다.

마음챙김에는 다음 두 가지 기술이 포함된다.

- 빠르게 의식적(완전하게 인지한 상태)으로 긴장을 푸는 것
- 판단 없이 현재에 집중하고 주의를 기울이는 것 — 생각하거나 느끼는 방식에는 옳고 그름이 없다.

마음을 소중히 하는 것은 우리가 긍정적인 정서를 북돋우고 주변에 관심을 기울이면서 감사할 수 있도록 돕는다. 또한 마음챙김은 우리가 화가 나거나 무언가에 대해 걱정하는 상황에서 행동하기 전에 침착함을 유지하고 잠깐의 시간을 가질 수 있도록 돕는다.

불쾌하거나 불편한 정서는 다스릴 수 있다.

불쾌한 감정 없이 할 수 없는 일은 다음과 같다.

- 자신을 보호하기
- 자기 자신을 옹호하고 자신이 옳다고 생각하는 것을 주장하기
- 자신의 잘못을 만회하기

그러나 강한 감정에 대한 통제력을 유지하려고 노력하지 않으면 우리는 '감정적으로 장악'당할 수 있다. 이러한 상태는 우리가 자신의 감정에 지배되어 생각 없이 행동하고 자신이나 다른 사람을 해칠 수 있게 한다. 걷잡을 수 없는 분노는 다음과 같은 결과를 가져올 수 있다.

- 우정을 깨지게 함
- 나쁜 평판을 남기게 됨
- 벌을 받는 결과를 초래함

우리는 자신의 분노와 그것을 어떻게 다루는지에 대한 책임이 있다. 가장 중요한 삶의 기술 중 하나는 불

쾌하거나 불편한 감정을 다스리는 법을 배우는 것이다.

부정적인 자기대화는 도움이 되지 않으며 과잉 반응을 일으킬 수 있다.

그 어떤 사람이나 사건도 우리가 어떻게 느끼는지를 결정할 수는 없다. 어떤 사건에 대해 강한 감정을 느끼는 것은 이해할 수 있다. 그러나 우리의 감정을 부추기는 것은 일어난 일에 대해 자기 자신에게 하는 말이다. 이것이 바로 '자기대화'이다. 부정적인 자기대화의 예는 다음과 같다. '그녀는 나를 너무 화나게 해.', '이것은 최악이야.' 또는 '나는 패배자야, 나는 절대 이것을 할 수 없을 거야.'

부정적인 감정을 다스리는 데는 네 가지 기술이 있다.

부정적인 감정을 통제하는 데 도움이 되는 네 가지 방법이 있다.

- 몸을 이완하기
- 도움이 되는 현명한 생각하기
- 어떻게 그리고 왜 그렇게 느꼈는지를 설명할 때 효과적인 의사소통 방식 사용하기
- 문제해결을 위한 전략적 방법 찾기

다른 사람들의 감정을 인식하는 것은 그들을 이해하고 그들과 잘 지낼 수 있도록 도와준다.

다른 사람이 어떻게 느끼는지 이해하려고 노력하는 것을 '공감'이라고 부른다. 이것은 좋은 관계를 위해 필수적이며 우리가 타인의 감정과 고민에 대해 신경 쓰고 있음을 보여 준다.

학습목표

이 단원에서 학생들은 다음에 대한 이해를 넓히고 적용할 것이다.

- 모든 감정, 심지어 불편한 감정도 자신의 웰빙에 중요하다.
- 자신의 감정을 정확하게 명명하는 것은 우리가 감정을 보다 효과적으로 다스릴 수 있게 한다.
- 긍정적 감정을 추적하고 끌어올리는 것은 웰빙에 좋은 방법이다.
- 다른 사람의 정서를 이해하고 그에 대해 긍정적으로 반응하려고 노력하는 것은 중요하다(공감을 표현하기).
- 마음챙김 전략은 긍정적인 감정을 형성하고 불편한 감정을 다스리는 데 도움이 된다.

1. 학습자료

학지사 홈페이지 자료실(www.hakjisa.co.kr)에 이번 단원에서 사용하는 PPT 자료, 오뚝이 Bounce Back! 활동지의 전체가 탑재되어 있다.

2. 불쾌한 정서를 포함한 모든 정서는 모두 필요하다

1) 학습자료

(1) 도서

감정 백과사전

이 책은 독자들에게 요즘의 기분을 묻는 것으로 시작한다. 그리고 다양한 상황과 감정(예: 무서운, 안전한, 당황한, 수줍은, 자신감 있는 등)에 처한 아이들의 모습을 담은 그림을 제공한다. 이 책은 또한 자신의 감정을 공유하고 말하는 것이 자신의 기분을 나아지게 하는 데 도움이 될 수 있다는 것을 강조한다.

기분이 어때?

이 책은 수상작으로, 모든 연령의 아이들이 다양한 감정에 대해 이야기할 수 있는 구조를 제공한다. 감정들은 자신의 성공적인 경험과 연결될 수도 있지만 불쾌함을 유발하는 사건과 연결될 수도 있다. 감정들은 책 속 삽화의 색상과도 관련된다.

(2) 동영상 해시태그

#마음 건강 #학생정서교육 플래시 동영상

인생은 기분 좋은 감정이나 그다지 좋지는 않은 감정과 같이 수많은 감정으로 가득 차 있다. 마음 건강에 대해 알아본다.

#어린이들이 생각하는 행복

2015 Kids Happiness Survey 결과를 사용하거나 어린이들의 행복에 대한 인터뷰를 다룬다.

2) 서클 타임 및 학급토론

두 명씩 짝을 이루거나 원으로 둘러앉아 자신을 행복하게 만드는 것, 걱정하게 만드는 것 한 가지씩을 공유한다. 앞에 제시한 자료 중 하나를 선정해 정서를 탐구한다.

토론 질문

- 모든 사람은 감정을 가지고 있습니다. 등장인물들이 느낀 긍정적인 감정은 무엇인가요? 이것 말고 우리가 느끼는 긍정적인 감정에는 무엇이 있나요?
- 불쾌한 감정 중에 상당히 강렬한 감정은 어떤 것들이 있나요?(걱정, 슬픔, 분노, 스트레스)
- 감정은 우리가 다른 사람들과 연결되도록 어떻게 도움을 주나요?(소속감을 느끼고 누군가와 진정으로 연결되는 것은 우리의 행복을 증진시킬 수 있다.)
- 감정은 어떤 방식으로 우리를 보호할 수 있나요?(즐거운 감정은 우리의 행복을 증대시킨다.-더 즐거운 감정을 느낄수록 우리는 더 행복해진다. 불쾌한 감정은 우리에게 어떤 것이 옳지 않고 변화가 필요한지를 말해 준다.-불쾌감은 우리에게 발생 가능성이 있는 불공정함이나 위험에 대해 경고할 수 있다.)
- 자신의 불쾌한 감정을 무시하지 않는 것은 왜 중요한가요?(우리가 이런 감정을 다루지 않는다면 우리의 건강과 웰빙에 나쁜 영향을 미칠 수 있다.)
- 부정적 감정이 지속되지 않도록 하는 것이 왜 중요한가요?(부정적 감정은 우리의 건강과 웰빙 그리고 다른 사람들과의 관계에 부정적인 영향을 미칠 수 있다. 또한 부정적 감정은 우리가 나중에 후회할 일을 하게 하거나 나쁜 평판 혹은 벌을 받을 수 있는 행동을 하도록 이끈다.)

> 🧑 **교사가 생각해 볼 문제**
>
> 가르치는 것은 복잡한 일이다. 그리고 학생, 부모 또는 동료들과의 많은 상호작용은 스트레스를 줄 수 있고 심지어 교사들의 소진에도 기여할 수 있다. 교사는 스트레스받는 관계를 더 잘 관리해서 자신의 웰빙을 증진시킬 수 있도록 해야 한다.

3) 활동

- 학생들은 우체통 조사(187페이지 참조)에 따라 오뚝이 Bounce Back! 활동지 '감정에 관한 우편함 퀴즈'를 완성한다. 각 그룹은 질문 중 하나를 선택하여 그에 대한 학급 데이터를 수집한다. 그리고 그 결과를 발표한다. 동일한 상황에서 사람들마다 다른 감정을 느낄 수 있음을 학생들이 수집한 데이터를 통해 강조한다.
- 학생들은 오뚝이 Bounce Back! 활동지 '감정은 에너지를 준다'를 완성한다. 학생들에게 '정서(emotion)'

란 단어는 움직이다 혹은 활력을 주다라는 뜻을 가진 라틴어 'emotere'라는 단어에서 파생되었다는 것을 설명한다. 즉, 정서는 사람들이 행동할 수 있도록 '움직이게' 한다.

행복조사

이 활동은 Happiness Survey 2017 동영상 자료를 기반으로 진행된다. 이 동영상은 4~10세 학생 20,000명의 응답을 바탕으로 한다. 가능하면 동영상을 시청하기 전에 예측과 결과 논의를 통한 비교의 탐구 페이스를 유지하는 PACE 전략(186페이지 참조)을 사용한다. 학생들은 네 명이 한 그룹이 되어 우선 다음의 세 가지 설문조사 질문에 대한 결과를 예측한다.

- 취미/스포츠, 학교, 가족, 친구, 혼자 있는 것 중 누구와 있는 것이 아이들을 가장 행복하게 하나요?
  (실제 설문 결과: 65%는 친구, 60%는 취미/스포츠, 56%는 가족, 35%는 혼자 있는 것, 28%는 학교라고 응답하였다.)
- 다음 중 어린이들이 가장 많이 걱정하는 세 가지는 무엇인가요?

  우정   자신의 건강   괴롭힘이나 말싸움

  자신의 미래   학업   세계 문제

  가족   다른 아이들과 다른 것   자신의 건강

  (실제 설문 결과: 가족, 자신의 건강, 그리고 자신의 미래가 가장 큰 걱정거리였다. 설문 결과에 따르면, 미래에 대한 걱정은 십대들에게 더 흔한 것으로 나타났다.)
- 부모님이나 친구 중 누구에게 자신의 걱정이나 고민에 대해 더 많이 이야기하나요?
  (실제 설문 결과: 성별에 관계없이 46%는 부모, 24%는 친구 그리고 19%는 아무에게도 말하기 어렵다고 응답하였다.)

각 그룹이 반 전체와 예측 결과를 공유한 다음 동영상 자료를 보여 준다.

동영상 시청 후, 각 그룹은 자신들의 예측과 실제 결과를 비교한다. 이후 전체 학급 토론을 진행하고 이러한 설문에 대한 자신의 응답은 일반적인 답변과 다를 수 있다는 점을 강조한다. 일반적인 답변이 어떠한지를 아는 것보다는 학생들이 각자 설문 문항에 어떻게 대답할 것인지, 그리고 자신이 대답한 감정은 무엇인지에 대해 생각하는 것이 더 중요하다.

한편, 다섯 명 중 한 명(19%)은 자신이 무언가에 대해 걱정될 때 아무에게도 이야기하지 않을 것이라고 대답했다는 점을 강조한다. 그리고 이를 대처 원칙 '뚝심 있게 도와달라고 말해 봐! 도와달라고 하면 도와줄 거야'와 연결한다.

3. 이 느낌은 무엇일까요

1) 학습자료

(1) 도서

까마귀 소년

일본의 어느 작은 마을 초등학교에 다니는 소년은 언제나 친구들에게 놀림을 당한다. 소년은 그 학교에서 6년 동안 친구 없이 외톨이로 지낸다. 하지만 그 학교에 새로 온 한 교사는 그 소년이 특별한 재능을 가지고 있다는 것을 발견하고 소년이 자신의 재능을 다른 아이들에게 보여 줄 기회를 준다.

빨간 나무(364페이지 참조)

어떡하지?/Anthony Browne의 헨젤과 그레텔/터널/돼지책

이 Anthony Browne의 책들 중 어느 책이든 사용할 수 있다.

(2) 영화

인사이드 아웃(Inside Out)

Riley의 정서는 기쁨이가 이끈다. 그러나 그녀가 새로운 도시로 이사하자 슬픔이가 기쁨이의 자리를 차지하기 시작한다. 우연의 실수로 기쁨이와 슬픔이가 본부에서 이탈하게 되고, 버럭이, 소심이 그리고 까칠이만 남게 된다. 이 영화는 정서에 대한 세계적인 권위자 P. Ekman과 D. Keltman이 내용에 대한 이론적 감수를 담당하였다.

(3) 동영상 해시태그

#인사이드 아웃-Riley의 정서

이 짧은 동영상은 영화 〈인사이드 아웃〉에 나오는 Riley의 정서를 소개한다.

2) 서클 타임 및 학급토론

영화 〈인사이드 아웃〉 혹은 이외의 자료 목록에 제시된 것 중 하나를 사용하여 항목을 소개한다.

토론 질문

- '감정'을 의미하는 다른 단어는 무엇인가요?(정서, 기분, 감각)
- 영화 〈인사이드 아웃〉에 등장하는 다섯 가지 정서는 무엇인가요?[기쁨, 소심, 까칠(혐오), 슬픔, 버럭(분노)]
- 책에서는 감정을 어떻게 시각적으로 전달하나요? 기호가 사용되나요?
- 감정은 언어적 또는 비언어적으로 전달될 수 있습니다. 언어적 의사소통이란 무엇인가요? 비언어적 의사소통은 무엇인가요?(비언어적 의사소통에는 얼굴 표정, 몸짓, 목소리 톤이 포함된다.)
- 보디랭귀지는 어떻게 감정을 전달하나요?(손짓, 목소리 톤, 자세와 같이 사람들이 움직이고 자세를 취하는 방식은 열정, 분노, 좌절, 지루함과 같은 감정을 표현할 수 있다.)

어떤 사람이 말하는 내용이 그들의 보디랭귀지와 모순될 때, 우리는 그들의 감정을 판단하기 위해 그들의 보디랭귀지에 훨씬 더 많이 의존한다는 것을 강조한다. 이것과 관련하여 직접 시연해 볼 수도 있다. "멋진 아이디어구나!"와 같은 말을 열정적으로 한 후, 같은 말을 아래를 내려다보거나 어깨를 으쓱하며 비꼬는 듯한 어조로 다시 말해 본다.

- 영화 〈인사이드 아웃〉의 보디랭귀지는 어떻게 다섯 가지 감정을 전달하나요?
- 우리가 Riley를 처음 만났을 때, 대부분의 경우 기쁨이는 Riley의 감정들을 안내하는 리더 역할을 담당하고 있습니다. 기쁨이의 가장 중요한 목표는 Riley가 항상 행복하도록 하는 것입니다. 이러한 기쁨이의 목표는 현실적인가요? 사람들이 항상 행복할 수 있을까요?(아니다. 누구나 감정의 기복이 있기 때문에 항상 행복하기를 기대하는 것은 비현실적이다.)
- 유쾌한 정서를 표현할 수 있는 다른 단어로는 무엇이 있나요?
- 사람들이 자주 느끼는 불쾌하고 불편한 감정은 무엇인가요?(오뚝이 Bounce Back! 활동지 '여러 가지 정서 ㄱ~ㅎ' 참조)
- 즐겁고 불쾌한 감정을 표현하는 단어에 대해 생각해 보기: 우리 말 중에서 즐거운 감정이나 불쾌한 감정을 묘사할 다른 단어들이 있다고 생각하나요?(영화 〈인사이드 아웃〉과 연계하기: 네 가지 불쾌한 감정에 한 가지 즐거운 감정이 대응한다. 즉, 불쾌한 감정에 대한 말이 더 많다. 왜냐하면 우리는 선천적으로 긍정적인 것보다는 부정적인 감정을 유발하는 부정적인 것에 대해 더 생각하는 경향이 있기 때문이다. 따라서 우리는 더 열심히 긍정적인 방향으로 나아가고 긍정적인 면을 바라보기 위해 노력해야 한다.)
- 유쾌한 정서와 관련한 단어와 불쾌한 정서와 관련한 단어 중 감정의 강도를 다양한 수준으로 나타내는 단어는 유쾌한 정서와 관련한 것보다 불쾌한 정서와 관련한 것[예: '분노(anger)': 약간 화가 난(cross), 짜증난(irritated), 약이 오른(annoyed), 몹시 화가 난(furious), 격분한(enraged), 몹시 화가 난(livid)]이 더 많다고 생각하나요?(그렇다―396페이지의 감정 사다리 활동과 연결한다.)
- 불쾌한 감정은 우리에게 무엇을 말해 주나요?(불쾌한 감정은 우리가 자기 자신을 보호하거나 문제를 해결할 방법을 찾아야 할지도 모른다고 경고한다.)

- 감정적으로 압도되었을 때(즉, 강한 감정이 우리를 압도하고 우리의 생각을 지배할 때) 어떤 일이 일어날 수 있을까요?(통제력을 잃고, 정확하게 생각하지 못하고, 잘못된 결정을 내린다.)
- 강한 감정의 나쁜 영향으로는 어떤 것들이 있을까요?(고통, 자기 자신이나 타인에게 해를 끼침, 소외감)
- 불쾌한 감정을 즐거운 감정으로 바꿀 수 있을까요?(그렇다. 하지만 가끔은 힘들다. 우리의 감정을 바꾸기 위해서는 긍정적인 자기대화를 하고 다르게 생각하고 마음을 진정시키기 위해 노력해야 한다.)

3) 활동

- 자료 목록에서 감정과 색을 연결하여 예술 활동의 자극제로서 제시되었던 책 중 두 권을 참고한다.
- 학생들은 네 명이 한 그룹이 되며, 각 그룹은 서로 다른 그림책을 선택하여 등장인물이 느끼고 있는 감정을 표현하기 위해 작가가 어떻게 색상을 사용하였는지에 대해 분석한다. 예를 들어, 어떤 등장인물이 항상 행복하다면 그 인물은 주로 노란색 옷을 입고 있을 수 있다. 노란색은 밝고 긍정적인 느낌과 연관되어 있기 때문이다. Anthony Browne의 책(예: 어떡하지?, 헨젤과 그레텔, 터널, 돼지책)은 특히 이러한 활동에 적합하다.
- 예측과 결과 논의를 통한 비교의 탐구과정 페이스를 유지하기 위한 PACE 전략(186페이지 참조)을 사용하여 색상과 감정에 대해 조사한다. 세 명이 한 그룹이 되어 10색상환을 직접 제작하거나 다운로드한다. 학생들은 사람들이 파란색, 노란색, 빨간색, 검은색 그리고 회색 각각에 대해 어떤 감정을 연결시킬지에 대해 예측한다. 그런 다음, 각 그룹에서는 한 명의 그룹 구성원이 한 명 혹은 두 명의 다른 친구들에게 이 다섯 가지 색깔 각각과 어떤 감정이 어울린다고 생각하는지를 물어보는 학급 설문조사를 실시한다. 모든 학급 친구의 결과를 집계한다. 각 학생은 학급 데이터에 대한 보고서를 작성한다.
- (앞의 활동들과 마찬가지로) 학생들은 색과 감정을 서로 관련시킨 비유적인 언어에 대해 탐구한다. 그들은 직유나 은유에 대한 더 많은 예를 찾거나 직접 작성해 볼 수 있다. 영화 〈인사이드 아웃〉에서는 모양 또한 감정을 상징하기 위해 사용되었다(슬픔이는 눈물 모양, 버럭이는 네모난 벽돌 모양, 기쁨이는 사이다 모양, 소심이는 큰 눈과 매우 가는 몸, 까칠이는 굴곡진 모양). 학생들은 다양한 긍정적이고 부정적인 정서를 선택하고 그에 상응하는 기호를 그려 설명한다.
- 학생들은 저학년 학생들을 위해 상황별 감정에 대한 만화를 제작한다. 이 자료는 동기유발에 사용될 수 있다. 학생들은 제작한 만화 중 하나를 읽고 함께 토론함으로써 저학년 학생들이 감정에 관련하여 이야기 나누는 것을 도울 수 있다.

색과 감정

학생들은 어떤 색이 어떤 감정을 나타내는지에 대해 탐구한다(영화 〈인사이드 아웃〉에서는 기쁨이는 금색, 슬픔이는 파란색, 버럭이는 빨간색, 소심이는 보라색, 까칠이는 녹색으로 표현한다). 색은 또한 비유적인 언어를 포함한 많은 표현에 사용된다. 학생들과 '나는 파랗게 질렸다' 또는 '빛이 바랜 감정'과 같은 은유에 대해 토론한다. 그리고 은유와 직유 사이의 차이점을 설명한다. 둘 다 비교를 위해 사용되지만, 은유는 비교를 위해 단일 개념을 사용하는 반면, 직유법은 두 가지를 비교하기 위해 '그의 미소는 마치 햇빛의 섬광 같았다.' 와 같이 '처럼' 또는 '마치'라는 단어를 사용한다고 할 수 있다.

감정과 보디랭귀지

등장인물들이 보디랭귀지를 통해 감정을 어떻게 전달하는지 조사한다(예: 얼굴 표정, 자세, 목소리 톤). 긍정적, 부정적 감정과 각각에 상응하는 보디랭귀지의 예를 열거한다.

우리 반 추천목록

학생들은 자신이 선호하는 노래, 시, 동영상, 영화, 예술 작품 그리고 책 중 감정에 초점을 맞춘 것을 학급 문집에 추천하고 기록한다. 이에 대해 토론할 때, 학생들이 다음에 대해 생각해 볼 수 있도록 한다.

- 그 당시 등장인물은 어떤 감정을 느꼈나요? 그들의 감정은 유쾌했나요, 아니면 불쾌했나요?
- 동영상 시청 중 소리를 끄면 등장인물이 어떤 감정을 느끼고 있는지 '읽을' 수 있나요? 즉, 우리는 보디 랭귀지를 어떻게 읽을 수 있을까요?
- 무엇이 그 사람을 그렇게 행복하게, 화나게, 슬프게 혹은 걱정되거나 불안하게 만들었나요?
- 등장인물은 더 걱정스럽거나 화가 난 것 같나요?

감정 사다리

이 활동은 학생들이 강도에 따라 자신의 정서를 정확하게 파악하고 이름을 붙이는 데 도움이 된다. 학생들은 각 정서의 그룹별로 사다리를 그리거나 막대를 사용하여 만든 후 각각의 정서를 사다리의 계단에 쓸 수 있다. 학생들이 쓴 정서 단어를 섞은 후 사다리의 가장 밑에는 가장 덜 강렬한 정서를 나타내는 단어를 붙이고 가장 높은 곳에는 가장 강렬한 정서를 나타내는 단어를 붙이는 식으로, 밑에서부터 위로 감정의 강도를 증가시키면서 정렬해 볼 수 있다. 이 활동에서는 사다리의 가장 밑에는 가장 덜 강렬한 정서를, 가장 높은 곳에는 가장 강렬한 정서를 정렬하도록 제안할 뿐, 정해진 정답은 없다.

- 기분 나쁜(cross), 짜증 난(irritated), 약이 오른(annoyed), 화난(furious), 격분한(enraged), 대노한(livid)
- 흡족한(satisfied), 만족스러운(contented), 유쾌한(pleased), 행복한(happy), 더 없이 행복한(blissful), 아주 기쁜(joyous), 황홀한(ecstatic)
- 낙담한(down), 우울한(blue), 슬픈(sad), 비통한(sorrowful), 침울한(depressed), 슬픔에 짓눌린(grief-stricken), 마음이 찢어지는(broken-hearted), 절망적인(despairing)
- 불확실한(uncertain), 어리둥절한(puzzled), 놀란(surprised), 충격적인(shocked), 망연자실한(stunned)
- 무시하는(scornful), 역겨운(disgusted), 끔찍한(appalled), 겁에 질린(horrified), 경멸스러운(contemptuous), 혐오스러운(revolted), 구역질 나는(repulsed)

아주 짧은 이야기 쓰기

학생들은 두 명씩 짝을 지어 Brianna 혹은 Ben Bright, 그리고 Grace 혹은 Grant Glum이라는 등장인물에 대한 아주 유머러스 이야기(100~200단어 내외로)를 쓴다. 이야기에 등장하는 두 캐릭터는 비슷한 경험을 공유하지만, 한 캐릭터는 긍정적이고 자신의 긍정적인 감정에 초점을 맞추는 반면, 다른 한 캐릭터는 자신의 부정적인 감정에 초점을 맞춘다. 예를 들어, Ben과 Grant는 같은 캠프에 갔다. Ben의 눈은 벅찬 감정으로 빛이 났고 캠핑 장소를 보았을 때는 마치 하늘을 걷는 기분이었다. 하지만 Grant는 눈앞이 깜깜하고 심장이 땅으로 꺼지는 듯한 느낌이 들었고 주변 환경도 눈에 들어오지 않았다. 학생들이 이야기를 만들며 가능한 많은 감정 표현을 사용할 수 있도록 한다. 학생들은 오뚝이 Bounce Back! 활동지 '감정은 에너지를 준다'에 나오는 감정 표현 중 가능한 많은 표현을 사용하도록 한다.

이야기를 다 쓴 후에는 6명이 한 그룹이 되어 자신들이 쓴 짧은 이야기를 읽고 간단한 연극을 한다. 그리고 감정을 표현하는 데 사용되는 보디랭귀지에 대해 토론한다. 또한 학생들은 각자 자신은 등장인물 중 누구와 시간을 보내고 싶은지, 긍정적인(또는 부정적인) 감정에 집중하는 것은 주변의 다른 사람들에게 어떤 영향을 미치는지에 대해 토론할 수 있다.

관용구 그리기

'감정을 나타내는 말/표현'을 하나 이상 선택하고 그에 대해 그림을 그린다. 감정을 나타내는 말은 대부분 감정과 연결된 상투적인 표현(그리고 대부분 은유)이다. 감정과 관련한 직유와 은유의 예로는 다음과 같은 것들이 있다. '속을 긁다', '물 밖에 난 물고기 처지가 되다', '환장하다', '혈압이 오르다', '발등에 불이 떨어지다', '애가 타다', '마음을 간지럽히다', '배꼽 빠지게 하다', '하늘을 떠다니는 듯하다', '가슴을 울리다', '심장이 내려앉다'. 학생들이 이러한 표현이 말 그대로 사실이라면 어떤 모습일지 생각해 보도록 한다. 학생들은 활동 후 그림이나 말 표현에 대해 우리 학급 문집을 만들 수 있다(197페이지 참조). 이때 학생들은 교재의 제목으로 감정을 나타내는 또 다른 표현을 선택할 수 있다.

숫자 이야기 쓰기

학생들은 두 명씩 짝을 지어 우선 아무 세 자리 숫자(예: 745)를 종이에 쓴다. 다음과 같이 10열과 3행으로 이루어진 표를 칠판에 그린다. 그 후 학생들은 브레인스토밍을 통해 열 개의 인물, 열 개의 날씨, 열 개의 감정을 떠올려 표를 완성한다. 그런 다음 짝끼리 그들이 선택한 숫자와 연결된 특징을 바탕으로 이야기를 작성한다. 예를 들어, 임의의 세 자리 숫자 745를 선택한 경우, 두 학생은 주인공이 의사(숫자 7)이고, 날씨는 비가 오며(숫자 4), 정서로는 '긴장한'(숫자 5) 것에 대한 이야기를 만들게 된다.

	인물	날씨	정서
1	공주/왕자	폭풍우가 치는	행복한
2	우주 비행사	햇빛이 나는	슬픈
3	변호사	흐린	걱정스러운
4	카우보이 또는 카우걸	비가 내리는	만족스러운
5	영화배우	추운	긴장한
6	과학자	해일이 이는	호기심이 많은
7	의사	눈이 내리는	짜증나는
8	교사	습한	따분한
9	마술사	태풍이 이는	흡족한
10	유명한 가수	더운 바람이 부는	자랑스러운

4. 복잡한 감정 이해하기

1) 학습자료

(1) 동영상 해시태그

#인사이드 아웃-학교 첫날

Riley가 학교 첫날 느낀 복잡한 정서에 대한 영상이다(영화 〈인사이드 아웃〉에 대한 설명은 393페이지 참조)

2) 서클 타임 및 학급토론

동영상 자료를 시청함으로써 토론 주제를 안내한다.

토론 질문

Riley의 학교 첫날은 어떠했나요? 여러분은 학교를 다니기 시작한 첫날 어떤 기분을 느꼈나요? 만약 여러분이 중간에 다른 학교로 전학을 간다면 어떤 다른 감정들을 느낄까요? 고등학교를 다니게 되는 것에 대해서는 어떻게 생각하나요?[기쁨이: 새 학교를 다니게 되는 것에 대해 새로운 가능성을 가지고 흥분을 느낌, 슬픔이: 친구의 상실, 학교 팀과 경기하는 것의 상실, 사랑했던 커뮤니티의 상실을 느낌, 소심이(두려움, 걱정): 미지의 것, 새로운 상황에 대한 대처, 새로운 친구를 사귀는 것, 그리고 새로운 학교에 적응하는 것에 대해 초조하고 걱정을 느낌, 버럭이: 무력감을 느끼고 일어나고 있는 모든 변화를 통제하지 못하고 좌절감을 느낌]

- 양가감정은 무엇을 의미하나요?(동일한 상황에 대해 여러 가지 상충되는 감정을 느끼는 것을 말한다. 예를 들어, 새로운 학교를 다니기 시작하는 것에 대해 흥분되면서도 동시에 긴장하는 것을 말한다.)
- 새로운 학교를 시작하는 것과 같이 강한 정서를 유발하는 상황에서 양가감정을 느끼는 것은 자연스러운 일인가요?
- 동일한 상황에 대해 유쾌하기도 하고 불쾌하기도 한 것은 건강한 것일까요?(그렇다. 복합적인 상황에서 긍정적인 점과 부정적인 점 모두를 생각하고 복잡한 감정을 느끼는 것은 자연스러운 일이다.)

3) 활동

- 오뚝이 Bounce Back! 활동지 '여러 가지 정서 ㄱ~ㅎ'을 활용해 긍정적인 감정과 부정적인 감정 각각에 대한 단어를 담은 두 개의 상자를 준비한다. 학생들은 각 상자에서 감정을 하나씩 뽑아 등장인물이 같은 상황에 대해 두 가지 감정을 모두 느끼는 이야기를 상상하여 쓴다. 그룹 연극 활동의 기초로 사용할 수 있다.

복합적 감정 성찰
다음에 주어지는 문장을 완성하여 본다.

- 누군가는 기대감으로 흥분될 수도 있지만, 약간 무서울 수도 있다. 만약/~때면….
- 누군가는 행복할 수도 있지만, 약간 불안할 수도 있다. 만약/~때면….
- 누군가는 기쁠 수도 있지만, 약간의 죄책감을 느낄 수도 있다. 만약/~때면….
- 누군가는 자랑스러워할 수도 있지만, 약간 실망할 수도 있다. 만약/~때면….
- 누군가는 사랑을 느낄 수도 있지만, 약간 걱정할 수도 있다. 만약/~때면….
- 누군가는 짜릿한 전율을 느낄 수도 있지만, 약간 부끄러워할 수도 있다. 만약/~때면….

5. 긍정적이고 즐거운 감정 끌어올리기

1) 학습자료

(1) 동영상 해시태그

#세계 행복 보고서
어떤 나라가 가장 행복한지 그리고 왜 행복한지에 대한 UN(United Nation)의 연례 행복 조사 보고서를 소개한다.

(2) 노래

좋은 노래 목록 링크가 있는 웹사이트가 많다. 그중에서도 추천 곡은 다음과 같다.

- 'Happy'(Pharrell Williams)
- 'Best Day of My Life'(American Authors)
- 'Safe and Sound'(Capital Cities)
- 'Move Your Feet'(Junior Senior)

- 'Walking on Sunshine'(Katrina and the Waves)
- 'Dancing in the Moonlight'(Toploader)
- 'I Will Survive'(Gloria Gaynor)
- 'Try a Little Kindness'(Glen Campbell)

2) 서클 타임 및 학급토론

이 주제는 Five Ways to Wellbeing 보고서(Aked, Marks, Cordon, & Thompson, 2008)와 연결된다[*Five Ways to Wellbeing: The Evidence*, New Economics Foundation; developed for the Foresight Mental Capital and Wellbeing Project(2008), The Government Office of Science, London]. 이 보고서는 Foresight Mental Capital and Wellbeing Project에 대한 것이다. 이 프로젝트는 기존의 웰빙 연구를 바탕으로 웰빙과 행복을 증진하고 긍정적인 정서를 북돋우기 위한 다섯 가지 방법을 제안하였다: 연결되어 있음(connect), 활동적임(be active), 주의를 기울임(take notice), 계속해서 배움(keep learning) 그리고 나눔(give). 학생들이 유쾌하고 즐거운 기분을 높이는 방법을 기억하도록 돕기 위해 이 다섯 가지 방법은 'SHINE' 머리글자로 요약되어 보다 연령에 맞는 메시지로 전환되었다.

짝(또는 전체 학급)과 함께 오늘 일어난 일 중 자신의 기분을 좋게 만들었던 작지만 좋은 일 한 가지에 대해 나누면서 서클 타임 또는 학급토론을 시작한다. 작지만 좋은 일의 예로는 '맛있는 아침식사', '학교 가기 전에 한 게임', '친구와 함께 무언가에 대해 웃기'가 있다. 동영상 자료를 보여 주며 토론을 이어 나간다. 만약 동영상을 이미 보여 주었다면 그에 대해 다시 이야기해 준다.

토론 질문

- 자신의 나라 사람들은 다른 나라 사람들에 비해 얼마나 행복한가요?
- 긍정적인 감정을 나타내는 단어에는 무엇이 있나요? 칠판에 적어 봅시다(오뚝이 Bounce Back! 활동지 '여러 가지 정서ㄱ~ ㅎ'까지의 정서 참조).
- 어떤 지역사회 요소들이 그 지역에 속한 사람들의 행복에 기여하나요?
- 정부가 국민의 행복 수준을 높이기 위해 할 수 있는 일은 무엇인가요?
- 어떤 것들이 사람들을 행복하게 하나요?
- 어떤 것들이 우리 모두를 행복하게 할까요?
- 돈이 많으면 행복할까요?
- 사람들은 얼마나 자주 잠시 멈춰서 자신의 일상에 있는 작지만 좋은 것들에 대해 생각하나요?

• 사람들이 자신의 유쾌하고 즐거운 감정을 북돋울 수 있는 방법에는 무엇이 있을까요?

SHINE PPT 자료를 활용하여 학생들에게 긍정적인 정서를 북돋우기 위한 다섯 가지 증거 기반 행복 원칙인 SHINE을 소개한다.

> Show kindness(친절하기)
>
> Have a laugh(웃게 하기)
>
> Investigate(마니아 되기)
>
> Notice(알아채기)
>
> Exercise(운동하기)

그런 다음 음악과 함께 토론(185페이지 참조) 전략을 사용한다. 학생들이 다섯 명의 반 친구와 이야기할 수 있도록 한다. 이때, 오늘 하루 동안 한 번도 대화하지 않은 친구와 대화할 수 있도록 장려한다(보다 나은 교실 유대감을 구축하기 위해). 학생들은 서로 다른 다섯 명의 친구들과 다음에 대해 이야기를 나눈다.

• 내가 'Show kindness'할 때 우리 가족 중 누가 가장 좋아할까요?
• 요즘 나를 'Have a laugh'하도록 도와주는 TV 프로그램이나 만화 시리즈는 무엇인가요?
• 'Investigate'하고 싶도록 호기심이 가는 것은 무엇인가요?
• 간식을 먹을때 살아 있음을 'Notice' 한 부분을 말해 볼까요?(주의 사항: 이 단계에서는 가능하면 각 학생에게 사탕과 같은 작은 간식을 제공한다. 학생들에게 간식을 아주 천천히 먹으라 하고, 주의를 기울여 맛을 제대로 음미할 수 있도록 한다.)
• 자신이 즐겨 하는 'Exercise'나 스포츠는 무엇인가요?

그런 다음, 다음의 다섯 가지 행복 원칙 'SHINE'에 대해 토론한다.

• 다음과 같이 했을때 어떤 긍정적인 감정(감정을 정확히 호칭할 것을 강조한다)을 느낄 수 있나요?
  Show kindness: 다른 사람들에게 친절을 베풀었을 때
  Have a laugh: 다른 사람들과 함께 웃을 때
  Investigate: 자신이 흥미로워하는 것들을 파헤칠 때
  Notice: 살아 있음을 알아차리고 고마워하거나 감상할 때
  Exercise: 운동을 하거나 자신이 좋아하는 활동을 할 때

이러한 긍정적인 감정의 이점은 무엇인가요?(우리는 행복과 삶의 좋음을 느끼고, 새로운 것을 배우는 데 더 개

방적이고, 더 많은 정보를 받아들인다.)

- 항상 긍정적인 감정만을 느끼는 것이 현실적인가요?(아니다. 우리의 감정은 종종 오르락내리락한다.)
- 그 반대로 항상 부정적인 감정만을 느끼는 것은 어떤가요? 분노, 슬픔, 불안과 같은 강한 불쾌한 감정이 우리의 학습 능력에 미치는 영향은 무엇인가요?(우리가 이러한 불쾌한 감정만을 며칠 또는 몇 주 동안 느낀다면 우리는 불행할 것이고 그러한 감정들은 우리의 학습능력을 저하시킬 수 있다. 분노는 복수에 집중하게 할 수 있다. 슬픔은 자신이 무엇을 잃었는지에 집중하게 하여 강한 감정에 압도당하게 할 수 있다. 걱정에 대한 불안은 우리의 집중력과 학습능력을 압도할 수 있다.)
- 'SHINE' 행복의 원칙을 기억하는 것은 우리의 나쁜 기분을 좋은 기분으로 바꾸는 데 도움이 될까요?(그렇다. 자신을 행복하게 만드는 것들을 기억하는 것은 우리가 나쁜 기분에 더 잘 대처할 수 있도록 도와준다.)

3) 활동

- 학생들은 'SHINE'의 다섯 가지 행복 원칙의 각 글자와 관련하여 그들이 지금 하고 있는 긍정적인 일 한 가지와 그 활동이 자신의 기분에 어떤 영향을 미치는지 오뚝이 Bounce Back! 저널에 쓴다. 또한 'SHINE'의 각 글자/문구와 관련하여 앞으로 자신이 하고 싶은 새로운 일을 작성한다.
- 학생들은 'SHINE' 각 문자별로 머리글자를 가지고 카드나 냉장고 자석을 만들 수 있다. 이때 학생들은 사진, 그림, 혹은 'SHINE'의 각 글자와 관련하여 하고 싶은 활동을 기억할 수 있게 하는 메모를 활용할 수 있다.
- 학생들은 저학년 동생들을 위해 각자의 상상력을 바탕으로 '나의 완벽한 날'이라는 제목의 글을 쓴다. 이 이야기에는 기쁨, 만족, 희망, 호기심, 자부심, 즐거움, 사랑과 같이 적어도 다섯 가지의 즐거운 감정을 경험하는 아이가 등장해야 한다.
- 각 학생은 'SHINE'의 포스터를 만든다.
- 짝 이야기 전하기(187페이지 참조) 전략을 사용한다. 각 학생은 지금(오늘) 즐길 수 있는 한 가지, 정말 기대하고 있는 것 한 가지, 그리고 최근에 즐겼거나 좋은 기억을 가지고 있는 것 한 가지를 짝과 공유한다. 학생들은 이것을 오뚝이 Bounce Back! 저널에 기록할 수도 있다.

무엇이 사람들을 행복하게 하는가?

학생들은 Behind the News: World Happiness Report에 관련된 영상 자료를 보고 무엇이 사람들을 행복하게 하는지 동영상 자료에서 전달하고자 하는 메시지에 대한 토론을 할 수 있다.

좋은 음악 감상하기

학생들은 작은 그룹으로 나뉘어 기분 좋은 노래 세 곡을 선택한다(처음에는 400페이지의 자료 목록에 제시된 노래들 중 선택하는 것으로 시작해도 좋다). 각 그룹에서는 선정한 노래가 자신들의 긍정적인 정서를 북돋우는지에 대해 서로 의논하고 모두가 동의해야 한다. 그리고 다음의 비교 행렬표를 사용하여 네 가지 기준에 따라 1(매우 그렇지 않다)부터 5(매우 그렇다)까지 점수를 매겨 '최고의 노래'를 선정한다. 각 그룹은 그들이 선택한 세 곡이 각각 30초씩 나오는 오디오 자료를 만들어 제시하고 비교 매트릭스를 학급 전체에 발표할 수 있다.

곡명	빠르기	마음을 사로잡는 부분 (기분이 좋아지는 쪽으로)	가사 중 긍정적인 메시지

재소자들을 위한 노래와 춤 재활 프로그램

필리핀의 몇몇 교도소에서는 재소자들을 갱생시키기 위해 다양한 전략을 시도하고 있다. 해당 교도소에서는 재소자들이 대규모로 모여 하루 최대 4시간 동안 경쾌한 음악을 사용하여 24개 이상의 동작이 포함된 댄스 루틴을 연습하도록 한다. 이 프로그램은 재소자들의 긍정적인 감정, 안녕감, 만족감을 증가시키는 것에 초점을 맞춘다. 이 프로그램에 대해 토론할 때에는 열 가지 생각 단계 PPT 자료(191페이지 참조)를 사용한다.

4) 적용

학교 전체 캠페인: 즐거운 삶을 위한 다섯 가지 방법

학생들은 그룹으로 나뉘어 학교 전체에 '즐거운 삶을 위한 다섯 가지 방법', '행복해지는 다섯 가지 방법', '정신건강 단련을 위한 다섯 가지 방법', 아니면 '다섯 가지 행복 원칙 SHINE'을 안내하기 위한 학생 행동 팀(190페이지 참조) 활동을 수행한다. 학생들은 이에 대해 학교 운영위원회에 그들의 계획을 제시하여 피드백을 받아 볼 수 있다. 피드백을 통해 가장 좋은 아이디어를 선정하여 학급 캠페인으로 진행할 수도 있다. 이때 학급 내의 각 그룹은 캠페인 운영을 위해 필요한 서로 다른 역할을 수행할 수 있다(예: 각 그룹이 웰빙을 증진시키는 방법을 한 가지씩 담당하거나 광고, 발표, 광고 음악 또는 캠페인 음악 작곡과 같은 캠페인 운영에 필요한 역할을 나누어 한 그룹당 하나씩 담당할 수 있음).

Don't stop singing and moving

학생들과 기회가 있을 때마다 5분 동안 노래를 부르고 음악에 맞춰 춤을 추는 'Don't stop singing and moving' 시간을 갖는다. 이 시간은 모두가 행복하고, 영감을 받고, 축하하고, 즐겁고, 또는 그저 재미있는 시간이다. 고학년 학생들은 또한 저학년 학생들을 위해 점심시간에 Don't stop singing and moving이나 춤 연습 시간을 기획하고 운영할 수 있다. 다음을 참고하여 알맞은 노래를 선정한다(일부는 어린 학생들에게 적합함). 400페이지에서 소개한 노래 중에서 선정해도 좋다.

• 'Bounce Back Wriggle Jive'(Frank Servello)   • 'Hoedown Throwdown'(Hannah Montana)

- 'Choo Choo Cha Cha Boogie'(Louis Jordan)
- 'Don't Stop Me Now'(Queen)
- 'Don't Stop Moving'(S Club 7)
- 'Don't Worry, Be Happy'(Bobby McFerrin)
- 'Funky Town'(Lipps Inc)
- 'Good Riddance(Time of Your Life)'(Green Day)
- 'Good Vibrations'(The Beach Boys)

- 'Keep on Moving'(Soul II Soul)
- 'Bring the House Down'(S Club 7)
- 'Let's Get Loud'(Jennifer Lopez)
- 'Locomotion'(Kylie Minogue)
- 'Nutbush City Limits'(Lke and Tina Turner)
- 'The Macarena'(Los del Río)
- 'Three Little Birds(Everything's Gonna be Alright)'(Bob Marley)
- 'We Will Rock You'(Queen)

6. 마음챙김 연습하기

1) 학습자료

(1) 도서

놀 때는 그냥 신나게 놀아

이 그림책은 마음을 챙기는 것과 지금 이 순간에 충실한 것이 어떻게 우리의 행복과 웰빙에 기여할 수 있는지를 강조한다. 또한 시끄럽고 집중을 못하는 혼란스러운 마음가짐이 우리의 생각을 장악하지 못하게 하는 것의 중요성을 강조한다.

천천히 걷다 보면

Anh은 갑자기 친구들이 그를 떠나자 매우 화가 나고 학교에서 소외감을 느낀다. 그의 분노는 붉고 털이 많은 충동적인 생물로 의인화된다. Anh은 발걸음을 한걸음씩 세면서 발걸음과 호흡을 맞춤으로써 속도를 줄이고 화를 가라앉혀 평화로운 산책을 할 수 있게 된다.

(2) 웹사이트

The Smiling Mind 홈페이지

7~11세와 12~15세 학생들을 위한 마음챙김 대본이 제공된다. 한국어 번역 기능을 사용할 수 있다.

(3) 동영상 해시태그

#어린이를 위한 마음챙김 명상(Loving Kindness Meditation for Kids)

애정 어린 친절을 경험하는 것은 긍정적인 감정을 증진시킨다. 이 동영상을 통해 마음챙김과 관련한 5분간의 명상을 할 수 있다.

2) 서클 타임 및 학급토론

학생들이 짝에게 인사를 건네고 짝의 눈 색깔을 말해 주도록 함으로써 주제를 시작한다. 왜 우리가 이러한 활동을 하는지에 대해 설명한다(사람의 눈 색깔을 보기 위해 주의 깊게 살펴봐야 하는데, 이것을 마음을 담아 알아채기라고 한다. 우리는 주의를 잘 기울이면 대상에 대해 '더 많이' 본다).

학생들과 함께 각자 마음챙김이 무엇이라고 생각하는지에 대해 이야기를 나눈다. 마음챙김에는 다음 두 가지 기술이 포함된다.

- 판단 없이 현재에 주의를 기울이는 것(즉, 우리가 생각하거나 느끼는 방식에는 옳고 그름이 없다.)
- 빠르고 의식적(완전하게 인지한 상태)으로 긴장을 푸는 것

이 주제에 앞서 학생들은 종이 바람개비(406페이지 참조)를 만든다. 바람개비 호흡 기법은 아동이 다양한 호흡법에 집중하도록 돕는 마음챙김 연습에 흔히 사용되는 기술 중 하나이다. 바람개비를 이용해 학생들이 다양한 호흡법(빠른 호흡, 깊은 호흡, 얕은 호흡)이 자신의 몸과 마음이 느끼는 기분에 미치는 영향을 알 수 있도록 한다. 학생들은 말을 할 때에는 바람개비를 내려놓는다.

학생들이 바람개비를 들고 그것을 길고 깊고 느린 숨을 이용해서 불도록 하면서 토론을 시작한다.

토론 질문(출처: Greenland, S. K., Mindful Games, www.susankaisergreenland.com/mindful-games)

- 기분이 어땠는지 알아차려 보세요. 여러분의 몸은 차분함과 편안함을 느끼고 있나요?(그렇다.)
- 깊게 호흡한 후 가만히 앉아 있는 것이 쉬운가요, 아니면 어려운가요?(더 쉽다.)

이제 학생들이 짧고 빠른 숨을 이용해 바람개비를 불도록 한다.

- 지금은 여러분의 몸이 어떤 느낌인가요? 천천히 호흡한 후와 빠르게 호흡한 후에 같은 느낌이 느껴지나요?(천천히 호흡하면 더 편안해진다.)

마지막으로, 학생들이 일상적인 빠르기의 호흡으로 바람개비를 불도록 한다.

- 호흡하는 것에 마음을 지속적으로 집중하는 것이 쉬웠나요? 아니면 쉽게 주의가 산만해지거나 다른 생각을 하게 되었나요?(정상 호흡 시에는 주의가 산만해지기 쉽다.)

- 천천히 그리고 깊게 호흡하는 것은 우리의 일상생활에서 언제 도움이 될까요?(우리가 어떤 것에 대해 흥분하거나 걱정하거나 화가 날 때, 혹은 집중해야 할 때)
- 빠르게 호흡하는 것은 우리의 일상생활에서 언제 도움이 될까요?(우리가 피곤해서 에너지를 더 얻고 싶을 때)

자료 목록의 책 중 하나를 읽는다.

토론 질문

- 책의 등장인물(들)은 어떻게 마음챙김을 실천했나요?
- 마음챙김을 실천하면 어떤 감정들에 더 잘 대처할 수 있을까요?

학생들에게 다음의 마음챙김을 실천하는 세 가지 방법을 안내한다.

형식적 방법

매일 5분에서 10분 동안 마음챙김을 실천할 시간을 따로 두는 방법이다. 호흡에 집중하는 것은 마음챙김을 실천하는 가장 흔한 방법이다. '마음챙김 명상(smiling mind)' 또는 '자비 명상'은 형식적이고 규칙적인 마음챙김 실천에 적합하다.

비형식적 방법

필요할 때 마음챙김을 실천하는 것을 말한다. 학생들이 강한 감정을 느낄 때, 다음 사항을 따를 수 있도록 상기시킨다.

- 속도를 줄이고, 멈추고, '그냥 있다'.
- 천천히 그리고 깊이 숨을 들이쉬고 내쉬며 자신의 신체, 감정, 행동 그리고 환경을 천천히 인식한다(바람개비를 불었을 때처럼).

현재에 깨어 있기 방법(Being in the moment)

주의가 산만해지고 한번에 여러 가지를 하려고 할 때마다 현재에 주의를 기울이는 방법이다. 학생들이 현재 자신이 하고 있는 일(보고, 듣고, 냄새를 맡고, 만지는 것)에 완전히 집중하고 현재에 '깨어 있기'를 실천할 수 있도록 격려한다.

3) 활동

바람개비 만들기

학생들은 이 주제의 서클 타임이나 학급 토론에 사용할 바람개비를 만든다.

- 필요한 재료
  - 가위
  - 접착제
  - 작은 구슬
  - 핀(바람개비가 회전할 수 있을 만큼 충분히 긴 것)
  - 30cm의 수수깡
  - 큰 정사각형의 종이
- 단계
  - 종이를 오른쪽 하단 모서리에서 왼쪽 상단 모서리까지 대각선으로 접은 다음 펼친다.
  - 종이를 왼쪽 하단 모서리에서 오른쪽 상단 모서리까지 대각선으로 접은 다음 펼친다. 정사각형 종이는 이제 삼각형 모양으로 4등분되었다.
  - 종이의 중앙으로부터 약 3cm 정도 떨어진 곳의 접은 선 각각에 연필로 표시한다.
  - 각각의 접은 선을 따라 가위로 자른 다음 연필 자국에서 멈춘다.
  - 삼각형의 두 꼭짓점 중 하나를 중앙으로 가져와 접착시킨다. 네 개의 삼각형에 대해 시계 방향으로 작업하면서 바람개비를 만든다.
  - 접착제가 마르면 바람개비의 앞쪽에서 중앙을 핀으로 고정시킨다. 이때, 바람개비가 회전할 수 있도록 핀이 통과하는 구멍이 충분히 큰지 확인한다.
  - 구슬을 핀 위에 부착하여 꾸민 후, 수수깡 위에 핀으로 바람개비를 고정한다.

마음챙김 걷기

학생들은 한 줄 또는 두 줄로 길게 서서 서로를 따라 공원이나 정원, 또는 이와 비슷한 매력적인 장소를 고요하게 걷는 마음챙김 활동을 실시한다. 이 활동은 학생들에게 비형식적인 마음챙김 시간이 필요한 상황에서 더욱 효과적일 수 있다. 학생들이 보고, 듣고, 냄새를 맡고, 만지는 것을 주의 깊게 관찰하도록 격려한다.

알아채기, 마음 챙기기

때때로 사람들은 그들의 삶에서 일어나는 좋은 일들에 대해 알아채지 못하거나 충분히 주의를 기울이지 않는다. 만약 사람들이 좋은 경험을 알아채면서 음미하고, 마음챙김을 실천한다면(앞의 관련 내용 참조) 사람들은 건강과 웰빙이 증진되고 더 행복해질 것이다.

학생들에게 알아채기의 세 가지 종류를 설명한다.

- 지금(현재) 일어나고 있는 일들을 알아챈다. 예를 들면, 현재 자신의 삶에서 일어나고 있는 좋은 일들에 주의를 기울이고 기쁨을 누린다. 이것은 하늘의 색깔을 알아채는 것, 맛있는 간식의 맛을 음미하는 것, 누군가 여러분을 위해 한 친절한 일 등을 알아채는 것처럼 간단한 것들이 될 수 있다.

- 미래에 일어날 일들을 기대하면(예: 생일이나 휴일과 같은 미래의 즐거움을 기다리는 것) 현재에 즐거움을 줄 수 있다.
- 과거를 돌아보고 과거에 일어났던 좋은 일들에 대한 기억들을 회상한다.

다른 사람들과 나누는 것 또한 행복을 증가시킨다. 알아채고, 감사하고, 즐기는 것(또는 풍미를 음미하거나 기쁨을 누리는 것)은 긍정적인 감정을 증가시키고 강화시키고 더 행복하게 하는 좋은 방법이다. 이 전략은 5단원 낙관성 주제에서 (현재에 대해) 긍정적 추적을 사용하고 (미래에 대해) 낙관적 사고를 하며 (과거에 대해) 감사를 하는 활동과 연결된다.

개인의 마음챙김 전략

짝 이야기 전하기(187페이지 참조)를 활용한다. 학생들은 마음챙김 전략이 필요할 때 어떤 전략을 사용하는 것이 자신에게 가장 잘 맞는지 이야기를 나누고 발표한다. 그들은 다음과 같이 답할 수 있다.

- 4까지 숫자를 세면서 숨을 들이마시고 6까지 숫자를 세면서 숨을 내쉼으로써 마음을 진정한다.
- 공원, 숲, 해변을 산책하거나 달리면서 자연과 연결됨을 느낀다.
- 반려동물과 함께 놀고, 자신의 개를 훈련시킨다.
- 운동(예: 후프 날리기, 벽을 이용한 테니스 공 튀기기, 축구공 차기, 수영/서핑하기 등)을 한다.

네 명이 한 그룹이 되어 학생들은 각자의 개인적인 마음챙김 전략이 어떤 다양한 이점을 결합하고 있는지 탐색한다. 예를 들면, 공원에서 개를 운동시키는 것은 신체단련, 정신건강(침착해지고 즐거워짐), 자연을 즐김, 반려동물과의 함께하는 시간을 즐김(반려견의 건강과 웰빙에도 좋다)과 같은 이점을 결합하고 있다.

현재에 깨어 있기: 마음챙김 식사

간식 시간 동안 학생들이 마음챙김 식사를 할 수 있도록 격려한다. 그리고 현재의 일들을 알아채는 예로, 그들이 음식이나 음료의 맛에 주의를 기울이는 것을 제시한다. 또한 마음챙김 식사 활동에 활용할 수 있는 몇 가지 방법이 있다. 학생들에게 음식을 쳐다보라고 하고 음식을 먹기 전, 씹고 있을 때, 그리고 다 먹었을 때 다음과 같이 질문한다.

- 음식을 이루고 있는 각 구성요소의 모양, 크기, 색, 그리고 냄새는 어떠한가요? 음식을 보고 있으면 입에서는 어떤 느낌이 느껴지나요? 손으로 음식을 만질 때에는 음식이 어떻게 느껴지나요?
- 음식을 천천히 입으로 가져옵니다. 입에 넣기 바로 전에, 잠깐 멈춰서 여러분이 자신의 입안에서 무엇을 느끼고 있는지를 생각해 봅니다. 음식을 씹기 전에 먼저 혀에 대고 음미해 보세요. 음식의 맛과 질감에 대해 어떤 것을 느낄 수 있나요?
- 이제 음식을 씹고, 어떻게 느껴지고 또 맛은 어떠한지에 집중해 봅니다. 그러고 나서 여러분의 배에 집

중을 하면서 배에서는 음식이 어떻게 느껴질지 생각해 보세요.

마음챙김에 대한 조사

학생들은 세 명 또는 네 명씩 그룹을 이루어 다음의 활동들이 정신 및 신체 건강에 주는 이점을 조사한다.

- 마음챙김 연습하기
- 자연과 연결되기
- 반려동물 기르기
- 운동하기
- 그룹으로 노래하기

각 그룹은 조사결과를 슬라이드 쇼를 통해 발표할 수 있다.

7. 긴장과 걱정 그리고 스트레스 관리하기

1) 학습자료

(1) 도서

겁쟁이 꼬마생쥐 덜덜이

이 책은 생쥐 캐릭터가 있는 그림책이지만, 정교한 내용을 담고 있다. 어린 쥐는 모든 것을 두려워하는데, 그러던 중 두려움에 관한 '인간들의' 책을 발견한다. 이 책에서 두려움은 그 두려움에 질 때만 느끼는 것이라고 가르친다. 그래서 어린 쥐는 두려움과 공포증에 맞서려고 한다.

(2) 동영상 해시태그

#반려동물 치료(Pet Therapy) #치료 도우미견

반려동물이 학생들의 웰빙과 스트레스 해소를 도와주는 이야기 자료를 사용한다.

#The worry Glasses: Overcoming Anxiety(걱정 안경: 불안 극복하기), Read aloud

영어판 책소개 영상으로 자동 한글 번역 기능을 사용한다. 그림만 이용해도 좋다.

2) 서클 타임 및 학급토론

자료 중 하나를 읽고 주제를 소개하고 토론한다.

토론 질문

- 걱정이란 무엇인가요?(예상되는 두려움, 인식된 위험은 '잠재적'이며, 아직 발생하지 않았고 종종 발생하지 않을 것이다.)
- 책의 등장인물이나 동영상 속의 학생들은 무엇을 걱정하나요?
- 가끔 걱정을 하는 것은 자연스러운 일인가요?(정상이다. 특히 상황이 어떻게 될지 확실하지 않을 때 그렇다. 무언가에 대해 걱정하는 것은 우리에게 문제가 있다는 것을 알려 주고 문제해결을 위해 노력하도록 동기를 부여할 수 있다.)

그런 다음 학생들에게 1에서 10까지 눈금을 만들어 1은 '전혀 걱정하지 않음'으로, 10은 '정말 걱정됨'으로 표시한 뒤 오뚝이 Bounce Back! 저널에 적는다. 학생들에게 다음 목록을 제공하고 각 항목에 대해 얼마나 걱정하는지에 따라 눈금에 표시하도록 요청한다.

- 세계 문제(world problems)
- 우리의 미래(their future)
- 우리의 건강(their health)
- 가족(family)
- 남과 다름(being different)
- 학업(schoolwork)
- 괴롭힘을 당하는 것(being bullied)
- 우정(friendships)

행복도 설문조사는 '불쾌한 정서를 포함한 모든 정서는 모두 필요하다(390페이지 참조)'라는 문장을 참고한다. 학생들이 걱정하는 가장 일반적인 세 가지 요인은 가족, 건강 그리고 미래이다(미래에 관련한 걱정은 십대들의 공통적인 걱정이다).

이후 활동은 다음 토론 질문을 따라간다.

- 부모, 교사, 친구 등 걱정거리가 있을 경우, 누구와 대화할 것 같나요?(설문조사에 참여한 학생 중 부모 46%, 친구 24%, 아무에게도 말하지 않음 19%)
- 약간의 걱정이나 긴장감이 좋다고 생각하나요?(예: 여러분은 수행과 도전에 대해 동기 부여를 받고 열심히 하기 위해 약간의 걱정이 필요하다. 충분히 걱정하지 않는다는 것은 지나치게 느긋해지고 자신감이 넘친다는 것을 의미할 수도 있다. 하지만 너무 많은 걱정과 불안감은 스스로가 압도당하고 명확하게 생각할 수 없으며 그 일에 집중할 수 없다는 것을 의미할 수 있다.)
- 걱정은 언제 하나요?(일이 잘못되어 가고 있을 때, 사람들과 단절될 때, 잠을 잘 수 없을 때, 압도당할 때, 화가 날 때)
- 항상 '걱정 안경'을 통해 삶을 본다면 어떻게 될까요?
- 걱정거리와 불안의 차이는 무엇인가요?(불안은 걱정거리가 있거나 두려울 때 나타나는 불쾌한 감정이다. 모든 사람은 인생의 다른 시기에 약간의 불안감을 느낀다. 우리의 신체는 상황이 위험할 수 있다고 전하는 역할을

하고 문제를 해결하도록 동기를 부여한다.)

- 불안감은 언제 문제가 되나요?(자꾸 나쁜 일이 일어날 것이라고 느낄 때, 실수를 하면 화가 날 때, 옳게 되는 것에 너무 신경을 쓸 때, 불필요한 질문을 많이 하면서 안심을 구할 때, 항상 기분이 나쁘고 짜증나고 피곤할 때)
- 등장인물이 걱정이나 두려움에 맞서고 이에 압도당하지 않기 위해 사용한 전략은 무엇이었나요?
- 걱정되는 상황에서 누군가와 대화하는 것이 중요한 이유는 무엇인가요?('뚝심 있게 도와달라고 말해 봐! 도와달라고 하면 도와줄 거야'와 연관하여 생각한다.)
- 시험 전에 긴장감을 덜 느끼게 하는 좋은 방법은 무엇인가요?('나는 이것도 잘하고, 공부도 열심히 했다. 열심히 공부하면 괜찮다.'와 같은 침착한 자기대화를 사용한다. 친구와 대화를 하고, 공부한 내용을 서로 테스트해 준다. 마음챙김 호흡을 사용한다.)
- 불안하고 스트레스를 받는다면 어떻게 할 수 있을까요?(오뚝이 Bounce Back! 활동지 '우리 몸이 스트레스를 받을 때'를 참조한다.)

> 👤 교사가 생각해 볼 문제
>
> 교사들의 스트레스는 반 학생들에게 전염된다. 교사들이 스트레스를 받을 때, 반의 학생들도 더 스트레스를 받는 경향이 있다. 자신의 스트레스는 얼마인지 체크해 본다. 스트레스 수준을 낮추기 위해 어떤 전략을 채택할 수 있을지 생각해 본다.

3) 활동

- 짝 시너지 활동 전략을 사용한다(187페이지 참조). 2인 1조로 짝을 이룬 학생들은 또래 친구들이 걱정하는 것을 랠리 형식으로 번갈아 가며 적은 다음 다른 팀과 목록을 비교한다. 그리고 나서 각 팀은 또래들이 자주 걱정하는 것 중 하나를 선택하여 이때 사용할 수 있는 침착한 자기대화를 생각해 보고 발표한다.
- 오뚝이 Bounce Back! 활동지 '긴장감을 얼마나 잘 다룰까요?'를 완성한다. 그리고 나서 오뚝이 Bounce Back! 저널에 자신이 긴장할 때의 상황과 어떻게 대처했는지 그리고 앞으로는 어떻게 하면 더 잘 대처할 수 있을지에 대해 쓴다.
- 오뚝이 Bounce Back! 활동지 '우리 몸이 스트레스를 받을 때'를 완료하고 파트너와 자신의 이야기를 나눈다.
- 반려동물은 종종 치료에 사용된다. 이것이 우리 학교에서도 효과가 있을까? 학생들을 네 명에서 다섯 명으로 구성된 그룹으로 구성하고 열 가지 생각 단계 PPT 자료 또는 오뚝이 Bounce Back! 활동지 '열 가지 생각 단계'를 사용하여 '학교 시험 기간에 반려동물과 함께하기'에 대한 주제를 의논한다.
- 학생들은 걱정되거나 불안할 때 긴장을 풀고 진정시키는 데 도움이 되는 세 가지 전략을 열거한 지갑

카드를 만든다. 걱정이 될 때 전략을 떠올리는 도구로 사용한다.

(1) 스트레스 공

필요한 재료

- 디저트 스푼과 날카로운 가위
- 쌀, 씨앗 또는 콩 각각 3스푼씩
- 옥수수 가루 1스푼
- 작은 비닐봉지 2개(샌드위치 크기)
- 다른 색상의 둥근 풍선 2개(25cm)

단계

- 비닐봉지에 힘이 없기 때문에 비닐봉지 하나를 다른 봉지 안에 넣어 힘을 준다.
- 쌀, 씨앗, 콩, 옥수수 가루를 비닐봉지에 넣고 공기를 제거한 후 매듭을 묶는다.
- 매듭 위에 남은 비닐을 조금 잘라내어 곡식들이 나올 구멍을 만든다.
- 두 풍선의 입구를 잘라 낸다.
- 한 풍선을 벌려서 씨앗과 밀가루의 비닐봉지를 넣는다. 비닐봉지의 꼭지 쪽이 보인다.
- 두 번째 풍선 끝을 가위로 잘라서 풍선이 잘 들어가게 자른다.
- 두 번째 풍선을 벌려서 첫 번째 풍선의 머리 부분을 넣는다. 비닐봉지의 꼭지가 안 보이게 된다.
- 두 번째 풍선에 작은 구멍들을 뚫어서 첫 번째 풍선의 색이 드러나도록 한다. 손으로 주무르면 스트레스가 풀린다.

8. 분노 다스리기

1) 학습자료

(1) 도서

천천히 걷다 보면(404페이지 참조)

화가 날 땐 어떡해요?

이 책에서 전달하는 메시지는 다음과 같다. 누구나 가끔 화를 낸다. 성질을 가라앉히고 화를 다스리는 방법을 배울 수 있다. 울화통을 다스리는 방법, 마음을 가라앉히는 자세한 방법, '분노 레이더' 사용 요령, 어른들이 화를 낼 때 내가 할 수 있는 일 등을 배운다.

(2) 동영상 해시태그

#어린이, 분노를 다스리는 법
자신의 분노 폭발을 억제하고 자신을 진정시킬 수 있는 능력이 있다는 것을 깨닫도록 돕는 영상

2) 서클 타임 및 학급토론

먼저, 오뚝이 Bounce Back! 활동지 '분노에 관한 우편함 활동'을 사용하여 우체통 설문조사를 한다(187페이지 참조). 다음으로 그룹별 토론을 통해 수집된 우체통 조사 결과를 발표하면서 다음 질문들에 대해 토론한다.

토론 질문

• 분노란 무엇인가요?(그것은 짜증에서 격렬한 분노까지 이르는 감정이다. 화가 나면, 심장 박동 수와 혈압이 올라가고 스트레스 호르몬이 몸으로 분비된다. 분노는 떨리고, 덥고 땀이 나고 통제할 수 없는 기분을 느끼게 할 수 있다.)

• 어떤 상황에서 사람들은 화를 낼까요?(오뚝이 Bounce Back! 활동지 '어떤 상황에서 사람들은 주로 화가 날까요?'를 참고한다.)

• 가끔 화를 내는 것이 정상인가요?(예: 모든 사람이 각기 다른 상황에서 화를 낸다.)

• 분노는 언제 도움이 되나요?(자신의 권리를 옹호하고 스스로를 보호하라고 경고할 때)

• 분노는 언제 파괴적인가요?(분노가 우리를 흔들 때, 더워지고 땀이 나고 통제할 수 없는 느낌이 든다. 분노 감정으로 인해 우리는 소리를 지르고, 뭔가를 던지고, 비판하고, 폭풍을 몰아내고, 때로는 그 상황을 피하게 되고, 아무것도 하지 않기도 한다.)

• 분노 뒤에 어떤 다른 감정이 숨어 있을 수 있을까요?(좌절, 무력함, 걱정, 두려움, 질투, 슬픔, 당황, 거절)

학생들을 3인 1조로 나누고 진실/거짓 퀴즈를 실시한다. 학생들에게 1, 2, 3 숫자를 할당한다. 그다음, 세 가지 질문에 대한 그룹의 최상의 답을 이끌어 내고, 협상하고, 기록하고, 보고한다. 한 사람당 하나의 문제에 책임을 진다(1번 학생은 1번 문제를 담당하는 것과 같은 방식).

• 사람이나 상황은 여러분을 화나게 할 수 있어요. 이게 진실인가요, 거짓인가요?(거짓이다. 아무도, 어떤 상황도 당신을 화나게 할 수 없다. 당신이 어떤 상황에서 화를 내는 것은 때때로 이해할 수 있다. 하지만 여러분은 자신의 분노와 그것을 다루는 방법에 대한 책임이 있다.)

• 여러분이 누군가에게 얼마나 화가 났는지 보여 주는 것이 그들과의 관계에 대해 걱정하는 것보다 더 중요해요. 이게 진실인가요, 거짓인가요?(거짓이다. 화내는 것이 여러분의 관계에 어떤 영향을 미칠지 생각

하는 것이 더 중요하다. 침착하게 있으면 갈등을 보다 쉽게 처리하고 문제를 해결하며 여전히 친구로 남을 수 있도록 돕는다.)
- 여러분이 누군가에게 화가 났을 때, 그 사람에게 정말 얼마나 화가 났는지를 보여 주는 것이 중요해요. 이것은 진실인가요, 거짓인가요?(거짓이다. 할 수 있는 최선의 것은 침착하게 자신을 통제하는 것이다. 진정한 패배자는 '통제 불능'의 사람이다.)

화가 난 감정이 우리를 장악하고 통제하도록 허락한 결과는 잠재적인 '낙오'가 된다. 화를 다스리지 못하면 우정의 깨어짐, 타인과의 협력 부족, 죄책감, 자존감 상실, 나중에는 자신에 대한 나쁜 감정을 느끼고 다른 사람들 앞에서 자신을 통제하지 못하게 될 수 있다. 때때로 그것은 권위자(교사, 경찰 등)와의 갈등을 일으킬 수 있다.

다음 토론 질문을 통해 부정적인 감정을 다스리는 데 사용할 수 있는 네 가지 기법을 알아본다(387페이지 핵심 메시지 참조).

- 분노를 다스리기 위해 앞부분에 어떤 전략이 제시되었나요?
- 누구에게도 해를 끼치지 않으면서 문제를 해결할 수 있는, 화를 다스리는 방법은 무엇일까요?—기법 1: 먼저 여러분의 몸에서 일어나고 있는 일을 진정시킨다, 차분하지만 확고하게 그 사람에게 왜 화가 났는지 말하고 함께 해결하려고 노력한다.
- 자신을 진정시키거나 더 잘 통제하기 위해 어떤 생각을 하거나 말을 할 수 있을까요?—기법 2: 도움이 되고, 분별 있는 생각을 사용한다. —기법 3: 여러분이 어떻게 느끼고 왜 그렇게 느끼는지 말하기 위해 효과적으로 진정시킬 수 있는 자기대화를 사용한다. 예를 들어, '침착하자', '통제력을 잃을 때 나는 무엇을 잃을 것인가?', '내 분노를 발산하는 것보다 친구를 잃지 않는 것이 더 중요하다', '이 일이 지난 후에 나는 웃고 있을 것이다', '5분 후면 괜찮아질 문제야' 등)
- 화가 났을 때 스스로를 진정시키기 위해 할 수 있는 일은 무엇인가요?—기법 4: 문제를 해결하기 위한 전략적 방법을 찾고 필요할 때 전략을 사용한다. 예를 들어, 마음챙김 호흡, 운동 또는 스포츠 활동, 음악 듣기, 반려동물과 놀기, 독서, 서핑, 악기 연주와 같은 행복한 기분을 느끼게 해 주고 강점을 증진시키는 활동, 친구나 가족 구성원과의 대화, 100에서 3씩 빼며 숫자 거꾸로 세기, 청소와 같은 유용한 일을 하면서 화난 에너지 풀기, 대안적 방법으로 팔을 뻗어서 긴장을 푸는 방법이 있다.

3) 활동

- 학생들이 TV를 볼 때마다 TV 프로그램의 등장인물들이 분노에 찬 감정을 어떻게 다루는지 데이터를 기록한다. TV에서 다룬 방법은 화를 다루는 긍정적인 방법일까요, 아니면 부정적인 방법일까요?
- 학생들은 오뚝이 Bounce Back! 활동지 '어떤 상황에서 사람들은 주로 화가 날까요?'를 완료한다.

- 학생들은 3인 1조로 '진짜 패배자는 통제 불능의 사람이다'라는 주제로 광고 캠페인을 계획한다.
- 학생들은 오뚝이 Bounce Back! 활동지 '화가 날 때 무엇을 할까요?'를 완성한다. 싱크 · 잉크 · 페어 · 셰어 팁을 사용하여 짝과 이야기를 나눈다. 침착함을 유지하고 상황에 따라 화난 감정을 다룰 수 있는 몇 가지 좋은 방법을 적어 본다(191페이지 참조).
- 주인공이 자신의 화를 다루는 방식을 두 가지 방법(긍정적인 방법과 부정적인 방법)으로 구성하여 두 가지 결론으로 이어지는 서로 다른 이야기를 상상하며 작성한다.

(1) 얼마나 화가 났나요?

예측과 비교를 위한 PACE 전략을 사용하여(186페이지 참조) 학생들에게 또래 아이들이 가장 화가 날 것이라고 생각하는 상황이 무엇일지 두 가지를 예측해 보도록 한다.

- 누군가가 나를 다른 사람들 앞에서 우습게 보이게 만들었고 이를 보고 모두가 웃었다.
- 가족들이 나만 빼고 함께 어딘가에 가고 나는 함께 갈 수 없다고 하였는데, 그 이유가 타당하지 않았다.
- 내가 하지도 않은 거짓말에 대해 선생님은 내가 했다고 생각하여 혼이 났다.
- 프로젝트 때문에 컴퓨터 작업을 해야 하는데 아무리 노력해도 어떻게 해야 하는지 모르겠다.
- 또래 친구가 나를 무시하며 심하게 대우하고 있다.
- 또래 친구가 아무런 이유 없이 논쟁적 싸움을 거는 상황에 처해 있다.
- 부모님이 이사를 가야 한다고 말하면서, 나에게는 어디로 가는지 어느 학교로 가는지 말하지 않아도 된다고 생각하시는 것 같다.

결과에 대해 토론하세요. ―모든 그룹의 친구들이 두 가지 상황이 가장 화가 난다고 동의했나요? 우리 모두 똑같은 것에 대해 화를 내고 있나요? 예측과 결론을 비교하고 그 차이가 어디서 났는지 확인한다.

(2) 네 모서리

다음의 두 가지 예와 같이 화를 유발하게 된 시나리오에 대해 설명한다. 학생들에게 이 문제를 가장 잘 다룰 수 있는 방법을 물어본다. 토론을 통해 도출된 가장 좋은 아이디어 네 개를 큰 종이 한 장에 써서 네 모서리의 벽에 한 장씩 붙인다. 학생들은 네 가지 중 가장 잘 대처할 수 있는 방법이 무엇인지 생각해 보고 그 코너로 간다. 코너에 모인 학생들끼리 왜 그 아이디어가 최선이라고 생각하는지에 대해 다른 아이들과 토론한다. 발표자를 뽑는다. 다음은 사용할 수 있는 몇 가지 시나리오이다.

- Harry는 남동생 Aidan이 자신과 비교해서 집안일을 적게 한다고 생각한다. 남동생 Aidan이 맡은 집안일을 하지 않을 때는 학교 수업을 듣기도 하고 외출할 수 있는데, Harry가 집안일을 하지 않을 때에는 외출 금지를 시킨다. Harry는 이것에 대해 생각하면 생각할수록 화가 난다.

- Ellie의 부모님은 Ellie의 성적이 지난번보다 좋지 못한 것을 이유로 밤에 휴대전화 사용을 못하게 하였다. 부모님은 Ellie가 친구들에게 메시지를 보내는 대신 숙제를 하거나 피아노 연습하기를 원한다. Ellie는 방과 후 친구들과 '어울리는 데(socialising)' 시간을 보내지 않으면 친구들과의 관계가 끊어질 것이라고 생각한다. Ellie는 생각하면 생각할수록 화가 난다.

(3) 예측과 비교를 위한 PACE 조사

PACE 전략(186페이지 참조)을 사용하여 다음 상황에서 어떤 분노 관리 전략이 가장 적합한지 예측하도록 한다.

Sarah의 반 친구인 Jackson은 선생님에게 Sarah가 정기적으로 매우 아끼는 펜을 빌려가서 돌려주지 않는다고 이야기를 하였다. Sarah는 이 사실에 매우 화가 났다. 왜냐하면 실제로 Sarah는 펜을 한 번만 빌렸으며 바로 돌려주었기 때문이다.

Sarah가 해야 할 일

- Jackson에게 가서 자신이 왜 화가 났는지 말한다.
- 먼저, 진정하고 상황에 가장 잘 대처할 수 있는 방법을 찾는다.
- 가장 친한 친구에게 전화를 걸어, 어떻게 해야 하는지, 다른 의견이 있는지 물어본다.
- Jackson에게 이러한 행동이 다시 반복되면, 점심시간 축구 경기에서 제외시킬 것이라고 말한다.
- 자신이 상황을 악화시킬 경우를 대비해서 아무 말도 하지 않는다.

각 그룹은 결과를 발표한다. 모든 그룹원은 결과가 최상의 문제해결 방식이라고 동의했나요?
(여러분이 진짜 화가 나 있다면 진정하고 침착하게 상황을 해결할 가장 좋은 방법을 찾는 것이 좋다.)

4) 가정 연계 과제

가족 중 두 명의 어른에게 화가 났지만 침착하게 화난 감정을 다스리고 만족했던 장면을 떠올려 볼 것을 요청한다. 다음의 질문을 사용할 수 있다.

- 자신의 마음을 가라앉히기 위해 어떤 말이나 행동을 했나요?
- 화가 난 기분에 대해 누구와 이야기했나요?
- 왜 화가 났는지 그 사람에게 말했나요? 만약 그렇다면, 그 순간에 바로 화난 이유에 대해 말했나요, 아니면 나중에 마음을 전달하는 가장 좋은 방법에 대해 생각한 후에 표현했나요?
- 화난 감정을 어떻게 다룰지 결정할 때 주로 무엇을 목표로 했나요?

그런 다음 학생들은 화난 감정을 효과적으로 다스릴 수 있는 방법을 찾기 위해 4인 1조로 인터뷰에 대해 토론한다. 그리고 가장 성공적인 전략은 무엇이었는지 조사한 것을 학급 친구들에게 발표한다.

5) 드라마

(1) 전환하기

학생들에게 이야기의 시작과 끝을 알려 주고, 중간 부분을 추가해서 이야기를 완성하고 연극으로 발표할 것을 요청한다. 등장인물은 자신의 감정과 생각을 묘사하는 '독백'을 사용하고, 되감기 역할극 전략(182페이지 참조)을 사용하여 관객과 상호작용이 가능하도록 한다. 또한 배우와 함께 준비하고 그 후에 각 등장인물에 대해 관객들과 함께 이야기할 수 있도록 '분노 코치'를 두는 것을 고려한다.

- 한 남자아이가 점심시간에 두 명의 반 친구에게 괴롭힘을 당한다. 반 여자아이와 이야기를 나눈 것이 못마땅하다고 따지는 두 명으로 인해 이 남자아이는 매우 화가 났다. 이 이야기는 매우 쿨한 응답을 하고(예: "점심시간에 나를 쳐다보는 것밖에 할 일이 없니?") 조용히 걸어가는 것으로 끝난다.
- 한 여자아이는 아버지가 주말에 손님이 온다고 친구 집에 놀러가지 못하게 해 화가 났다. 이 이야기는 소녀가 손님들과 저녁식사를 함께한 후에 친구 집에 가는 것으로 아버지와 협상을 하였고 소녀는 친구 집에서 머물고 다음 날 아침 일찍 돌아오는 것으로 끝이 난다.
- 한 남자아이는 묻지도 않고 누군가가 그의 농구공을 빌려 가서 화가 났다. 이 이야기는 상대방에게 다시는 그러지 말라고 강하게 요구하면서 끝이 난다.
- 한 여자아이는 두 친구가 앞으로 점심시간에 함께 식사를 하지 않겠다고 말한 것 때문에 화가 났다. 이 이야기는 세 명의 친구가 서로 왜 화가 났는지 차분하게 이야기하면서 끝이 난다.

(2) 의도가 있었나요-사고였나요?

사람들은 자신에게 일어났던 일에 상대의 고의적인 의도가 있었다고 생각할 때 종종 화가 난다. 하지만 그것은 사실이 아니라 우연일 경우가 많다. 학생들은 네 명씩 그룹을 이루어 두 가지 상황에 대한 짧은 그림을 개발하는데, 하나는 행동이 고의적이었던 것이고 다른 하나는 우연히 일어난 사건이다. 여기서 어떤 언어적 혹은 비언어적 행동이 '우발적'인 것과 반대로 '계획적' 또는 '의도적'인지를 확인할 수 있다. 예를 들어, 누군가가 책상에서 책을 떨어뜨릴 때(혹은 나의 수건을 사용할 때나 나의 물건을 함부로 사용할 때 혹은 식당 매점에 줄을 서서 당신과 부딪힐 때) 만약 진실되고 빠른 사과나 도움이 있었다면 '의도적'이지 않음을 알 수 있다. 혹은 빈정대지 않았거나 능글맞지 않았음 등의 '우발적임'의 지표를 찾을 수 있다. 각 등장인물들에 대해 '분노 코치'를 사용하는 것을 고려해 보자.

9. 슬픔 관리하기

1) 학습자료

(1) 도서
내가 가장 슬플 때(364페이지 참조)

아이다, 언제나 너와 함께
　Gus와 Ida는 큰 공원에서 함께 살면서 하루를 보내는 북극곰이다. 어느 날, Gus는 Ida가 매우 아프고 희귀병을 앓고 있음을 알게 된다. 그들은 서로가 이 어려운 소식을 극복할 수 있도록 돕는다. Ida가 죽은 후, Gus는 그들의 우정에 대한 행복한 기억들을 떠올리면서 슬픔을 다스린다.

(2) 동영상 해시태그
#슬픔에서 헤어나기

(3) 영화
비밀의 숲 테라바시아(한글 자막)

2) 서클 타임 및 학급토론

　자료를 보고 토론하면서 슬픔에 대한 주제를 소개한다. 3단원: 회복탄력성 주제에 인용되는 '사랑하는 사람이나 반려동물을 잃었을 때'를 참고한다.

토론 질문
- 슬픔이란 무엇인가요?(비탄의 느낌, 슬픔, 일시적인 희망의 상실)
- 어떤 상황에서 우리는 슬픔을 느낄까요?(단기간의 슬픔: 좋아하는 물건을 잃어버리거나 깨트렸을 때, 슬픈 영화를 보거나 슬픈 책을 읽었을 때, 오래 지속되는 슬픔: 사랑하는 사람이나 반려동물이 죽거나, 소외당하거나, 누군가를 그리워하거나, 원하는 결과를 얻지 못했을 때)
- 슬픔을 느낄 수 있는 것이 우리에게 어떻게 도움이 되나요?(잃어버린 것의 중요성에 대해 말해 주고, 앞으로 나아갈 방법을 찾고, 가능하다면 그것을 어떤 식으로든지 대체해야 한다는 것을 알려 준다.)
- 책/영화에서 나타난 슬픔을 관리하기 위한 전략은 무엇인가요?
- 슬프거나 우울할 때 무엇을 할 수 있나요? 슬픔을 관리하기 위한 다음 전략을 실행하세요.

- 'SHINE' 다섯 가지 행복 원칙을 기억한다(401페이지 참조).
- 행복하고 긍정적인 사람들과 친해진다. 그들의 기분은 종종 눈길을 끌 만큼 재미있다.
- 당신이 즐길 수 있으면서 감정이 배제된 업무를 하며 바쁘게 지낸다.
- 농담을 하거나 재미있는 쇼를 본다.
- 기분이 좋지 않은 이유에 대한 설명을 적는다.
- 당신을 아껴 주는 사람들에게 말하여 지지를 부탁한다.
- 슬픈 느낌을 주는 문제를 해결하고자 노력한다.
- 상황이 곧 좋아질 것이라는 점을 스스로 상기시킨다('오늘의 나쁜 기분은 영원히 지속되지 않아! 내일은 오늘보다 좋아질 거야'와 연결한다. 3단원: 회복탄력성 273페이지 참조).

- 친구가 슬퍼하고 슬픔에서 헤어 나올 수 없다고 생각할 때 이를 해결할 수 있는 가장 좋은 방법은 무엇인가요?(친구를 돌보고 있다는 것을 보여 준다. 함께 시간을 보내고, 원한다면 그들의 말에 귀를 기울일 것이라는 것을 보여 준다. 많이 듣는다. 유머 감각을 자극하여 기분을 돋운다. 흥미로운 활동으로 주의를 딴 곳으로 돌린다. 하지만 친구가 좋아하지 않으면 중지한다.)
- 친구가 요청하지 않았더라도 염려되는 친구에 대해 선생님이나 가족에게 이야기해야 하나요?(예: 간단하지 않고 슬픔이 예전부터 지속되고 있으며, 쉽게 개선될 것 같지 않은 경우)

3) 활동

오뚝이 Bounce Back! 저널

슬퍼질 때 기분이 나아지기 위해 할 수 있는 다섯 가지 방법과 슬픈 친구나 가족을 지원하는 세 가지 방법을 적는다. 3단원: 회복탄력성(265페이지 참조)에서 슬픔을 관리하는 다른 활동을 참고한다.

10. 질투나 실망과 같은 불쾌한 감정들을 다스리는 것

1) 학습자료

(1) 도서

크레용이 화났어!

Duncan이 색칠하기 위해 크레용 상자를 열었을 때 편지 하나를 발견한다. 편지에는 크레용들이 그만둔다는 내용이 나와 있다. 색깔 크레용 하나하나의 편지에는 무가치하게 느껴지고 화나고 질투하고 중요하지 않은 것 같은 불편한 감정들이 표현되어 있다.

2) 서클 타임 및 학급토론

가치 없다고 느껴지고, 지루하고, 실망하고, 질투하고, 외로워지는 것 같은 불편한 감정들을 재미있는 방법으로 소개하고 있는 이 책을 소개하며 주제를 토론한다. 각 크레용의 글자에 반영된 서로 다른 감정을 구분할 수 있도록 한다.

토론 질문

- 이 단어들은 무엇을 의미하나요? 지루한, 실망스러운, 질투나는, 부끄러운, 거절당한, 외로운, 창피한, 역겨운
- (각 단어들의 감정은) 어떻게 보이고, 어떻게 들리고, 어떻게 느껴지나요?
- 크레용은 왜 그렇게 느꼈을까요?
- 우리 나이 또래의 친구들은 이 감정들을 어떤 상황에서 느낄 것 같나요?
- 이러한 감정을 관리할 수 있는 가장 좋은 방법은 한 가지뿐일까요?[아니요, 가장 좋은 방법은 상황에 따라 달라진다. 하지만 감정과 상황에 대해 스스로에게 말하는 '자기대화'는 중요한 방법이다. 분노를 다스리는 네 가지 방법은 다른 불편한 감정을 관리하는 데도 사용할 수 있다(387페이지 핵심 메시지 참조).]
- 학생들에게 다음 사항을 강조한다.
  - 몸에서 일어나는 일을 진정시킨다(예: 깊고 느린 호흡).
  - 도움이 되는 현명한 사고를 사용한다(예: '세상이 끝나는 것이 아니다', '이것은 나빠도 다른 것들은 괜찮다').
  - (다른 사람이 관여된 경우) 상대방에게 침착하게 자신의 기분과 이유를 말해 준다(예: 함께 영화를 보러 가기를 기대했는데 지금은 함께 갈 수 없다고 말해서 실망스러워요.)
  - 문제해결 방법을 찾는다(예: 다른 사람에게 함께 가자고 요청하거나 다른 약속 시간을 잡는 것).
- '자신에게 미안하다'는 말은 무슨 뜻인가요? 어떤 느낌인가요? 어떻게 생각하는 것 같은가요? 어떻게 보이나요(표정, 신체 언어 등)? 어떻게 들리나요(말, 목소리 톤)?
- 사람들은 언제 스스로를 안타깝다고 느끼는 경향이 있나요?[인생에서 일어나는 일이 모두에게 일어난다고 생각하지 않고 자신에게만 일어난다고 보는 것(일반화하지 않고 개인화), 긍정적이지 않을 때, 문제해결 방법을 사용하지 않을 때, 책임을 지지 않고 적극적이지 않을 때. 즉, 말하고 행동하는 방식이 명확거나 직접적이지 않고 무례하고 촌스럽거나 공격적일 때]

3) 활동

- 학생들은 어려운 감정을 관리하는 좋은 방법을 오뚝이 Bounce Back! 활동지 '어려운 감정 관리하기'에 열거한다.
- 학생들은 파트너와 협력하여 부러움과 질투, 당황스러움, 실망, 지루함, 죄책감, 수치심에 대해 색깔

괴물을 그리거나 만든다(예: 초록 질투 괴물, 핑크 또는 빨강 당황 괴물).

(1) 학급조사

학생들은 다음 중 어떤 기분이 가장 불쾌하고 다루기 어려운지 알아보기 위해 설문조사를 계획하고 실시한다.

- 지루함(boredom)
- 실망(disappointment)
- 질투심(jealousy)
- 거절(rejection)
- 죄책감과 수치스러움(guilt and shame)
- 당황스러움(embarrassment)

결과를 그래프에 그릴 수 있다.

(2) 생각 말풍선

학생들은 파트너와 협력하여 카드에 그림을 그리고, 확대하고, 복사하고, 각각 생각 말풍선이 있는 두 개의 큰 만화 인형들을 잘라 낸다. 첫 번째 실망스러운 느낌의 얼굴 표정을 짓고 있는 만화 캐릭터의 생각 말풍선에는 도움이 되지 않는 단어와 행동 아이디어를 적는다. 두 번째 만화 캐릭터는 더 행복한 표정을 지으며, 생각 말풍선 안에 그 감정을 관리하는 좋은 방법에 대한 생각을 적는다.

11. 공감능력 발달시키기

1) 학습자료

(1) 도서

공원에서 일어난 이야기

네 명의 고릴라 캐릭터(아빠, 엄마, 아들, 딸)가 동네 공원으로 놀러 가는 그림책이다. 같은 상황이지만 여러 가지 다른 인식이 있고 흥미로운 태피스트리(직물느낌)기법으로 표현되었다(7단원: 관계 주제에서도 사용).

도착

이 텍스트 없는 그림책에는 사진 같은 삽화들로 페이지가 구성되어 있다. 한 젊은 남자는 새로운 나라에서 자신의 삶을 살기 위해 가족을 떠난다. 그는 도착하자마자 자신에게 친절함을 보여 주는 새로운 친구들을 만난다.

2) 서클 타임 및 학급토론

짝으로 그룹을 지어 활동한다. 비언어를 사용하여 학생들에게 지난 방학 동안 무엇을 했는지 또는 무슨 일이 있었는지 이야기하도록 한다. 학생들은 말없이 방학 동안 무엇을 했고 이에 대해 어떻게 느꼈는지 설명하려고 노력해야 한다. 짝이 무슨 일이 있었고 어떤 감정이었는지를 정확히 기록하는지 확인한다. 또는 추가로, 학습자료 도서 중 하나를 읽고 책 내용에 대하여 토론한다(2단원: 사회적 가치의 231페이지 참조).

토론 질문

- 공감이란 무엇인가요?(다른 사람이 어떻게 느끼고 있는지를 이해하고 다른 사람이 사물을 보는 방식을 보려고 노력하는 것)
- 공감은 동정심과 같은 건가요?(공감은 연민이나 동정심과 같지 않다. 연민과 동정심은 누군가에게 미안함을 느끼는 것에 더 가깝다. 공감이란 다른 사람의 감정을 느끼거나 다른 사람의 입장이 되어 보는 것이다.)
- 동정심이란 무엇인가요?(다른 사람의 고통이나 불행에 대한 연민과 염려)
- 이 책에서 공감이나 동정심을 가진 사람은 누구인가요?
- 공감 능력이 높아지면 어떻게 더 나은 사람이 될 수 있을까요?(다른 사람을 덜 판단하고, 더 나은 관계를 가지며, 운이 좋지 않거나 도움이 필요한 사람들을 더 쉽게 이해하고 돌볼 수 있고, 양쪽을 더 잘 볼 수 있기 때문에 다툼을 잘 다룰 수 있다. 자신을 이해하고 보살피는 데 시간을 투자하고 사람들이 싫어하는 '모든 것을 아는' 척하는 사람이 되지 않게 한다. 다른 사람을 해치거나 괴롭히는 것을 막아 준다.)
- 누군가에게 곤란한 사건이 발생했을 때 '체면을 유지'하는 것을 돕기 위해, 공감을 사용할 수 있나요?
- 세상은 언제나 '공정한가요?'(아니요. 때로는 까닭 없이 사람들에게 나쁜 일들이 발생한다. 그들은 불운, 운이 안 좋은 타이밍, 불우한 환경, 유전적 원인, 또는 다른 사람들의 불공정하고 잔인한 행동의 희생자이다. 사람들은 때때로 그 사람이 무언가 잘못을 했기 때문에 이러한 대가를 치른 것이라고 생각하는 경우가 있다.)

3) 활동

- 학생들은 신문이나 잡지 특집 기사를 학교에 가져간다. 그런 다음 그 이야기에서 다른 사람들이 느꼈을 것 같은 감정들에 대해 글을 쓴다.
- 열 가지 생각 단계 PPT 자료나 오뚝이 Bounce Back! 활동지의 '열 가지 생각 단계'(191페이지 참조)를 사용하여 학급 전체가 함께 다음 문제를 논의한다. '언론은 개인적인 비극이나 슬픈 상황에 놓인 사람들의 사진이나 영상을 찍어 방송해야 하는가?' 이것은 토론 주제도 될 수 있다.

(1) 작은 이해 시도하기

학생들이 파트너와 함께 오뚝이 Bounce Back! 활동지 '조금만 이해해 보기'를 사용하여 다음 활동을 완료한다.

- 추가 사례, 단편 또는 시 작성
- 공감에 관한 포스터 만들기
- 드라마 극본 쓰고 연기하기
- 학교에서 공감을 높이기 위한 광고 캠페인 계획

(2) 다른 관점

먼저, 학생들을 3~5명으로 그룹을 구성한다. 멀티뷰 토론 전략(185페이지 참조)을 사용하여 다음 문제에 대한 관점 중 하나를 택한다.

- 학교의 왕따 상황을 가정한다. 괴롭힘을 당한 학생, 피해 학생의 가족, 왕따를 주도한 학생, 방관한 학생, 담임교사, 교장 등의 입장에서의 관점을 생각해 본다.
- 물건을 훔친 아이의 사진을 걸어 놓은 지역 상점 주인의 입장을 가정한다. 물건을 훔쳐서 잡힌 아이, 아이의 가족, 경찰 등의 입장에서의 관점을 살펴본다.

학생들은 또한 자신의 상황을 생각해 내고 동일한 사건에 대한 다른 네 명의 관점을 묘사한다.

(3) 등장인물 연구

학생들은 3인 1조로 수업 시간에 책을 읽으면서 서로 다른 인물들이 어떻게 느끼고 있는지를 분석한다. 이야기 속의 등장인물이 언제 행복하고, 슬프고, 무섭고, 화나는지 어떻게 알 수 있을까? 등장인물이 이렇게 느끼고 있다는 것을 무엇을 보고 알 수 있을까? 등장인물의 감정이 우리에게 무엇을 말해 주는가?

(4) 다른 사람의 감정을 어떻게 알 수 있나요

싱크 · 잉크 · 페어 · 셰어 팁(191페이지 참조)을 사용하여 다른 사람이 특정한 방식으로 느끼고 있다는 것을 우리가 어떻게 인식할 수 있는지 떠오르는 아이디어를 적어 보고 토론에 사용한다. 예를 들어, 다음과 같은 상황을 우리가 어떻게 알 수 있을까?

- 당신의 친구는 기분이 좋은가요?
- 당신의 친구가 슬퍼하고 있나요?
- 당신의 가족 중 누군가가 뭔가를 걱정하고 있나요?

- 반 친구가 겁에 질려있나요?
- 선생님이 실망하셨나요?
- 친구가 수줍음이 많나요?
- 반 친구가 자랑스러워하고 있나요?
- 가족이 당신에게 화를 내고 있나요?
- 당신의 반려동물은 겁먹었나요? 행복한가요?

(5) 공감 카드 짝 찾기

학생들 각자에게 다음의 상황이 적힌 카드를 준다. 생각할 시간을 가진 다음, 각각의 학생들은 카드에 인물이 생각하고 느끼는 것을 묘사하기 위한 세 가지 주요 감정과 문장 한 줄을 쓴다. 4인 1조로 그룹을 만들어서 각 학생은 같은 카드에 어떻게 반응했는지 비교한다. 그런 다음 그 상황에서 어떻게 공감을 보여 줄 수 있는지에 대해 토론한다.

다음은 카드에 사용할 몇 가지 시나리오이다.

- 친구가 이번 주 '최고 플레이어와 페어플레이어' 상을 받는다.
- 친구가 당신의 친구와 친구가 되는 것을 그만둔다.
- 우리 그룹의 아이가 다른 그룹 애들과 비교했을 때 옷을 살 돈이 별로 없다.
- 반 친구가 계속해서 놀림을 당하고 쉬는 시간 대화에 끼지 못한다.
- 학교 캠프 전 주말에 반 친구의 부모님이 이혼하셨다.
- 매우 훌륭한 운동 선수인 친구가 다리가 부러져 운동경기에 출전할 수 없게 되었다.
- 선생님께서 반 친구가 이야기를 잘 썼다고 칭찬해 주신다.
- 새로운 학생이 우리 반에 전학 왔는데 그 친구가 수줍어하는 것 같다.
- 반 친구가 사람들 앞에서 말하는 데 문제가 있다.
- 나의 형제자매는 앞에 나와서 발표하는 것을 싫어하지만 학급 발표를 해야 한다.

(6) 어떤 모습인가요

학생들은 다음의 입장이 된다면 어떻게 느끼고 행동할지 글을 쓰거나 발표한다. 다음과 같은 질문으로 발상을 도와준다.

- 왜 그들이 그렇게 느끼거나 행동한다고 생각하나요?
- 여기에 나의 비슷한 경험이나 감정이 투사되나요?

공감의 대상이 될 수 있는 사람의 예는 다음과 같다.

- 반려동물이 교통사고를 당해 죽게 된 경험이 있는 친구
- 지인의 개를 산책시키겠다고 나섰는데, 개가 도망쳐 버린 친구
- 부모님께서 일찍 돌아가신 친구
- 지역 또는 주 대회에서 우승한 사람
- 유명한 사람(또는 같은 학교의 선생님)의 자녀
- 수영은 못하지만 수영장 파티에 가는 사람

학생은 회전 브레인스토밍 전략(179페이지 참조)을 사용하여 이러한 예 이외의 다른 상황 예시를 목록으로 만들어 사용할 수 있다.

4) 가정 연계 과제

개도 공감을 할 수 있나요?

오뚝이 Bounce Back! 활동지 '개도 감정이 있고 공감을 할까?'를 활용하여 개들이 감정이나 공감을 가지고 있는지에 대한 조사를 마친다. 개의 주인을 인터뷰하고 정보를 완성하여 조사 결과에 대한 보고서를 제작한다.

5) 드라마

의자 교환

두 학생은 두 개의 의자를 가지고 교실 앞에 앉는다. 두 개의 주요 등장인물이 있는 시나리오를 지정한다. 각자 자기 이야기를 한다. 이후 학생들은 의자를 바꿔서 같은 이야기를 하지만 다른 등장인물의 관점에서 말한다.

12. 단원정리

1) 활동

- '정서' 관련 단어 차트(즉, 각 단어에 대한 명사, 동사, 부사 및 형용사)를 만든다.
- 단어를 이용하여 학생들은 '감정의 롤러코스터'에 관한 이야기를 써 본다. 이 이야기의 등장인물들은 강한 긍정적 혹은 부정적 감정을 느끼고 그것들을 잘 다룬다는 이야기의 주인공이 된다.
- 학생들은 세 명씩 그룹을 이루어 특정 감정에 대한 노래나 랩을 작곡할 수 있다.

- 학생들은 사진, 예술 또는 슬라이드 쇼를 제작해 일반적인 감정들이나 지명된 감정(예: 자부심)을 표현한다.

(1) 내 감정 일기

학생들은 일주일 동안 자신의 감정을 기록한다. 다음과 같은 차트를 사용한다.

시간, 날짜 및 장소	상황	내 감정	이 감정이 얼마나 강한가요? (1부터 10까지)	기분은 유쾌했나요, 불쾌했나요?	불쾌한 기분이었다면 내가 어떻게 통제했나요?
7월 26일, 오전 8시 45분, 월요일, 집에서	학교에 지각했고 엄마는 차로 데려다주지 않을 거라고 하였다.	몹시 화가 난	8/10	불쾌	• 심호흡을 했다. • 내가 늦은 것은 정말 엄마의 잘못이 아니라고 내 자신에게 말했다.

(2) 저학년 학생들과 함께하는 활동

- 저학년 학생들과 함께 잡지 사진이나 자신의 그림이 그려진 감정 사전을 만든다. 짝을 이루어 활동을 하며 오뚝이 Bounce Back! 활동지 '여러 가지 정서 ㄱ~ㅎ'에서 몇 개 단어를 고른다.
- '우리 모두 다함께 즐겁게 노래해(If You're Happy and You Know It)'를 저학년 동생들과 부르면서 활동한다. '우리 모두 화나면, 산책해'와 같은 불쾌한 정서에 대처하는 좋은 방법에 대한 새로운 구절을 쓸 수 있다.

(3) 성찰

다음 질문은 안쪽 바깥쪽 서클 만들기 전략(184페이지 참조) 또는 음악과 함께 토론 전략(185페이지 참조)에서도 사용할 수 있다.

- 누군가 울고 있는 모습을 본 적이 있나요(익명)? 기분이 어땠나요? 우리는 무엇을 할 수 있나요?
- 여행 시 긴장감을 다스리는 좋은 방법 하나를 이야기해 주세요.
- 긴장했지만 스스로 무언가를 해내고 나서 기분이 좋았던 경험을 말해 주세요.
- 누군가가 분노의 감정을 자제하지 못하는 것을 보면 어떤 느낌이 드나요? 여러분은 그들을 존경하나요, 부끄러워하나요?
- 스포츠 경기에 참가한 사람들이나 관중들 혹은 드라마 시청자들이 분노의 감정을 자제할 수 없게 되면 어떻게 되나요? 이런 일이 일어나는 것을 본 적이 있나요?
- 누군가에게 화가 났을 때 이메일이나 문자 메시지를 보내면 어떻게 될까요?
- 스트레스를 받거나 걱정이 있을 때 긴장을 풀 수 있는 좋은 방법은 무엇인가요?

- 지루할 때는 어떻게 하나요?
- 당신이 질투했던 때를 기억하나요? 어떻게 이런 감정을 다스릴 수 있을까요?

(4) 감정 도구 관리

학생들은 파트너와 함께 자신이 선택한 상황에서 불쾌한 감정을 관리하기 위한 네 가지 기술을 사용하는 것에 대한 차트를 만든다. 네 가지 기술은 다음과 같다.

- 몸을 진정시킨다(예: 휴식, 조깅).
- 도움이 되는 생각을 사용한다(구체화).
- 효과적인 커뮤니케이션을 사용한다(예: 차분하게 말하기, 듣기).
- 전략적 문제해결 방법을 사용한다.

(5) 정서에 대한 인용문

정서에 대한 많은 인용구를 논의한다.

- '분노의 순간에 침착할 수 있다면 슬픔의 날과 시간을 절약할 수 있다.' (중국 속담)
- '누구든 화를 낼 수 있다. 그것은 쉽다. 그러나 적절한 사람에게, 적절한 때에, 올바른 목적을 위해, 올바른 방법으로 화를 내는 것은 쉽지 않다.' (Aristotle)
- '즐겁게 뛰는 것은 좋은 운동이다.' (익명)
- '항상 행복할 수는 없지만, 항상 행복을 줄 수는 있다.' (익명)
- '한 가지 기쁨이 백 가지 슬픔을 흩어 버린다.' (중국 속담)
- '한 시간의 행복이 필요하면 낮잠을 자세요. 하루 동안의 행복을 원한다면 낚시하러 가세요. 일 년 동안 행복을 원한다면, 재산을 물려받으세요. 평생 행복을 원한다면 누군가를 도와주세요.' (중국 속담)

학생들은 다음에 제시된 사람들을 참고하여 3인 1조로 6개의 짧은 인용구 또는 정서에 대한 속담들을 찾는다. 각 그룹은 좋아하는 인용문(및 저자) 세 개를 선택하여 학급 전체 앞에서 발표한다(학생 한 명당 한 개씩). 또래와 관련되어 있는 인용문을 찾아 선택하도록 권장한다. 발표 자료가 혹시 다른 그룹의 인용문과 중복되지 않는지 확인한다. 다음의 사람들은 온라인을 통해 쉽게 그들의 명언을 찾을 수 있다.

- Anne Frank(안나 프랭크)
- Pablo Picasso(파블로 피카소)
- Kareem Abdul-Jabbar(카림 압둘 자바)
- Theodore Roosevelt(시어도어 루스벨트)
- Dalai Lama(달라이 라마)
- Mahatma Gandhi(마하트마 간디)
- James Oppenheim(제임스 오펜하임)
- Abraham Lincoln(에이브러햄 링컨)

• Joseph Addison(조지프 애디슨)   • Eleanor Roosevelt(엘리너 루스벨트)

(6) 핵심 어휘

또래교사 팀 코칭 전략(191페이지 참조)을 사용하여 학생들이 정서의 의미, 동의어 및 반어적 정서뿐만 아니라 정서와 관련된 어휘나 철자를 합리적으로 학습할 수 있도록 한다. 여러 가지 단어 목록을 보려면 오뚝이 Bounce Back! 활동지 '여러 가지 정서 ㄱ~ㅎ'을 참조하라.

2) 드라마

세 가지 정서를 표현하는 등장인물

오뚝이 Bounce Back! 활동지 '여러 가지 정서 ㄱ~ㅎ'을 사용하여 '정서' 카드를 만든다(이 카드는 다음의 '그 기분 알아맞혀 봬' 게임에도 사용 가능하다). 가 그룹은 세 개의 정서를 선택하고 세 개의 정서를 표현하는 등장인물을 통합하는 짧은 역할극이나 촌극을 개발한다. 반 친구들은 언제, 어떻게 각각의 정서가 표현되었는지 알아낸다. 또는 카드를 사용하여 상상의 이야기를 쓰거나 상자 속에 넣은 카드를 선택하여 나온 정서를 차례로 연기할 수 있다.

3) 게임

전체가 함께하거나 그룹으로 다음 게임 중 하나를 수행한다.

• 학생들은 '열정적인', '격분한'과 같은 감정과 관련된 단어 하나를 사용하여 숨겨진 글자 찾기(193페이지 참조) 게임을 한다.
• 4인 1조로 주사위 패턴(197페이지 참조)을 사용한다. 12개의 감정을 선택하고 1에서 12 사이의 숫자를 특정 느낌에 연결한다. 각 학생은 주사위를 두 번 굴려서 두 개의 점수를 합산한다. 그들은 자신의 숫자에 해당하는 느낌을 가졌던 때를 묘사해야 한다.
• 오뚝이 Bounce Back! 활동지 '여러 가지 정서 ㄱ~ㅎ'의 단어를 사용하여 빙고 게임을 한다.
• 감정 상태 연기하기 게임을 파트너와 함께한다. 상자에 있는 감정카드를 꺼내어 감정을 연기하며, 중간에 절정에서 '얼음' 상태로 멈춘다. 나머지도 돌아가면서 감정을 연기한다.
• 비밀단어 퍼즐 PPT 자료(181페이지 참조)—비밀 메시지는 '부정적인 감정은 다스릴 수 있다(Negative emotions can be managed)'이다.
• 앞일까 뒤일까 PPT 자료(178페이지 참조)
• 메모리 카드 PPT 자료(184페이지 참조)—학생들이 명사와 이에 대응하는 형용사를 일치시킨다.

긴장/긴장되는(nerves/nervous)

분노/화난(anger/angry)

슬픔/슬픈(sadness/sad)

만족/만족하는(contentment/content)

충격/충격받은(shock/shocked)

실망/실망한(disappointement/disappointed)

흥분/흥분한(excitement/excited)

공포/무서운(fear/fearful)

자신감/자신감 있는(confidence/confident)

외로움/외로운(loneliness/lonely)

자부심/자랑스러운(pride/proud)

의기양양/의기양양한(elation/elated)

행복/행복한(happiness/happy)

기쁨/기쁜(joy/joyous)

짜증/짜증스러운(annoyance/annoying)

불안/불안해하는(anxiety/anxious)

놀라움/놀라운(surprise/surprising)

걱정/걱정하는(worry/worried)

지루함/지루한(boredom/boring)

(1) 그 기분 알아맞혀 봐

반을 두 팀으로 나눈다. 오뚝이 Bounce Back! 활동지 '여러 가지 정서 ㄱ~ㅎ'의 단어를 사용하여 '정서' 카드를 만든다(앞 참조).

각 팀의 구성원은 차례로 카드를 꺼내 보고 반의 앞부분에 있는 보드에 그 느낌을 그린다. 타이머를 사용하여 팀 구성원의 감정 표현을 추측하는 데 걸리는 시간을 확인한다. 각 팀은 2분 안에 단어를 추측하면 1점을 받을 수 있지만, 못 맞히면 2분 후에 다른 팀에게 기회가 넘어가고 그 팀은 1점을 더 얻을 수 있다.

4) 오뚝이 Bounce Back! 시상식

오뚝이 Bounce Back! 활동지의 시상식 상장을 이용하여 분노에 찬 감정을 대처할 수 있는 기술을 가장 잘 보여 준 학생 혹은 마음챙김 기술을 발전시키고 사용한 학생에게 상을 수여한다.

13. 오뚝이 Bounce Back! 활동지

• 다음 활동지는 학지사 홈페이지 자료실(www.hakjisa.co.kr)에도 탑재되어 있다.

감정에 관한 우편함 퀴즈

각각의 상황에서 더 강한 감정을 느끼는 쪽에 체크하세요.

(   )학년(   )반 이름(   )

1. 어느 쪽이 더 긴장되나요?
   - ☐ 사람들 앞에서 연설하기
   - ☐ 바닷속에서 스킨 스쿠버 다이빙하기

2. 어느 쪽이 더 흥미진진한가요?
   - ☐ 좋아하는 가수를 만나기
   - ☐ 경기를 통해 놀이공원 무료 입장권 따내기

3. 어느 쪽이 더 실망스럽나요?
   - ☐ 크리스마스에 기대했던 선물을 못 받는 것
   - ☐ 부모님이 아프서서 나의 생일파티가 취소되는 것

4. 어느 쪽이 더 슬픈가요?
   - ☐ 나의 애완동물이 죽은 것
   - ☐ 이사를 가서 더 이상 친구들을 볼 수 없게 된 것

5. 어느 쪽이 더 외로운가요?
   - ☐ 친구들이 다 초대된 파티에 나만 가지 못하는 것
   - ☐ 나의 사촌의 파티에 아는 사람이 하나도 없는 것

6. 어느 쪽이 더 질투가 나나요?
   - ☐ 나의 단짝친구가 다른 친구랑 귓속말하는 것
   - ☐ 나와 친구가 함께 참가한 대회에 친구만 상을 수상하는 것

7. 어느 쪽이 더 창피한가요?
   - ☐ 친구 뒤에서 몰래 친구를 욕하는 것
   - ☐ 도둑질하는 것

8. 어느 쪽이 더 자랑스러운가요?
   - ☐ 이 주의 '최고의 매너' 선수로서 상을 수상하는 것
   - ☐ 시험이나 대회에서 일등을 하는 것

감정은 에너지를 준다

(　　　) 학년 (　　　) 반 이름 (　　　　　　　)

감정	이 감정이 나에게 어떤 행동을 만들어 낼까요? – 감정이 나에게 무슨 행동이나 생각을 하게 하나요? – 저절로 몸은 어떻게 되나요? – 감정은 주변 사람들에게는 어떻게 하고 있나요? – 새로운 상황이나 사건이 만들어지나요?
희망, 기대	
분노, 화남	
사랑, 애정	
슬픔	
질투	
자부심	
걱정	
무서움, 공포	
긴장감, 신경질	
지루함	
외로움	
부끄러움	
당황스러움	
공감	

여러 가지 정서 ㄱ～ㅎ

가라앉은 기분	놀란	부러워하는	안도하는	작아진
가망 없는 기분	다정한	부적절한	압도당한	저기압 기분
감사하는	단호한	부정적인	앙심을 품은	적대적인
감정 기복이 있는	당혹스러운	분개하는	애석해하는	적의가 있는
걱정스러운	당황한	분노한	애정 어린	절망적인
겁 먹은	더러운 기분	불만을 품은	어리둥절한	제외된
겁에 질린	덫에 걸린	불만족스러운	어안이 벙벙한	좌절한
격노한	도발적인	불신하는	억울한	죄책감을 느끼는
격분한	도취한	불안정한	언짢은	중대한
경계하는	동요하는	불안한	얼어 버린	즐거운
경멸하는	동정적인	불편한	역겨운	즐기는
경시된	두려운	불행한	연민	진 기분
경외심에 찬	뒤죽바죽의	불확실한	연약한	진저리가 난
고독한	들끓는	비참한	열 받은	질투 나는
고립된	따뜻한	비탄에 잠긴	열광적인	짜증 난
고민되는	딱한	뾰족한	열렬한	찌질한
고민하는	뚜렷한	사랑받는	열정적인	차분한
고소한	마비된	사랑받지 않는	염증이 난	참을성 없는
고약한	마음이 내키지 않는	사랑하는	오만한	체념한
골치가 아픈	만족스러운	산만해진	완고한	충격받은
공감하는	만족한	산산이 부서진	외떨어진	칙칙한
공격적인	망연자실	상냥한	외로운	친근한
공황 상태의	멍청하게 느껴지는	성공적인	용감한	쾌활한
관심 있는	멍한	성난	용기를 낸	탐탁찮아 하는
광란의	메스꺼운	소름끼치는	우울감	통쾌한
굴욕적인	무가치한	소심한	우울한	편안한
궁지에 몰린	무기력한	소진한	우월한	평범한
기가 막힌	무뚝뚝한	속상한	우쭐댄	평화로운
기가 죽은	무방비한	속은 느낌	운 좋은	하늘을 나는 듯한
기분 좋은	무시당한	수동적인	울먹이는	행복한
기쁜	무심한	수줍은	원치 않는	향수를 불러일으키는
기운 없는	미안한	슬픈	위축된	허둥지둥
기운을 내는	미친	승리한	위협적인	현혹된
기진맥진	박탈된	시비 거는	유망한	혐오스러운
긴장되는	방해를 받은	시원한	유쾌한	혼란스러운
깜짝 놀란	방향 감각을 잃은	신비한	의기양양한	화난
깨지기 쉬운	배신감 느끼는	신이 난	의식적인	확신
꺾인	버려진	실망한	의심스러운	확실하지 않은
낙담한	버림받은	심란한	의심쩍은	환희에 찬
낙천적인	보통의	심술궂은	자극받은	황당한
난처한	복수심이 있는	심심한	자기연민	황폐한
날카로운	부끄러운	쏩쓸한	자랑스러운	황홀한
낮아진 느낌	부당한	아주 흥분한	자신 있는	후회하는
내팽개쳐진	부드러운	아픈	자의식이 있는	힘없는

우리 몸이 스트레스를 받을 때

걱정이 되거나 스트레스받을 때 어떤 현상이 일어날까?

나에게 나타나는 현상을 체크하세요.

몸 모형의 어떤 부분에 나타나는 현상을 선이나 모양을 통해 나타내 보자.

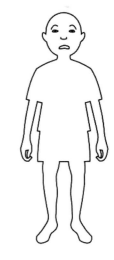

◎ 입이 마르고 삼키는 데 어려움이 있다.

◎ 온몸이 덥거나 춥다.

◎ 똑바로 생각할 수 없다.

◎ 잠을 잘 못 잔다.

◎ 집중이 안 된다.

◎ 몸이 떨리고 긴장감이 느껴진다.

◎ 숨도 빨리 쉬고 심장도 빨리 뛴다.

◎ 목, 어깨, 등이 뻑뻑한 느낌이다.

◎ 속이 울렁거린다.

◎ 땀이 나고 어지럽고 두통이 생긴다.

◎ 속이 메스꺼워 토하거나 설사를 한다.

◎ 바보 같은 말투로 낄낄 웃는다.

어떤 행동을 할 때 기분이 좋아지고 걱정이나 스트레스를 통제할 수 있나요?

기분이 나아지는 데 도움이 되는 것에 동그라미를 치거나 체크하세요.

◎ 산책하러 간다.

◎ 믿을 수 있는 사람과 걱정거리에 대해 이야기한다.

◎ 음악을 듣는다.

◎ 나의 강점이 드러나거나 잘하는 운동이나 활동을 한다.

◎ 목욕을 한다. 아니면 영화나 TV 쇼를 본다.

◎ 퍼즐에 집중한다.

◎ 책을 읽는다.

◎ 애완동물과 논다.

◎ 요가나 명상을 한다.

◎ 마음챙김 명상을 한다.

◎ 나를 진정시키는 '자기대화'를 사용한다.

   예) '지난번 시험은 잘 봤어. 이제 어떻게 공부하면 될지 알아.'

◎ 다른 방법이 있으면 적어 보세요. _____

_____

_____

이제는 내 감정을 통제할 수 있습니다.

긴장감을 얼마나 잘 다룰까요?

(   ) 학년 (   ) 반 이름 (   )

1. 열심히 노력했음에도 불구하고 만약 시험 바로 전에 초조하다면 다음 중 얼마나 쉽게 침착해질 수 있는지 ○표 하세요.

매우 어려움   가끔 어려움   매우 쉬움

누군가 이런 상황일 때 좋은 방법을 제시해 준다면 어떤 것이 있을까요?

_____

_____

_____

2. 아직 친하지 않은 친구에게 전화해서 영화 보러 가자고 말할 때 초조함이 들 수 있습니다. 다음 중 얼마나 쉽게 침착하게 전화를 하고 자신을 추스를 수 있는지 ○표 하세요.

매우 어려움   가끔 어려움   매우 쉬움

누군가 이런 상황일 때 좋은 방법을 제시해 준다면 어떤 것이 있을까요?

_____

_____

_____

3. 친구들 모임에 내가 얼마나 멋져 보이고 예쁘게 보일지 걱정될 때가 있습니다. 다음 중 모임을 즐길 만큼 충분히 편해질 수 있는 나의 느낌에 ○표 하세요.

매우 어려움   가끔 어려움   매우 쉬움

누군가 이런 상황일 때 좋은 방법을 제시해 준다면 어떤 것이 있을까요?

_____

_____

_____

열 가지 생각 단계

(   ) 학년 (   ) 반 이름 (   )

6단원의 활동 '학교 시험 기간에 반려동물과 함께하기', '언론은 개인적인 비극이나 슬픈 상황에 놓인 사람들의 사진이나 영상을 찍어 방송해야 하는가?'에 사용합니다.

1단계	주제는 무엇일까?	생각하려는 문제나 주제를 명확하게 서술하세요.	
2단계	알고 있어야 할 것	우리가 이 주제에 대해 알고 있는 것은 무엇인가요? 우리가 더 알아야 하는 것은 무엇인가요? 알아야 하는 것을 어떻게 알아낼 수 있나요? 우리가 알고 있는 것 중 비슷한 것이 있나요?	
3단계	밝고 긍정적인 면	이 주제의 좋은 특성은 무엇인가요? 주제 속에 좋은 결과가 있을 수도 있나요? 주제에서 좋은 기회가 나올 수도 있나요?	
4단계	어둡고 부정적인 면	이 주제의 그다지 좋지 않은 특성은 무엇인가요? 어떤 문제가 발생할 수 있나요?	
5단계	느낌	이 주제를 접했을 때 어떤 느낌이 들었나요?(느낌 관련 단어: 흥분됨, 걱정됨, 불안함, 기쁨 등) 관련된 사람들에게는 어떤 느낌이 들게 할까요?	
6단계	개선하기	주제를 개선하기 위해 어떤 변화가 필요할까요? 여기에, 덧붙이거나 빼거나 다시 만들거나 대신할 것은 무엇일까요?	
7단계	생각을 점검하기 (좋은 경찰이 묻는다고 생각하고 대답하기)	해결하기 위해 만약 무엇이라면이라는 가정을 만들어 볼까요? 우리가 말했던 것에 대한 충분한 증거가 있나요? 우리가 말한 증거는 믿을 만한 가치가 있나요? 우리를 가로막는 해결되지 않은 문제는 무엇인가요?	
8단계	정확하게 생각하기 삐뚤어지지 않기	주제와 관련하여 안정적 혹은 논리적인 생각은 없나요? 도덕성 때문에 이러지도 저러지도 못하는 건가요? 혹시 소수의 문제는 아니었나요?(장애인, 노인, 민족 등) 혹시 성차별이 개입되었나요? 혹시 더 큰 그림 혹은 국제적 시각으로 볼 수 있나요?	
9단계	나의 생각 말하기	나의 의견을 말해 볼까요? 이유도 함께 (저는 생각합니다. 왜냐하면,)	
10단계	우리의 생각 말하기	우리가 토론한 전체 의견을 말해 봅시다. 이것을 결정한 세 가지 이유를 말해 보세요. 반대 관점도 요약해 볼까요?	

분노에 관한 우편함 활동

(   ) 학년 (   ) 반 이름 (   )

1. 정말 화가 났다고 느꼈던 상황(익명)을 간략하게 적으세요.

_____

_____

2. 누가 정말 화를 내고 있고 통제하지 못하는 것을 보면 그들에 대해 어떤 생각이 드는지 쓰세요.

_____

_____

3. 인기 있고 긍정적인 사람(익명)을 생각해 볼 때 그들이 정말 화내는 것에 대처하는 방법은 무엇인가요?

_____

_____

4. 우리가 무언가 화가 나서 스스로를 진정시키고 싶을 때 자신에게 할 수 있는 가장 좋은 말은 무엇이라고 생각하나요?

_____

_____

5. 화를 가라앉히는 데 도움이 될 수 있는 운동의 **종류**를 적으세요.

_____

_____

6. 마음을 가라앉히기 위해 할 수 있는 활동(운동 제외)은 무엇인가요?

_____

_____

어떤 상황에서 사람들은 주로 화가 날까요?

(   ) 학년 (   ) 반 이름 (   )

주요 특징	상황	나의 예 (내가 화가 났던 이런 상황의 경우)
상처 주기	몸이나 마음에 상처를 주는 경우	
방해하기	내가 하는 것을 방해하는 경우	
강압적으로 시키기	나에게 하지 말라고 하거나 내가 하기 싫은 걸 하게 만드는 경우	
목표를 훼방하기	내가 하고 싶은 것을 훼방 놓거나 하지 못하게 하는 경우	
체면 손상시키기	나를 모욕하거나 내가 가지고 있는 것에 대한 모욕을 하는 경우	
존중이나 관심의 부족	나를 무례하게 대하거나 중요하지 않게 대하는 경우	
부당하게 대하기	공정하게 대하지 않거나 함부로 대하는 경우	
비난하기	거짓말로 나를 비난할 때	
때리거나 힘으로 누르기	나에게 미치는 영향에 대해 결정권이 없다고 느껴질 때	

화가 날 때 무엇을 할까요?

(   ) 학년 (   ) 반 이름 (   )

	자주	가끔	별로 없음
침착하게 만들 때 사용하는 기법 ◎ 컨트롤이 된다고 느낄 때까지 천천히 깊이 숨쉬기 ◎ 침착해질 때까지 100에서 거꾸로 세기 ◎ 일을 잘할 수 있을 때까지 나가서 걷다가 오기 ◎ 운동을 하거나 신체활동 하기 ◎ 기분이 좋아질 때까지 애완동물과 놀기 ◎ 음악을 듣기 ◎ 일을 만들어 바빠지기(예: 책장 정리하기) ◎ 생각이 명확해질 때까지 혼자만의 시간을 갖기			

현명한 판단을 위해 사용하는 기법
◎ 믿을 수 있는 사람에게 화난 감정을 말하고 화난 나의 모습을 현실 감
   각을 통해 체크하기
◎ 화가 난 사람의 행동이 전에도 이랬는지 아니면 단순히 이번이 일회적
   인 행동인지 생각하기
◎ 정확히 어떤 일이 일어났는지 정확한 사실 확인하기
◎ 나의 잘못에 대해서도 침착하게 생각해 보기			

전략적으로 되기 ◎ 이것이 작은 일이라면 그냥 지나가게 하기, 작은 일에 힘쓰지 말기 ◎ 중요한 만큼 관계를 손상시키지 않는 목표를 유지하기 ◎ 나를 화나게 했던 사람에게 침착하고 조용하게 말하기. 소리 지르거나 큰 목소리로 하지 말기 ◎ 내가 화난 부분에 대한 문제를 해결하려고 노력하기			

내가 이미 사용하고 있는 전략 하나와 앞으로 많이 사용할 수 있는 전략 하나를 고르세요.

_____

화가 날 때 내가 잘해 오고 있는 것과 내가 변해야 할 부분에 대해 적어 보세요.

_____

_____

어려운 감정 관리하기

(　　　) 학년 (　　　) 반　이름 (　　　　　　　　)

감정	감정을 다루는 좋은 방법
실망 기대했던 것이 이루어지지 않았거나 희망하거나 원했던 것이 일어나지 않았을 때 느끼는 가라앉는 느낌	
지루함 뇌가 자극이 되는 것이 하나도 없고 재미있는 것도 하나도 없는 느낌	
죄책감이나 부끄러움 내가 무언가 잘못했고 나쁘게 행동했거나 어떤 도덕적 룰이나 가치를 깨트렸다고 느끼는 불편하고 나쁜 감정	
질투나 부러움 누군가 내가 정말 하고 싶었거나 갖고 싶었거나 중요하게 생각하는 것을 갖고 있을 때, 나에게 중요한 누군가를 다른 사람이 좋아하거나 중요하게 다룰 때 느끼는 감정	
당황스러움 내가 했던 멍청해 보이는 행동으로 인해 다른 사람이 나에 대해 나쁘게 생각하고 존중하지 않을 때 느끼는 속상한 감정	
외로움과 거부 반응 다른 사람들이 나와 함께하기를 원하지 않거나 친구가 없어서 기분이 처지는 느낌	

조금만 이해해 보기

(   ) 학년 (   ) 반 이름 (   )

공감이란 무엇인가?

공감이란 다른 사람이 어떻게 느끼는지 이해하려고 노력하는 것을 의미한다. 만약 다른 사람이 어떻게 느끼는지 알아낼 수 있다면 우리는 친절과 배려를 더 잘할 수 있게 된다. 또한 나에 대한 의도를 보다 분명히 알 수 있다. 여기에 다른 사람의 입장을 이해하는 데 도움을 줄 수 있는 것들을 제시하고자 한다.

◎ 내가 했던 비슷한 경험과 느낌을 기억해 내고자 노력한다.

그들과 같은 느낌을 받았던 때는 언제였는가?

어떻게 느꼈고 그때 어떤 생각이었는지 기억해 낼 수 있는가?

◎ 다른 사람의 경험을 기억한다.

그들이 비슷한 상황에서 어떻게 느꼈다고 했는가?

(예: 다른 사람이 부끄러운 것에 관해 이야기했던 것을 떠올려 본다.)

◎ 관찰했거나 읽었던 것을 기억한다.

사람들이 어떻게 느끼거나 생각할 수 있는지 TV나 책에서 보거나 읽은 것이 있는가?

(주의할 점: 사람들이 느낌을 잘못 전달하는 경우가 많으니 주의해야 한다. 왜냐하면 간단하게 보이는 경우가 많기 때문이다.)

◎ 상상을 사용한다.

만약 상대와 같은 경험을 한 적이 없다면 상상을 이용할 수 있다. 그런 상황에서 어떤 느낌일지 상상해 보라.

(예: 만약 나라면 그렇게 느끼고 생각할 것 같아.)

◎ 누군가 속상한 사람에게 어떻게 이야기해 줄 수 있을까?

최고의 표현은 이해한 것을 간단한 문장으로 말하는 것이다.

(예: 정말 슬프겠구나.)

때로는 같은 경험을 나누는 것이 도움이 된다.

(예: 나도 지난 학교에서 그런 경험을 한 적이 있어.)

그런 상황에서 상상할 수 있는 감정을 말하는 것이 도움이 되기도 한다.

(예: 내 생각에 그런 일이 일어났다면 정말 화가 났을 것 같구나.)

개도 감정이 있고 공감을 할까?

(　　　) 학년 (　　　) 반　이름 (　　　　　　　)

1. 개가 다음과 같은 것을 가지고 있을지 예측해 보시오.

　◎ 감정을 가지고 있을까?

　◎ 공감을 할 수 있을까? 즉, 주인이 느끼는 감정을 반영할 수 있을까?

2. 개가 감정이나 공감을 느끼는지 이해하기 위한 질문을 준비해 보시오.

　다음의 예를 참고하라.

　◎ 개를 행복하게(겁먹게/우울하게/흥분하게/사랑하게) 하는 상황의 예는 무엇인가?

　◎ 개는 우리의 감정에 반응하는가, 아니면 감정을 따라 하는가?

　◎ 우리가 슬플 때/흥분할 때/겁날 때/우울할 때 개는 무엇을 하는가?

　◎ 개가 기분을 좋게 해 주는가? 어떤 방법인가?

　◎ 개가 무서울 때/우울할 때/슬픔을 느낄 때 개를 어떻게 도와줄 수 있을까?

3. 개를 현재 기르고 있거나 개를 길렀던 사람을 인터뷰하고 메모한다. 누구를 인터뷰했는지, 어떤 종류의 개인지,

　개 나이, 개를 기른 기간 등을 메모해 놓는다.

4. 개가 감정을 가지고 있다는 증거가 있는가? 증거를 찾고 연구해 보라. 질문하고 결과를 메모하라.

5. 다음의 표로 결과를 정리하시오.

개들은 감정을 가지고 있는가?	개들은 주인의 감정을 따라 하는가?

6. 다음 형식을 사용하여 결과에 대한 보고서를 작성하시오.

　◎ 소개할 내용: 과제, 인터뷰 대상자, 어떤 종류의 개인지, 개 나이, 얼마나 개를 키웠는지, 나의 예상

　◎ 결과를 발표하시오.

　◎ 결론: 당신이 발견한 것을 간략하게 요약하시오.

오뚝이 Bounce Back! 시상식 상장

오뚝이 Bounce Back! 주사위 패턴

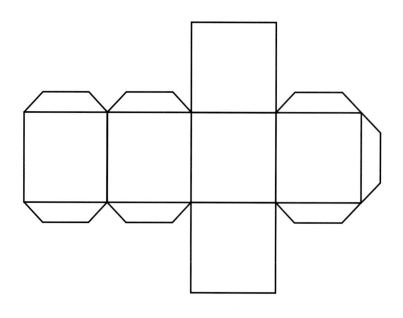

7단원 관계

좋은 관계는 행복의 열쇠 중 하나이다.

다른 사람들과 잘 지내는 법을 배우는 것은 어디를 가든지 인생에서 무엇을 하든지 간에 중요하다. 다음의 경우에서 좋은 관계가 중요하다.

- 학교와 직장에서 성공하기 위해
- 파트너와 행복을 성취하기 위해
- 행복한 가족을 갖기 위해
- 다른 사람과 우정을 나누기 위해

다른 사람들과 잘 지내는 것은 우리에게 행복감과 자신감을 갖게 해 준다.

만약 다른 사람들과 적당히 잘 지낼 수 있다면, 당신은 소속감과 만족감을 느낄 것이다. 또한 친구를 사귈 기회가 더 많아진다. 친구들은 서로를 지지하고 함께 있는 것을 즐기게 된다.

다른 사람들과 잘 어울리고 친구를 사귀는 것이 항상 쉬운 것은 아니다.

사회적 기술은 좋은 관계를 이끌어 내는 구체적 행동이다. 우리는 좋은 사회적 기술을 가지고 태어나는 것은 아니다. 다른 사람들과 교류할 때 자연스럽게 사용할 수 있도록 우선 사회적 기술을 배우고 연습해야 한다. 다른 사람들과 잘 어울리기 위한 가장 중요한 사회적 기술은 다음과 같다.

- 협상하기
- 긍정적으로 되기
- 친구의 말을 잘 들어 주기
- 공유 및 협력하기
- 공통점을 찾아내기
- 갈등 해결하기
- 공정함 안에서 좋은 승자와 패자 되기

- 흥미 있는 대화 나누기
- 자신을 보호해야 할 경우 단호하게 행동하고 자신을 옹호하기

이것들은 모두 좋은 친구가 되는 데 중요한 사회적 기술이다. 좋은 친구가 되려면 사려 깊고, 서로에게 충직하며, 친절하고, 친구를 보살피고 배려가 필요하며 자신에 관한 정보를 공유해야 한다.

갈등을 잘 관리하는 것은 특히 중요한 관계 기술이다.

갈등은 의견 불일치를 나타내는 또 다른 말이다. 갈등은 다음과 같은 경우에 발생한다.

- 사람들이 다른 생각을 가지고 있을 때
- 사람들이 다른 것을 원하거나 둘 다 같은 것을 원할 때
- 사람들이 누군가 부당한 짓을 했다고 느낄 때

의견 불일치를 잘 다루는 것은 다른 사람들과 잘 어울리고 좋은 친구가 되기 위한 중요한 기술이다. 갈등을 잘 다루는 비결은 갈등 상황에서 잠시 빠져나와 의견 차를 해결하기 위한 계획을 세우는 것이다. 그리고 공정하게 두 가지 관점을 모두 고려하여 관계를 해치지 않고 실행 가능한 해결책을 찾는다.

'좋은 관계'라는 목표에 집중한다.

의견 불일치가 있을 경우 누군가는 복수를 하려 하고, 어떤 대가를 치르더라도 이기려 하며, 누군가에게 죄책감을 느끼게 하려고 한다. 혹은 안정감을 느끼기 위해 혼자 있는 것을 선택할 수 있다. 하지만 이런 방식은 사람들과의 좋은 관계를 해칠 수 있고 심지어 우정이 끝날 수도 있다. 그렇다고 해서 어떤 일이든 받아들이고 좋아해 주는 것처럼 우정을 지키기 위해 어떤 것이든 할 준비가 되어 있어야 한다는 뜻은 아니다.

좋은 리더들은 좋은 관계 기술을 가지고 있다.

훌륭한 리더는 역할 모델이다. 그들은 다른 사람들에게 존경받는다. 긍정적이고, 경청하며, 중재하고, 융통성 있으며, 남을 존중하고, 지지해 주는 것과 같은 다양한 사회적 기술을 사용한다.

학습목표

이 단원에서 학생들은 다음의 효과적인 사회성 기술을 이해하고 사용할 수 있도록 도와줄 것이다.

- 다른 사람을 알아 가기
- 친구관계를 맺고 유지하기
- 의견 불일치 관리하기
- 좋은 리더가 되기

1. 학습자료

학지사 홈페이지 자료실(www.hakjisa.co.kr)에 이번 단원에서 사용하는 PPT 자료, 오뚝이 Bounce Back! 활동지의 전체가 탑재되어 있다.

2. 다른 사람과 잘 지내기

1) 학습자료

(1) 도서

아름다운 아이

August Pullman은 안면장애를 가지고 태어나 5학년 때까지 집에서 홈스쿨링을 해 왔다. 이 책은 그가 원하는 모든 것이 받아들여지는 5학년 첫날을 묘사하고 있으며, 1년 내내 그의 친구 만들기에 대한 도전을 추적한다.

(2) 영화

원더

인사이드 아웃(393페이지 참조)

2) 서클 타임 및 학급토론

이름 게임(다음 참조) 또는 안쪽 바깥쪽 서클 만들기 활동을 한다(447페이지 참조).

이름 게임은 다음과 같다. 학생들은 자신의 이름을 말하고, 자신의 오른쪽에 있는 학생의 이름을 말하고 왼쪽에 있는 학생의 이름을 말한다. 예를 들면, "나는 희찬이고, 오른쪽은 세진이고 왼쪽은 윤정이야."라고 말한다. 시계 방향으로 다음 사람의 순서가 되면 그 사람 역시 자신의 이름을 말하고 오른쪽에 있는 학생의 이름을 말하고 왼쪽에 있는 사람의 이름을 말한다. 우리 모두가 서로를 알기 때문에 이 게임을 할 수 있다는 것을 강조한다.

그런 다음 학생들에게 학기 중에 그 반의 새로운 학생이 되는 것이 어떤 것인지 상상해 보라고 한다(학생들은 또한 처음 가는 스포츠 클럽의 멤버나 학교 밖 그룹의 새로운 학생이 되는 것을 상상할 수도 있다). 원을 돌면서 학생들에게 다음 문장을 완성하도록 한다.

- '만약 내가 학교에 새로 전학 왔다면 나는 ~~~~~을 느낄 것이다.'
- '새로운 학교의 새로운 반에 들어가는 것은 어려울 것 같다. 이유는 ~~~~~~이다.'

학습자료에 제시된 영화나 동영상 자료 중에서 주인공들이 새 학교에서 첫날을 시작하는 장면을 찾아 함께 시청한다.

토론 질문

- 주인공은 새 학교에서 새로 시작하는 것에 대해 어떻게 느끼나요?
- 새 학급 친구들과 함께하면서 직면할 수 있는 과제는 어떤 것들이 있나요? 어떤 사람들이 새로운 사회적 상황에서 더 불안감을 느낄 수 있다고 생각하나요?(어떤 사람들은 이런 성향을 유전적으로 물려받았으나 잘 관리될 수 있다, 어떤 사람들은 사회적 기술과 경험이 부족하다, 어떤 사람들은 '그들은 나를 좋아하지 않을 것이다'와 같은 것 혹은 자신감을 하락시키는 부정적인 자기대화를 한다.)
- 우리 반의 모든 사람과 좋은 친구가 될 수 있을까?(아니요−어느 누구도 원하는 모든 사람의 사랑을 받을 수 없다.)
- 새로운 학교와 반에서 새로운 친구들과 잘 어울릴 수 있도록 친구에게 알려 줄 수 있는 기술은 무엇인가요?

학생들을 4인 1조 그룹으로 편성하고 곱하고 더하기 전략(185페이지 참조)을 사용한다. 각 학생은 전학 온 학생이 새로운 반의 다른 학생들과 잘 어울릴 수 있도록 돕기 위한 세 가지 방법을 작성한다(예: 반의 규칙, 점심시간에 친구들과 게임하기, 학습의 주요 일정, 다른 친구들을 알게 되는 방법).

또한 그룹에게 '우리 반에서 다른 사람들과 잘 어울리기 위한 최고의 방법 세 가지'를 제시해 달라고 요구한다. 핵심 메시지에 나와 있는 사회적 기술과 태도를 참조한다(443페이지 참조). 이러한 기술은 배울 수 있으며, 새로운 스포츠 팀이나 클럽에 가입하거나 중학교에 입학하는 경우에도 관련되는 기술이라고 설명한다. 그들의 조건과 '다른 사람을 포함'하고 '참여'시키는 기술을 연결하라. 새로 오거나 어려운 사람을 돕는 중요한 기술은 다른 사람들을 포함시키는 것임을 설명하고 오뚝이 Bounce Back! 활동지 '새 친구 포함시키기'를 보여 준다. 이 활동지의 복사본을 오뚝이 Bounce Back! 저널에 붙인다.

또한 새로 전학을 오거나 참여에 어려움을 겪는 사람 역시 게임이나 대화에 참여하고 싶어 한다는 것을 다른 사람에게 보여 줘야 한다고 설명한다. 오뚝이 Bounce Back! 활동지 '다른 사람과 잘 지내기'를 함께 학습한다.

교사가 생각해 볼 문제

우리 학교에서 동료들과의 관계는 얼마나 중요한가? 동료 관계 개선을 위해 만들어진 제도나 과정이 있는가? 이런 절차는 효과적인가? 다른 학교에서 직원 간 유대관계를 강화하는 접근법이 있으면 소개해 보자.

3) 활동

- 학생들은 파트너와 함께 저학년에게 전해 줄 학교에서 반 친구들과 잘 지낼 수 있는 다섯 가지 가장 중요한 방법에 대한 조언을 작성한다. 저학년 학생들과의 활동에서 이 조언을 기초로 사용할 수 있다.
- 학생은 오뚝이 Bounce Back! 활동지 '다른 사람과 잘 지내기'를 활용하여 다른 사람들과 잘 어울리도록 돕는 기술을 향상시키기 위한 목표를 설정하고 오뚝이 Bounce Back! 저널에 적는다.
- 학생은 파트너와 함께 오뚝이 Bounce Back! 활동지 '다른 사람과 잘 지내기'에 나오는 좋은 기술(또는 나쁜 기술)을 사용하여 4컷 만화를 그린다. 학생들은 말풍선이나 생각 주머니를 통해 생각을 표현할 수 있다.
- 4인 1조로 구성된 학생들은 오뚝이 Bounce Back! 활동지 '관계에서 피해야 할 10가지'에서 밝은 색 A4 카드 1세트를 받는다. 오뚝이 Bounce Back! 활동지 '관계에서 피해야 할 10가지'를 행동 카드로 자른다. 그룹은 가장 매력적인 행동과 매력적이지 않은 행동까지 아이템 순위를 매긴다. 각 그룹은 순위를 제시하고 그 순서대로 행동의 순위를 매긴 이유를 설명한다.
- 학생들에게 오뚝이 Bounce Back! 활동지 '관계에서 피해야 할 10가지'에 대한 광고 캠페인의 대본을 작성하고, 연기를 하거나 캠페인에 함께 참여하도록 요청한다.

포함시키지 않는다고?

이 활동은 이번 주제를 시작할 때 사용할 수 있다. 리더가 될 네 명의 학생을 뽑는다. 이 활동이 역할극 유형의 활동이 될 것임을 안내한다. 각 리더들은 다른 학생들 몰래 다른 구성원을 포함시킬 수 있는 특징들이 묘사된 카드를 받는다(예: 리더보다 키가 크다, 달리기 선수이다, 곱슬머리이다). 각 리더는 각기 다른 모퉁이로 가서 선다. 학생들은 조용히 시계 방향으로 걸어가고 서 있는 리더에게 악수하듯 손을 뻗는다.

각 리더는 기준에 부합하면 머리를 끄덕이거나 미소를 짓거나 악수를 하며, 기준에 부합하지 않으면 머리를 흔들거나, 얼굴을 찡그리며, 팔짱을 낀다. 한 학생이 그룹에 들어갈 때 그들은 리더의 뒤에 줄을 선다.

활동 후에는 다음 사항에 대해 토론한다.

- 각 그룹의 수용 기준이 말도 안 되는 기준이라는 것을 알아챈 사람이 있나요?
- 선정이 안 되거나 포함이 안 될 때 기분이 어땠나요? 본인은 이유를 알 것 같았나요?
- 때로는 모두가 거절을 당하나요?(예)

- 이 활동을 통해 소외감을 느끼고 그 이유를 알 수 없는 느낌을 어떻게 설명할 수 있을까요?
- 왜 어떤 아이들은 다른 아이들을 거부하나요?(그들은 배제되는 것이 어떤 느낌인지 이해하지 못하고, 친절한 사람들이 아니며, 사회적 영향력을 부정적인 방식으로 사용하는 것을 즐긴다.)
- 친구가 아니더라도 어떤 사람을 그룹에 포함시키는 것이 더 친절한 일인가요?
- 간혹 친구들과 함께 있고 싶을 때, 다른 사람의 마음을 다치게 하지 않고 "우리는 지금 우리 친구들 이외에는 다른 사람과 함께 있고 싶지 않아."라고 의사소통을 할 수 있는 친절한 방법이 있나요?

흔하지 않은 공통점

학생들을 3인 1조로 편성한다. 각 그룹에게 어떤 주제에 대해 '흔한 공통점'과 '흔하지 않은 공통점'을 나열하는 규칙을 정하도록 한다. '해변/바닷가'와 같은 일반적인 주제를 선택하고 각 그룹에게 식별을 목적으로 주제에 대하여 토론하도록 한다.

- 주제와 관련하여 둘 또는 세 명이 갖고 있는 흔한 공통점을 적어도 세 가지(예: 우리 세 사람은 모두 해변에서 휴가를 보냈거나 근처에서 휴가를 보냈음)를 찾는다.
- 흔하지 않고 다른 그룹에는 없고 우리에게만 있을 수 있는 것을 찾는다(예: 우리 중 두 명이 해변에서 게를 잡았다).

다른 가능한 주제는 취미, 산, 눈, 음식, 스포츠, 동물, 게임 등이다.

4) 드라마

- 학생들은 3인 1조로 오뚝이 Bounce Back! 활동지 '다른 사람과 잘 지내기'에서 하나의 사회적 기술과 관련된 역할극을 계획하고 만든다. 각 등장인물에는 '코치'가 배정된다. 코치는 등장인물이 그 장면을 준비하는 것을 돕고, 마지막에 학급 전체에 내용을 설명하거나 발표를 한다.
- 오뚝이 Bounce Back! 활동지 '관계에서 피해야 할 10가지' 카드를 사용한다. 세 명의 학생이 그룹을 지어 상자에서 '관계에서 피해야 할 10가지' 카드를 꺼내 해당하는 행동을 만들어 연극하고 다른 그룹 친구들의 반응을 본다. 어떻게 다르게 행동하면 관계에 긍정적으로 작용할 수 있었는지 논의한다.
- 4인 1조로 게임을 하고 있는 상황(카드, 보드 게임, 야구 게임 등)에 대한 역할극을 계획하고 발표한다. 네 명 중 한 명은 새로 전학 온 학생으로 게임에 끼지 못하고 맴돌고 있다. 나머지 세 학생은 게임에 그를 포함시킬 방법에 대해 모색한다. 각 역할극이 끝난 후 피드백을 받는다. 피드백을 제공할 때는 친절해야 하고(역할극에서 잘한 두 가지 것에 초점을 맞춰서), 상세해야 하며(그들이 잘한 것이 정확히 무엇인지), 도움이 되어야 한다(다음에 더 잘할 수 있는 방법은 무엇이 있을지)는 것을 강조한다.

3. 대화 기술 개발

1) 서클 타임 및 학급토론

학생들을 네 명씩 한 그룹으로 무작위 배정하는 것(174페이지 참조)으로 주제를 시작한다. 그룹은 테이블에 앉아서 서로 악수를 하고 인사하면서 교대로 자신에 대해 한 가지를 소개한다.

한 명의 파트너와 짝을 이뤄 짝 시너지 활동(187페이지 참조)을 한 후, 다음 질문에 대한 답을 짝과 주고받는다. '어떤 대화가 지루하게 만드나요?', '대화를 독차지하고 있는 사람들은 어떤 실수를 하나요?' 그다음 다른 조와 비교하여 본다.

오뚝이 Bounce Back! 저널에 두 개의 칸이 있는 표를 그리고 표의 제목에는 '대화를 재미있게 하는 방법'이라고 적는다. 왼쪽 칼럼은 '할 것'으로, 오른쪽 칼럼은 '하지 말아야 할 것'으로 적는다. 방금 전 활동한 짝 시너지의 결과 목록을 '하지 말아야 할 것'에 기록하게 지도한다.

이 과정을 진행하면서 교사와 대화 속에 좋은 대화 과정을 모델링하도록 주의한다. 이번에는 각 그룹이 3~4개의 중요한 대화를 재미있게 하는 방법의 '할 것'을 생각해 낸다. 각 그룹은 여러 개의 '할 것' 중 하나를 선정하여 발표하고 '할 것' 칸에 적는다. 팀이 만들어 낸 목록을 오뚝이 Bounce Back! 활동지 '대화를 재미있게 하는 방법'과 비교한다. 활동지는 인쇄하여 오뚝이 Bounce Back! 저널에 붙인다. 대화를 재미있게 하는 기술을 배우는 것이 왜 중요한지에 대해 이야기한다(교사가 생각해 볼 문제 참조). 다음과 같은 기술을 강조한다.

- 서로가 관심 있는 것에 대해 이야기 나누기
- 대화하는 상대에게 모든 주의를 기울이고 대화를 듣고 있다는 것을 적극적으로 보여 주기

모든 관심을 기울여 적극적으로 경청하는 것은 상대방이 나를 잘 보고 있으며, 내 이야기를 잘 듣고 있다는 느낌을 받게 한다.

> **교사가 생각해 볼 문제**
>
> 거의 모든 관계는 하나의 대화로 시작된다. 대화 능력과 같은 사회적 기술은 학생들의 학습 능력을 향상시키는 데 중요한 요소로 알려져 있다. 대화 기술을 가르치는 데 시간을 들이는 것은 학생들이 인생에서 친밀한 관계를 형성하는 데 도움을 준다.

토론 질문

- 재미있는 대화를 나누는 것은 어떤 모습인가요?(친절한 눈 맞춤과 미소, 대화하는 동안 서로 바라본다.)
- 어떻게 들리나요?[두 사람 모두 이 주제에 관심이 있는 것처럼 들리고, 긍정적이며 격려하는 의견을 내고, 확산형 '더 이야기해 줄래(tell me more)' 질문을 하고, 상대의 말을 잘 듣고 있다는 것을 알 수 있다.]

확산형 '더 이야기해 줄래(tell me more)' 질문은 다른 사람의 호기심을 끌어내는 데 사용되는 반면 단답형 예/아니요 질문은 '예'/'아니요' 또는 한 단어로 대답하게 한다.

예/아니요 질문, 단답형 질문	더 이야기해 줄래(tell-me-more) 질문
'예/아니요'와 같이 짧고 간단한 대답만을 요구한다.	종종 '어떻게', '왜' 또는 '무엇'으로라는 단어가 포함되고 대화는 지속된다.
• 너는 어느 쪽이야? • 어떤 색이었어? • 마음에 들었니? • 그곳에 가 본 적이 있니?	• 그것에 관한 네 의견은 어떻니? • 무엇을 (완성했니?) • 무엇이 (마음에 들었니?) • 어떻게 (그를 다시 찾았니?) • 왜 (좋았니?)

그런 다음 각 그룹은 짝 이야기 전하기 전략을 사용하여 기술을 연습한다(187페이지 참조).

① 2인 1조가 팀이 된다. 한 사람이 '가장 기억에 남는 휴가는 무엇이었나요?(또는 최고의 휴가는 무엇인가요?)'와 같은 주제로 파트너를 인터뷰한다(시간 제한 2분).
② 2인이 1조 활동 유지: 서로 바꾸어서 다시 인터뷰한다(시간 제한 2분).
③ 4인 1조 활동으로 바꾼다. 학생들은 교대로 그들의 파트너를 다른 팀에게 소개하면서 짝의 가장 기억에 남는 휴가를 소개한다.
④ 2인 1조로 활동: 각 사람은 오뚝이 Bounce Back! 활동지 '대화를 재미있게 하는 방법'을 참고하여 잘 사용했던 두 가지 대화 기술과 다음에 더 잘하기 위해 사용할 수 있는 한 가지 기술을 파트너에게 말한다.

2) 활동

광고 전단지 활용 경청 연습

이 활동을 통해 학생들은 경청하는 연습과 상대방이 말한 내용의 핵심을 정리하는 연습을 할 수 있다. 세 그룹으로 나뉜 학생들은 쇼핑 광고용 전단지를 함께 살펴본다. 그룹마다 전단지의 종류는 다르다. 각 그룹은 다음의 질문들이 있는 카드를 한 무더기에 넣고 뒤집어 놓는다. 학생들은 차례로 질문 카드를 선택하고,

전단지를 보고 질문에 답한다. 요약하는 사람을 정한 뒤, 요약하는 사람은 불필요한 세부 사항은 생략하고 그들이 말한 것을 간단하게 핵심 사항만 요약한다. 다음은 질문의 예들이다.

- 20만 원을 쓴다면 사고 싶은 두 가지는 무엇인가요? 왜인가요?
- 어떤 상품이 좋아 보이나요? 전단지의 어떤 부분이 상품을 좋아 보이게 만드나요?
- 만약 만 원밖에 쓸 수 없다면 어떤 상품을 사고 싶은가요? 왜인가요?
- 어떤 종류의 상품을 선물로 받기 싫은가요? 왜인가요?
- 많은 사람이 이미 갖고 있는 상품은 무엇인가요?
- 선택을 하기 위해 전단지를 사용한 적이 있었나요?
- 이러한 전단지를 많이 사용하는 기간이 따로 있나요?

대화 연습

다음 질문 또는 진술을 하나 이상 사용하여 '짝 이야기 전하기' 활동을 통해 흥미로운 대화 방법을 연습한다(187페이지 참조). 학생들은 다른 사람이 말하는 것의 핵심을 정리 함으로써 좋은 경청을 포함한 모든 기술을 연습한다.

- 가장 좋아하는 아이돌/가수/배우/TV 쇼/스포츠는 무엇이며, 그 이유는 무엇인가요?
- 누군가에게 무엇을 하는 방법을 알려 준 적이 있나요?
- 어렸을 때 배우는 데 시간이 좀 걸렸던 것에 대해 이야기해 주세요.
- 개인적으로 다른 사람들에 비해 내가 시간이 너무 오래 걸리는 것은 무엇인가요?
- 다신 듣고 싶지 않은 말은 무엇인가요?
- 나를 너무 복잡하게 만드는 것은 무엇인가요? 그리고 그것이 더 간단하기를 바라나요?
- 무엇이 당신을 정말 피곤하게 하나요?
- 시간이 더 많이 주어졌으면 좋겠다고 생각하는 일은 무엇인가요?
- 매일 하는 일 중, 최소한 일주일만 쉬고 싶은 일은 무엇인가요?

왔다 갔다

이 활동은 야외활동으로 운동장이나 가까운 장소를 산책하여 진행한다. 학생들은 평소에 잘 어울리지 않는 사람과 짝 활동을 한다. 서로에게 '나의 완벽한 식사', '내가 정말 좋아하는 것' 또는 '학교를 졸업할 때'와 같은 주제를 준다. 도착지를 지정한다. 산책을 하면서 도착지로 가는 길에 한 사람만 이야기를 하고, 다른 한 사람은 이야기를 듣고 간단하게 핵심을 정리한다. 돌아오는 길에 역할을 반대로 한다. 출발 전에 대화의 기술을 잘 인식하고 출발하도록 한다.

다른 반과 대화하기

우리 학교나 다른 학교의 학급 담임 선생님과 연락하여 토론할 주제를 선택한다. 학생은 잘 알지 못하는 다른 반의 학생과 팀이 되어 선택된 주제에 대해 10분 동안 대화를 한다. 시작하기 전에, 오뚜이 Bounce Back! 활동지 '대화를 재미있게 하는 방법'을 복습한다. 학생들은 돌아와서, 상대방의 말을 얼마나 잘 듣고 있는지 보여 주는 기술(Proof of listening skills: POL 기술)과 대화를 재미있게 하는 방법을 사용했는지에 대한 간단한 활동지를 완성한다. 너무 자세히 기록할 필요는 없다. 상대방에 대한 관심이 있는지를 본다(POL 기술—상대의 말을 간단히 요약해 주기, 좋은 질문하기).

3) 게임

Tennis-elbow-foot

흥미로운 대화를 나누는 기술 중 하나는 대화를 의미 있는 방식으로 확장시키는 것이다. 이것은 상대의 말을 잘 듣고 있다는 것을 보여 주며, 계속 대화하는 것에 관심이 있음을 나타낸다. 지금 말하고 있는 주제에 대해 더 많은 것을 말하거나 다소 관련된 새 항목으로 이어 나갈 수 있다. 이렇게 단어와 운율의 관계를 이용한 대화 기술을 연습하는 것은 재미있는 방법이다.

- 이 게임을 하기 위해 모두가 원 모양으로 앉는다.
- 한 학생은 단어(예: 테니스)를 시작하고, 이어서 다음 학생은 밀접하게 관련된 단어(예: 라켓 또는 테니스코트) 또는 비슷한 발음의 단어(예: 에이스)를 돌아가면서 말한다. 시계 방향으로 원을 그리며 진행되고 4초간 발언시간을 설정할 수 있다.

다음과 같은 경우 탈락이다.

- 이미 언급된 단어를 말할 경우
- 마지막으로 말한 단어와 너무 관련이 없는 단어
- 제한 시간 4초를 초과한 경우

마지막까지 남는 사람이 이기는 게임이다.

[게임 출처: McGrath, H., & Francey, S. (1991). *Friendly Kids, Friendly Classrooms*. Longman Cheshire, Melbourne.]

4) 가정 연계 과제

수업을 통해 알게 된 좋은 대화와 관련된 오뚝이 Bounce Back! 활동지를 가정에 보낸다. 가족들에게 자녀들과 함께 연습을 하고 자녀와 대화를 나누며 자녀의 기술에 대한 피드백을 줄 것을 요청한다. 저녁 식사 시간대에 둘러앉았거나 자녀를 차에 태우고 운전할 때 대화를 나눌 기회가 종종 생긴다.

4. 좋은 승자 좋은 패자 되기

1) 학습자료

(1) 동영상 해시태그

#부모의 코치(Sideline Behaviour)
아이들의 스포츠 경기를 사이드 라인에서 감독하는 부모의 행동을 조사하는 영상 기록 자료를 사용한다.

2) 서클 타임 및 학급토론

토론 뒤에 게임이 이어지기 때문에 게임을 위해 학생들을 무작위로 네 명씩 구성하여 시작한다(174페이지 참조). 학생들은 1에서 4까지 번호를 매긴다. 토론 후, 번호 1과 2 학생은 한 팀이 되어 3과 4 학생과 게임 활동을 한다(하단 참조). 각 팀 구성원은 서로가 연결되었다는 느낌을 주는 이야기를 공유하도록 한다(좋아하는 축구팀, 좋아하는 색상, 좋아하는 아이스크림 맛 등).
나쁜 패자의 사례로 앞의 동영상 자료를 보여 준다.

토론 질문
• 동영상에 나타난 나쁜 패자의 행동은 무엇인가요?
• 다른 사람과 함께하고 싶은 게임은 무엇인가요?
• 나쁜 패자는 게임에서 질 때 무엇을 하나요?
• 만약 당신이 좋은 승자/나쁜 패자와 경기를 한다면 어떤 기분이 드나요?
• 좋은 승자와 좋은 패자는 어떤 행동을 하나요?

오뚝이 Bounce Back! 활동지 '좋은 승자 되기', '좋은 패자 되기'를 참고한다. 이 활동지는 인쇄하여 오뚝이 Bounce Back! 저널에 붙이도록 나누어 준다.

3) 게임

친구와의 관계를 다지기 위한 협력 게임: 팀 리그전(192페이지 참조) 행사를 진행한다. 2인 1조로 구성하여 여러 가지 게임에 참가한다. 게임의 목적은 좋은 관계를 형성하는 데 있기 때문에 각 게임마다 좋은 승자와 좋은 패자가 되는 것이 중요하다. 좋은 관계를 형성하는 사회적 기술은 다음과 같다. ① 자신의 순서가 왔을 때 지체하지 않기, ② 좋은 승자와 패자 되기, ③ 승리를 우쭐대는 대신 짝과 함께 가장 좋은 전략을 협상하기, ④ 의견 불일치를 관리하기, ⑤ 다른 선수들을 존중하기, ⑥ 상대팀을 무시하는 메시지를 사용하지 않기, ⑦ 상대팀의 긍정적인 면을 발견하여 이야기해 주기 등이다. 한번 결정된 팀은 팀 리그 기간 동안 반의 모든 팀과 경기를 한다(보통 장기간 행사로 1주일에서 10일 동안 진행). 팀은 리그전 기간 동안 동일하게 유지된다.

192페이지의 협력 게임: 팀 리그전에는 8개의 게임이 제시되어 있는데 게임이 바뀌면 짝을 새롭게 구성한다. 예를 들어, 민서가 1라운드 10개 동그라미 게임을 상철이와 팀이 되어 함께 반의 다른 11팀과 경기를 마치면 2라운드 도전 카드 게임에서 민서는 다른 친구인 병국이와 짝을 이루어 나머지 11개 팀과 경기를 한다.

종료 라운드인 4라운드를 마무리한 후 오뚝이 Bounce Back! 활동지 '자기 평가(4라운드 후)'를 완성한다. 각 팀 리그는 네 명의 학생으로 구성된 운영위원회에 의해 조직될 수 있다. 이들이 할 일은 다음과 같다.

• 짝을 무선으로 배정하고 다음 토너먼트와 위원회를 위한 기록을 보관한다.
• 어떤 쌍이 서로 어떤 순서로 경기하는지 정리한다.
• 학급 결과 기록지에 각 라운드의 결과를 기록한다.

한 반의 모든 팀이 리그전에 참여하기 어려울 때에는 간단한 방식으로 3~5개의 쌍끼리만 경기한다. 각 팀 리그 전에, 모든 사람이 게임을 하는 방법을 알고 있는지 확인한다. 팀 리그전에 함께 게임을 하기 위한 사회적 기술을 복습한다. 다음 리그가 시작되기 직전에 각 팀에게 작전 타임을 주어 게임에서 좋은 경기를 펼칠 수 있도록 도움을 준다.

내 집에서 나가! 게임

각 그룹에 필요한 도구
• 주사위 2개
• 오뚝이 Bounce Back! 활동지 '내 집에서 나가!'
• 상반된 색상 2개 패 40개(각 색별로 20개씩)

이 게임의 목적은 가장 많은 집을 차지하는 것이다. 각 팀은 파트너와 함께하면서, 학생들은 협력, 협상 그리고 좋은 승자와 좋은 패자가 되는 사회적 기술을 연습한다.

게임 방법:
① 차례로, 각 사람은 두 개의 주사위를 굴린다. 그들은 두 숫자를 더하거나, 빼거나, 곱하거나, 나누어서 던지기에서 총수를 얻는다. 예를 들어, 6과 3을 던질 경우 9(6＋3), 3(6－3), 18(6×3) 또는 2(6÷3) 중 하나의 수를 얻을 수 있다. 그리고 나서 그들은 게임 시트에 패를 올려서 일치하는 집 번호를 차지한다.
② 한 팀의 총합이 다른 플레이어가 차지하고 있는 집과 같은 번호일 경우 "내 집에서 나와!"라고 말하면서 패를 바꾼다. 그리고 집을 소유하게 된다.
③ 집 하나를 얻으면 이긴 팀은 1점을 더하고 진 팀은 1점을 뺀다.
④ 부적절하게 '친절한' 행동은 금지한다. 예를 들어, "내 집에서 나와!"라고 외쳐야 하는데 "아니야. 그냥 있어도 돼."라고 하는 행동 같은 것은 금지사항이다. 이 게임의 목적은 경쟁이며 패배뿐만 아니라 승리의 사회적 기술도 관리하는 것이다.
⑤ 주사위는 총 20번 던진다. 최종적으로 많은 집을 차지한 팀이 이긴다.

토네이도 퀴즈
한 팀의 선수는 전체 학급을 대상으로 퀴즈 대결을 한다. 한 팀이 질문에 정확하게 답할 때, 그들은 하나의 벽을 그리고 그다음에는 집의 지붕을 그린다(집 그림은 네 개의 면과 지붕의 대각선 두 개로 이루어짐). 집을 먼저 완성한 팀이 승리한다. 다른 팀 집의 한 벽을 허물 수 있는데 이것을 '토네이도 질문'이라고 한다. 토네이도 질문을 방어할 수 있는 '방어(shelter) 질문'이 주어진다.

36개의 퀴즈 질문과 2개의 추가 플레이오프 질문을 준비한다. 퀴즈는 철자법, 단어 정의, 역사 사실, 수학 사실 등 정답이 있는 모든 질문을 준비한다. 36개 중에 4개의 토네이도 질문 카드를 랜덤으로 정하고, 다음 3개의 방어 질문 카드도 랜덤으로 정한다. 카드에 있는 퀴즈를 낸다. 카드를 뒤집어 놓고 게임을 하며, 팀 구성원 한 명이 퀴즈 질문을 읽을 차례가 되면 앞으로 나온다. 질문에 올바르게 답하지 않으면 카드를 다시 카드의 바닥으로 보낸다.

단계:
① 그룹은 총 6개 팀으로 무작위로 구성한다(예: 24명 학급일 경우 네 명이 한 팀).
② 역할 할당
－선택하는 사람: 팀의 문제 번호를 선택한다.
－리포터: 퀴즈의 정답을 말해 준다.
－집 그리는 사람: 팀의 집 그림의 벽을 추가하거나 뺄 수 있다.
－긍정 추적자: 팀 동료들을 격려할 수 있다.

③ 학급 전체 인원에게 퀴즈가 어떻게 이루어지는지 설명한다.

- 팀은 순서대로 1과 36 사이의 숫자를 선택하여 질문을 읽는다. 30초 동안 팀의 대답을 협의 후 답을 말한다.
- 팀이 정답을 맞히면 6개의 벽으로 된 집의 벽을 그린다.
- 다음 팀으로 넘어가 질문을 선택하고 답을 맞힌다. 각 팀은 6라운드씩 질문의 답을 한다.
- 36개의 질문을 모두 받은 후 집 전체가 그려진 팀이 없다면 많은 벽을 그린 팀이 이긴다.
- 동점이 있는 경우 플레이오프 질문을 사용한다.
- 또한 36개의 질문 중 4개가 토네이도 질문이라고 설명한다. 한 팀이 이 중 하나를 선택하고 정답을 맞히면 다른 팀의 집에서 이미 그려진 벽 중 하나를 '파괴'할 수 있다.

④ 게임 후 얼마나 좋은 승자와 패자로 활동했는지 함께 숙고한다. 팀원은 다른 선수들을 존중했고, 모든 팀원의 아이디어를 포함했으며, 다른 사람을 무시하는 말과 행동을 사용했는지 생각해 본다.

4) 적용

긍정적인 관계 위원회

학생들은 적어도 한 학기 동안 다음 위원회 중 하나의 분야에서 일하게 된다.

- 협력적 게임 대회 위원회
- 점심시간 활동 클럽 위원회(주 1회 활동, 분기별로 교체, 희망에 따라 클럽 내용을 계획)
- 흥미 있는 대화 기술 증진 위원회
- 점심시간에 모든 학생이 운동장에서 행복하고 즐거운 시간을 보낼 수 있는 활동과 구조를 조직하는 위원회

위원회에 대한 추가 제안사항은 교수전략과 자료를 참고한다(163페이지 참조). 현미경 전략은 이러한 아이디어를 더 자세히 탐구하는 데 사용될 수 있다(192페이지 참조).

5) 가정 연계 과제

학부모에게 자녀들과 함께 연령에 맞는 카드게임과 보드게임을 하고, 자녀들이 공정하게 경기를 할 때 긍정적인 피드백을 줄 것을 요청한다. 자녀의 기분을 맞춰 주기 위해 져 주지 않도록 강조한다.

5. 친구를 사귀고 관계를 유지하기

1) 학습자료

(1) 도서

윌리와 휴

Willy는 공원을 가로질러 걸어가다가 거대한 고릴라인 Hugh Jape와 충돌하였다. Willy는 거대한 고릴라가 이 사고에 대해 심술궂게 굴 것으로 예상하지만, Hugh Jape는 사과하고 모든 책임을 진다. 두 사람은 친구가 되고, 서로 다른 방식으로 서로를 지지하게 된다.

Friendship is Like a Seesaw(우정은 시소를 닮았다)

이 책에서 우정은 시소와 비교되는데 시소는 우여곡절이 있지만 균형을 찾는 것이 필요하게 된다. 대부분 친구는 힘든 시간을 보내더라도 함께 좋은 시간을 보낸다는 것을 강조한다. 그것은 우정을 재조정하고 바로잡는 방법을 포함한다. 한글판이 없으나 원서의 그림만 함께 보며 이야기 나눌 수 있다.

(2) 영화

주토피아

매우 다른 두 주인공 간의 우정을 다룬 영화이다. Nick이라고 불리는 길쭉한 여우와 이제 막 경찰관이 된 토끼 Judy가 펼치는 모험에 대한 이야기이다.

(3) 시

What is a Frieds?(친구란 무엇일까?)

친구에게는
마음의 잡동사니를
쏟아 낼 수 있다.
그러면
친구의 아름다운 손은
잡동사니에서
보관할 가치가 있는 것은
보관하여 준다.

그리고 필요 없는 고물은

친절하게 후~ 하고

멀리 날려 보낸다.

(아랍의 속담)

2) 서클 타임 및 학급토론

수업에 필요한 자료 중 하나를 사용하여 다음 토론을 할 수 있다.

토론 질문

• 친구란 무엇인가요?

• 등장인물은 어떻게 좋은 친구의 기술을 보여 주었나요?

• 왜 우리는 친구가 있는 것을 좋아하나요?

• 베스트 프렌드(베프)란 무엇일까요? 좋은 친구란 무엇일까요? 당신은 얼마나 많은 베스트 프렌드 혹은 좋은 친구들이 있나요?

• 남자의 우정과 여자의 우정은 다른가요? 친구에 대한 애정 표현방식에 있어서 성별 차이가 있나요?

학생들과 곱하고 더하기 전략(185페이지 참조)을 사용하여 친구의 가장 중요한 세 가지 특성을 결정한다. 모든 사람은 중요한 사람들에게 보살핌을 표현하고 받을 필요가 있다. 남자라서 친구 사귀기 좋은 면과 여자라서 친구 사귀기 좋은 면을 논의하고, 두 성별에게 어떤 변화가 있다면 좋은 친구가 되는 데 도움이 될지 논의한다.

• 완벽한 친구가 존재할까요?(아니요, 때로 우리는 친구가 짜증 나게 하거나 실망시킬 때, 용서할 필요가 있다.)

• 좋은 친구의 특징과 기술은 무엇인가요?

• 나는 어떤 면에서 좋은 친구인가요?

• 친구와 내가 다른 면이 많음에도 불구하고 여전히 친구가 될 수 있나요?

특성을 나열한 다음 오뚜기 Bounce Back! 활동지 '좋은 친구가 되는 법'을 보여 주고 완성한다. 학생들은 개별적으로 오뚜기 Bounce Back! 활동지 '좋은 친구의 특징'을 완성한다. 각 문항별로 손을 들어 교실 전체의 총합을 알아보는 것도 좋다. 활동지를 A3로 확대 후 총합을 기록하여 학생들의 의견을 모아 본다. 그런 다음 결과를 토의한다. 이후 오뚜기 Bounce Back! 활동지 '친구와 같은 점 다른 점'을 완성하고 내용을 함께 의논한다.

교사가 생각해 볼 문제

연구 결과를 살펴보면, 다른 사람과 맺는 관계의 질과 양—우정, 가족이나 동료와의 관계, 이웃과의 친밀감 등의 요소로 그 사람의 행복과 웰빙을 가늠해 볼 수 있다고 한다. 우리는 바쁜 삶을 살아가기에 친구와 시간을 보내기가 때로는 쉽지 않다. 그러나 우리의 행복에 다른 사람과의 관계가 핵심이므로 그만큼 할애할 충분한 가치가 있다는 것이다. 어린이에게 제공되는 이점에 대해서는 제2장에서 7단원 관계에 대한 논의를 참조한다.

3) 활동

- 학생들은 오뚝이 Bounce Back! 활동지 '우정에 관한 퀴즈'를 우체통 조사(187페이지 참조) 활동으로 진행하거나 개별적으로 혹은 짝과 완성하도록 한다.
- 학생들은 '…일 때, 우리가 친구라는 걸 알게 돼요.' 문장을 사용하여 다양한 경우를 작성한다.
- 학생들은 깊은 우정을 주제로 하는 영화, TV 쇼, 예술 작품, 노래, 시, 책 등을 찾아본다. 보고 난 후, 좋은 친구가 되는 것에 어떤 '규칙' 같은 것을 발견했는지, 그것이 현실적인지 이야기 나눠 본다. 감상평을 활용하여, 우정 자원에 대한 학급 목록을 만든다.
- 저학년을 위해 책을 준비한다. 동생들에게 친구를 사귀고 유지하기에 대한 직접적인 조언을 해 주거나, 저학년 학생을 등장인물로 삼아 우정에 대한 이야기를 들려주는 간접적인 방법의 조언을 할 수도 있다. 먼저, 저학년 학생들을 인터뷰하여 강점과 흥미를 알아본 후 이야기에 반영하는 것도 좋은 방법이다.
- 세 명을 한 모둠으로 하여 하루아침에 '모든 친구를 잃게 만드는 말과 행동'에 대한 이야기를 쓰거나 장면을 구성하고 이를 연기해 본다.
- 학생들은 은유적인 감각 표현을 사용하여 우정에 대한 시를 쓴다(우정은 ~같이 보이고, ~같이 들리고, ~같은 향이 있고, ~와 같이 느껴진다). 단원정리에 나오는 인용문(473페이지 참조)은 우정을 은유적으로 표현한 여러 가지 예를 제공한다.

친구에 대해 얼마나 알고 있나요?

학생들은 친구에 대한 알고 있는 사실을 활동지로 작성한다. 그러고 나서, 그 사실이 정확한지 친구와 함께 확인해 본다. 다음은 예시이다.

- 친구가 좋아하는 혹은 싫어하는 음식/음악/스포츠/TV 프로그램
- 친구의 형제/자매/반려동물의 이름 및 나이
- 친구의 생일/지난 휴가/장래희망/제일 잘하는 것과 제일 못하는 것

우정

이 활동을 위해 다음 질문과 함께 '음악과 함께 토론(185페이지 참조)' 또는 '안쪽 바깥쪽 서클 만들기(184페이지 참조)' 전략을 활용한다.

- 사람들은 싸운 뒤 친구들과 어떻게 화해하나요?
- 때때로 우정이 왜 깨질까요?
- 친구와 멀리 떨어지게 되더라도 여전히 친구로 남을 수 있을까요?
- 사람들은 친구를 얼마나 많이 만들 수 있을까요?
- 사람들과 친해지는 데 도움이 되는 좋은 장소나 활동에는 어떤 것이 있을까요?
- 사람들은 친구에 대한 의리를 보여 주기 위해 무엇을 할까요?
- 친구들은 항상 의견이 모두 일치하나요?
- 대부분의 사람은 친구가 한 약속을 어길 때 어떤 느낌을 받나요?
- 친구에게 받은 호의를 돌려주지 않으면 친구는 왜 화를 낼까요?
- 여러분과 매우 다른 사람이어도 여러분의 좋은 친구가 될 수 있을까요?

어릴 적 친구들

코너 모임(181페이지 참조)을 사용하여 다음 제시된 단어를 학생들에게 보여 준다. 학생들은 처음 우정을 느꼈던 사람이 누구인지 생각해 보고, 그 단어가 적힌 코너로 이동한다.

- 이웃
- 친척
- 유치원 또는 학교 친구
- 가족의 친구

자기가 선택한 코너에서 그곳에 모여 있는 학생들과 첫 우정에 대한 기억을 함께 나눈다.

4) 드라마

우정의 시소

『Friendship Is Like a Seasaw(우정은 시소를 닮았다)』라는 책을 역할극으로 계획하여 저학년 동생들에게 보여 준다. 이 책을 읽고 토론하면서 핵심 요점을 파악해 본다. 그런 다음 서너 명을 한 모둠으로 구성하고, 각 모둠은 맡은 역할을 수행하고 발표한다. 그 예는 다음과 같다.

- 1모둠은 이야기를 소개하고, 들려준다.
- 2모둠은 책에 있는 삽화를 슬라이드로 준비하고, 책을 읽을 때 동시에 보여 준다.
- 3모둠은 등장인물이 입을 간단한 의상을 계획하고 만든다.
- 4모둠은 간단한 소품을 계획하고 만든다.
- 5모둠은 이야기를 연기로 보여 준다. 이를 위해 모둠 1의 내레이션과 모둠 2 슬라이드에 어떻게 일치하여 연기할지 모둠 1, 모둠 2와 협의한다.
- 6모둠은 공연과 낭독을 본 후, 이와 관련된 질문을 준비하여 저학년 학생들과의 토론을 진행한다.

6. 친구와 우정 나누기

1) 학습자료

(1) 도서

마거릿 와일드의 여우

오랜 친구인 까치와 개는 항상 서로를 보살피며 지내 왔다. 까치는 날개를 다쳐 잘 날지 못하고 개는 외눈이다. 냉혈한인 여우가 그들 사이에 끼어들어 문제를 일으키려고 한다.

곰과 두 명의 여행객(또는 귓속말하는 곰)

함께 여행 중인 두 소년은 곰을 만나게 된다. 한 소년은 친구를 돕지 않고 나무로 올라가 버리고, 다른 소년은 죽은 척한다. 그러자 곰은 죽은 척한 소년의 귀에 다음과 같이 속삭이고 사라진다. 곤경에 처했을 때 너를 버린 친구와 함께 결코 여행하지 말라고 말이다.

2) 서클 타임 및 학급토론

학생들은 번개 글쓰기(184페이지 참조)를 사용하여 갈등과 관련된 단어를 브레인스토밍한다. 칠판에 이 단어들을 모두 쓰고 학생들에게 '긍정적 단어'와, '부정적 단어', '중립 단어'로 분류하도록 요청한다. 제시된 자료들 중 하나를 사용하여 우정문제를 다루는 방법에 대해 논의한다. 같이 사는 가족이나 활동을 함께하는 학급 친구, 혹은 친한 친구들과도 가끔 갈등을 겪는다. 모든 순간 의견 차이를 갖는 것은 지극히 정상적이다. 때로 그러한 의견 차이는 도움이 된다. 누군가를 괴롭히는 무언가가 해결될 수 있는 기회이기 때문이다.

토론 질문

- 이 이야기에서 친구들이 의견 불일치를 보이는 것은 무엇인가요?

- 등장인물은 그 의견 차이를 어떻게 다루었나요?
- 여러분 또래의 친구들이 종종 의견 불일치를 보이는 것은 어떤 것인가요?
- 좋은 친구는 여러분이 동의하지 않을 권리를 가졌다는 것을 받아들이나요?(예)
- 여러분과 친구 모두가 불편하지 않은 방식으로 의견의 차이를 다루려면 어떻게 해야 할까요?

친구 사이에서 의견 차이가 있는 것은 지극히 정상적이며 건강한 우정일 수 있다는 것을 설명한다. 오뚝이 Bounce Back! 활동지 '긍정적 우정의 주기'를 보여 주고 각 단계를 설명한다.

- 의견 차이를 갖는 것의 좋은 측면이 있을까요?(만약 그것이 합리적으로 잘 다루어진다면, 갈등이 다시 발생할 경우, 갈등을 다루는 것에 덜 두려움을 느끼기 때문에, 여러분의 자신감은 향상될 수 있다. 갈등을 잘 다루는 것은 여러분 둘 다 문제를 해결하려 하고, 이를 노력하기 위해 충분한 관심을 가지고 있다는 것을 보여 주기 때문에 관계와 우정을 더 강하게 만들 수 있다. 갈등 조정은 자신과 친구 모두에게 공정한 처리를 하고 있다는 느낌을 주기 때문에, 서로에게 더 나은 기분을 느끼게 한다.)
- 어떤 사람이 친구가 하고 싶은 대로 항상 해야만 한다고 느끼고 있다면, 그 우정은 안전할 수 있을까요?(안전할 수 있다. 만약 이를 확신한다면, 화를 내거나 심술맞지 않게 말을 함으로써 우정을 지킬 수 있다. 공정하지 않은 것과 바뀌는 것에 대해 '나는 ~라고 느껴.' 또는 '나는 ~라고 생각해.'라는 말을 사용한다.)
- 항상 무엇이든 보여 주지 않으려 하거나, 어떤 일을 하지 않을 평계를 가지고 있는 것처럼 보인다면 그 우정은 안전할까요?(만약 한두 번이라면, 그럴 때는 우정을 지킬지 말지에 대해 반드시 논의해야 한다. 만약 한두 번 이상 발생할 경우, 우정을 지키는 것은 어려울 수 있다.)
- 만약 한 사람이 이용당했다고 느낀다면 우정은 지켜질 수 있을까요?(앞의 답과 마찬가지이다.)
- 다른 사람을 괴롭히거나 훔치는 등 친구에게 하고 싶지 않은 일을 하도록 꼬신다면 우정은 안전할까요?(아마도 지킬 수 없겠지만, 이를 해결하기 위해 노력하고 목소리를 낼 필요가 있다.)
- 한 사람이 계속해서 다른 사람의 감정을 상하게 하고, 무시하면 우정은 안전할까요?
- '미안하다' 사과의 말은 접착제와 같고 모든 것을 고칠 수 있다는 말이 있습니다. 이것은 무엇을 의미할까요? 동의하나요, 아닌가요? 그 이유는 무엇일까요?
- '미안하다'는 사과의 말을 하기 어려운 이유는 무엇일까요?(사과가 받아들여지지 않을지도 모른다는 두려움, 체면 상실의 두려움, 실수를 인정하고 싶지 않음)
- 다른 사람과 의견이 일치하지 않더라도 '당신을 화나게 해서 미안합니다'라고 말할 수 있나요?(예)
- 사과하지 않으면 무엇을 잃게 될까요?(아마도 우정, 자기존중을 느낄 기회, 여러분의 용기와 정직함으로 인해 다른 사람에게 존경받을 기회)
- 때로 우정은 변하고, 유지되지 않습니다. 왜 그럴까요?

우정이 지속되지 않는 데에는 두 가지 이유가 있다.

▶ 나이가 들수록, 서로 조금씩 변하여 더 이상 친구와 공통점이 없을 수 있다. 각자 새로운 관심사가 생기고, 서로에게 많은 시간을 쓰지 않게 된다.

▶ 누군가는 우정을 해치는 일을 할 수 있다. 예를 들어, 지나치게 간섭하거나, 하고 싶지 않은 일을 시키거나, 심술궂게 행동하기도 한다.

오뚝이 Bounce Back! 활동지 '친구와 의견이 다를 때 대처방법'과 '존중을 담은 반대하기'를 보여 준다. 활동지 활동을 하고 오뚝이 Bounce Back! 저널에 붙인다.

3) 활동

• 오뚝이 Bounce Back! 활동지 '갈등을 다루는 일곱 가지 방법'을 제공하고 각 전략을 검토하게 한다. '반응', '응답'(자동적인 반응)과 '전략'(보다 계획적이고 사려 깊은 것)을 구별한다. 예를 들면 다음과 같다.

- 강요   - 단호하게 행동함
- 희생양이 됨   - 사과함
- 나에게 동의하지 않는 것을 인정함   - 협상함
- 도움을 요청함

학생들은 구사할 필요가 있다고 생각하는 전략을 공유할 수 있다.

• 학생들은 갈등 상황에서 선택에 따라 다른 모험이 펼쳐지는 두 가지 이야기를 쓴다. 즉, 등장인물의 갈등 관리 전략에 따라 각기 다른 두 가지 결말이 제시된다(오뚝이 Bounce Back! 활동지 '갈등을 다루는 일곱 가지 방법' 참조).

• 짝과 함께 오뚝이 Bounce Back! 활동지 '갈등을 다루는 일곱 가지 방법'에 따라 다양한 방식으로 만화를 그린다. 학생들은 거품이나 풍선 모양의 대화상자를 사용할 수 있다.

무엇을 해야 할까?

네 명의 학생을 한 모둠으로 구성한다. 오뚝이 Bounce Back! 활동지 '무엇을 해야 할까?'의 우정 문제를 각 모둠에 나눠 준다. 모둠은 지정된 각각의 상황에 대처할 수 있는 두 가지 방법을 정하고 최종적으로 전체 발표를 통해 최선의 방법을 선택한다.

갈등 반칙

문제를 해결할 수 있는 방법에 대해 이야기한다. 농구 심판이 호루라기를 불고 손을 들어 '반칙'을 나타내는 것에 비유한 활동이다. 학생들은 여섯 개의 대화 풍선을 그린다. 먼저, 세 칸에는 사람들이 '갈등 반칙'(문제를 해결하지 않음)의 세 가지 문제를 쓰고, 다음 세 칸에는 갈등 해결의 골(문제의 해결)을 넣을 수 있는 세 가지 방법을 쓴다.

가장 좋은 방법은?

오뚝이 Bounce Back! 활동지 '가장 좋은 방법은?'에서는 친구나 가족 사이에 발생하는 다양한 상황이나 갈등을 다룬다. 대본 사용에 있어 다음과 같은 방법이 적용될 수 있다.

- 교사가 지정한 시나리오 중 하나 이상에서 싱크–잉크–페어–셰어 팁을 사용하여 떠오르는 아이디어를 펜으로 적어 본다(191페이지 참조). 선택한 상황을 다루는 데 있어 가장 좋은 방법은 무엇일까?
- 특정 상황, 특정 부분에 음악과 함께 토론 전략(185페이지 참조)을 사용한다.
- 학생들은 가장 좋은 상황 대처 방법을 4칸 만화로 그린다.
- 연극 활동으로 사용할 수 있다(다음 참조).

저학년 동생들과 함께하는 활동

학생들은 의견 갈등을 다루는 내용의 그림책을 저학년에게 읽어 준다. 역할극이나 인형극을 준비하여 보여 주거나 책자나 포스터를 만든다.

협력적 입장교환 논쟁

협력적 입장교환 논쟁 전략(180페이지 참조)은 학생들에게 주장의 유리한 점을 먼저 생각하고 다음에 입장을 바꿔 불리한 점에 대해서도 생각해 볼 수 있는 기회를 제공한다. 이것은 중요한 비판적 사고 기술일 뿐 아니라 다른 관점을 이해하는 데에도 탁월한 사회적 기술이다. 또한 학생들에게 듣기, 협상 및 존중하며 반대하기와 같은 사회적 기술을 연습할 수 있는 기회를 준다. 논의 주제의 예는 다음과 같다.

- 모든 동물원을 금지하기
- 교복 폐지
- TV에서 인스턴트 음식이나 패스트푸드 광고 금지
- 문제 있어도 또래라면 무조건 친구하기
- 불법 낙서를 하다 걸리면 3개월간 봉사활동하기

현미경 전략(192페이지 참조)을 사용할 수도 있다.

4) 드라마

한 상자에는 오뚝이 Bounce Back! 활동지 '갈등을 다루는 일곱 가지 방법' 중 여섯 가지 전략을 적은 카드를 넣는다('나에게 동의하지 않는 것을 인정함' 카드는 제외한다). 한 상자에는 오뚝이 Bounce Back! 활동지 '가장 좋은 방법은?' 상황이 담긴 카드를 넣어 둔다. 짝과 함께 혹은 세 명이 한 모둠이 되어 전략과 상황을 뽑고, 이를 반영한 간단한 연극을 준비한다.

5) 가정 연계 과제

각 학생은 어른 두 명에게 '우정 문제를 다루는 법'에 대한 질문을 하고 답을 적어 온다. 학급 결과를 모으고 이를 교실 토론에 사용한다. 적절한 질문의 예는 다음과 같다.

- 가까운 친구에 대해 생각해 보세요. 어디서 어떻게 그들을 만났나요?
- 우정의 가장 좋은 점은 무엇인가요?
- 친구와 어떻게 서로를 돕나요?
- 우정을 나눈 관계에서 발생할 수 있는 주요 문제는 무엇인가요?
- 예전에 나눈 우정 중 지금은 끝이 난 우정을 생각해 보세요. 왜 끝났나요?

6) 적용

갈등 연구

책, TV 쇼 또는 영화 등의 자료를 보고 갈등 상황이 발생할 때 갈등이 그 안에서 어떻게 다뤄지고 있는지 학생들에게 자신의 견해에 대해 말하도록 요청한다. 오뚝이 Bounce Back! 활동지 '갈등을 다루는 일곱 가지 방법'에 설명된 대로 일곱 가지 전략의 언어를 사용하도록 한다. 상황과 전략을 표에 정리해 본다. 다음 질문을 사용하여 TV와 영화를 보거나 책 등의 자료를 이용하도록 한다.

- 무엇을 보고/듣고/읽었나요?
- 어떤 갈등이 발생했고, 어떤 것에 대한 의견 불일치가 있었으며, 누구와 연관 있나요?
- 갈등은 어떻게 처리되었나요?

학급회의

학급회의, 연중 회의, 위원회(175페이지 참조)를 활용하여 학생들이 경청, 다른 관점을 존중하기, 협상을 연습할 수 있도록 한다.

7. 협상을 잘하는 방법

1) 학습자료

(1) 도서

탁탁 톡톡 음매~ 젖소가 편지를 쓴대요

이 책에는 집을 더 편안하고 따뜻하게 만들려는 농부 브라운과 실랑이하는 소들의 재미있는 이야기가 담겨 있다(이 책은 8단원에서도 권장된다).

2) 서클 타임 및 학급토론

다음 대화를 학생에게 읽도록 하거나 두 학생에게 역할극으로 나타내도록 한다.

> Jordan: 점심시간에 축구를 하자.
>
> Shannon: 아니, 그럴 기분이 아니야. 우리 대신 농구하자.
>
> Jordan: 아니, 난 농구를 하고 싶지 않아.
>
> Shannon: 글쎄, 난 축구를 하고 싶지 않아. 우리는 항상 축구를 했잖아.
>
> Jordan: 아니, 그렇지 않아!
>
> Shannon: 맨날 그랬거든!
>
> Jordan: 너 정말 짜증 나.
>
> Shannon: 넌 더 짜증 나. 너랑 이제 안 놀 거야.

대안으로 '탁탁 톡톡 음매~ 젖소가 편지를 쓴대요'를 읽고 토론한다.

토론 질문

- Shannon과 Jordan 혹은 책의 등장인물들은 어떤 기분일까요?
- 이 상황은 잘 해결되었나요? 누가 의견 차이에서 이겼나요?
- 등장인물은 의견을 어떻게 표현했나요? 그들은 서로의 관점을 존중했나요? 그들은 서로가 말하는 것을 들었나요?
- 그들은 의견 차이를 어떻게 해결할 수 있었을까요?
- 협상이란 무엇을 의미할까요?

협상한다는 것은 모든 사람이 자신의 이야기가 잘 수용되고 있음을 느끼고, 자신이 선택한 것은 아니지만 모두가 더불어 함께할 수 있는 하나의 결정/결과물을 내는 것을 의미한다. 협상은 모든 사람이 원하는 것의 일부는 '승리'하고 '서로의 관계를 유지'할 수 있는 방법을 찾아 문제를 해결하는 것이다. 그것은 나도 이기고 너도 이기는 Win Win 접근법이라고 불린다. 예를 들어, 학생들은 의견 차이가 발생했을 때, 이를 어떻게 해결할 수 있었는지를 기록해 본다.

- 다른 사람의 견해를 들어 보세요.
- 다른 사람들이 다른 관점을 갖는 것은 당연합니다.
- 화내지 않습니다.
- 다른 사람들을 무시하지 마세요.
- 우호적인 방식으로 의견을 진술하세요.
- 다른 사람에게 당신의 의견에 동의하도록 강요하거나 다른 사람의 의견에 굴복해서는 안 됩니다.
- 당신의 관점이 좋은 이유를 설명하세요.
- 개방적인 태도로 다른 관점을 바라보세요.
- 반대할 때는 무시하지 말고 정중해야 합니다.
- 대안을 제시하고, 문제를 해결합니다.
- 여러분의 견해와 다른 사람의 견해를 통합할 수 있나요?
- 나도 이기고 너도 이기는 win win에 도전하세요.
- 결정에 도달하기 위해서는 여러분이 원하는 것의 일부를 포기해야 할 수도 있습니다.
- 심지어 여러분이 완전하게 동의하거나 내키지 않을 때도, 합의된 결정을 수용할 수 있나요?
- 문제를 해결하기 위해 교사에게 도움을 요청하되, 먼저 자신이 해결해 보려고 노력합니다.

오뚝이 Bounce Back! 활동지 '협상을 잘하는 법'을 보여 주고 각 방법에 해야 할/하지 말아야 할 예가 무엇인지 확인한다. 활동지는 인쇄하여 오뚝이 Bounce Back! 저널에 붙인다.

3) 활동

- 각 모둠은 BRAIN 토론(178페이지 참조)을 사용하여 더 좋은 교실, 놀이터 또는 지역 공원에 대해 생각한다. 학생들은 최고의 아이디어에 투표할 수 있고, 그 아이디어들은 학교 운영위원회나 더 나아가 지역 의회에 제출할 수 있다.

다음은 협의된 결정을 내리기와 관련한 모둠 활동이다. 한 학생에게 관찰자의 역할을 추가로 부여한다. 이 학생은 의견 갈등상황이 발생하면 이 내용과 해결에 사용된 협상 능력을 적는다.

모금하기

모둠에서 이번 학기 동안 진행할 모금 행사와 지원할 자선 단체를 정한다. 협의에 포함될 내용은 다음과 같다.

- 어떤 자선 단체를 지원해야 하며, 그 이유는 무엇인가요?
- 자금을 어떻게 모을 건가요?
- 얼마를 목표로 모을 건가요?

공동으로 참여하기

네 명의 학생이 한 모둠이 되어 파이프 블록을 사용하여 가장 크고 강하며 멋진 구조물(그리고 혼자 설 수 있는)을 만들기 위해 협력한다. 그런 다음 반 전체는 구조물을 평가한다.

각 모둠에 필요한 재료:
- 50가지 색상의 파이프 블록과 여분(원하는 색으로 변경 가능하며 추가로 더 사용할 수 있음)
- 줄자 또는 긴 눈금자
- (마지막 단계) 다른 모둠이 제작한 파이프 구조물을 평가하기 위한 평가지

각 모둠에는 네 가지 역할이 있다.

- 경청하고 긍정적이고 친구들을 북돋아 주며, 협상 결정을 잘할 수 있도록 모둠을 돕는 '협상 지원 전문가'
- 누가 시공의 어느 부분을 할지 정하고, 최종 시공을 총괄하는 '최고 기술자'(으스대지 않을 것)
- 맨 처음 전략 계획 단계에서 메모를 하고 다이어그램을 그리는 '초안 디자이너'
- 교사의 도움을 받아 모둠의 구조물에 매겨진 평균 평가 등급을 작성하고, 모둠 활동을 보고하는 '통계와 발표 전문가'

단계:
① 각 모둠은 파이프 블록을 받기 전에, 제한시간 5분 동안 계획 및 도면을 제작한다. '협상 지원 전문가'는 모든 결정을 협상에 근거하여 내리고, 모든 학생이 토론에 참여하도록 해야 한다.
② 그런 다음 모둠은 15분 동안 파이프 블록만 사용하여 구조를 만든다.
③ 15분 후 교사(또는 학생 지정 위원회)는 각 구조의 높이를 측정한다. '최고 기술자' 및 '초안 디자이너'는 모둠 구조물에 남는다. 각 모둠의 '협상 지원 전문가'와 '통계와 발표 전문가'는 다른 모둠을 방문하여 다음에 대해 10점 만점 기준으로 각 모둠의 구조물을 평가한다.
　　－공식적인 높이
　　－단단함

‒ 매력의 정도

학생들은 어떤 모둠의 구조물도 건드리지 말아야 한다. 평가서에 점수를 기재하고 각 모둠의 '최고 기술자'에게 기재된 점수를 알려 준다. 세 항목에서 받은 평균 점수를 계산할 수 있도록 지도한다. '통계와 발표 전문가'는 점수를 전체 반에 알려 준다. 측정과 평가를 바탕으로 전체 부분 1위, 가장 높은 구조물, 가장 튼튼한 구조물, 가장 매력적인 구조물을 만든 각각의 모둠에 상을 수여한다. 또한 이 활동은 파이프 블록 대신 빨대와 마시멜로 등의 재료로도 할 수 있다. 활동이 끝난 뒤, 모둠이 얼마나 잘 협의하여 활동했는지 간단한 보고를 듣는다.

테마파크

이 활동은 학생들에게 협동하기, 경청하기, 협상하기, 공손하게 반대하기를 연습할 수 있는 기회를 제공한다. 동시에, 주제에 대한 지식을 적용하고 그 지식을 바탕으로 테마파크 계획을 수립하도록 요구하는 복잡한 다중 능력 과제이다. 테마파크의 다양한 기능에 특징을 설명하는 푯말을 붙여서 공원에 대한 간단한 시각적 설계를 제시하도록 한다. 네 명이 한 모둠이 되어 테마파크 주제를 정한다. 테마파크의 특징을 생각하고 구성할 때는 각 모둠원의 다른 재능(예: 그림, 기술, 쓰기, 공연, 말하기 등)을 사용하여 모둠 활동이 진행되어야 함을 강조한다.

추천 테마파크:
- 동물: 라마와 함께하는 여행, 말의 땅, 파충류 공원, 곤충마을
- 바다 동물: 바다세계, 물의 땅
- 남극 대륙: 얼음나라
- 이집트: 파라오의 땅
- 전기: 불꽃 튀기는 세상
- 행성 지구: 날씨 세상, 공룡공원, 열대우림의 땅, 친환경 나라
- 황금: 금의 세상
- 건강 및 웰빙: 운동의 세계, 영양소 나라
- 문학: 문학의 세상, 요정나라(요정 이야기에 기초한), 전설의 나라
- 우주와 비행: 달나라, 우주세계, 행성세계

단계:
1. 테마파크의 주제를 선택한다(앞의 예시 참조). 테마파크는 대중에게 주제에 대한 중요한 정보를 가르치고 즐거움을 선사하는 목적으로 만든다.
2. 학생들이 방문했거나 알고 있는 테마파크에 대한 학급 마인드맵을 만들어 본다.
3. 각 모둠에게 오뚝이 Bounce Back! 활동지 '테마파크 플래너' 한 부씩을 전달한다.

4. 모둠은 자신들이 만든 테마파크에 이름을 붙이고, 방문객들이 왔을 때 배우기 바라는 핵심요소를 작성한다. 즉, 테마파크 계획서에 가장 중요한 다섯 가지(방문객이 학습할 수 있는)와 그것들을 배울 수 있는 몇 가지 방법을 기록해 둔다.

5. 모둠은 테마파크에서 중점적으로 다룰 아이디어를 브레인스토밍한다(예: 주제와 연관된 탈것, 카페, 쌍방향 전시 등). 회전 브레인스토밍(179페이지 참조)을 이용할 수도 있다.

6. 모둠은 자신들의 테마파크에서 가장 흥미로운 특징 다섯 가지를 정해 테마파크 계획서에 기록한다.

7. 테마파크 계획서 활동지는 주변에 상설로 설치해 둔다. 방문객은 각 모둠의 계획 중 특히 창의적이거나 재미있다고 생각하는 한 가지 특징을 찾아 적도록 한다.

[출처: McGrath, H., & Noble, T. (2010). *HITS and HOTS: Teaching + Thinking +Social Skills*. Pearson, Melbourne.]

4) 적용

학급회의

학생들이 경청을 배우고 다른 관점을 존중하고 협상하는 것을 연습할 수 있도록 학급회의, 연중 회의 또는 위원회를 주최한다(175페이지 참조).

8. 좋은 리더 되기

1) 학습자료

(1) 동영상 해시태그

#성공적인 리더 #리더의 조건
무엇이 성공적인 리더를 만드는지 알아보는 영상 자료를 사용한다.

2) 서클 타임 및 학급토론

리더십의 주제를 소개하기 위해 자료 중 하나를 사용한다.

토론 질문

• 리더란 무엇인가요? 어디서 리더를 찾을 수 있나요?(연방정부나 국가의 수장, 지역사회 및 학교, 회사, 모임 등)

• 좋은 리더의 자질이나 능력은 무엇일까요?(이끄는 것, 그들이 이끄는 사람들을 믿고 존중하기, 다른 사람들

의 강점을 확인하고 발휘하도록 격려하기, 고결한 정신과 긍정적 자세, 유연하게 행동하기, 존중을 보여 주기, 공감하기, 지지적인 자세)

- 무능한 리더는 무엇을 하나요?(부정적이다. 그들이 이끄는 사람들을 존중하지 않는다. 사람들의 강점이 발휘되도록 격려하지 못한다.)
- 뛰어난 리더십 기술을 습득하면 리더가 될 수 있나요?(일단 여러분이 리더의 직책을 갖게 되면, 사람들은 여러분에게 다르게 반응한다. 여러분은 더 자신감을 느끼고 리더처럼 행동하게 된다. 리더십 기술 훈련도 큰 차이를 만든다.)
- 누가 좋은 리더인가요? 그들은 무엇을 하나요? 왜 그들이 좋은 리더인가요?
- 여러분이 생각하는 무능한 리더는 누구인가요? 그들은 무엇을 하나요? 왜 그들이 무능한 리더인가요?
- 우리가 속한 공동체에서 좋은 리더십 기술을 보여 준 사람에게 상을 주는 것은 중요할까요?

3) 활동

- 네 명을 한 모둠으로 하여 가장 중요한 네 가지 리더십 기술에 대해 곱하고 더하기(185페이지 참조)를 활용하여 활동한다. 그런 다음 모둠 또는 전체 학급 단위로 '좋은 리더십 기술—할 일과 하지 말아야 할 일 표'를 작성한다.
- 네 명이 한 모둠이 되어 올해의 인물 중 한 명을 선택한 후 수업 발표를 계획하고 준비한다. 창의적인 프레젠테이션을 장려한다. PPT, 동영상, 역할극, 가상 인터뷰를 활용하여 그 사람이 보여 준 리더십 기술을 강조할 수 있다.
- 학생들은 역사적으로 훌륭한 리더를 선택하고 조사한다. 어떤 면이 그들을 훌륭한 리더로 만들었는지 확인한다. 그들에 대한 사실을 파일로 만들거나 위인 전기를 작성하여 포스터로 제작하거나 학급 발표를 한다.
- 지역(예: 시장) 또는 도(도지사) 단위, 국가 수준(대통령, 국회의원)에 필요한 정부 관리자의 직책에 대해 조사한다. 그들에게 요구되는 핵심적인 책임과 자질을 파악한다. 이 활동은 정부, 민주주의 또는 투표에 관한 조사 단원과 연계하여 진행할 수 있다.
- 학생들은 리더십 자질을 보여 주는 사람들을 찾아내기 위해 잡지와 신문을 살펴본다. 사진을 잘라 내고 다음의 문장을 완성한다. '이 사람의 이름은 _____이고, 그들은 _____일 때 다음과 같은_____ 리더십 자질을 보여 주었습니다.'
- 학교에 필요한 학생 리더십 자리를 연구한다. 학생들은 교장선생님께 지원서를 쓰고, 동영상을 제작하거나 왜 이 역할에 자신이 적합한지 구두 발표를 준비한다.
- 대안적 활동으로, 학생들은 '왜 그들이 좋은 리더가 되었는가'와 유사한 과제를 완성할 수 있다.
- 학생들은 학교 리더십의 기준 및 자격을 결정하여 학교 리더십상을 만들고 수상이나 증명서를 디자인한다.

- 학생들은 오뚝이 Bounce Back! 활동지 '얼마나 좋은 리더가 될 수 있나요?'를 완성하고 이를 논의한다.

4) 적용

모든 학생이 리더십 역할을 할 기회를 마련한다. 예를 들면 다음과 같다.

- 학급에 대한 리더십 책임을 나눠 갖는다. 예를 들면, 학급 반장, 학급 부반장 혹은 모둠장을 번갈아 하기 등이다.
- 스포츠, 음악, 안전, 친구 프로그램, 기금 모금, 도서관, 드라마, 기술 등 다양한 분야의 리더와 부리더를 번갈아 한다.
- 친절하고, 구체적이며, 도움이 되는 피드백 기술을 사용하여 학생들이 모범적으로 리더십을 보이도록 장려한다.
- 위원과 위원회를 구성한다(176페이지 참조).

9. 단원정리

1) 활동

- 학생들은 다음의 문장을 완성한다. '의견 갈등을 다룰 때 나에게 가장 어려운 것은 _____이지만, 나는 그것을 해결하기 위해 노력할 것이다.' 그리고 '우정의 가장 좋은 점은 _____이다.'

학생 자기평가: 나는 사회적 기술을 얼마나 알고 있으며 사용할 수 있을까요?

학생들은 오뚝이 Bounce Back! 저널에 특정한 사회적 기술을 얼마나 잘 배우고 있는지를 성찰하도록 격려한다. 예를 들어, 협상, 의견 갈등 관리, 게임이나 모둠에 참가, 좋은 승자와 좋은 패자 되기, 재미있는 대화하기 등이 있다. 학생들은 다음 범주를 참고한다.

- 나는 안다: 나는 이 기술을 사용하는 방법을 단계별로 친구에게 정확하게 설명할 수 있어.
- 나는 할 수 있다: 글쓰기나 드라마 활동에서 이 기술을 정확하게 보여 줄 수 있어.
- 나는 행한다: 나는 때때로 이 기술을 실제 생활에서 상당히 잘 사용해.
- 나는 연습한다: 나는 실생활에서 이 기술을 쓸 수 있을 때마다 적용하는 방법을 찾아.

관계에 대한 성찰

다음 질문을 이용할 수 있다.

- 다른 사람들과 잘 지내는 한 가지 좋은 방법은 무엇일까요?
- 누군가와 의견이 다를 때 여러분이 주의해야 할 한 가지는 무엇일까요?
- 뛰어난 리더십 기술 하나는 무엇일까요?
- 우리에게 협상이란 도구는 무엇을 의미하나요?
- 좋은 친구의 특징 한 가지는 무엇일까요?
- 여러분과 게임을 함께하고 있는 누군가에게 존중을 보여 주는 한 가지 방법은 무엇일까요?
- 다른 사람과 좋은 대화를 갖기 위해 할 수 있는 한 가지는 무엇일까요?
- 사과를 잘하는 방법에서 기억해 두어야 할 한 가지는 무엇일까요?

관계에 대한 인용문

다음은 우정에 관한 간단한 인용문이다.

- 우정은 기쁨을 두 배로 늘리고 슬픔을 나눠서 행복은 커지고 불행은 작게 한다. (Cicero)
- 불행은 누가 친구가 아닌지를 보여 준다. (Aristotle)
- 불행은 친구의 진심을 시험한다. (Aesop)
- 당신의 진짜 친구들만이 당신 얼굴의 더러움을 말해 준다. (시칠리아 속담)
- 절망적인 친구에게 말로 위로하고 있다면 그 사람은 아무것도 하지 않은 것이다. 친구는 도움의 손길이 필요한 결정적인 시기에 행동으로 돕는 사람이다. (Euripides)
- 친구란 행복이 아닌 고난의 시기에 사랑을 보여 준다. (Euripides)
- 친구는 인생의 정원에 있는 꽃이다. (속담)
- 진정한 친구는 내가 필요할 때 함께한다. 거짓 친구는 그들이 필요할 때 함께한다. (익명)
- 우리는 더 많이 듣고 덜 말할 수 있도록 두 개의 귀와 한 개의 입을 받았다. (Epictetus)

학생들은 활동이나 발표를 시작할 때 이 인용문들을 사용할 수 있다. 세 명이 한 모둠이 되어 인터넷 사이트에서 친구에 대한 인용문을 찾는다. 다음은 우정에 대한 유명한 말을 남긴 사람들이지만, 인터넷에서 더 많은 정보를 찾을 수 있을 것이다. 그런 다음 각 모둠은 가장 선호하는 인용문 세 개를 골라서 설명한다 (학생당 한 개). 학생 연령대와 관련이 있는 인용구를 선택하도록 격려한다. 각 모둠은 다른 모둠의 인용문을 베끼지 않도록 점검한다. 학생들은 인용문을 사용하여 포스터, 학급 책, 포스터, 냉장고 자석 또는 책갈피를 만들 수 있다.

- 카무스(Albert Camus)
- 맥레이(Amanda McRae)
- 밀른(A.A. Milne)
- 아놀드 H. 글래소(Arnold H. Glasow)

- 헬렌 켈러(Helen Keller)
- 헨리 포드(Henry Ford)
- 짐 모리슨(Jim Morrison)
- 세네카(Lucius Annaeus Seneca)

- 카네기(Dale Carnegie)
- 에드가 왓슨 하우(Edgar Watson Howe)
- 조지 엘리엇(George Eliot)
- 마틴 루서 킹(Martin Luther King)
- 민디 캘링(Mindy Kaling)
- 에머슨(Ralph Waldo Emerson)

핵심 어휘

또래교사 팀 코칭(191페이지 참조)을 사용하여 학생들이 관계와 관련된 단어와 철자에 숙달될 수 있도록 돕는다. 관계와 관련된 단어를 배우는 것은 언어 구조를 탐구할 수 있는 좋은 기회가 된다. 예를 들면 다음과 같다.

확고히 하다/확신에 찬(assert/assertive)

동의하다/동의/흔쾌한/동의하지 않는/의견 차이/의견 차이가 있는(agree/agreement/agreeable/disagree/disagreement/disagreeable)

사과하다/사과/사과하는(apologise/apology/apologetic)

논쟁하다/논쟁/논쟁적인(argue/argument/argumentative)

대장/대장 행세를 하는(boss/bossy)

자신감 있는/자신감/자신 있게(confident/confidence/confidently)

갈등(conflict)

결과(consequence)

대화를 나누다/대화(converse/conversation)

유연한/유연성(flexible/flexibility)

친구/친절한/호의/친구가 없는/우정(friend/friendly/friendliness/friendless/friendship)

너그러운/너그러움(generous/generosity)

행복한/행복/행복하게(happy/happiness/happily)

이끌다/지도자/리더십(lead/leader/leadership)

귀 기울이다/경청(listen/listening)

충실한/충실(loyal/loyalty)

협상하다/협상/협상자(negotiate/negotiation/negotiator)

긍정적인/확실함(positive/positivity)

다툼(quarrel)

관계(relationship)

존중/존중하는(respect/respectful)

유감스러운(sorry)

지지하다/지지적인(support/supportive)

생각/생각에 잠긴/사려깊음/배려심 없는/생각이 모자람(thought/thoughtful/thoughtfulness/thoughtless/thoughtlessness)

관계 십자말 풀이

세 명을 한 모둠으로 구성하고, 십자말 만들기 웹사이트를 사용하여 관계에 대한 십자말 풀이를 만든다. 다음 예시에는 정답을 먼저 제공하고 그 뒤에 단서를 제공한다.

- 또래−같은 연령대 친구를 의미하는 또 다른 단어
- 갈등−불일치를 나타냄
- 포함하다−게임에 누군가를 참여시키는 것
- 수다를 떨다−대화
- 축하해요−이긴 사람에게 좋은 패배자가 건네는 말
- 충실−좋은 친구가 보여 주는 진실한 행동
- 방어−좋은 친구는 내가 없을 때 나를 _____ 해 준다.

2) 게임

전체 학급이나 모둠으로 다음 게임 중 하나를 한다.

- 앞일까 뒤일까 PPT 자료(178페이지 참조)
- 메모리 카드 PPT 자료(184페이지 참조)—다음과 같이 명사와 관련된 형용사를 짝짓는다.

명사/형용사:

자신감/자신감 있는(confidence/confident)

행복/행복한(happiness/happy)

자기 주장/확신에 찬(assertiveness/assertive)

지지하다/힘을 주는(support/supportive)

동의/받아들일 수 있는(agreement/agreeable)

우정/친절한(friendship/friendly)

충실/충실한(loyalty/loyal)

사려/생각에 잠긴(thoughtfulness/thoughtful)

갈등/충돌하는(conflict/conflicting)

의견 차이/불쾌한(disagreement/disagreeable)

배려/배려하는(care/caring)

리더십/리드하는(leadership/leading)

친절/친절한(kindness/kind)

유연성/유연한(flexibility/flexible)

인기/인기 있는(popularity/popular)

존중/존중하는(respect/respectful)

* 비밀단어 퍼즐 PPT 자료(181페이지 참조)—비밀 메시지는 '좋은 친구는 충실하고 사려 깊다'이다.

3) 오뚝이 Bounce Back! 시상식

협상이나 지도력 같은 특정한 사회 기술을 잘 보여 준 학생에게 오뚝이 상을 수여한다.

10. 오뚝이 Bounce Back! 활동지

* 다음 활동지는 학지사 홈페이지 자료실(www.hakjisa.co.kr)에도 탑재되어 있다.

새 친구 포함시키기

(   ) 학년 (   ) 반 이름 (   )

새 친구를 포함시켜 함께 어울리면 기분이 좋아집니다.

해야 할 일	하지 말아야 할 일
어울리고 싶어 하는 사람이 있는지 주위를 둘러 보세요. 함께 어울리고 싶은지, 아니면 그냥 쳐다보고만 있을 것인지 물어보면 금방 알 수 있어요.	어울리고 싶어 하거나 외로워 보이는 모습을 무시하지 마세요.
웃으면서 '우리와 함께 놀자'라고 친절하게 말하세요.	어울리지 못하게 하여 상대의 기분을 상하게 하지 마세요.
새로운 사람과 함께 게임이나 활동을 하거나 차례를 바꾸는 방법을 생각하세요.	다른 사람이 끼면 우리의 우정 그룹이 망가질 것이라고 생각하지 마세요.

새 집단에 속하기

(   ) 학년 (   ) 반 이름 (   )

주저하지 말고 새로운 집단에게 참여를 구합니다.

해야 할 일	하지 말아야 할 일
친근해 보이고 혼자이거나 작은 그룹에 속하는 사람들을 찾으라.	큰 집단에 접근하지 말라. 그들은 보통 가입하기가 더 어렵다.
그들 곁에 서서 좋은 순간을 기다린다(예: 잠시 동안의 게임이나 대화가 중단되었을 때).	게임이나 대화에 곧장 뛰어들지 말라.
웃으라. 그들의 눈을 보고 인사하거나 이름을 알면 인사하라.	합류하기 위해 너무 오래 기다리지 말라.
활동에 대해 긍정적인 이야기를 하라(예: "재미있어 보이네.", "네가 방금 한 말이 정말 재미있게 들렸어.")	슬퍼하거나 땅바닥을 쳐다보지 말라. 부정적으로 말하지 말라.
만약 그들의 반응이 긍정적이면 그냥 참여하라.	그 활동을 장악하거나 지배하려 하지 말라.
	누군가가 이미 말을 하고 있다면 방해하지 말라.
가끔은 직접적으로 '괜찮다면 나도 같이 하고 싶다.'라고 말해도 좋다.	게임이나 화두를 바꾸려고 하지 말라.

다른 사람과 잘 지내기

(   ) 학년 (   ) 반 이름 (   )

1. 대화 시작하기	좋은 시작 멘트를 연습하기(안녕? 내 이름은 ~야) 이야기 나눌 만한 공통으로 가지고 있는 무언가를 찾기
2. 논쟁할 때 침착함을 유지하기	해결할 수 있는 좋은 방법을 결정할 때까지 조용히 있기, 다른 사람의 관점도 생각하기, 모욕을 주거나 소리 지르지 말기, 친구관계를 유지하는 것을 목표로 삼기, 좋은 결과를 도출해 내기
3. 긍정적으로 행동하기	긍정적인 부분 생각하기, 열정적으로 참여하기
4. 흥미로운 방법으로 이야기 나누기	너무 자세하게 이야기하지 않기, 재빨리 핵심을 파악하기, 듣는 사람과 관련 있는 이야기 인지 확인하기, 재미있는지 체크하기
5. 정직한 의견 나누기	생각한 것을 자신 있게 말하기 다른 의견에 대해서는 자신이 먼저 받아들이기 상대방을 기쁘게 하려고 너무 노력하지 않기
6. 협조 잘하기	자신의 차례를 잘 지키기 다른 사람의 의견이나 아이디어를 존중하기 동의하지 않는 부분은 잘 협상하기
7. 잘 듣는 사람이 되기	집중하기, 끼어들지 않기, 듣고 있는 부분에 대해 간단히 요약하기, 이어지는 질문하기 예/아니요로 답할 수 있게 묻지 말고 많은 것을 대답할 수 있게 질문하기, 내 차례에 말하기
8. 좋은 패자 되기	만약 게임에서 졌거나 다른 사람이 동의하지 않으면 받아들이기, 이것이 패자로 만들지는 않음
9. 다른 사람에게 나를 보여 주는 좋은 방식 사용하기	재미있게 이야기하기, 잘 듣기, 좋은 아이디어 내기, 유머 사용하기
10. 유연해지기	좋은 것이 없다면 새로운 것으로 바꾸기
11. 진심으로 칭찬해 주기	감사함이나 존경하는 부분을 찾아서 말해 주기
12. 다른 사람의 농담에 웃어 주기	다른 사람이 농담했을 때 웃기 위해 노력하기 아무리 작은 부분이라도 웃어 주기, 과도하게 하지는 말기
13. 도움을 지원해 주기	도움이 되는 방법 찾기, 무리하게 하지는 말기
14. 뭔가 재미있는 것을 만들기	좋은 아이디어를 생각하기, 사람들이 좋아하는 것이 다름을 기억하기
15. 기쁨을 나누기	먹을 것과 나의 물건들을 너무 챙기지 말기, 만약 함께하기로 했다면 어떻게 사용하는지 비판하지 않기
16. 으스대고 싶은 충동에 저항하기	사람들이 하고 싶은 대로 하게 두기, 만약 제안을 하고 싶으면 "너 이렇게 해야 해."보다 "이거는 어때?"라고 말하기
17. 뒤에서 다른 사람 흉보지 않기	누군가 나에게 말하거나 행동한 것으로 기분이 안 좋아졌을 때 사람들에게 직접적으로 말하기 뒤에서 흉보는 말은 어떤 방법으로든 상대가 알게 됨을 떠올리기
18. 사람들이 실수했을 때 말하지 않기	모든 사람이 실수를 한다는 것을 기억하기 나도 다른 사람을 비판할 만큼 완벽하지 않음을 생각하기 아무도 실수를 좋아하지 않음을 기억하기
19. 나만 다 말하지 않기	대화를 이어 가기, 다른 사람에 관한 것은 그 사람에게 물어보기

관계에서 피해야 할 10가지

카드를 잘라 낸다. 모둠별로 다음의 열 가지 행동이 얼마나 상대방을 싫증 나게 하는지, 또 좋은 마음을 유지하게 하는 것을 어렵게 하는지 이야기한다. 비록 상대방이 좋은 사람이라는 것을 알더라도, 다음의 행동 중 가장 싫증 나는 행동부터 비교적 덜한 순서까지 순위를 정하라.

부정적인 것
- 다른 사람 험담하는 것
- 매 시간 불평하고 투덜대는 것
- 나쁜 기분 속에 있는 것

항상 심각한 것
- 노려보고 웃지 않는 것
- 즐거움에 대한 감각이 없는 것

이기적인 것
- 매번 자기방식대로만 하려고 하는 것
- 일을 분담하거나 남을 도와줄 준비가 되지 않은 것
- 욕심 부리는 것(자기 몫보다 더 챙기는 것)

논쟁적이고 어려운 것
- 모든 것에 대해 논쟁하는 것
- 작은 것에 싸움을 걸고 따지는 것

지루하고 경직된 것
- 항상 같은 것 혹은 같은 방식만 원하는 것
- 핵심을 짚지 못하고 주변만 맴돌며 말하는 것
- 긴 시간 아무도 관심 없는 것에 대해 이야기하는 것
- 주변이 변했는데 적응하지 못하는 것

자기도취된 것
- 자기가 얼마나 좋은 사람인지 자기 자신에 대해 계속 이야기하는 것
- 으스대거나 자랑하는 것
- 과장하기 혹은 좋아 보이게 하기 위해 거짓말 하는 것

자기 이야기를 안 하는 것
- 자신의 이야기를 안 하는 행동 그리고 너무 방어적인 태도
- 자신의 생각에 대해서 어떻게 생각하는지 말하지 않는 사람

못되게 굴거나 깽판 부리는 것
- 모든 것, 모든 사람에 대해 비판하는 것
- 사람들 뒤에서 흉보는 것
- 못되게 혹은 비꼬듯이 혹은 교활하게 사람의 기분이 나쁘게 말하는 것

으스대는 것
- 대장이 아님에도 불구하고 어떻게 하는지, 무엇을 해야 하는지 말하는 것
- 특정 사람이 잘못한 것을 사람들에게 알리는 것

불안하고 자신감이 없는
- 너무 들러붙어 있고 독립적이지 않은 것
- 자신 있는 방식으로 행동하지 않는 것

대화를 재미있게 하는 방법

(   ) 학년 (   ) 반 이름 (   )

다음 표를 참고하여 짝과 함께 대화를 재미있게 하는 방법을 교대로 말해 보세요.

할 일	하지 말아야 할 일
친구의 관심거리나 나와 친구가 둘 다 말하고 싶은 내용을 말하자.	친구가 관심 없는 주제를 말하지 말자.
친구에게 주의를 기울이고, 상대를 보고 웃자.	딴 데 보면서 무관심한 것처럼 보이지 말자.
긍정적이고 상대방을 인정하는 말을 사용하자(예: "정말 그렇구나.", "재밌겠다.", "흥미로운데.").	부정적이거나 깔보는 것처럼 보이지 말자.
많은 말을 할 수 있도록 '더 말해 봐(tell me more)' 질문을 하자.	예/아니요로 대답할 수 있는 질문은 너무 많이 하지 말자.
잘 듣고 있음을 확인해 주자[예: 이렇다는 말이지?(요약해서 확인), 질문하기].	자꾸 주제에서 벗어난 이야기를 하지 말자.
테니스 경기처럼 서로 질문과 대화를 주고받자.	혼자만 말하거나 혼자만 듣거나 하지 말자.

좋은 승자 되기

(   ) 학년 (   ) 반 이름 (   )

기분 좋게 좋은 승자가 되기 위해서는 게임을 통해 친구를 사귄다는 마음을 잊지 마세요.

할 일	하지 말아야 할 일
승리로 향하고 있을 때 웃음과 흥분을 낮게 유지하자.	얼마나 잘하고 있는지, 얼마나 잘 진행했는지 자랑하지 말자.
다른 친구가 잘한 내용을 설명하자(과하지 않게).	다른 친구가 잘못한 내용을 너무 설명하지 말자.
경기를 마무리하는 것이 길어지더라도 인내심을 갖고 경기를 마치자.	경기에서 이기기 쉽다고 상대방을 얕보지 말자.
좋은 게임에 대해 함께한 친구와 사람들에게 감사하자.	친구가 운이 안 좋았던 것을 너무 좋아하지 말자. 그들이 기회를 박탈당할 때 박수치거나 웃지 말자.
즐겁게 게임하자.	너무 심각하게 생각하지 말자. 그냥 게임일 뿐이니까.

좋은 패자 되기

(   ) 학년 (   ) 반 이름 (   )

지는 것은 우리의 기분을 나쁘게 만들 수 있지만, 투덜거리고 싶은 감정에 굴복하는 것보다 친구와의 관계를 유지하는 것이 더 중요하다.

할 일	하지 말아야 할 일
네가 졌거나 지고 있다는 것을 받아들이고, '경기를 즐긴 얼굴'을 유지하자.	경기에 지는 것이 확실해도 포기하거나 노력하는 것을 그만두지 말자.
승자를 축하하고 웃어 주자.	징징거리는 말투는 쓰지 말자. '이런 게임을 왜 해야 해' 같은 말로 게임을 평가절하하지 말자.
승자가 잘한 부분에 대해 칭찬해 주자.	승자가 부정행위를 했다고 하거나 부당한 이득을 취했다고 주장하지 말자.
게임을 즐겼고 다음에 다시 하고 싶다고 말하자.	다시는 그 사람과 놀고 싶지 않다고 하지 말자.
뒷정리를 도와주자.	나쁜 분위기로 만들지 않도록 주도적으로 힘쓰고 뒷정리를 승자에게 시키지 말자.
전에 이겼던 때를 모두 기억하자.	나를 '패자'라고 생각하지 말자.
자신에게 '지기도 하는 거야.'라고 이야기해 주자.	다시는 이길 수 없다고 생각하지 말자.
즐겁게 게임하자.	너무 심각하게 생각하지 말자. 그냥 게임이니까.

자기 평가(4라운드 후)

(   ) 학년 (   ) 반 이름 (   )

우리의 팀원은 누구였나요?

1.

2.

지금까지 자신의 활동을 다음 질문지를 통해 체크하세요.

	예	가끔은	별로 그렇지 않음
서로에게 기운을 북돋거나 긍정적 피드백을 주었는가?			
둘 다 공정하게 게임을 했는가?			
둘 다 가능한 자신의 차례를 빨리 잡으려고 했는가?			
둘 다 (으스대기보다는) 어떻게 하면 더 잘할 수 있을까를 생각하며 서로 마음을 맞추었는가?			
둘 다 좋은 승자와 좋은 패자가 되었는가?(예를 들어, 경기가 잘되지 않거나 어려움이 있을 때 당황하지 않음)			
상대에 대한 존중과 배려가 있었는가? 무시하는 방법을 사용하지 않았는가?			
둘 다 긍정 추적기술을 사용하였는가?(예를 들어, 좋은 일과 놀이에 대해 초점을 맞추고 좋은 아이디어에 대해 반응함)			

내 집에서 나가!

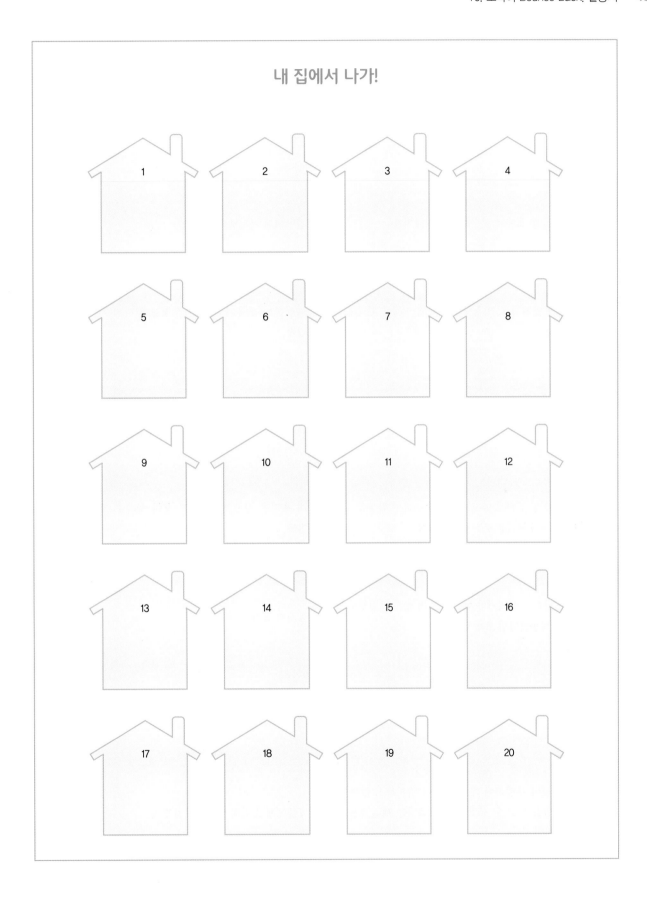

좋은 친구가 되는 법

(   ) 학년 (   ) 반 이름 (   )

할 일	하지 말아야 할 일
나를 믿을 수 있도록 친구에게 솔직해지자.	친구에게 거짓말하지 말자.
친구에게 문제가 있거나 무엇이 잘되지 않을 때 친절하게 지지하자.	여러분의 도움과 지원을 요청할 때까지 기다리지 말자.
친구에게 충실하게 대하자(예: 친구를 옹호하고 친구 편에 서자, 부재중에 친구를 변호하자).	나쁜 말을 하지 말자. 친구의 개인정보를 다른 사람에게 말하지 말자.
함께 뭔가 일을 하고 있고 생각이 다르다면 협상을 시도하거나 두 가지 생각을 모두 사용해 보자.	내 생각을 강요하지 말고, 상대 생각도 무시하지 말자.
친구가 당신을 놀리거나 마음에 들지 않은 방법으로 당신을 향해 행동한다면 크게 말하자.	놀리지 말자.
만약 친구 삶에 좋은 일이 생겼다면 기뻐하자.	질투하지 말자.
만약 당신이 무언가에 대해 의견이 일치하지 않는다면, 서로의 말을 듣고 두 사람 모두 만족하는 해결책을 찾도록 노력하자.	그들에게 소리치거나 화내지 말자.

좋은 친구의 특징

(   ) 학년 (   ) 반 이름 (   )

좋은 친구의 특징이나 행동이라고 생각하는 부분 중 내가 생각하는 중요한 정도를 체크하세요.

특징	매우 중요한	중요한	있으면 좋지만 중요하지 않은
깔끔한 외모			
나에 대한 지지와 충실함			
정직함과 어려울 때 친구의 생각을 물을 수 있는			
나와 비슷한 나이			
유머감각을 가진			
내가 비밀을 이야기했을 때 다른 사람에게 말하지 않는			
나에 대한 따뜻함과 영향력을 미치는			
내가 필요할 때 보살펴 주는			
잘 들어 주는			
스포츠를 잘하는			
나와 같은 것을 좋아하는			
패션을 잘 알고 유행을 잘 아는			
인기가 많은			
나와 비슷한 가족을 갖고 있는			
함께하면 즐거운			
생각이 깊고 사려 깊은			
나다운 모습을 좋아해 주는			

친구와 같은 점 다른 점

(   ) 학년 (   ) 반 이름 (   )

친구와 함께 작성합니다. 친구의 색연필과 나의 색연필 색을 다르게 합니다. 나를 표현한다고 느끼는 위치에 각자 ×표를 하고 비교해 보세요.

단체 경기를 좋아하는 ⋯⋯⋯⋯⋯⋯⋯⋯⋯⋯⋯⋯⋯⋯⋯⋯ 단체 경기를 싫어하는

잘 정리된 ⋯⋯⋯⋯⋯⋯⋯⋯⋯⋯⋯⋯⋯⋯⋯⋯⋯⋯⋯⋯⋯⋯⋯ 어질러진

유쾌한 ⋯⋯⋯⋯⋯⋯⋯⋯⋯⋯⋯⋯⋯⋯⋯⋯⋯⋯⋯⋯⋯⋯⋯⋯⋯ 우울한

읽기 좋아하는 ⋯⋯⋯⋯⋯⋯⋯⋯⋯⋯⋯⋯⋯⋯⋯⋯⋯⋯ 읽기 싫어하는

보드게임을 좋아하는 ⋯⋯⋯⋯⋯⋯⋯⋯⋯⋯⋯⋯⋯⋯⋯ 보드게임을 싫어하는

물놀이를 좋아하는 ⋯⋯⋯⋯⋯⋯⋯⋯⋯⋯⋯⋯⋯⋯⋯⋯ 물놀이를 싫어하는

신중한 ⋯⋯⋯⋯⋯⋯⋯⋯⋯⋯⋯⋯⋯⋯⋯⋯⋯⋯⋯⋯⋯⋯⋯ 충동적인

부끄러운 ⋯⋯⋯⋯⋯⋯⋯⋯⋯⋯⋯⋯⋯⋯⋯⋯⋯⋯⋯⋯⋯ 자신감 있는

학교 숙제를 좋아하는 ⋯⋯⋯⋯⋯⋯⋯⋯⋯⋯⋯⋯⋯⋯ 학교 숙제를 싫어하는

저축하는 ⋯⋯⋯⋯⋯⋯⋯⋯⋯⋯⋯⋯⋯⋯⋯⋯⋯⋯⋯⋯⋯ 돈을 쓰는

공포영화를 좋아하는 ⋯⋯⋯⋯⋯⋯⋯⋯⋯⋯⋯⋯⋯ 공포영화를 싫어하는

하루 종일 사람들이 많은 것이 좋은 ⋯⋯⋯⋯⋯⋯ 하루 종일 사람들이 많은 것이 싫은

우정에 관한 퀴즈

(   ) 학년 (   ) 반 이름 (   )

다음 문장이 참일지 거짓일지 체크하세요.

1. 우정은 그냥 자연스럽게 일어난다.

　　　　　　　참　　　　　　　　　　　거짓

2. 진정한 친구는 결코 당신을 실망시키지 않으며 항상 당신을 위해 있다.

　　　　　　　참　　　　　　　　　　　거짓

3. 항상 친한 친구가 없다면, 나는 그리 좋은 사람이 아니다.

　　　　　　　참　　　　　　　　　　　거짓

4. 좋은 친구는 평생 친구이다.

　　　　　　　참　　　　　　　　　　　거짓

5. 좋은 친구가 있는 사람들은 보통 매우 인기가 있다.

　　　　　　　참　　　　　　　　　　　거짓

6. 대부분 우정이 깨지는 이유는 친구 간 싸움의 결과물이다.

　　　　　　　참　　　　　　　　　　　거짓

7. 어릴 때 친한 친구가 많지 않았던 사람들도 성인이 되었을 때 좋은 친구가 많을 수 있다.

　　　　　　　참　　　　　　　　　　　거짓

8. 소년과 소녀들은 서로 좋은 친구가 될 수 없다.

　　　　　　　참　　　　　　　　　　　거짓

답

1. 거짓: 친구를 사귀는 것은 대부분의 사람에게 자연스럽게 오는 것이 아니다. 그것은 결코 그냥 행복한 것이 아니다. 보통 사람들은 주로 좋은 우정 기술을 사용하여 우정을 시작하려고 노력한다.

2. 거짓: 친구는 많이 있지만, 우리를 실망시키지 않고 항상 우리를 위해 있어 줄 정도로 완벽한 친구는 없다. 어느 순간에는 친구가 필요할 때 곁에 없다고 생각할 수밖에 없다.

3. 거짓: 이것은 당신이 삶에서 특정한 시간 동안에만 친구가 없다는 것을 의미한다. 항상 친한 친구가 없다는 것을 의미하는 것이 아니라, 단지 당신의 삶에서 특정한 시간에 친구가 없다는 것을 의미한다.

4. 참: 좋은 친구는 평생 가지만, 우정은 평생 지속되지 않는다. 우정은 많은 이유로 끝난다. 한 사람은 다른 사람에게 한 번 이상 불성실하거나 끔찍하거나 냉담하게 굴 수도 있다. 삶은 다른 방향으로 흘러갈지도 모른다. 친구 사이는 멀어질지도 모른다. 둘 중 하나 또는 둘 다 바뀔지도 모르고 중요한 것에 대해 다른 가치와 생각을 갖기 시작할지도 모른다. 대부분의 우정은 헤어지기보다는 사라진다.

5. 거짓: 대중성과 친구를 갖는 것은 같은 것이 아니다. 인기가 있다는 것은 많은 사람으로부터 존경, 인정, 지위를 받는 것을 포함한다. 만약 당신이 인기가 있다면, 많은 사람은 당신과 함께 시간을 보내야 하고 그들은 당신과 함께 그룹의 일원이 되고 싶어 한다. 반면에 우정은 애정, 충성, 그리고 서로를 잘 아는 것에 바탕을 둔 또 다른 사람과의 친밀한 관계이다. 큰 그룹에서 다른 사람을 감동시키지 않는 사람도 사실 친밀한 관계에서는 훌륭할 수 있다.

6. 거짓: 비록 친구들이 싸움을 한 후에 헤어질 수 있지만, 우정이 끝나는 주된 이유는 둘 중 한 사람 또는 두 사람 모두 더 이상 가깝게 느끼거나 연결되었다고 느끼지 않아서, 서로에게서 '떠날' 뿐이기 때문이다. 때때로 사람들의 삶은 변하고 그 우정은 예전처럼 그들에게 더 이상 중요하지 않을 수도 있다. 우정이 깨어질 때는 항상 아프지만, 인생의 어느 시점에서 모든 사람에게 헤어짐이 일어날 수 있다.

7. 진실: 어릴 때 당신은 매우 친절하지 않거나 공통점이 별로 없는 사람들 사이에 있을 수 있다. 그러나 그것은 어른이 되어 자신이 있을 곳을 선택할 때 바뀔 수 있다. 때로는 당신이 어렸을 때 좋은 경험이 부족했을 수 있었겠지만 나이가 들수록 더 잘할 수 있다.

8. 거짓: 소년과 소녀들은 서로 훌륭한 친구가 될 수 있다. 이전 세대들과 달리 오늘날의 젊은이들은 이성과의 좋은 우정을 가질 가능성이 훨씬 더 높다. 이성 친구가 사물을 어떻게 보는가를 듣는 것은 서로에게 도움이 될 수 있다.

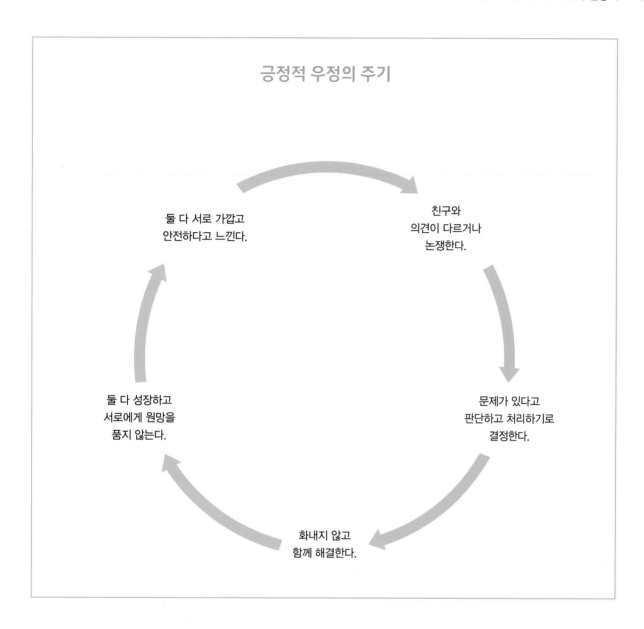

긍정적 우정의 주기

친구와 의견이 다를 때 대처방법

(   )학년(   )반 이름(   )

할 일	하지 말아야 할 일
동의하지 않을 때, 침착한 상태에서 무슨 일이 일어났는지 말한다.	남의 탓을 하지 않는다.
	심술궂은 소리를 하지 않는다.
만약 자신이나 친구가 화를 내거나 걷잡을 수 없게 되면, "지금 너무 화가 났어. 나중에 얘기하자."라고 말하고 그 자리를 벗어난다.	계속 소리 지르거나 친구를 모욕하지 않는다. 사람을 때리지 않는다.
	친구가 소리치고 있다면 거기 서 있지 않는다.
나중에 꼭 후속 조치를 취하도록 한다. 마음이 차분해지면 가서 친구와 이야기한다.	자신만 옳다고 생각하지 않는다. 해당 문제를 무시하지 않는다.
둘 다 만족하는 해결책을 찾도록 한다. 침착하게 나의 관점을 말한다. 또한 친구가 끝날 때까지 방해하지 않고 친구의 말을 듣는다.	자신의 관점을 강요하지 않는다.
실수를 했거나, 잘못된 판단을 했거나, 잘못된 일을 저질렀다면, 자인하고 사과한다.	완벽한 사람은 없다. 나의 잘못에 대해 남을 탓하지 않는다.
다시 친구가 될 방법을 찾도록 노력한다.	원한을 품지 않는다.

존중을 담은 반대하기

할 일	하지 말아야 할 일
여러분이 누군가와 동의하지 않을 때, 여러분이 동의할 수 있는 어떤 부분을 찾도록 노력한다.	이런 말을 하면서 부정적으로만 말하는 것을 하지 않는다. • '그건 안 될 거야.' • '나는 동의하지 않는다.' • '끔찍한 생각인 것 같다.'
친근하고 공손한 목소리를 사용한다. 먼저, 동의할 수 있는 부분을 말한 다음 동의하지 않는 부분을 말한다(예: '우리 그룹 프레젠테이션에 몇 장의 사진을 넣어야 한다는 것에 동의하지만 애니메이션은 필요 없다고 생각한다').	언성을 높이거나 짜증이 나거나 화난 말투는 쓰지 않는다.
비록 당신이 어떤 아이디어에도 동의하지 않더라도, 여전히 무언가를 찾아본다. 효과가 없거나 있거나 상관없이 무언가를 찾기 위해 생각한 것들은 그것에 동의하지 않는 좋은 이유를 찾게 한다(예: 사운드트랙 사용에 대한 '벤'의 생각은 흥미롭지만 나는 그것이 많은 일이 될 것이라고 생각한다. 그리고 우리는 시간이 충분하지 않을 것이다).	다른 사람의 생각에 대해 웃거나 무시하는 발언을 하지 않는다.

갈등을 다루는 일곱 가지 방법

갈등이란 무엇인가?

갈등은 불화의 또 다른 말이다. 사람들이 동의하지 않는 데에는 많은 이유가 있다. 때로는 심지어 친구들도 서로의 의견에 동의하지 않을 수 있다.

1. 강요는 통하지 않는다.

강요는 좋은 방법이 아니다. 강요란 상대방을 상처 입히거나, 모욕하거나 협박함으로써 자신이 원하는 것을 하도록 만들려는 것을 의미한다. 누군가에게 강요하면, 보통 상황은 더 악화된다. 우정을 손상시키고 당신이 한 말이나 행동에 대해 기분이 나쁠 수도 있다.

2. '모든 것을 받아 주는 희생양'이 되는 것 역시 효과가 없다.

중요하지 않을 때만 의견 차이를 피하라. 만약 중요하다면, 스스로 일어서서 그 문제를 처리할 필요가 있다. 어떤 사람들은 싫어하거나 고함치는 것을 두려워하기 때문에 혼자 처리하는 것을 너무 두려워한다. 그러나 스스로 일어서지 않으면 문제를 해결하지 못하고 사람들로부터 나에 대한 존중을 잃을 수도 있다.

3. 나에게 동의하지 않는 것을 인정하는 것은 도움이 될 수 있다.

때때로 단지 무언가에 대해 다른 생각을 가지고 있다면 두 사람 모두 옳을 수 있다. 이런 일이 있을 때, 그리고 어떤 결정을 내리거나 일을 정리할 필요가 없다면, 그저 '동의하지 않는 너의 의견을 인정한다'고 하면 된다.

4. 다른 사람에게 부탁해 일을 정리하는 것이 필요할 때도 있다.

만약 당신이 혼자서 의견 차이를 해결하려고 노력했지만 효과가 없다면, 그것을 해결하도록 다른 누군가에게 도움을 요청할 필요가 있을 것이다. 하지만 최후의 수단으로 삼아야 한다. 먼저 혼자서 의견 차이를 처리하도록 하라.

5. 문제를 해결하기 위해 협상하는 것이 가장 좋은 전략이다.

협상이란 두 사람 모두에게 공평하고, 두 사람 모두에게 해당하는 해결책을 마련하려고 노력하는 것을 의미한다. 하지만 둘 다 원했던 것을 얻었다고 느껴야 한다. 협상함으로써, 친구관계를 유지하고 상황을 정리할 수 있는 더 좋은 기회가 있음을 보장한다.

6. 단호하게 말하는 것은 좋은 전략이다.

자기 주장을 단호하게 말하는 것은 의견 차이를 처리하기 위한 좋은 전략이다. 단호하다는 것은 공정하지 못하다고 생각하는 것에 대해 화를 내거나 심술궂게 굴지 않고도 거리낌 없이 말하는 것을 의미한다. '나의 느낌'이나 '생각해'라는 말을 사용한다.

7. 사과하는 것도 좋은 전략이다.

만약 당신이 누군가에게 불공평하거나 잘못한 것이 있다면, 비록 의견 불일치 중 일부만이 당신의 잘못이었다 하더라도 사과하는 것이 도움이 된다.

어떤 전략을 쓰는 것이 도움이 될까요?

무엇을 해야 할까?

(   ) 학년 (   ) 반 이름 (   )

각 문제를 잘 해결하려면 어떻게 하는 것이 가장 좋을지 이야기를 나누어 보자.

1. 브리오니는 조금 늦었다. 그런데 친구가 버스 좌석을 맡아 주지 않았다. 브리오니는 친구의 사려 깊지 않은 행동에 상처를 입었다.

2. 조지는 친구의 생일을 깜박 잊어버렸다.

3. 밍의 친구는 밍이 자랑하고 으스대는 것에 대해 불평했고, 다른 사람들도 당황스러워한다고 이야기했다.

4. 알렉의 친구는 교실 친구와 크게 싸웠다. 알렉은 마음속으로 친구의 잘못일 수도 있다고 생각했다. 그러나 알렉 친구는 자신의 편에 서 주길 바랐다.

5. 학교에서 루시는 레이첼의 주변을 계속 서성였다. 그리고 친구가 되어 주길 바랐다. 루시는 괜찮은 아이이다. 그러나 레이첼의 친구들은 루시가 그들 그룹에 속하지 않기를 바랐다.

6. 학교에서 인기 있는 아이가 헤리엇에게 "네 친구는 패배자야. 그 애랑 어울리지 말고 우리 그룹에 들어와." 라고 했다.

7. 첸은 두 명의 친구들과 함께, 세 명으로 다닌다. 두 명은 항상 서로 싸우는데 첸은 항상 중립에 있게 된다. 두 친구 모두 자신의 편에 서 주길 바랐다.

8. 해리의 친구는 숙제를 거의 해 오지 않는다. 그리고 매일 해리 숙제를 베껴 쓰겠다고 부탁한다.

9. 다리아의 친구는 여러 여자아이와 가게에서 물건을 훔쳤다고 이야기했다.

10. 예스민이 모임 친구 중 한 명이 예스민에게 "너는 이 모임에 들어오기에는 부족해. 너는 우리의 격을 떨어뜨려."라고 이야기했다.

11. 줄리안의 친구는 학교 숙제를 보여 달라고 했다. 그렇지만 줄리안은 숙제를 보여 주는 것이 불편했다.

12. 매튜는 종종 부끄러움을 느끼고, 가끔 이야기할 때 잘못 이야기할까 봐 걱정이 된다.

13. 로완이는 근처에 사는 친구를 알고 지내기를 원한다. 그러나 친구들이 그런 시도를 비웃게 될까 봐 무섭고 겁이 난다.

14. 시비나는 제시한테 시비나네 집에서 하룻밤을 지새울 것을 제안하고 싶다. 그렇지만 제시가 시비나네 집에 오는 것을 좋아하는지 잘 모르겠다.

15. 아멜리아의 그룹 친구들이 아멜리아가 더 이상 그룹에 속하지 않기를 바라는 것처럼 보인다. 아멜리아는 너무 속상하다.

가장 좋은 방법은?

(   ) 학년 (   ) 반   이름 (   )

각 문제를 잘 해결하려면 어떻게 하는 것이 가장 좋을지 이야기를 나누어 보자.

샤르니는 같은 반 친구인 조쉬가 샤르니 동생의 머리에 이가 있다고 말하는 것을 알게 되었다. 하지만 사실이 아니다.	앤서니 옆에 해리가 앉아 있는데 자꾸 해리가 앤서니의 의자를 발로 찼다. 앤서니는 수업에 집중할 수가 없다.	네 명의 친구가 같이 프로젝트 숙제를 하고 있었다. 세 명의 친구는 공평하게 일을 분담했는데 한 명은 그렇지 않았다.
안드레이가 외출했을 때, 남동생이 자신의 허락도 없이 들어와서 자기 볼펜을 찾는다고 안드레이의 물건들을 건드렸다.	엘라와 제이슨은 기숙사에서 같은 방을 쓴다. 청소와 관련해서 제이슨은 결벽증이 조금 있고 엘라는 조금 어수선하다. 제이슨은 부엌과 욕실을 주말마다 청소하자 하고 엘라는 한 달에 한 번이면 된다 한다.	친구가 톰의 USB를 빌려서 돌려주지 않았다. 빌려준 다음날 돌려주기로 했었는데, 지금 벌써 한 주가 지났다.
엄마가 입기 싫은 옷을 사 와서 입으라고 한다. 그리고 자신이 돈을 내니까 내가 옷을 어떻게 입을지 결정할 수 있다고 이야기한다.	삼미의 부모님은 이혼하셨다. 부모님은 두 번째 주말마다 아빠와 삼미가 시간을 보내기로 결정했다. 삼미는 아빠가 좋고 아빠랑 시간을 보내고 싶지만, 친구들과 약속이 있을 수도 있으니 시간을 고정하지 않고 융통성 있게 사용하고 싶었다.	에쉬드의 누나는 자기 방에서 음악을 너무 크게 틀어 놓고 잔다. 에쉬드는 잠을 잘 수가 없다.
칼로는 도서실 컴퓨터로 숙제를 마치고 싶었다. 도서실 컴퓨터 예약 시간이 끝났지만 숙제가 아주 조금 남아 있었다. 칼로 뒤에 기다리며 컴퓨터를 예약하고 있는 아이가 컴퓨터로 그 아이의 작업을 시작하려고 하였다.	제스이와 친구는 영화를 보러 가기로 하였다. 약속 시간 한 시간 전에 친구가 전화해서 "미안해. 나 못 갈 것 같아. 고모랑 삼촌이 지금 전화해서 점심에 이리로 온다고 했거든."이라고 말한다.	네 명의 학생이 뜨거운 논쟁을 벌였다. 이번 게임에서 최고로 잘한 학생이 누구인지 가려내고 나자, 이내 기분이 나빠졌다.
크리스토스는 친구네 집 옥상에 있는 간이 텐트에서 자기로 했다. 그런데 친구 집에 도착하자 친구는 컴퓨터 게임하고 노는 게 낫겠다고 이야기한다.	리암과 다니엘은 같이 체험학습을 가면서 물건을 서로 나누어 가지고 가기로 하였다. 도착하자 다니엘은 마실 물을 안 가져왔다는 사실을 알게 되었다.	소울라는 친구에게 자신의 삼촌과 고모의 사업 비밀을 이야기했다. 아무한테도 이야기하지 않기로 말했고 친구가 반 아이들에게 비밀을 지켜 줄 것이라 생각했다. 하지만 반 친구 전부는 아니지만 지금 두어 명이 알고 있다.

협상을 잘하는 법

할 일	하지 말아야 할 일
둘 다 뭘 원하는지 생각해 **본다**. 만약 무엇을 원하는지 알아낼 수 없다면, 상대방에게 물어본다.	내가 원하는 것만 생각하지 않는다.
모두에게 좋은 시기를 선택하여 문제를 차분하게 토론한다.	바쁘거나, 다른 사람과 이야기를 하거나, 둘 다 화가 났을 때 그 문제를 논의하려고 하지 않는다.
다정한 목소리를 사용한다.	흐릿하거나 징징거리거나 화가 나거나 까다로운 목소리를 사용하지 않는다.
상대방이 원하는 것을 얻을 수 있는 방법을 제안하면서 요청을 한다.	생각을 강요하거나 그냥 굴복하지 않는다.
만약 그들이 당신이 원하는 것에 동의하지 않는다면, 그것을 받아들인다. 내가 원하는 걸 항상 가질 수는 없다.	원하는 것을 얻지 못하면 협박하거나, 삐치거나, 모욕하거나, 화를 내지 않는다.

테마파크 플래너

테마파크의 이름은 무엇인가요? _____

테마파크를 만든 사람은 누구인가요?(나의 이름)

_____

_____

사람들이 당신의 테마파크를 방문함으로써 배울 수 있는 다섯 가지는 무엇인가요? 방문객들에게 이 정보를 어떻게 가르칠 것인가요?

	무엇을	어떻게
1		
2		
3		
4		
5		

테마파크의 다섯 가지 흥미로운 특징은 무엇인가요?(예: 활동, 건물 및 구내, 티켓 및 입장료, 음악, 피크닉 지역, 지도, 식품, 상점, 직원, 놀이기구 등)

1. _____

_____

2. _____

_____

3. _____

_____

4. _____

_____

5. _____

_____

얼마나 좋은 리더가 될 수 있나요?

각 기술을 얼마나 잘 사용하는지 보여 주는 숫자에 동그라미를 치십시오.

1. 듣기

훌륭한 리더는 모든 사람의 이야기를 듣고 생각에 귀를 기울일 수 있는 좋은 청취자이다. 청취자로서의 나의 능력은 얼마나 되는가?

내 평가는	1	2	3	4	5
	연습이 필요하다.				이것을 아주 잘한다.

2. 다른 사람들에게 최선을 다함

훌륭한 리더는 사람들이 그 재능을 발휘할 수 있는 기회를 제공하고, 구성원이 하는 일에 대해 긍정적인 피드백을 줌으로써 잘하는 것을 찾아낼 수 있도록 최선을 다한다. 다른 사람들에게 최선을 다하는 능력이 얼마나 되는가?

내 평가는	1	2	3	4	5
	연습이 필요하다.				이것을 아주 잘한다.

3. 안전하고 친근한 환경 만들기

좋은 리더는 다른 사람들의 감정을 생각함으로써 사람들을 안전하다고 느끼게 해 주며, 의견 불일치를 해결하고, 일부 의견을 완전히 무시하는 것을 피할 수 있도록 도와준다. 안전하고 친근한 환경을 조성하는 능력은 얼마나 되는가?

내 평가는	1	2	3	4	5
	연습이 필요하다.				이것을 아주 잘한다.

4. 좋은 의사소통

훌륭한 리더는 사람들에게 필요한 정보를 제공하고 그들이 달성하고자 하는 목표가 무엇인지 명확하게 전달한다. 다른 사람들과 의사소통하는 능력은 얼마나 되는가?

내 평가는	1	2	3	4	5
	연습이 필요하다.				이것을 아주 잘한다.

5. 좋은 문제해결

훌륭한 리더는 다양한 해결책과 각각의 가능한 결과에 대해 창조적으로 생각함으로써 자신의 사람들에게 영향을 미친다. 문제를 창의적으로 해결하는 능력은 얼마나 있는가?

내 평가는	1	2	3	4	5
	연습이 필요하다.				이것을 아주 잘한다.

6. 책임과 조직 능력

훌륭한 지도자는 약속한 바를 행하고 조직하는 데 능숙하다. 당신이 책임지고 잘 정리하는 능력은 어떠한가?

내 평가는	1	2	3	4	5
	연습이 필요하다.				이것을 아주 잘한다.

7. 열정과 추진

훌륭한 지도자는 열정적으로 일을 추진한다(시작과 끝이 있음). 열정과 추진력은 얼마나 되는가?

내 평가는	1	2	3	4	5
	연습이 필요하다.				이것을 아주 잘한다.

얼마나 좋은 리더가 될 수 있나요?(계속)

정직하고 정확했다면, 당신의 점수는 다음과 같다.

7~15 좋은 지도자가 되려면 리더십의 기술을 훨씬 더 연습해야 한다.

16~25 당신은 합리적인 리더십 잠재력을 가지고 있지만, 개선하기 위해서는 가능한 한 리더십의 기술을 연습할 필요가 있을 것이다.

26~35 당신은 당신의 기술과 태도 때문에 많은 리더십 잠재력을 가지고 있다. 그런 기술들을 사용하고 발전시키면 좋은 리더가 될 수 있을 것이다.

네 가지 기술을 선택하고 각각을 잘 사용했던 사례에 대해 써 보세요.

1. _____

2. _____

3. _____

4. _____

오뚝이 시상식 상장

8단원 유머

핵심 메시지

유머는 많은 이점을 가지고 있다.

웃음과 유머는 즐겁고 재미있다. 또한 우리가 기분이 좋지 않을 때 편안함을 느끼게 해 주고 잘 대처할 수 있게 해 준다. 웃음은 면역체계를 더 효과적으로 만들어 우리 몸이 질병과 싸울 수 있게 해 준다.

유머는 우리를 더 희망적으로 혹은 낙관적으로 만든다.

웃는 것은 다음을 가능하게 한다.

- 우리가 기분이 우울하거나 걱정될 때 기분이 조금 나아지게 함
- 골치 아픈 일을 잊음
- 모든 것이 슬프거나 어렵지는 않다는 것을 알게 해 주고, 현재 상황을 균형 있게 바라볼 수 있도록 함

때때로 우리는 슬프고, 걱정되고, 어려운 상황에서도 작지만 재미난 부분을 발견할 수 있다. 그렇다고 우리의 문제가 사라지는 것은 아니지만, 우리의 기분이 더 나아지고 우리가 일어난 일에 대해 더 희망적으로 느끼도록 도와줄 수는 있다.

다른 누군가의 기분이 조금 나아지게 하기 위해 유머를 사용할 수 있다.

누군가가 우울해하거나 걱정할 때 그들을 웃기는 것은 기운을 북돋아 줄 수 있다. 하지만 우리는 그 방법에 대해 신중할 필요가 있다. 만약 상대가 별로 즐거워하지 않으면 계속해서 웃기는 것을 멈춰야 한다.

유머를 나누는 것은 우정의 한 모습이다.

친구와 서로 가까워지는 방법 중 하나는 함께 웃음을 나누는 것이다. 하지만 만약 누군가를 희생시키면서 웃음을 나눈다면, 그것은 유머를 잘못 사용하고 있는 것이다.

남의 불행을 비웃는 것은 비열한 행동이다.

　자신의 불행과 불운한 시간 안에서 재미있는 면을 찾는 것은 괜찮다. 하지만 다른 사람의 불행과 불운한 시간들에 대해서는 그들이 원한다면 그들 자신의 불행을 비웃도록 그 사람들의 선택에 맡긴다. 만약 당신이 다른 누군가의 불행을 비웃는다면 그 사람은 당신을 비겁하거나 불친절하다고 생각할 것이다.

재미있고 친근한 유머와 공격하거나 굴욕감을 주는 무시를 구분한다.

　다른 사람의 외모, 생각, 말 또는 행동을 비웃거나 놀리는 것은 좋지 않다. 유머는 누군가에게 상처를 주거나 누군가를 의도적으로 난처하게 하는 데 사용되어서는 안 된다. 이런 방식으로 유머를 사용하는 것은 사람들의 감정을 상하게 하고 자신이 공감능력과 진실성이 부족하다는 것을 보여 준다. 재미있는 유머는 친근하지만 무시는 그렇지 않다. 가끔 그런 사람에게 그만하라고 할 때 그 사람은 "우리는 그저 같이 재미있는 시간을 보내고 있는 것일 뿐"이라고 반응할 수도 있다. 하지만 반드시 유머를 받는 쪽도 진정으로 웃으며 정말로 즐거워해야만 재미있다고 할 수 있다.

학습목표

이 단원에서 학생들은 다음을 이해하고 적용한다.

- 유머는 사람들을 더 희망적이고 낙관적으로 느끼도록 도울 수 있다.
- 우리는 상처가 되지 않는 선에서 다른 사람들이 기분이 좋아지도록 돕기 위해 유머를 사용할 수 있다.
- 유머 주고받기와 친근한 유머는 우정의 한 측면이다.
- 무시, 남의 불행을 비웃음, 또는 비열하거나 추잡한 놀림과 같은 해로운 유머는 용납될 수 없을 뿐 아니라 다른 사람들과 멀어지게 만든다.

1. 학습자료

　학지사 홈페이지 자료실(www.hakjisa.co.kr)에 이번 단원에서 사용하는 PPT 자료, 오뚝이 Bounce Back! 활동지의 전체가 탑재되어 있다.

2. 유머란 무엇인가? 무엇이 사람들을 웃게 만드는가

1) 학습자료

(1) 도서

당나귀 Wonky

유머러스한 이야기이자 'The 12 Days of Christmas(12일간의 크리스마스)' 스타일의 노래이다. 다리가 세 개 (그래서 이름이 Wonky임)이고 눈이 한 개(그래서 또 한편으로는 Winky임)인 당나귀에 관한 이야기를 담고 있다.

[역자 추천]

탁탁, 톡톡, 음매~ 젖소가 편지를 쓴대요(도린 크로닌 글, 2022)

농장 동물들이 주인을 상대로 자신들의 권리를 요구하고 협상하는 과정을 익살스럽고 재치 있게 담은 그림책이다.

오리를 조심하세요!(도닌 클로닌 저, 2010)

농장 주인 브라운 아저씨가 자신의 형인 밥 아저씨에게 농장 동물들을 부탁하고 휴가를 떠난 사이 재치 만점 오리가 농장 동물들의 소원 이뤄 주기 대작전을 시작한다.

화장실에 누가 있을까?(진 윌리스 글, 2007)

화장실에 누가 있을까? 고래가 화장실을 바다로 만든 것은 아닐까? 코뿔소가 똥이 안 나와 낑낑대고 있을까? 엉뚱하고 기발한 상상력으로 동물들을 소개한 책이다.

(2) 동영상 해시태그

#NG 장면

여러 가지 NG 장면을 모은 비하인드 영상을 사용한다.

(3) 노래

'The Wonky Donkey'

2) 서클 타임 및 학급토론

자료 목록에 제시된 것 중 하나를 선택하거나 재미있는 비디오 클립을 보여 주거나(고양이 영상을 추천함) 재미있는 노래를 부르거나 513페이지와 517페이지에 나오는 유머러스한 게임을 하거나 몇 가지 농담을 하면서 이 주제를 시작한다.

그리고 나서 학생들은 왜 인간의 두뇌는 웃도록 '미리 계획되어' 진화되었는지, 그리고 왜 다른 종은 이런 특징이 없는지에 대해 짝과 토론한다. 가장 일반적인 이론은 다음과 같다.

- 다른 생물과는 달리 오직 인간만이 정서적 고통을 겪으며, 웃음은 이에 더 잘 대처할 수 있도록 도와준다.
- 다른 생물과는 달리 오직 인간만이 큰 집단 안에서 관계를 형성하며 함께 살아가야 한다. 그리고 인간들이 관계를 맺는 데 유머가 도움이 된다. 또한 유머는 발생할 수 있는 적개심을 상쇄하여 우리가 함께 평화롭게 살 수 있도록 한다.

토론 질문

- '유머감각'은 무슨 뜻인가요? 유머감각이 있는 사람에게는 어떤 신호가 보이나요?
- 왜 사람들은 저마다 다른 이유로 웃을까요?
- 무엇이 자신을 웃게 만드나요? 보통 우리 또래의 학생들이 웃기다고 느끼는 것들은 무엇인가요?
- 보통 저학년 동생들이 재미있다고 생각하는 것은 무엇인가요?
- 나이가 들면서 유머감각이 바뀌는 이유는 무엇일까요?
- 비꼬는 것은 무엇인가요?(다른 사람을 무시하는 형식의 말이다.)
- '비꼬는 것은 가장 낮은 수준의 재치'라는 말이 있습니다. 동의하나요?
- 자신이 웃기다고 생각하는 책, TV 프로그램 또는 영화에는 무엇이 있나요? 그 책, TV 프로그램, 또는 영화에서 어떤 부분이 웃겼나요?
- 유머도 시간이 지남에 따라 변화하는 트렌드가 있나요?

👤 교사가 생각해 볼 문제

교실에서 유머를 어떻게 사용할 수 있는가? 학생들을 더 웃게 만드는 활동에 참여하도록 하는 또 다른 방법에는 무엇이 있는가? 학급경영에서 유머의 요소를 어떻게 적용할 수 있는가?

---

3) 활동

- 짝과 함께 유머가 넘치는 사람(예: 배우, 작가, 삽화가, 코미디언, 만화가)을 한 명 선택하여 10분짜리 학급 강연/슬라이드 프레젠테이션을 준비한다.
- 학생들은 네 명이 한 그룹이 되어 저학년 학생들을 위한 간단한 수수께끼나 농담(197페이지 참조)에 대한 그림책을 만든다. 그리고 완성한 책을 저학년 학생들에게 읽어 준다. 학생들은 자료를 찾는 데 도

움을 주는 웹사이트들을 이용할 수 있다.

- '블랙 유머', 즉 심각하거나 슬픈 대상 혹은 상황을 유머러스하게 바라보거나 대하는 것의 개념에 대해 논의한다. 학생들은 짝과 함께 그들만의 '풍자 이야기'를 쓴다(예: 절대 숙제를 하지 않는 소녀의 이야기, 또는 학교에 점심 도시락을 가져오는 것을 계속 잊어버리는 소년의 이야기). 또한 그들은 책 속의 풍자 이야기를 돌아가면서 풍부한 표현력을 발휘하여 읽거나 학급 친구들에게 짝과 함께 쓴 자신만의 이야기를 읽어 줄 수도 있다.
- 학생들은 슬라이드 프레젠테이션을 배경으로 준비하고 〈The Wonky Donkey〉 노래나 다른 노래를 학급 전체 혹은 그룹으로 나누어 연습한다. 그리고 학교 전체나 저학년 학생들을 대상으로 공연을 한다.

무엇이 웃긴가요?

- 학생들은 웃기다고 생각하는 책, TV 프로그램 또는 영화에 대해 감상평을 쓰고 왜 그것이 재미있다고 생각하는지 설명한다. 그리고 그들의 감상평을 교실 곳곳에 전시한다. 교사는 가장 인기 있는 작품이나 가장 인기 있는 장르에 대해 학급 설문을 실시할 수 있다.
- 학급의 모든 학생에게 각자 가장 재미있다고 생각하는 노래, 삽화, 시, 책, 농담, 수수께끼, 웹사이트, 앱, TV 프로그램, 영화, 만화, 코미디언에 대한 추천목록을 조사하여 이를 학급 문집에 기록한다.

농담 순위

이 활동은 예측과 결과를 비교하는 PACE 전략(186페이지 참조)을 사용한다. 각 책상마다 오뚝이 Bounce Back! 활동지의 '웃긴 이야기 찾기'에 제시된 번호가 매겨진 농담과 각 농담의 번호가 적힌 정사각형 종이를 둔다. 학생들은 개인적으로 농담이 놓인 책상으로 이동하면서 정사각형 종이에 각 농담에 대한 점수를 기록한다. 농담은 다음과 같이 평가한다.

- 매우 웃기다.
- 꽤 웃기다.
- 괜찮다.
- 그렇게 웃기지는 않다.
- 하나도 안 웃기다.

그런 다음 세 명이 한 그룹이 되어 전시된 농담의 총점에 대한 순위를 예측한다. 이를 위해 학생들은 각자 가장 웃긴 농담부터 가장 재미없는 농담까지 선택한다. 또한 학생들은 스프레드시트에 데이터를 기록하고, 데이터를 이용하여 그래프를 작성한 다음, 세 명이 한 그룹이 되어 보고서를 준비하도록 탐구의 PACE를 유지한다. 가족과 선생님들에게 조사를 확장하는 것도 좋다.

우리는 언제 웃나요?

- 잡지의 유머러스한 광고들을 모아 실내 전시회를 연다. 전시물을 둘러보면서, 학생들은 광고를 재미있게 만드는 요소들을 목록으로 작성한다. 이것은 사용된 유머를 분류하는 묶음 활동(179페이지 참조)의 기초로 활용될 수 있다.

- 학생들은 그룹으로 나뉘어 세 개의 광고를 (잡지, 신문, 온라인을 통해) 선택한다. 그리고 광고에서 유머가 사용되는 것이 상품에 대한 긍정적인 인식과 좋은 이미지를 형성하는지에 대한 설문을 계획하고 실시한다. 학생들은 그들이 발견한 사실에 대해 보고서를 쓴다.

- 학생들은 각자 하루에 몇 번 웃는지 기록한다(참고: 성인은 하루에 평균적으로 15번 웃는다).

- 저학년 학생들을 웃게 하는 것은 무엇인가? 학생들은 학교에서 가장 어린 학년의 학생들을 웃게 하는 것을 조사하기 위한 실험을 고안하여 실시한다. 그들은 다음의 요소에 대한 효과를 확인할 수 있다.
  - 놀라게 하는 것
  - 모순되는 것(고양이가 '꽥꽥' 소리를 낸다는 것처럼 사실 서로 잘 어울리지는 않는 것)
  - 우스꽝스러운 목소리나 표현
  - 우스꽝스러운 몸동작(예: 넘어지는 척)

- 학생들은 다음 질문에 대한 답을 얻기 위해 조사를 계획하고 시행한다. '사람들은 혼자 있을 때와 다른 사람들과 있을 때 중 언제 더 많이 웃나요?' 연구에 따르면 사람은 집단 안에 있을 때 웃을 확률이 30배 더 높다고 한다(Martin, R. A., 2007, *The Psychology of Humor: An Integrative Approach*, Elsevier Academic Press, Burlington; Thompson, A, 2006 'Laughter really is contagious', Livescience.com, December 12). 절차에 따라 보고서를 쓴다.

유머 연구

- 학생들은 '유머'와 이와 관련된 다른 말인 '농담', '만화', '뒤통수를 때리는 대사'와 같은 말을 정의하고 각각에 대해 적절한 예를 찾는다.

- 네 명이 한 그룹이 되어 다양한 장르의 농담과 수수께끼(예: 언어유희, 5행시)를 연구하고 분류한다. 그러고 나서 학생들은 예시를 포함한 유머 책자를 만든다(이 활동을 할 때에는 학생들에게 유해하거나 부적절한 유머와 관련한 핵심 메시지를 상기한다).

- 벤다이어그램을 사용하여 두 명의 유머러스한 작가, 삽화가, 만화가, 만화 시리즈, 코미디언, 코믹 배우 등을 비교한다.

자기성찰

학생들은 다음에 대한 자신의 성찰을 오뚝이 Bounce Back! 저널에 기록한다.

- 학생들은 시간이 지남에 따라 자신의 유머감각이 어떻게 변했는지에 대해 개인적인 연대표를 만든다. 이때 자신을 웃게 하는 TV 프로그램, 책, 농담 등의 변화를 활용한다. 이를 위해서는 가족의 도움이 필

요할 수 있다.

- 학생들은 그들에게 어려운 일이 있을 때 유머러스한 TV 프로그램이나 책이 기분을 조금이나마 북돋아 준 기억을 회상할 수 있는가?
- 학생들은 일주일 동안 유머 일기를 쓴다. 무언가가 자신을 웃게 할 때마다 메모를 한다. 그리고 대처나 휴식과 관련하여 어떤 패턴이 나타나는지 알아본다. 그리고 나서 학생들은 자신에 대해 무엇을 배웠는지에 대한 간단한 성찰을 쓸 수 있다.
- 학생들은 '나를 웃게 하는 것은 무엇인가'에 대한 성찰을 쓴다.

집단 교실 탐구

집단 교실 탐구(180페이지 참조)를 사용하여 다음에 대한 과거에서부터 현재까지의 적절한 유머의 예를 수집한다.

- 언어유희
- '코끼리' 관련 농담(예: 의사가 코끼리를 냉장고에 넣으려면 어떻게 하면 될까요? 인턴을 시킨다.)
- 훌륭한 코미디 파트너(예: 장도연과 박나래)
- 유명한 코미디언이나 코믹 배우─연대표에 시대별로 유명한 코미디언을 배치하는 것은 또 하나의 흥미로운 활동일 수 있다.
- 유명한 유머러스한 아동문학 작가(예: Mo Willems, Paul Jennings)
- 애니메이션 시리즈(예: 심슨 가족, 벅스 바니)

대안적으로 이 활동에는 탐구 기반 학습전략을 사용해도 된다.

4) 가정 연계 과제

앞서 제시한 집단 교실 탐구 주제에 대한 정보를 가족에게 물어보는 것도 좋은 방법이다.

가족 인터뷰

학급에서와 마찬가지로, 학생이 가족 구성원을 인터뷰할 때 사용할 수 있는, 몇 가지 질문이 포함된 인터뷰 시트를 작성한다. 학생은 가족에게 그들이 매우 슬프거나 걱정되는 상황이었지만 웃음을 통해 조금은 기분이 나아졌거나 부정적인 상황에서도 작지만 재미있는 부분을 찾았던 경우를 물어본다. 각 학생은 가족 구성원 중 한두 명 혹은 가족과 친한 성인을 인터뷰한다. 학생이 인터뷰 대상자에게 인터뷰 내용을 수업 시간에 일부 공유해도 되는지, 그리고 괜찮다면 어떤 부분을 공개하면 좋을지 확인하도록 한다. 학생들이 조사한 이야기들을 통해 어려운 시기를 겪더라도 웃을 만한 작은 것들을 발견하는 것은 우리가 더 잘 대처하도록 도울 수 있다는 것을 강조한다.

농담하기

학생들이 농담을 잘하는 기준을 개발하도록 한다. 그런 다음 학생들은 각자 가족들에게 말할 농담을 선택한다(예: 오뚝이 Bounce Back! 활동지의 '웃긴 이야기 찾기', 526페이지 참조). 그리고 자신이 얼마나 농담을 잘 말했는지에 대해 앞의 기준에 따라 가족 피드백을 요청한다.

5) 연극

네 명씩 그룹을 이루어 저학년 학생들에게 적합한 재미있는 이야기를 읽어 주고 연극 활동을 한다. '탁탁 톡톡 음매~ 젖소가 편지를 쓴대요(주니어 RHK)', '오리를 조심하세요(주니어 RHK)', '화장실에 누가 있을까(원서아이)' 도서를 참조한다. 학생들은 또한 책 또는 이야기 들려주기/연극의 어떤 부분에서 저학년 학생들이 가장 많이 웃었고, 왜 그랬는지에 대해 관찰할 수도 있다.

6) 적용

학생 행동 팀

학생 행동 팀(190페이지 참조)은 교사들과 학생들이 웃고 즐길 수 있는 기회를 더 많이 갖게 함으로써 학교에서의 웰빙과 긍정적인 기분을 향상시킬 수 있는 방법을 추천한다. 팀은 어떻게 이것이 성취될 수 있는지에 대한 학급 친구들의 아이디어를 모으고 종합하여 학교 관리자나 수석교사에게 제안한다.

3. 능숙하게 농담하는 것은 사회적 기술

1) 학습자료

(1) 동영상 해시태그

#우리반 개그 콘서트

코미디 경연 대회에서 경쟁하는 아이들에 대한 동영상을 사용한다.

2) 서클 타임 및 학급토론

먼저, 유머감각을 키우는 것은 사람들과 잘 어울리게 하고 관계를 즐겁게 만드는 적절하고 성공적인 사회적 기술이라고 학생들에게 설명한다. 재미있는 사람이 되는 것은 다른 사람들이 어려운 시기를 잘 겪어 낼 수 있도록 도울 수 있다. 학생들에게 동영상 자료를 보여 주면서 토론한다.

토론 질문

- '재미있는 사람이 되는 것'이 합리적으로 잘 사용된다면 왜 좋은 사회적 기술일 수 있을까요?
- 서투른 농담으로 만드는 '최악의 요소'는 무엇인가요?(중요한 내용을 생략하거나 결정적인 구절을 잊어버리린다.)
- 농담을 잘하는 사람들은 어떻게 하나요?

농담을 잘하기 위해 해야 할 일과 하지 말아야 할 일 목록을 만들어 보자. 예를 들면 다음과 같다.

- 농담하기 전에 결정적인 구절을 확실하게 안다.
- 농담이 조금 전에 언급했던 말 혹은 일어났던 일과 관련되도록 한다.
- 적절한 사람에게 적절한 농담을 한다. '내가 말하려는 농담이 다른 사람을 불편하고 불쾌하게 만들까?'를 생각해 본다.
- 농담을 자신감 있게 한다.
- 보다 재미있는 농담을 위해 가능한 부분에서는 다른 목소리를 내거나 혹은 행동을 취한다.
- 사람들을 쳐다보면서 농담을 한다.
- 결정적인 구절을 말하기까지 너무 시간을 끌지 않는다.
- 너무 자세하게 말하려고 하지 않는다.
- 절대 농담을 읽지 않는다. 반드시 연습을 해서 대본 없이 농담을 말해야 한다.
- 농담의 결정적인 구절을 위해 그전에 자세한 이야기를 할 때에는 절대 웃지 않는다.
- 농담의 결정적인 구절을 마침내 이야기할 때 절대 자신의 농담에 웃지 않는다.

3) 활동

학생들은 짝과 함께 웃기는 얼굴을 만들거나 재미있는 농담 등으로 상대방을 웃게 만드는 도전을 한다. 이때 타이머를 사용한다. 각 그룹은 돌아가면서 다른 그룹을 웃게 만들고 누가 웃지 않고 1분을 버틸 수 있는지 본다.

가장 재미있는 수수께끼

곱하고 더하기 전략(185페이지 참조)을 사용한다. 학생들에게 그들의 연령에 적절하다고 판단되는 8~10개의 수수께끼가 적힌 활동지를 준다. 이 방법 대신 학급의 학생들에게 재미있고 적절한 수수께끼를 직접 만들어 보라고 해도 좋다. 각 학생은 가장 재미있다고 생각하는 네 개의 수수께끼를 개인적으로 선택한다. 그리고 그들은 짝을 지은 후 두 팀씩 만나 네 명이 한 그룹을 이룬다. 그룹을 이룬 학생들은 각자 선정한 네 개의 가장 재미있는 수수께끼 중 또다시 가장 재미있는 수수께끼 네 개를 정하기 위해 협상한다. 마지막에 결과를 학급 전체에게 발표한다.

4. 긍정적인 유머는 건강하고 즐겁다

1) 학습자료

(1) 동영상 해시태그

#코미디 쇼
언어로 재미를 주는 영상을 소개한다.

#할머니들의 유머
할머니의 요리 솜씨, 쾌활한 성격, 그리고 숙제를 도와주는 능력은 아주 즐거운 일이다. 즐거운 유머를 주는 사람에 관한 동영상을 사용한다.

2) 서클 타임 및 학급토론

과학자들은 미소를 짓고 소리 내어 웃는 것이 건강에 좋다는 것을 발견했고 우리의 두뇌에 웰빙의 메시지를 보낸다는 사실을 발견하였다는 것을 설명하면서 토론을 시작한다. 학생들에게 지난 24시간 동안 각자 어떤 대상에 대해 웃었는지 말하도록 한다. 그리고 만약 그렇다면 자신을 웃게 만든 것은 무엇이었는지 이야기해 보도록 한다. 그런 다음 이 단원의 자료 중 하나를 활용한다.

토론 질문
• 웃음은 우리 몸에 어떤 긍정적인 영향을 미치나요?[몸의 긴장을 풀도록 도와준다, 뇌에서 기쁨 혹은 '기분 좋음'과 관련한 화학 물질을 방출하도록 만든다, 감염에 저항할 수 있도록 돕는다, '질병을 제거하는' 세포를 활성화하여 질병과 더 성공적으로 싸울 수 있도록 만든다, 심박수를 낮춰서 더 건강하다고 느끼도록 한다, 특히 우리가 스트레스를 받고 있을 때 더 튼튼한 뼈를 제공할 수 있도록 돕는다(Martin, R.A, op. cit.), 우리 몸이 스스로 성장하게 하고 다쳤을 때는 재생하게 한다.]
• 우리는 왜 친구들과 함께 웃는 것을 좋아할까요?(좋은 느낌을 준다, 무언가 특별한 것을 함께 공유하게 된다, 서로 연결되어 있다고 느낀다, 서로 더 편안함을 느낀다, 친구는 우리가 혼자일 때보다 더 많이 웃도록 도와준다.)
• 많이 웃는 사람에게 더 호감이 가나요? 왜 그럴까요?(그러한 사람들은 더 친근하거나 재미있어 보인다, 긍정적이고 자신감 있어 보인다, 더 많이 웃고 미소를 짓는 사람들은 친구로서 훨씬 더 매력적이다.)

3) 활동

유머 운동

20초 동안 웃는 것은 3분간 강하게 노 젓는 것과 같은 수준의 운동량이다. 하루 10분의 웃음은 30분의 운동과 같다(Martin, R. A., op. cit). 학생들은 매일 10분 동안 건강한 방법으로 웃기 위해 시도할 수 있는 방법을 계획해 본다. 한번에 10분 동안 웃을 필요는 없다. 한 번은 1분, 또 한 번은 30초, 이러한 방식으로 10분을 나누는 것도 괜찮다.

웃음의 이점

학생들에게 오뚝이 Bounce Back! 활동지 '웃음은 몸과 마음에 좋다'를 나누어 준다. 학생들은 활동지를 완성하거나 자신의 몸의 윤곽을 직접 종이에 그린다. 그리고 웃음이 몸과 뇌에 미치는 다양한 영향을 적어 본다.

연구과제

학생들은 세 명이 한 그룹이 되어 5~6세의 아이들에게 적합한 세 가지 재미있는 동화책(주제 상관없이)을 조사한다. 그들은 다음과 같은 계획을 수립해야 한다.

- 학교 도서관 및/또는 지역 도서관 방문
- 저학년 동생들에게 재미있는 책들을 골라 읽어 주고 책에 대한 피드백 받기
- 5~6세에게 적합한 가장 재미있는 그림책 세 권에 대해 조언을 해 줄 수 있는 해당 연령 아이들의 부모 및 교사와의 인터뷰 실시
- 우리 학급(그리고 저학년 학급의 교사들)에게 각 그룹에서 연구 결과 추천하는 세 가지 책의 목록과 선택한 이유를 간략히 설명

4) 게임

이야기의 끝은 어디일까?
유머와 관련된 16개의 단어 목록을 학생들에게 보여 준다. 단어 목록의 예는 다음과 같다.

즐겁게 하다(amuse)	개(dog)	농담(joke)	수수께끼(riddle)
만화(cartoons)	과장하다(exaggerate)	딱따구리(kookaburra)	우스꽝스러운(silly)
기운 나게 하다(cheer)	재미있는(funny)	소리 내어 웃다(laugh)	놀라게 하다(surprise)
빙그레 웃다(chuckle)	킥킥거리다(giggle)	5행시(limerick)	간지럽히다(tickle)
서커스단(circus)	건강한(healthy)	난센스(nonsense)	뜻밖의(unexpected)
광대(clown)	유머(humor)	긴장을 완화하다(relax)	

단어를 커다란 카드에 적고 상자에 넣는다. '단어위원'이 될 두 명의 학생을 선정한다. 이들은 게임에 참여하지는 않고 대신 단어 카드를 들어 올리는 역할을 한다. 학생들은 동그랗게 앉은 채로 짝을 지어 활동한다. 교사는 어떤 종류의 이야기든지 시작하되 단 몇 줄만 지어 내어 이야기한다(예: "한 정원사가 나무를 사러 유치원에 갔어요."). 그런 다음 교사의 왼쪽에 앉은 한 쌍은 단어 위원(단어가 들어 있는 상자에서 하나의 카드를 선택하여 모든 학생이 볼 수 있도록 들어 올린다)이 들어 올린 단어(예: 건강한)가 포함되도록 이야기(한두 줄 정도)를 계속 이어서 지어 낸다. 학생들이 그 단어를 그들의 이야기에 넣고 전체 학급에게 말하는데(예: "그는 유치원 주변을 걷고 식물을 돌보는 것을 좋아했다. 그것은 그를 건강하게 만들었다.") 제한시간 2분을 부여한다. 다음 팀의 두 사람은 앞의 이야기를 전달받고 이야기를 이어야 한다. 이러한 과정은 계속된다. 각 팀이 선택된 단어를 이야기에 넣을 수 있는 기회는 한 번뿐이다. 게임 전에 반드시 학생들이 목록에 있는 모든 단어의 뜻을 알 수 있도록 한다.

운율 맞추기

학생들은 짝과 함께 동그랗게 앉는다. 먼저, "비탈길 아래로 내려갔어."와 같은 문장으로 시작한다. 옆에 있는 팀은 1분 안에 운율을 맞춰 구절을 이어 나간다. 이때 학생들은 운율이 올바르게 맞춰지고 받아들일 수 없는 단어나 구는 포함하지 않으며 아무리 웃기고 모호하더라도 어느 정도는 말이 되는 구절(예: "비밀문자를 전하는 중이었지.")을 말해야 한다. 교사나 심판이 만족할 정도로 올바르게 구절을 지어 내는 팀은 계속해서 게임을 이어 나갈 수 있다. 교사나 심판의 인정을 받았다면 그 팀은 다음 팀이 운율을 맞춰야 할 새로운 구절을 하나 더 지어 낸다(예: "멈춰야 했어. 점심 먹기 위해."). 다음은 게임을 시작할 수 있는 몇 가지 구절이다.

- 가게에서 우리는 빵을 사
- 가방을 싸는 것은 작은 시작
- 우리의 시작은 큰 웃음
- 우리가 무엇을 해야 하는지 아무도 몰라

5. 유머는 대처를 더 잘하게 한다

1) 학습자료

(1) 도서

백만장자가 된 백설공주

이 책의 운율은 학생들을 틀림없이 웃게 한다.

(2) 노래

다음의 노래/댄스는 따라 부르거나 듣거나 공연하기에 재미있을 수 있다. 학생들은 이 외에 다른 노래를 추천할 수도 있다.

'Hamster Dance'

'Chicken Dance'

'(Flying) Purple People Eater'

2) 서클 타임 및 학급토론

학생들에게 역사에서 많은 왕과 왕비는 공식적인 궁정광대를 두어 우울할 때 그들을 위로하도록 했다는 사실을 설명한다. 그리고 나서 그림책을 읽는다. 책을 읽은 후 학생들에게 저자의 이야기를 들려주고 학생들과 책에 대한 느낌에 대해서 이야기 나눈다. 그리고 학생들에게 교사 자신의 인생에서 심각한 상황이었지만 재미있는 면이 있어 위안이 되었던 때에 대한 이야기를 들려준다.

토론 질문

• 책이 전달하고자 하는 메시지는 무엇인가요?

• 유머는 어떻게 우리를 더 낙관적으로 혹은 희망적으로 만들 수 있나요?(유머는 세상을 균형을 가지고 볼 수 있게 하고, 우리 마음을 환기시켜 주고, 기분이 나아지게 해 준다.)

• 2001년 9월 11일, 미국의 World Trade Center는 테러리스트로부터 습격을 받아 건물은 파괴되고 수많은 사람이 사망했습니다. 그로부터 4일 후, 뉴욕 시장 Rudy Giuliani는 TV 프로그램에 나와서 뉴욕 사람들에게는 그들이 치유될 수 있도록 웃음이 필요하다고 말했습니다. 이와 같은 제안에 동의하나요?

• 웃음은 당황스러운 상황을 더 잘 대처할 수 있도록 하는데 어떻게 도움이 되나요?(주의를 분산시키고, 다른 사람들에게 더 잘 대처할 수 있다는 인상을 준다.)

• 누군가가 넘어지거나 미끄러지는 것을 보고 웃는 사람들을 본 적이 있나요?(누군가가 넘어지는 것을 볼 때 우리가 가끔 웃는 이유에 대해 이야기해 본다.)

• 누군가 당황스러워할 때 웃는 것은 나쁜 일인가요? 아니면 그 사람에게 도움이 되나요?(심술 맞은 이유가 있는 사람도 있고 친절한 이유를 가지고 있는 사람도 있다. 예를 들어, 어떤 사람은 상대방의 감정을 생각하지 않거나 상대가 더 굴욕감을 느끼게 하고 싶어 하기도 한다. 반대로, 어떤 사람은 상대방이 기분이 좋아지기를 바라고 당황스러운 상황에서도 재미있는 면을 보아서 도움이 되길 원하기도 한다.)

• 남의 불행을 비웃어도 될까요?(아니다. 그렇게 한다면 상대는 우리를 비겁하고 불친절하다고 생각한다.)

• 불쾌한 일을 겪을 때 재미있는 면을 발견함으로써 더 잘 대처했던 때를 생각해 볼 수 있나요? 그 당시뿐만 아니라 그 일을 겪은 후에 느끼는 유머감각도 포함합니다. 그리고 재미있는 면이 아주 사소해도

상관없습니다.
- 내 주변 사람이 불행할 때 기분을 북돋우고 상황이 좋아질 것이라는 희망을 줄 수 있었던 긍정적인, 유머러스한 행동이나 과거 일을 떠올릴 수 있나요?

싱크 · 잉크 · 페어 · 셰어 팁 전략(191페이지 참조)을 사용하여 학생들이 책 속의 등장인물과 비슷한 일을 겪은 경험담을 글로 적어 볼 수 있도록 한다.

3) 활동

- 학생들은 어린이 병원과 같은 곳에서의 재미있는 의사나 간호사의 역할에 대해 조사한다.
- 학생들이 자신만의 창의적인 운율을 떠올릴 수 있도록 책『백만장자가 된 백설공주』를 자극제로서 활용한다.

유머러스한 인사말 카드

학생들이 유머러스한 생일카드(불쾌하지 않은)나 쾌유를 기원하는 카드 혹은 전자카드 복사본을 교실에 가져오도록 한다. 학급 전시회를 연다. 학생들은 학급 친구들과 함께 카드에 대해 토론하고 분석한다. 그리고 왜 사람들이 카드를 보내는지, 왜 우리가 카드를 받길 좋아하는지, 왜 유머를 사용하는지(대부분은 상대방의 기운을 북돋우기 위해 사용함) 그 목적에 대해 결론을 내린다.

Charles Schulz

학생들에게 오뚝이 Bounce Back! 활동지 '찰스 슐츠(Charles Schulz)'를 읽으라고 한다. 그런 다음 학생들이 집단 교실 탐구 전략(180페이지 참조)을 사용하여 Charles Schulz가 무엇을 했는지에 대한 정보를 수집하도록 한다. 만화 피너츠 캐릭터 중 한 명을 선정하고 등장인물의 일대기를 쓸 수 있다. 'You're a Good Man, Charlie Brown(당신은 좋은 사람이야, Charlie Brown)'이라고 하는 만화 피너츠를 바탕으로 한 뮤지컬을 제작하는 것을 고려해 본다.

4) 적용

우리 반 웃음 실험실

우리 반 웃음 실험실에서 학생들은 다 함께 다른 사람들(예: 저학년 학생들, 학교의 다른 학생들, 조부모 혹은 지역 실버타운의 거주자들)이 웃는 것을 도울 수 있는 창의적인 유머 활동을 생각해 낸다. 그리고 최고의 아이디어를 선정하여 프로젝트를 계획하고 실행한다. 우리 반 웃음 실험실 '학생 자치 위원회'를 서로 돌아가면서 맡아 운영을 총괄할 수 있도록 한다. 학생들이 할 수 있는 것은 다음과 같다.

- 웃음으로 가득 찬 공연을 계획한다. 여기에는 재미있는 촌극, 노래와 시들을 배우고 연습하는 것이 포함된다.
- 1일 유머 축제를 만든다. 축제에는 글쓰기 활동, 수학 활동, 신체 게임, 미술 활동, 웃기는 기술, 음악, 춤이 포함된다.
- 매주 저학년 학생들을 위한 5분간의 웃음 시간을 계획 및 운영한다(예: 재미있는 게임을 하거나 재미있는 그림책을 읽음).

학생들은 자신의 교실에서 다음과 같은 활동들을 할 수 있다.

- 만화, 재미있는 책과 시, 수수께끼와 농담, 만화를 포함한 유머 존(humor zone)을 만들고 유지한다.
- 좋아하는 만화나 자신이 직접 만든 유머러스한 예술작품으로 복도를 장식한다.
- 학급 게시판 한쪽에 이번 주의 농담을 위한 코너를 마련한다. 학생들은 유머를 쓴 후 게시판에 붙이기 전에 선생님이나 유머 위원회에 전달해 평가를 부탁할 수 있다.

학생들의 코멘트, 지나가는 가벼운 말, 농담, 수수께끼 같은 것들이 불쾌하지는 않은지 확인한다.

5) 게임

- 유머러스한 TV 프로그램, 영화, 책, 만화, 노래의 제목을 사용하여 학급 전체가 추측할 수 있도록 유머 제스처 놀이를 한다. 또는 두 팀으로 나누어 게임을 할 수도 있다.

단어 그리기
세 명이 한 팀이 되어 각 학생은 돌아가면서 상자에서 단어를 선택하고 그 단어(예: 치아, 요정, 성, 반지, 고양이, 고양이, 원숭이, 우산, 광대, 마녀, 말, 물구나무 서기, 탬버린, 상어, 다리, 서핑하는 사람, 큰 새, 자석, 퀸, 입맞춤)를 그린다. 학생들은 눈을 가린 채로 그려야 하고, 그룹의 다른 두 멤버들은 그 학생이 무엇을 그리고 있는지 추측해야 한다. 게임을 하면서 학생들이 어떤 요소가 그림을 웃게 만드는지 생각해 보도록 한다.

가위, 바위, 보
가위는 보를 이기고 바위는 가위를 이기고 보는 바위를 이긴다.
학생들은 두 명씩 한 팀이 되어 다른 한 팀과 게임을 한다. 그들은 자신의 옆에 손을 내린 채 각 라운드를 시작한다. 각 팀은 어떤 것을 낼지 결정한다. 준비가 되면 신호에 맞춰 각 팀은 각자 결정한 것을 낸다. 총 10라운드를 하며, 가장 많은 라운드를 이긴 팀이 최종 승리한다.
이것은 또한 한 팀당 7~8명의 선수가 한 팀이 되어 총 3개의 팀으로 나누어 경기할 수도 있다. 한 번 이길 때마다 상대 팀의 한 사람을 데리고 온다. 6라운드를 진행하며 마지막에 가장 많은 선수들을 데리고 있는 팀이 최종 승리한다.

가위, 바위, 보 변형 1: 판다(보), 사람(바위), 고슴도치(가위)

판다(보)는 사람(바위)을 이기고, 사람(바위)은 고슴도치(가위)를 이기고, 고슴도치(가위)가 판다(보)를 이긴다.

- 판다: 학생들은 판다의 발톱처럼 손 모양을 만들고 '으르렁' 소리를 내면서 앞으로 손을 뻗는다.
- 사람: 학생들은 손바닥이 위로 향하게 하고 양팔을 옆으로 뻗고 '야후' 소리를 낸다.
- 고슴도치: 학생들은 얼굴 앞에서 양손의 손가락을 곧게 펴고 '띠요용' 소리를 낸다.

가위, 바위, 보 변형 2: 외계인(가위), 소(바위), 호랑이(보)

소(바위)는 외계인(가위)을 이기고, 외계인(가위)은 호랑이(보)를 이기고, 호랑이(보)는 소(바위)를 이긴다.

- 외계인: 학생들은 검지 손가락을 더듬이처럼 머리 위에 댄다. 그리고 그 손가락으로 원을 그리며 손가락을 안쪽으로 구부리면서 '삐리 삐리' 소리를 낸다.
- 소: 학생들은 몸을 앞으로 숙이고, 오른손을 자신의 배에 대면서 '음매' 소리를 낸다.
- 호랑이: 학생들은 두 손을 사용하여 호랑이의 발톱을 만들고 '어홍' 소리를 낸다.

반짝 반짝 작은 별

ABC 노래는 〈반짝 반짝 작은 별〉과 같은 멜로디를 가지고 있는 곡이기도 하다. 학생들은 동그랗게 앉는다. 교사는 이 노래 중 하나의 첫 소절을 부르면서 활동을 시작한다(예: 'ABCDEFG' 또는 '반짝 반짝 작은 별'). 다음 학생은 같은 멜로디를 계속 이어 나가야 하지만 교사가 선택한 곡 외에 다른 두 곡 중 하나의 가사로 불러야 한다(예: 교사가 ABC 노래의 첫 소절을 부른 경우, 다음 학생은 '아름답게 비추네'라고 하며 곡조를 이어 간다). 그런 다음 세 번째 학생도 또 다시 같은 멜로디를 계속 이어 나가되 직전 학생이 선택한 곡 외의 곡 가사로 전환해야 한다(예: 'HIJKLMN'). 같은 멜로디를 계속 이어 나가지만 두 곡 중 어느 곡이든 직전 학생이 부른 곡의 가사와는 다르게 바꿔 부르는 이 과정은 '올바르게' 하지 않는 학생이 나올 때까지 계속 진행한다.

Wright 가족의 영화 여행

학생들은 근처에 장애물이 없는 곳에 서 있는다.

- 'Wright/우측(right)'이라는 단어가 나올 때마다 오른쪽으로 한 걸음씩 이동한다.
- '왼쪽'이라는 단어가 나올 때마다 왼쪽으로 한 걸음씩 이동한다.
- '위'라는 단어가 나올 때마다 위를 올려다보면서 오른손으로 가리킨다(팔을 뻗음).
- '아래'라는 말이 나올 때마다 아래를 내려다보면서 왼손으로 가리킨다(팔을 뻗음).
- '뒤'라는 단어가 나올 때마다 한 걸음 뒤로 물러선다.

- '앞'이라는 말이 나올 때마다 한 걸음 앞으로 나아간다.

다음 이야기를 매우 천천히 읽는다.

어젯밤, Wright 가족은 함께 영화를 보러 갔다. 그들은 오후 5시쯤에 왼쪽 길로 떠났다. 오후 9시경에 집으로 돌아올 계획이었다. 길을 따라 차를 몰고 아래로 내려오면서, 가족은 왼쪽 아래에 있는 두 집에 사는 이웃 Nuray에게 손을 흔들었다. 그녀는 현관 앞에 앉아 있었다. 그들의 차가 지나갈 때 그녀가 위를 올려다보고 손을 뒤로 흔들어 주었다. 영화관으로 향할 때 두 아이 중 하나이자 차의 왼쪽에 앉은 Matt Wright는 그들이 저녁 6시에 영화가 상영되기 전에 저녁식사를 하기에는 너무 늦은 것이 아닌지 걱정하였다. "걱정 마." 그의 여동생 Amanda Wright가 말했다. 그녀는 "우리가 떠나기 전에 필요한 모든 정보를 찾아서 내가 왼쪽 주머니에 넣어 놨어. 우리는 영화관 앞 왼쪽의 한 상점에서 식사를 할 시간이 충분해."라고 했다. 가족은 영화관이 있는 쇼핑센터 앞에 도착했고 Wright 씨는 차를 승강기 아래 지하층에 주차했다. 주차장에서 나와 그들은 엘리베이터를 타고 위쪽으로 올라갔다. 그들이 식사를 마치자 Wright 씨는 갑자기 소리쳤다. "나의 왼쪽 주머니에 영화 티켓이 없어. 기억이 안 나!" 그러자 동생 Amanda Wright가 말했다. "코트 왼쪽 주머니에 넣는 것을 본 것 같아요." Matt Wright는 오른손을 들고 말했다. "아니, 그렇지 않아. 제 생각에 아빠는 티켓을 차 왼쪽 좌석에 두고 내린 것 같아요. 그리고 누군가가 뒤로 돌아가서 그것들을 가져와야 할 거예요." 아빠 Wright 씨는 재빨리 뒤쪽 주차장으로 갔다. 주차되어 있는 차의 앞 왼쪽 좌석에 티켓이 있었다. 그는 가족이 다시 엘리베이터를 타고 위로 올라갔고 가족은 영화관에 들어갔다. Amanda Wright는 앞쪽에 앉는 것을 더 선호한다고 말했지만 Matt Wright는 "난 차라리 위에 앉고 싶다."고 말했다. 그러나 남은 좌석은 가운데 아래 왼쪽 좌석뿐이었다. "여기 아래에 앉자." 그들의 아빠가 말했다. "나는 이 영화가 정말 기대돼."

학생들은 짝과 함께 또 다른 짧은 Wright 가족 이야기를 만들어 낸다. 학생들이 공동 또래 정비소 전략(181페이지 참조)을 사용하여 게임의 성공 기준을 먼저 정한다. 동료 피드백의 기회를 제공한다. 학생들은 다음과 같은 핵심 원칙을 확인하기 위해 활동을 분석해야 한다.

- 이야기가 말이 되어야 한다.
- 이야기에 등장하는 각 방향의 수를 세기 위해 차트를 사용해야 한다.
- 학생들은 특정 방향만 과도하게 사용하지 않도록 방향의 수와 순서 간의 균형을 맞추어야 한다.

사용될 차트의 예를 들면 다음과 같다.

오른쪽 움직임	10
왼쪽 움직임	10
위쪽 움직임	4
아래쪽 움직임	5
앞쪽 움직임	5
뒤쪽 움직임	5
총 움직임	39

6. 상대를 무시하는 유머는 안 돼요

1) 학습자료

(1) 동영상 해시태그

#재미있는 이야기의 원리(Fair Teasing?)
정치인들이 얼마나 자주 놀림받고 풍자되는지를 보여 주는 동영상이다.

2) 서클 타임 및 학급토론

유머가 때때로 공격용 무기가 될 수 있고 잘못 사용될 경우 그것이 얼마나 해로울 수 있는지에 대해 이야기한다. 이를 위해 앞에 제시한 자료를 사용한다. 이 부분은 9단원 안전 주제의 무시하기 내용과 연결된다. 학생들에게(익명성 보장 규칙 사용) 해로운 방식으로 유머를 사용하는 사람의 예를 들어 줄 것을 요구한다.

토론 질문
• 다른 사람에게 해롭고 부정적인 못된 유머를 사용하는 예를 들어 보세요.
  – 누군가의 말투, 옷차림, 행동, 생각 등을 무시하고 조롱하는 것
  – 인터넷에 올라온 다른 누군가의 잘못 찍힌 사진이나 표현을 보고 비웃는 것
  – 같은 반 친구에게 일어난 난처한 일을 다른 사람들에게 말하고, 그것에 대해 함께 비웃고 조롱하도록 부추기는 것
  – 학교의 어떤 사람을 조롱하는 '웃긴' 이야기를 부모님이나 형제자매에게 들려주는 것
• 왜 학생들은 가끔 '못된' 유머를 사용하나요?(다른 사람들이 자신을 터프하다고 생각하게 만들기 위해, 뽐내

거나 주목받기 위해서, 누군가를 작아 보이게 하여 사람들이 그를 좋아하지 않게 하기 위해, 때때로 자신이 누군가의 감정을 상하게 하고 있다는 것에 무감각하고 그 사실을 깨닫지 못하기 때문에)
- 다른 누군가를 공격하도록 의도된 유머의 다른 예는 무엇이 있나요?(정치인)
- 다른 누군가를 멍청하게/더 작아 보이게 하도록 의도된 유머의 예는 무엇이 있나요?(이 질문에 대한 답에는 익명성 보장 규칙이 적용된다.)
- 유머가 고정관념을 유지하기 위한 목적으로 사용된 경우의 예를 들어 줄 수 있나요?(특정 인종 또는 직업에 대한 농담이다.)
- 만약 자신이 다른 사람들로부터 놀림을 받거나 고정관념에 사로잡힌 그룹에 속한다면 어떤 기분이 들까요?
- 롤모델이란 무엇인가요?(다른 사람에게 모범이 되는 사람을 말한다.)
- 유머 이용과 관련하여 본받고 싶은 사람이 있나요? 누구인가요? 나도 누군가에게 올바른 유머를 사용하는 롤모델인가요?(저학년 학생들 또는 형제자매에게 좋은 역할 모델이다.)

3) 활동

- 상대를 무시하는 유머에 의존하는 TV 프로그램 또는 비디오 클립을 시청하고 분석하여 토론한다. 왜 유머가 불쾌할 수 있는지 학급 전체 구성원과 토론한다.
- 학생은 다음에 대해 토론할 수 있다.
  - 정치인은 서로를 무시하는 유머를 사용한다. 우리는 왜 그렇게 하면 안 될까?
  - 유명인사와 유명 운동선수들은 청소년의 롤모델이다.

무시하는 유머 연구
학생들은 네 명이 한 그룹이 되어 다음 질문에 각각 답을 작성한다.

- 어떤 종류의 농담이나 수수께끼가 다른 사람들을 불쾌하게 만들까요?
- 자신이 어쩌다 이런 식의 농담을 하게 된다면 뭐라고 말할 수 있나요?

사람들이 재미없게 생각하는 어떤 말이나 행동들에 대한 표현방법을 모두 나열해 본다. 그들이 사용하는 보디랭귀지를 고려하는 것을 잊지 않는다(예: 어떤 말이나 행동을 한 사람을 노려보는 것).

7. 단원정리

1) 활동

- '패러디'의 개념(잘 알려진 장르나 이야기를 풍자적으로 흉내내는 것)에 대해 설명한다. 수업 시간에 동화의 일부나 이 단원의 자료 목록에 제시된 책 중 하나를 읽는다. 학생들에게 유명한 이야기나 동화를 풍자적으로 모방한 작품을 직접 써 보라고 한다.
- 학생들은 5행시를 읽고, 5행시 구조와 형태를 분석하여 자신만의 글을 쓴다.
- 학생들은 세 명이 한 그룹이 되어 유머와 관련된 용어집을 준비한다(다음의 핵심 어휘 참조).

잰말놀이

'경찰청 검찰청 왼쪽 유리창 중앙 쇠창살은 녹이 슨 쇠창살이고 경찰청 검찰청 오른쪽 유리창 중앙 철창살은 녹이 안 슨 철창살이다.'와 같이 어려운 발음이 섞여 있는 문장을 잰말놀이라고 한다. 이것을 웃지 않고 연속해서 세 번 제대로 말할 수 있는 사람이 있는지 물어본다. 학생들이 찾거나 쓰고 말하는 것을 연습할 수 있는 다른 잰말놀이는 무엇이 있는가?

핵심 어휘

또래교사 팀 코칭 전략(191페이지 참조)을 사용하여 학생들이 적절한 난이도의 유머와 관련된 어휘와 철자를 학습할 수 있도록 돕는다. 단어의 구조에 대해 탐구할 수 있는 좋은 기회이다. 예를 들면 다음과 같다.

애니매이션(animation)

캐리커처(caricature)

만화(cartoon)

깔깔거리다(chortle)

대처하다(cope)

진지한 표정으로 하는 유머(deadpan)

당황스러운/곤란한 상황(embarrass/embarrassment)

공감(empathy)

즐기다/즐거운(enjoy/enjoyable)

과장(exaggeration)

익살극(farce)

웃긴(funny)

개그(gag)

빙그레 웃다(chuckle)

서커스(circus)

광대(clown)

코미디언/코미디/코믹(comedian/comedy/comic)

웃다/웃음(laugh/laughter)

5행시(limerick)

불행/행운/불행한(misfortune/fortune/misfortunate)

조롱하다(mock)

난센스(nonsense)

낙관적인(optimistic)

패러디(parody)

결정적인 구절(punchline)

긴장이 풀리다/휴식(relax/relaxation)

진짜의(genuine)	수수께끼(riddle)
킥킥거리다(giggle)	빈정댐(sarcasm)
기대하는(hopeful)	촌극(skit)
창피를 주다/굴욕(humiliate/humiliation)	야단스러운 몸놀림(slapstick)
유머스러운/유머(humorous/humor)	미소(smile)
발작적인(hysterical)	단독 연기 코미디(stand-up)
면역성이 있는/면역(immune/immunity)	고정관념(stereotype)
부조화/어울리지 않는(incongruity/incongruous)	놀라움(surprise)
진실성(integrity)	간지럽히다(tickle)
익살/궁정광대(jest/jester)	잰말놀이(tongue-twister)
농담/우스갯소리(joke/joker)	배꼽을 잡게 하는(uproarious)

웃음 관련 질문

학생들은 다음의 질문에 기초하여 정답을 알아본다.

- 왜 자기 자신에게 간지럼을 태울 수 없고 농담을 할 수 없나요?
- 다른 동물들도 진짜로 웃나요?(예: 쿠카바라, 하이에나)
- 궁정광대란 무엇인가요? 현대에도 비슷한 역할을 하는 사람이 있나요? 자신의 생각에 대한 이유를 함께 말해 주세요.
- 'funny bone'을 한국어로 번역해 보세요.
- TV 프로그램이나 영화 시상식에서 수상한 코믹 배우는 누구인가요? 그가 출연한 작품은 무엇인가요?

지혜의 말

학생들은 세 명씩 그룹을 이루어 인용구에 최적화된 온라인 사이트에서 유머, 웃음, 건강에 대한 두세 개의 인용구를 찾는다. 그들이 또래 친구에게 영감을 줄 수 있는 간단한 인용문을 선택하도록 한다. 그런 다음 각 그룹은 원하는 인용구(및 작성자)를 학급 전체에 발표한다. 학생들이 그들의 발표에서 서로의 인용구를 베끼지 않도록 확인한다. 유머에 대해 유명한 말을 한 사람으로는 William Shakespeare, Steve Carrell, Dr Seuss, 그리고 Robin Williams가 있다. 마지막으로 학생들은 다음 활동을 한다.

- 세 명씩 그룹을 이루어 자신이 찾은 인용구에 대한 포스터를 제작한다.
- 개별적으로 Bounce Back! 저널에 두 개의 인용구를 쓰고 감상문을 쓴다.

성찰하기

다음 질문에 대한 답을 오뚝이 Bounce Back! 저널에 적는다.

- 자신을 웃게 하는 만화 시리즈나 TV 프로그램의 이름을 대고 그 이유를 말해 보세요.
- 가족 중에서 누가, 어떻게 가장 웃기나요?
- '유머감각이 좋다'는 것은 무엇을 의미하나요?
- 내가 본 재미있는 영화는 무엇이며, 그 이유는 무엇인가요?
- 자신의 반려동물이나 다른 동물이 여러분을 웃게 만든 적이 있나요?
- 자신이 좋아하는 재미있는 광고는 무엇이며, 그 이유는 무엇인가요?
- 어떤 사람이 다른 사람을 못되게 비웃는 것이 아니라 다른 사람과 함께 웃고 있다는 것을 어떻게 알 수 있나요?
- 농담을 기억하는 좋은 방법은 무엇인가요?
- 스트레스를 다스리기 위한 방법으로 "우리는 이것에 대해 다음 주에 웃을 거야."라고 말하는 것이 도움이 되나요?
- 어떤 선생님이 자신을 가장 웃게 만드셨나요? 어떻게 그렇게 하셨나요?
- 자신에게 일어난 일 혹은 자신이 아는 사람에게 일어난 일 중 생각만 해도 웃긴 일에 대해 말해 보세요 (익명성 보장). (학생들에게 누군가를 난처하게 하거나 굴욕감을 느끼게 하고 모두가 그들을 비웃었던 이야기는 적합하지 않다는 것을 다시 언급한다.)

이러한 질문은 안쪽 바깥쪽 서클 만들기 전략(184페이지 참조) 또는 음악과 함께 토론 전략(185페이지 참조)과 함께 사용할 수도 있다.

2) 게임

학급 전체 혹은 그룹별로 다음 게임 중 하나를 한다.

- 앞일까 뒤일까 PPT 자료(178페이지 참조)
- 비밀단어 퍼즐 PPT 자료(181페이지 참조)—비밀 메시지는 '다른 사람을 놀리는 것은 불쾌한 일이다.' 이다.
- 메모리 카드 PPT 자료(184페이지 참조)—단어와 그 뜻을 올바르게 연결한다.
  패러디(parody)/재미있는 풍자적 흉내 내기
  스탠드 업 코미디언(stand-up comedian)/청중 앞에서 라이브로 하는 코미디 공연
  슬랩스틱 코미디(slapstick comedy)/우스꽝스러운 동작 위주의 코미디

결정적인 구절(punchline)/농담의 절정 부분

어울리지 않는(incongruity)/어울리지 않아서 웃긴

진지한 표정으로 하는 유머(deadpan)/감정을 표현하지 않는 재미있는 구절

농담(joke)/결정적인 구절이 있는 웃기는 이야기

궁정광대(jester)/중년시대 귀족들을 위한 광대

광대(clown)/서커스의 재미있는 등장인물

만화(cartoon)/유머러스한 그림

5행시(limerick)/재미있는 시

3) Bounce Back! 시상식

오뚝이 활동지 '오뚝이 시상식 상장'을 이용하여 유머를 사용하는 능력이 가장 향상된 학생에게 상을 수여한다.

8. 오뚝이 Bounce Back! 활동지

• 다음 활동지는 학지사 홈페이지 자료실(www.hakjisa.co.kr)에도 탑재되어 있다.

웃긴 이야기 찾기

(   ) 학년 (   ) 반 이름 (   )

1. 오리

오리가 우체국에 가서 물었다. "여기 옥수수 있어요?" 우체부 아저씨는 친절하게 말하였다. "아니 없어요. 여기엔 옥수수를 가져다 놓지 않아요." 다음 날 오리는 다시 와서 물었다. "여기 옥수수 있어요?" 아저씨는 조금 황당해하며 말했다. "아니 내가 어제 말했잖니, 우리는 옥수수가 없다고." 그런데 오리는 다음 날 다시 와서 물었다. "여기 옥수수 있어요?" 그러자 아저씨는 매우 화가 나서 말했다. "아니 없다고! 다시 한번 말하지만 옥수수 없어. 만약 다시 와서 옥수수가 있냐고 물어보면 너의 부리를 못으로 박아 버릴 거야!" 그러자 오리가 다시 우체부 아저씨에게 물어보았다. "아저씨 못 있어요?" 우체부 아저씨가 대답했다. "아니?" 그러자 오리는 "그럼 옥수수 있어요?"

2. 뱀파이어 박쥐

어느 날 밤 젊은 뱀파이어 박쥐가 피 범벅이 되어 동굴로 날아갔다. 그는 자기 위해 동굴 천장에 앉았다. 얼마 있다가 다른 박쥐들이 피 냄새를 맡고 어디서 피를 얻었는지 물어보기 시작했다. 그는 피곤하고 쉬고 싶어서 혼자 두게 해 달라고 했다. 그런데도 다른 박쥐들은 호기심을 만족할 때까지 조금도 물러날 기세가 아니었다. 짜증 내며 "알았어. 나를 따라와."라고 말했다. 그러고는 수백 마리의 박쥐를 끌고 동굴 밖으로 날아갔다. 계곡을 가로지르고 강을 가로질러서 깊은 숲속에 다다랐다. 마침내 천천히 내려앉았고 수많은 박쥐는 눈을 반짝이며 주변에 모여들었다. "오면서 저쪽 나무를 보았지?" 박쥐가 말했다. 모두 "응, 봤어, 봤지."라고 열광적으로 대답했다. "그래? 근데 나는 못 봤어. 나무가 없는 줄 알고 부딪혔거든!"

3. 해적

해적이 카페에서 낯선 사람과 이야기했다. 낯선 사람은 해적이 나무다리를 하고 있고, 손 한쪽은 후크로 되어 있으며 한쪽 눈은 가리고 있다는 것을 알아보았다. 낯선 사람은 그에게 무슨 일이 있었는지 궁금했다. 먼저 그는 물었다. "어떻게 다리를 잃어버렸어요?" 해적은 "전투에서 잃었지."라고 대답했다. 낯선 사람은 또 물었다. "손은 어쩌다 그렇게 됐어요?", "남쪽 바다에서 상어한테 먹혔지."라고 대답했다. 마지막으로 낯선 사람은 "왜 눈 한쪽을 가리고 있나요? 눈이 없나요?"라고 물었다. 해적은 "내가 해변에서 자고 있는데 갈매기가 날아와 내 오른쪽 눈에 똥을 쌌지."라고 했다. 그러자 그 사람은 "어떻게 갈매기 똥이 눈을 잃게 만들어요? 말도 안 돼요."라고 했다. 그러자 해적이 화를 내며 말했다. "그날은 내 손에 후크를 낀 바로 다음날이었다고. 난 후크를 처음 써 봤다고!"

4. 이중 언어를 하는 개

한 사업장에서 그들의 사무실에서 일할 사람을 찾고 있었다. 그들은 광고에서 '컴퓨터를 잘하고 2개 국어에 능할 것'이라고 써 있었다. 한 개가 지원했다. 놀란 매니저는 개를 사무실로 들어오게 했다. 매니저는 "나는 당신을 고용할 수 없어요. 저 의미는 편지를 쓸 수 있어야 한다는 의미예요." 그러자 개는 컴퓨터에 가서 완벽한 편지를 작성했다. 매니저는 놀랐지만 개에게 말했다. "우리는 다른 컴퓨터 프로그램을 잘 다루는 사람이 필요한 것이에요."라고 말했다. 그러자 개는 자기가 할 수 있는 모든 것을 보여 주었다. 그 순간 매니저는 너무나 놀랐다. "아, 당신이 정말 똑똑한 개라는 것을 알겠어요. 그리고 당신은 정말 재미있는 재능도 가지고 있군요. 그런데 나는 여전히 직업을 줄 수 없어요. 왜냐하면 2개 국어를 할 수 있어야만 해요." 그러자 개는 그를 보고 말했다. "야옹"

5. 왓슨과 홈즈

셜록홈즈는 유명한 탐정이 있는데 그의 조수인 왓슨과 함께 캠핑을 갔다. 그들은 별빛 아래 텐트를 치고 잠을 잤다. 한밤중에 홈즈는 왓슨을 깨우고 말했다. "왓슨, 하늘을 봐. 이게 무슨 의미인 줄 알아?" 그러자 왓슨은 "수백만 개의 별이 보여요. 행성은 몇 개 안 될지라도 거기에는 우리 지구 같은 행성이 있겠죠. 그곳에서는 우리와 같은 삶을 살 수 있다는 것을 의미하겠죠?"라고 말했다. 그러자 홈즈는 "왓슨, 별이 보인다는 건 누가 우리 텐트를 훔쳐갔다는 거야!"

웃음은 몸과 마음에 좋다

웃음은 몸과 마음에 좋다.

다음 설명과 웃음이 도움이 된다고 생각하는 신체 부위를 연결하여 줄을 이어 보세요.

웃음은 우리가 아플 때
빨리 낫게 해 준다
(예: 배가 아플 때).

웃음은 우리가 다쳤을 때
재생을 도와준다.

웃음은 우리의 심장 박동
수를 낮춰 주어 더 건강하
다고 느끼게 해 준다.

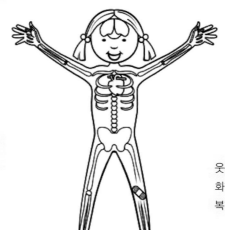

우리가 스트레스 받을 때
뼈는 더 강해진다.

웃음은 뇌에 있는 '좋은 감정'
화학물질을 증가시키고 더 행
복함을 느끼게 해 준다.

웃을 때 몸과 뇌는 어떤 영향을 받나요?

_____

_____

_____

_____

_____

_____

_____

_____

_____

_____

_____

찰스 슐츠(Charles Schulz)

( ) 학년 ( ) 반 이름 ( )

찰스 슐츠는 세계에서 가장 위대한 만화가로 묘사되어 왔다. 슐츠는 피너츠라고 불리는 매우 유명한 만화의 제작자이자 삽화가였다. 50년 이상 동안 그의 등장인물들은 예측 가능한 성격과 난해함으로 사람들을 즐겁게 했다. 2000년 슐츠가 사망할 무렵 그의 만화와 등장인물들은 머그잔, 연하장, 의복뿐만 아니라 전 세계의 신문과 잡지에 등장했다.

피너츠의 주인공 찰리 브라운은 정서가 불안정한 소년이다. 찰리 브라운은 친절하고 자상하지만, 사람들에게 사랑을 받고 싶어서 필사적이다. 체커 경기에서 항상 지며 야구에서도 삼진아웃을 당하곤 하지만 그때마다 '오뚝이처럼 회복'하며 실패를 수습한다.

피너츠의 또 다른 등장인물은 찰리 브라운의 충실한 개 스누피이다. 스누피는 항상 찰리를 위해 존재하지만 또한 그 자신의 엉뚱한 공상 생활을 하고 있다. 다른 등장인물로는 별 이유 없이 찰리 브라운을 타박하는 심술꾼 루시가 있다. 루시는 라이너스라는 남동생이 있는데 라이너스는 파란 담요를 가지고 다닌다. '애착 담요'라는 말은 이때부터 널리 알려졌다.

피너츠의 이야기는 언제나 온화하다. 이야기들은 마냥 밝지만은 않지만 유쾌하고 따뜻하다. 주인공의 모험과 함께 즐거움을 공유하고 웃을 수 있다.

어렸을 때, 찰스 슐츠는 그림 그리는 것을 좋아했고 빠르게 그림을 잘 그리게 되었다. 그는 다른 연재만화를 열정적으로 읽었다. 그 후 자신만의 캐릭터를 창조하기 시작했고 결국 학교 잡지에 제출했다. 하지만 아무도 감동하지 않았고 그의 만화는 출판되지 않았다.

고등학교 때, 슐츠는 특별히 인기가 없었고 다른 학생들은 그에게 거의 관심을 기울이지 않았다. 그는 자신감도 부족했다. 소녀들에게 데이트 신청을 할 수 있는 충분한 자신감을 만들어 내기 위해 학교 골프팀의 주장이 되고 싶었지만 중요한 경기에서 지는 아픔도 맛보았다.

찰스 슐츠가 어른이 되었을 때, 그는 어려운 경험들을 그림으로 그렸다. 자신의 실패를 웃음의 소재로 삼았다. 그가 이해했던 열등감은 유머감각으로 재해석되어 다른 사람에게 공감을 불러일으켰다. 누구나 느끼는 좌절, 두려움을 웃음의 소재로 쉽게 다룰 수 있게 만들었다.

찰스 슐츠는 그의 좌절과 실패를 내버려 두지 않았다. 그로부터 배웠고, 항상 인생의 재미있는 면을 보았고, 결국 성공하게 되었다.

1. 애착 담요란 무엇인가요?

2. 슐츠의 삶에 있어서 다른 사람들을 이해하는 데 도움을 준 좌절에는 어떤 것이 있을까요?

오뚝이 시상식 상장

Bounce Back!
Award

이름

_____

_____

_____

_____

초등학교장

_____

BB

9단원 안전

괴롭힘에는 많은 종류가 있다.

괴롭힘은 고의적이고 반복적으로 다른 사람에게 피해나 고통을 주는 것을 의미한다. 괴롭힘은 다음을 포함한다.

- 신체적으로 누군가를 다치게 한다.
- 이름 대신 굴욕적인 별명으로 부른다.
- 상대에게 망신을 주거나 창피하게 한다.
- 상대에 대한 루머를 퍼트린다.
- 상대에게 비열한 농담을 한다.
- 상대를 관계 속에서 확실히 제외시키려고 한다.
- 다른 사람들이 상대를 좋아하지 않게 만들기 위해 노력한다.

이러한 행동들은 학생의 면전에서도 발생하고 비밀리에 혹은 휴대전화나 인터넷을 통해 발생할 수 있다. 우리는 그것을 사이버 괴롭힘이라고 부른다. 괴롭힘은 종종 이런 해로운 행동들로 구성된 많은 종류의 조합이다.

괴롭힘은 우리 학교에서 용납될 수 없다.

괴롭힘은 용납될 수 없다. 누군가를 괴롭히는 것은 불친절하고 잔인하며 불공평하다. 모든 선생님은 일단 괴롭힘이 일어나고 있다는 것을 알게 되면 그것을 멈추기 위해 빠르게 행동할 것이다. 우리 학교의 모든 사람은 괴롭힘을 당하지 않고 안전하다고 느낄 권리가 있다. 무시하는 행동 또한 괴롭힘으로 이어질 수 있기 때문에 이것 역시 용납되지 않는다. 무시는 누군가를 비하하려는 의도적이고 비열한 말이나 몸짓이다. 무시는 비열하고 불친절하며 반사회적이다(즉, 우리 사회의 받아들여지는 규칙에 어긋나는 것이다).

괴롭힘은 큰 해를 끼친다.

괴롭힘은 여러 면에서 매우 해롭다. 괴롭힘을 당하는 사람의 행복을 해친다. 이들은 종종 학교에서 안전함을 느끼지 못하고 안전함의 밖에 떨어져 지내게 된다. 학생들은 안전하지 않다고 느낄 때 집중하는 것이 어렵기 때문에 그들의 학업 또한 종종 나쁜 영향을 받게 된다.

괴롭힘에 적극적으로 참여한 학생들은 나쁜 평판을 얻고 자신들의 행동 때문에 학교를 떠나도록 요구받을 위험에 처해 있다. 또한 다른 사람들을 많이 괴롭히는 학생들은 어른이 되어서도 그들에게 해로운 행동 양식이 발달할 위험이 있다. 예를 들어, 자신의 동료들을 괴롭히거나, 범죄 행위에 연루되거나, 배우자와 아이들에게 공격적으로 행동하는 어른이 될 가능성이 상대적으로 더 높다.

왜 어떤 학생들은 다른 학생들을 괴롭힐까?

일부 학생들은 괴롭힘이 잘못되었다는 것을 아직 배우지 못했다. 그런 학생들은 다른 학생들만큼 공감과 친절이 아직 많이 발달하지 않았을지도 모른다. 또 다른 일부 학생들은 괴롭힘이 사회적 힘과 인기를 얻는 좋은 방법이라고 생각하거나, 다른 사람들이 자신을 무서워한다는 사실을 즐길 수도 있다.

선생님들은 괴롭힘이 일어나고 있을 때 바로 그 이야기를 전달받기 원한다.

선생님들은 학생들의 웰빙을 돌보며 괴롭힘이 언제 일어나는지 알기를 원한다. 그러면 선생님들은 괴롭힘을 멈추고 괴롭힘에 관련된 학생들을 지원할 수 있다. 책임감 있게 행동하고, 학생 자신이 괴롭힘을 당하거나 다른 누군가가 괴롭힘을 당하고 있는지 알게 될 때는 선생님께 알리는 것을 권고한다. 학생 자신을 보호하기 위해서는 용기가 필요하고, 다른 누군가를 보호하기 위해서는 용기와 함께 친절이 필요하다.

만약 누군가가 괴롭힘을 당한다면, 그것은 그 사람의 잘못이 아니다.

괴롭힘을 당해도 되는 사람은 아무도 없다. 잘못한 사람은 괴롭히는 사람이지, 괴롭힘을 당하는 사람이 아니다. 괴롭힘은 착하고 호감 가는 사람에게도 일어날 수 있다. 누군가 괴롭힘당한다고 해서 그 사람들이 괴롭힘당해도 된다거나 그들을 싫어해도 된다는 것은 아니다. 괴롭힘을 당하는 사람들은 운이 없는 것이다. 만약 누군가가 당신이 좋아하지 않는 방식으로 행동한다면, 그들을 괴롭히거나 못되게 굴지 않는, 공정하고 합리적인 대응 방법을 찾아야 한다.

괴롭힘을 당하지 않도록 자신을 보호하자. 만약 괴롭힘이 멈추지 않는다면, 여러분이 신뢰하는 선생님께 말하자.

때때로 자신감 있게 보이는 것은 괴롭힐 대상을 찾고 있는 아이들의 관심을 끌지 않도록 돕는다. 컴퓨터와 휴대폰에서 개인 정보를 보호하여 다른 사람에게 사이버 괴롭힘을 당하지 않도록 한다. 만약 여러분이 괴롭힘을 당하고 있다면, 그 사람에게 멈추라고 말하자. 침착하게 냉정을 잃지 않는 것이 좋은 전략일 수 있다. 상황이 더 악화될 수 있으니 언짢게 행동하거나 보복하려고 하지 말고, 자신을 지지하는 친구들에게 도움을 요청한다.

하지만 일단 괴롭힘의 패턴이 만들어지면 혼자 그것을 멈추기는 매우 어렵다. 선생님께 무슨 일이 일어나고 있는지 알리고 괴롭힘을 계속하지 못하도록 도와달라고 부탁해야 한다. 이런 문제를 혼자 오래 짊어

질수록 더 무거워지고 되돌릴 수 없게 된다.

스스로 생각해 보자. 작은 방법이라도 누군가를 괴롭히는 데 동참하라는 다른 사람들의 압력에 저항하자.

때때로 아이들은 또래의 다른 사람들에게 누군가를 괴롭히도록 압력이나 영향을 받을 수 있다. 이것을 또래압력이라고 부른다. 만약 다른 학생들의 괴롭힘에 함께 참여하는 것을 선택하면, 심지어 작은 부분이여도, 그 행동에 대한 책임이 있고 자신의 괴롭힘 행동에 대해 설명하도록 요구받을 것이다. '다른 사람들도 다 그랬다'거나 '그것은 내 생각이 아니었다' 혹은 '내가 시작한 게 아니다'라고 말해도 용납되지 않는다. 만약 누군가가 괴롭힘당하는 것을 목격하고 주변에 서서 지켜보거나 웃는다면 여러분도 문제의 일부이고 여러분의 행동을 설명하라는 요구를 받게 될 것이다.

주변인(bystander)이 아닌 또래 중재자(upstander)가 되자.

누군가가 괴롭힘을 당하고 있는 동안 그냥 가만히 있지 말자. 대신 그들을 위해 '함께 맞서 주는' 방법이 있다. 예를 들어, 여러분은 '다른 것을 하자'고 말할 수 있고 괴롭힘당하는 사람에게 더 안전한 장소로 이동하도록 격려할 방법을 찾을 수도 있다. 만약 여러분이 다른 누군가를 괴롭히고 있는 사람에게 맞서게 된다면, 우선 선생님께 개인적으로 그것에 대해 말하자.

괴롭힘은 모든 사람의 문제이다. 우리는 모두 괴롭힘을 예방하고 멈추는 역할을 해야 한다.

우리 학교에서 누군가가 괴롭힘을 당하면, 그것은 우리 모두의 일을 망칠 뿐만 아니라 우리 모두가 학교에 대해 덜 안전하다고 느끼게 만든다. 괴롭힘이 일어나고 있다면 아무도 안전하고 행복할 수 없다. 그것은 우리 교실과 학교 모두의 평판을 해친다. 우리 학교의 모든 사람은 괴롭힘이 없도록 도울 수 있다.

학습목표

이 단원에서 학생들은 다음과 같은 내용을 이해하게 된다.

- 괴롭힘이 무엇이고, 왜 용납할 수 없는 행동인가
- 어떤 사람들은 왜, 어떻게 다른 사람들을 괴롭히려 하는가
- 괴롭힘이 왜 절대 괜찮을 수 없고 모든 사람의 문제인가
- 괴롭힘을 당하고 있는 사람들을 어떻게 도울 수 있는가
- 지금 일어나고 있는 괴롭힘에 대해 선생님들께 알리는 것이 왜 중요한가

1. 학습자료

학지사 홈페이지 자료실(www.hakjisa.co.kr)에 이번 단원에서 사용하는 PPT 자료, 오뚝이 Bounce Back! 활동지의 전체가 탑재되어 있다.

2. 괴롭힘이란 무엇인가요

1) 학습자료

(1) 도서

[역자 추천]

저, 할 말 있어요!(저스틴 로버츠 글, 2016)

가장 작은 아이, 관심이 엄청 많은 아이이다. 샐리는 하나하나 관심을 가지고 살펴본다. 그런 샐리가 학교에서 무슨 일이 벌어지는지 놓칠 리 없다. 친구들 사이의 은근한 괴롭힘과 이기적인 무관심을 알게 된 샐리는 더는 참을 수가 없다. 샐리는 굳게 마음을 먹고 모두의 앞에서 손을 들고 외친다. 그러자 정말 믿기 힘든 일이 벌어진다.

개미나라에 간 루카스(존 니클 저, 2006)

조그마한 개미들에게 붙들려 개미나라의 재판장에 끌려간 루카스. 루카스는 개미들을 물총으로 공격해 개미나라를 물바다로 만든 죄로 유죄를 선고받는다.

(2) 동영상 해시태그

#사이버 괴롭힘(Cyber Bullying) #괴롭힘 가해자(Bully) #그들이 경험한 가해자

괴롭힘과 어떻게 그것이 멈출 수 있는지에 대한 영상을 사용한다.

2) 서클 타임 및 학급토론

이 주제를 시작하기 전에 오뚝이 Bounce Back! 활동지 '괴롭힘 관련 퀴즈'를 우체통 조사 활동을 통해 활용한다(187페이지 참조).

정답(해당되는 경우)은 다음과 같다.

1. 네, 맞습니다.

2. 아메트 말이 맞습니다.

3. 연구 결과에 따르면 전체 학생의 거의 4분의 3이 괴로움을 느낀다고 합니다.

4. 아니요. 이건 고자질이 아닙니다.

5. 트리나가 맞아요. 그건 모두의 문제입니다.

또는 추가로 학급에서 학습자료의 도서 또는 동영상 자료를 함께 보거나 토론한다.

토론 질문

• 일부 학생들이 다른 학생들을 괴롭히고 다치게 할 때 어떤 행동을 하나요?(물리적 공격, 사회적 배척, 그들을 난처하게 하는 것, 모욕하고 욕하는 것, 불쾌한 일을 하도록 강요하는 것, 그들의 것을 가져가거나 훼손하는 것, 소문을 퍼뜨리고, 장난 전화를 하고, 불쾌하고 기분 나쁜 메시지를 보내는 것, 사회적으로 고립시키는 것 등)

• 굴욕은 무엇을 의미하나요?(자부심, 자존감, 품위 상실로 고통을 주는 것)

• 누군가에게 굴욕감을 주는 예는 무엇인가요? 괴롭힘이 누군가에게 굴욕감을 주는 것의 한 형태인가요?(예)

• 잔인한 대우를 받는 사람은 어떤 감정을 느낄까요?(무섭고, 화나고, 외롭고, 부끄럽고, 당황스럽고, 고립되고, 무력하게 된다.)

• 오랜 기간 괴롭힘을 당하면 어떤 결과가 나타날까요?(상처가 쉽게 지워지거나 잊혀지지 않고, 자신감이 무너질 수도 있고, 사람들을 신뢰하는 것과 친구를 사귀는 것이 힘들 수도 있다, 학교 공부에 영향을 받을 수도 있고, 불안하고 우울해진다.)

• 괴롭힘을 하는 사람은 어떻게 느낄까요?(자신이 힘 있다고 느끼고, 우월하며, 즐겁고, 다른 사람에 대한 자신들의 권력에 자신감이 있다. 연구에 따르면, 그들은 자신이 다른 사람들에게 인기 있고 사회적으로 힘 있게 느껴지도록 조종하고, 해치는 대신 다른 사람들에게 진심으로 호감을 얻을 수 있기를 은밀하게 바라고 있다고 보고된다.)

• 괴롭힘을 방관하는 학생들은 어떻게 느낄까요?(미안하고, 괴롭힘을 당하지 않도록 도와주지 못한 것에 대해 부끄러워하고, 그들이 다음 차례가 될까 봐 걱정하며, 어떤 사람들은 그것이 재미있다고 생각하고 자신은 괴롭힘을 당하지 않을 것이라고 안심할지도 모른다.)

• 괴롭힘을 알게 된 선생님들은 어떻게 느낄까요?(그들 반의 학생이라면 충격을 받고, 부끄러워하고, 괴롭힘을 당하는 학생의 웰빙과 괴롭힘에 연루된 학생들의 미래에 대해 걱정한다.)

• 괴롭힘을 당하는 학생의 가족들이 알게 되면 어떻게 느낄까요?(화가 나고, 걱정하고, 충격을 받는다.)

3) 활동

• 학생들은 파트너와 협력하여 어떤 것이 괴롭힘이고, 어떤 것이 괴롭힘이 아닌지를 정의하는 개념 지도를 개발한다.

괴롭힘에 대한 질문

학생들은 세 명씩 그룹을 지어 '괴롭힘이란 무엇인가?'에 대한 다섯 가지 시나리오를 개발하고 반 친구들이나 저학년 동생들이 완성할 수 있도록 한다. 예를 들어, Blake는 Mia의 새로운 헤어스타일을 좋아하지 않는다고 말한다. 이것은 괴롭힘인가요?(아니요), Amy는 Emma가 어떤 그룹에도 속하지 못하도록 막으려고 노력한다. 이것은 괴롭힘인가요?(예)

3. 소문을 퍼뜨리는 것은 괴롭힘의 한 형태가 될 수 있다

1) 학습자료

(1) 도서

[역자 추천]

그 소문 들었어?(하야시 기린 글, 2023)

금색 사자는 왕이 되고 싶은데, 평소 선행으로 왕위 후보에 오른 은색 사자가 거슬린다. 그래서 은색 사자의 평판을 떨어뜨리기 위해 거짓 이야기를 꾸민다. 처음에는 금색 사자의 말을 믿지 않았던 동물들이지만, 너도 나도 같은 이야기를 알고 있다는 이유만으로 금색 사자 말을 믿는다.

2) 서클 타임 및 학급토론

학생들이 수업 시간에 상세한 정보를 '전달'하는 속삭임 게임(Whispers game)을 한다(일부 국가에서는 'Gosip'이라고 함)(예: 스페인 수영선수 Carmen Romero는 다음 주에 여자 수중 수영 기록을 깨기 위해 노력 중이다. 그녀의 남편은 최근 동물원 싸움에서 턱이 부러진 호랑이에게 세 개의 이빨을 이식해 준 유명한 동물 치과의사이다). 전달이 반복되면서 정보(애초에 사실이 아닐 수도 있음)가 다시 창조된다. 더 많은 사람이 이야기를 반복할수록 이야기가 왜곡될 가능성이 있음을 강조한다. 이것은 소문이 여러 번 퍼졌을 때 일어나는 일이기도 하다.

수업 토론 직전에 묶음 활동 전략을 사용하여(179페이지 참조) 학생들마다 소문 하면 떠오르는 네 가지 아이디어를 기록하도록 요청한다. 세 명이 모여서 비슷한 것끼리 묶어 본다. 결과를 토론의 기초로 사용한다.

토론 질문

• '표지만으로 책을 판단할 수 없다'는 말이 무슨 뜻인가요? 외모나 말투만 보고 다른 사람을 안다고 생각하는 실수를 범한 경우를 예로 들어 보세요.

• 사람들이 사실을 확인하지 않고 소문을 믿는 이유는 무엇인가요?(그 소문을 말하는 사람이 정직하다고 믿기 때문이다. 때때로 사람들이 소문이 사실인 것처럼 들리게 하기 위해 가끔 이야기에 추가 정보를 덧붙이지만 잘 깨닫지 못한다.)

• 소문을 퍼뜨리는 것이 어떻게 괴롭힘이 될 수 있을까요?(만약 누군가가 괴롭힘을 당하고 있다면, 그들이 괴롭힘을 당할 만한 이유가 있다고 생각할 수도 있다. 그래서 그들을 그렇게 걱정하지 않거나 도와주려고 하지 않을 수도 있다.)

3) 활동

• 학생들이 파트너와 협력하여 소문을 처리하는 방법에 대한 질의응답을 작성한다.

(1) 기억해서 그리기

소문처럼 선입견이 우리가 보는 것과 기억하는 것에 영향을 줄 수 있음을 보여 주기 위해 고안되었다. 이 작업은 같은 사진을 두 개 준비하는데 그 설명은 다르게 준비한다. 학생들은 라벨이 선입견을 갖게 하여 본 내용을 기억하는 방법에 영향을 미친다는 사실을 확인한다.

단계

① 반을 A 그룹과 B 그룹으로 나눈다. 같은 사진 두 장을 준비하고 사진에 대한 설명 라벨을 다르게 적는다.

② 사진을 보여 준다. 5분 동안은 어떤 것도 그리거나 쓸 수 없다.

③ 그룹 A에게 화면 1의 사진과 라벨을 1분간 보여 주고 그룹 B 학생들은 눈을 감고 있다.

④ 그룹 B에게 화면 2의 같은 사진과 다른 라벨을 보여 주고 그룹 A 학생들은 눈을 감는다.

⑤ 여러 장의 사진으로 이 활동을 반복한다.

⑥ 이와 관련 없는 다른 활동을 하면서 5분을 보낸 후, 학생들이 기억할 수 있는 모든 그림을 그리고 라벨을 붙이도록 한다.

⑦ 학생들을 8명 1조로 구성하는데, 화면 1을 본 사람 네 명과 화면 2를 본 사람 네 명으로 구성한다. 그들은 무엇을 알아챘나요? A그룹과 B그룹 사진이 다른가요? 학생들이 기억해서 그린 그림들은 라벨의 설명에 영향을 받았나요? 이 일은 소문이 퍼지는 것과 어떻게 관련되나요?

(2) 오뚝이 Bounce Back! 저널에 보고서 쓰기

학생들에게 파트너와 협력하여 기억해서 그리기 또는 속삭임 게임 활동의 결과가 그들의 소문과 어떤 관련이 있는지에 대한 보고서를 쓰도록 한다. 마지막 페이지에는 '소문을 믿지 말고 전하지 말라'와 같은 경고 문구가 포함되어야 한다.

4. 무시하는 것은 괴롭힘의 한 형태이다

1) 학습자료

(1) 도서

[역자 추천]

친구가 욕을 해요(나탈리 다르장 글, 2017)

점심 급식에 감자튀김이 나오는 날, 뤼카는 먼저 식당에 가려고 친구들을 마구마구 밀치며 뛰어간다. 그러다가 로메오를 미처 보지 못하고 그만 꽝 부딪치고 말았다. 발레르는 대뜸 뤼카에게 "쏘다 자식!"이라고 소리친다.

나쁜 말 먹는 괴물(카시 르코크 글, 2016)

그림자 속에 숨어서 주인공을 따라다니는 괴물이 있다. 나쁜 말을 먹고 사는 괴물이다. 늘 주인공이 나쁜 말을 하기가 무섭게 덥석 집어 먹는다.

(2) 동영상 해시태그

#나쁜 말 감지기 #나쁜 말투

모욕이 재미있는 것이 아니라는 것과 언어 괴롭힘에 대한 동영상을 사용한다.

2) 서클 타임 및 학급토론

자료 중 하나를 사용한 다음 번개 글쓰기 전략(184페이지 참조)을 사용하여 무시(누구인지, 왜 발생하는지, 다른 사람에게 미치는 영향)에 대해 브레인스토밍한다. 다음 토론에서 학생들이 만든 아이디어를 참조한다. 그런 다음 오뚝이 Bounce Back! 활동지 '무시하기 전문가'에서 무시하는 사람들에 대한 특징을 알아보고 질문에 답한다.

토론 질문

- 무시하는 말은 어떤 특징을 보이나요, 혹은 들리나요?(예: 의심의 표시로 눈알을 굴림, 히죽거림, 놀리는 톤을 갖고 말함, 웃음소리를 내며 비웃음) 우리가 폭언이나 무시하는 말을 듣게 된다면 어떤 느낌을 받게 될까요?(조롱받는 느낌, 작아지는 느낌이 들고, 당황스럽고, 스스로 어리석은 느낌이 들고, 마치 호감이 가지 않고 가치 없는 사람처럼 느껴짐)

- 왜 독특하고 개인적인 것(예: 외모, 신체, 학습 또는 친구를 사귀는 것에 대한 어려움)에 대한 무시나 불쾌한 비판이 더 고통스러울까요?

- 왜 어떤 사람들은 다른 사람들보다 더 많이 무시하는 행동(put down)을 하나요?(남을 낮추어 자신을 좋아 보이게 만들기 위해, 자신들이 멋있고, 인기 있고, 터프하다고 생각하게 하기 위해서, 대부분의 사람은 자신을 두렵게 느끼기보다는 다른 사람들이 자신을 진정으로 좋아하기를 원하지만 그것을 위해 어떻게 해야 하는지 몰라서, 그들은 공감하고 이해하는 능력이 부족해서)

- 만약 학교에서 무시하는 말을 사용하는 것이 괜찮다고 한다면 어떻게 될까요?(말을 나누는 것이 안전하다는 느낌을 받지 못할 것이다. 학생들은 항상 다투고 서로를 좋아하지 않을 것이다.)

- 농담을 하는 것과 무시하는 말을 사용하는 것의 차이점은 무엇인가요?(농담은 친구 사이에 하는 것인데, 만약 농담이라면 말하는 사람만 재미있는 것이 아니라 서로가 재미있을 것이다.)

- 상대방이 자신을 무시하려고 한다는 것을 상대방에게 알게 하는 좋은 방법은 무엇인가요?(이렇게 말하세요: "Emma, 나는 네가 왜 무시하는 말을 사용하는지 모르겠어." 또는 그들은 똑바로 보면서 "그래! Andre"라고 말한다. 이 말의 의미는 "나는 네가 무엇을 말하려는 건지 알겠지만 그 말에 개의치 않아."이다.)

- 무시하는 것과 괴롭힘은 어떻게 연결되나요?(무시하는 것은 괴롭힘의 한 형태이다. 특히 한 학생을 꾸준히 무시하고 괴롭힌다면 그것은 불친절하고 불공평하며 잔인할 수 있다.)

- 왜 어떤 학생들은 자신이 무시를 당하는데도 아무렇지 않은 척하나요?(그들은 그 행동 때문에 상처받는 것보다 학생들 사이에서 소외되거나 더 나쁜 대우를 받는 것이 두렵기 때문이다.)

3) 활동

무시하지 않아요(Anti-put-down) 포스터

학생들은 작은 그룹으로 협상하여 우리 학교에서는 어떻게 무시하는 것이 허용되지 않는지에 대한 포스터를 만들고 최고의 슬로건을 적는다. 예: '우리 학교는 무시하는 말 금지 구역이다.' 또는 '무시하는 행동이 번져 있는 학교는 독이 퍼져 있는 것이다.'

무시하면서 속삭이지 마세요

학생들은 '열 가지 생각 단계'(191페이지 참조) 전략이나 오뚝이 Bounce Back! 활동지 '열 가지 생각 단계'를 사용하여 다음을 논의한다.

- '무시하지 않는 날'을 개최하여 학교 공동체 전체에 메시지를 전한다.
- 학교 전체에 '다른 사람에 대해 무시하면서 속삭이지 않는다'는 규칙을 갖는다.

4) 드라마

이 수업은 '모욕은 재미있지 않아'라는 드라마를 만들고 저학년 동생들에게 발표한다. 책을 읽고 핵심을 파악하면서 토론한다. 그런 다음 학생들을 다음과 같이 그룹으로 구성하여 활동한다.

- 1조는 이야기를 소개하고 읽는다.
- 2조는 책을 읽을 때 시각 자료를 준비한다.
- 3조는 배우들을 위한 간단한 의상을 계획하고 만든다.
- 4조는 간단한 소품을 계획하고 만든다.
- 5조는 슬라이드가 보일 때 이야기를 연기한다.
- 6조는 공연 후 질문을 준비하고 어린 학생들과 토론을 진행한다.

'무시하기' 시나리오

학생들은 다양한 형태의 무시하기 방식으로 다른 사람을 괴롭히는 상황들과 상황에 대처하는 방법에 대한 시나리오를 계획한다. 이 활동을 통해 무시하는 것의 본질을 해부할 수 있게 한다. 대부분의 무시하기는 비언어적이라는 것을 강조한다(75%). 무시하는 것은 비언어적 공격을 사용하기 때문에 정면으로 도전하는 것을 어렵게 만드는데, 이것이 무시하기의 비겁한 면이다. 무시하기의 비언어적인 공격은 쉽게 부인할 수 있고 입증하기가 더 어렵다. 조롱, 의심의 표시로 눈알을 굴림, 비웃기, 히죽거림, 흉내내기, 비꼬기, 코웃음을 치는 것과 같은 극적인 표현 방법에 대해 토론한다.

학생들은 다음과 같이 일반적으로 흔히 경험하는 시나리오를 작성한다.

- 점심시간이나 쉬는 시간에 가수와 그룹에 대해 이야기할 때
- 수업 시간에 소지하기에 가장 좋은 최신 휴대전화 종류를 이야기할 때
- 버스 안(체험학습 가는 길)에서 해야 할 체험이나 숙제에 대해 이야기할 때

4인 1조로 구성된 각 그룹은 상자에서 한 장면을 선택하고 오뚝이 Bounce Back! 활동지 '무시하기 전문가'를 규칙으로 만들어 규제할 법을 준비한다. 각 집단 그룹은 그들이 만든 법을 학급에서 발표한다. 학생들은 무시하는 언어적 표현과 비언어적 행동을 구분한다. 이 활동이 끝난 후 토론하고 보고하는 것은 중요하다. 좋은 경찰과 나쁜 경찰 전략을 사용해도 좋다(182페이지 참조).

5) 적용

무시하는 행동이 없는 학교

학생들이 무시하는 행동을 하지 않는 연습을 할 수 있도록 교실 게임과 토론을 준비한다. 칠판에 각각 1분 또는 2분이 적혀 있는 10개의 원을 그린다. 학급에서 누군가 무시하는 말을 사용할 때마다 한 개의 원에 엑스 표시를 한다. 수업이 끝날 때, 많은 원(혹은 많은 시간)이 남은 학급은 '시간을 벌게 된다'. 일정 시간이 축적되면, 그 시간으로 자유 시간, 게임 시간 등을 가질 수 있다.

만약 한두 명만이 교실에서 무시하는 행동을 할 경우, 따로 대화하여 그들이 하고 있는 일은 용납될 수 없는 것이라고 말한다. 그들이 무시하는 행동을 멈출 수 있도록 돕기 위해, 수업에서 일주일 동안 얼마나 자주 그것을 하는지 개인적으로 '하루 무시하기 행동 횟수 계산 달력'을 준다. 다른 과목 수업에서도 연계하여 '우리 반 하루 무시하기 행동 횟수 계산 달력'을 같은 방법으로 사용할 수 있다.

다음의 질문 및/또는 코멘트로 토론에 응답해 보라.

- '무시하는 말 또는 행동을 했을 때 무슨 일이 발생했니?'
- '나는 네가 다른 사람들에게 과시하거나 감동을 주기 위해 이 친구를 작아 보이게 만들려는 것을 보면 속상해.'
- '네가 무시하는 행동을 계속하도록 놔둘 수 없어. 네가 하는 일은 불친절하고 불공평해. 우리 교실에서 모두가 안전하게 느끼도록 하는 것이 선생님인 나의 일이야.'
- '이러한 발언으로 인해 생겨난 피해를 해결하기 위해 어떤 조치를 취해야 할까?'
- '다시는 이런 일이 발생하지 않도록 하려면 어떻게 해야 할까?'

5. 운동할 때 괴롭힘

1) 서클 타임 및 학급토론

동영상 자료를 보고 프로 스포츠 선수들이 경기를 하는 동안 왜 서로를 모욕하는지 또는 관중들이 왜 선수들을 모욕하는지에 대해 토론한다.

토론 질문
- '야유'는 무엇인가요?(스포츠 경기 중에 경쟁 우위를 점하기 위해 상대에게 욕설을 퍼붓는 전술)
- 이러한 유형의 전술이 스포츠에서 허용되어야 한다고 생각하나요?
- 야유를 멈추기 위한 규칙이 무엇인지 아는 사람이 있나요?(많은 스포츠가 다른 선수들에게 야유를 퍼붓는

선수와 팀에게 벌금을 부과한다.)

- 선수가 다른 팀 선수에게 모욕을 주거나 운동장 사이드라인에서 선수, 코치, 심판에게 모욕을 주는 스포츠 경기에 참여한 적이 있나요? 이 행동에 대해 어떻게 생각하나요?

2) 활동

침묵하는 사이드라인(Silent Sidelines)

'열 가지 생각 단계'(191페이지 참조) 전략을 사용하여, '침묵하는 사이드라인'을 계획한다. 이것은 스포츠 경기를 관람하는 사이드라인에서 관중이나 부모가 선수들에게 소리 지르고, 조롱하고, 욕설하는 것을 막기 위해 전 세계 다양한 주니어 스포츠 단체들에 의해 조직되어 왔다.

집단 교실 탐구

학생들은 축구나 크리켓(cricket)과 같은 스포츠에서의 '야유'에 관한 규칙과 벌에 대해 연구한다('행동수칙'을 만들어 시작하는 것도 좋다).

6. 괴롭힘과 법

1) 학습자료

(1) 웹사이트

Racism. It Stops With Me
영어판으로 한글 번역 기능을 사용할 수 있다.

(2) 동영상 해시태그

#한쪽 무릎 꿇기 #인종차별 #인종차별법(Behind the News: Racial Discrimination Act)
인종차별 퇴치를 돕는 프로그램에 대한 영상을 사용한다.

2) 서클 타임 및 학급토론

자료 중 하나를 보여 주고 학생들에게 인종차별이 무엇인지, 누가 그것을 경험하고, 인종차별이 어떤 영향을 미치는지 물어본다.

토론 질문

• 인종차별적 비방은 무엇인가요?(다른 사람들이 특정 인종 집단의 사람들을 싫어하고 거부하도록 만드는 발언을 하는 것)

• 만약 인종차별적 발언의 대상이 되면 어떤 기분이 들까요? 이것은 괴롭힘의 한 형태인가요?

• 경찰은 왜 학교 괴롭힘을 근절하기 위해 돕나요?(다른 학생들을 괴롭히고 따돌리는 학생들은 다른 학생들보다 법을 어기거나 반사회적인 어른이 될 가능성이 더 높다. 학교에서 남을 괴롭히던 학생의 약 60%가 26세가 되기 전에 어떤 종류의 범죄로 유죄판결을 받은 것으로 조사되었다(Olweus, D., 2003, 'A Profile of Bullying at School'. *Educational Leadership*, 60, 6, pp. 12-17)]

• 다른 학생을 괴롭힌 학생들은 형사처벌을 받을 수 있나요?(네. 한국의 경우「학교폭력예방 및 대책에 관한 법률」에 의해 처벌을 받을 수 있으며, 경우에 따라 형사처벌도 받을 수 있다.)

3) 활동

'열 가지 생각 단계'(191페이지 참조) 전략 또는 '협력적 입장교환 논쟁'(180페이지 참조) 전략을 사용하여 다음 중 하나를 토론한다.

• 다른 학생을 괴롭히다가 적발된 학생은 학교 소식지에 보도된다.

• 학교는 다른 학생을 괴롭히다가 적발된 학생들의 사진을 전시한다.

• 괴롭힘이 발생하면 경찰이 우리 학교로 출동할 것이다.

7. 누가 괴롭히고 누가 타깃이 되나요

1) 학습자료

(1) 도서

[역자 추천]

양파의 왕따일기(문선이 저, 2020)

어느 날 주인공은 우연한 계기로 양파팀에 합류하게 된다. 양파 아이들과 인기 최고인 미희가 결성한 양파팀에 어울리면서 여러 가지 충격과 갈등에 휩싸인다.

(2) 동영상 해시태그

#괴롭힘 금지법 #괴롭힘이 뇌에 미치는 영향(Bullying Is a Pain in the Brain)

아이들이 괴롭힘을 당해도 자신의 잘못이 아니라는 사실을 통해 안심시키고, '괴롭힘을 방지하기' 위한 현실적인 전략을 제안한다. 주변인(bystander)들이 어떻게 도울 수 있는지를 보여 준다.

2) 서클 타임 및 학급토론

오뚝이 Bounce Back! 활동지 '괴롭힘 영화관: 스타, 조연배우, 제작진'의 내용을 보고 토론한다. 또한 오뚝이 Bounce Back! 활동지 '괴롭힘 관련 퀴즈' 학습에 관한 우체통 활동 퀴즈도 다시 참조한다. 또는 자료 중 하나를 더 사용한다. 토론의 일환으로 학생들에게 괴롭힘을 당하는 사람에 대한 연민과 공감이 부족한 것으로 보이는 인물들을 찾아내도록 한다. 그리고 모든 등장인물을 가장 동정심이 강한 사람에서 가장 적게 동정하는 사람 순으로 순위를 매기도록 한다.

토론 질문

- 남을 괴롭히는 학생은 자신이 괴롭히고 있다는 사실을 알고 있나요?(일부 학생은 자신이 하는 일이 괴롭힘이라는 것을 정말로 이해하지 못하지만 대부분은 자신이 무엇을 하고 있는지 알고 있다.)
- 왜 어떤 학생은 다른 학생을 괴롭히나요?(돋보이고 싶어서, 터프해 보이고 싶고 인기 있어 보이기 위해서, 왜냐하면 그들은 상대적으로 공감 능력이나 친절함이 낮다. 특히 주동자들은 '사회적 힘'으로 다른 사람들에게 깊은 인상을 주기 위해 남을 괴롭히는 것은 괜찮다고 생각한다. 즉, 자신이 하고 있는 행동에 대해 심각하게 생각하지 않고, 장난이나 해롭지 않은 재미있는 일이라고 생각한다.)
- 괴롭힘 주동자는 자존감이 낮은가요? 낮은 학업 능력을 보이나요?(남을 괴롭히는 학생은 꽤 다양하지만 대부분은 자신에 대한 과장된 인식, 제한된 양심, 타인의 감정에 대한 낮은 공감 능력, 그리고 사회적 권력을 얻기 위해 다른 사람을 위협하고 모욕해도 된다는 믿음을 가지고 있다.)
- 동물을 학대하는 사람은 학교에서 다른 학생을 괴롭힐 가능성이 더 많다고 합니다. 왜 그럴까요?
- 종종 남을 괴롭히는 학생은 다른 학생보다 형사상 범죄로 기소되거나 미래의 배우자 또는 아이들을 다치게 하고 학대하고 위협하는 사람이 될 가능성이 더 높다고 알고 있습니다. 왜 그럴까요?(앞과 동일하다.)
- 일부 학생은 왜 다른 사람이 괴롭힘을 당할 때 보고 웃나요?(역사를 보면, 예를 들어 고대 로마와 그리스에서는 동물과 사람들을 살해하는 것을 놀이로 즐기는 것과 같은 일이 일어난 상황들로 가득하다. 때때로 괴롭힘을 당하는 사람이 얼마나 고통받고 불행한지, 그리고 어떻게든 괴롭힘을 당하는 사람들이 그런 대우를 받아 마땅하다는 잘못된 믿음에 대해 생각하지 않는 것이 사람들의 지루함을 덜어 주기도 한다. 그러나 이 사람들의 생각은 틀렸다. 괴롭힘을 당하는 사람들은 절대 괴롭힘을 당해 마땅한 이유가 없다.)

- 왜 착한 학생도 괴롭힘과 같은 나쁜 일이 일어나는 것을 보고 말하지 않는 걸까요?(앞과 같이, 그들은 자신의 안전에 대해 걱정한다. 만약 그들이 괴롭힘당하는 사람을 옹호한다면, 괴롭힘에 참여하는 학생들의 영향을 받는 다른 학생들에 의해 사회적으로 거절당할까 봐 혹은 다음 희생자가 될까 봐 걱정한다. 또한 '고자질'하는 것처럼 보이고 싶어 하지 않고, 자신은 누군가를 곤경에 빠뜨리지 않았다고 생각하면서 어려움에 처한 사람을 도와야 한다는 것을 깨닫지 못한다.)
- 대부분의 학생은 반 친구들에게 잔인하지 않고 친절합니다. 그 이유는 무엇일까요?(그들은 괴롭힘이 잘못된 것을 알고 있다. 그들은 좋은 긍정적인 가치를 가지고 있다. 예를 들어, 친근하고, 공정하고, 친절하고, 동정심이 많은 것과 같은 좋은 가치관을 가지고 있다. 그들이 누구를 괴롭혔거나, 그것을 가족이 알고 있다면, 그들은 부끄러움을 느낄 것이다. 그들은 괴롭힘을 당하는 사람들이 고통받는다는 것을 알고 있다. 또한 그들은 좋은 사회적 기술을 가지고 있어서 다른 사람들에게 깊은 인상을 주고 호감을 얻기 위해 괴롭힘에 의존할 필요가 없다.)
- 왜 어떤 학생들은 놀림을 받거나 괴롭힘을 당하나요?(학교에 전학을 와서 아직 친구를 사귀지 못했을 수 있고 일시적으로 지지자가 없을 수도 있다. 자신감이 없고 상황에 대해 더 불안해 보이는 경우 이 아이들을 겁 주고 화나게 만들 수 있다고 생각한다. 그들은 잘못된 시간에 잘못된 장소에 있을 수 있고 괴롭히는 학생들은 그들이 목표로 삼고 있는 사람으로부터 위협을 느낄 수도 있다. 예를 들어, 그들이 더 똑똑하고 더 잘생겼으며 음악/스포츠 등에서 더 잘할 때 괴롭힐 수 있다.)

3) 드라마

오뚝이 Bounce Back! 활동지 '괴롭힘 영화관: 스타, 조연배우, 제작진'을 사용한다. 배우가 된 학생들은 배역의 이름표를 목에 건다. 청중에게 등장인물이 어떻게 다른 행동을 하는지 식별해 달라고 요구한다. 괴롭힘 처벌법을 만들기 위해 토의하고 이를 공표한다.

4) 활동

- 학생들은 오뚝이 Bounce Back! 활동지 '괴롭힘 영화관: 스타, 조연배우, 제작진'에 나오는 인물들을 중심으로 상상력을 풍부하게 가미하여 대사를 만들기 위해 3인 1조로 작업한다.
- 학생들은 오뚝이 Bounce Back! 활동지 '괴롭힘 영화관: 스타, 조연배우, 제작진'의 등장인물 중 하나를 선택한다. 스타, 조연배우, 제작진에 해당하는 등장인물의 관점에서 일지나 일기를 작성해 본다.

5) 가정 연계 과제

괴롭히는 아이들의 가족들도 지원이 필요하다. 자세한 내용은 학습자료 목록을 참조한다. '가족들과 함께 괴롭힘을 멈추기 위한 작업'에 관한 가정통신문을 위해 노트를 준비한다.

- 어떤 종류의 괴롭힘 행동에도 강력하게 반대한다는 것을 당신의 아이에게 알린다.
- 다른 사람에게, 특히 더 취약한 아이들에게 친절하고 다정하게 대할 것을 자녀에게 권한다. 이 아이들을 게임이나 대화에 참여하도록 격려하고 차이점을 받아들이도록 한다.
- 자녀가 다른 아이에 대해 무례하게 말하거나 다른 아이의 불행이나 당황스러움에 대해 친구들에게 이야기하지 않도록 한다.
- 다른 학생을 괴롭힐 것을 종용하는 또래의 압력에 저항하도록 학생을 격려한다.
- 자녀를 진심으로 돌보는 사람과 그런 척하는 사람을 구별하도록 도와준다.
- 자녀가 괴롭힘을 당할 수도 있다고 생각되면 자녀가 신뢰할 수 있는 선생님과 이야기하도록 권장한다.
- 괴롭힘을 당하는 아이들이 고통을 겪도록 내버려 두어서는 안 된다. 다른 가정의 학생이라도 괴롭힘을 하고 있다는 사실을 알게 되면 학교에 알리도록 한다.

8. 괴롭힘으로부터 자신을 방어하는 방법

1) 학습자료

(1) 동영상 해시태그

#사이버 괴롭힘
청소년이 경험하는 괴롭힘을 어떻게 다루고 있는지에 초점을 맞추고 있는 영상 기록

(2) 웹사이트
학교폭력 One-Stop 지원 시스템

2) 서클 타임 및 학급토론

이 토론에서는 스스로를 존중할 줄 아는 사람일수록 자신을 보호하기 위해 노력한다는 점을 강조해야 한다.

- 괴롭힘당하는 것-가능하면 자신 있게 행동하여 자신을 보호하고, 신뢰할 수 없는 사람 주변에 있지 않음으로써 잠재적으로 위험한 상황을 피한다.
- 다른 사람들을 괴롭히는 것에 참여하는 것-그들은 괴롭힘과 사이버폭력이 어떻게 다른 사람들을 해치는지에 초점을 맞추고, 사람들이 다른 사람들을 괴롭히면 어떤 일이 일어날 수 있는지 생각한다(예: 처벌 및 형사 소송의 가능성).

학습자료 중 하나를 사용하고 토론한다. 다음의 질문을 사용할 수 있다.

토론 질문
- 괴롭힘은 당하는 학생의 잘못인가요?(아니요, 괴롭힘 가해자가 항상 비난받아야 할 대상이다. 괴롭힘을 당하는 대부분의 사람은 운이 나쁠 뿐이다. 비록 누군가가 마음에 들지 않거나 다르더라도, 그들은 스스로를 지킬 권리가 있고 해를 입지 않아야 한다.)
- 왜 학생들은 괴롭힘을 당했을 때 선생님에게 일어나는 일을 말하지 않나요?(도움을 요청하는 것이 '일러바치는 것'이나 '고자질하는 것'과 같다고 생각하고, 보복이나 거절에 대해 불안해하며 선생님이 괴롭히는 아이들의 편이거나 괴롭힘당하는 학생을 적극적으로 도와줄지 확실하지 않다고 생각한다.)
- '자신감 있는 행동'이란 무슨 의미인가요?(당당하게 행동하고, 미소를 짓고, 사람들의 눈을 바라보고, 강한 목소리로 말하고, '아무거나 괜찮아'라고 하는 것이 아니라 여러분 자신의 의견을 말하는 행동이다. 가족에게 도움을 청해 자신감 있게 행동하는 것을 주저하거나 불안해하지 않도록 하는 연습을 하여 고쳐 나갈 수 있다.)
- 자신감 있게 행동하는 것이 어떻게 괴롭힘을 덜 받게 만들 수 있을까요?(괴롭힐 대상을 찾고 있는 학생들은 자신감 있게 행동하는 사람을 화나게 하기 어려울 수 있고 괴롭히기 어려울 수 있다고 생각한다. 그들은 자기들이 놀리기 쉬운 대상을 원한다.)
- 자신감 있게 행동하면 항상 괴롭힘을 당하지 않을까요?(아니요, 하지만 가끔은 도움이 될 수도 있다.)
- 효과가 없으면 어떻게 해야 할까요?(어른으로부터 도움을 받는다.)

자신을 괴롭히려고 할 때 어떻게 의사소통을 할 수 있는지 토론한다. 예를 들어, 다음의 활동을 한다.

- 머리를 흔들면서 동시에 미소를 지어 보이되 괴롭히는 사람을 쳐다보지 않는다. 이것은 괴롭히는 사람을 혼란스럽게 만든다.
- "응, 그래?", "정말?" 혹은 "그러든지 말든지"와 상관하지 않는다는 내용의 같은 말을 사용한다. "안 좋은 하루를 보내고 있다니 유감이네요.", "내일은 더 좋아지길 바라요."와 같은 말도 좋다.

이것들은 '모욕을 되갚는 것'이 아니라는 것을 강조한다. 그리고 학생들에게도 추가적인 아이디어를 요청한다.

3) 활동

안전한 세상 캠페인 포스터
학생들은 3인 1조로 학급이나 학교 주변에 전시할 수 있는 포스터를 만들거나, 저학년 학생들과 수업할 자료로 사용할 수 있는 포스터를 만든다. 다음과 같은 메시지를 선택하거나 직접 만들 수 있다.

- 스스로를 존중한다면 스스로를 보호할 수 있다.
- 클릭하기 전에 먼저 생각하기, 보내기 전에 먼저 생각한다.
- 한번 올린 온라인 게시물은 다시 거둘 수 없다.
- 누군가의 사진을 찍기 전에 항상 허락을 구한다.
- 직접 앞에서 말할 수 없다면 이메일이나 문자 메시지에도 보내면 안 된다.
- 인터넷 비밀번호, 액세스 코드 또는 주소를 공유하지 않는다.
- 만약 그것을 계속 지속한다면, 그때부터는 나도 괴롭히는 사람이다.

포스터 또는 디지털 스토리

학교에서 괴롭힘을 당하는 학생들이 다음과 같은 슬로건을 바탕으로 도움을 구하도록 격려할 수 있는 이야기를 쓰거나 수업 프레젠테이션을 준비한다.

- 괴롭힘: 당신은 혼자가 아니에요.
- 괴롭힘: 그건 네 잘못이 아니야.
- 괴롭힘: 지원을 요청하면 대처할 수 있어요.

4) 적용

저학년 학생 멘토링

저학년 학생들에게 사이버 안전에 대해 가르칠 수 있다.

9. 어떻게 하면 학교에서 괴롭힘을 막을 수 있을까요

1) 학습자료

(1) 동영상 해시태그

#괴롭힘에 대항하기(Bigger than a Bully)

학생들에게 '대항하여 말하기'를 하고 도움을 청함으로써 괴롭힘 행동을 멈출 힘이 생긴다는 것을 상기해 주는 데 초점을 맞춘다.

#저 할 말 있어요!

(2) 웹사이트

학교폭력 One-Stop 지원 시스템

2) 서클 타임 및 학급토론

학습자료 중 하나를 사용하고 오뚝이 Bounce Back! 활동지 '괴롭힘 관련 퀴즈'의 우체통 조사(187페이지 참조)를 참고한다. 학생들에게 토론 전에 오뚝이 Bounce Back! 활동지 '보호를 위한 용기'를 읽도록 요청한다. 중요한 점을 강조하거나 단계의 흐름도를 만든다. 오뚝이 Bounce Back! 저널에 활동지를 붙인다.

토론 질문

- 왜 사람들은 가끔 괴롭힘을 당하는 누군가와 친구가 되지 않으려고 할까요?(자신을 보호하기 위해)
- 괴롭힘을 당하는 누군가를 지지해 주고 친구가 되어 줄 용기를 갖는 것을 어렵게 하는 것은 무엇인가요?(거부의 두려움, 똑같은 괴롭힘을 받을 것에 대한 두려움)
- 괴롭힘에 대한 다음의 세 가지 조치는 어떻게 다른가요?(교사의 개입방식도 포함)
  - 지지 요청하기(혼자 해결할 수 없을 때 큰 도움이 된다.)
  - 다른 사람에게 도움을 주기 위해 권위 있는 사람에게 요청하기(권위 있는 상대에게 어려움에 처한 사람을 부탁하기)
  - 밀고하여 말하기(이것은 누군가의 문제를 해결하기보다는 곤경에 빠뜨리려고 하는 것)
- 학급이나 학교에서 누군가가 괴롭힘을 당하면 누구의 문제인가요?(괴롭힘은 모든 사람의 문제이며, 모든 사람이 같은 위험에 처해 있는 문제이다. 그럴 때는 교실 모두가 언제 피해자가 될지 모른다. 이 문제는 그냥 저절로 해결되지는 않는다. 괴롭힘은 두려움과 위협의 문화를 만들어 우리 모두에게 영향을 미치고 고통을 준다. 우리는 학생들이 다른 사람들을 괴롭히는 것을 막아야 할 책임이 있다. 괴롭힘 가해자는 범죄와 가정폭력을 하는 사람으로 발전할 수 있고, 피해를 입는 친구의 정신건강에는 지울 수 없는 상처를 남기기 때문에 둘 다에게 좋지 않다. 괴롭힘에 대해 말하는 것은 우리 자신의 도덕적 용기를 발전시킬 수 있는 좋은 기회이다.)
- 학교에서 괴롭힘이 일어나는 것을 막기 위해 함께할 수 있는 방법은 무엇인가요?(적극적으로 방어 행동을 하는 또래 중재가 된다. 오뚝이 Bounce Back! 활동지 '보호를 위한 용기'에서 설명한 몇 가지 조치를 실행해 본다. 다른 사람들을 괴롭히지 않도록 하기 위해 학교 캠페인을 한다.)

> **교사가 생각해 볼 문제**
>
> 당신은 학생들에게 당신이 교실에서 일어나는 괴롭힘에 대해 명확히 알고 싶어 한다는 것을 분명히 이야기했는가? 이런 민감한 문제들에 대해 학생들과 이야기할 수 있는 별도의 공간이 있는가?

3) 활동

- 학생들은 파트너와 함께 '보호를 위한 용기를 가지는 것' 또는 '우리 모두가 괴롭힘을 막기 위해 함께할 수 있는 일'에 대해 태양 모양의 이미지를 그린 후 적어 본다.

다른 관점

사이버폭력 상황에서 멀티뷰 토론 전략(185페이지 참조)을 사용한다. 예를 들어, 한 학생은 다른 학생들에게도 피해학생을 괴롭히자고 주동자가 계획하고 실행한 불쾌한 문자 메시지를 받게 된다. 이 주동자는 피해학생이 다른 학교 학생들에게 모욕적인 말을 했다고 부정직하게 주장한다. 다음과 같은 다양한 인물의 관점을 가져본다.

- 주동자
- 주동자의 가족
- 참여하는 다른 학생들
- 괴롭힘을 당하는 무고한 학생
- 괴롭힘을 당하는 학생의 가족
- 참여 요청을 받았지만 거절한 학생

포스터 또는 냉장고 자석으로 붙이는 프레임

학생들은 다음과 같은 슬로건으로 포스터나 냉장고 자석으로 붙이는 프레임을 만든다.

- 괴롭힘은 모든 사람의 문제이다.
- 괴롭힘은 우리 모두를 망친다.
- 착한 사람이 행동하지 않으면 나쁜 일이 계속 생긴다.
- 남을 초라하게 느끼도록 만든다고 내가 커지지는 않는다.

또한 학생들은 예측과 결과 논의를 통해 비교 전략을 하는 PACE 기법에 착수할 수 있다(186페이지 참조).

쉬는 시간이나 놀이터 안전

학생들이 그룹별로 쉬는 시간이나 놀이터를 관찰하도록 조직한다. 올해에 가장 인기 있거나 가장 인기가 없는 운동장 활동이 무엇인지, 갈등 상황에 기여하는 것은 어떤 활동인지, 모든 학생이 운동장을 이용하고 있는지 관찰한다. 기구들이 제대로 쓰이고 있는가? 각 그룹은 학년별로 두 명의 학생에게 운동장이나 쉬는 시간에 학년별로 가장 좋아하는 것/가장 안 좋아하는 것, 학생들이 안전하다고 느끼는 것/안전하지 않은 것 등을 물어본다. 학급의 데이터를 수집한다. 학생 리더십 팀을 조직하여 운영한다.

괴롭힘 금지 동영상 제작

'함께하면 괴롭힘을 막을 수 있다'라는 메시지를 보여 주기 위한 활동을 한다. 또래 그룹이나 저학년 학생들을 대상으로 한 짧은 동영상을 만들기 위해 네 명이 팀으로 활동한다. 이 활동과 함께 공동 또래 정비소 전략을 사용한다(157페이지 참조).

4) 드라마

학생들은 네 명씩 팀을 이루어 활동한다. 오뚝이 Bounce Back! 활동지 '보호를 위한 용기'를 참고하여 평소에 주변인에 머물던 학생이 괴롭힘을 당하고 있는 학생들을 돕는 장면을 연출한다.

5) 적용

안전하고 우호적인 위원회

안전하고 따뜻한 분위기의 쉬는 시간 운영이나 놀이 시간 운동장 운영은 학생들의 안전과 웰빙을 위해 필수적이다. 쉬는 시간과 놀이 시간 운동장 활동은 학생들의 학습과 사회화의 중요한 부분이기 때문에 학생들은 놀고, 관계를 발전시키고, 배울 수 있는 안전한 환경이 필요하다.

학생 위원회를 설립하고 '우리 학교는 모두를 위한 더 좋고 친절한 곳'이라는 과제를 낸다. 한 명 이상의 교사가 정기적으로 이 위원회와 만나 문제를 파악하고 좋은 전략을 논의하고, 이전의 행동과 활동을 보고한다. 다음 항목 중 일부 또는 전부를 포함할 수 있다.

- 학생이 참여할 수 있는 구조화된 게임 구성 및 실행
- 점심시간 그룹 활동(예: 보드 및 카드 게임이 있는 게임 클럽, 과학 클럽, 가든 클럽) 또는 '수다방' 계획 및 감독
- 외롭거나 외로운 것으로 보이고 괴롭힘을 당할 위험이 더 많은 학생에게 다가가기, 포함시키기(대화 또는 활동에서)
- 운동장에서 교사들의 시야를 벗어나는 괴롭힘이 일어날 수 있는 학교의 '핫스팟' 파악하기

학생들은 학교 전체 목표인 괴롭힘 방지를 위해 연중 다양한 수준에서 선택된 학생들과 연구를 수행할 수 있다. 한 가지 신호의 예는 손바닥이 다른 사람을 향하도록 하여 가슴 높이까지 손을 올리는 것이다(위협적인 말이나 행동이 포함되지 않은 아이컨택을 하고 미소를 짓지 않으면서) "그만하세요.", "좋아하지 않아요."라는 대사를 반복한다. 누군가 이 신호를 받으면 요청에 따라 즉시 멈추고 떠나야 한다는 것을 설명한다.

10. 괴롭힘에 맞서는 또래 중재자가 되자

1) 학습자료

(1) 동영상 해시태그

#방관자 효과
괴롭힘을 당하는 사람들에게 도움을 주는 것을 권장하는 학교 캠페인에 대한 영상 기록을 사용한다.

#괴롭힘 중재(Beating Bullying)
학생들이 괴롭힘을 당하는 다른 사람을 위해 '중재하려는' 누군가를 '도와주도록' 권장하는 자료를 사용한다.

(2) 사이트

괴롭힘에 있어서의 주변인의 역할(The Bystanders' Role in Bullying)
괴롭힘을 당하고 있는 누군가를 지지하고 옹호하기 위해 여러분이 할 수 있는 것에 대한 정보가 제시되어 있다.

2) 서클 타임 및 학급토론

학습자료 중 하나를 선택하여 토론한다.

토론 질문
- 괴롭힘을 당하는 누군가를 옹호하는 것이 왜 중요한가요?(그들에게 우리의 도움과 친절함이 필요하고 우리는 학교의 일원으로서 책임이 있기 때문이다. 우리는 그들이 우리를 위해 똑같이 행동해 주기를 바란다. 이렇게 하여 괴롭힘을 멈출 수 있고, 우리의 자존감을 높이는 방식으로 다른 누군가를 도울 것이다.)
- 어떤 방식으로 다른 사람을 지지할 수 있나요? 우리가 그들을 돕기 위해 무엇을 할 수 있나요?

괴롭힘을 당하는 사람들을 도울 수 있는 몇 가지 예를 들어 보고, 효과적인 다른 생각이 있는지 물어본다. 예를 들면 다음과 같다.

- 괴롭힘을 당하는 사람에게 다른 활동을 제안한다. 예를 들어, "저기에 가 보자." 혹은 "우리 공놀이 할까?"와 같이 말한다.
- 혹은 괴롭히는 사람들에게 "더 이상 그러지 말자. 기분이 안 좋아."와 같은 말을 한다.
- 신뢰할 수 있는 선생님을 찾아 도움을 요청한다.

괴롭힘당하는 사람을 지지하기 위한 공감, 용기, 자신감 그리고 기술을 개발하는 아이들은 강한 도덕성과 더 강한 자기존중감을 갖는 어른이 될 가능성이 높다. 우리는 책임감 있는 선택을 할 수 있고 도움이 필요한 다른 학생을 도울 수 있다는 것을 떠올린다.

3) 활동

- 학생들은 또래 중재자(upstander)와 주변인(bystander)을 사용하여 5행시 3행시를 쓴다.
- 학생들은 벤다이어그램을 사용하여 또래 중재자와 주변인의 행동을 비교하고 대조한다.

빠른 인용 만들기

학생들은 괴롭힘 문제에 대해 할 수 있는 것을 쓴다. 다음의 문장 완성형을 사용한다: '나는 ~를 통해 우리 학교에서 괴롭힘을 멈추게 할 수 있다고 생각한다.'

4) 드라마

주변인과 또래 중재자 역할극

학생들은 우선 주변인의 시각에서 좋은 경찰과 나쁜 경찰(182페이지 참조)을 이용한 역할놀이 시나리오를 제작한다. 시나리오에 포함될 내용은 다음과 같다.

- X는 Y가 항상 Z가 가져온 점심을 먹는다는 것을 알게 되었다.
- X는 Y가 Z의 말에 웃거나 조롱하듯 눈을 굴린다는 것을 알게 되었다.
- X는 항상 다른 사람들에게 Z와 어울리지 말라고 한다.
- X는 Y가 항상 Z의 …을 비판한다는 것을 알게 되었다(예: 학습의 그룹 활동에서 제안하는 것들, 외모 등).

11. 또래압력에 굴하지 않기

1) 학습자료

(1) 동영상 해시태그

#또래압력 #방관자

다른 아이들이 굴욕감을 느끼게 하고 위협하는 게임을 돕도록 종용되는 예시를 자료로 사용한다.

2) 서클 타임 및 학급토론

먼저 학습자료 중 하나의 주제를 논의한다.

또래압력 주제를 소개하는 또 다른 좋은 방법은 시간제한 활동에 학생들을 참여시키는 것이다. 학생들에게 바닥에 앉으라고 한다. 1분이 경과했을 때 말하라고 한다. 시계를 보거나 또는 카운트하는 것을 다 금지한다고 말한다. 그들은 1분이 다 되었다고 생각할 때 자리에 앉기 위해 가능한 한 빨리 자리로 돌아가야 한다. 2분을 가늠하기 위한 활동도 반복한다. 이 연습을 통해 앉으려는 다른 학생들의 집단이 우르르 결정하는 것에 얼마나 많은 영향을 받았고 다른 학생들의 압력에 저항하는 것이 얼마나 어려울 수 있는지 물어본다.

토론 질문

- 괴롭히는 행동을 볼 때 영상 속의 캐릭터가 어떻게 느꼈나요? 그때 당신의 기분은 어땠나요?
- 또래 집단이란 무엇인가요?(비슷하고 거의 동등한 사람으로 구성된 집단)
- 왜 여러분 나이 때는 또래 그룹에 속하는 것을 좋아하나요?(더 호감이 가고, 더 안전하고, 연결되었다고 느끼기 때문이다.)
- 또래압력이란 무엇인가요?(당신이 불편하게 느끼는 것을 하도록 친구나 반 학생들로부터 압력을 받는 것)
- 또래압력이 등장인물의 행동에 어떤 영향을 미쳤나요?
- 어떤 학생들이 다른 학생들보다 또래 집단의 압력을 가하는 데 더 영향력이 있나요?(일부 더 자신감 있어 보이는 아이들, 더 사교적인 기술을 가지고 있는 일부의 아이들, 다른 사람들을 조종하거나 위협하고 겁먹게 할 수 있는 일부의 아이들, 어떤 아이들은 특정한 그룹에 속함으로써 그들에게 '지위'를 제공하여 심술궂게 행동하도록 만드는 것에 능숙하다.)
- 괴롭히는 그룹 집단에 있길 바라면서 동시에 다른 일반 친구들 집단에 '속해' 있길 바랄 수 있나요? 어떻게요?
- 또래 집단의 압력이 작용할 때 언제 어떻게 당신 자신의 판단을 믿어야 하나요?(괴롭힘이나 비슷한 공격적인 행동이 다른 사람의 행복과 감정에 부정적인 영향을 미칠 때)

• '바보 짓은 1,000명이 힘을 합쳐도 여전히 바보 짓이다.' 이 오래된 중국 속담은 무엇을 의미하고 그것이 또래압력과 어떻게 관련되나요?

3) 활동

• 학생들은 '한 번 이상 괴롭힘에 참여하는 학생들은 학교를 떠나도록 요청받아야 한다'라는 주제로 토론을 준비한다. 또는 열 가지 생각 단계 전략을 사용한다(191페이지 참조).

12. 단원정리

1) 활동

• 학생들은 괴롭힘을 당하는 사람이 선택의 기로에 서 있어 무언가를 선택하는 이야기를 쓴다. 선택과 끝은 학생이 교사를 찾거나 문제를 잘 다루거나 그러지 못했거나 여부에 따라 달라질 수 있다.
• 학생들은 괴롭힘 주제가 있는 두 권의 책이나 비디오를 벤다이어그램으로 비교한다.
• 학생들은 이 단원에 있는 책 중 하나에 대해 감상문을 쓰거나 북 트레일러(198페이지 참조)를 만든다.

괴롭힘 관련 인용구

선택한 인용문 또는 속담(다음의 내용 또는 학생들이 연구해 보기)을 카드에 기록한다. 학생들을 다섯 그룹으로 나누고 각 그룹에게 두 개의 인용구를 준다. 5분 동안 토론하고 나서 전체 학급에 인용문을 설명한다. 학생들은 또한 파트너와 협력하여 그들에게 영감을 주는 인용문을 선택한 '안전합니다' 포스터를 만들 수 있다. 여기에는 인용문의 출처를 조사하는 것도 포함된다. 예를 들면 다음과 같다.

• 바보 짓은 1,000명이 힘을 합쳐도 여전히 바보 짓이다. (중국 속담)
• 세상은 위험한 장소이다. 악마 때문에 그런 것이 아니라 아무것도 안하는 사람 때문에 그렇다. (Albert Einstein)
• 남을 험담하는 사람은 너에 대해서도 험담하고 다닌다. (스페인 속담)
• 눈으로 보지 않은 것은 확인하기 전에는 말하지 말라. (유대인의 속담)

핵심 어휘

또래교사 팀 코칭 전략(191페이지 참조)을 사용하여 학생들이 괴롭힘과 관련된 어휘와 철자를 학습하는데 도움을 준다. 이것은 또한 발표능력을 기르고 언어 구조를 알 수 있는 좋은 기회이다. 예를 들면 다음과 같다.

영향을 미치다/영향(affect/effect)

반사회적인(antisocial)

괴롭히다/괴롭힘/사이버폭력(bully/bullying/cyberbullying)

주변인(bystander)

동정심/동정하는(compassion/compassionate)

자신감 있는/자신감(confident/confidence)

순응(conformity)

결과(consequence)

용기/용감한(courage/courageous)

잔인한/잔인함(cruel/cruelty)

자격이 있다(deserve)

고통(distress)

곤란하게 만들다/곤란한 상황(embarrass/embarrassment)

공감(empathy)

제외하다/제외(exclude/exclusion)

해로움/무해한/해로운(harm/harmless/harmful)

적대적인/적대감(hostile/hostility)

창피를 주다/창피(humiliate/humiliation)

고립시키다/고립(isolate/isolation)

친절한/친절/불친절/더 친절한(kind/kindness/unkind/kinder)

인기 있는/인기(popular/popularity)

보호하다/보호(protect/protection)

압력(pressure)

무시하다(put-down)

반복하다/반복적인/반복(repeat/repeatedly/repetition)

명성(reputation)

책임감 있는/책임(responsible/responsibility)

주동자(ringleader)

소문(rumour)

자기존중(self respect)

침묵을 지키는/침묵(silent/silence)

지지하다/지지하는/지지자(support/supportive/supporter)

피해자/부당하게 괴롭히다(victim/victimize)

2) 게임

전체 학급이나 그룹으로 앞일까 뒤일까 PPT 자료(178페이지 참조)를 사용한다.

3) Bounce Back! 시상식

오뚝이 활동지 Bounce Back! 시상식을 개최하여 괴롭힘을 당한 학생을 기꺼이 도와주겠다는 의사를 가장 잘 나타낸 학생에게 상을 수여한다.

13. 오뚝이 Bounce Back! 활동지

• 다음 활동지는 학지사 홈페이지 자료실(www.hakjisa.co.kr)에도 탑재되어 있다.

괴롭힘 관련 퀴즈

(   ) 학년 (   ) 반 이름 (   )

동의하는 곳에 ○표 하세요.

---

1. 남을 괴롭히는 아동 중 60%는 21세가 되는 시점에 범죄선고를 받는다.

　　　　　　　　　　　　　맞다.　　　확실치 않지만 아닐 것이다.　　　아니다.

---

2. 해리는 괴롭힘당하는 아이들은 그럴 만한 이유가 있다고 한다. 하지만 아메트는 운이 없으면 괴롭힘을 당할 수도 있다고 한다. 누구 말이 맞을까?

　　　　　　　　　　　　　　　　　　　　　　　　　　　해리　　　아메트

---

3. 누군가 괴롭힘을 당하는 것을 봤을 때 얼마나 많은 학생이 속상하고 걱정하고 멈추길 바랄까?

　　　　　25% 정도의 학생　　　　반 정도의 학생　　　　75% 정도의 학생　　　　모든 학생

---

4. 만약 선생님에게 반 친구가 누군가를 괴롭히고 있다고 말하면서 도움을 요청한다면 그것은 배신이라고 말할 수 있을까?

　　　　　　　　　　　　　　그렇다.　　　확실하지 않다.　　　아니다.

---

5. 나는 한 친구를 돌아가면서 괴롭히는 데 참여해 본 적이 있는가?

　　　　　　　　조금 어렸을 때 그런 적 있다.　　　최근에 그런 적 있다.　　　그런 적 없다.

---

6. 제이몬은 "괴롭히는 문제는 걔네들 문제일 뿐이야. 우리는 신경 끄자."라고 이야기했다. 그리고 트리나는 괴롭힘은 "모든 사람의 문제야. 왜냐하면 우리 모두 영향을 받으니까."라고 이야기했다. 누구의 의견이 맞다고 생각하는가?

　　　　　　　　　　　　　　　　　　　　　　　　제이몬　　　트리나

7. 학교에서 괴롭힘을 당하는 친구를 위해 맞서 줄 만한 용기가 있는가?

            예   확실하지 않음   상황에 따라   아니요

---

8. 빈은 '괴롭힘을 당하는 누군가를 도와줘도 소용이 없다. 왜냐하면 별 차이도 없고 나한테 문제만 생길 뿐이기 때문'이라고 말하고 있다.

크리스는 다르다. '그렇게 할 때는 무언가라도 말을 해야 한다'고 말한다. 무언가 달라지기 때문이다. 적어도 가만히 있지 않았기 때문에 자신에 대한 존중감이라도 생긴다고 말한다.

메디는 무언가를 해야 하는 것에 동의했다. 그러나 신뢰가 가는 선생님께 이름을 밝히지 말아 달라고 약속받고 털어놓는 것이 가장 최선이라고 생각한다.

                                   빈   크리스   메디

---

9. 몇몇 좋은 아이들도 주동자가 시작하면 누군가를 괴롭히는 것을 같이하게 되는 주된 이유는 무엇일까? 자신의 의견을 말해 보자.

무시하기 전문가

(   ) 학년 (   ) 반 이름 (   )

무시하기 전문가는 다른 사람을 예술적으로 조롱하고 모욕을 준다. 그들은 진정으로 다른 사람들의 평판에 손상을 입히고 그들을 폄하하기 위해 노력한다. 남학생들이 무시하기 전문가일 경우 남들에게 자신들이 권력이 있고 멋져 보이길 바라면서 공격한다. 여학생들이 무시하기 전문가일 때는 자신들이 얼마나 인기 있어 보이는지를 과장하기 위해 공격한다. 자신이 왕따를 당하지 않기 위해서 다른 사람들도 그 사람을 싫어하게 만든다. 무시하기 전문가는 두 가지의 공격 방법을 사용한다. 하나는 말을 사용하는 것이고 다른 하나는 말을 사용하지 않는 것이다. 대부분(75%)의 무시하는 방법은 말을 걸지 않거나 아예 반응하지 않음으로써 공격하는 것이다. 말로 무시하는 것은 다른 사람에게 말로 공격하는 것인데(아니면 현재 하고 있는 행동에 대해 말로 공격하는 것) 그 방법은 사람의 위치가 낮아지고 작아지게 만들며, 모욕감을 주는 말을 이용하는 것이다.

예를 들면:

◎ 어이가 없네, 이런 것도 못하냐?

◎ 네가 뭘 안다고 그래?

◎ 웃기고 있네.

무시하기 전문가들은 선생님이 알아차려서 제지할 수 없는 숨겨진 공격을 하는 달인들이다. 그들은 말을 하지 않는 공격을 많이 사용한다. 그들의 공격에는 빈정거림과 비꼼과 조소의 목소리와 경멸의 표정이 숨어 있다. 가끔 무시하기 전문가들은 다른 사람과 이야기할 때 웃거나, 헛웃음을 치거나, 쳇쳇 거린다. 종종 그들은 눈을 굴리고 친구를 쳐다보면서 "참 멍청하군."이라고 한다. 가끔은 매우 진지한 척 이야기하면서 과장된 목소리로 "우리는 정말 너를 보내 버릴 거야."라고 하면서 협박한다. 그들은 가끔 다른 학생들의 모습이나 목소리를 흉내 낸다. 가끔은 매우 지루하다는 표현을 찾아내어 소리를 만들거나 표현을 한다(손가락을 계속 두드리거나). 눈을 천장이나 바닥만 보고 있거나 지루한 듯 의자에 기대어 앉거나 가끔은 말하는 사람을 보면서 휘파람을 불기도 한다(말하는 사람에게 깨어 있다는 것을 상기시키듯이). 동시에 실실 웃기도 한다.

◎ 내가 무시를 당한다면 나의 느낌은 어떨까요? 두 단어로 표현해 보세요.

◎ 누군가 나에게 이런 행동을 한다면 가장 좋은 방법은 무엇일까요?

◎ 다른 사람이 이런 행동을 당하는 것을 본다면 어떻게 할 것인가요?

열 가지 생각 단계

(   ) 학년 (   ) 반 이름 (   )

9단원의 활동 *무시하면서 속삭이지 않기 규칙에 대한 생각, *침묵하는 사이드라인 계획하기에 대한 생각, *다른 학생을 괴롭히다가 적발된 학생은 학교 소식지에 보도하는 것에 대한 생각, *학교가 다른 학생을 괴롭히다가 적발된 학생들의 사진을 전시하는 것에 대한 생각, *괴롭힘이 발생하면 경찰이 학교로 출동하는 것 등을 다음 생각 단계에 적용해 봅니다.

1단계	주제는 무엇일까?	생각하려는 문제나 주제를 명확하게 서술하세요.	
2단계	알고 있어야 할 것	우리가 이 주제에 대해 알고 있는 것은 무엇인가요? 우리가 더 알아야 하는 것은 무엇인가요? 알아야 하는 것을 어떻게 알아낼 수 있나요? 우리가 알고 있는 것 중 비슷한 것이 있나요?	
3단계	밝고 긍정적인 면	이 주제의 좋은 특성은 무엇인가요? 주제 속에 좋은 결과가 있을 수도 있나요? 주제에서 좋은 기회가 나올 수도 있나요?	
4단계	어둡고 부정적인 면	이 주제의 그다지 좋지 않은 특성은 무엇인가요? 어떤 문제가 발생할 수 있나요?	
5단계	느낌	이 주제를 접했을 때 어떤 느낌이 들었나요?(느낌 관련 단어: 흥분됨, 걱정됨, 불안함, 기쁨 등) 관련된 사람들에게는 어떤 느낌이 들게 할까요?	
6단계	개선하기	주제를 개선하기 위해 어떤 변화가 필요할까요? 여기에, 덧붙이거나 빼거나 다시 만들거나 대신할 것은 무엇일까요?	
7단계	생각을 점검하기 (좋은 경찰이 묻는다고 생각하고 대답하기)	해결하기 위해 '만약 무엇이라면'이라는 가정을 만들어 볼까요? 우리가 말했던 것에 대한 충분한 증거가 있나요? 우리가 말한 증거는 믿을 만한 가치가 있나요? 우리를 가로막는 해결되지 않은 문제는 무엇인가요?	
8단계	정확하게 생각하기 삐뚤어지지 않기	주제와 관련하여 안정적 혹은 논리적인 생각은 없나요? 도덕성 때문에 이러지도 저러지도 못하는 건가요? 혹시 소수의 문제는 아니었나요?(장애인, 노인, 민족 등) 혹시 성차별이 개입되었나요? 혹시 더 큰 그림 혹은 국제적 시각으로 볼 수 있나요?	
9단계	나의 생각 말하기	나의 의견을 말해 볼까요? 이유도 함께 (저는 생각합니다. 왜냐하면,)	
10단계	우리의 생각 말하기	우리가 토론한 전체 의견을 말해 봅시다. 이것을 결정한 세 가지 이유를 말해 보세요. 반대 관점도 요약해 볼까요?	

괴롭힘 영화관: 스타, 조연배우, 제작진

(　　　) 학년 (　　　) 반　이름 (　　　　　　　　　)

슈퍼스타: '터프가이', '여왕벌', '별로 나이스하지 않은 그룹'

◎ 터프카이는 그의 실제 모습보다 자신이 더 멋지다고 생각한다. 그는 다른 사람들에게 자신의 상상처럼 얼마나 터프한지 지배적인지 파워풀한지 보여 주기를 원한다. 그리고 누군가를 골라서 언제든지 괴롭히고 모욕을 주고 하는 것이 완벽하게 괜찮다고 생각한다. 그는 은근히 다른 사람들이 진심으로 그를 좋아하기를 바란다. 그러나 그를 우러러보는 것도 만족할 것이다(자신만의 착각이더라도).

◎ 여왕벌은 다른 여자애들에게 자기가 얼마나 인기 있는지 보여 주려고 한다. 자신이 찍어 놓은 여자아이 삶을 진짜 비참하게 만들도록 여왕벌의 독침으로 그녀를 정기적으로 찌르는 것이다. 만약 자신보다 예쁘고 총명하고 더 똑똑하고 나이스한 여자아이가 있다면 확실히 독침을 놓아 버리는 것이다.

욕설은 전략 중 하나이다. 사회적 따돌림을 만드는 데 전문가이기 때문에 다른 여자애도 함께 컨트롤할 수 있다. 다른 여자애들은 다음 따돌림을 대상이 되기 싫기 때문에 여왕벌과 함께한다. 그리고 그들의 그룹에 속한다는 달콤한 보상으로 함께 공격을 한다. 여왕벌은 은근히 사람들이 자신을 좋아하길 바란다. 그러나 그들을 무섭게 만드는 것에 만족해야 할 것이다.

◎ 별로 나이스하지 않은 그룹은 그들이 최고로 잘 나가는 그룹임을 다른 사람들에게 확실히 보여 주고자 한다. 그래서 그들은 괴롭힐 수 없거나 공격할 수 없는 사람을 선택하여 '봐라 우리가 최고지? 우리 그룹에는 공격당하는 애가 없다고' 생각한다. 그들은 결코 우월하지 않다.

내키지는 않지만 '스타'로 주목받는: 괴롭힘당하는 아이들

괴롭힘의 대상이 되고 그런 부당한 대우를 받을 자격을 유지하기 위해 아무것도 안 하는 운이 없는 아이들이다. 이 아이들은 단지 운이 없을 뿐이다. 그들은 잘못된 장소나 시간에 있거나 작은 부분에서 조금 다를 뿐이다. 그들은 스스로의 생각을 행사할 권리를 부인한다. 혹은 다음의 스타가 될 수도 있다. 항상 공석이 있어 누구라도 이 역할을 할 수 있다.

조연배우: 동조하는 아이들, 주변에 있는 아이들

◎ 동조하는 애들은 그들의 힘을 부러워한다. 그래서 소위 스타라고 불리는 애들의 더러운 일을 하게 된다. 동조하는 애들은 자신의 의견이 없고 스타라고 불리는 애들의 의견에 따라 행동한다.

◎ 주변에 있는 아이들은 협조하지 않을 때 일어날 일들을 무서워한다. 그래서 슈퍼스타랑 여왕벌과 그룹 아이들이 한 것을 지켜 준다.

제작진: 신자들과 조용한 구경꾼들

◎ 신자들은 괴롭힘에 작은 방법으로 참여한다. 그리고 즐겁게 지켜본다. 왜냐하면 괴롭힘을 당하는 아이들이 당한 모욕이 그럴 법하다고 믿기 때문이다. 그렇기 때문에 이런 행동을 요구한다. 이런 신자들은 사실을 체크하지 않고 믿은 것을 멈추지 않는다.

◎ 조용한 구경꾼은 누군가가 괴롭힘받고 있는 것을 좋아하지 않는다. 사실 기분이 좋지 않다. 이 아이들은 괴롭힘받는 아이들이 얼마나 고통스러울지 알고 있다. 그러나 불행하게도 그들은 이 모든 것을 멈추기에 용기가 충분하지 않다. 왜냐하면 다음에 자신을 괴롭힐 수 있다고 생각하기 때문이다.

진짜 스타: 용기를 가지고 지원해 주는 구경꾼

용기를 가지고 지지해 주는 구경꾼들은 얼마나 고통스럽고 부당한지 알고 있다. 그리고 도움을 주기 위해 혹은 교사의 도움을 청하기 위해 노력한다. 그들은 괴롭힘에 동조하기를 거부한다. 그들이 목격하고 알고 있는 괴롭힘의 거북함에 대해 이야기하고자 한다.

보호를 위한 용기

(   ) 학년 (   ) 반 이름 (   )

자신의 행동을 확인하고 잔인하고 공정하지 않게 대우받는 사람들을 보호하는 데 필요한 용기를 알아보자.

먼저 생각하기

◎ 괴롭힘이 있는 교실에서는 아무도 안전하지 않다. 다음에는 내가 될 수도 있다. 나에게 일어난다면 어떻게 지원을 받을 수 있을 것인가?

◎ 나쁜 일은 좋은 사람에게도 일어날 수 있다. 나쁜 시간은 누구나 원하지 않고 누구나 싫어한다. 단지 운이 없을 뿐이다.

◎ 보호해 줄 사람이 그것이 일어났다고 알고 있는데 아무것도 하지 않는다면 나쁘고 잔인한 것들은 계속 일어날 수 있다. 당신은 어떤 종류의 사람인가?

첫 번째 조치

◎ 어떠한 것이라도 괴롭힘에 결코 참여하지 않겠다고 결심하라. 웃거나 나쁜 이름을 사용하지 않는다. 쳐다보고만 있지 말라. 다른 사람을 이상하게 만들거나 당황하게 하는 정보를 제공하는 데 참여하지 말라. 괴롭히는 메시지를 보내지 말라. 다른 사람이 다 한다고 나까지 따라 하지 말라.

두 번째 조치

보다 직접적인 것을 결정할 수 있다. 다른 사람이나 그와 같은 것들과 함께할 수 있다면 보다 성공적일 것이다.

◎ 보다 가까이 가서 괴롭히는 사람을 똑바로 응시하라. 그리고 슬프게 고개를 흔들라. 그들의 행동에 수치심을 느꼈다는 것을 말하는 것처럼 이것은 목격했다는 증거가 될 것이다. 여러 사람이 이런 행동을 동시에 한다면 이 행동은 효과가 있다. 할 수 있다면 다른 사람들과 함께하라.

◎ 괴롭히는 사람을 혐오스럽게 쳐다보고 이렇게 말할 수 있다.

　－그렇게 괴롭히지 마.

　－그만둬, 너 때문에 우리 반이 병나겠어.

　－학교에서는 그렇게 하면 안 돼.

　－더 좋은 방법은 없었니?

　－두고 볼 수가 없어, 하나도 재밌지 않아.

매우 조용하게 그리고 대립하지 않는 목소리로 말한다.

◎ 만약 괴롭힘이 말로 이루어지고 있다면 안전한 주제로 말을 바꾼다.

◎ 만약 괴롭힘이 휴대전화나 컴퓨터로 이루어지고 있다면 조용히 그들이 하는 것이 불법적이고 나쁜 일인지 알고 있는 사람들에게 알린다. 그들에게 말할 수 있다면 아무도 좋아하지 않을 것이라는 것을 상기시키라.

◎ 고통을 받고 있는 사람에게 '가자'라고 말하고 그들을 데리고 간다.

다른 사람을 위해 방어해 줄 때 자신을 보호하기 위해서도 노력해야 한다. 괴롭히고 있는 사람에게 그들이 하는 짓을 잔소리하지 말라. 이것은 그들이 너를 주목하게 한다. 만약 너를 지목하기 시작했다면 즉시 아무 말도 하지 말고 재빨리 빠져나가라.

세 번째 조치

고통받거나 괴롭힘을 받는 사람을 위해 더 직접적이고 적극적인 조치를 취할 수 있다. 문제를 숨기지 말라. 합리적으로 보호할 수 있도록 대응하라. 당신이 합리적으로 행동한다면 문제에 빠진 사람을 도와줄 수 있을 것이다. 부모님께 고통받는 친구의 이야기를 하라. 혹은 선생님께 말하고 자신의 이름을 밝히지 말 것을 부탁할 수도 있을 것이다.

오뚝이 시상식 상장

이름

초등학교장

10단원 성취

핵심 메시지

위너처럼 생각하세요!

위너처럼 생각한다는 것은 자기 자신에게 도전하며, 목표 달성을 위한 계획을 세우고, 이를 이루기 위해 열심히 노력한다는 것을 의미한다. 또한 다음을 의미한다.

- 힘들어질 때도 쉽게 포기하지 않고 끝까지 해낸다.
- 성취는 단순히 능력에 좌우되기보다는 뭔가를 고수하며 열심히 노력할 때 더 가깝다.
- 자신의 강점과 한계를 알고, 자기이해를 바탕으로 도전적인 목표를 설정한다.
- 목표를 달성하기 위해 노력할 때는 윤리적이며 정직하게 행동한다.

'WINNERS' 7자는 목표 달성을 위해 여러분이 할 수 있는 것을 기억하고, 여러분의 자존감과 자신감을 높이는 데 도움을 주는 머리글자이다.

What are your strengths? 자신의 강점은 무엇인가?(그리고 강점의 증거는 무엇인가?)

모든 것을 잘하는 사람은 없다. 모든 사람은 자신이 잘하는 것과 잘하지 못하는 것, 그리고 개선해야 하는 것을 가지고 있다. 우리는 가장 잘하는 것을 '강점'이라고 부른다. 자신의 강점을 알고 이를 사용하는 것은 스스로의 목표 달성에 도움을 줄 수 있다. 모든 사람은 두 종류의 강점을 가진다.

- 능력강점–내가 잘하는 것들, 예: 읽기, 쓰기, 토론, 수학 및 과학, 악기 연주, 타인에 대한 이해, 예술작품 창작, 스포츠 활동, 자연 이해 등이 있다.
- 성격강점–내가 자주하는 행동들, 예: 친절한 행동, 용감한 행동 혹은 좋은 리더 되기 등이 있다.

여러분의 강점에 대한 증거를 수집한다. 다른 사람들에게 여러분이 무엇을 잘한다고 생각하는지 물어보고 말해 준 내용에 귀 기울인다.

도움이나 개선이 필요한 것을 찾아본다.

모든 사람은 약간의 한계—잘하지 못하는 것—가 있다. 자신의 한계를 아는 것은 이를 개선할 수 있다는 것을 의미한다. 이 부분에 도움을 요청할 수 있기 때문이다. 따라서 한계는 여러분이 목표를 달성하고 위너(WINNER)가 되는 것을 막지 못한다.

다른 사람들을 돕기 위한 강점을 활용은 목적의식을 줄 수 있다.

강점을 이용하여 다른 사람들, 학교, 지역사회를 도울 수 있는 방법을 찾아본다. 다른 사람을 위해 무언가를 한다는 것은 여러분의 삶에 더 많은 의미와 목적의식을 준다.

Interesting mistakes 흥미로운 실수가 발생할 수 있다(실수하는 것을 두려워 말라. 실수를 통해 배울 것이다).

목표를 달성하고자 노력하는 과정에서 모든 사람은 실수하거나 종종 실패한다. 성장으로 가는 여행에 실수와 실패는 반드시 필요하다. 실패와 실수는 개선해야 할 부분이나 다음에 더 잘할 수 있는 부분을 알려준다. 우리가 아직은 할 수 없는 몇 가지 것이 있겠지만, 노력과 끈기를 가지면 결국 그것을 해낼 수 있는 좋은 기회가 온다.

No effort, no results 노력이 없으면, 결과도 없다. 도전하자.

어떤 누구도 많은 노력과 수고, 자기 수양 없이 중요한 무언가를 얻지 못한다. 만약 '성장형 사고방식'을 가졌다면, 힘들 때 포기하지 않고 도전하며 더욱 노력하여 현명하고 좋아질 수 있다는 것을 알고 있다. 하지만 '고정형 사고방식'이라면, 변화하거나, 성장하거나, 더 현명해질 수 없다고 생각할 것이다. 고정형 사고방식을 갖고 있더라도 성장형 사고방식으로 바꿀 수 있다.

Never give up 절대 포기하지 않는다. 끈기를 사용하여 장애물을 극복하라.

포기하지 않고 열심히 노력하면 노력할수록 더 많이 배울 수 있다. 자기 자신에게 도전할 때 약간의 장애물을 갖는 것은 일반적이며, 장애물 역시 해결될 문제로 보도록 노력하자. 문제를 해결할 수 있는 자원이나 여러분을 도와주거나 조언해 줄 수 있는 사람을 찾는 등 다양한 방법을 찾아본다. 특정 목표를 달성하지 못할 수도 있지만, 열심히 했다면 여전히 자신에게 '나는 도전하고, 최선을 다해 이를 해냈어.'라고 말할 수 있다.

Ethics and honesty must by the rule 윤리와 정직이 규칙이어야 한다.

정직하지 않고, 거짓말, 험담, 다른 사람을 존중하지 않는 방식으로 달성된 목표는 아무런 가치가 없다. 우리는 자신을 좋아하지 않게 될 것이고 다른 사람들도 우리를 좋아하지 않을 것이다.

Risk-taking 때로는 위험을 감수하는 것이 필요하다. 자신을 믿자.

중요한 것을 성취하려고 노력하는 과정에는 항상 위험이 따른다. 실패할 수도 있고, 다른 사람들은 우리가 달성하려고 하는 것을 반대하거나 깎아내릴지도 모른다. 그러나 위험을 감수하지 않는 사람은 아무것도 성취하지 못한다. 자신을 믿으며 위험을 감수하고 앞으로 나아가자. 하지만 먼저 위험을 따져 보고, 이를 예상하고 대비할 수 있도록 한다.

Smart goal-setting 현명한 목표 설정을 통해 계획과 성장을 향해 나아가야 한다.

항상 목표를 생각하며 목표 성취를 이루기 위해 할 일을 한다. 우리는 성취하고자 노력하는 다양한 목표를 가지고 있다. 일부는 단기적이고(예: 친구를 만들거나, 숙제를 하기) 일부는 장기적이다(예: 학교의 스포츠 대표선수 되기, 12학년을 좋은 성적으로 마무리하기). 목표를 정하고, 계획을 세우며, 꾸준한 집중을 유지하려면 노력이 필요하다. 열심히 노력한 일의 보상은 서서히 오랜 시간에 걸쳐 오는 경우도 있으므로 기다리는 인내가 요구된다. 한 단계 한 단계 계획을 세워야 한다. 이런 자세는 목표 달성에 있어 올바른 방향을 제시해 줄 것이다. 이런 방향을 따라 계획을 수정할 경우도 있을 것이다.

당신 자신과 당신의 행동에 대해 성찰해 본다.

도전이나 목표를 달성하려고 노력한 후에는 잘된 것과 잘되지 않은 것, 다음에 개선이 필요한 것은 무엇인지에 대해 성찰해 본다. WINNER처럼 생각하면 다음을 배울 수 있다.

- 강점과 한계
- 도전적이고 많은 노력이 요구되는 것
- 배운 내용과 여전히 배워야 할 필요가 있는 것
- 실수는 더 나은 성장의 방법을 배울 수 있는 기회

선생님, 친구, 반 친구, 그리고 여러분의 가족과 같은 다른 사람들이 말해 주는 자신에 대한 피드백은 우리 자신을 되돌아보는 데 도움을 준다.

학습목표

이 단원에서 학생들은 다음 사항에 대한 이해와 적용을 넓힐 것이다.

- 자신의 성격강점과 능력강점을 파악하고 활용함으로써 성장을 향해 나아가기
- 자신의 실수로부터 배우기
- 성장형 사고방식 개발 및 활용
- 어려운 상황에도 끈기를 갖고 꾸준히 지속하기

1. 학습자료

주요 도서 및 보조 책, 영화, 비디오 클립, 시, 노래 및 웹사이트에 대한 참조를 포함한 전체 자료 목록을 사용할 수 있다.

학지사 홈페이지 자료실(www.hakjisa.co.kr)에 이번 단원에서 사용하는 PPT 자료, 오뚝이 Bounce Back! 활동지의 전체가 탑재되어 있다.

2. 성장을 위해 두뇌를 훈련시키고 위너처럼 생각하라

1) 학습자료

(1) 도서

나의 판타스틱 브레인

이 책은 신경과학, 뇌의 확장과 성장능력을 소개한다. 근육을 키우기 위해 역기를 드는 것처럼 두뇌를 강화하고 성장시키기 위해서는 새로운 것을 시도하고 포기하지 않아야 한다.

(2) 노래

#신경계의 구조와 기능, 과학송 #신경계송 # Everything's Controlled by the Brain

2) 서클 타임 및 학급토론

도전적인 목표를 성취했던 개별적인 경험에 대해 함께 이야기 나눈다. 책을 읽고 노래를 들려준다. 그런 다음 짝과 함께 정말 하기 힘들고 어려웠던 것(예: 무언가를 위해 저축하기, 멀티미디어 수업에서 프레젠테이션 제작하기, 학교 회의에서 발표하기, 새로운 스포츠 학습하기)을 배웠던 한 가지 경험에 대해 토의해 보도록 한다. 그리고 그 경험을 다 같이 나눠 본다.

토론 질문
- 왜 뇌가 우리 몸의 가장 중요한 부분인가요?(신체의 움직임과 반응을 조절하고, 학습과 정보 유지를 가능하게 한다.)
- 어떻게 뇌를 강화할 수 있을까요?(근육을 더 튼튼하게 하기 위해 역기를 드는 것과 유사하다. 새로운 것을 학

습하는 것은 뇌의 능력을 강화하고 증가시킨다.)

- 어떻게 하면 뇌에 좋은 '운동'을 시킬 수 있을까요?(자신에게 도전하고, 많은 것을 배우려고 노력하기)
- 뇌의 학습과 성장을 돕는 좋은 방법 한 가지는 무엇일까요?(실수로부터 학습하기, 기량을 연습하기)
- 어떠한 위험도 감수하지 않거나 새로운 것을 배우지 않으려 한다면 어떻게 될까요?(뇌가 더 잘 기능하고 확장되도록 하지 못할 것이다.)
- 도전적인 것을 학습할 때 여러분의 뇌에서는 무슨 일이 일어날까요?(더 많은 신경 연결을 만들고 뇌가 더 잘 기능하도록 한다.)

그런 다음 'WINNERS' 일곱 가지 원칙에 대한 PPT 자료를 사용하여 WINNERS 머리글자를 소개한다. 각각의 진술이 무엇을 의미하는지 토론하고 각 아이디어를 이미 논의한 것과 연관시킨다. 각 'WINNERS' 일곱 가지 위너 원칙에 대해 자세히 배울 것이라고 설명한다. 강점과 한계, 도전, 지속성, 끈기, 방해물, 윤리, 위험 감수, 성장형 사고방식 등과 같은 새로운 어휘를 풀어서 설명한다.

> What are your strengths?(강점)
>
> Interesting mistakes(실수로부터 배움)
>
> No effort, no results(노력)
>
> Never give up(포기하지 않음)
>
> Ethics and honesty(도덕성과 정직)
>
> Risk-taking(위험감수)
>
> Smart goal-setting(목표)

3) 활동

'WINNERS' 일곱 가지 원칙과 함께 또래교사 팀 코칭(191페이지 참조)을 사용한다.

- 학급 전체와 WINNERS PPT 자료를 사용하여 위너의 원칙을 공부한다.
- 학생들은 오뚝이 Bounce Back! 활동지 'WINNERS'의 일곱 가지 원칙을 완료하고 모둠 내에서 의견을 공유한다.
- 학생은 'WINNERS'(198페이지 참조)에 기초하여 지갑 카드, 냉장고 자석으로 붙이는 프레임을 만들거나 포스터를 만든다(오뚝이 Bounce Back! 활동지 'WINNERS'의 일곱 가지 원칙을 사용한다).
- 학생들은 'WINNERS'를 기반으로 우리 반 모빌을 만든다(오뚝이 Bounce Back! 활동지 'WINNERS'의 일곱 가지 원칙을 사용한다).
- '뇌'와 관련된 노래자료를 참고하여 부르고, 학생들에게 자기 방식으로 가사를 개사해 보도록 한다.

4) 적용

오뚝이 Bounce Back! 저널 반영

이 단원에서는 오뚝이 Bounce Back! 저널을 다양한 방식으로 활용한다. 우선, 자신의 행동과 자기이해를 위한 용도로 사용된다. 또한 자신의 목표·과정·도전·장점·한계를 기록할 수 있다. 아니면 단원의 핵심 메시지를 반영하는 데 쓰일 수 있다.

3. 능력강점─당신의 강점은 무엇인가요

1) 학습자료

(1) 동영상 해시태그

#Real Kids, Real Stories, Real Change: Courageous Actions Around the World #Emily-A Girl Who Couldn't Fit In #가드너 다중지능

세계의 다양한 아이가 다양한 재능을 가지고 있음을 보여 주는 자료이다. 자신의 재능을 모르는 아이가 자신의 재능을 발견하는 자료도 포함한다. 이는 가드너의 다중지능을 이해하는 데 도움이 된다.

2) 서클 타임 및 학급토론

학습자료를 활용하여 능력강점에 대해 소개하고 또는 사람들이 성장할 수 있는 도구로서 Howard Gardner의 여덟 가지 다중 지능을 연결한다(81페이지, 오뚝이 Bounce Back! 활동지 '능력강점 찾아내기' 참조). 'WINNERS' PPT 자료를 보여 주고 첫 번째 문장을 함께 의논한다. 'What are your strengths?' 무슨 강점을 갖고 있나요? 그리고 오뚝이 Bounce Back! 활동지 '다중지능강점 조사 설문지(MICUPS)'를 완성하도록 요청한다. 짝과 함께 자신의 다중지능강점 조사 설문지(MICUPS)의 값(절대점수 값이 아님)에 대해 토론하고 상위 세 가지 강점을 말한다. 그리고 나서 각 학생들은 최고의 강점 중 하나를 이야기하고 이런 강점을 뒷받침할 수 있는 증거가 될 경험을 한 가지 말한다(예: '내 강점 중 하나는 공간지각능력이다. 그래서 내 그림 중 하나를 전시했던 경험이 있다'). 학생들은 오뚝이 Bounce Back! 활동지 '능력강점 찾아내기' 활동을 완수한다. 다시 서클이나 학급토론으로 돌아가서, 각각의 학생 활동지 위에 있는 이름과 그 사람의 강점을 공유한다. 다음 토론 질문 및 오뚝이 Bounce Back! 활동지 '능력강점 찾아내기'를 참조한다.

토론 질문

- 우리 반 학생들의 능력강점은 무엇이 있었나요?
- 모든 사람이 같은 능력강점을 가지고 있나요? 혹은 잘하지 못하는 것이나 한계가 모두 같나요?
- 자신의 강점과 한계에 대한 증거를 어떤 방법으로 수집할 수 있을까요?(시험 점수, 과제 피드백, 다른 사람의 평가의 말이나 피드백, 특정 기술 분야의 타인과 자신의 비교, 대회에서 자신을 시험하는 것)
- 왜 증거가 중요할까요?(강점과 한계를 아는 것은 목표를 달성하는 데 도움이 된다. 현실 확인을 하지 않고 무언가를 잘한다고 생각하는 것은 도움이 되지 않는다. 생각 자체가 틀렸을 수도 있다.)
- 한계를 극복하거나 채워 가려면 어떻게 해야 할까요?(한계와 관련된 것들을 살펴보고, 도움이나 조언을 구하고, 더 연습하고, 더 많은 것을 배우고, 발전에 필요한 기술과 지식을 배우는 데 더 많은 노력을 기울인다.)

3) 활동

학생 각각은 다중지능 설문지에서 가장 높은 두 개 항목 중 하나를 선택하도록 하고, 이에 대한 학급 전체의 다중지능 분포와 누적을 그래프로 만든다.

- 세 명이 한 모둠이 되어 네 개의 다중지능 분야에서 탁월한 능력을 발휘하는 네 명의 유명인을 조사한다. 이것을 PPT로 발표한다. 이 활동에 대안으로, 각 모둠은 동영상 자료 'Real Kids, Real Stories, Real Change: Courageous Actions Around the World(실제 어린이, 실제 이야기, 실제 변화: 전 세계의 용기 있는 행동)'의 다른 이야기에 나오는 아이들의 능력강점을 보여 주고 분석할 수 있다.
- 짝과 다음에 대해 말해 본다. 자신의 능력강점 중 한 가지, 갖고 싶은 직업 한 가지, 언급한 능력강점으로 갖고 싶은 직업에서 성공하는 한 가지 방법에 대해 이야기 나눈다.

Bounce Back! 저널 쓰기

학생들은 다중지능 설문지에 자신의 결과(능력강점)뿐 아니라 자신이 뽑은 능력강점 세 가지에 대한 증거를 포함하여 보고를 작성한다.

능력강점 자랑회

학생들의 능력강점을 보여 줄 기회를 마련한다. 예를 들면 다음과 같다.

- 흐름도, 3차원 블록 쌓기, 랩 또는 노래, 협동 마임 등 학생들의 강점을 다양한 방식으로 보여 줄 수 있는 기회와 선택을 학생들에게 제공한다.
- 학생들의 이야기, 시, 그림, 사진을 제공받아 이를 학급 소식지나 사람들이 많이 다니는 복도의 게시판에 설치해 전시한다.

4) 적용

능력강점 분석

학습자료를 사용하여 다양한 사람의 능력강점을 강조한다. 학생들은 문헌이나 역사에 등장하는 다양한 인물의 능력강점을 더 잘 분석하기 위해 다중지능 구성표를 사용할 수 있다.

4. 성격강점-여러분의 가장 좋은 점은 무엇인가요

> 👤 교사가 생각해 볼 문제
>
> 이 주제를 진행하기 전에 무료로 제공되는 VIA Survey 사이트의 한국어 버전을 이용하여 자신의 성격강점 목록을 작성한다. 작성에는 10~15분이 소요되며 자신의 24개 성격강점의 순위를 볼 수 있다. 성격강점에 대한 자세한 내용은 82~83페이지를 참조한다.

1) 학습자료

(1) 동영상 해시태그

#Real Kids, Real Stories, Real Change: Courageous Actions Around the World(572페이지 참조) #Know Your Character Strengths

용기, 창조성, 친절, 끈기, 회복력, 그리고 책임감과 같은 성격강점을 보여 주는 어린이들의 이야기를 통해 이 주제를 다룬다. 다양한 성격강점이 이 세상에 있는 70억 인구를 얼마나 특별하게 만드는지 강조하는 자료이다.

(2) 영화

해피 피트

다른 황제펭귄은 짝을 유혹하기 위해 노래를 잘 부르지만 Mumbles은 그렇지 못하다. 그러나 그는 훌륭한 탭 댄서이다. Mumbles은 자신이 잘하는 탭댄스를 통해 짝 찾기를 시도한다.

(3) 웹사이트

The VIA Survey(한국어 버전: 성인용으로 되어 있으나 교육용으로 5~6학년 어린이가 사용할 수 있음)

Let it Ripple Film Studio: Character Day

2) 서클 타임 및 학급토론

시간이 허락하면 책이나 동영상과 함께 주제를 소개한다. '독특한(unique)'은 항상 'u(you)'로 시작된다고 말한 다음 Know Your Character Strengths(자신의 성격강점 이해) 영상을 보여 준다. VIA 웹사이트에서 VIA 성격감정에 대한 포스터를 찾거나 핸드북 82페이지에 나와 있는 성격강점을 보여 준다. 학생들에게 자신이 가지고 있다고 생각하는 세 가지 강점을 고르도록 한다. 이때 강점에 대한 어떤 증거를 가지고 있는지도 생각해 보도록 한다. 여러분의 주요 성격강점 중 하나와 그 강점을 어떻게 사용하는지에 대한 한 가지 예를 함께 이야기 나누면서 토론을 시작한다. 그런 다음 각 학생은 자신의 세 가지 강점 중 하나를 발표하고, 학교나 집 혹은 친구 사이에서 그 강점을 어떻게 사용하는지 한 가지 예를 든다. 여러분이 갖고 있는 상위의 3~5개의 성격강점(character strengths) 혹은 능력강점(ability strengths)을 대표강점(signature strengths)이라고 한다. 여러분이 이러한 강점 중 하나를 사용할 때 더 신나고 활동적일 수 있음을 의미한다. 또한 이러한 강점을 사용할 때 더 빨리 배우며, 이를 다양하게 사용할 수 있는 방식을 찾고 싶어 할 것이다.

토론 질문
- 책/영화 속 등장인물이 보여 준 성격강점은 무엇인가요?
- 어떻게 하면 여러분의 강점을 더 자주 사용할 수 있을까요? 학교에서, 집에서, 다른 방식으로
- 목표를 설정하는 데 성격강점을 아는 것은 어떤 도움이 될까요? 배울 때는 어떤 도움이 될까요? 어떤 것들은 하기에 더 쉬울 것이고 다른 것들은 힘든 노력과 인내가 필요할 것임을 이해하는 데 도움이 되나요?
- 여러분의 성장과 성숙에 따라 성격강점이 바뀔 수 있다고 생각하나요?(네)
- 성격강점이 더 강해지도록 노력할 수 있나요?(예: 만약 여러분이 감사 영역에서 낮은 점수를 받는다면, 여러분 삶을 둘러싼 사람들과 모든 것에 더 감사하기 위해 노력할 수 있다.)

3) 활동

학생들을 작은 모둠으로 구성하고 각 모둠에 Real Kids, Real Stories, Real Character(실제 어린이, 실제 이야기, 실제 변화)의 작은 에피소드를 할당하여 어린이의 성격강점을 강조하는 하나의 슬라이드를 발표하도록 한다.

- 각 학생은 자신의 강점 중 하나를 강조하는 우리 학급 디지털 저널(197페이지 참조)을 만든다. 능력강점이나 성격강점에 초점을 맞추어 제작한다.
- 학생들은 각자 자신의 능력과 성격강점을 보여 주는 '강점 꾸러미(또는 신발 상자)'를 준비하고 전시한다.

• 9월 'Character Day'에 학급이나 학교를 등록한다. Character Day 행사는 2014년에 'The Science of Character' 영화 제작자인 Tiffany Schlain에 의해 시작되었으며 매년 성장하고 있다. 인성을 개발하고 개선하는 것의 중요성을 축하하며 매년 열리는 세계적인 행사이다. 인물에 대한 인터뷰와 짧은 영화, 그리고 연령에 맞는 성격강점 활동을 한다.

다른 방식으로 최고의 강점 사용

학생들에게 주요 성격강점 중 하나가 무엇이고, 그러한 강점을 사용해서 무엇을 하고 싶은지 생각해 보도록 한다. 그리고 나서 강점을 다양한 방식으로 사용하기 위해 학생들은 무엇을 할 수 있을지 생각한다. 또한 다양한 활동에 이러한 강점을 어떻게 적용할 수 있을지 고민하고, 학생들이 생각한 활동을 할 수 있도록 시간을 마련한다. 그 후 학생들은 오뚝이 Bounce Back! 저널에서 다음 질문에 대한 자신의 답을 적는다.

• 다양한 방식으로 대표 강점을 적용해 보는 과제 찾기는 어려웠나요?
• 쉬운 작업이었나요? 어려웠나요?
• 시간이 전보다 더 빨리 지나갔나요?
• 좋은 점과 안 좋은 점은 무엇이었나요?
• 어떻게 하면 대표강점을 계속 사용할 수 있을까요?

강점 쇼케이스 날

학생들은 자신의 능력강점이나 성격강점을 드러내기 위한 공연이나 결과물을 기획하거나 준비하여 특별한 '강점 쇼케이스의 날'을 연다. 전체 학급 목표로 이 날에 대한 기획을 진행할 수 있다. 프로그램이나 카탈로그 제작을 잊지 않는다.

직업탐색

학생들에게 커서 어떤 직업을 갖고 싶은지 물어본다. 또한 원하는 직업을 얻는 데 자신의 성격강점이 어떤 도움을 줄 수 있으며, 성격강점을 어떻게 적용할 것인지에 대해서도 생각해 보도록 한다.

4) 적용

성격 분석

학생들은 성격강점 틀을 사용하여 책이나 언론에 나오는 가상의 인물과 실제 인물들의 성격강점을 분석해 본다.

5) 가정 연계 과제

집에서 인터넷에 접속할 수 있는 학생은 VIA 웹사이트를 방문하여 한국어 버전의 VIA 조사를 완료한다.

이 조사는 15~30분 정도 걸린다. 이 조사를 완성하는 데 어려움이 있을 것으로 예상되는 학생에게는 도움을 제공한다. 성인용이지만 한국어 버전으로 해석되어 있어 한국 5~6학년 어린이가 문제 없이 사용할 수 있다. 어린이용은 영어 버전으로 사용할 수 있으니 영어가 불편하지 않은 학생은 사용하여도 좋다. 상위 강점 3~5개는 인쇄하거나 기록해서 가져오도록 한다. 다음의 주의를 덧붙인다. 성격강점에 대한 현재 평가는 향후 다른 방식으로 측정되거나 시간의 흐름에 따라 변화될 수 있다.

5. 몰입하기

1) 학습자료

(1) 도서

[역자 추천]

몰입 천재 클레멘타인(사라 페니패커 글, 2008)
이 책의 주인공은 지금까지 주변에서 흔히 볼 수 없던 캐릭터로, 굉장히 기발하고 원기 왕성하며 자유로운 영혼을 가졌다. 상상력과 호기심이 많은 클레멘타인은 늘 좋은 의도에서 어떤 일을 시작하지만 그 과정에서 크고 작은 문제를 일으킨다.

(2) 동영상 해시태그

#Zen tails: Up and Down
아무것도 하는 일 없이 지루한 나날을 보내던 원숭이는 Shri를 만난다. 현명한 거북이 Shri는 원숭이에게 어디에 있든 지루함은 이겨 낼 수 있다고 가르친다. 영어판 도서로 Read aloud 동영상에서 접할 수 있다. 한글 자막을 사용하면 도움이 된다.

#Paper Planes #Dylan #Being in the Zone
주인공인 Dylan은 종이비행기 대회에서 경쟁하거나 비행기를 접을 때 몰입하고 이에 빠져드는 것처럼 보인다. 영어판 도서로 Read aloud 동영상에서 접할 수 있다. 화면만 참고해도 좋다.

2) 서클 타임 및 학급토론

자기 일에 완전히 몰입한 사람의 이미지를 보여 주면서 이 주제를 소개한다(예: 과학자, 동·식물 연구가, 스포츠 선수, 음악가, 댄서, 선생님, 목수, 엔지니어). 많은 사람은(특히 스포츠 선수) '몰입'의 상태에 있다고 자주 언급된다. 학생들에게 몰입이 무엇을 의미하는지 물어본다(정말로 하고 싶은 어떤 것에 몰두하는 것을 의미한다. 자신이 하고 있는 일에 도전하고, 도전을 성취하기 위해 강점과 기술을 사용한다). 이러한 상태에 있는 것을 '몰입경험'이라고도 하며 다음의 상황에서 발생한다.

- 도전적인 과제이며 약간의 기술이 요구될 때
- 명확한 목표가 있고 무엇을 해야 하는지 알고 있을 때
- 얼마나 잘 진행하고 있는지 말할 수 있을 때
- 과제를 잘하고 있다고 느낄 때
- 1시간이 마치 1분처럼 느껴질 때(깊게 빠져 있다는 것을 의미)
- 다른 일을 잊어버릴 정도로 무척 집중할 때

토론 질문
- 등장인물이 보여 준 능력강점과 성격강점은 무엇인가요?
- 몰입 경험의 사례나 몰입의 예는 무엇일까요?(훈련과 기술이 요구되는 강점과 연결된 활동에 강렬한 집중을 경험한다. 또한 도전을 즐기도록 하는 활동에도 이러한 경험이 가능하다. 예: 그림 그리기, 악기 연주, 노래 작곡, 스포츠 활동, 글쓰기)
- 몰입하지 않을 때 당신은 무엇을 하고 있나요?(음악 듣기, TV 또는 DVD 시청과 같은 수동적 활동, 이들 활동은 즐겁지만 자극을 주거나 자신감이 생기도록 하지는 않는다.)
- 언제 가장 몰입되나요?(과제가 정말로 도전적이거나 나를 긴장시킬 때, 강점을 사용할 수 있을 때)

학생들에게 몰두하고 있을 때의 예를 몇 가지 들어 짝과 이야기 나누도록 한다.

- 몰입의 반대(즉, 영역에 있지 않음)는 무엇인가요?(지루함, 도전받지 않은 느낌, 집중력 부족, 산만함)
- 지루하거나 정신이 산만한 때는 언제인가요?(강점을 사용할 필요가 없을 때, 이해나 반복과 관련된 일일 때, 내가 갖지 않는 기술을 사용하는 일일 때, 아무것도 하지 않을 때)
- 지루함이나 산만함을 다루는 방법은 무엇일까요?(가장 좋은 방법은 몰입할 수 있는 활동을 찾는 것이다.)
- 우리의 강점을 아는 것은 우리가 슬픔이나 걱정에 빠져 있을 때 이를 대처하는 데 도움이 될까요?(우리의 강점은 우리의 '섬', 우리의 안전지대이다. 그곳은 잠시나마 우리 자신으로부터 벗어날 수 있게 도와준다.)

3) 활동

지루함 깨기

학생들은 짝와 함께 지루함을 다루는 좋은 방법에 대한 전시 포스터를 만든다(예: 기술을 연습, 다른 사람을 위해 무언가를 하기, 해결이 필요한 문제를 찾기, 만들기, 요리하기, 독서, 관람하기, 수집품이나 서랍 정리).

강점의 섬(Islands)

학생들은 바다, 몇 개의 섬, 야자수, 상어를 그린다. 각각의 섬에 강점을 하나 하나 쓴다. 이를 '나의 강점 섬'이라고 부른다. 학생들은 자존감에 도전받거나 자기 의심에 빠질 때, '강점 섬'에 오르는 본인을 시각화하여 강점을 사용하는 방법이나 자신의 강점을 스스로에게 상기시킨다.

도서 분석

몰입을 보여 주는 사람들의 삽화를 제시한다(역자 추천 해시태그: #김연아의 몰입). 이러한 몰입과 관련된 특징을 보여 주는 사람을 참조하여 다음 사항에 대해 토론한다. 그 사람은 언제 몰입하나요? 그들은 그 과제에 도전했나요? 그들의 강점은 무엇이었나요? 학생들은 또한 이러한 자료들을 Zen Tails: Up and Down과 비교할 수 있다.

몰입 멀티미디어 발표

세 명이 한 모둠이 되어 '몰입하기'라는 주제로 슬라이드 쇼나 멀티미디어 발표를 준비한다. 여기에는 다른 분야의 일에 완전히 집중하는 사람들의 이미지를 포함한다. 그 사람들이 몰입했을 때 받았던 느낌, 그와 관련된 말도 함께 포함하여 전달한다. 학생들이 알고 있거나 탐색을 통해 찾은 사람들의 이미지도 가능하다.

몰입 인터뷰

학생들은 짝 이야기 전하기(187페이지 참조)를 사용하여 짝을 인터뷰하면서 다음을 질문한다. 인터뷰 후 내용을 잘 정리해서 발표한다.

- (학교에서) 여러분이 무언가에 대한 많은 아이디어가 생각날 때는 언제인가요?
- 하고 있는 일이 정말 즐겁고, 시간이 정말 빨리 갔을 때는 언제인가요?
- 쉽게 집중할 수 있을 때는 언제이며, 여러분이 얻은 성과에 정말 기뻐하며 일을 끝마쳤을 때는 언제인가요?

4) 가정 연계 과제

각 학생은 앞의 '몰입 인터뷰'와 같은 질문을 하기 위해 학교 밖의 누군가를 정한다. 그런 다음 몰입 인터뷰를 통해 배운 것을 보고서로 작성한다.

 교사가 생각해 볼 문제

어떤 종류의 활동이 자신의 '몰입'을 일으키는가? 그 이유는 무엇인가?

6. 계획과 성취에 도움이 되는 현명한 목표 설정

1) 학습자료

(1) 동영상 해시태그

#Real Kids, Real Stories, Real Change: Courrafeous Actions Around the World
환경 관련 이야기를 사용한다.

#Behind the News: Fairy Business(뉴스 비하인드 스토리: 요정의 일)
14세의 Samara Welbourne은 그녀의 일이 어떻게 그녀에게 기부활동과 다른 사람을 돕도록 하는 목적의식을 주었는지 설명한다.

2) 서클 타임 및 학급토론

> 👤 **교사가 생각해 볼 문제**
>
> 새로운 혹은 도전적인 목표를 세웠던 때를 생각해 본다(예: 학위 취득, 승진 신청, 주택 구입 또는 해외여행을 위한 저축). 어떻게 목표를 설정했는지에 대해 아이들에게 이야기해 준다. 계획을 세웠고, 새로운 무언가를 하기 위해 정말로 도전했을 것이다. 힘들었지만 위험을 감수하며 강점을 활용했고, 실수도 있었지만 끈질기게 열심히 일했으며, 장애물에 부딪혔을 때도 포기하지 않았다. 때로는 좌절감과 불안감을 느꼈지만 성취했을 때 얼마나 기쁘고 만족스러웠는지 아이들에게 강조하여 이야기한다.

학습자료의 인물이 달성한 목표에 대해 논의하면서 목표 성취의 주제를 소개한다.

토론 질문
- 꿈이란 무엇인가요?(많은 사람이 꿈은 이루어지길 바라는 단지 소망일 뿐이라고 말한다. 계획을 세우고 행동함으로써 이 소망을 목표로 바꾸기 전까지 꿈은 실현되지 않을 것이다.)
- 등장인물의 꿈은 무엇이었나요?
- 목표는 무엇인가요?(여러분이 달성하거나 이루고 싶은 특정한 것, 목표·목적·계획 같은 것. 예를 들어, 서핑 능력을 향상하여 서핑대회에서 우승하는 것, 이야기를 더 잘 쓰는 것, 수학 문제에서의 분수 사용이 더 능숙해지는 것. 단기적 또는 장기적인 목표가 될 수 있다. 두 목표 간의 차이를 이야기한다.)
- 등장인물의 목표는 무엇인가요?

- 등장인물이 어떻게 꿈을 목표와 계획으로 바꾸었나요?
- 목표를 갖는 것은 왜 좋을까요?(목표는 여러분이 원하는 것을 성취하도록 도와줄 뿐 아니라 여러분이 원하는 행동을 수행하도록 돕는다, 그러한 것들을 성취했을 때 더 큰 성공감과 더 확신을 가질 수 있다, 여러분은 자신이 어떻게 나아가고 있는지 알 수 있다, 여러분은 더 강하고 더 자력이 풍부한 사람이 된다.)
- 등장인물은 명확하고 구체적인 목표를 가지고 있었나요? 그들은 열심히 일했나요? 그들은 포기하지 않고 꾸준히 노력했나요?
- 우리가 성취하기를 가장 원하는 목표는 무엇일까요?(강점에 기반한 목표)
- 우리는 항상 강점을 바탕으로 한 목표를 선택할 수 있을까요?(아니요, 하기 힘든 어떤 일을 더 잘하기 위한 목표도 세워야 한다. 우리의 한계에도 도전해야 한다.)
- 단기 목표란 무엇인가요?(오늘 아침, 내일, 다음 날 또는 다음 몇 주 이내에 달성하고 싶은 것들)
- 단기 목표의 예는 무엇이 있나요?(숙제하기, 프로젝트 제시간에 끝내기, 새 친구 만들기)
- 장기 목표는 무엇인가요?(지금으로부터 6개월, 지금부터 1년, 지금부터 2년, 학교를 마칠 때까지 혹은 더 깊)
- 장기 목표의 예는 무엇인가요?(스포츠 국가를 대표하기, 재학 시절 내내 좋은 성적을 거두기, 특정 경력을 달성하기, 특정 분야에서 최고의 전문가가 되기, 자신의 사업을 운영하기)

묶음 활동(179페이지 참조)을 사용하여 학생 나이에 달성 가능한 네 가지 목표를 나열하도록 한다. 각 모둠은 그들이 작성한 항목을 읽는다. 그런 다음 'WINNERS' PPT 자료를 보여 주고, 7번째 문장 'Smart goal-setting'을 언급한다. 각 모둠이 제시한 항목을 다시 단기 목표와 장기 목표로 분류하고 다른 모둠에도 이를 보여 준다.

'SMART' 목표에 대해 토의한다. SMART PPT 자료를 사용하면 SMART 목표를 설정하여 성취 가능성이 높은 분명한 계획을 수립할 수 있다. SMART 목표는 다음과 같다.

> Specific: 구체적인
>
> Meaningful: 의미 있는
>
> Action-based: 행동할 수 있는
>
> Realistic: 현실적인
>
> Timeline: 타임라인이 있는

자기 자신에게 목표 성취를 시각화하는 것은 도움이 될 수 있다고 강조한다.

3) 활동

- 학생들은 자신의 목표 중 하나를 그리고, 기억을 되새기는 용도로 사용할 수 있게 교실에 그 목표를 전

시한다.

- 학생들은 오뚝이 Bounce Back! 활동지 'SMART 목표 계약서'를 완료하고 답변을 공유한다.

오뚝이 Bounce Back! 저널

학생들은 다양한 삶의 영역(예: 가족, 여가 시간, 운동, 재정, 관계, 공부)에 세운 목표 중 하나를 짝과 이야기 나눈다. 그런 다음 이를 저널에 기록한다.

목표 설정과 달성

학생들은 그들이 도전할 수 있는 단기간 목표를 선택한다. 그것은 서클 타임에 이야기 나눈 목표 중 하나일 수 있다. 다음은 학생들에게 적절한 개별 목표의 예시이다. 단기간 목표에 대한 집중은 매우 구체적이고 명확하며 즉각적일 수 있다.

- 스포츠 목표(예: 200m 수영, 한 게임에서 2~3골 넣기, 사이클링 또는 달리기 시간 단축하기)
- 사회적 목표(예: 새로운 친구 만들기, 협상 기술 배우기, 갈등 해결하기)
- 창작 또는 공연 예술과 관련된 목표(예: 새로운 노래나 새로운 곡의 연주 방법 배우기, 개를 잘 그리는 방법 배우기, 춤 실력 향상하기)
- 학문적 목표(예: 표현식 읽기, 글의 도입 부분 향상하기, 분수에 집중하기)
- 재정적 목표(예: 새로운 의류 품목, 새 게임, 새 스포츠 장비 구매 등 특정 목적을 위해 돈을 모으거나 벌기)
- 자기 훈련 목표(예: TV 시청 전 숙제 완료하기, 매일 운동하기, 제때 자기)
- 건강 목표(예: 하루에 다섯 조각의 과일과 채소를 먹기, 매일 달리기 또는 걷기)
- 가족 목표(예: 매주 방 청소하기, 일주일에 한두 번 가족 식사 준비를 돕기)
- 자립 목표(예: 매일 내 침대 정리하기 또는 학교 점심 도시락 만들기)
- 유기적 목표(예: 학교에 숙제 가지고 오기, 제시간에 학교 도착하기)

SMART 목표 설정

학생들은 하나의 단기 목표를 설정한 후에 'SMART' 머리글자를 사용하여 오뚝이 Bounce Back! 활동지 'SMART 목표 계약서'를 완료한다. 목표는 행하던 어떤 것을 그만두는 방식이 아닌 할 수 있는 어떤 것으로 정해야 한다(예: 'TV를 덜 시청하는 것'보다는 '운동을 더 많이 한다', '체중 줄이기'보다는 '성실하게 운동하기'). 정한 것을 짝과 이야기한다. 목표를 대한 계획과 활동을 시작하는 데 다음과 같은 질문이 도움을 줄 수 있다.

- 목표를 향해 가는 첫걸음으로 당장 할 수 있는 실천 가능한 일은 무엇일까요?
- 수행해야 할 내용을 빠뜨리지 않고 하기 위해 어떤 종류의 목록(예: 읽을 것, 할 일, 둘 것 등)을 작성할 수 있을까요?
- 목표를 달성하기 위해 매일 또는 정기적으로 여러분은 무엇을 할 수 있을까요?
- 도움이나 조언을 구할 수 있는 사람이 있나요?

• 목표를 달성하는 데 필요한 도구나 물건이 있나요?

목표 진행 상황 기록하기

• 학생들은 자신의 목표를 화살표와 표적으로 그린다.
• 학생들은 목표 진행 과정을 측정할 수 있는 영역에서는 목표를 성취하기 위해 작은 행동 계획으로 나
눈 대로 그 과정이 진행되고 있는지 오뚝이 Bounce Back! 저널에 기록한다.
  −짝과 함께 배드민턴 셔틀콕을 놓치기 전까지 셔틀콕을 몇 번 칠 수 있는지
  −과제, 맞춤법 시험/퀴즈, 수학 시험 결과
  −특정 시간 동안 수행한 운동 횟수(예: 팔굽혀펴기)
  −농구대에 넣은 골의 수
  −하루 또는 일주일 동안 실천한 친절 행동의 횟수

목표 넣기!

학생들은 축구공과 농구공을 그리고, 그 공에 자신의 목표와 이름을 적은 뒤 그 공들을 오린다. 게시판에
그림 농구대나 축구 골대를 하나 크게 만든다. 학생들이 목표를 성취할 때마다 축구 골대나 농구대 안에 학
생들의 목표가 적힌 공 그림을 붙인다.

4) 가정 연계 과제

중요한 목표를 달성한 사람들과 인터뷰

학생들은 오뚝이 Bounce Back! 활동지 '목표 인터뷰하기 가이드'를 사용하여 중요하고 의미 있는 목표
를 달성한 경험이 있는 한 명 혹은 두 명의 사람을 인터뷰한다(예: 자가용을 구입한 형, 대학원을 마친 부모님,
친구 또는 형제). 어떤 범주의 목표든 괜찮다. 그런 다음, 세 명이 한 그룹이 되어 학생들은 인터뷰에서 얻은
내용을 공유하고 인터뷰 답변을 WINNERS 머리글자에 따라 분석한다. 끝으로, 학생들은 보고서를 작성하
여 그들의 목표설정과 목표원칙 SMART를 비교하여 발표한다.

7. 다른 사람들을 돕기 위해 여러분의 능력 및 성격강점을 사용하세요

1) 학습자료

(1) 도서

나는 마틴 루서 킹이야!

어린 시절에도 Martain Luther King, Jr.는 아프리카계 미국인들이 받는 대우가 심각하다는 사실을 인식

하였다. 어른이 되자 그는 그것에 대해 평화적인 방법과 강력한 주장을 통해 무언가를 하기로 결심하였고, 사회정의를 위해 자신의 성격강점을 발휘하였다.

어린이를 위한 나는 말랄라(337페이지 참조)

나는 제인 구달이야!

Jane Goodal의 자연주의 지능은 그녀가 침팬지 연구로 유명한 과학자이자 환경보호론자가 되는 데 도움을 주었다. 또한 그녀는 연민과 친절, 그리고 좋은 의사소통 능력과 같은 성격강점을 발휘한다.

(2) 동영상 해시태그

#Real Kids, Real Stories, Real Change: Courrafeous Actions Around the World: 'Kids Helping Others(다른 사람을 돕는 어린이들)'

#Behind the News: Mentor Kids #또래 멘토링

학생들은 자신의 학교로 새로 전학 온 학생들을 돕기 위해 자원한다. 자원봉사자들은 모두가 즐길 수 있는 게임을 기획함으로써 타인을 돕는 친절함과 대인관계에 대한 능력과 같은 자신의 성격강점을 보여 준다(이 동영상 자료는 2단원 사회적 가치 주제에서 친절과 타인에 대한 지지의 예로서 사용될 수도 있다, 234페이지 참조).

2) 서클 타임 및 학급토론

이 주제는 Martain Luther King의 위인전을 읽음으로써 소개될 수 있다. 이 책은 그가 미국에서 인종적 평등을 달성하려고 노력할 때 발휘하였던 성격 및 능력강점을 강조한다. 자료 목록에서 제시된 다른 도서를 사용해도 좋다.

토론 질문
- 이 책의 주인공이 다른 사람들을 도울 때 어떤 능력 및 성격강점을 보여 주었나요?
- 자신의 최고 능력강점은 무엇인가요?
- 자신의 최고 성격강점은 무엇인가요?
- 우리 학급이 각자의 강점을 합쳐 다른 사람을 도울 수 있는 방법으로는 어떤 것이 있을까요?

짝 이야기 전하기 전략(187페이지 참조)을 통해 학생들이 자신의 강점 중 하나를 사용하여 다른 사람을 위해 무언가를 했던 때를 생각하고 설명하도록 한다. 예를 들면 다음과 같다.

- 그림을 잘 그리는 학생은 다른 누군가가 그림을 그리는 것을 도운 적이 있을 것이다.

- 책을 유창하게 읽는 학생은 편찮으신 조부모나 동생에게 책을 읽어 준 적이 있을 것이다.

각 학생이 자신의 강점을 사용하여 다른 누군가를 도울 때 어떤 느낌이었는지 말하도록 한다. 그리고 자신의 짝의 이야기를 학급 전체와 공유할 학생이 있는지 묻는다. 다음을 강조하여 토론을 진행한다.

- 친절한 행동은 받는 사람에게도 유익하지만 주는 사람에게도 비슷한 정도 혹은 그 이상으로 유익하다.
- 자신의 강점을 알면 다른 사람을 도울 방법을 결정할 수 있다.
- 다른 사람을 위해 무언가를 하는 데 우리의 강점을 사용하는 것은 우리에게 의미와 목적을 준다.

학급의 학생들이 각자의 강점을 결합하여 다른 사람들을 도울 수 있는 방법에는 무엇이 있는가?

3) 활동

- 학생들은 회전 브레인스토밍 전략(179페이지 참조)을 사용하여 학교의 다른 학급에 친절을 베풀거나 다른 학급을 지지하는 아이디어를 개발한다. 그리고 다른 학급과 함께 소풍 가기, 게임하기, 단체 경기 위주의 작은 운동회, 보물찾기(608페이지 참조)와 같이 모두가 함께할 수 있는 이벤트를 구성하거나 특별한 아침 티타임을 기획한다.
- 현재 주제를 이용한 거대한 십자말 게임, 단어검색 또는 가로 세로 퍼즐 활동을 구성한다.
- 학생들은 교사와 의논하여 저학년 학생 수업에 필요한 것들을 만든다(예: 아늑한 놀이방, 교실에서의 학급 도서).

강점 결합하기

학생들은 결합된 강점을 이용해 하고 싶은 전체 학급 문제해결 프로젝트나 활동을 선택한다. 다음 아이디어 중 일부는 학급 목표나 소그룹 목표가 된다. SMART 머리글자를 사용하면 학생들이 계획을 세우고 그들의 진행 과정을 평가하는 데 도움이 될 수 있다. 기금조성 활동을 위해서는 예산 책정, 수입을 위한 유치, 현수막 제작, 이익의 계산을 고려해야 한다. 어떤 활동을 선택하든 문제를 전략적이고 효율적으로 해결해야 한다는 점을 학생들에게 강조한다.

각 학생의 가능한 기여도를 나열한 다음의 표를 참고하여 역량 표를 개발한다(학생당 2~3개 강점). 다른 사람들을 가르치거나 돕는 기술일 수도 있고, 협동작품에 기여할 수 있는 방법이 될 수도 있다. 예를 들면 다음과 같다.

- 그림: Tess는 사람들과 동물들을 잘 그리는 방법을 다른 사람들에게 가르쳐 줄 수 있다.
- 캘리그라피: Kwan은 캘리그라피와 그림편지에 재능이 있다.

- 수학: Steve는 분수와 백분율에 능하다.
- 음악: Emily는 디지털 슬라이드 쇼 프레젠테이션에 음악을 삽입할 수 있으며 분수와 백분율에도 재능이 있다.
- 팟캐스트: Riley는 반 친구들에게 팟캐스트를 만드는 방법을 알려 줄 수 있다.

완성된 역량 표는 다음과 같다.

학생	역량					
	캘리그라피	사람과 동물 그리기	분수와 백분율	음악과 슬라이드 쇼	팟캐스트	다른 것
Tess		✓				
Kwan	✓					
Steve			✓			
Emily			✓	✓		
Riley					✓	

저학년 친구들

학생들은 더 어린 저학년 학생들과 친구가 된다. 그리고 함께 다음 활동을 할 수 있다.

- '오뚝이처럼 행복하세요(BOUNCE BACK!)'의 핵심 메시지를 가르쳐 준다.
- '중지, 힌트, 칭찬'을 사용하여 낭독 튜터(reading tutor)로 활동한다: 저학년 학생들이 실수했을 때 5초를 기다린다. 그들이 스스로 실수한 부분을 바로 잡지 못한다면 힌트를 준다(예: "글자를 소리 나는 대로 읽어 봐."). 저학년 학생들이 실수를 바로 잡으면 그때 칭찬한다.
- 오뚝이 만들기 활동을 한다(196페이지 참조).
- 오뚝이 Bounce Back! 이야기에 대한 손가락 인형극을 한다.
- 보드게임을 함께한다.
- 목표를 설정하는 다섯 가지 원칙 SMART를 소개하는 저학년용 책을 만든다.
- 비밀단어 퍼즐, 미스터리 바둑판(181, 186페이지 참조)과 같은 협력 단어 게임을 구성한다.
- 보물찾기 활동을 구성한다.

지역사회 기금 모금

교실 밖의 사람들과 시스템에 대해 이해하는 것을 활동 목표로 한다. 학급의 학생들은 특정한 목적을 위해 돈을 모으거나(예: 월드 비전 아동을 지원하는 것) 집이 없는 청소년 자선 단체와 같은 지역 자선 단체에 모금한다. 학생들이 실천할 수 있는 기금 모금 아이디어는 다음과 같다.

- 만들거나(예: 간단한 천 가방) 직접 기른(예: 허브, 묘목 화분) 것, 재활용된 옷, 장난감, 게임, 행운 장식, 또는 간단한 먹거리를 판매하는 부스 운영
- 독서 마라톤, 걷기 마라톤, 댄스 마라톤 등 자선 모금을 위한 다양한 마라톤 조직–각 학생은 가족, 친구 그리고 지역사회 구성원이 걷거나 춤을 춘 시간(혹은 킬로미터) 혹은 읽은 책의 권수에 따라 후원금을 모은다.
- 정크 푸드를 일주일 동안 포기하고 자신이 모은 돈을 기부하는 '정크 푸드' 단식 주최
- 공연, 춤, 노래, 리사이트, 악기 연주, 곡예 기술 등을 보여 주는 학교 또는 우리 반 장기자랑 조직
- 우리 반 요리책 제작 및 판매
- 전 학교 또는 학급 토너먼트 경기, 축제 또는 스포츠 활동(예: 카드 게임, 스크래블, 탁구) 운영
- 에어쇼, 야외극장, 야외 콘서트 등 외부 행사에 참석하는 사람들에게 휴대용 의자를 대여해 주는 계획 고안

학생 행동 팀

학생 행동 팀 과제(190페이지 참조)에는 다음이 포함될 수 있다.

- 놀이터 개선–BRAIN 전략을 사용한다. 각 그룹의 과제는 놀이터가 전체 학교 구성원에게 더 매력적인 곳으로 생각되도록 만드는 방법을 계획하는 것이다. 그들은 우선 학급에 그들의 계획을 발표하고 이어서 대표 학생회에 제출한다. 최고의 계획(또는 각 팀의 계획 중 가장 좋은 요소로만 구성된 계획)은 상을 수상하며, 검토를 위해 학교 운영위원회에 제출될 수 있다.
- 학교폭력 예방–각 그룹의 과제는 학교 괴롭힘을 줄이기 위한 캠페인을 계획하는 것이다. 그들은 반 친구들과 교직원들에게 그들의 계획을 보여 주고 홍보한다.
- 건강 증진–각 그룹의 과제는 학생들의 건강 수준을 높이고 교직원들에게 자신의 계획을 발표하고 홍보하는 것이다. 교직원들은 각 팀의 계획에 대한 피드백을 제공할 것이고 최고의 아이디어는 실제로 구현될 계획으로 고려될 것이다.

지역 봉사활동 성찰

학생들이 오뚝이 Bounce Back! 저널에 다른 사람을 위한 봉사활동에 대한 자신의 생각을 기록하도록 한다. 다음과 같은 몇 가지 질문이 가능하다.

- 다른 사람을 돕기 위해 무엇을 했나요?
- 그들을 돕기 위해 자신의 어떤 성격강점을 사용할 수 있나요?
- 그들에게서 배운 한 가지는 무엇인가요?

- 이 일에 대해 어떻게 느끼나요?
- 상대방(또는 다수의 다른 사람들)의 기분은 어땠나요?
- 상대방(또는 다수의 다른 사람들)이 배운 한 가지는 무엇인가요?
- 다음에 다르게 할 수 있는 한 가지는 무엇인가요?

4) 적용

이야기와 뉴스에 등장하는 다양한 인물의 능력 및 성격강점에 대해 토론하고, 통합 교과 활동을 통해 학생들의 다양한 능력 및 성격강점을 끌어낸다.

8. 흥미로운 실수가 발생할 수 있다

1) 학습자료

(1) 도서

위대한 발명의 실수투성이 역사

이 책은 돼지저금통, 프리스비, 감자 칩과 같이 실수로 발명된 40개의 발명품을 소개하고 있다.

(2) 동영상 해시태그

#Famous Failures

실패를 극복하고 결국 성취하고 유명해진 사람들의 실패에 대한 이야기를 소개한다.

2) 서클 타임 및 학급토론

WINNERS PPT 자료를 사용하여 이 주제를 소개하고 두 번째 원칙에 대해 논의한다: 'Interesting mistakes' 동영상 자료인 Famous Failures를 학생들에게 보여 주며 토론을 시작한다. 우리가 전설이라고 생각하는 사람들이 어떻게 실패를 극복했는지에 대해 학생들과 논의하며 토론을 이어 간다. 예를 들면, Albert Einstein 은 '절대 큰일을 못할 것'이라는 말을 들었고, Michael Jordan은 자신이 소속되었던 고등학교 농구팀에서 제외되었으며, Oprah Winfrey는 그녀가 텔레비전 리포터로 일했던 시절 TV에 적합하지 않다는 이유로 직장에서 해고되었다. 이들은 자신의 실수와 실패의 아픔을 느낀 후 그것들로부터 배웠다. 성취한 사람들은 실수는 가치 있으며 배움의 과정의 일부라는 사실을 이해하고 있다.

토론 질문

- 높은 점수나 승리에만 집중한다면 자신이 실수를 하거나 이기지 못했을 때 어떤 일이 일어날까요?(매우 낙담하거나 포기할 수 있고, 인내하지 않거나 충분한 능력이 없다고 생각할 수도 있다.)
- 왜 실수는 '흥미로울'까요?(실수는 종종 우리가 알아채지 못하는 문제나 한계를 강조하고, 새로운 방향을 보여 주고 인격 형성에 도움이 된다.)
- 실수가 어떤 방식으로 스포츠, 학업, 우정 등에 대한 우리의 성과에 실제로 도움이 될 수 있을까요?(성과의 향상을 위해 우리가 무엇을 해야 하는지를 보여 준다.)
- 실수를 하지 않는 사람이 있나요?(절대 없다! 모든 사람이 실수를 한다.—이것은 정상이다. 완벽한 사람은 아무도 없고 실수는 유용하다.)
- 훌륭한 스포츠 코치는 어떤 사람인가요? 그런 코치는 우승하는 선수에 초점을 맞추나요? 최선을 다하는 선수에 초점을 맞추나요?(최선을 다하는 선수)
- 훌륭한 스포츠 코치는 앞의 메시지를 선수나 팀에 전달하기 위해 어떻게 하나요?(선수들의 발전에 대해 긍정적인 피드백을 주며 격려하고, 노력을 보상하고, 특정 스포츠의 숙달에 집중한다. 그로써 스포츠인들은 어려움을 겪을 때 더 열심히 하고 승패와는 상관없이 개인적인 능력 개발을 위한 목표를 세운다.)

3) 활동

- 실수를 했지만 그것을 통해 배웠고, 지금까지도 성공적인 삶을 사는 사람들에 대해 연구(183페이지 참조)한다(예: J.K. Rolling, Oprah Winfrey, Winston Churchill, Abraham Lincoln, Albert Einstein)
- 오뚝이 Bounce Back! 활동지 '마이클 조던의 이야기'를 완성한다(이 활동지는 다음 주제에서도 사용할 수 있다).

실수로부터 배우기

싱크-잉크-페어-셰어 팁 전략(191페이지 참조)을 사용한다. 학생들은 자신의 실수나 잘못을 통해 중요한 무언가를 배웠던 적(예: 학급 발표, 스포츠 활동 또는 게임, 친구와의 관계, 학교 프로젝트)에 대한 경험을 적어 보고 말한다.

학급 발표

두 명씩 짝을 지어 학생들은 실수로부터 시작된 발명품 중 하나에 대한 학급 발표를 준비한다. 발표에는 WINNERS 원칙인 'Interesting mistakes(흥미로운 실수가 발생할 수 있다)'를 포함한다.

9. 노력이 없으면 결과도 없다-자신에게 도전하라

1) 학습자료

(1) 동영상 해시태그

#Real Kids, Real Stories, Real Change: Courageous Actions Around the World(572페이지 참조)

이 주제에서는 자신에게 도전한 내용을 사용한다. 영어판 도서로 Read aloud 동영상을 이용하여 접할 수 있다. 화면만 참조해도 좋다.

#Solving the Puzzle Under the Sea: Marie Tharp Maps the Ocean Floor

Marie Tharp는 해저 지도를 성공적으로 만든 최초의 과학자이다. 약간의 실패와 좌절이 있었지만 그럼에도 불구하고 그녀는 성취하기로 결심했다. 영어판 도서로 Read aloud 동영상을 이용하여 접할 수 있다. 자동 한글 번역 기능을 사용하면 편리하다.

#Mindset Kit: What Is a Growth Mindset? #성장형 마인드셋 세트

성장 마인드셋과 고정 마인드셋에 설명한 자료를 사용한다.

#Growth Mindset vs Fixed Mindset(성장 마인드셋 대 고정 마인드셋)

애니메이션 그림은 성장 마인드셋과 고정 마인드셋 사이의 차이를 보여 준다.

#Mindset Kit: The Evidence: How a Growth Mindset

성장 마인드셋은 더 많은 두뇌 활동과 더 높은 성과와 관련된다.

#Mindset Kit: Mindsets Can Change

학생들이 성장 마인드셋을 개발하면 그들은 학교에서 더 좋은 수행을 보여 준다. 이 동영상은 그에 대한 연구를 간략히 소개한다.

(2) 웹사이트

Interactive Quiz: Fixed vs Growth Mindset(쌍방향 퀴즈: 고정형 대 성장형 마인드셋)

이 온라인 검사는 지능, 새로운 것을 배우는 것, 재능, 연습, 자연능력 등에 대한 질문을 포함하고 있다. 한국어 번역을 사용해도 좋다. 질문지의 답은 (1 동의 안 함, 2 동의 안 함, 3 동의, 4 동의, 5 동의 안 함, 6 동의, 7 동의 안 함, 8 동의)이다.

(3) 노래

'Power of Yet!(아직의 힘)'

2) 서클 타임 및 학급토론

토론에 앞서 또는 학생이 수업 중에 인터넷에 접속할 수 있는 경우, 웹사이트 자료에 들어가 고정 마인드셋 및 성장 마인드셋에 대한 대화형 퀴즈를 풀도록 한다. 결과를 눈으로 바로 확인할 수 있다.

이 퀴즈는 수업 중에 학생들이 각각의 질문에 대해 손을 들어 답하는 방식으로도 실시할 수 있다. 퀴즈를 한 후, 학생들의 답에 대해 논의한다. 이 퀴즈는 학생이 성장 마인드셋을 가지고 있는지 아니면 고정 마인드셋을 가지고 있는지 평가한다.

- 성장 마인드셋은 도전을 할 때 두뇌가 더 똑똑해질 수 있다는 것을 이해하고, 배우고 성장하기 위해 많은 노력을 기울이며, 어려울 때 포기하기를 거부하는 것을 의미한다. '지속'과 '인내'라는 용어에 대해 논의한다.
- 고정 마인드셋은 자신이 변화하고, 성장하고, 똑똑해지는 것이 불가능하다고 생각하는 것을 의미한다. 그것은 여러분이 도전과 노력을 두려워하게 하고 힘들 때 포기하게 만든다.

Growth Mindset vs Fixed Mindset 동영상을 보여 준다. 학생들에게 고정 마인드셋을 성장 마인드셋으로 바꿀 수 있다고 말한다. 그런 다음 WINNERS PPT 자료를 사용하여 세 번째 원칙 'No effort, no results. 노력이 없으면 결과도 없다. 자신에 도전하라'를 논의한다.

'아직의 힘(the power of yet)'의 개념에 대해 논의한다. 성장 마인드셋을 갖추면 '진행 중인 작업'을 이해하는 데 도움이 된다고 학생들에게 설명한다. 우리는 어려운 악보를 연주하거나 어려운 수학 문제를 풀 수 있는 것과 같은 목표가 있지만 '아직' 그것을 할 수 없을 수 있다. '아직'을 '나는 할 수 없다'라는 말에 추가하는 하면 '아직 나는 할 수 없다'로 성장에 초점을 둔 문장이 된다. 이는 시간과 노력을 투자한다면 우리가 자신의 목표를 달성할 수 있음을 나타낸다. 학생들과 함께 〈Power of Yet!〉이라는 노래를 듣는다.

심지어 타고난 재능이 있는 사람들조차도 모든 분야/학문에서 성취하기 위해서는 10,000시간의 고된 노력이 필요하다는 점을 학생들에게 강조한다[Chi, M.T.H., Glasser R. & Rees, E., 1982, 'Expertise in Problem-solving', in R.J. Sternberg (Ed.), *Advances in the Psychology of Human Intelligence*, (Vol. 1, pp. 7-5), Erlbaum, Hillsdale, NJ].

자료 목록에 제시된 것 중 하나를 사용하여 노력의 중요성과 어려움 극복에 대해 논의한다.

토론 질문
- 그 사람이 자신의 어려움을 극복하는 데 얼마나 많은 노력이 필요했나요?

- 뇌는 왜 근육과 같은가요?(첫 번째 주제인 '위너처럼 생각하라'를 다시 참고한다. 노력을 기울이고 뇌가 성장하도록 돕는 것은 근육을 키워 더 강해지기 위해 역기를 드는 것과 같다. 우리가 새로운 것을 이제 막 배우기 시작할 때, 우리는 역기를 처음 드는 사람과 같이 꽤 약하고 단지 몇 킬로그램만 들어 올릴 수 있을 것이다. 하지만 연습을 많이 할수록 우리는 더 강해질 것이다. 우리가 어렵고 도전적인 일에 두뇌를 더 많이 쓸수록 새로운 것을 배우는 속도가 빨라지고 더 잘 배울 것이다.)
- 새로운 것을 배울 때 우리의 뇌에는 어떤 일이 일어날까요?(더 많이 배울수록 우리의 뇌는 더 많은 새로운 세포를 기른다. 우리가 새로운 것들을 많이 배울 때 뇌는 더 빨리 자란다. 만약 우리가 배우는 데 많은 노력을 기울이지 않고 우리의 뇌에 도전적인 자극을 주지 않는다면, 뇌는 자라지 않을 것이다. 뇌는 크기가 커지지는 않지만 우리가 새로운 것을 배울 때 더 많은 뉴런 연결을 형성한다.)

3) 활동

- 학생들은 오뚝이 Bounce Back! 활동지 '성장형 마인드셋과 고정형 마인드셋'을 완성한 후 자신의 답을 짝과 교환하여 차이점에 대해 토론한다.
- 학생들은 '성장형 마인드셋과 고정형 마인드셋' 포스터를 만들어 집으로 가져가서 가족들에게 두 가지 마인드셋에 대해 설명한다.
- 학생들은 아직은 할 수 없지만 할 수 있기를 바라는 것들을 오뚝이 Bounce Back! 저널에 기록한다. 그리고 이 목표를 이루기 위해 어떻게 시간과 노력을 투자할지에 대한 두 가지 아이디어를 적는다.

4) 연극

네 명이 한 그룹이 되어 학생들은 2, 3분짜리의 짧은 역할극을 계획하고 발표한다. 역할극의 등장인물 중 한 명은 성장형 마인드셋을, 나머지는 고정형 마인드셋을 갖도록 한다. 좋은 경찰과 나쁜 경찰 전략(182페이지 참조)을 사용한다.

5) 가정 연계 과제

학생들은 성장형 마인드셋과 고정형 마인드셋에 대해 가족과 짧은 인터뷰를 하고 반응을 기록한다. 인터뷰를 미리 계획한다. 이때 이 주제를 시작할 때 사용했던 토론 질문이 도움이 될 것이다. 또한 학생들은 포스터(앞의 내용 참조)를 가족에게 보여 줄 수 있다.

그 후 학생들은 인터뷰 내용을 보고한다. 각 가족 구성원의 반응, 의견 및 질문에 대해 논의하기 위해 짧은 서클 타임 시간을 추가로 여는 것도 좋다.

교사가 생각해 볼 문제

자신은 학생들이 얼마나 많은 노력을 기울였는지를 강조하는 '과정에 대한 칭찬'을 주로 하는가? 아니면 학생들이 얼마나 '똑똑한지'를 강조하는 '인물에 대한 칭찬'을 주로 하는가?(95페이지의 성장 마인드셋 참조) 과정에 대한 칭찬을 더 많이 하기 위해 WINNERS의 메시지를 사용한다.

- 좌절감을 느꼈을 때 네가 포기하지 않았다는 것을 선생님은 알고 있어.
- 문제를 해결하기 위해 여러 가지 방법을 시도하는 것을 보았어.
- 자신에게 어려운 것을 성취하기 위해 정말 자기 자신의 한계에 도전했구나.
- 실수로부터 배우고 다시 시도해 본 것은 멋진 일이야.
- 친한 친구도 아닌데 게임에 포함시켜 주다니, 정말 친절하구나.
- 너는 그 프로젝트에 정말 최선을 다했고, 너의 노력이 결실을 맺었구나.
- 사용할 수 있는 다른 전략에는 어떤 것이 있을까?
- 더 잘하려면 어떻게 해야 할까?
- 그 활동이 너무 어렵다고 생각하니? 어떻게 하면 그 활동이 더 흥미롭게 느껴질 수 있을까?

10. 목표에 도달하기 위한 조직화와 자기관리

1) 학습자료

(1) 도서

[역자 추천]
- - - - - - - - - - - - - -

레아의 엉망 진창방 정리정돈하기(이루리 역, 2006)

레아는 정리정돈이 상당히 중요한 일이라는 걸 알게 된다. 마침내 레아는 기발한 타협안을 만들어 내서 방 정리를 마치게 되고 레아와 부모님 모두 만족한다.

(2) 동영상 해시태그

#Kids Business #Behind the News

14세 Lachlan은 자신의 침실에서 티셔츠를 만들고 판매하는 성공적인 사업을 하고 있다. 그는 자신의 사업에서 티셔츠를 디자인하는 것이 가장 쉬웠다고 말한다. 하지만 사업을 조직하고 학업과 균형을 맞추는 것은 어려운 부분이었다고 한다.

#Frankie Pickle and the Closet of Doom(Frankie Pickle과 최후의 옷장)

만화 소설과 장(chapter)으로 구분되는 어린이를 위한 짧은 소설의 책을 소개한다. Frankie Pickle은 자신의 방을 청소하는 것을 싫어한다. 그래서 그의 엄마가 그에게 더 이상 방을 청소할 필요가 없다고 말했을 때 매우 기뻐한다. 하지만 결국, 그의 방 안에 있는 지저분한 것들은 '최후의 옷장'으로 그를 빨아들인다. 영어판 도서로 Read aloud 버전의 동영상 자료를 검색하여 참고한다.

2) 서클 타임 및 학급토론

자료 목록에 제시된 것 중 하나를 사용하여 주제를 소개하고 토론한다.

토론 질문
• 그 인물은 어떤 조직하는 기술을 발전시켰나요?

해야 할 일과 하고 싶은 일 사이에서 균형을 유지하기 위해서는 조직하는 기술과 시간 관리가 매우 중요하다는 것을 학생들에게 설명한다. 시간 관리를 위해 사용하는 조직하는 기술 및 전략의 종류와 시간을 잘 관리하지 못했을 때 발생할 수 있는 결과에 대해 학생들과 논의한다.

• 사람들은 왜 일정표와 계획된 일정을 가지고 있나요?
• 일정표나 계획된 일정이 없는 경우 어떤 위험이 있을 수 있나요?
• 시간을 낭비하거나 지각하게 하는 것은 무엇인가요?
• 스케줄러는 왜 유용한가요?
• 사람들은 왜 목록을 만드나요?
• 미루기는 무엇을 의미하나요?(어떤 일을 불필요하게 연기하거나 미루는 습관을 기르는 것을 의미한다.)
• 미루기에 대처하는 좋은 방법은 무엇이 있나요?(커다란 소시지를 먹는 방법을 적용할 수 있다. 커다란 소시지를 한번에 다 먹는 것은 생각할 수 없는 일이지만, 한번에 한 조각씩 작게 썰어 먹으면 커다란 소시지를 결국다 먹을 수 있게 되는 것처럼 자신의 과제를 작은 부분들로 나눌 수 있다.)
• 가족들은 시간을 어떻게 조직하나요? 자신은 무엇을 할 수 있나요?

3) 활동

• 학생들은 토요일 집에서, 그리고 학교 가기 전날 밤 집에서 어떻게 보낼지 스스로를 위해 일정표를 만들거나 일정을 계획할 수 있다. 학교에서의 반나절 또는 스포츠 경기를 위해서도 마찬가지이다.
• 학생들은 숙제를 위한 좋은 일정표의 특징에 대해 토론한 후 각자 자신의 일정표를 만든다.

학교 다이어리[1]

그룹으로 나뉘어 학생들은 학교 다이어리를 본다. 이들은 곱하고 더하기 전략(185페이지 참조)을 이용하여 학교 다이어리에서 가장 중요한 다섯 가지 특징을 알아본다. 그리고 다음을 논의한다.

- 학교 다이어리는 왜 유용한가요?
- 전자 다이어리가 종이 다이어리만큼 좋은가요?
- 우리 학교 다이어리의 가장 좋은 특징은 무엇인가요?
- 어떤 특징이 우리에게 별로 중요하지 않나요? 필요하지만 누락된 특징이 있나요?

'우리 학교 다이어리'의 중요한 특징 목록을 학급 게시판에 기록한다. 이와 같은 학급 추천목록은 학교장에게 전달될 수 있다.

시간 관리 포스터

학생들은 미루기에 대한 포스터를 만든다(예: 커다란 소시지를 한번에 먹을 수는 없지만 작은 조각으로 잘라먹으면 언젠가 커다란 소시지를 모두 먹을 수 있다는 소시지 비유를 사용). 그런 다음 다양한 상황에서의 효과적인 시간 관리에 대해 논의한다(예: 제시간에 학교에 도착하기, 프로젝트 또는 과제를 제시간에 완료하기). 각 학생은 시간 관리의 좋은 방법을 두 가지씩 제안하고, 모인 전체 학급 의견을 바탕으로 포스터 혹은 학급 문집(197페이지 참조)을 제작한다.

4) 가정 연계 과제

조직하는 기술에 대한 인터뷰

학생들은 다음을 위해 네 명이 한 그룹이 되어 어른들이 사용하는 전략을 조사하기 위한 조사를 계획하고 수행한다.

- 무엇을 해야 하는지 기억하기
- 제시간에 일어나기
- 시간을 잘 관리하기
- 그들이 아끼는 사람들의 생일을 기억하기
- 마지막에 시간에 쫓기지 않고 마감시간 엄수하기

---

[1] 학교 다이어리는 호주, 미국 등의 국가에서 학년 초에 학생들에게 일괄 배부하는 일종의 다이어리로, 학교 일정과 규칙 등이 수록되어 있으며 학생들이 이를 알림장으로 사용하기도 한다.

인터뷰는 가정이나 가족과 친한 어른, 또는 이웃 어른과 실시할 수 있다. 그런 다음 전체 학급은 인터뷰 내용을 범주화하고 공유한다.

11. 방해물이나 유혹을 제거한다

1) 학습자료

(1) 동영상 해시태그

#The Marshmallow Experiment-Instant Gratification #마시멜로 실험

의지력을 시험하기 위해 실시되었던 스탠퍼드 대학교의 유명한 마시멜로 실험을 모방한 짧은 동영상이다.

#Sesame Street: Me Want It (But Me Wait)

이 동영상은 유명한 마시멜로 실험을 패러디한 것이다. Cookie Monster는 의지력과 자기통제 능력을 보여 주어야 하는 전형적인 인물이다. 그는 쿠키를 먹기 위해 기다리는 개인적인 전략을 고안하면서 의지력과 자기통제 능력의 개념들을 설명한다.

2) 서클 타임 및 학급토론

조직하는 기술에서 중요한 한쪽 측면은 대개는 '더 나은 제안'의 형태로 이루어지는 방해와 유혹에 저항하기이다. 교사는 자신의 예들 중 하나를 이야기함으로써 토론을 시작한다. 예를 들어, 당신은 채점을 끝내기로 결정했지만 친구로부터 전화가 와 채점 대신 한 시간 동안 그들과 이야기를 한 경험이 있을 수 있다. 그러면 종종 우리는 '시작'하기에는 너무 늦었다고 생각하여 아무것도 하지 않게 된다. 이 결과로 보통 죄책감이 따른다.

해야 할 일을 하는 것을 종종 방해하는 것의 예(예: 숙제해야 하는데 휴대전화를 하거나 TV를 보거나 음악을 듣는 것)를 학생들이 돌아가면서 이야기할 수 있도록 한다. 한 학생은 '시간을 낭비하는 일과 방해가 되는 일'이라는 제목으로 게시판에 예시를 기록한다. 학생들에게 의지력을 향상시켜 주의를 산만하게 하는 것에 대항할 수 있는지 물어본다.

그리고 나서 학생들에게 The Marshmallow Experiment 동영상을 보여 준다.

토론 질문

• 의지력이란 무엇인가요?(장기적인 목표를 달성하기 위해 단기적 유혹과 방해에 저항하는 능력이다.)

- 의지력이 중요한 이유는 무엇인가요?(의지력 없이는 방해가 되는 것과 장애물이 있을 때, 달성하고자 하는 바를 이룰 수 없다.)
- 사람들은 의지력을 어떻게 '얻나요'?(그들은 목표를 향해 행동함으로써 얻을 수 있는 이익과 그렇게 하지 않음으로써 생기는 부정적인 결과를 자신에게 강조하고 계획을 세운다.)
- 의지력을 실천하기 위해 무엇을 할 수 있나요?(포기하지 말고, 더 매력적인 대안에 장악당하지 말고, 얻고자 하는 것에 대해 자신과 이야기하고, 목표를 위해 행동하지 않았을 때 생길 수 있는 부정적인 결과를 강조하고, 목표를 생각나게 하는 시각적 도구를 만들고, 자신의 성취를 시각화하고, 목표에 충실할 때 자신에게 상을 준다.)

Sesame Street 동영상 자료를 보면서 함께 토론을 마친다.

3) 활동

- 학생들은 오뚝이 Bounce Back! 활동지 '유명한 마시멜로 테스트'를 완료하고 파트너와 답을 의논한다.

의지력

- 학생들은 의지력을 사용할 수 있었던 때와 목표를 달성하는 데 의지력이 어떻게 도움이 되었는지에 대해 쓰거나 그림을 그린다. 자료들의 하나를 사용하여 토론한다.
- 학생은 의지력과 자기훈련이 필요한 활동을 선택하고 실천한다(예: 매일 운동하고, 놀기 전에 숙제를 끝내고, 책을 더 많이 읽고, 건강에 좋은 음식을 먹는 것). 그런 다음 오뚝이 Bounce Back! 저널에 날짜와 시간을 포함한 세부 사항들과 했던 일 그리고 의지력을 사용하는 데 도움을 준 것들을 적는다.

방해물 처리

학생들은 주의가 산만해지고, 때로는 하고 싶은 일 또는 해야 할 일을 하지 못하게 되는 세 가지 상황을 적고, 주의를 산만하게 하는 방해물이 무엇인지 나열해 본다. 그런 다음 파트너와 협력하여 산만함에 대처하고 해야 할 일을 수행할 수 있는 방법에 대해 논의한다. 그 내용을 수업 중에 반 전체에게 발표한다. 그런 다음 학생들은 '원하는 일이 아니라 해야만 하는 일을 해야 할 때'라는 주제로 포스터나 학급 디지털 저널(197페이지 참조)을 만든다.

미션! 정리정돈을 정복하라(역자 추천)

책을 소개하면서 활동을 시작한다. 이것을 좋은 시간 관리 및 조직의 측면에서 보면, 자신의 소유물과 기타 등등의 물건에 쉽게 접근하고 보관할 수 있도록 정리정돈하는 것은 시간을 낭비하지 않도록 한다. 물건을 다시 잘 찾을 수 있도록 하는 가장 좋은 네 가지 정리방법에 대해 곱하고 더하기 전략을 사용한다(185페이지 참조).

일러스트 학급 포스터

학생들은 다음과 같이 재미있는 일러스트 학급 포스터를 만든다.

- 숙제를 제대로 하지 못하는 상위 열 가지 방법
- 프로젝트나 과제 마감일을 놓칠 수 있는 열 가지 방법
- 물건을 잃어버리는 열 가지 비법
- 누군가의 생일을 잊는 다섯 가지 멋진 방법

리스트 만들기

리스트를 만드는 것은 중요한 조직화 전략 중 하나이고, 이것은 예술의 한 형태이다. 리스트를 만드는 것이 유용한 모든 이유를 브레인스토밍한다. 예를 들면 다음과 같다.

- 해야 할 일의 큰 그림을 보여 준다.
- 연습하고 기억할 수 있도록 돕는다.
- 목표를 달성할 수 있도록 돕는다.
- 성취한 바를 보여 주고, 여전히 해야 할 일을 보여 준다.
- 많은 정보를 쓰는 짧은 방법이기 때문에 시간을 절약할 수 있다.

'좋은 리스트 만들기'에 대해 브레인스토밍한다. 예를 들면 다음과 같다.

- 점, 제목, 숫자, 범주, 약어 사용하기
- 시간 또는 장소에 대한 정보 표시하기
- 색상 강조 표시, 별표 또는 다른 크기로 표시
- 정기적으로 살펴보고 매일 메모 바꾸기
- 눈길을 끌 수 있도록 더 중요한 항목에 우선순위 부여하기
- 완료된 항목에 대한 성취감
- 냉장고나 컴퓨터의 스티커 혹은 일기장이나 학교 가방에 걸고 다니는 밝은색 카드 조각과 같이 눈에 띄는 위치에 두기

그런 다음 각 학급에서는 가능한 한 많은 요소를 포함하는 '완벽한 리스트(비교적 좋은 리스트)'를 만들거나 좋은 리스트 관련 포스터 또는 리스트를 적을 수 있는 자료를 함께 만들 수 있다. 또는 짝 활동으로 그 주의 같은 과제 목록을 작성한 다음 학급에서 가장 좋은 과제에 대해 투표하는 활동을 할 수 있다.

의지력 성찰 표시

학생들은 다음 중 일부를 해 보고 소감문이나 기록을 남긴다.

- 당장 즐거운 일을 하고 싶을 때는 하지 마세요. 대신 그것을 미래의 시점을 정해 그때까지 연기합니다.

- 불쾌한 일을 나중으로 미루고 싶을 때 즉시 합니다.
- 하고 싶지 않은 일을 하세요. 예를 들어, 점심 급식에 반찬 남기지 않기, 부모님이 부탁하신 하기 싫은 일 하기
- 피하고 싶은 일을 생각해 본 다음 그것을 하세요.

4) 가정 연계 과제

보관공간 설계하기

학생들은 가정에서 물건을 보관하는 장소 한 곳(예: 차고, 세탁소, 욕실)을 관찰하고 분석한 후 분류방식과 보관 방법을 향상시킬 수 있는 권장사항(비용 포함)과 계획표를 작성한다. 그리고 자신의 침실에도 똑같이 적용할 수 있다.

5) 적용

창고나 보관함을 잘 정리하거나 리스트 등을 교실에서 사용하여 학생이 모델링할 수 있도록 한다.

12. 포기하지 마세요-그릿을 사용해 장애를 극복하세요

1) 학습자료

(1) 도서

[역자 추천]

그냥 포기하고 말까?(장지혜 글, 2014)

공주 개미는 안락한 삶을 살다 뜻밖의 혹독한 시련을 겪게 되자, 모든 것을 포기하려 한다. 하지만 자신과 남을 위해 긍정적으로 생각하고 용기 있게 행동하자, 위기를 기회로 바꿀 수 있는 순간들이 찾아온다.

절대 포기 못해(질 톰린슨 글, 2010)

힐다는 매번 알을 낳지만 농장 주인 비딕 아저씨와 아주머니에게 알을 빼앗기고, 농장 곳곳에 알을 낳으려고 생각한다. 힐다는 여러 가지 난관을 만나지만 포기하지 않는다.

(2) 영화

니모를 찾아서

아빠 물고기는 그의 잃어버린 아들 니모를 찾아서 구하기 전까지 절대 포기하지 않는다.

(3) 동영상 해시태그

#The Red Piano(빨간 피아노)

중국의 문화혁명 동안, 한 어린 소녀가 노동 수용소로 가게 된다. 그 소녀는 자신이 정말 좋아하는 피아노 연주가 금지되었지만 비밀스러운 장소에서 몰래 피아노 연습을 할 수 있는 방법을 찾는다. 영어로 된 도서로 Read aloud 동영상으로 접할 수 있다. 화면만 참고해도 좋다.

#Keep Your Ear on the Ball(귀를 기울이세요)

Davey는 앞을 보지 못하고 학교에 있는 모든 사람은 그를 돕고 싶어 하지만, 그는 매우 독립적이다. 반 친구들은 그의 자기신뢰를 존중하지만 그가 스포츠를 할 때는 도움이 필요하다는 것을 깨닫는다. 그들은 여전히 그의 독립성을 존중하는 방식으로 지원하는 방법을 생각해 낸다. 영어판 도서로 Read aloud 동영상으로 접할 수 있다.

(4) 노래

'Never Give Up(절대 포기하지 마세요)'

(5) 시

You Mustn't Quit(그만두면 안 돼)

모든 일이 잘못될 때도 있고, 가끔 잘될 때도 있지.
터벅터벅 걷는 길이 오르막일 때,
돈은 없는데 빚은 많을 때,
그리고 웃고 싶은데 한숨만 나올 때,
근심이 짓누를 때,
쉬어야 한다면 쉬어! 그만두지는 말고.
인생의 우여곡절은 신기하기도 하지.
우리 모두는 때때로 그렇게 배워.
그리고 많은 실패를 하기도 해.
만약 끝까지 버텼다면 이겼을 수도 있단다.

속도가 느린 것 같아 보여도 과업에 충실하자.

한 번 더 하면 성취할 수 있어.

성취는 실패와 같아—

의심의 구름이 옅게 낄 때—

얼마나 가까이 왔는지 절대 알 수 없어.

때론 멀리 있어 보이지만 가까이 있을지도 몰라.

그러니 가장 큰 타격을 입었을 때 끈질기게 싸우자.

상황이 최악처럼 보일 때 절대 포기해서는 안 돼.

2) 서클 타임 또는 학급토론

'WINNERS'를 사용하여 네 번째 문장을 소개한다. 'Never give up'의 문장이다. 그리고 학습자료 중 하나를 사용하여 Dr Seuss Oh, the Places You'll Go!(당신이 갈 곳) 자료를 다시 논의한다(269페이지 참조). 그리고 '그릿', '결정', '장애'에 대해 토론한다.

토론 질문

• 등장인물이 직면했던 장애물은 무엇이었나요?

• 장애물을 직면했을 때 그들은 무엇을 했나요?(그들은 포기하지 않고 버텼다.)

• 목표를 가지고 성취하려면 끈기가 얼마나 중요한가요?

싱크·잉크·페어·셰어 전략을 사용하고(191페이지 참조) 학생들은 파트너와 그들이 포기하지 않았기에 성취한 목표에 대해 이야기 나눈다. 어떤 장애물이 방해가 되었나요? 〈Never give up(절대 포기하지 마세요)〉노래를 틀어 준다.

• 여러분 중 몇 사람이나 목표를 고수하는 데 어려움을 느꼈습니까? 방해가 되는 장애물은 무엇입니까?(친구와의 전화, 친구들의 강요, 지루함, 포기하고 싶은 마음, 패스트푸드 먹는 것을 멈추려고 할 때 누군가가 여러분에게 과자를 주기도 한다.)

• 집중할 수 없음은 목표를 고수하는 데 어떤 장애를 주나요?

• 목표를 달성하는 데 계속 도움이 되는 것은 무엇인가요?

• 끈기가 언제나 결과를 보장해 주나요?(네, 하지만 항상 그런 것은 아니다. 그러나 최선을 다했고 너무 쉽게 포기하지 않았다면 여전히 노력에 만족할 수 있다.)

• 만약 우리에게 중요한 것을 포기한다면 어떤 느낌이 들까요?(스스로에게 실망할 수 있고, 포기하는 것이 습관이 되어 자존감을 잃을 수도 있다.)

• '수완이 좋다(be resourceful)'는 것은 무엇을 의미하나요?(어려운 상황에서 해결 방법을 잘 찾아내는 재주를 말한다. 다양하고 창의적인 방법을 찾는 재치로 어려운 상황에 더 잘 대처하게 한다.)

학생들에게 목표를 달성하는 데 어떤 장애물이 있을지 미리 예측하고 시도하도록 한다. 예를 들면 다음과 같다.

• 프로젝트를 끝내고 싶지만 친구가 문자를 보내 우리 집에 방문하려고 한다면 어떻게 할까요?
• 만약 여러분의 목표가 건강에 좋은 음식을 먹는 것인데 친구가 여러분을 패스트푸드점으로 초대한다면 어떻게 하나요?(음식점에 가기 전에 무엇을 주문할지 생각해 볼 수 있다.)

3) 활동

• 학생들은 끈기 있고 포기하지 않으며 수완이 좋은 혁신적인 사람들을 연구한다(예: 탐험가, 발명가, 개척가, 혁명가). 다른 반이나 다른 학년에서 자신이 작업한 내용에 대해 멀티미디어 프레젠테이션을 진행한다.
• 학생은 오뚝이 Bounce Back! 활동지 '찰스 킹스포드 스미스(1897~1935)'를 작성한다.
• 각 학생은 '절대 포기하지 마'라는 제목의 시를 쓰거나 너무 쉽게 포기하는 느낌에 대한 시를 쓴다. 그런 다음 무언가에 충실히 임하는 것이 어떤 느낌인지에 대한 시를 쓴다.
• 학생들은 목표의 성취, 그 과정에서 겪었던 장애물, 그들이 어떻게 버텼는지에 대해 상상력을 발휘해 이야기를 만든다. 또한 파트너와 협력하여 어려움에 기지를 발휘하고, 포기하지 않고 성실히 목표를 달성한 인물에 대한 가상의 이야기를 만들 수 있다.

목표로 가는 길

각 학생은 달성하고 싶은 목표를 한 가지 선택하고 목표 달성에 방해가 될 수 있는 3~5개의 장애물을 상상한다. 그런 다음 장애물에 대한 대안적 해결방안에 대해 생각한다. 학생들은 바위가 많은 길을 그리고 장애물을 피해 길을 찾고 그들이 목표를 달성하기 위해 길을 유지하는 방법을 그린다.

만약…?

학생들을 3인 1조로 나누어 다음과 같은 경우, 그들이 수완을 발휘할 수 있는 방법과 무엇을 할 것인지를 브레인스토밍한다.

• 갑자기 그들의 집에 불이 켜지지 않았다.
• 집 문을 잠그고 밖으로 나왔는데 열쇠가 집 안에 있다.
• 집에 가기 위해 챙겨 둔 버스비를 잃어버렸다.

• 숙제를 위해 무엇을 해야 하는지 이해하지 못했다.

페달 동력

오뚝이 Bounce Back! 활동지 '열 가지 생각 단계'를 사용하여 이 아이디어를 학급에서 토론한다.

'한 영국인 아버지는 자녀들의 운동 부족과 숙제도 안 하면서 TV와 컴퓨터를 과도하게 사용하는 것에 대해 걱정했다. 그래서 아버지는 TV와 컴퓨터에 전력을 공급할 수 있는 충분한 전기를 생산할 수 있도록 자전거 페달을 밟아 돌림으로써 전기가 만들어지는 시스템을 개발했다.'

13. 도덕성과 정직이 원칙이 되어야 한다. 그렇지 않으면 가치가 없다

1) 학습자료

(1) 동영상 해시태그

#선수들의 부정행위
선수들의 부정행위가 팬들 모두에게 얼마나 큰 실망감을 주는지 알아보는 자료를 활용한다.

2) 서클 타임 및 학급토론

선수들의 부정행위에 대한 교훈을 소개한다. 'WINNERS' 대처 문장을 참조한다: 'Ethics and honesty(도덕성과 정직을 겸비하지 않는다면 가치가 없다)'

토론 질문

• 도덕적으로 행동한다는 것은 무엇을 의미하나요?(옳고 그름을 확인하고, 정직하게 행동하고, 사회적으로 정의롭고, 공동을 위해 일하고, 직업이나 조직의 도덕적 행동 규범을 준수하는 것을 의미한다.)
• 비도덕적인 행동의 예는 무엇인가요?(거짓말, 부정행위, 규칙 위반, 부당한 행동, 남을 속이거나 모욕하는 행위)
• 선수들의 부정행동에 대해 어떻게 생각하나요? 그의 행동은 정직했나요? 공정했나요? 합법적이었나요?
• 왜 그런 행동을 했다고 생각하나요?
• 선수들의 부정행동은 다른 사람들에게 어떤 영향을 미쳤나요?
• 공평한 경기장과 정정당당한 스포츠 경쟁의 중요성에 대해 이야기합니다. 이것은 무엇을 의미하나요?
• 부정직한 행동을 했다면 어떤 기분이 들까요? 여러분의 가족/친구들은 어떻게 생각할까요?
• 학교에서 사람들이 비도덕적으로 행동할 수 있는 방법에는 어떤 것들이 있나요? 혹은 일터, 다른 경기나 스포츠에서는 어떤 방법이 있나요?
• 최근 언론에서 보도된 비도덕적인 행동의 예는 무엇이 있나요?

3) 활동

- 학생은 다양한 직업(예: 법, 의학, 심리학, 정치)과 조직(예: 스카우트, 스포츠 팀)의 도덕적 행동 강령에 대해서 탐구 기반 학습(183페이지 참조)을 수행한다.
- 학생들은 비도덕적인 행동을 보여 준 운동선수[예: Marion Jones(육상), Ben Johnson(육상), Hansie Cronje(크리켓), Salim Malik(크리켓), the Fine Cotton affair(말 경주), Tonya Harding(아이스 피겨 스케이팅) Melbourne Storm(호주 럭비)]를 조사한다. 그 비도덕적인 행동의 결과는 무엇이었나요?
- 학생들은 스포츠, 기업 또는 지역사회에서 비도덕적인 관행의 예에 대한 언론 기사를 조사하고 수집한다.
- 학생이 오뚝이 Bounce Back! 활동지 '속임수가 성공할 수 있을까?'를 완성하고 학생들은 집단활동을 통해 자신의 답변에 대해 토론한다. 그들은 또한 오뚝이 Bounce Back! 활동지 '속임수가 성공할 수 있을까?'를 집으로 가져가 과제로 완성할 수 있다.

속임수일까 아닐까?

멀티뷰 토론 전략(185페이지 참조)을 사용하여 세 명의 학생으로 구성된 각 그룹에 조사를 위해 오뚝이 Bounce Back! 활동지 '속임수가 성공할 수 있을까?'에 있는 이야기의 다른 관점을 제공한다. 또는 각 그룹은 다음 중 네 가지 관점을 선택하여 고려한다.

- 랜스 암스트롱의 관점
- 라이벌 경쟁자의 관점
- 팬들의 관점
- 사이클링 연맹의 관점
- 랜스 암스트롱 가족의 관점
- 후원자의 관점

14. 때로는 위험을 감수해야 합니다−자신을 믿으세요

1) 학습자료

(1) 동영상 해시태그

#제시카 왓슨 #Jessica Watson 'True spirit' #Jordan Romero

Jessica Watson의 업적과 13세의 나이로 에베레스트 산을 오른 최연소 인물인 Jordan Romero의 업적을 보여 주는 동영상을 사용한다. 그들의 성취에는 많은 위험이 수반되었고 어떤 사람들은 이 십대들이 그 일을 하기에는 너무 어리다고 걱정한다.

2) 서클 타임 및 학급토론

'WINNERS' PPT 자료를 통해 학습 내용을 소개하고 'R' 관련 문장을 참조한다. 'Risk-taking 위험해도 도전한다(나 자신을 믿으라)' 앞의 동영상 자료를 사용하여 토론한다.

토론 질문
• 목표를 달성하기 위해 어떤 조치를 취했나요?
• 그들은 어떻게 자기 자신을 믿는다는 것을 보여 주었나요?
• 그들이 꿈을 이루기 위해 어떤 도움이 필요했나요?
• 그들은 어떤 위험을 감수했나요? 준비가 잘되었나요? 언제 위험이 타당한 선택이 될까요? 혹은 어리석은 선택이 될까요?(여러분이 위험을 감수할 준비가 되지 않았거나, 여러분의 행동이 자신이나 다른 사람을 위험에 빠뜨릴 때, 여러분의 행동의 결과가 자랑스럽지 않거나 위험을 감수할 가치가 없을 때 위험은 분별력이 없는 바보같은 행동이 됩니다. 4단원 용기에서 무모함에 대한 토론을 참고하세요.)
• '자신을 믿으세요'는 무슨 의미인가요?
• '안전지대 밖으로 벗어나라'는 무엇을 의미하나요?
• 항상 자기방어를 하는 사람은 어떻게 사나요?(위험은 거의 없고, 편안한 곳에 머무르면 불편함을 느끼지 않는다.)

자신을 믿고 위험을 감수할 수 있는 자신감을 갖게 된 예를 파트너와 함께 토론하도록 한다. 어떻게 하면 '나는 할 수 없어'를 '난 할 거야'로 바꿀 수 있을까?
다음 토론에서 강조할 사항은 다음과 같다.

• 자기수용과 자존감을 개발하는 데 초점을 맞춰야 하며(2단원 참조), 남과 분리된 자신이 그 자체로 온전한 존재라고 믿어야 한다.
• 항상 자신에게 '긍정적 추적'을 사용하는 것이 도움이 된다(5단원 참조). 이것은 여러분의 한계보다 긍정적인 성격과 강점에 더 집중한다는 것을 의미한다. 아무리 작은 것일지라도 모든 성공이나 성취에 대해 자신을 칭찬해야 한다.
• 할 수 있다고 믿지 않으면 성취할 수 없다.
• 하기로 결정하고, 열심히 일하고, 끈기 있게 노력하면 무엇이든 할 수 있다.
• 당신이 존경하는 성취한 사람들은 시작하는 바로 그 순간, 꿈을 꾸고, 목표를 이루겠다는 각오로 시작했다.

3) 활동

학생들은 오뚝이 Bounce Back! 활동지 '꿈을 이루다: 제시카 왓슨'을 완성하고 감상에 대한 이야기를 함께 나눈다.

4) 시

다음 시를 읽고 학생들에게 질문한다.

- 시에 언급되는 위험은 무엇인가요?
- 왜 인생에서 가장 큰 위험이 '아무 위험도 감수하지 않는 것'인가요?

딜레마

웃는 것은 바보처럼 보일 위험을 감수하는 것이다.

우는 것은 감성적으로 보일 위험을 감수하는 것이다.

다른 사람에게 손을 내미는 것은 개입의 위험을 감수하는 것이다.

감정을 드러내는 것은 거절당할 위험을 무릅쓰는 것이다.

군중 앞에서 당신 자신의 꿈을 보이는 것은 비웃음을 당할 위험을 감수하는 것이다.

사랑한다는 것은 그 대가로 사랑받지 못할 위험을 감수하는 것이다.

엄청난 역경에도 불구하고 앞으로 나아가는 것은 실패의 위험을 무릅쓰는 것이다.

그러나 위험은 반드시 감수해야 한다. 왜냐하면 인생에서 가장 큰 위험은 아무 위험도 감수하지 않는 것이
  기 때문이다.

아무 위험도 감수하지 않고, 아무것도 가지지 않은 사람은 아무것도 아니다.

그들은 고통과 슬픔을 피할 수 있지만, 배우거나, 느끼고, 변화하고, 성장하거나 사랑할 수는 없다.

위험을 무릅쓰는 사람만이 자유롭다.

학생들은 이 시 또는 그 일부를 바탕으로 글을 쓰거나 그림을 그리고 포스터를 만든다.

5) 드라마

학급에서 훌륭한 모험을 하는 것에 대한 간단한 역할극 대본을 쓴다. 학생들은 자신의 모험을 선택하고 (예: 가장 높은 산을 등반하기, 절벽 아래로 내려가기, 전국 또는 세계 일주하기) 간단한 역할극 대본을 작성한다. 학생들은 모험가('나는 달로 여행 갈 거야.'), 지지자('그래, 할 수 있어.'), 반대자('너는 할 수 없어.', '그렇게 하면

너무 위험해.' 등)의 역할을 맡는다.

15. 단원정리

1) 적용

목표달성에 대한 매일의 성찰

하루 일과가 끝나면 짝과 이야기를 나누거나 오뚝이 Bounce Back! 저널에 기록하도록 격려한다. '여러분이 오늘 정말로 성취하고 싶었던 중요한 한 가지는 무엇이었나요?'

이러한 성찰은 학생들이 자신의 성취와 성공적인 결과를 행동과 연결시키도록 돕는다.

2) 활동

- 학생들은 각자의 목표를 달성한 후 오뚝이 Bounce Back! 활동지 '위너들의 스마트 목표'를 완료한다.
- 학생들은 'WINNERS' 일곱 가지 위너 원칙 측면에서 다양한 학교 비전을 조사하고 분석한다(오뚝이 Bounce Back! 활동지 'WINNERS'의 일곱 가지 원칙을 참조한다.)
- 그룹으로 나누어 학생들은 'WINNERS' 일곱 가지 위너 원칙을 자신의 말로 작성한다(오뚝이 Bounce Back! 활동지 'WINNERS'의 일곱 가지 원칙 참조).
- 학생들은 장애물이 있는 위너의 인생 미로를 그린다(오뚝이 Bounce Back! 활동지 'WINNERS'의 일곱 가지 원칙 참조).
- 각 학생은 열심히 노력하고 포기하지 않으며 장애물을 극복하는 방법을 찾아 'SMART'를 달성하는 위너의 상상력 있는 이야기(581페이지 참조)를 만든다. 이야기의 일부를 'WINNERS'의 일곱 가지 원칙과 연결시킨다.
- 'WINNERS'(오뚝이 Bounce Back! 활동지 'WINNERS'의 일곱 가지 원칙)를 사용하여 학생들은 뜻을 성취한 팀 또는 그룹(예: 스포츠 팀, 밴드, 댄스 그룹, 기업)을 분석한다. 개별적으로 학생들은 조직화된 최고의 팀에 대한 간단한 설명을 작성한다. 그 내용을 학급 차트에 모은다.
- 오뚝이 Bounce Back! 활동지 'WINNERS'의 일곱 가지 원칙을 탐험가, 남극대륙, 과학적 성취자, 유명한 성취자 등의 주제와 함께 사용한다.

위너의 교실

'WINNERS' 일곱 가지 위너 원칙 메시지가 포함된 포스터를 만든다.

- "새로운 것은 도전 안 해." 하지 말고 "도전할 거야."라고 말하세요.

- "방향이 없다." 하지 말고 "목표를 설정하고 계획을 세울 거야."라고 말하세요.
- "노력하지 않을 거야." 하지 말고 "자신을 믿고 도전할 거야."라고 말하세요.
- "어떤 것도 잘하지 못해." 하지 말고, "나의 강점을 잘 알아."라고 말하세요.
- "실수는 실패야." 하지 말고 "실수는 성장의 기회야."라고 말하세요.
- "포기할 거야." 하지 말고 "나는 계속 열심히 할 거야."라고 말하세요.
- "반칙 좀 하면 어때." 하지 말고 "정직하고 도덕적으로 할 거야."라고 말하세요.
- "노력하고 성실한 결과 나는 더 명석해질 거야."

저학년 동생들을 위한 보물찾기 코스 만들기

학생들은 3인 1조가 되어 저학년 동생들을 위해 보물찾기 코스를 만들어 준다. 보물이 숨겨진 곳까지 가기 위해 7~10군데를 거쳐야 하는데 이 장소들을 다 거치면 보물이 있는 곳을 알게 된다. 고학년은 두 가지 방법으로 보물찾기 코스를 만들어 준다.

- 첫 번째 유형은 사진에 나온 장소를 찾아가면 보물이 나온다. 첫 번째 장소에 가면 사진이 있는데 그 안에는 다음 장소가 찍혀 있다. 저학년 학생들은 사진에 찍힌 곳을 따라 찾아가야 한다. 두 번째 장소에 잘 도착하면 그곳에도 다음 장소에 관련된 사진이 있고 이 과정을 반복한다. 예를 들어, 첫 번째 사진이 도서관 문이라면, 다음 사진 실마리는 도서관 문 뒤에 있는 봉투 안에 있을 것이다. 마지막 찾게 될 '보물'은 저학년 동생들과 함께 재미있게 놀아 주거나 이야기를 읽어 주는 것과 같이 함께 시간을 보내는 것이다.
- 두 번째 유형은 사진 대신 단서 카드를 사용한다. 예를 들어, 첫 번째 단서 카드에 '책들이 많이 있는 장소의 정문'이라고 쓰여 있다. 도서관 정문으로 간 동생들은 도서관 문 뒤에 있는 봉투에서 다음 단서 카드를 발견할 것이다.

보물찾기 코스를 만들면서 고학년 학생들은 다른 사람들을 돕기 위해 자신의 강점을 사용하는 법을 배우게 된다. 의미 있고 목적 있는 활동이란 무엇인지 이해하는 데 도움이 된다.

고학년 친구들을 위한 보물찾기 코스 만들기

학생들은 세 명씩 그룹을 이루어 고학년 친구를 위한 보물찾기 코스를 만드는데, 각 장소에 대한 단서는 저학년 단서보다 추리하기 복잡하다.

- 노랫말 추리: 카드에 '시계는 아침부터 똑딱 똑딱~ 부지런히 일해요~' 노랫말을 적어 놓는다. 이것은 두 번째 단서가 시계 근처에 있다는 것을 의미한다. 시계 근처에는 '따르릉 따르릉 비켜 나세요~'라는 단서 카드가 있다.
- 노래를 듣고 추리: 8~10개의 노래를 준비한다. 1번 노래는 자전거에 관한 노래이고, 그 단서는 '자전거 보관소'에 가는 것이다. 다음 장소로 가면 2번 노래를 들을 수 있도록 되어 있다.

성장에 대한 인용구

- 학생들에게 인터넷에서 성장과 관련된 동기 부여 인용문이나 속담을 직접 찾도록 한다. 선택한 인용구를 카드에 기록한다(다음 예 참조). 학생들을 다섯 그룹으로 나누고 각 그룹에게 두 개의 인용문을 제공한다. 그들은 제한시간 5분 동안 인용문에 대해 토론하고 학급 친구들에게 설명한다.

  - '시작이 반이다' (속담)

  - '원하는 대로 이루어진다.' (익명)

  - '우리는 우리가 반복적으로 하는 것으로 이루어진다. 그렇다면 탁월함은 행동이 아니라 습관이다.' (Aristotle)

  - '어떤 문제에 접근하는 가장 좋은 각도는 트라이(try)−앵글이다.' (익명)

  - '호미로 막을 것을 가래로 막는다.' (속담)

  - '승리하려는 의지, 성취하고자 하는 욕망, 잠재력을 최대한 발휘하고자 하는 충동…. 이것들은 개인의 탁월함을 실현시킬 열쇠이다.' (Confucius)

  - '멈추지 않는 한 얼마나 천천히 가는지는 중요하지 않다.' (Confucius)

  - '우리의 가장 큰 영광은 넘어지지 않는 것이 아니라 넘어질 때마다 일어서는 것이다.' (Confucius)

- 학생들은 2인 1조로 짝을 지어 다음과 같은 유명 인사의 '성취' 측면에 대한 인용구를 제공하는 웹사이트를 방문한다.

Henry Ford(헨리 포드)	Emma Watson(엠마 왓슨)
Thomas Edison(토머스 에디슨)	Michelle and Barack Obama(미셸과 버락 오바마)
Lewis Carroll(루이스 캐럴)	J. K. Rowling(조앤 롤링)
Oprah Winfrey(오프라 윈프리)	Cathy Freeman(캐시 프리먼)

- 학생들은 인용문을 오뚝이 Bounce Back! 활동지 'WINNERS'의 일곱 가지 원칙 문장으로 분류하거나 인용문을 선택하여 삽화 포스터를 만들 수 있다.

핵심 어휘

또래교사 팀코칭 전략(191페이지 참조)을 사용하여 학생들이 적절한 수준으로 목표를 달성하는 것과 관련된 어휘와 철자를 배울 수 있도록 한다. 이것은 또한 언어 구조를 탐구할 수 있는 좋은 기회이다. 예를 들면 다음과 같다.

성취/성취하다(achieve/achievement)	실수들(mistakes)
도전(challenge)	기회(opportunity)
성격(character)	조직/조직하다/체계적이지 못한
결과(consequence)	(organisation/organise/disorganised)
결정/결정한/결정하다	공연/공연하다(performance/perform)
(determination/determinded/determine)	고집/집요하게 계속하다(persistence/persist)

어려운(difficult)	목적/목적이 있는/목적이 없는
꿈(dream)	(purpose/purposeful/purposeless)
노력/노력하지 않는(effort/effortless)	성찰/성찰하다(reflection/reflect)
윤리/윤리적(ethics/ethical)	결과(result)
증거(evidence)	강점/강한(strength/strong)
실패하다(fail)	정돈/정돈된(tidiness/tidy)
끝내다(finish)	마음가짐(mindset)
목표(goal)	장애(obstacle)
정직/정직한/불성실한(honesty/honest/dishonest)	인내/인내하다(perseverance/persevere)
개선/개선하다(improvement/improve)	계획(plan)
진실성(integrity)	자원/자원이 풍부한(resource/resourceful)
지능/지능적인(intelligence/intelligent)	위험/위험한(risk/risky)
제한/제한하다(limitation/limit)	성취/성취적인/성취한(success/successful/succeed)
관리/관리하다(management/manage)	의지력(willpower)

3) 게임

- 학생들은 짝을 지어 미스터리 바둑판이나 단어 탐정(186, 195페이지 참조)에서 평균 점수를 유지하거나 그들의 시간을 더 높이려고 노력한다는 목표를 세워서 실시한다. 이때 타이머를 사용할 수 있다.

다음 게임들은 전체 학급활동 혹은 그룹 활동이다.
- 앞일까 뒷일까 PPT 자료(178페이지 참조)
- 메모리 카드 PPT 자료(184페이지 참조)—학생들은 단어와 그와 반대되는 단어를 일치시켜야 한다.
- 비밀단어 퍼즐 PPT 자료(181페이지 참조)—비밀 메시지는 '목표를 달성하기 위해 위너처럼 생각하자 (Think like a winner to achieve your goal)'이다.
- 학생들은 또한 자신만의 메모리 카드, 미스터리 바둑판, 가로 세로 퍼즐게임도 만들 수 있다.

4) Bounce Back! 시상식

오뚝이 활동지의 시상식을 이용하여 열심히 공부해서 어려운 목표를 달성한 학생들에게 상을 수여한다.

16. 오뚝이 Bounce Back! 활동지

- 다음 활동지는 학지사 홈페이지 자료실(www.hakjisa.co.kr)에도 탑재되어 있다.

'WINNERS'의 일곱 가지 원칙

(   ) 학년 (   ) 반 이름 (   )

위너란 하고자 하는 바를 성취는 사람들을 이야기한다.
성장을 위한 다음 것들을 기억하자.

What are your strengths? 강점은 무엇인가요?
(증거는 무엇인가요?)

Interesting mistakes. 흥미로운 실수들이 일어날 것이다.
(실수를 두려워하지 말고, 실수로부터 배우자.)

No effort, no results. 노력이 없으면 결과도 없다.
(자신에게 도전하자.)

Never give up. 결코 포기하지 말라.
(장애를 극복하기 위해 그릿을 사용하라.)

Ethics and honesty. 도덕성과 정직성을 겸비하라.
(그렇지 않으면 가치가 없다.)

Risk-taking. 위험해도 도전한다.
(나 자신을 믿으라.)

Smart goal-setting. 목표설정은 성취로 이끌 것이다.

능력강점 찾아내기 1

(   ) 학년 (   ) 반 이름 (   )

다음에 해당하는 사람을 찾아내라(여러 명도 가능).

1. 많이 읽고 잘 읽는 사람:

    이 사람이 최근에 재미있게 읽은 책 이름은? 왜인가?

2. 그림이나 디자인을 잘하는 사람:

    이 사람이 최근에 했던 그림이나 전시나 대회명은?

3. 다른 분야의 운동을 잘하는 사람:

    이 사람이 제일 좋아하는 운동 분야는?

4. 스스로를 잘 이해하는 사람, 혹은 오뚝이 Bounce Back! 프로그램을 좋아하는 사람:

    이 사람이 오뚝이 Bounce Back! 수업에서 좋아했던 부분은?

5. 계획이나 준비를 잘하는 사람:

    이 사람의 계획 중 잘되었던 것들, 어떤 준비가 잘되었는지 예를 쓰시오.

6. 전략 게임이나 수학 퍼즐을 잘 푸는 사람:

    이 사람이 가장 좋아하는 게임 중 하나를 쓰시오.

7. 다양한 곤충이나 동물 이름을 아는 사람:

    이 사람이 가장 가까이에서 봤던 종류는 무엇인가?

8. 악기를 잘 연주하는 사람:

    이 사람이 잘 연주하는 악기는 어떤 악기인가?

각각의 능력을 나타내는 지능의 이름이 있다.

다음 페이지를 보고 각 영역의 지능 이름을 알아보자.

능력강점 찾아내기 2

(   ) 학년 (   ) 반 이름 (   )

여덟 가지 능력강점

언어능력

이 능력은 언어를 사용하고 읽고, 쓰고, 말하고, 논쟁하고, 시를 만들고, 단어 퍼즐을 하고 단어로 아이디어를 표현하는 것을 포함한다. 작가, 저널리스트, 선생님, 출판자 등이 이 강점을 가지고 있다.

논리와 수학능력

이 능력은 수학문제를 풀고, 계산하고, 예측하고, 논리적 논의를 하고, 유추하고, 조사하고, 실험하고, 분석하고 가정하고 조직하며, 패턴을 만들고, 분류하는 것을 포함한다. 이것은 수학자, 의사, 법률가(언어능력을 같이 갖고 있을 때는), 연구자 등의 강점이다.

공간과 시각능력

예술을 창조하고, 그림을 그리고, 색칠하고, 정신적 그림을 창조하며, 지도를 그리고, 표시하고, 표로 나타내며, 퍼즐을 풀고, 길을 찾아내며, 비행기를 몰고, 그래프를 그리며, 미로를 완성하고, 디자인하고 특별한 관계와 일을 하는 것을 포함한다. 이것은 예술가, 공예가, 비행조종사, 엔지니어, 컴퓨터 프로그래머, 디자이너 등의 강점이다.

신체능력

운동을 하고, 행동을 조절하며, 춤추고, 운동하고, 움직이며, 흉내내고, 활동적으로 조작하고, 만들고 고치고 하는 능력들을 포함한다. 정비사, 목사, 의사, 운동선수, 연극인(대인능력이 함께 있을 때는), 무용수, 코치, 안무가 등이 이런 강점을 가지고 있다.

음악능력

던지기, 리듬 타기, 좋은 음색, 박자 감각, 암기력, 음악, 노래 부르기, 악기 연주하기, 작곡하기, 소리효과 만들기 등을 포함한다. 음악연주가, 작곡가, 소리 기술자들이 이런 강점을 가지고 있다.

능력강점 찾아내기 3

(   ) 학년 (   ) 반 이름 (   )

대인지능 능력

함께 일하는 것, 사회적으로 상호작용하는 것, 관계를 유지하는 것, 다른 사람을 조직하고 관리하는 것을 말한다. 협상하고 조정하고, 리더십과 돌봄, 공감 그리고 다른 사람에 대한 민감함을 포함한다. 심리학자, 선생님, 행정가, 상담가, 매니저 등의 강점이다.

자기이해 능력

자기에 대한 인지와 자기에 대한 이해, 목표 관리, 자기훈육, 반성, 메타인지, 다른 사람의 강점과 약점을 찾아내 주는 것을 포함한다. 그리고 다른 사람의 행동을 설명하거나 이해하는 자신만의 경험을 사용한다. 작가나 심리학자, 철학자 등의 강점이다.

자연친화 능력

식물과 동물에 대한 이해와 분류하는 능력을 포함한다. 농업종사자나 동물들과 함께 일하고 다른 농작물을 경작하고, 자연의 숲과 밀림을 이해하는 사람의 강점이다. 또한 자연을 추적하고, 자연을 탐색하고, 정원을 만들고, 환경에 대한 보존 인식을 갖는 사람의 강점이다. 자연과학자, 공원조성자, 수의사, 해양 생물학자, 농부, 원예가 등이 이 분야에 해당한다.

이런 여덟 가지 강점은 하워드 가드너의 다중지능이론에 기반하였다.

다중지능강점 조사 설문지(MICUPS)

(　　　) 학년 (　　　) 반 이름 (　　　　　　　　)

다중지능 체크리스트에서 자신에게 적합한 답을 동그라미 치십시오.

	질문	예	어느 정도	아니요
1	나는 단어 퍼즐과 단어 게임을 잘하며, 이것이 즐겁다.	3	2	1
2	나는 대부분의 새로운 수학은 무리 없이 배울 수 있다.	3	2	1
3	나는 던지기, 발차기, 점프 그리고 달리기 같은 많은 스포츠 기술을 잘한다.	3	2	1
4	나는 객관적으로 노래를 잘할 수 있고, 음악이나 노래가 맞지 않거나 음정이 맞지 않는 것을 알 수 있다.	3	2	1
5	나는 수학 퍼즐과 체스 같은 전략 게임을 잘한다.	3	2	1
6	나 자신을 위한 목표가 있을 때(돈 모으기처럼) 어떻게 하는지를 잘 알고, 그것을 마칠 때까지 계속한다.	3	2	1
7	나는 자연과 함께 일하는 직업을 갖고 싶다(예를 들어, 보호구역 경비원, 수의사). 그리고 나는 잘할 것이다.	3	2	1
8	나는 미술이나 만들기 혹은 그래픽 디자인을 잘한다.	3	2	1
9	나는 책을 빠르고 자신 있게 읽고 집에서 많은 책을 읽는다.	3	2	1
10	나는 악기를 꽤 잘 연주할 수 있다.	3	2	1
11	나는 사람을 모으는 일을 잘하고, 사람들은 내가 하는 일과 내 생각에 잘 반응한다.	3	2	1
12	나는 내 또래보다 과학에 대해 더 많이 안다. 과학현상이 어떻게 되고 왜 일어나는지에 대해 매우 궁금해서 학교 밖에서까지 탐구한다.	3	2	1
13	나는 보통 새로운 스포츠, 춤, 운동을 꽤 빨리 배울 수 있다.	3	2	1

다중지능강점 조사 설문지(계속)

	질문	예	어느 정도	아니요
14	나는 올바른 단어를 찾는 데 능숙하며, 이야기 보고서나 에세이를 쓸 때나 발표할 때 분명하게 표현한다.	3	2	1
15	가능할 때마다 실외의 자연에서 시간을 보내고 다른 사람들이 눈치 채지 못하는 것(예: 곤충, 동물, 식물, 나무)을 자주 볼 수 있다.	3	2	1
16	나는 내 생각에 대한 논리적인 주장을 잘하는데, 다른 사람이 생각의 논리에 오류가 있을 때도 정확하게 수정할 수 있다.	3	2	1
17	나에게 무슨 일이 생기면 그것에 대한 나의 반응과 왜 내가 그렇게 느끼는지에 대해 생각하는 데 많은 시간을 보낸다.	3	2	1
18	나는 노래를 쉽게 배울 수 있고, 익숙하지 않은 노래나 새로운 노래도 쉽게 배운다. 듣는 노래와 음악의 이름을 쉽게 붙일 수 있다.	3	2	1
19	나는 디자인 감각이 뛰어나서 보통 왜 어떤 것들이 다른 것들보다 더 좋아 보이는지 이해할 수 있다(예: 패션, 인테리어, 자동차 디자인).	3	2	1
20	나는 사람들이 어떻게 느끼는지에 매우 민감하고 만약 이것이 필요하다면 나는 도와주려고 노력한다.	3	2	1
21	동물들은 보통 나에게 잘 반응한다. 왜냐하면 동물들과 자연스럽게 함께하는 방법이 있고 동물의 웰빙에 대해 강하게 신경 쓰기 때문이다.	3	2	1
22	나는 철자에 능숙하고 새롭고 어려운 단어를 배우는 것을 좋아한다.	3	2	1
23	나는 여가 시간에 내 또래 대부분의 사람보다 음악에 더 많이 투자한다.	3	2	1
24	나는 나를 꽤 잘 안다. 나는 내가 무엇을 잘하고 잘하지 못하는지 알고 있으며, 내가 어떤 일을 얼마나 잘 해낼 수 있을지를 정확하게 예측할 수 있다.	3	2	1

다중지능강점 조사 설문지(계속)

	질문	예	어느 정도	아니요
25	내가 잘할 수 있는 일은 몸이나 손을 꽤 많이 쓰는 일이다.	3	2	1
26	어떤 것을 그리거나 디자인하거나 만들기 전에 결과물을 상상하는 데 능숙하다.	3	2	1
27	나는 내가 어떤 기분인지 잘 알고 있고, 필요하다면 나 자신을 응원할 줄 안다.	3	2	1
28	나는 많은 종류의 사람들과 잘 어울리며, 나의 사회적 기술에 대해 자신감을 느낀다.	3	2	1
29	나는 필요한 것을 만들거나 고치기 위해 손으로 일하는 것을 잘한다(예: 목재, 기계, 바느질, 보석, 공예품).	3	2	1
30	나는 항상 또래 사람들보다 자연을 더 좋아하고, 동물, 곤충, 조개껍질, 나무 등과 같은 자연적인 것들의 미세한 차이점을 잘 본다.	3	2	1
31	나는 남들이 놓치는 미세한 시각적인 부분을 잘 본다. 나는 또한 내가 본 것들의 시각적인 세부사항에 대해 잘 기억해 낸다.	3	2	1
32	나는 보통 다른 사람들의 행동 방식과 동기가 무엇인지 이해할 수 있다.	3	2	1

다중지능강점 조사 설문지(계속)

〈점수 매기기 기준표〉

다음 차트에서 동그라미를 친 숫자를 입력하여 여덟 가지 지능의 수의 합을 구하십시오.

	문제 번호	점수		문제 번호	점수
언어지능	1		음악지능	4	
	9			10	
	14			18	
	22			23	
	언어 총합			음악 총합	
논리수학지능	2		자연지능	7	
	5			15	
	12			21	
	16			30	
	논리수학 총합			자연 총합	
공간시각지능	8		대인지능	11	
	19			20	
	26			28	
	31			32	
	공간시각 총합			대인 총합	
신체지능	3		자기이해지능	6	
	13			17	
	25			24	
	29			27	
	신체 총합			자기이해 총합	

다중지능강점 조사 설문지(계속)

〈최고의 지능 알아보기〉

최고(1위)부터 최저(8위) 순서로 각 지능에 대한 점수를 기록하십시오.

동일한 점수를 표시하려면 괄호를 사용하십시오.

순위	총합	지능 이름
1위		
2위		
3위		
4위		
5위		
6위		
7위		
8위		

다섯 가지 목표의 원칙
SMART

(   )학년(   )반 이름(   )

스마트 다섯 가지 목표의 원칙에 따라 목표를 정해 봅시다.

Specific: 달성하고자 하는 바가 **구체적인** 목표인가요?

_____

Meaningful: 정말 이루고 싶은 **의미** 있는 목표인가요?

_____

Action-based: 당장 **실천 가능한 행동** 목표인가요?

_____

Realistic: 성취할 수 있는 **현실적인** 목표인가요?

_____

Timeline: **타임라인이** 있는 목표인가요?

_____

SMART 목표 계약서

(   ) 학년 (   ) 반 이름 (   )

날짜:

Specific: 달성하고자 하는 바가 **구체적인** 목표인가요?

　내가 원하는 것은 다음과 같습니다.

Meaningful: 정말 이루고 싶은 **의미 있는** 목표인가요?

　내가 이것을 원하는 이유는 다음과 같습니다.

Action-based: 당장 **실천 가능한 행동** 목표인가요?

　　1.

　　2.

　　3.

Realistic: 성취할 수 있는 **현실적인** 목표인가요?

　나는 이 목표가 현실적이라고 생각합니다. 이유는 다음과 같습니다.

Timeline: **타임라인이 있는** 목표인가요?

　내 생각에 이 목표를 달성하는 데는 대략 이 정도가 걸릴 것 같습니다.

나의 서명:　　　　　　　　선생님 서명:

목표 인터뷰하기 가이드

(   )학년 (   )반 이름 (   )

인터뷰한 사람의 이름:
_____

이 사람을 어떻게 알게 되었나요?
_____
_____

인터뷰

목표는 무엇이었습니까? 무엇을 성취했나요?
_____
_____

이 목표가 중요했나요? 어떤 면에서 중요했나요?
_____
_____

시작하기 전에 계획을 세웠었나요?
_____
_____

목표를 달성하는 데 얼마나 걸렸나요?
_____
_____

얼마나 열심히 실행했나요?
_____
_____

얼마나 열심히 일했는지 예를 들어 주세요. 어떤 방식으로 자신을 단련했나요?
_____
_____

목표 인터뷰하기 가이드(계속)

목표를 달성하는 데 위험을 감수할 필요가 있었나요? 만약 그렇다면 무슨 위험이었나요?

_____

_____

도중에 혹시 문제가 있었나요?

_____

_____

포기하려는 유혹을 느껴 본 적 있었나요?

_____

_____

포기하지 않고 버티는 데 도움이 된 것은 무엇이었나요?

_____

_____

실수가 있었나요?

_____

_____

실수들로부터 무엇을 배웠나요?

_____

_____

다른 사람에게 도움을 받았나요?

_____

_____

자신의 개인적 강점과 한계를 발견하였나요?

_____

_____

이제 목표를 달성하는 것에 대해 어떻게 생각하나요?

_____

_____

마이클 조던의 이야기

(   ) 학년 (   ) 반   이름 (   )

마이클 조던은 지금은 퇴직한 프로 농구선수이다. 많은 스포츠 작가는 그를 이 시대에 가장 훌륭한 선수로 꼽는다.

마이클 조던은 언제나 성취했을까?

그렇지는 않다. 고등학교에서 마이클 조던은 농구 선수팀에서 떨어졌다. 자신이 원했던 노스캐롤라이나 대학교에 들어갈 수 없었다. 처음에 들어가고자 했던 두 개의 NBA 팀에도 떨어졌다. 아주 큰 실수를 하기도 했다. 아무도 훌륭한 선수가 될 거라고 생각하지 못했다.

무엇이 그를 성취하게 도와주었을까?

고등학교 팀에서 떨어졌을 때 그는 매우 좌절했다. 엄마는 "다시 가라. 그리고 스스로 생각해 보라."고 말했다. 이 말은 확실히 도움이 되었다. 매일 학교 가기 전에 집에서 6시부터 일어나서 연습을 했다. 캐롤라이나 대학팀에 있었을 때 약점인 공 다루기, 슛하기, 방어하기 등을 다른 사람들보다 열심히 연습했다. 한 해가 지나고 그의 팀인 시카고 불스는 그 시즌의 마지막 게임을 졌다. 마이클 조던은 다음 해를 위해 열심히 슛을 준비했다. 큰 키에도 불구하고 연습벌레로 잘 알려졌다.

조던은 성취는 마음에서 온다고 말했다. 정신력과 마음은 어떤 신체적인 이점보다 유리하다고 말했다. 믿은 대로 될 것이라고 생각했다. 그러나 다른 사람들은 그의 노력보다는 그의 선천적인 능력 때문이라고 생각한다.

1. 마이클 조던의 성취가 얼마만큼의 노력에서 기인했다고 생각하나요? 또한 얼마만큼의 선천적 재능에서 기인했다고 생각하나요?

2. 만약 성공이 능력에서만 기인한다고 생각한다면 어떤 문제가 생길까요?

3. 노력이 성취를 이끈다고 생각하면 어떤 이득이 있을까요?

성장형 마인드셋과 고정형 마인드셋

(   ) 학년 (   ) 반 이름 (   )

다음 상자에서 각 사고방식을 읽고 잘라서 알맞은 종류 분류하세요.

성장형 사고방식	고정형 사고방식
지능은 향상될 수 있다. 지능은 노력과 성실함으로 바뀔 수 있다.	지능은 바뀔수 없다. 사람들은 똑똑하게 태어났거나 똑똑하지 않거나 둘 중 하나이며. 지능은 고정적이다.

못 하겠어요.	난 아직 할 수 없어요.	바른 방법으로 하고 있어요.	원래 나는 잘해서 안 해도 돼요.	이 일을 더 이상 잘할 수 없어요.	이것은 너무 어려워서 도움이 필요할 수 있어요.
그는 나보다 더 똑똑해요.	난 절대 이 일에 능숙해지지 않을 거예요.	도전적이지만 그것을 계속할 거예요.	다른 전략을 써 봐야겠어요.	목표를 위해 정말 열심히 실천하고 있어요.	절대 이걸 바로잡지 못할 거예요.
이만하면 됐어요.	못 하겠어요. - 너무 어려워요.	시간이 좀 걸려요.	실수로부터 배울 수 있어요.	더 이상 좋게 만들 수 없어요.	더 좋게 만들려면 나는 뭘 해야 할까요?

유명한 마시멜로 테스트

1960년대에 실시된 이 연구는 의지력에 관한 유명한 연구이다. 월터 미셸과 동료들은 4세짜리 아이들을 관찰했다. 아이들을 한 명씩 방으로 데려와 마시멜로를 보여 주고 제안했다. 아이들은 원할 때 마시멜로를 먹을 수 있었지만, 실험자가 돌아올 때까지 마시멜로 먹기를 미루면, 두 번째 마시멜로도 먹을 수 있다고 하였다. 한 집단 아이들은 마시멜로를 당장 먹어 치웠고, 다른 집단 아이들은 안 먹으려 노력했지만 결국 먹게 되었으며, 또한 집단 아이들은 15분 내내 마시멜로를 더 기다렸다.

노력에 성공한 아이들은 노래를 부르거나 다른 곳을 둘러보면서 마시멜로를 보지 않는 등 다른 일에 집중하면서 자신을 달랬다. 수년 후 미셸 연구팀은 중등학교에 다닐 때 그 아이들을 따라 다녔다. 4세 때 가장 강한 의지를 보인 아이들이 중등학교에서 더 좋은 점수와 시험 점수를 받기 위해 계속 나아갔다는 것을 발견했다. 또한 친구들과 선생님들에게 더 많은 인기를 얻었다. 약물 중독에 대한 문제도 가장 적었다.

이 연구는 의지력이 지능보다 더 중요하다는 것을 보여 주었다. 왜냐하면 의지력은 학생들이 수업에 참여하고, 숙제를 더 일찍 시작하고, 더 많은 시간을 일하고 텔레비전을 보는 시간을 덜 보내는 데 도움을 주기 때문이다.

1. 의지력이란 무엇인가요?

_____
_____
_____
_____
_____
_____

2. 마시멜로 실험에 참가한 아이들은 어떻게 의지력을 보여 주었나요?

_____
_____
_____
_____
_____
_____

유명한 마시멜로 테스트(계속)

3. 실험에서 의지력을 보여 준 네 살짜리 아이들에게는 어떤 보상이 있었나요?

_____

_____

_____

_____

_____

4. 의지력을 가장 많이 보여 준 아이들이 중학교에 진학했을 때 어떤 결과가 나타났나요?

_____

_____

_____

_____

5. 의지력을 사용하기 어렵게 만드는 네 가지 장애물을 적어 보세요. 예를 들어, 숙제를 하지 못하게 하는 네 가지 장애물을 생각하면 됩니다.

_____

_____

_____

_____

6. 의지력을 실천하기 위해 무엇을 할 수 있나요?

_____

_____

_____

_____

찰스 킹스포드 스미스(1897~1935)

(   ) 학년 (   ) 반 이름 (   )

찰스 킹스포드 스미스(Charles Kingsford Smith)라고 불리는 호주의 한 조종사는 세계에서 가장 위대한 조종사 중 한 명이고 호주 사람들은 그를 스미시라 부른다. 1920년대에는 비행기가 그리 오랫동안 날지 못했었다. 사람들은 비행기가 호주에서 미국까지 태평양을 가로질러 날 수 있다고 생각하지 못했다. 스미시의 꿈은 사람들이 바다를 가로질러 다른 나라에 안전하게 날아가고 비행은 비싸지 않으며 너무 오래 걸리지 않는다는 것을 증명하는 것이었다.

1928년, 스미시와 또 찰스 울름은 세계에서 처음으로 미국에서 호주로 비행한 사람이 되었다. 또한 호주에서 뉴질랜드로 비행했다.

1928년, 스미시와 울름은 호주 국립 항공이라는 항공 회사를 설립했다.

1933년, 스미시는 영국에서 호주로 7일 만에 비행했다.

이것은 세계 기록이었고 그의 꿈이 가능하다는 것을 보여 주었다. 사실 지금은 날기 전에 날씨에 대한 정보를 얻을 수 있지만 스미시가 날았을 당시는 날씨에 대한 어떤 정보도 얻을 수 없었다. 때때로 매우 나쁜 날씨에도 비행해야 했다. 이런 난관은 용기와 비행 능력이 필요했다. 스미시는 어려운 목표를 세웠다. 먼저, 모든 비행을 주의 깊게 계획했다. 또한 비행하기 전에 모든 장비를 철저히 점검했다. 그의 성취는 이런 계획과 노력 그리고 포기하지 않고 계속 노력하려는 의지 때문이었다고 할 수 있다.

◎ 스미시의 꿈은 무엇이었나요?

◎ 왜 스미시는 목표를 이렇게 성공적으로 달성했나요?

◎ 자신의 꿈을 이루기 위해 무엇을 했나요?

◎ 오늘날 비행과 1920년대 비행은 어떤 조건이 다른가요?

◎ 위너의 일곱 가지 원칙 '강한 스마트 위너'와 비교하여 스미시가 꿈을 이룬 일곱 가지 원칙을 비교해 보세요.

열 가지 생각 단계

(   ) 학년 (   ) 반 이름 (   )

10단원의 활동 *운동 부족과 숙제도 안 하면서 TV와 컴퓨터를 과도하게 사용하는 문제에 사용합니다.

1단계	주제는 무엇일까?	생각하려는 문제나 주제를 명확하게 서술하세요.	
2단계	알고 있어야 할 것	우리가 이 주제에 대해 알고 있는 것은 무엇인가요? 우리가 더 알아야 하는 것은 무엇인가요? 알아야 하는 것을 어떻게 알아낼 수 있나요? 우리가 알고 있는 것 중 비슷한 것이 있나요?	
3단계	밝고 긍정적인 면	이 주제의 좋은 특성은 무엇인가요? 주제 속에 좋은 결과가 있을 수도 있나요? 주제에서 좋은 기회가 나올 수도 있나요?	
4단계	어둡고 부정적인 면	이 주제의 그다지 좋지 않은 특성은 무엇인가요? 어떤 문제가 발생할 수 있나요?	
5단계	느낌	이 주제를 접했을 때 어떤 느낌이 들었나요?(느낌 관련 단어: 흥분됨, 걱정됨, 불안함, 기쁨 등) 관련된 사람들에게는 어떤 느낌이 들게 할까요?	
6단계	개선하기	주제를 개선하기 위해 어떤 변화가 필요할까요? 여기에 덧붙이거나 빼거나 다시 만들거나 대신할 것은 무엇일까요?	
7단계	생각을 점검하기 (좋은 경찰이 묻는다고 생각하고 대답하기)	해결하기 위해 '만약 무엇이라면'이라는 가정을 만들어 볼까요? 우리가 말했던 것에 대한 충분한 증거가 있나요? 우리가 말한 증거는 믿을 만한 가치가 있나요? 우리를 가로막는 해결되지 않은 문제는 무엇인가요?	
8단계	정확하게 생각하기 삐뚤어지지 않기	주제와 관련하여 안정적 혹은 논리적인 생각은 없나요? 도덕성 때문에 이러지도 저러지도 못하는 건가요? 혹시 소수의 문제는 아니었나요?(장애인, 노인, 민족 등) 혹시 성차별이 개입되었나요? 혹시 더 큰 그림 혹은 국제적 시각으로 볼 수 있나요?	
9단계	나의 생각 말하기	나의 의견을 말해 볼까요? 이유도 함께 (저는 생각합니다. 왜냐하면,)	
10단계	우리의 생각 말하기	우리가 토론한 전체 의견을 말해 봅시다. 이것을 결정한 세 가지 이유를 말해 보세요. 반대 관점도 요약해 볼까요?	

속임수가 성공할 수 있을까?

(　　　) 학년 (　　　) 반 이름 (　　　　　　　　　)

랜스 암스트롱은 수백만의 영웅이었다. 1996년 암 진단을 받았으나 병을 이겨 내고 1998년부터 2005년까지 7차례 세계 최대 사이클 대회인 투르 드 프랑스 대회에서 우승했다. 그는 세계에서 가장 잘 알려져 있고 가장 존경 받는 운동선수 중 한 명이 되었다.

암스트롱은 그의 성공으로 수백만 달러를 벌었다. 그는 영화에 출연했고 책을 썼으며 나이키와 같은 많은 회사의 후원을 받았다. 그는 불행을 극복하고 챔피언이 된 극복의 아이콘으로 알려지게 되었다.

그의 용기와 업적은 전 세계의 다른 사람들에게 암에 걸린 사람들을 고무시켰고 자선단체인 랜스 암스트롱 재단을 설립하게 되어 다른 암환자들을 지원하기 위해 돈을 모았다.

그러나 2012년, 수년간의 제보 끝에 암스트롱이 경기력 향상 약물을 사용했다는 사실이 밝혀졌다. 암스트롱은 결국 부정행위를 시인했고 투르 드 프랑스 타이틀을 박탈당했다.

랜스 암스트롱 이야기에서 가장 실망스러운 부분은 그가 어떻게 팬들을, 특히 암스트롱을 영웅이자 어려운 불운을 견디면 이룰 수 있는 것에 대한 모델로서 우러러본 사람들을 배신했는가 하는 것이었다.

암스트롱은 거짓말을 하고 속였다. 그의 경력은 부정직했고 그를 우러러보는 사람들에게 많은 실망을 안겼다. 또한 사이클링의 가장 큰 영웅은 이제 가짜였다는 사실을 안 팬들의 이목 때문에 사이클링 스포츠에도 피해를 입혔다.

성공은 정직하게 성취되어야만 한다. 많은 사이클 선수가 투르 드 프랑스 대회에서 우승하기 위해 훈련과 노력 그리고 눈물 나는 희생을 한다. 그러나 랜스 암스트롱과 같은 몇몇 사람은 지름길을 택하여 속임수를 썼다.

2011년, 카델 에반스는 투르 드 프랑스에서 우승한 최초의 호주인이 되었다. 그는 이전에 두 번 2위를 했고 결국 승리하기 전에 많은 장애물이 있었다. 2005년에 그는 랜스의 뒤를 이어 8위에 머물렀다. 이후 암스트롱의 세간의 집중에 신경 쓰지 않고 자신만의 노력과 희생으로 에반스는 결국 투르 드 프랑스에서 우승하였다. 그리고 호주와 전 세계에서 매우 존경받게 되었다.

속임수가 성공할 수 있을까?(계속)

1. 랜스 암스트롱의 스포츠 업적은 무엇이었나요?

_____

_____

2. 어떤 건강상의 장애가 스포츠 업적을 빛나게 했나요?

_____

_____

3. 이러한 성과와 성공이 타인에게 어떤 영향을 미쳤나요?

_____

_____

4. 그의 거짓말과 부정행위는 그의 경력에 어떤 영향을 미쳤나요? 다른 사람들에게 어떤 영향을 미쳤나요?

_____

_____

5. 랜스 암스트롱이 윤리적으로 행동했다고 생각하나요? 그의 행동은 정직했나요? 공정했나요?

_____

_____

6. 왜 그가 이런 식으로 행동했다고 생각하나요?

_____

_____

7. 카델 에반의 스포츠맨십이 랜스 암스트롱에 비해 다른 점은 무엇인가요?

_____

_____

꿈을 이루다: 제시카 왓슨

(   )학년 (   )반 이름 (   )

누구도 제시카 왓슨의 용기를 의심하지 않는다. 제시카 왓슨이 2010년 16세였을 때, 혼자 어떤 도움도 지원도 없이 세계를 혼자 배를 타고 여행한 최연소 사람이 되었다. 제시카가 여행한다고 했을 때는 너무 어리고 경험이 없다고 모두 비판적으로 생각했다. 제시카는 여행에 앞서 시험 운행에서 큰 배와 부딪혀 돛대가 망가지기도 했다.

제시카는 2009년 10월 18일 그녀의 10미터 요트를 타고 여행을 시작했다. 그리고 210일 만인 2010년 5월 15일 세계를 돌아서 여행을 마쳤다. 사실 여행 내내 큰 재앙이 있었다. 바람과 풍랑이 있었고 실제로 요트는 네 번이나 뒤집히기도 했다. 그러나 그녀는 기자들에게 자신의 정신적 도전에 대해 만족했다고 이야기했다. 호주의 사람들은 그녀를 영웅으로 대했다. 그러나 그녀는 자신의 꿈을 이루기 위해 최선을 다한 보통 소녀에 만족했다.

그녀는 여행을 하기 전에 준비를 열심히 했다. 홀로 여행을 하기 전에 다른 배에서 선원으로 열심히 배우고 항해를 경험하였다. 또한 안전요원 자격증, 요트마스터 자격증도 취득했다. 부모님을 포함하여 그녀를 지원할 수 있는 친구 그리고 일반 지원자들과 함께했다. 그리고 요트 여행에 대한 지식을 제시카에게 제공하였으며 그녀가 여행하는 동안 지속적으로 온라인이나 다른 방법으로 가능한 연락을 취했었다. 그녀는 거의 외롭지 않았다고 이야기했다. 왜냐하면 항해 내내 정말 많은 사람이 그녀가 잘되기를 바란다는 것을 알았기 때문이었다.

1. 제시카의 성공 속에는 어떤 과정이 포함되어 있었나요?

2. 스스로 믿고 있는 것을 어떻게 보여 주었나요?

3. 자신의 꿈을 이루기 위해서 어떤 지원을 받았나요?

4. 제시카의 경우를 학습지 위너의 일곱 가지 원칙 'WINNERS'와 비교해 봅시다.

위너들의 스마트 목표

(　　　) 학년 (　　　) 반　이름 (　　　　　　　　)

What are your strengths? 강점은 무엇인가요?

당신의 능력강점은 무엇이며, 그중 하나 이상을 어디에 사용하였습니까?

_____

Interesting mistakes. 흥미로운 실수들이 일어날 것이다.

실수가 있었나요? 만약 그렇다면, 그렇게 함으로써 무엇을 배웠나요?

_____

No effort, no results. 노력이 없으면 결과도 없다. (자신에게 도전하자.)

목표를 달성하기 위해 얼마나 열심히 실천했나요? 장애물이 있어도 계속 나아갔나요? 어떻게 집중할 수 있었나요?

_____

Never give up. 결코 포기하지 말라. (장애를 극복하기 위해 그릿을 사용하라.)

목표에 도달하는 데 얼마나 걸렸나요? 도중에 어떤 장애물을 극복해야 했나요? 무엇이 계속 가는 데 도움이 되었나요?

_____

Ethics and honesty. 도덕성과 정직성을 겸비하라. (그렇지 않으면 가치가 없다.)

목표를 달성하기 위해 규칙을 어기거나 속임수를 썼나요?

_____

Risk-taking. 위험해도 도전한다. (나 자신을 믿으라.)

목표를 달성하기 위해 어떤 위험을 감수해야 했나요?

_____

Smart goal-setting. 목표설정은 성취로 이끌 것이다.

시작하기 전에 목표를 달성하는 것을 상상할 수 있었나요?

_____

스마트한 목표 설정은 계획과 성취를 돕습니다. 다음 질문에 대해 예 또는 아니요로 답하세요.

Specific: 달성하고자 하는 바가 구체적인 목표인가요?　　　　　　　예　/　아니요

Meaningful: 정말 이루고 싶은 의미 있는 목표인가요?　　　　　　　예　/　아니요

Action-based: 당장 실천 가능한 행동 목표인가요?　　　　　　　　예　/　아니요

Realistic: 성취할 수 있는 현실적인 목표인가요?　　　　　　　　　예　/　아니요

Timeline: 타임라인이 있는 목표인가요?　　　　　　　　　　　　　예　/　아니요

오뚝이 시상식 상장

Bounce Back! Award

이름
_____

_____

_____

_____

초등학교장
_____

BB

저자 소개

．
．
．

Helen McGrath

디킨 대학교(Deakin University) 교육학과와 RMIT 대학교 교육학과의 겸임교수이며 상담심리학자이다.

Toni Noble

오스트레일리아 가톨릭 대학교(Australian Catholic University) 교육학부의 겸임교수이다.

역자 소개

．
．
．

오인수(Oh, Insoo)
펜실베이니아 주립대학교 상담자교육 박사
현 이화여자대학교 교육학과 교수

한현희(Han, Hyunhee)
이화여자대학교 교육공학과 졸업(초등교육 복수전공)
이화여자대학교 교육대학원 교육학 석사(상담심리)
현 송정초등학교 교사

회복탄력성 및 사회정서학습을 위한
긍정심리교육 프로그램

Bounce Back!

2024년 8월 10일 1판 1쇄 인쇄
2024년 8월 20일 1판 1쇄 발행

지은이 • Helen McGrath · Toni Noble
옮긴이 • 오인수 · 한현희
펴낸이 • 김진환
펴낸곳 • ㈜**학지사**

04031 서울특별시 마포구 양화로 15길 20 마인드월드빌딩
대표전화 • 02-330-5114   팩스 • 02-324-2345
등록번호 • 제313-2006-000265호

홈페이지 • http://www.hakjisa.co.kr
인스타그램 • https://www.instagram.com/hakjisabook

ISBN 978-89-997-3154-9 93180

정가 34,000원

출판미디어기업 **학지사**

간호보건의학출판 **학지사메디컬** www.hakjisamd.co.kr
심리검사연구소 **인싸이트** www.inpsyt.co.kr
학술논문서비스 **뉴논문** www.newnonmun.com
교육연수원 **카운피아** www.counpia.com
대학교재전자책플랫폼 **캠퍼스북** www.campusbook.co.kr